孙犁 著
韩大星 编

孙犁书札
致韩映山

天津出版传媒集团
百花文艺出版社

图书在版编目（CIP）数据

孙犁书札. 致韩映山 / 孙犁著 ; 韩大星编. -- 天津 : 百花文艺出版社, 2016.7
ISBN 978-7-5306-6909-9

Ⅰ. ①孙… Ⅱ. ①孙… ②韩… Ⅲ. ①孙犁(1913-2002)-书信集 Ⅳ. ①K825.6

中国版本图书馆 CIP 数据核字(2016)第 161357 号

选题策划：高 为 徐福伟　　装帧设计：郭亚红
责任编辑：高 为 徐福伟

出版人：李勃洋
出版发行：百花文艺出版社
地址：天津市和平区西康路 35 号　邮编：300051
电话传真：+86-22-23332651（发行部）
+86-22-23332656（总编室）
+86-22-23332478（邮购部）
主页：http://www.baihuawenyi.com
印刷：天津金彩美术印刷有限公司
开本：787×1092 毫米 1/16
字数：55 千字　插页：410 幅　插页：4 页
印张：23.25
版次：2016 年7 月第1 版
印次：2016 年7 月第1 次印刷
定价：89.00元

韩映山

一九六四年秋
於盤山陵園

1964 年秋孙犁题字赠给韩映山的照片

1981年孙犁题字赠给韩大星(韩映山之子)的照片

孙犁与韩金星(韩映山之子)

孙犁与韩映山(右)李克明(左)

孙犁与韩映山、周渺、李克明(右起)

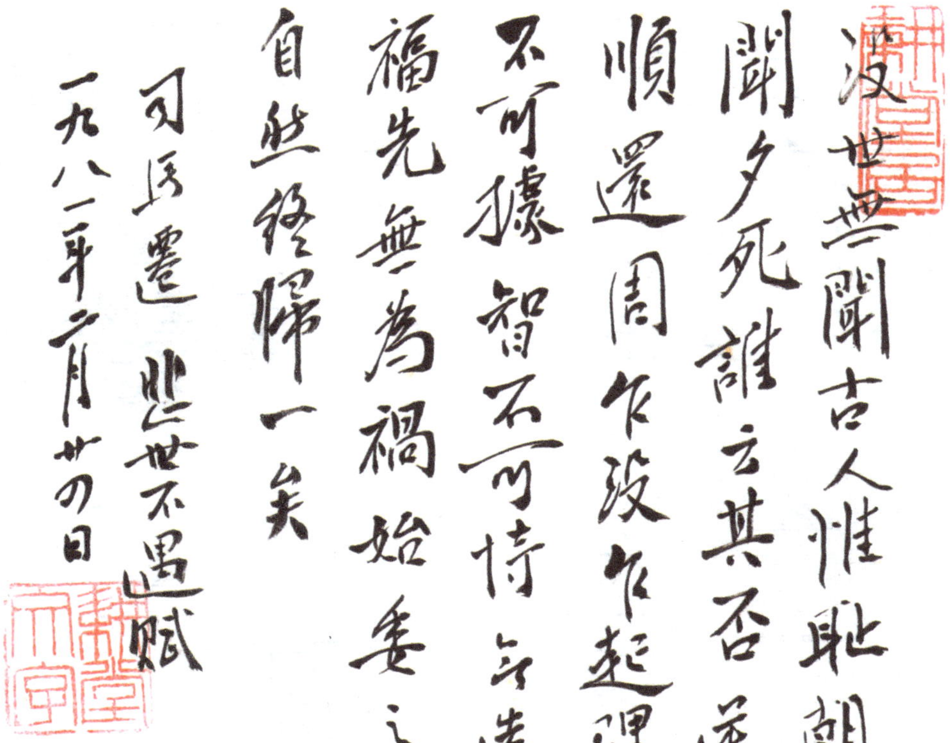

沒世無聞古人惟恥朝
聞夕死誰云其否逆
順還周乍沒乍起理
不可據智不可恃無造
福先無為禍始委之
自然終歸一矣

司馬遷 悲世不遇賦

一九八一年二月廿四日

孙犁赠送韩映山的书法

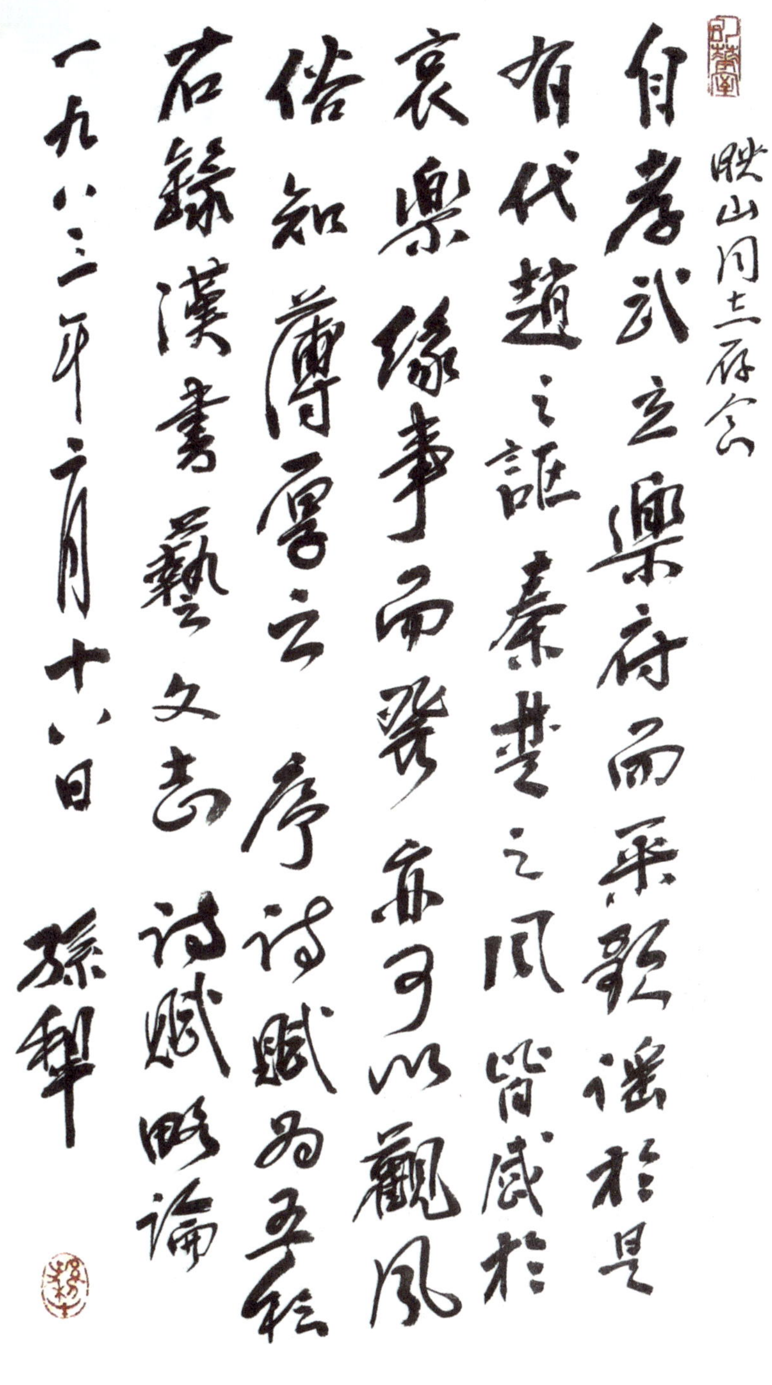

映山同志存念

自孝武立樂府而采歌謠於是有代趙之謳秦楚之風皆感於哀樂緣事而發亦可以觀風俗知薄厚云序詩賦為五種

右錄漢書藝文志詩賦略論

一九八三年六月十八日

孫犁

孙犁赠送韩映山的书法

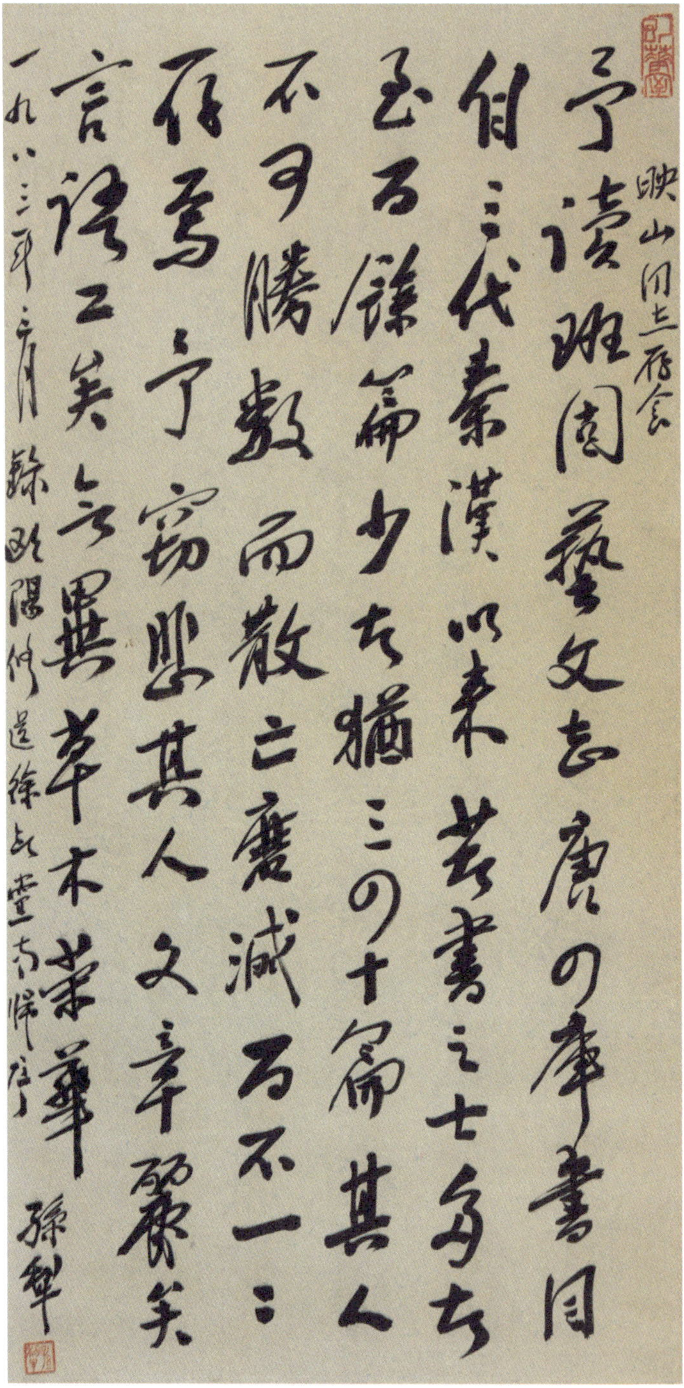
映山同志存念
予读班固艺文志唐四库书目
自三代秦汉以来著书之士多者
至百余篇少者犹三四十篇其人
不可胜数而散亡磨灭百不一二
存焉予窃悲其人文章丽矣
言语工矣无异草木荣华
一九八三年六月录欧阳修送徐无党南归序
孙犁

孙犁赠送韩映山的书法

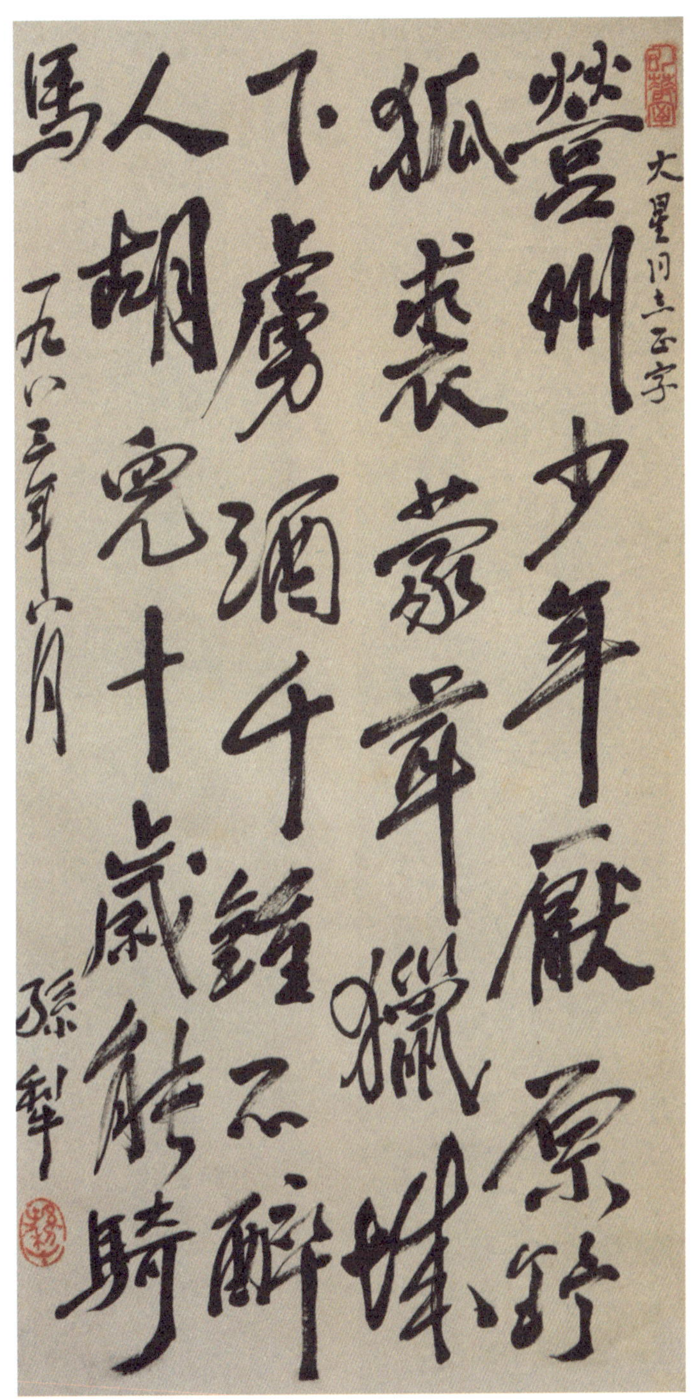

孙犁赠送韩大星的书法

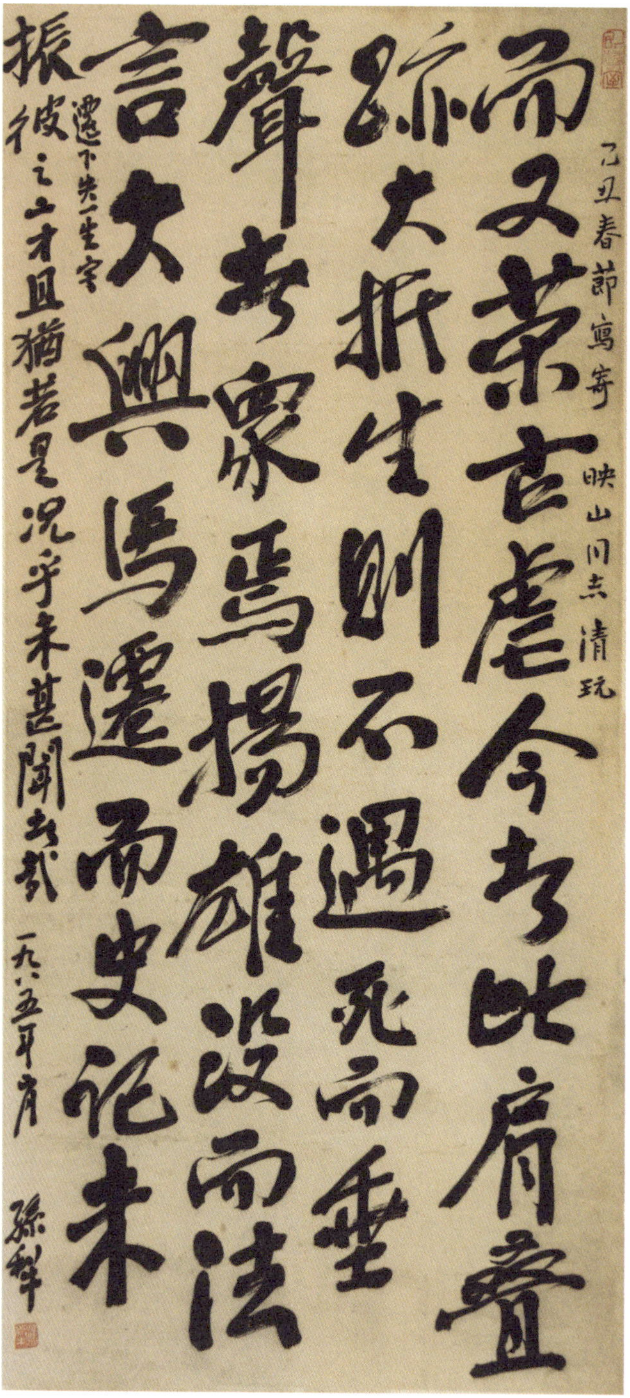

孙犁赠送韩映山的书法

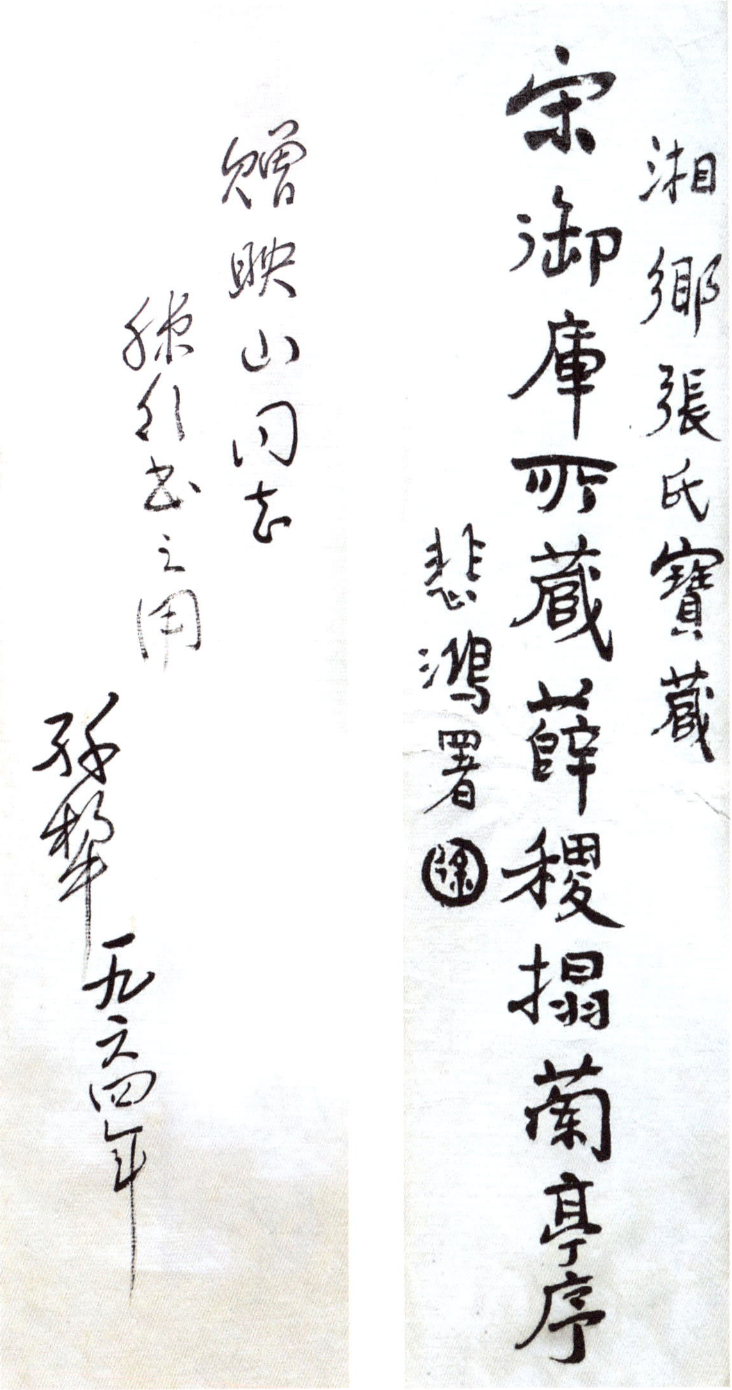

孙犁题赠韩映山的书

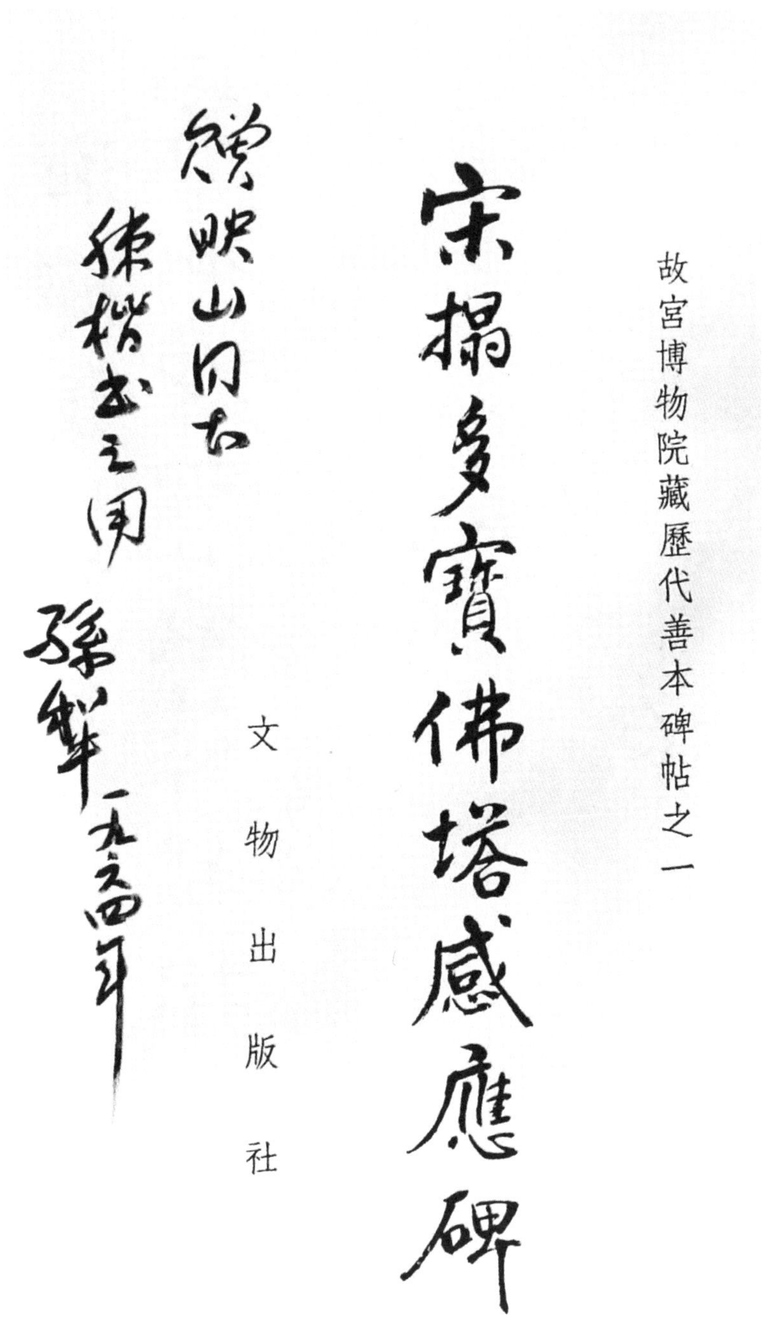

故宫博物院藏歷代善本碑帖之一

宋搨多寶佛塔感應碑

文物出版社

贈映山同志
練楷書之用
孫犁 一九六四年

孙犁题赠韩映山的书

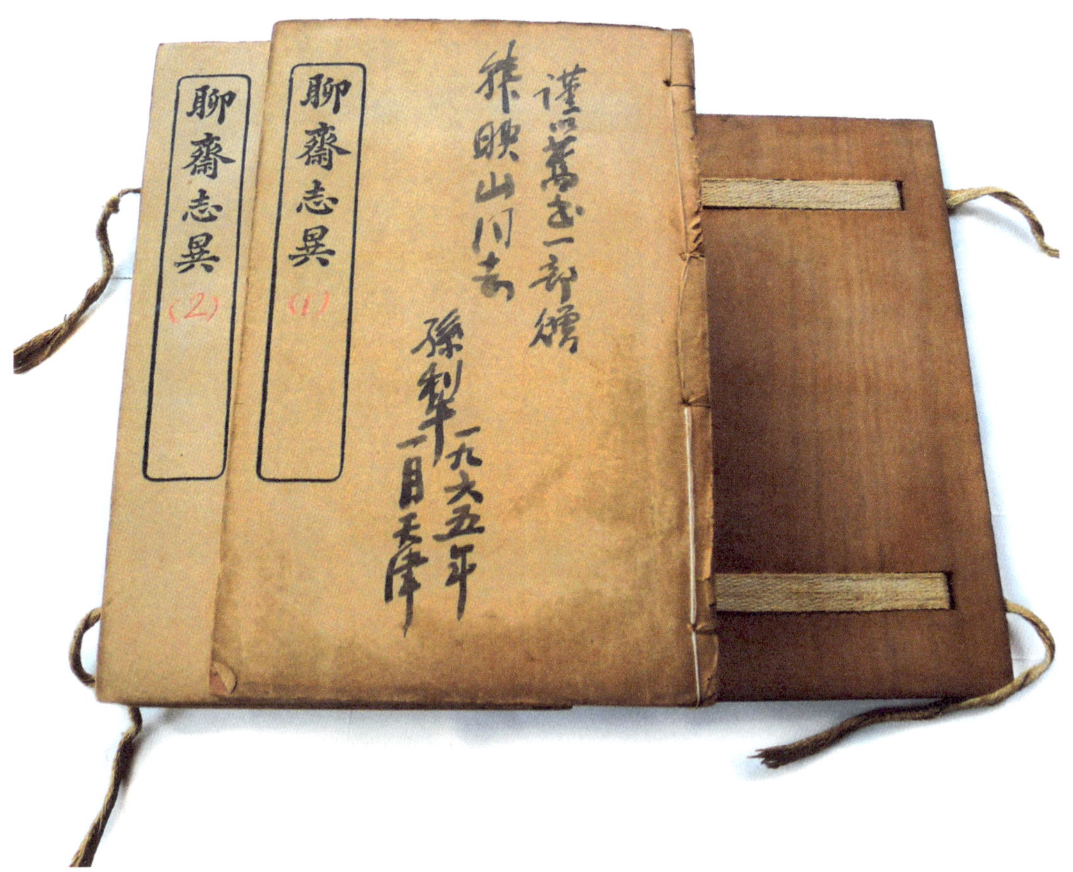

孙犁题赠韩映山的书

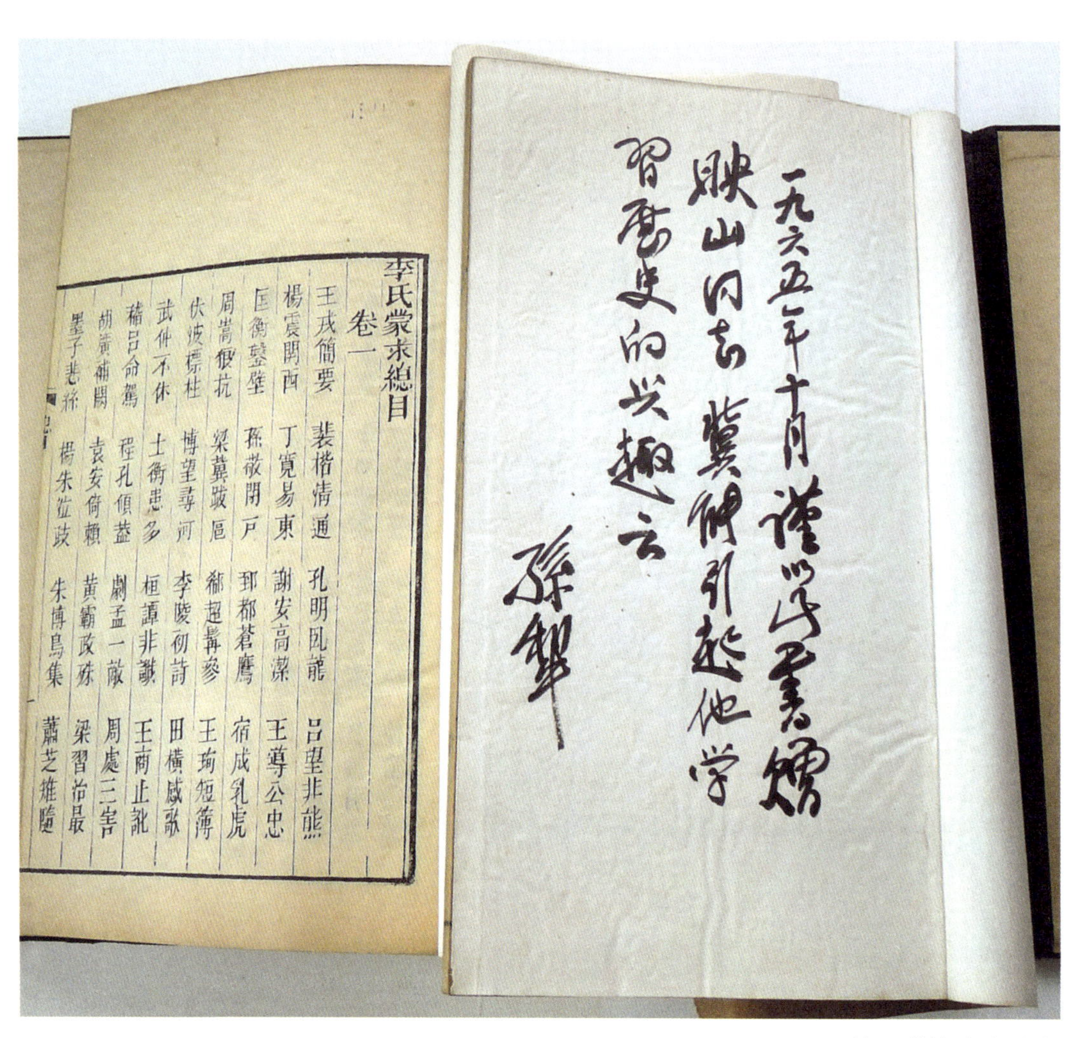

李氏蒙求總目
卷一
王戎簡要 裴楷清通 孔明臥龍 呂望非熊
楊震關西 丁寬易東 謝安高潔 王導公忠
匡衡鑿壁 孫敬閉戶 郅都蒼鷹 甯成乳虎
周嵩狼抗 梁冀跋扈 郗超髯參 王珣短簿
伏波標柱 博望尋河 李陵初詩 田橫感歌
武仲不休 士衡患多 桓譚非讖 王商止訛
嵇呂命駕 程孔傾蓋 劇孟一敵 周處三害
胡廣補闕 袁安倚賴 黃霸政殊 梁習治最
墨子悲絲 楊朱泣岐 朱博烏集 蕭芝雉隨
一九六五年十月 谨以此书赠
映山同志 冀能引起他学
习历史的兴趣云
孙犁

孙犁题赠韩映山的书

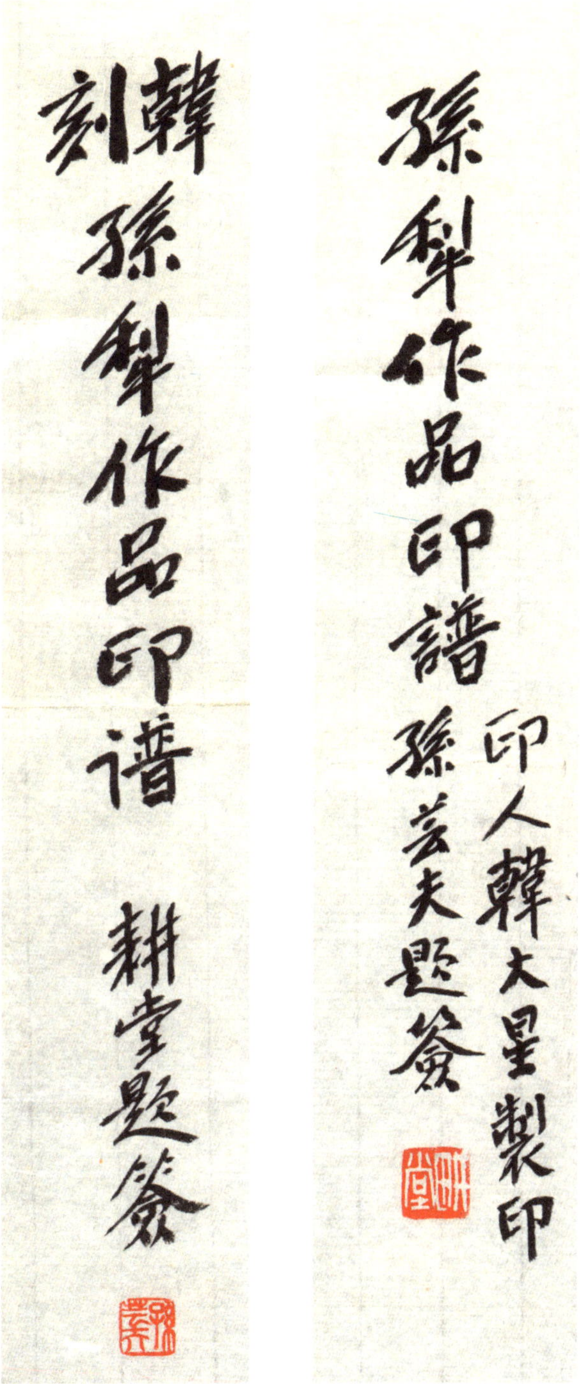

孫犁作品印譜

印人韓大星製印

孫芸夫題簽

韓刻孫犁作品印谱

耕堂題簽

孙犁为韩大星题签书名

耕堂文字

琴和箫

语言简编

秀露集

韩大星为孙犁所治印章

风云初记

津门小集

善闇室

白洋淀纪事

如云集

大道低回

编辑笔记

韩大星为孙犁所治印章

山

孙犁

曲终集

孙犁诗选

澹定集

源远流长昼夜不停
继往开来自强不息

韩大星为孙犁所治印章

序

一

二十世纪五十年代初，孙犁以《天津日报·文艺周刊》为园地，培养了一批青年作家，如刘绍棠、从维熙、韩映山、房树民等，在他周围形成了一个具有相似文学风格的作家群。因此有学者认为，以孙犁为核心，形成了一个“荷花淀”文学流派。时至今日，尽管对这一文学流派是否存在，学界尚有不同看法，但孙犁及其所培养的这些作家，在当代文学史上的巨大影响力是毋庸置疑的。

在创作风格上，和孙犁最为接近的是韩映山。韩映山终生以孙犁为师，孙犁则视其为友，两人这种亦师亦友的关系纯真而长久，谱写了当代文坛上的一段佳话。

韩映山的故乡，在河北省高阳县教台村，这个村和安新县接壤，在白洋淀边上，一条小河穿村而过，河水流入村西的水淀。村中央有一个不大的水塘，和小河相连，韩映山的家就在水塘边上。孙犁教过书的同口镇，距离教台村七点五公里，留下孙犁足迹的端村等地，离这个村子也不是很远。孙犁那些描写水乡生活的文学作品，对韩映山有着一种天然的亲切感和巨大的吸引力。

1950年，韩映山考入保定一中读初中。当时，在文坛上有“神童”之誉的刘绍棠，在孙犁的提携下已经名声大振，韩映山有点跃跃欲试，开始练习写作。1952年，孙犁将他的两篇小说编发在《天津日报·文艺周刊》上，使他走上了文坛。

1953年冬天，孙犁下乡路过河北省省会保定，省文联主任远千里在红星剧场为他组织了一个文学报告会，到会听讲的大多是青年学生，韩映山便是其中之一。报告会之后，许多年轻人围着孙犁讨教，当孙犁听说有保定一中的学生时，就问起了韩映山，同学们便把内向寡言、躲在人群后面的韩映山推到他跟前。这便是他们的初次相识。

此后，在长达六年的时间里，韩映山并没有和孙犁联系。初中毕业后，他回到了故乡，一边参加劳动，一边照顾病重的母亲。生活的重压让他有些心力交瘁，但还是创作了很多作品，出版了短篇小说集《水乡散记》。1956 年 3 月，韩映山赴北京参加了“全国青年文学创作会”，不久，河北省文联把他调到《蜜蜂》编辑部工作。

1959 年，河北省省会由保定迁到天津，韩映山随迁到天津，在《新港》编辑部任小说组组长。此时的孙犁，由于患上了极度神经衰弱症，在北京、青岛等地休养了三年，刚刚回到天津。得知孙犁的病情趋于稳定，韩映山便登门求教。

那时的韩映山创作热情十分高涨，有一股拼命精神，写下了大量散文和短篇小说，出版了《一天云锦》和《作画》两部作品集。但也因过度劳累，加上营养不良，患上了慢性肝炎，不得不住院治疗。在他心情沉重的时候，孙犁给他写了一封诚挚、热情、关怀的信，安慰他好好养病，不要让病魔吓住。这是两人通信的开始。稍后，孙犁不避疾病的传染性，亲自到杨柳青疗养院看望他，给了他极大的鼓励。

“文化大革命”开始后，孙犁被批斗、被抄家，被送到干校劳动，身患重病的老伴儿也不幸去世，可以说是家破人亡。韩映山不避嫌疑，仍然往孙犁谪居的地方跑，他们互相关心，走过了一段患难与共的时光。1972 年，或许是出于避祸心理，更主要的是为了深入生活，创作出更好的作品，韩映山调回了保定，回到了白洋淀边，从此再也没有离开过。

进入新时期，韩映山再一次迸发了旺盛的创作热情。1985 年，他被任命为保定市文联主席，为他文学才能的发挥提供了更加广阔的舞台。虽然离开了天津，但是他和孙犁的关系并没有中断，书信成为他们互通信息、交流思想和情感的主要途径。这些珍贵的信件，大多保存了下来，但是在“文化大革命”时期的通信却多有损失，在那个特殊的年代，保存这些信件，可能会给通信双方带来意想不到的危险。形势危急的时候，韩映山的老伴儿，也曾忍痛烧毁了一些信件，其中就有孙犁和韩映山的通信，数量达百封之多。因此，现在保存下来的这一百五十余封信札，也就越发显得珍贵。

在文学界，韩映山最熟悉、最敬重的就是孙犁。到了晚年，写一写孙犁的冲动日益强烈，他以自己真挚的情感和大量的生活积累，写下了大量的孙犁印象记，结集为《孙犁的人品和作品》一书出版。他写的每篇印象记都以小见大，寓意深远，细节真实生动，语言风趣幽默，人物跃然纸上，深得孙犁的创作精髓，可以说是一部高水准的孙犁评传。

韩映山是在1998年夏天去世的。此时的孙犁也已封笔，缠绵病榻。他们在人格上，有着深层次的和谐，因此他们之间的情谊经历了时间的考验，历久弥新。他们都是正直的，也是固执的，独善其身，甘于寂寞，从不自吹自擂，更不会攀龙附凤，像老农一样，以自己真诚的汗水浇灌着脚下的土地。孙犁在给韩映山的信中，曾经幽默地说道：你和我都不是时兴的人物。

二

孙犁是喜欢写信的，写信不仅是传递信息和交流情感的需要，也是创作的需要。在他的一生中，有几个时期，写信的数量很大。在保定育德中学读书时期，他爱上了一位女学生，每星期都要给她写一封信，而且写得都很长。这段感情自然不会有什么结果，那些信件也早已杳无踪影。在晋察冀边区工作时期，孙犁主编抗战刊物，曾给通讯员和文学爱好者写了大量的信件，有时一天竟能写几十封。但是由于战乱，这些信件也早已经荡然无存。“文化大革命”后期，老伴儿去世后，有人给孙犁介绍了远在江西的一位女同志，在一年半左右的时间里，孙犁给她写了一百多封信，一天一封、两天一封或一天两封。这些信件是爱情的见证，孙犁把它们装订起来，保存得很好。后来，爱情成为虚幻，这些信件也就成了心灵之累，冲动之下，孙犁把这些信件化为灰烬。进入新时期，孙犁的创作热情高涨，写信的兴致同样浓厚，与亲朋故旧、报刊编辑、青年作家和文学爱好者通信……这些信件大都被保存下来，编辑到了《孙犁文集(补订版)》中。

孙犁致韩映山的一百五十余封信函，起始于1964年2月，终止于1995年6月，长达三十余年。在这些信件中，或是描述自己的身体状况和日常生活，或是宣泄自己的不良情绪和情感，或是就一些重大事件进行沟通，或是简述自己的创作和发表情况，或是就一些热点问题阐发自己的艺术见解，或是畅谈自己的读书之法和读书体会，或是就对方创作进行指导和鼓励，或是就书法篆刻等雅好进行交流，或是就文稿的投稿和修改等事项进行商榷，或是就一些个人事项进行托付……这些信件内容丰富、不拘一格，犹如一张张心灵卡片，使我们看到了一个瑕瑜互现、有血有肉的孙犁。

从这些信件中,我们可以理清很多重大事件的来龙去脉,掌握很多不为人知的细节。例如,孙犁在“文化大革命”这一特殊时期写给韩映山的信件,充分展现了他在“文化大革命”后期的生存状态:如何与当权派进行周旋,从创作样板戏的牢笼中解脱出来;如何黑白不分地踏入情感泥潭,又伤痕累累地挣扎出来。

孙犁写给韩映山的信件,平均起来,每年也就四五封的样子。但有两个密集时期:一是1978年至1981年这段时间,正值改革开放的初期,拨乱反正,万物更新,人们刚刚从逆境中走出来,精神面貌焕然一新,创作热情也格外高涨,这一时期两人的通信,每年都在十封以上。再就是1994年,通信达到了十三封,此时陷于“病句的纠缠”之中的孙犁,对文坛上的种种恶劣之风已经忍无可忍,拖着病弱之躯,一连写了多篇杂文进行反击,激愤的情绪、失望的情感、悲哀的心境,在这些书信中展露无遗。

这些信件,不仅是珍贵的当代文学史料,而且还是珍贵的作家心态史料。由这些看似无关紧要的信件,我们可以准确把握孙犁的情绪情感、内心冲突和思想脉络,从而还原孙犁心灵的真实面貌。

三

在古代相当长的时间里,书法艺术是以日常书写为主要存在形式的,书法艺术在很大程度上就是日常书写的艺术。现在出版的这部信札影印本,可以说是孙犁日常书写的典范,是研究孙犁书法艺术的珍贵资料。

孙犁自幼喜欢书法,而且这种爱好终其一生。1975年,在《六朝墓志菁英二编(罗振玉印本)》的书衣上,他这样写道:“余幼年未认真习字,及至壮年,文字为活,虽有时以字体不佳为惭,偶尔练习,不能持久。购进字帖多种,即兴临摹,终无进步,然阅览稍多,乃知余字之最大缺点为不端正。”这自然是自谦之词,然而从中我们可以得知,从幼年到青年、壮年,孙犁一直是临池不辍的。

在战争年代,由于环境所限,习字自然是一种奢望,但是只要条件具备,孙犁还是喜欢用毛笔书写。新中国成立后,孙犁依然沿袭这一积习,韩映山见过他的《风云初记》的手稿,通篇用毛笔写成,字迹潇洒俊美,功力深厚。

1956年,孙犁大病一场,而且一病就是十年。他患的是极度神经衰弱症,不能多用脑,创作基本停滞,病中习字就成为他调整心态、恢复脑力的重要手段。1964年,韩映山患上肝病之后,也曾练习书法,并用毛笔给孙犁写信。孙犁十分惊喜,回信和他探讨书法艺术,他对欧体、颜体、柳体的书法特征了如指掌,坦言自己喜欢方正削利的欧字,认为欧字很有风骨。他送给了韩映山一本欧体字帖,供他病中临习之用,他认为练习书法,对养病很有好处,可以"排除杂念,养吾浩然之气"。

"文化大革命"后期,孙犁的境遇稍有改善,闲暇之时,他认真修整那些发还的书籍,为这些心爱之物包上书衣,并且拿起毛笔,在书衣上写下"书衣文录"。这一时期,他恢复了临帖,在《纪太山铭》的书衣文录中,他这样写道:"近年稍见字帖,亦尝练字,字如童子,数日即不耐烦。"虽然说入帖不易,但他还是坚持了下来。他主攻的是唐楷,兼习行书。在临习的同时,也尝试着创作,他经常写一些书作,分赠挚友。

进入新时期后,孙犁的书法水平越来越高,临习兴趣越来越浓,创作欲望越来越强烈,向他求字的人也越来越多。文如其人,字如其人。孙犁的书法和他的文学创作一样,有着鲜明的个性。他所写的字幅,绝非是以书法家自居而进行的应酬之作,不论是书写自作诗,还是书写古人诗句文句,内容诉求还是占据主导地位的,他所书写的内容,都带有很强的针对性,那种纯形式的书法创作,他是不屑为之的。

总的来看,孙犁的书法艺术,有这样几个显著特征:

一是笔力雄健,给人以"沉着"之美。

二是自然天成,给人以"古拙"之美。

三是静穆深远,给人以"冲和"之美。

四是修养取胜,给人以"书卷"之美。

四

最初保存孙犁这些信件的,自然是韩映山本人。韩映山逝世后,信件由他的长子韩大星保存。韩大星是我国著名的篆刻家,也是一位艺术视野十分广阔、艺术品格十分超逸的艺术家。他自幼喜欢篆刻,曾经给孙犁治印多方;孙犁对其所治之印十分喜欢,评价甚高,不仅送给他一部《陈师曾印谱》、回赠自己的书法作品,而且还专门写信,就如何提高篆刻艺术提出了自己的真知灼见。这部信札中一并收录了孙犁写给韩大星及其弟的几封信函,使我们能够感知到,借助于书信和书法篆刻艺术,韩大星等后辈传承了长辈之间那种纯真的友谊。

作为一位文化人,韩大星自然知道这批信件的珍贵,因此不仅妥善保管,而且千方百计使其流布；尽管屡屡受挫，但是痴心不改；百花文艺出版社立意高远，圆其梦想，双方共同做了一件功德圆满的善事。

虽然这些信件的内容，《孙犁文集（补订版）》均有收录，但这次出版信札影印本，却具有不可替代的学术与艺术价值。观看这些书信的手迹，犹如欣赏一幅幅老照片，能够把我们带回到历史的长河中。作家留在纸面上一个个的文字，犹如一个个摇曳多姿的舞者，充满生机和趣味，仿佛能够跃出纸面，跳入我们的大脑，我们可以清晰地感知到作家的喜怒哀乐，触摸到作家的思想脉络，体会到作家的人格魅力。尤其令人欣慰的是，这些信札不是零散的，也不是凌乱的，贯穿的时间不是短暂的，而是长久的，一百五十余封书信形成了一个完整的历史链条，承载着历史的风云，显现着作家的影像，映照着作家的灵魂，绽开着书艺的花朵。因此这部影印信札的出版，既是孙犁研究领域的一件幸事，也是当代文学史上的一件幸事。

苑英科

2015 年 7 月 30 日

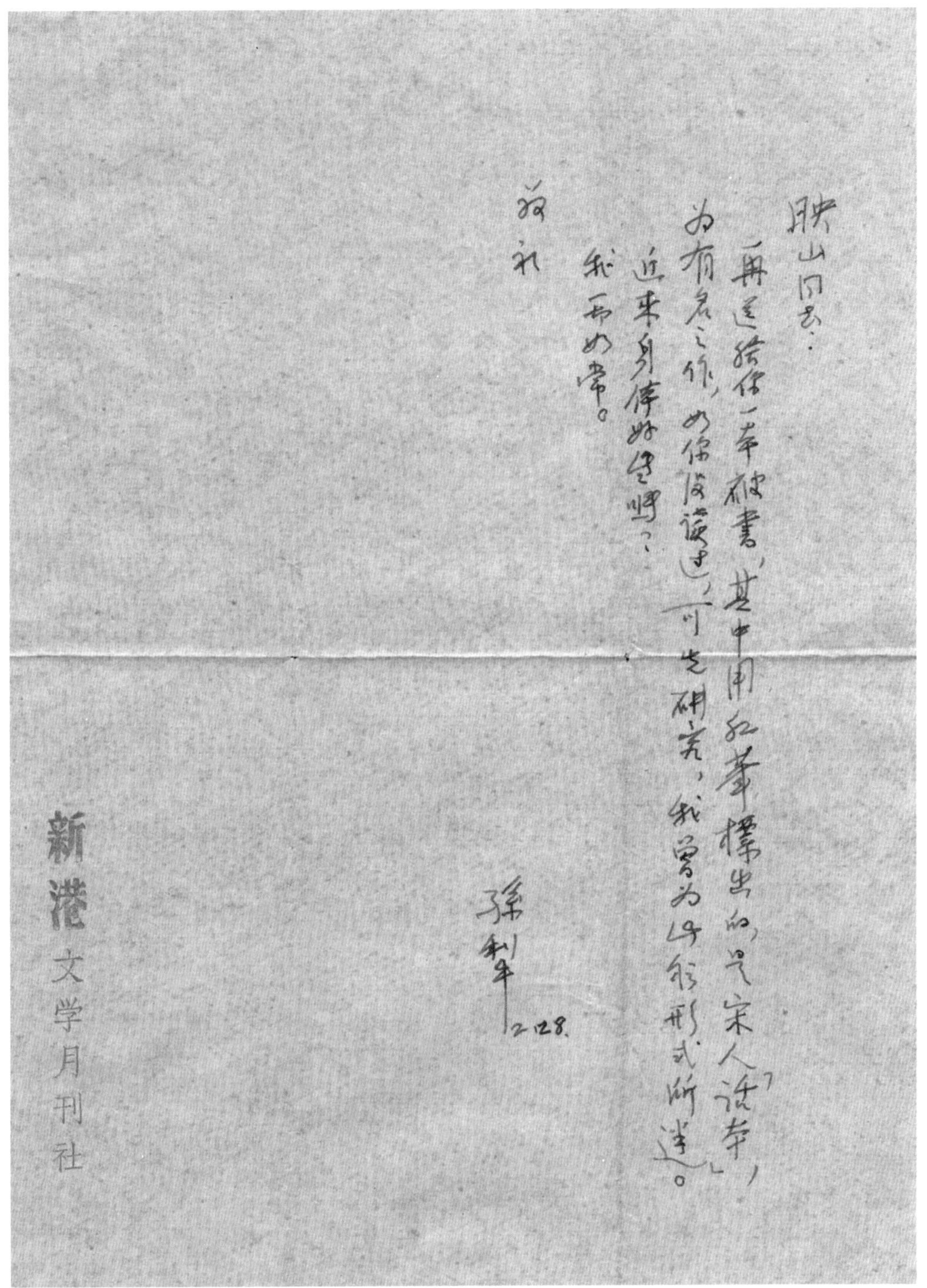

新港文学月刊社

映山同志：

再送给你一本破書，其中用红笔標出的，是宋人話本，为有名之作，如你没讀过，可先研究，我曾为此种形式所迷。

近来身体好些吗？

我一切如常。

敬礼

孫犁

2.28

1964.2.28

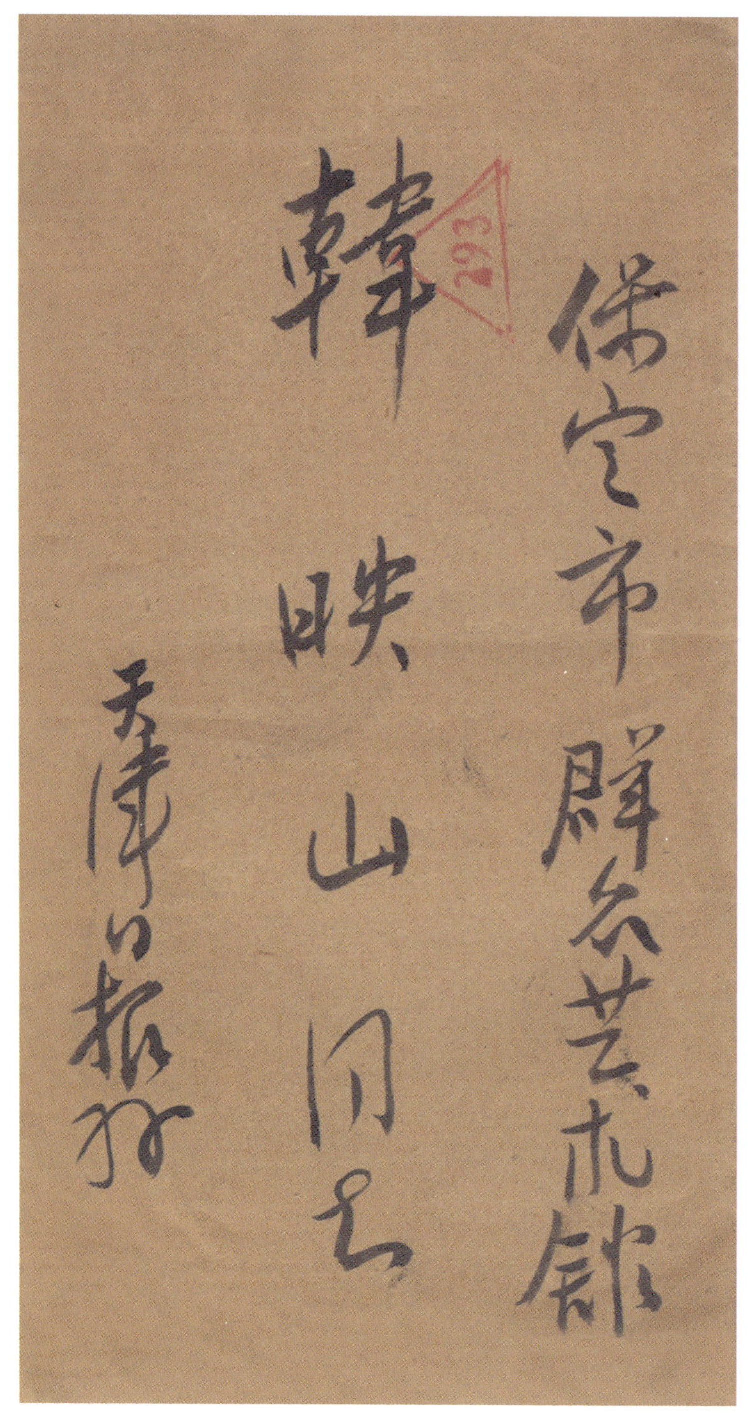
保定市群众艺术馆
韓映山同志
天津日报孙

293

1971.1.28

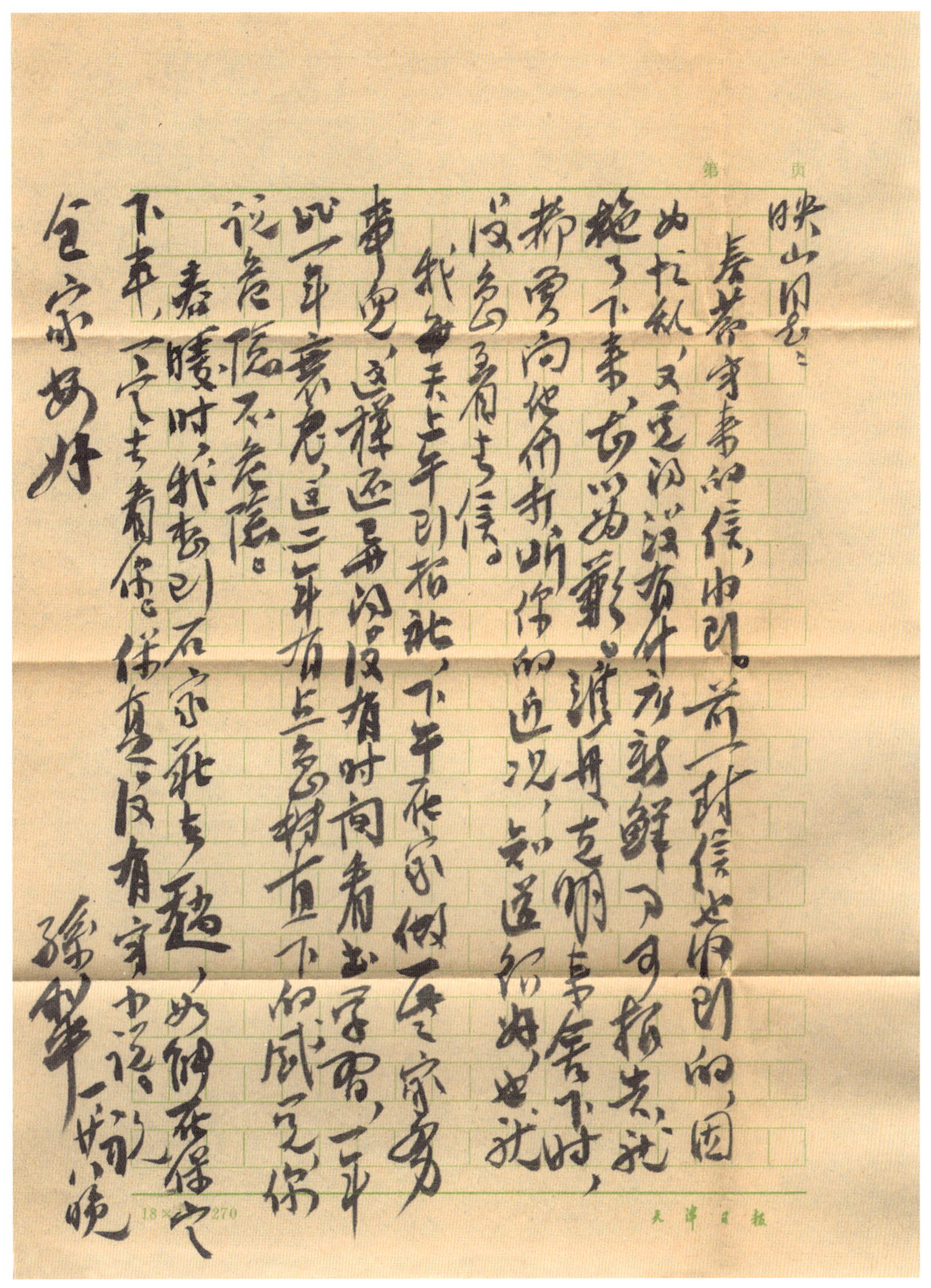
映山贤弟：

春节寄来的信，收到。前一封信也收到的，因为忙乱，又是没有什么新鲜可报告，就拖了下来。前此为彰、淮舟、克明去乡下时，都曾向他们打听你的近况，知道都好，也就没马上写去信。

我每天上午到报社，下午在家做一些家务事儿，这样还算闲，没有时间看书学习，一年比一年衰老，这二年有点急转直下的感觉，你说危险不危险。

春暖时，我想到石家庄去一趟，如能在保定下车，一定去看看你。倘有变更，没有实现，也请原谅。

全家安好

孙犁 一月廿八日晚

1971.1.28.

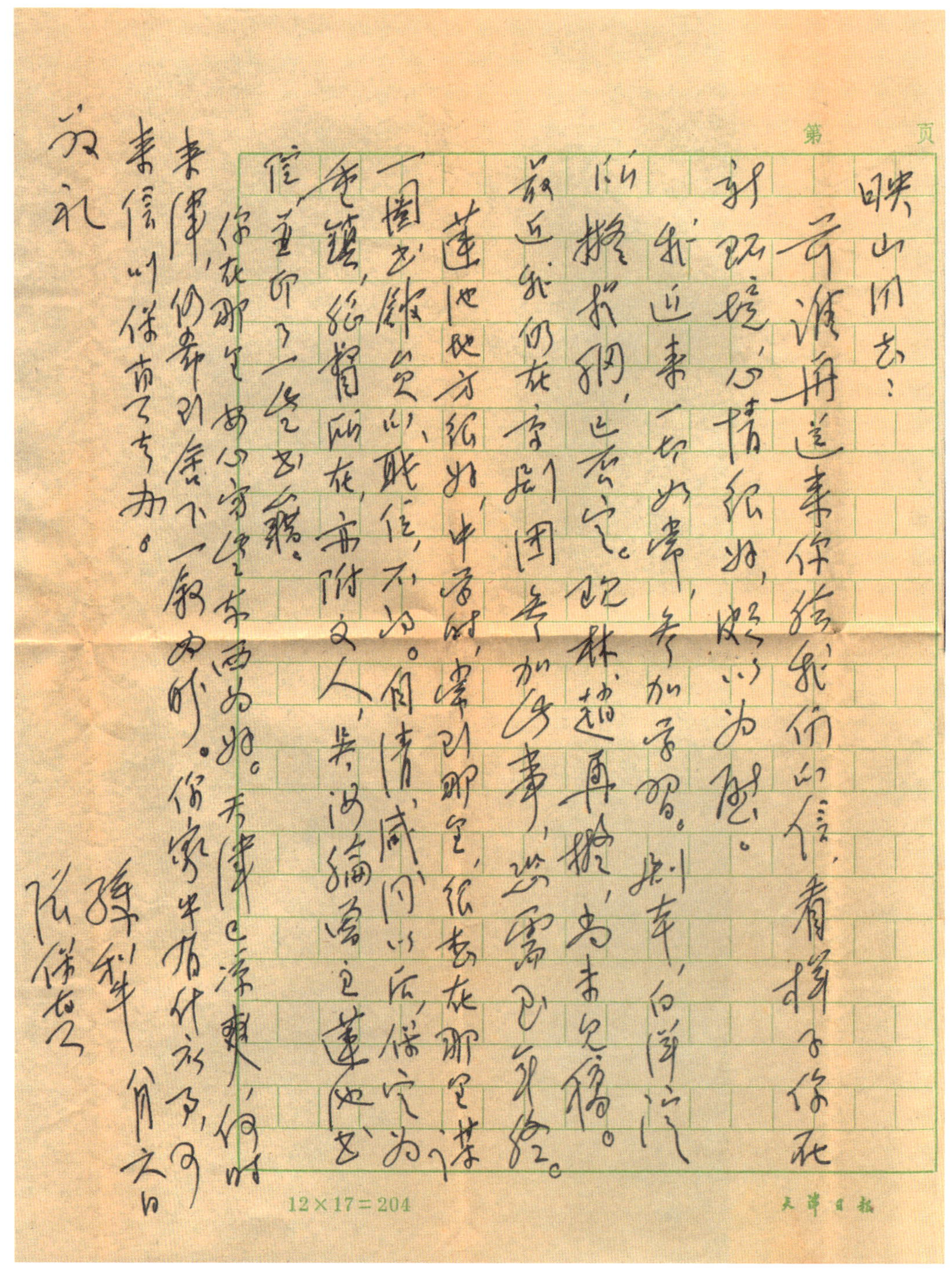

映山同志：

前淮舟送来你给我们的信，看样子你在新环境，心情很好，我以为慰。

我近来一切如常，参加学习。剧本，白洋淀所撰提纲，已交完。现林超再撰，尚未完稿。最近我仍在京剧团参加些事，恐需至年终。

莲池地方很好，中学时，常到那里，很喜在那里逛一圈。书铺、旧货、碑帖，不少。自清，咸同以后，保定为重镇，总督所在，亦附文人，吴汝纶曾主莲池书院，并印了一些书籍。

你在那里，安心学些东西为好。天津已凉爽，何时来津，仍希到舍下一叙为盼。你家中有什么事，可来信，以俾商可专办。

敬礼

孙犁 八月六日

[illegible]

1972.8.6

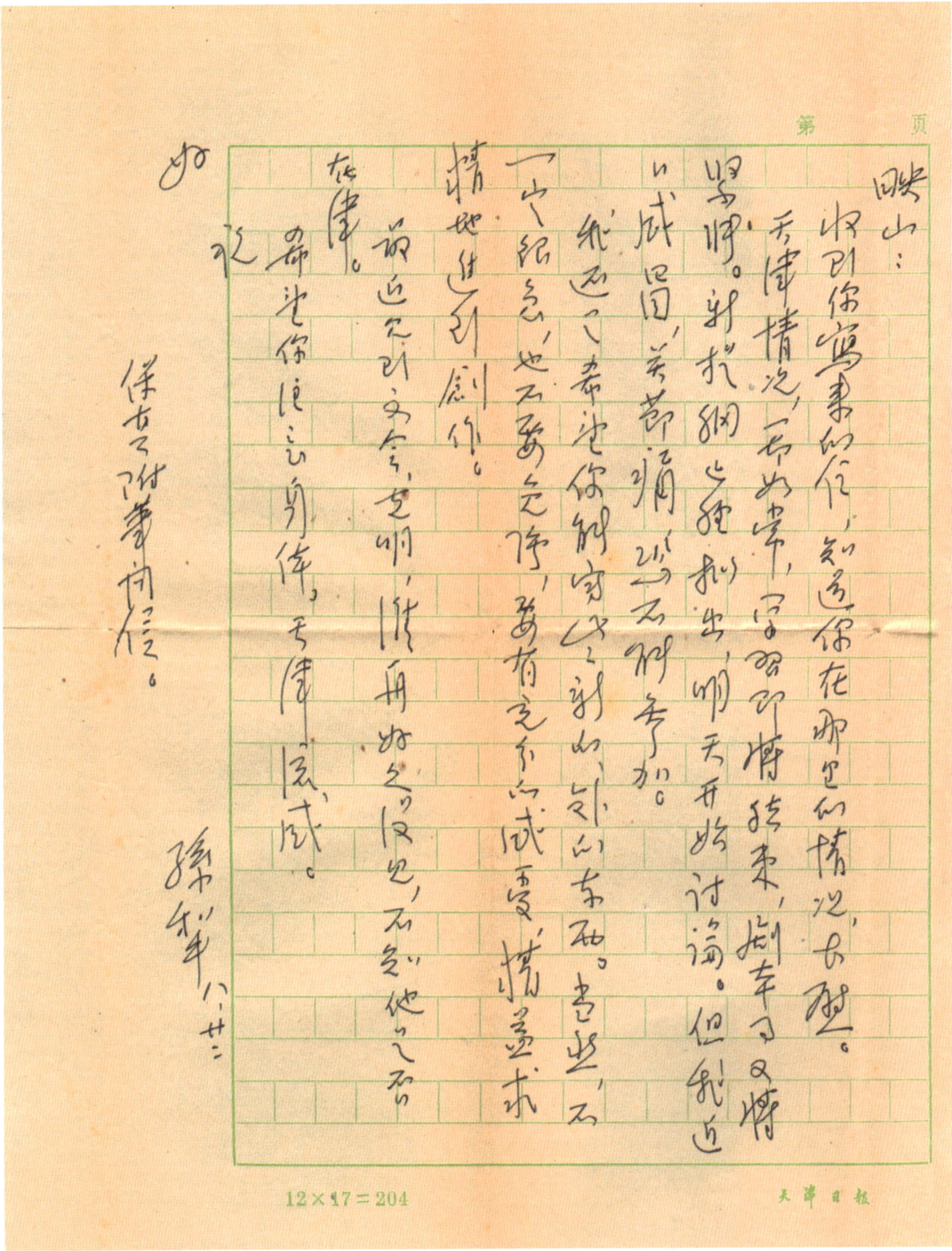

映山：

收到你写来的信，知道你在那里的情况，甚慰。

天津情况，一如常，学习即将结束，剧本组又将学习。新提纲，已经拟出，明天开始讨论。但我近以感冒，关节痛，所以不能参加。

我还是希望你能写些新的、好的东西。当然，不一定很急，也不要急之作，要有充分的感受，精益求精地进行创作。

前些天到文会，见明，谈再好久回也，不知他已否返津。

希望你注意身体，天津很凉爽。

祝

好

孙犁 八·廿二

保定附笔问候。

1972.8.22

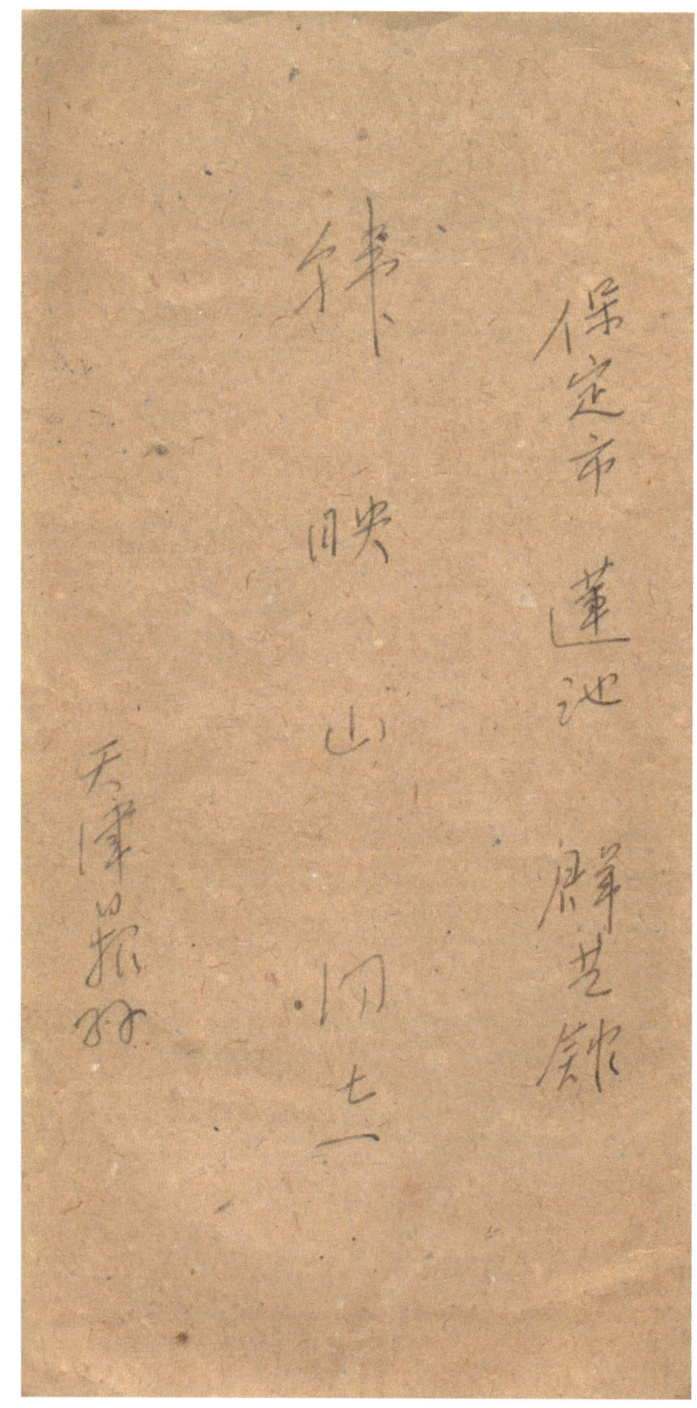
保定市 蓮池 群艺館

韓 映山 同志

天津日报孙

1972.10.1

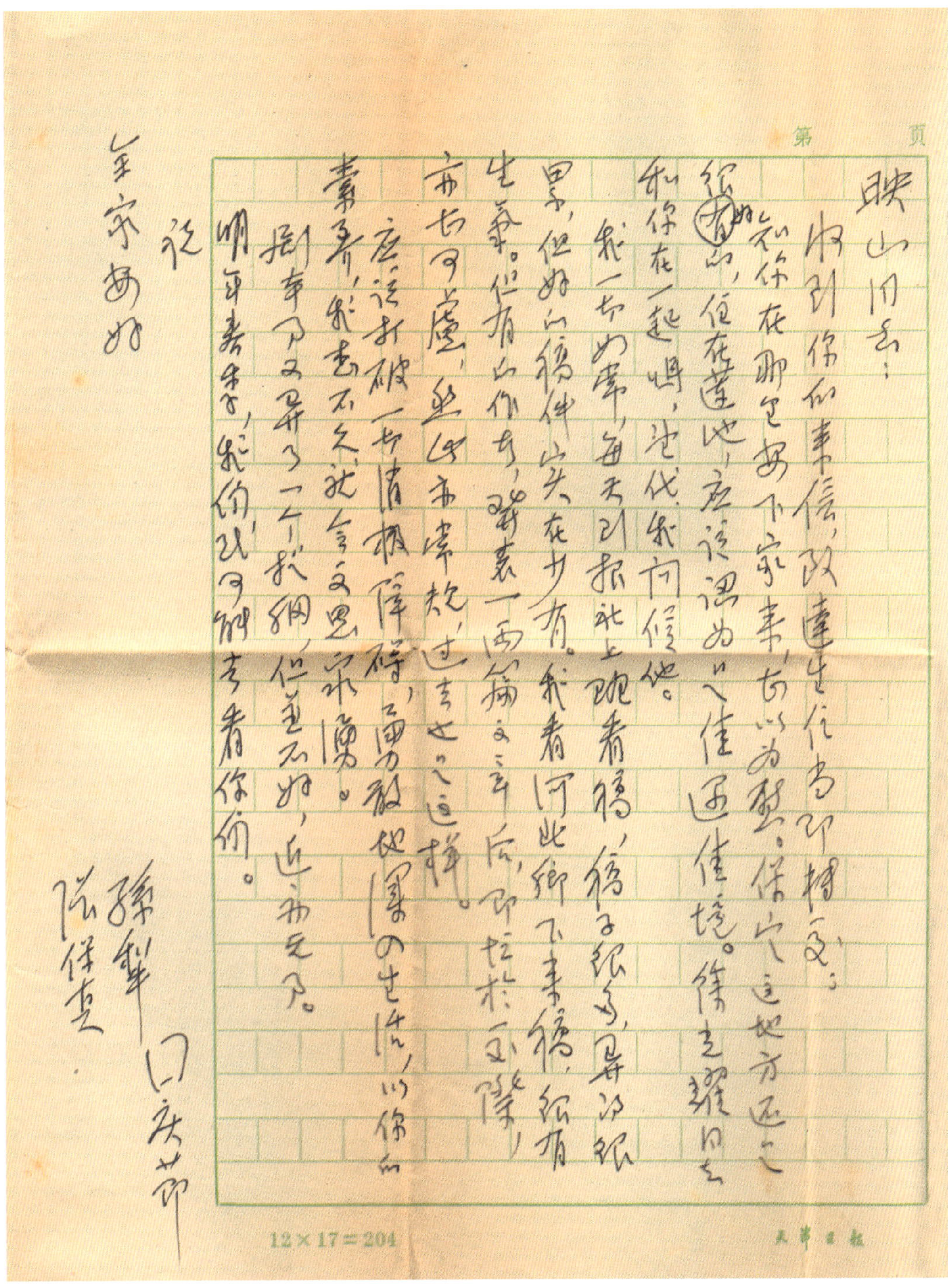

第　页

映山同志：

收到你的来信，致达同志已代为转交；知你在那里安下家来，甚以为慰。保定这地方还是好的，住在莲池，应该认为是人间佳境。傅志耀同志和你在一起吗，请代我问候他。

我一如常，每天到报社上班看稿，稿子很多，弄得很累，但好的稿件实在少有。我看河北乡下来稿，很有生气。但有的作者，发表一两篇文章后，即忙于交际，亦大可虑，然亦常于过去也这样。

应该打破一切清规戒律，勇敢地深入生活，以你的素养，我看不久就会文思泉涌。

剧本又写了一个提纲，但并不好，近亦无光了。

明年春季，我们或可能去看你们。

孙犁　国庆节

张保真

祝

全家安好

12×17＝204　　天津日报

1972.10.1

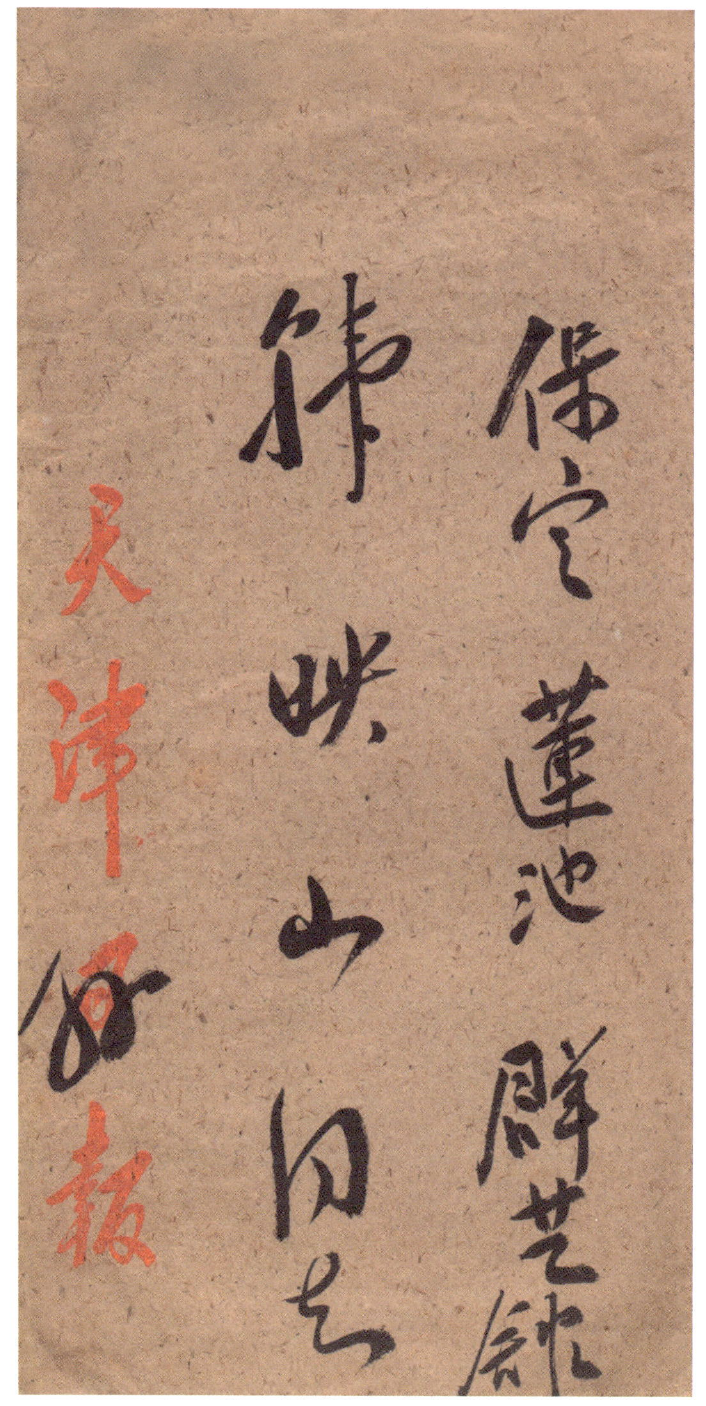
保定莲池群艺馆
韩映山同志
天津日报孙

1972.11.27

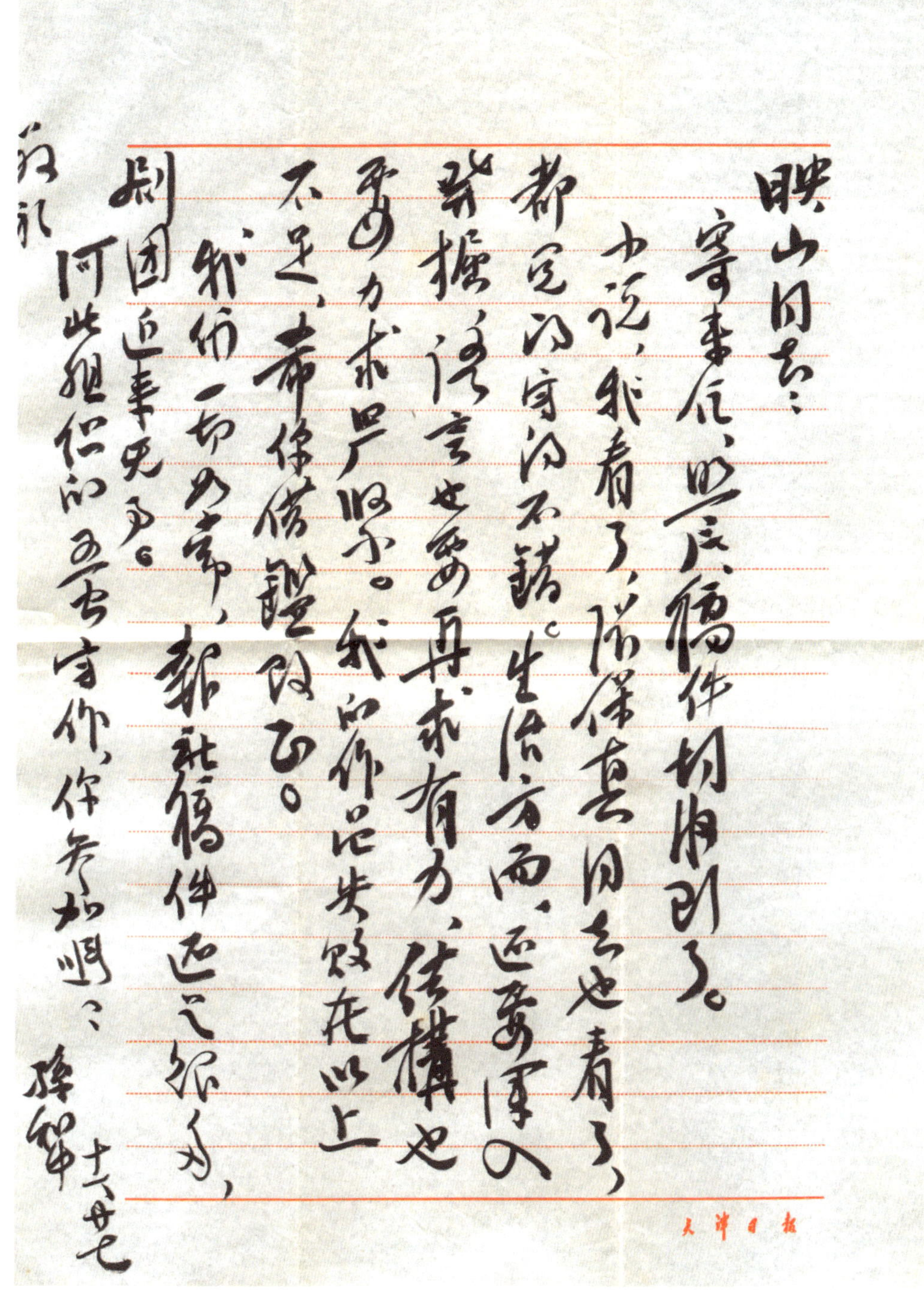

映山同志：

寄来信、照片、稿件，均得到了。

小说，我看了，除保真同志也看了，都觉得写得不错。生活方面，还要深入；艺术上，语言也要再求有力，结构也要力求严紧。我的作品失败在以上不足，希你借鉴改正。

我们一切如常，报社稿件还是很多，剧团近来无事。

河北组织的业余写作，你参加吗？

敬礼

孙犁 十一、廿七

1972.11.27

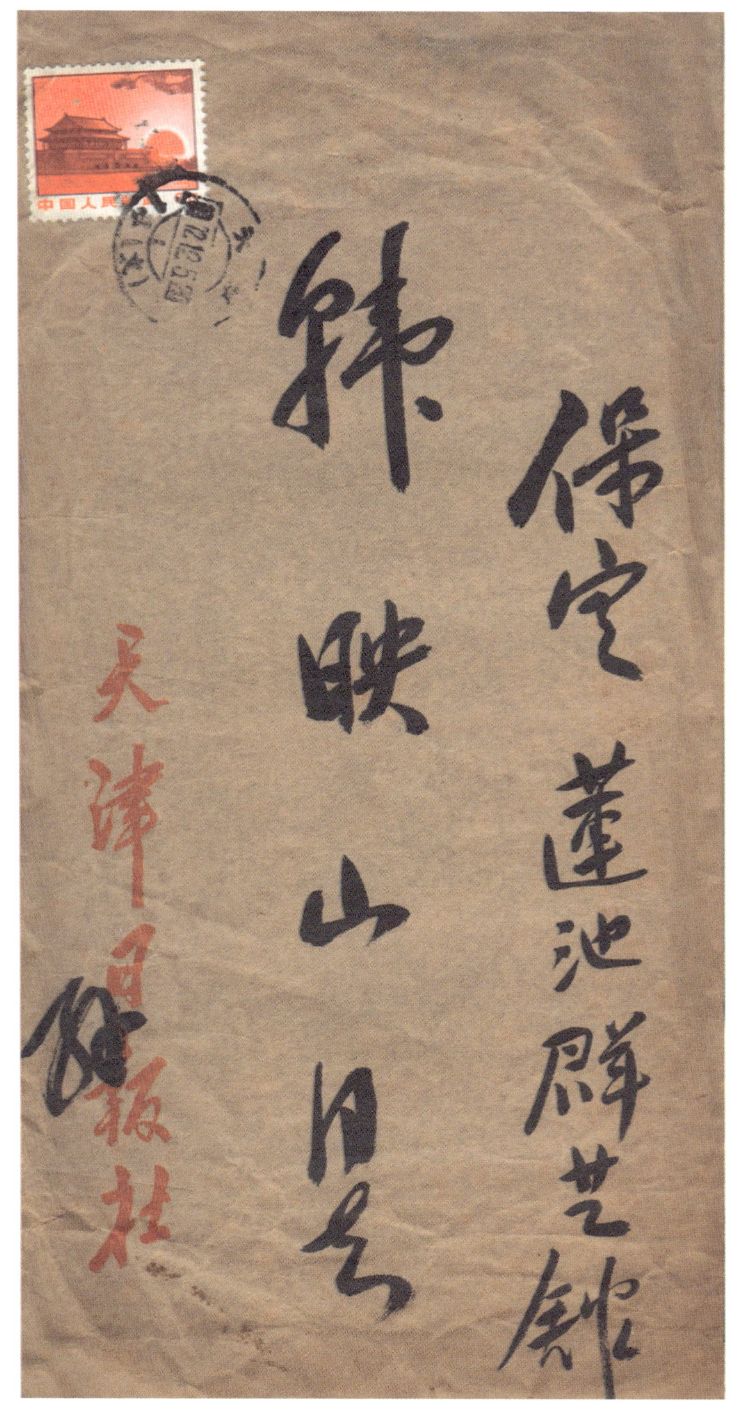

1972.12.6

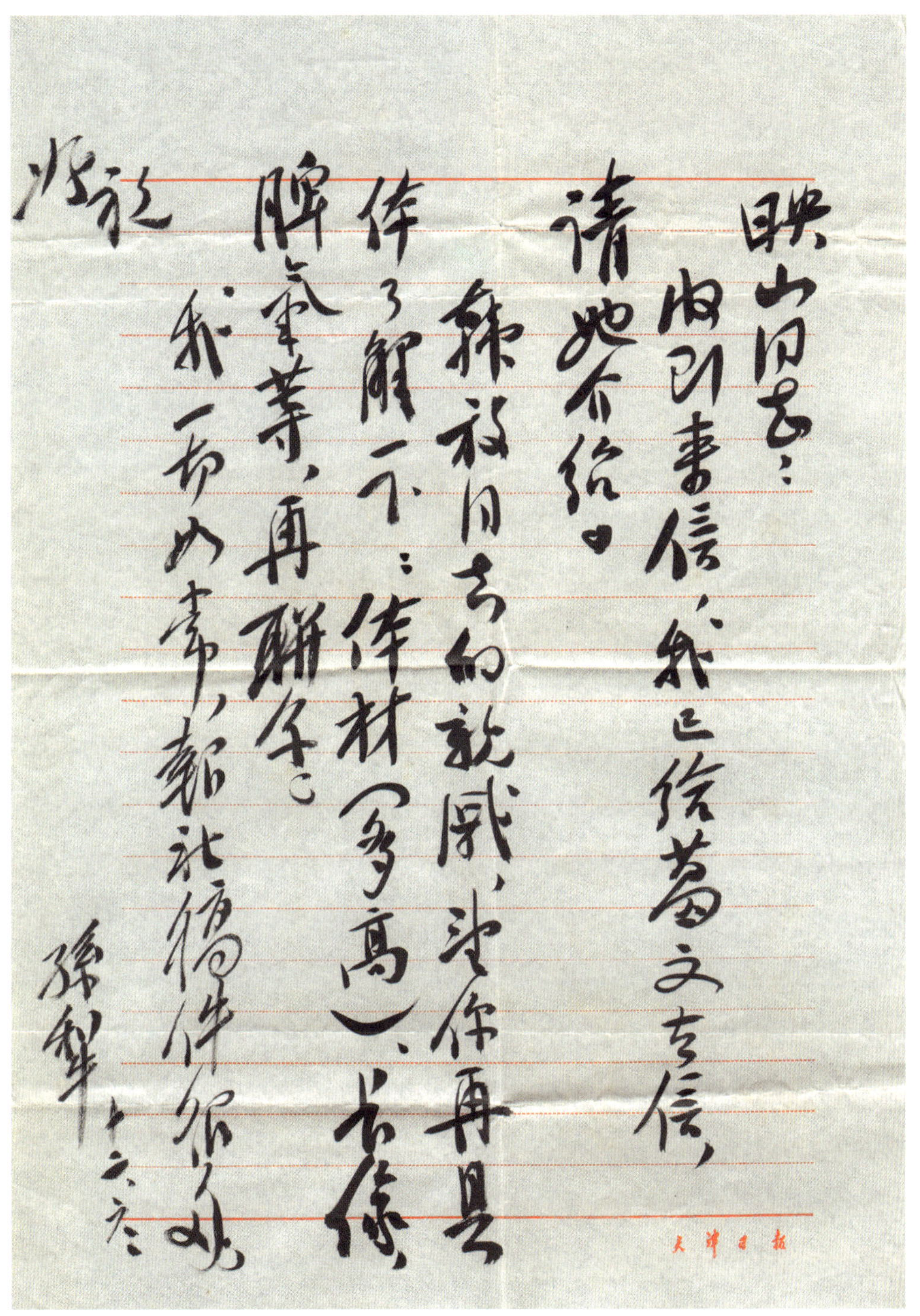

映山同志：

附上书信，我已给葛文去信，请她介绍韩林同志的亲戚，让你再具体了解一下：身材（多高）、长像、脾气等，再联系。

我一切如常，报社稿件很好。

好说

孙犁 十二、六

天津日报

1972.12.6

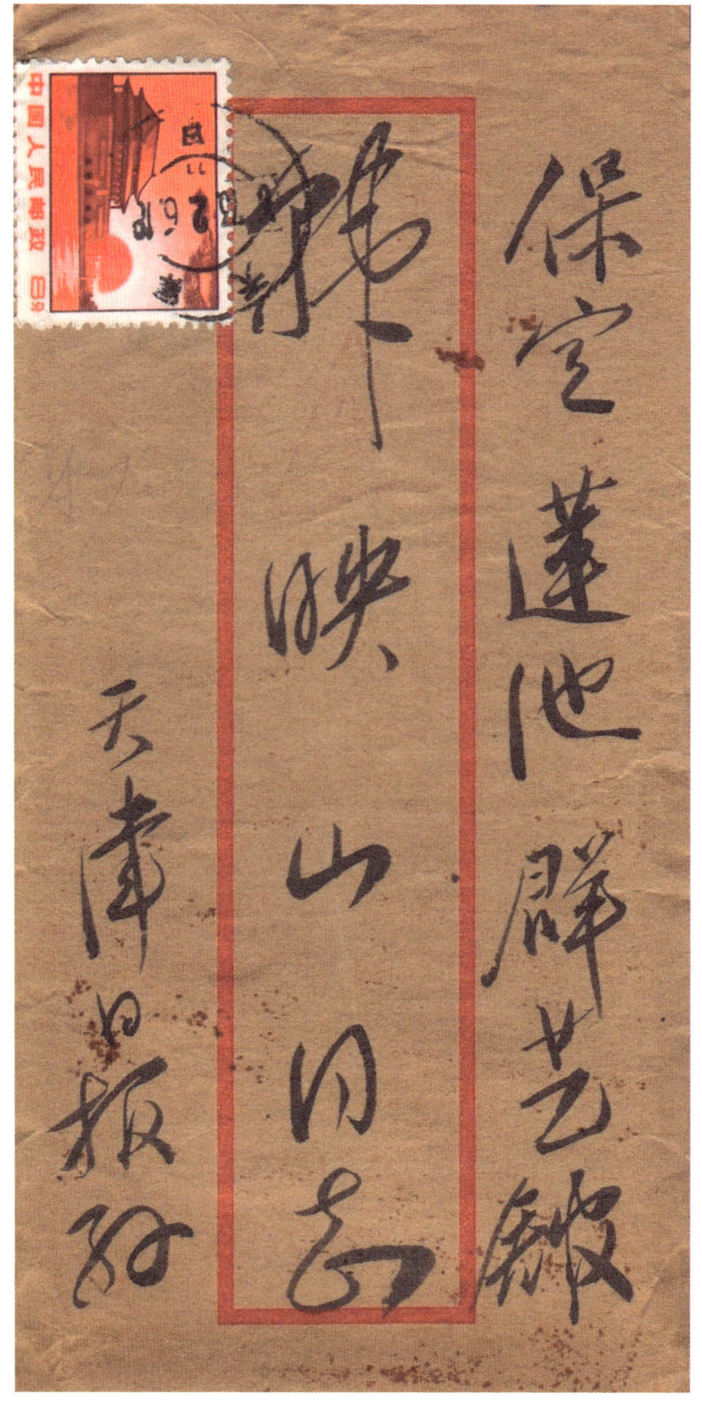
保定莲池群艺馆
韩映山同志
天津日报社

1973.1.31

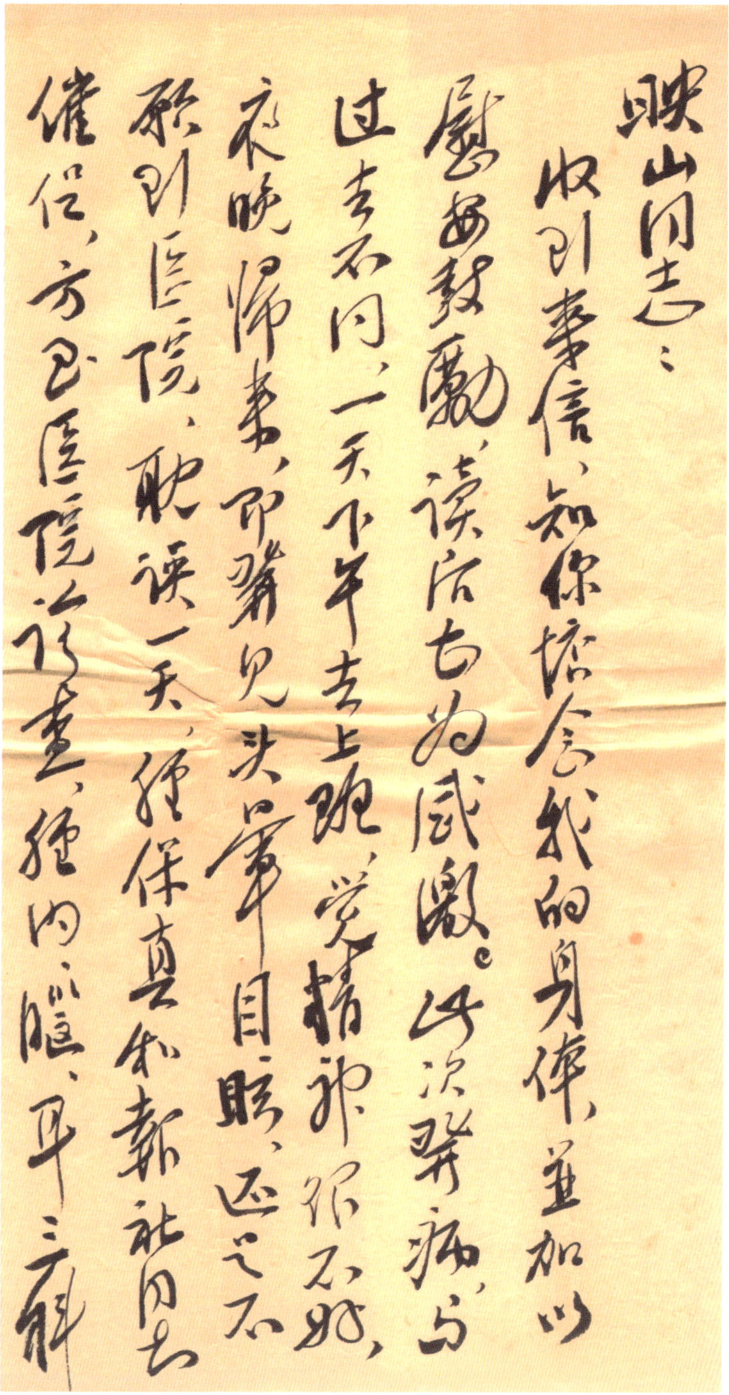

映山同志：

收到来信，知你惦念我的身体，并加以慰安鼓励，读后甚为感激。此次犯病，与过去不同，一天下半天去上班，觉精神不错，夜晚归来，即发见头晕目眩，还不愿到医院，耽误一天，经保真和新社同志催促，方到医院治疗，经内、脑、耳鼻

1973.1.31

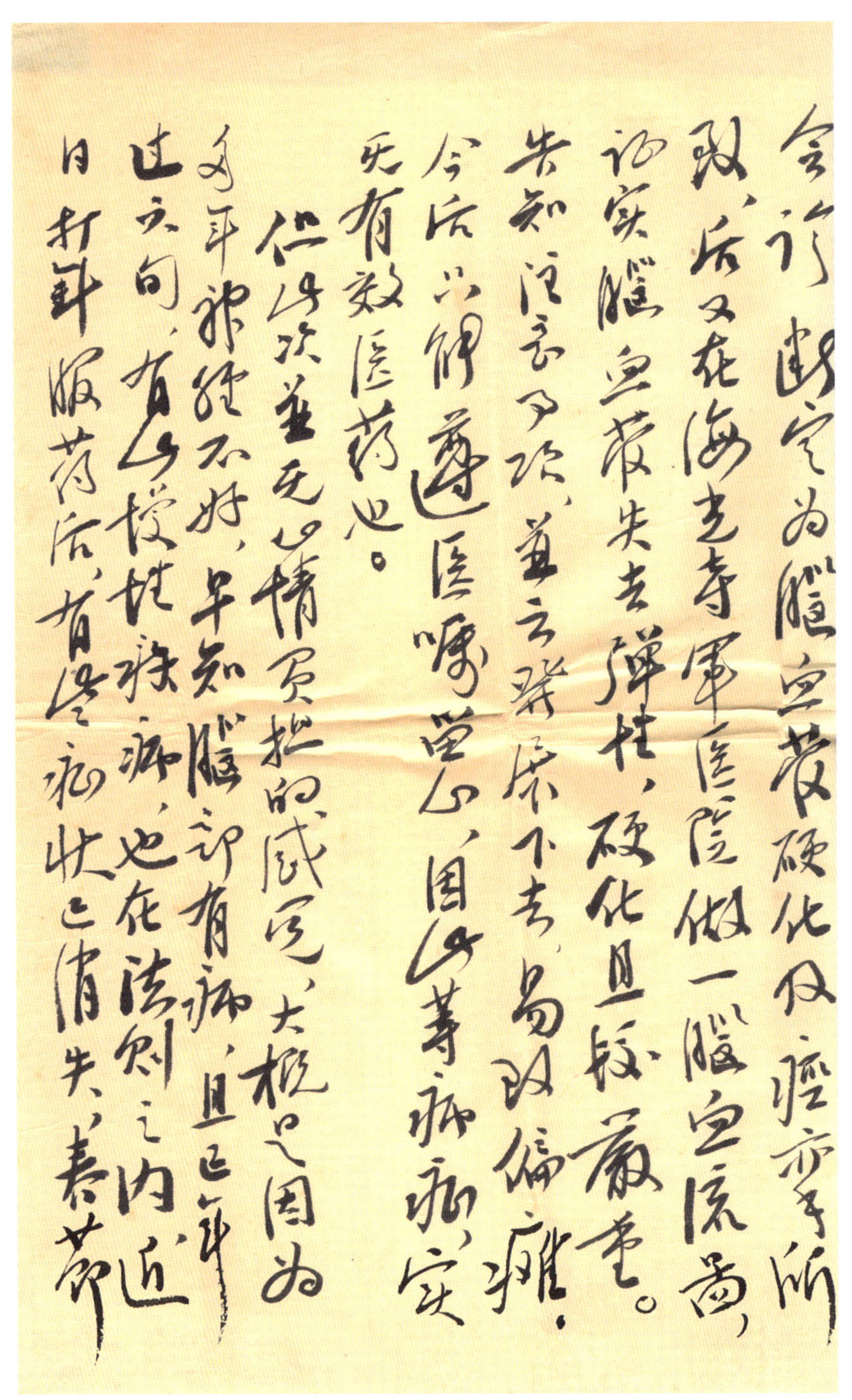

会诊，断定为腿血管硬化及痉挛所致，后又在海光寺军医院做一腿血流图，证实腿血管失去弹性，硬化且较严重。告知须戒烟，并云发展下去，易致偏瘫。今后只能遵医嘱留心，因此等病实无有效医药也。

但此次并无心情负担的感觉，大概也因为身体素很不好，早知腿部有病，且已年过六旬，有此慢性疾病，也在法则之内。近日打针服药后，有些症状已消失，春节

1973.1.31

后仍拟到新社上半日班，并加体锻炼活动。

今年春节，小淼因眼疾经重庆来家，节后到北京同仁医院检查。小平也带了孩子来，可以说是颇不寂寞了。

小玲事，葛文同志来信，因身体、心情都不好，一时尚无具体对象，韩放同志说成，你可先侧面了解一下，先不要正式提。

我很关心你的创作，但近几年来，以各种情况，实感对你帮助很少，且有时想起，不知实

1973.1.31

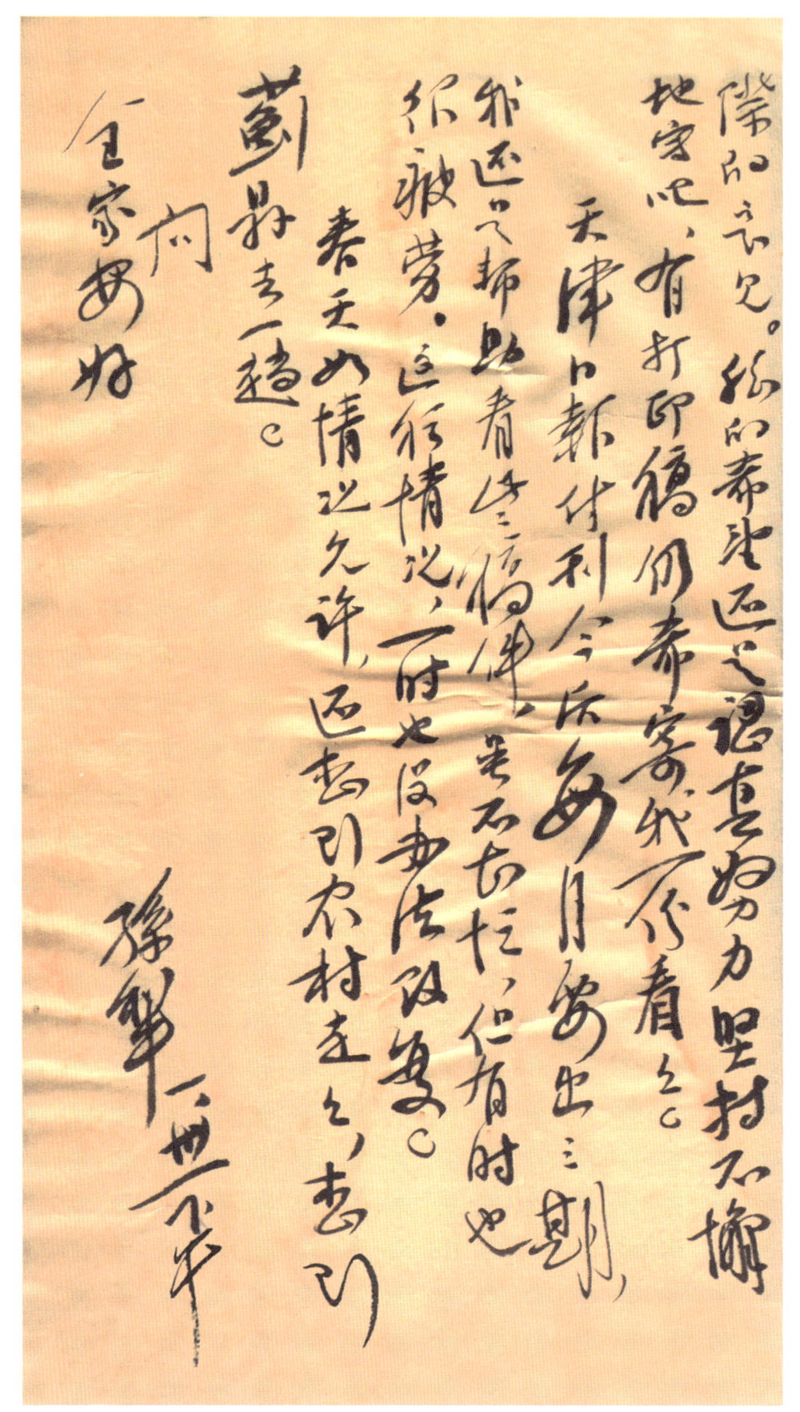

除的意见。你的希望还是很有意义，努力坚持不懈地写吧，有打印稿，仍希寄我一阅看看。

天津日报副刊今后每月发出三期，我还只帮助看些稿件，并不太忙，但有时也很疲劳。这种情况，有时也没办法改变。

春天如情况允许，还想到农村走走，想到蓟县去一趟。

问

全家安好

孙犁 一月卅一日下午

1973.1.31

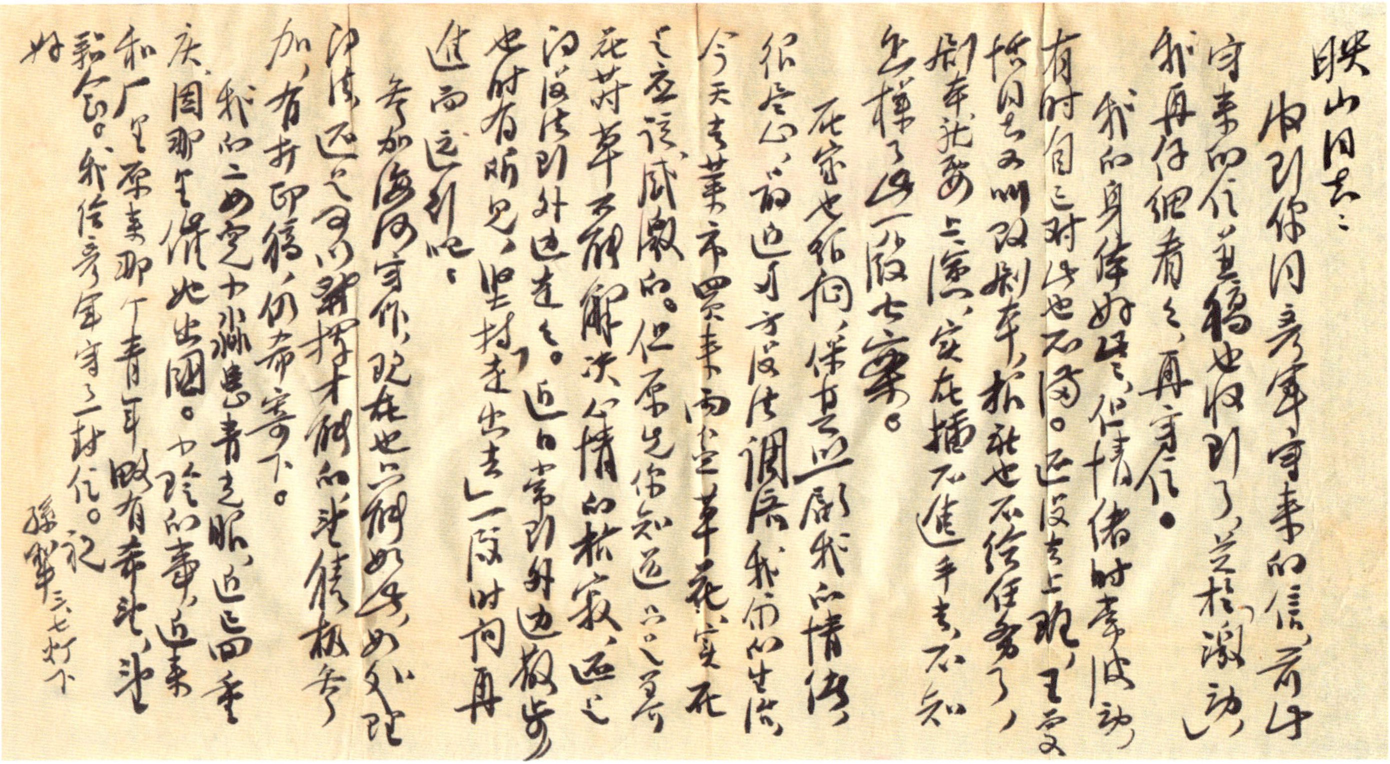

映山同志：

收到你同意寄来的信，前些日寄来的作品稿也收到了，关于「激动」，我再仔细看看，再寄你。

我的身体好些了，但情绪时常波动，有时自己对什么也不满意。近几天上班，主要任务是参加修改剧本，我就什么也不能作了，剧本说我要上演，实在插不进手去，不知怎样了此一段公案。

在家也经常问，保持过去那种情绪，很安心，前些日子又发生调房，我们也坐院。今天来了一些菜种，花种，实在是应该感激的。但原先你知道的，花卉草木有兴趣，解决心情的枯寂，还是要到外边走走。近日常到外边散步，也时有所见，坐村走出去一段时间再进而远足吧。

希加强写作，现在也不能如愿，也不必冲淡，还是可以翻译才能的发挥机会[illegible]加，有些印稿，你希望寄下。

我的二女儿小淋患青光眼，近日回重庆，因那里生活比此间好。小孩的事，近来和厂里原来那个青年股有点联系，进展不大。我信寄[illegible]写了一封信。祝

好

孙犁 三七灯下

1973.3.7

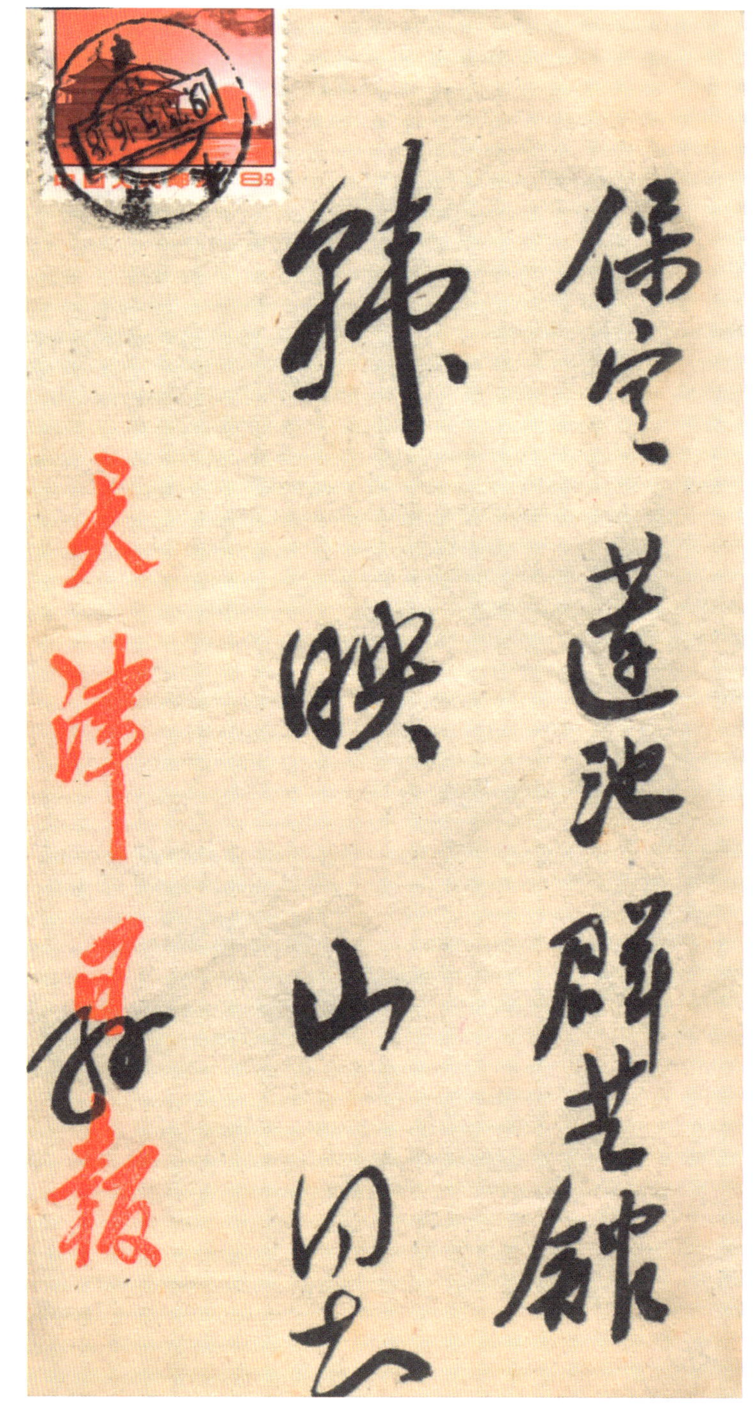
保定莲池群艺馆
韩映山同志
天津日报 孙

1973.5.13

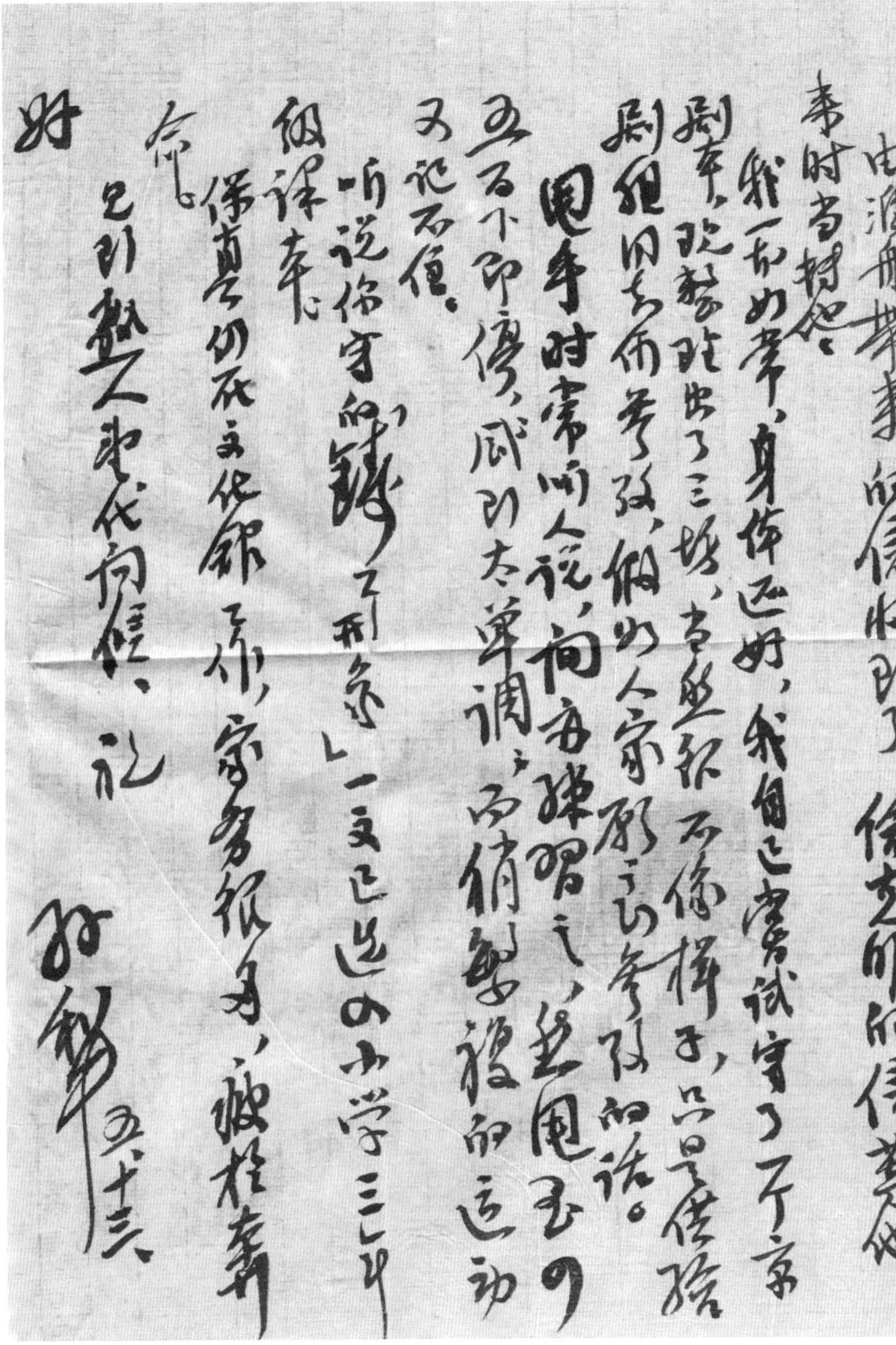

映山同志：

由淮舟带来的信收到了。给克明的信等他来时当转他。

我一切如常，身体还好，我自己尝试写了个京剧本，现在已经排出了三场，当然很不像样子，只是借剧组同志们帮了我，如人家所了的话。

电年时常听人说，向有辣习之，并周玉的五石下印像，感到太单调，而缺乏热情的运动又记不住。

听说你写的《锻炼》一文已选入小学三年级课本。

保育是仍在文化部工作，家务很多，被推荐命。

见到熟人望代问候，祝

好

孙犁 五、十三

1973.5.13

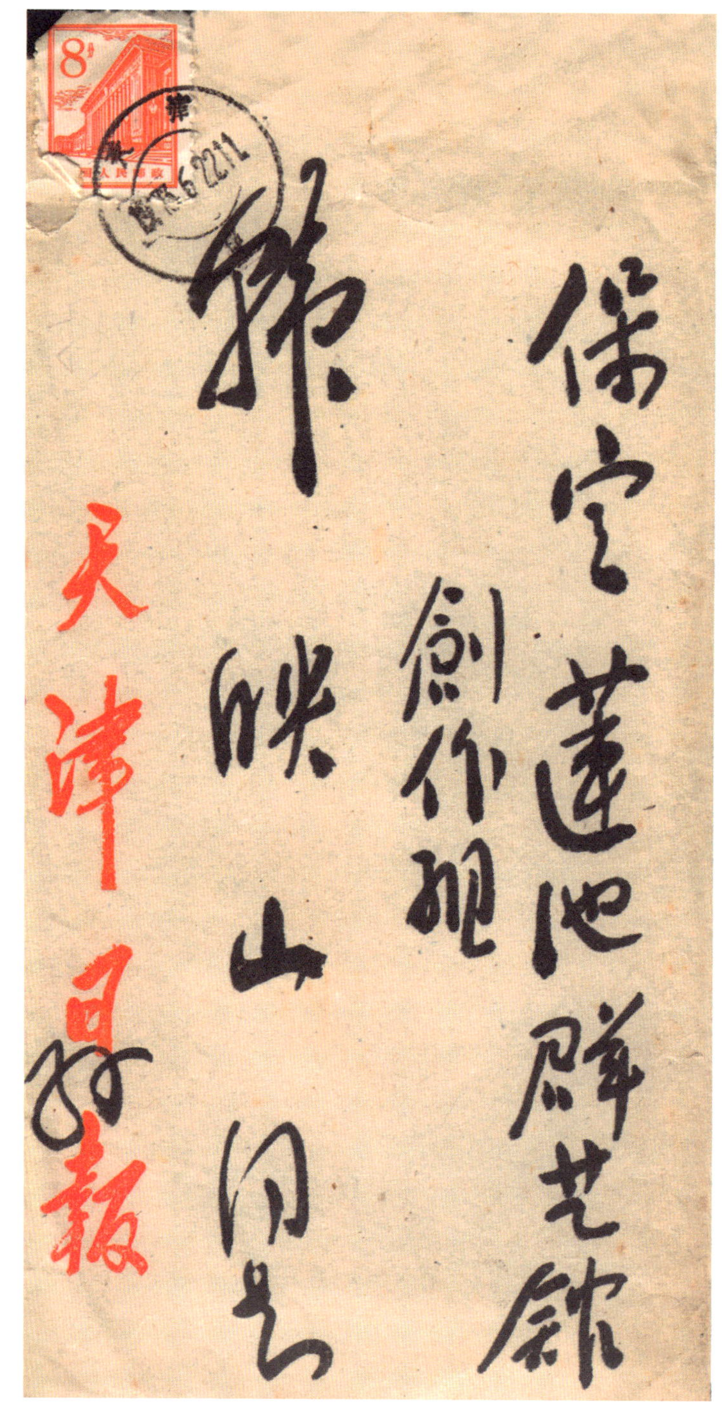
保定蓮池群艺館
創作組
韓映山同志
天津日報 孫

1973.6.21

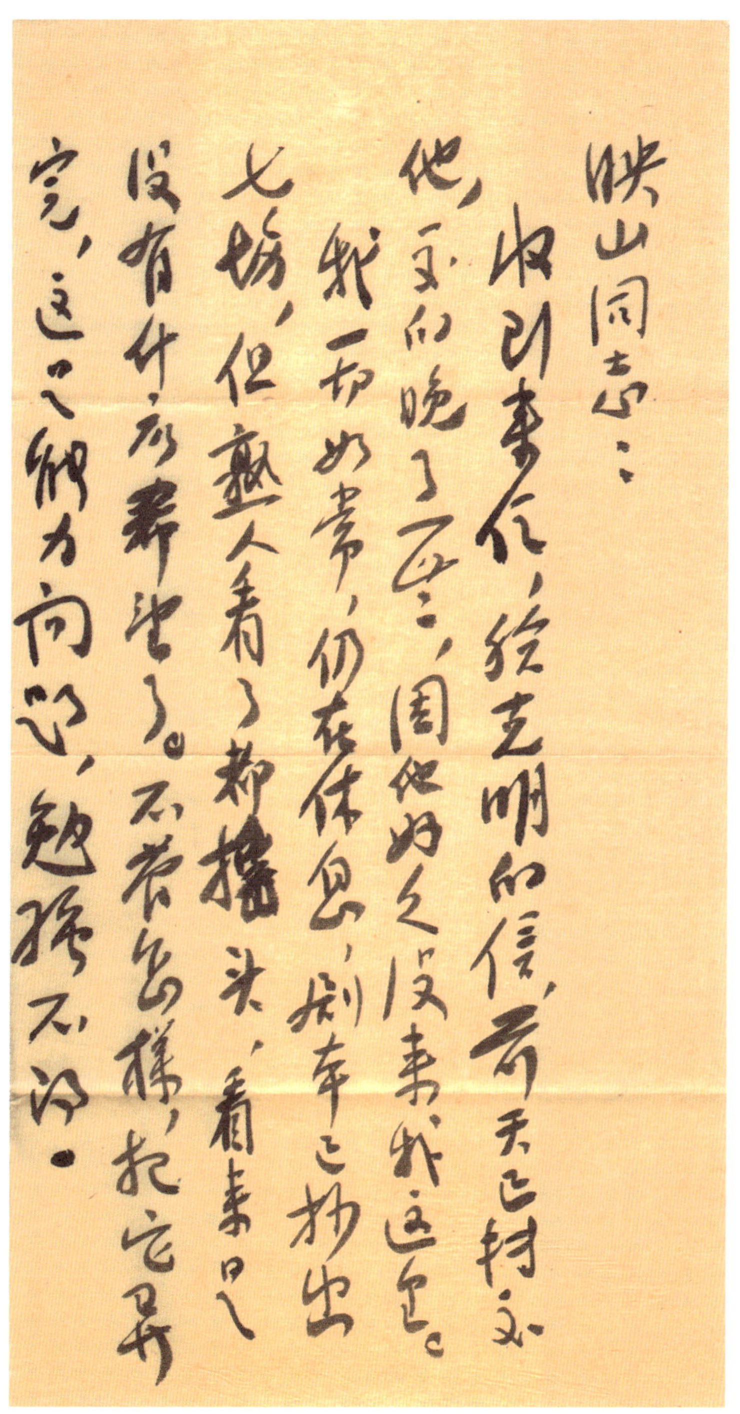

映山同志：

收到来信，给克明的信，前天已转去他，可能晚了点，因他好久没来我这里。我一切如常，仍在休息，剧本已抄出七场，但愿人看了都摇头，看来是没有什么希望了。不管怎样，把它写完，这是努力向[illegible]，勉强不得。

1973.6.21

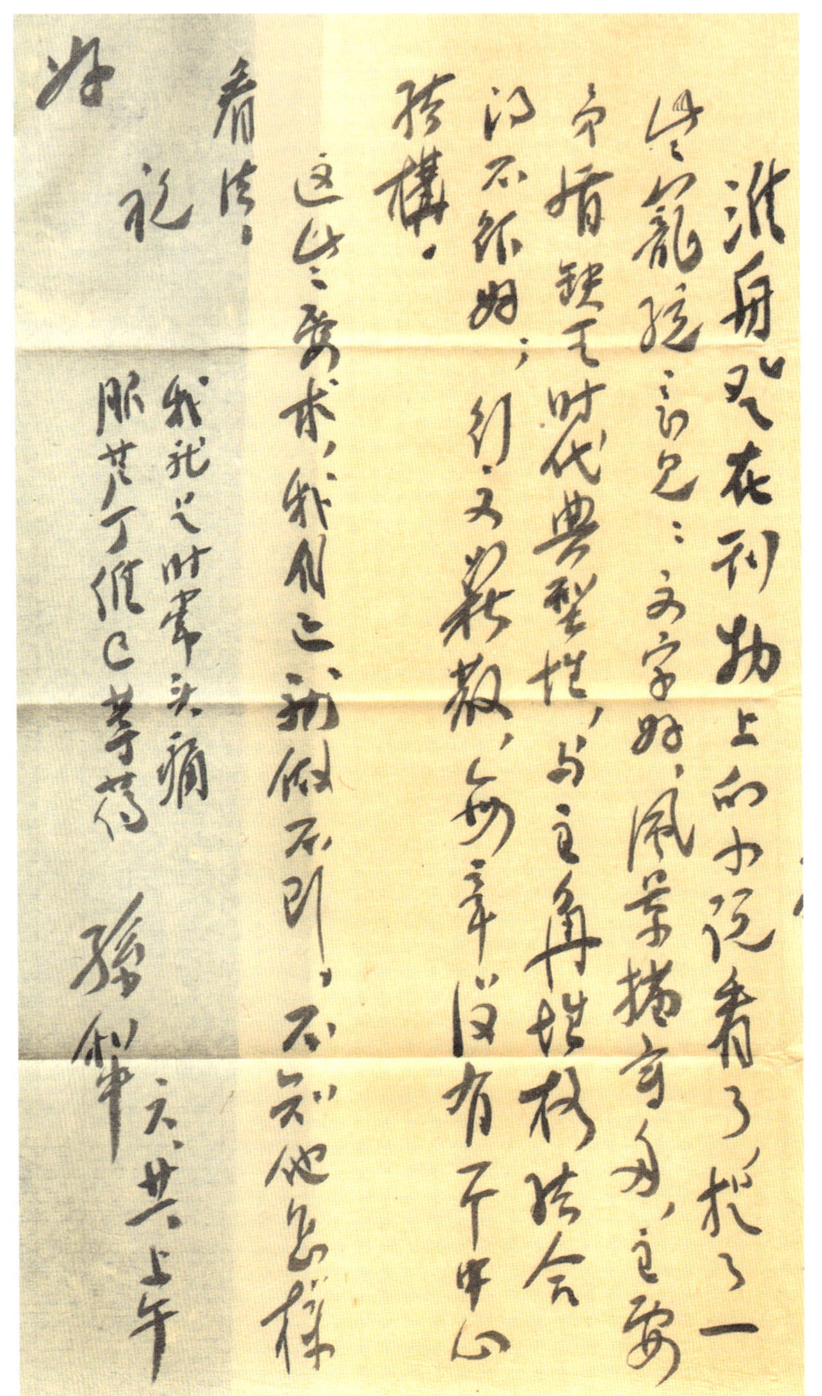

淮舟又在刊物上的小说看了，抄了一
些龍說說兒：文字好，風景描寫好，这是
你有缺乏时代典型性，与主角身份性格结合
得不够好；对文艺教育，每年以有下中心
得体。

这些要求，我们已就做不到，不知他怎样
看法。

祝
好

我现在时常头痛
那些丁作已暂停

孙犁 六月廿一日上午

1973.6.21

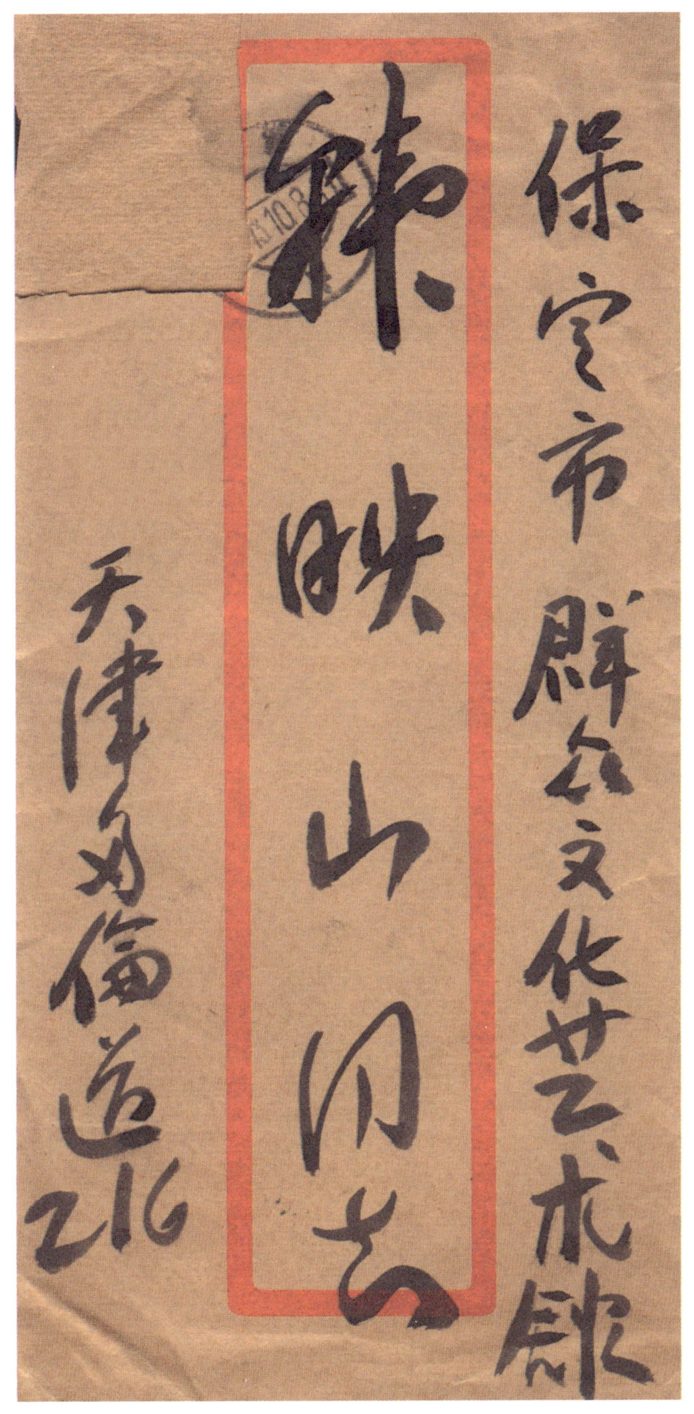
保定市群众文化艺术馆
韩映山同志
天津多伦道216

1973.10.6

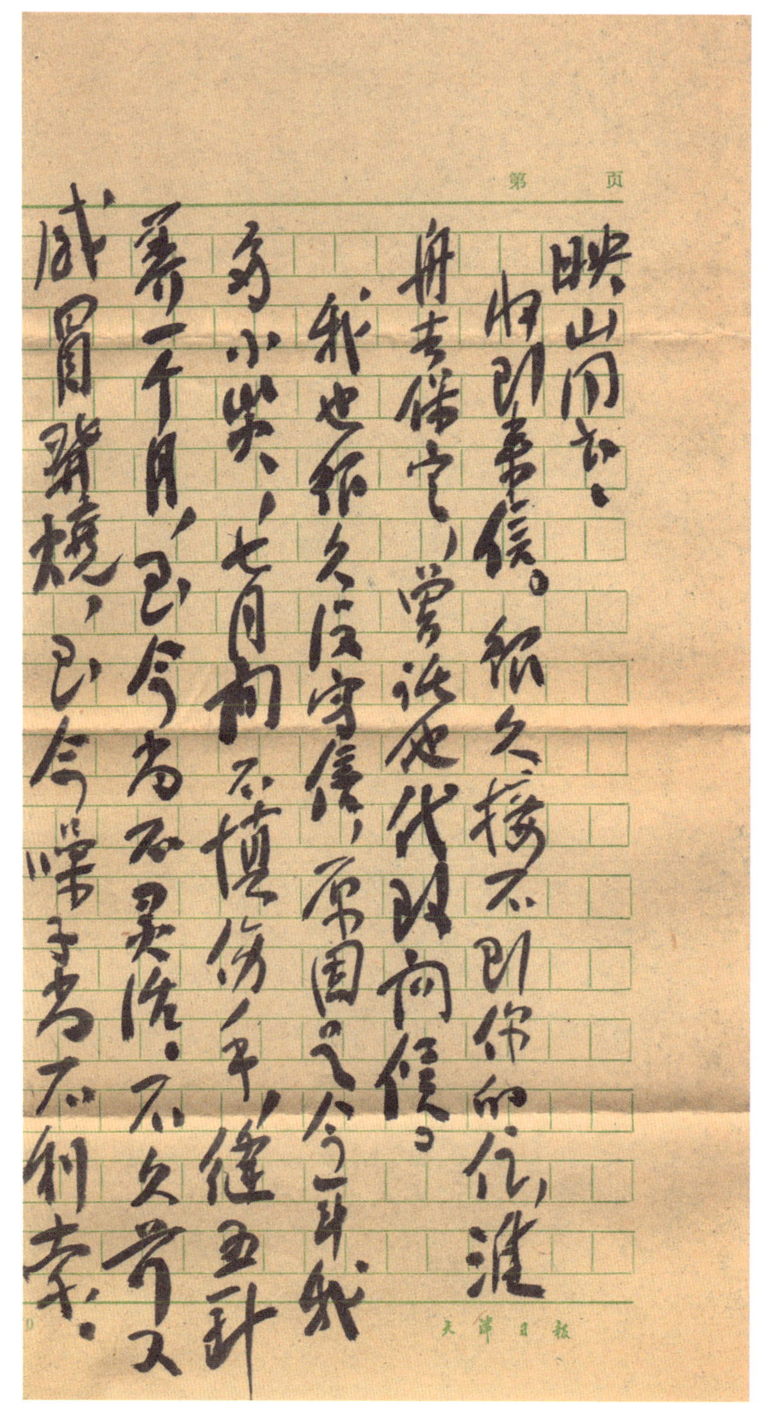
映山同志：

收到来信。很久接不到你的信，准备去信它，尝托延代致问候。我也很久没有写信，原因：今年我有小病，七月间不慎伤手，继至卧养一个月，至今尚不灵活。不久前又感冒发烧，至今嘴手尚不利索。

1973.10.6

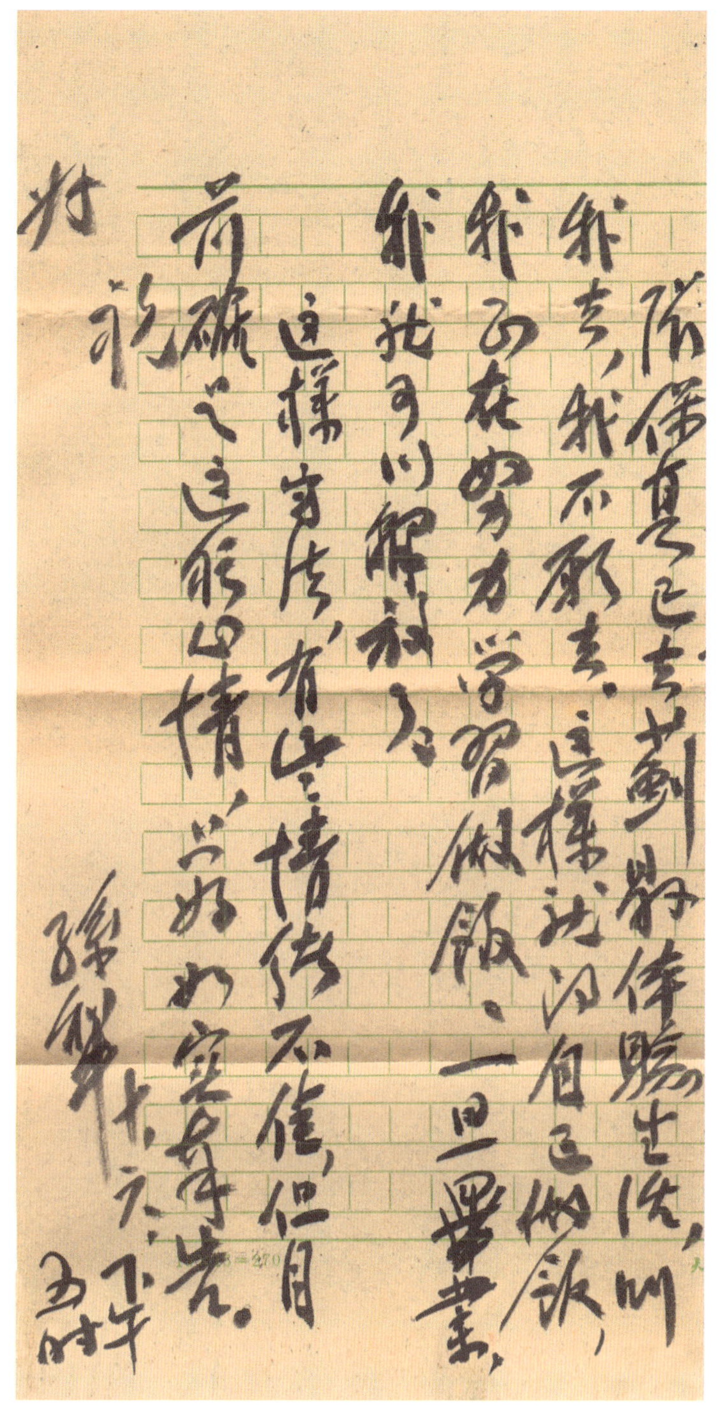

你倘真已去剧将作赔出院,则
我去,我不愿去。这样我们自己做饭,
我正在努力学习做饭,一旦毕业,
我就可以解放了。
这样写信,有些情绪不佳,但目
前就是这般心情,只好如实写告。

好

祝

孙犁
十.六 下午五时

1973.10.6

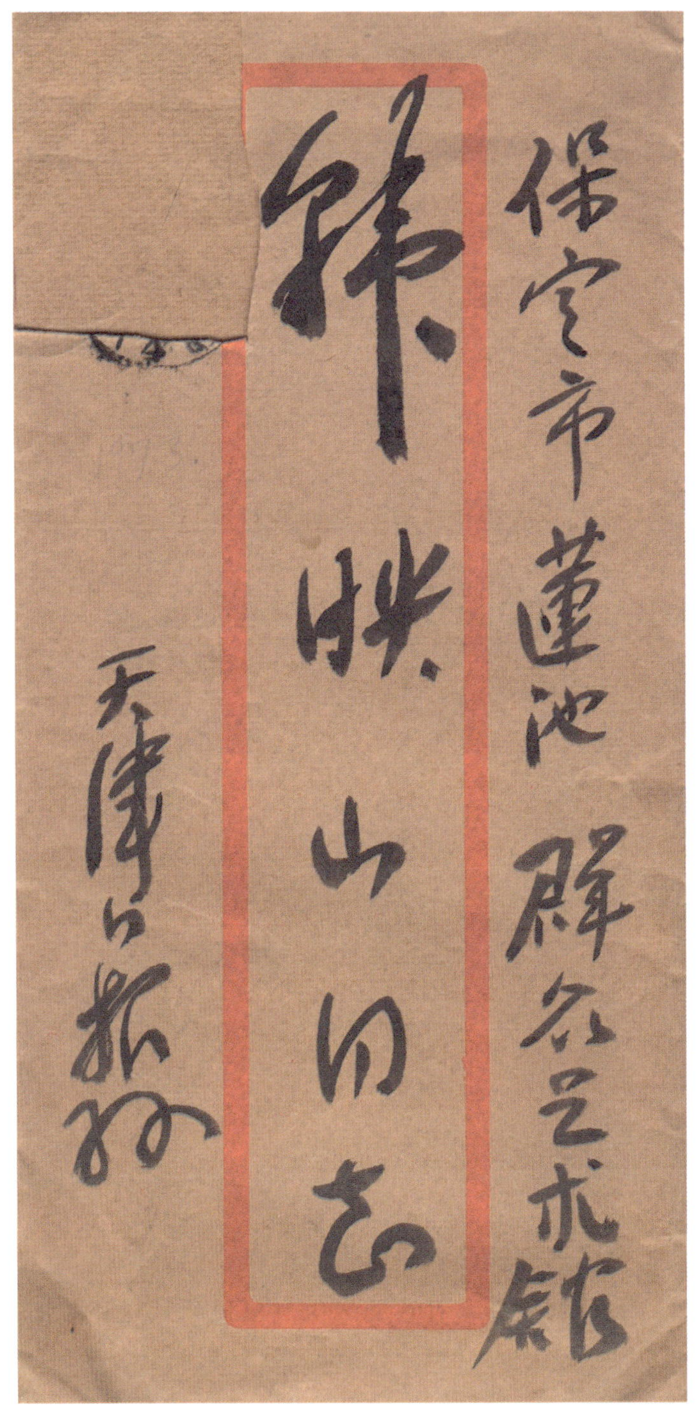
保定市蓮池 群眾藝術館
韓映山同志
天津日報孫

1973.11.20

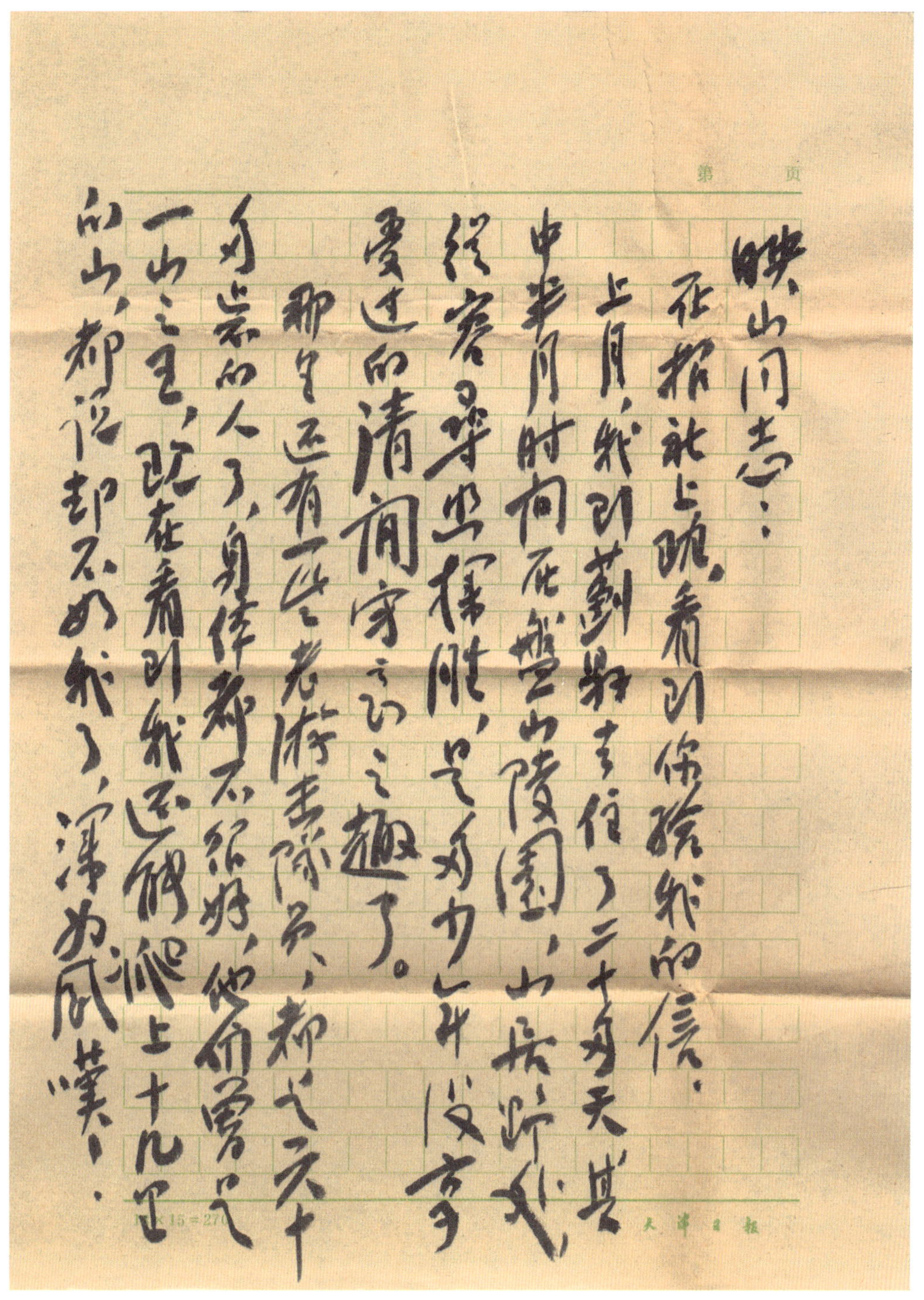
第　页

映山同志：

在报纸上，看到你谈我的信。

上月，我到蓟县去住了二十多天，其中半月时间在盘山陵园，山岳虽然很容易寻幽探胜，但已无力山行，没享受过的清闲安适之趣了。

那里还有一些老游击队员，都已六十多岁的人了，身体都不很好，他们曾是一山之主，现在看到我还能爬上十几里的山，都说却不如我了，深为感叹。

18×15＝270　天津日报

1973.11.20

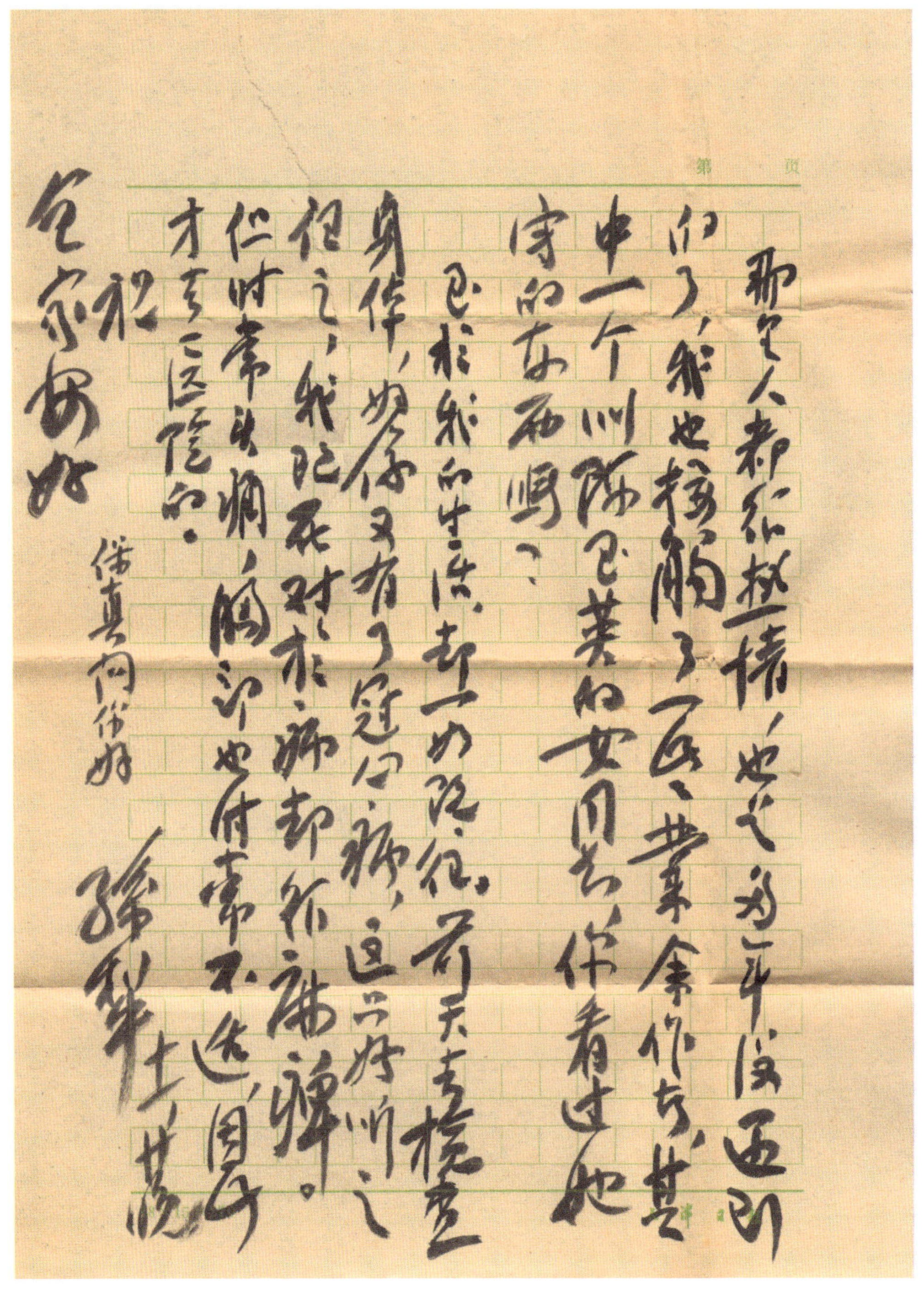

那些人都很热情，也已为我谈过他们了，我也接触了一些业余作者，其中一个叫陈飞英的女同志，你看过她写的东西吗？

至于我的生活，却一如既往。前天去检查身体，好像又有了疑问，这只好听之任之，我现在对于那些都很淡薄。但时常失调，脑子也时常不适，因此才去一区医院的。

请代问你们好

祝

全家安好

孙犁 十一月廿日

1973.11.20

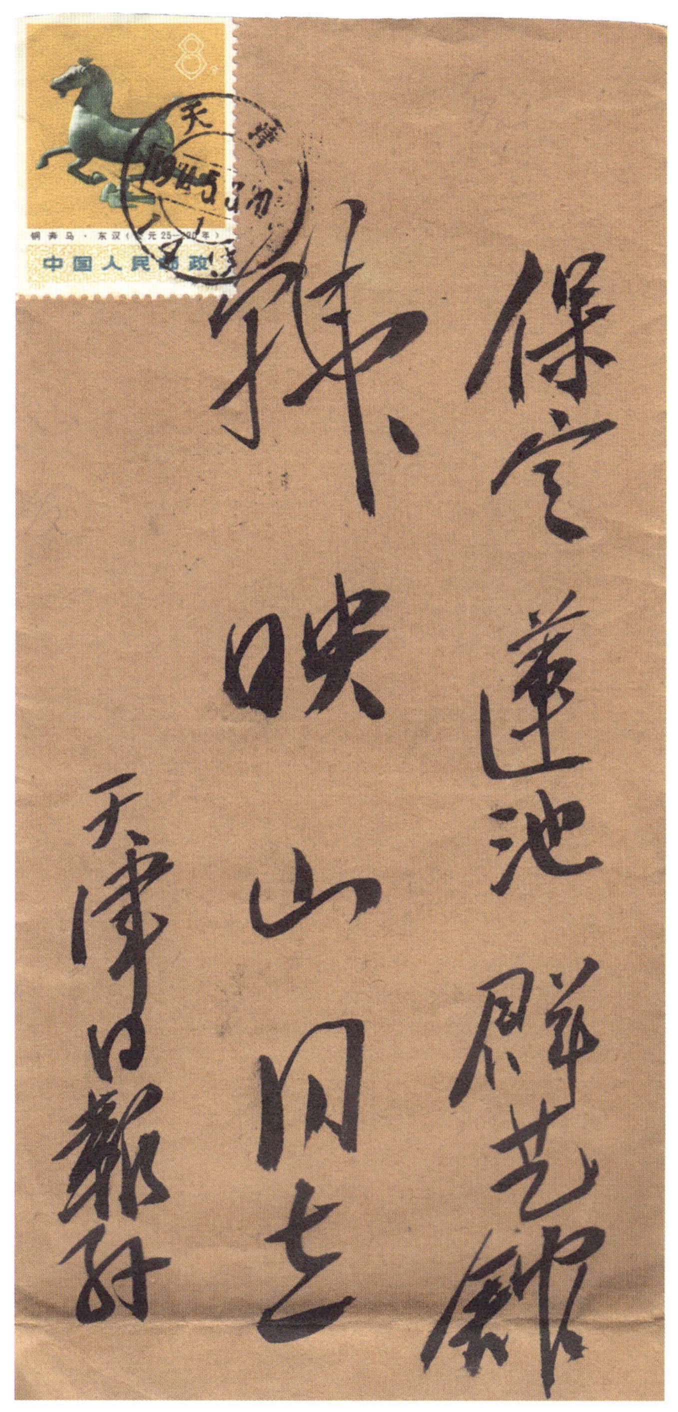

保定莲池群艺馆

韩映山同志

天津日报社

1974.4.27

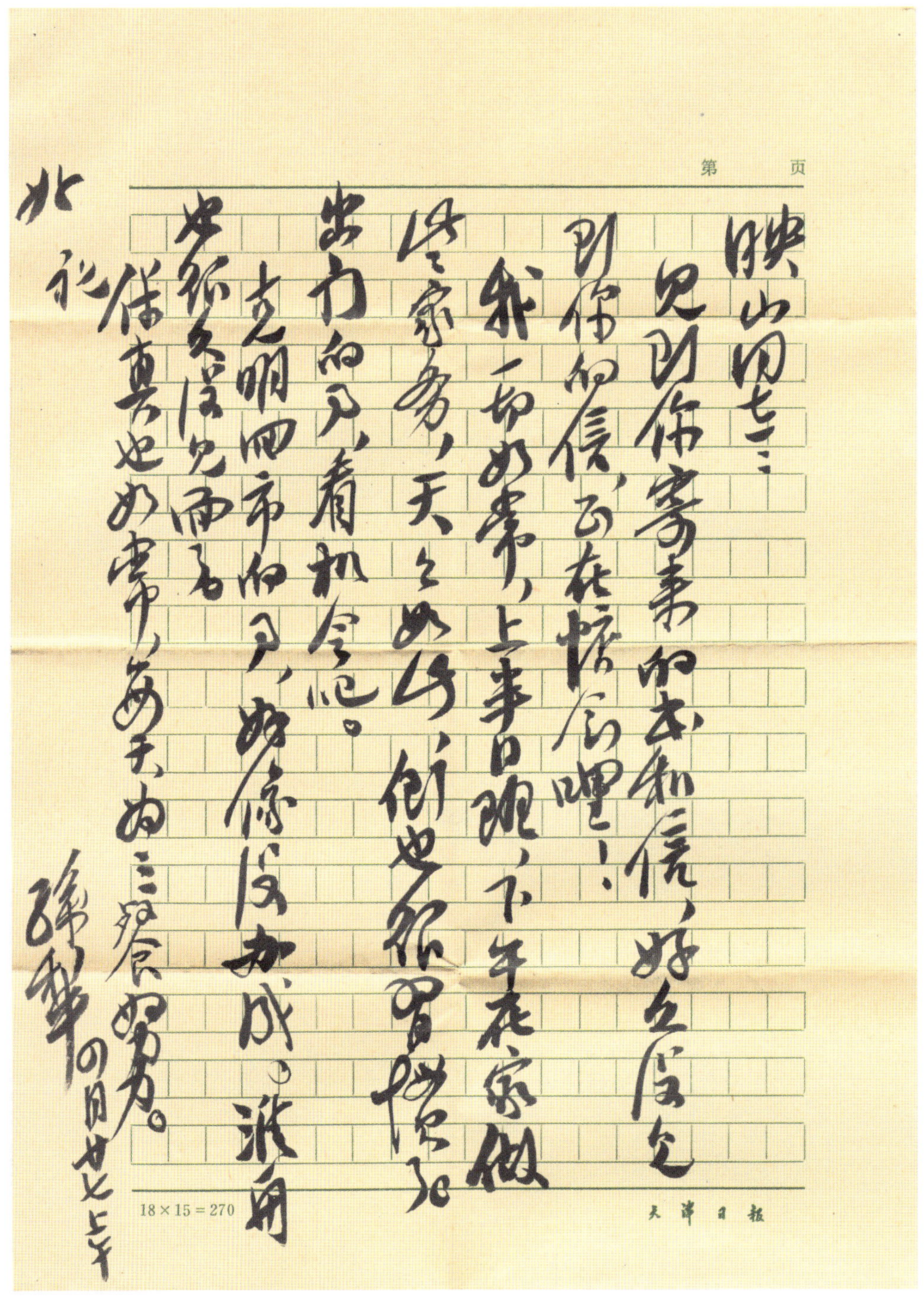

第　页

映山同志：

见到你寄来的本和信，好久没见到你的信，正在惦念哩！

我一切如常，上半日跑，下午在家做些家务，天天如此，倒也很习惯了，没出力的人，看机会吧。

文明回市的人，好像没办成。张开此地久没见雨了。

储书也如常，每天为三顿食努力。

北　风

孙犁

四月廿七上午

18 × 15 = 270　　　　天津日报

1974.4.27

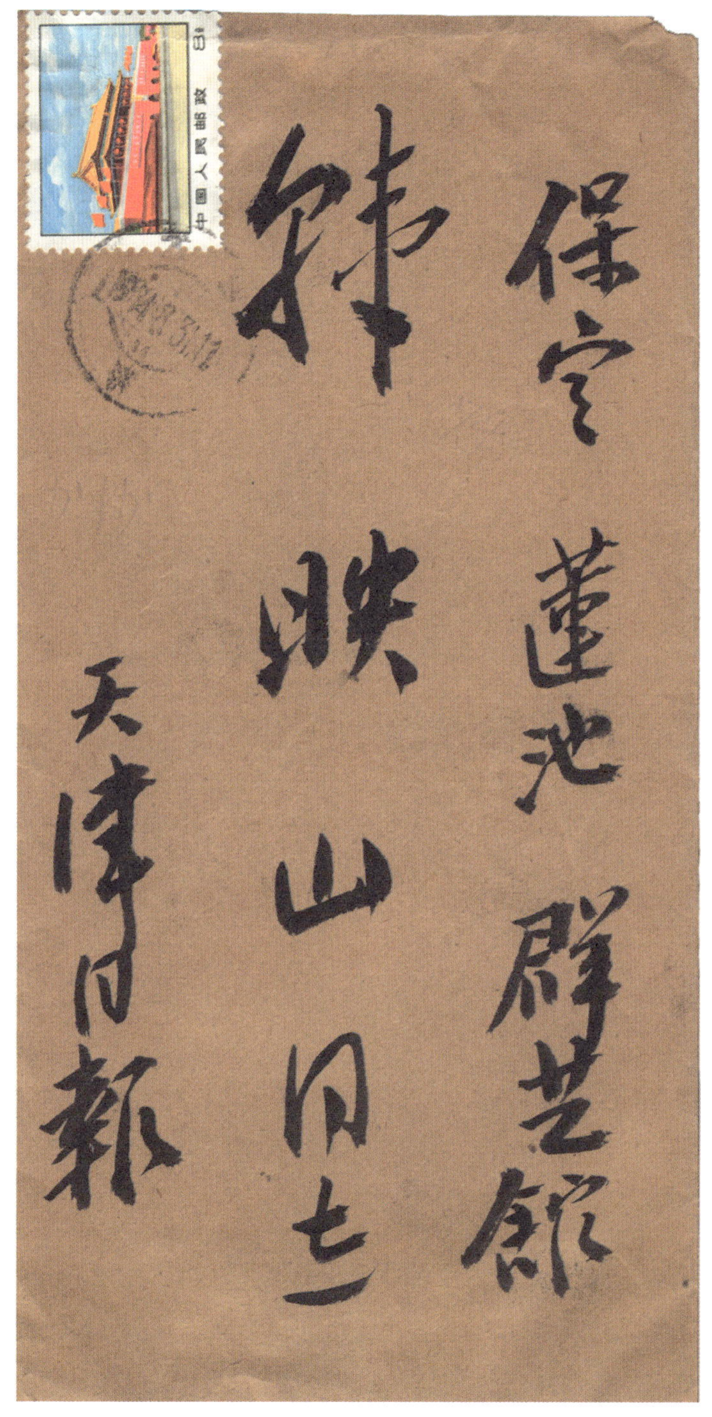
保定蓮池群艺館
韓映山同志
天津日報

1974.8.30

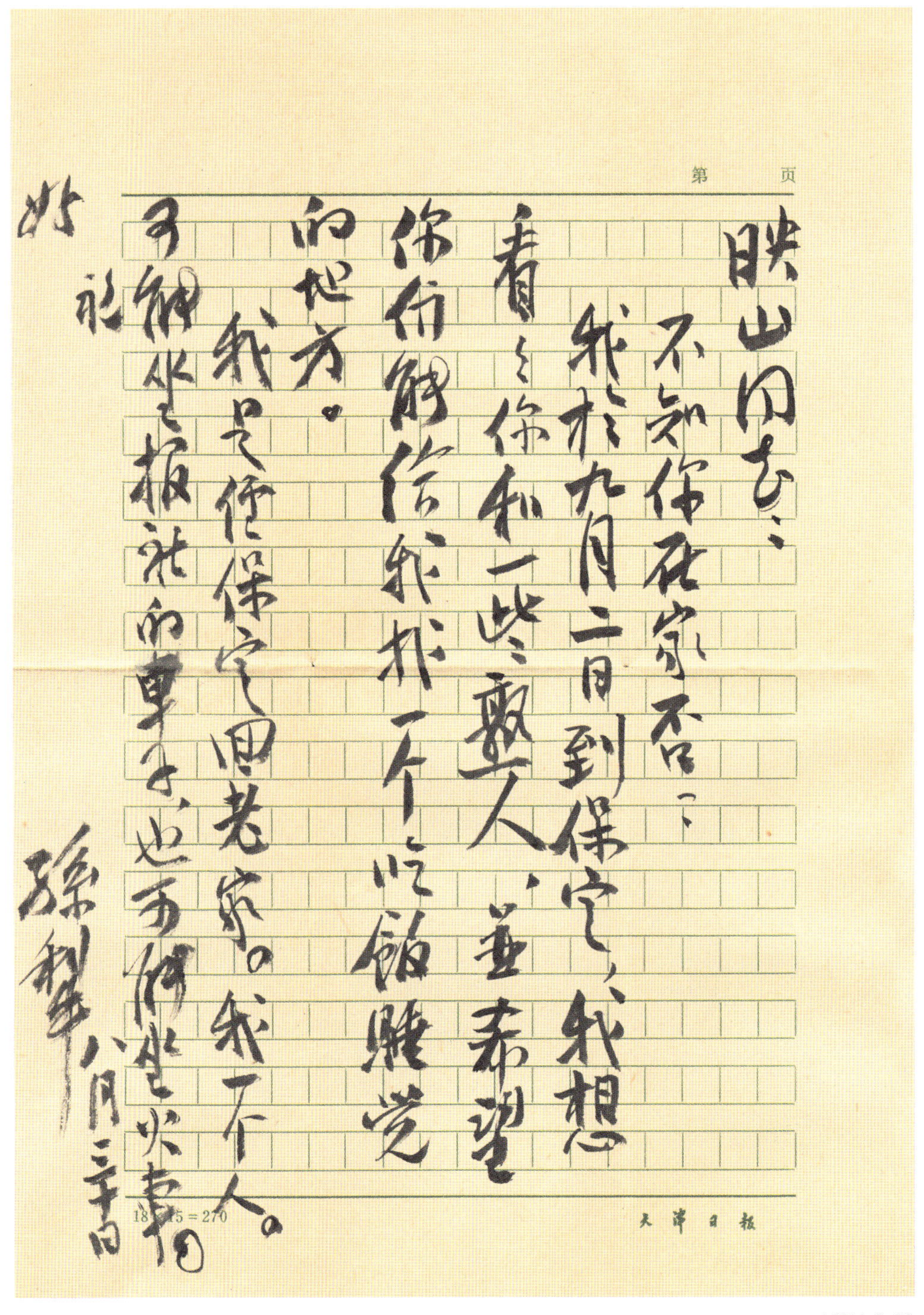

第　页

映山同志：

不知你在家否？

我于九月二日到保定，我想看看你和一些熟人，并希望你们能给我找一个吃饭睡觉的地方。

我只住保定，回老家。我一个人。可能坐报社的车子，也可借坐火车回。

好

孙犁

八月三十日

18×15=270

天津日报

1974.8.30

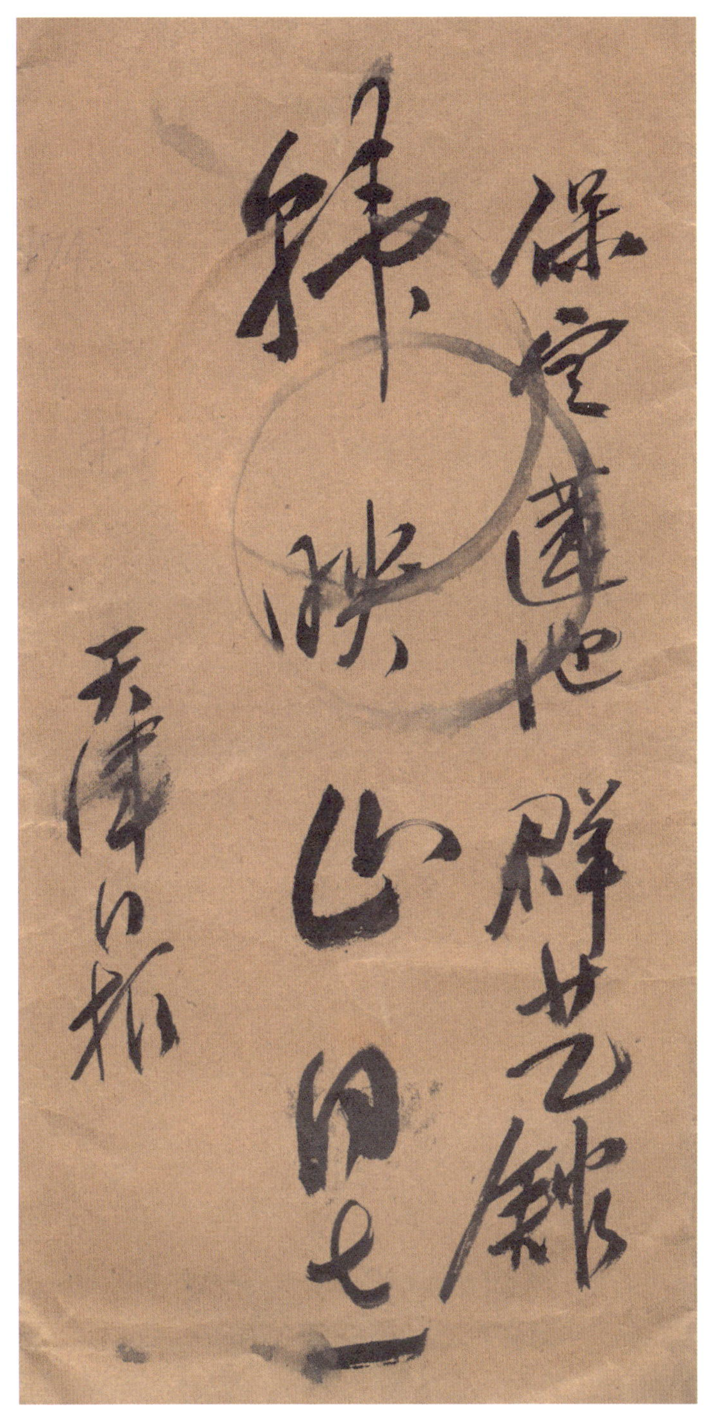
保定莲池群艺馆

韩映山同志

天津日报

1974.10.11

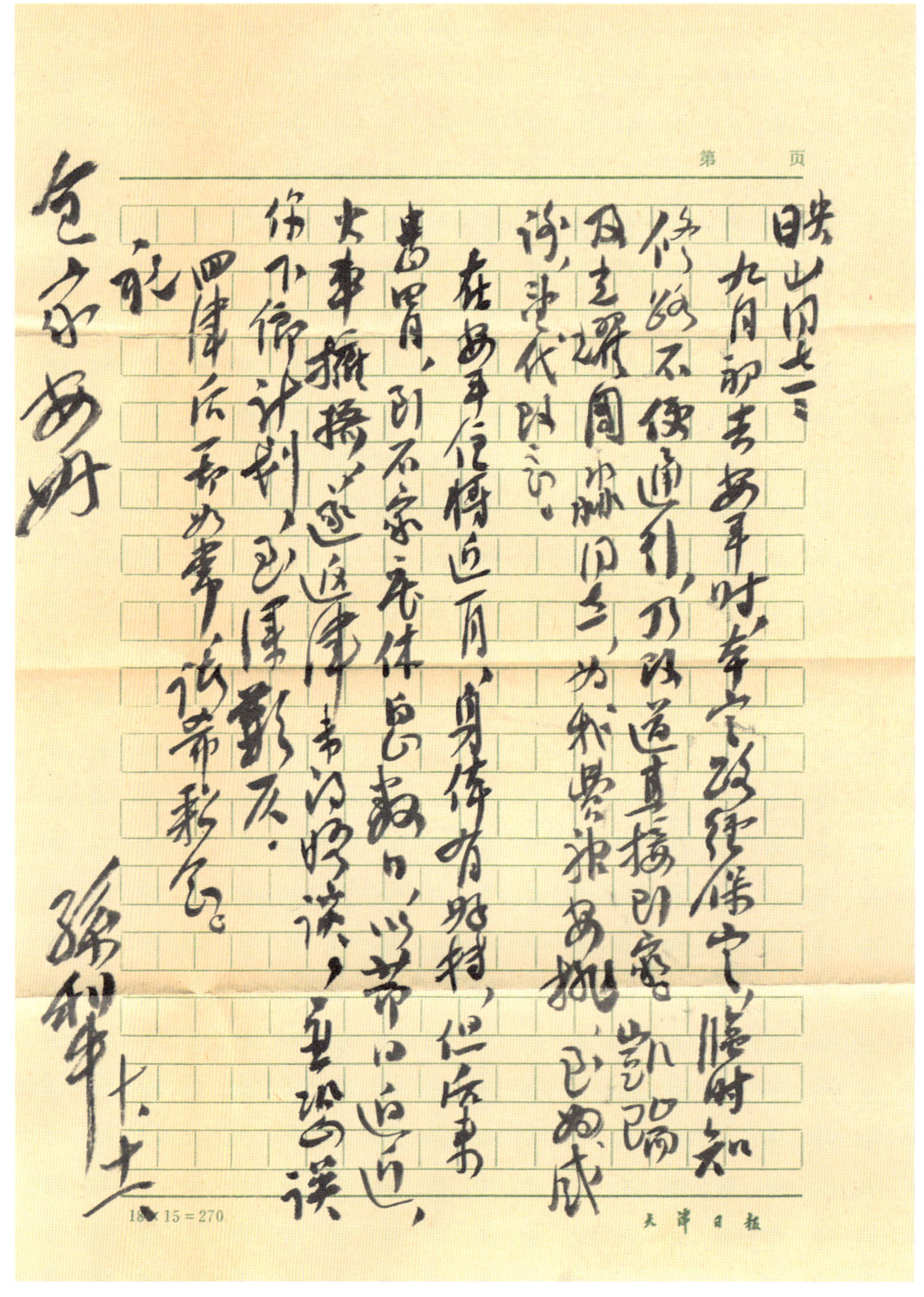

映山同志：

九月初去安平时，曾经保定，临时知你们路不便通行，乃改道直接到家。及至保同你们二人，为我费神安排，已如愿，感谢，并代致谢意。

在安平住了将近一月，身体有好转，但终来书胃，到石家庄休息数日，以节日近近，火车拥挤，遂返津。未得好谈，至为歉误，你们计划，已属落空。

四律后再如有长诗，希寄我阅。

祝

全家安好

孙犁

十、十一

1974.10.11

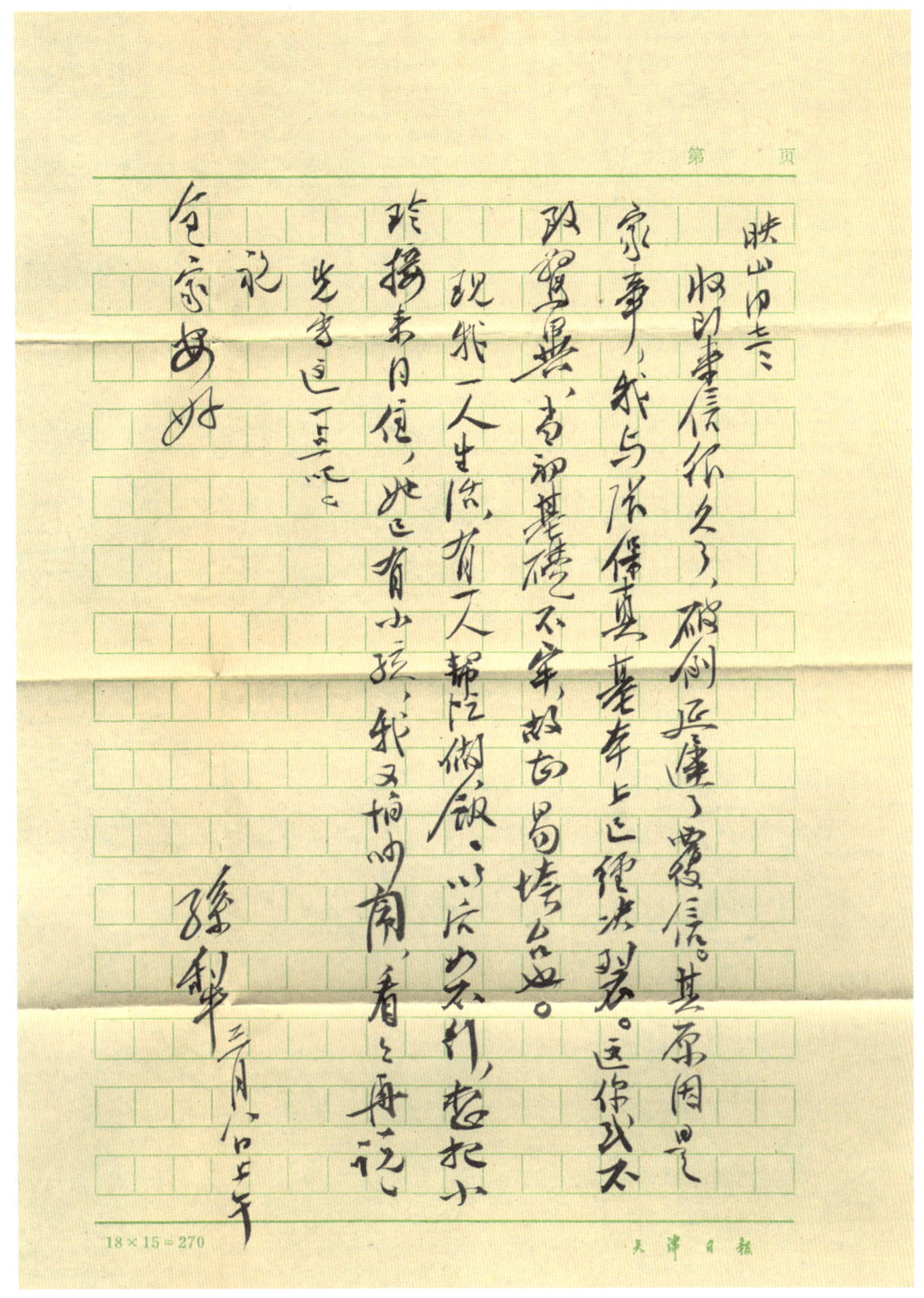
第　　页

映山同志：

收到来信很久了，破例延迟了覆信。其原因是家事，我与张保真，老年上已经决裂。这你或不致惊异，当初基础不牢，故自当垮台也。

现我一人生活，有工人帮忙做饭。以后也不行，想把小孩接来同住，她已有小孩，我又怕吵闹，看看再说。

先写这一点吧。

祝

全家安好

孙犁

三月八日上午

18×15=270　　天津日报

1975.3.8

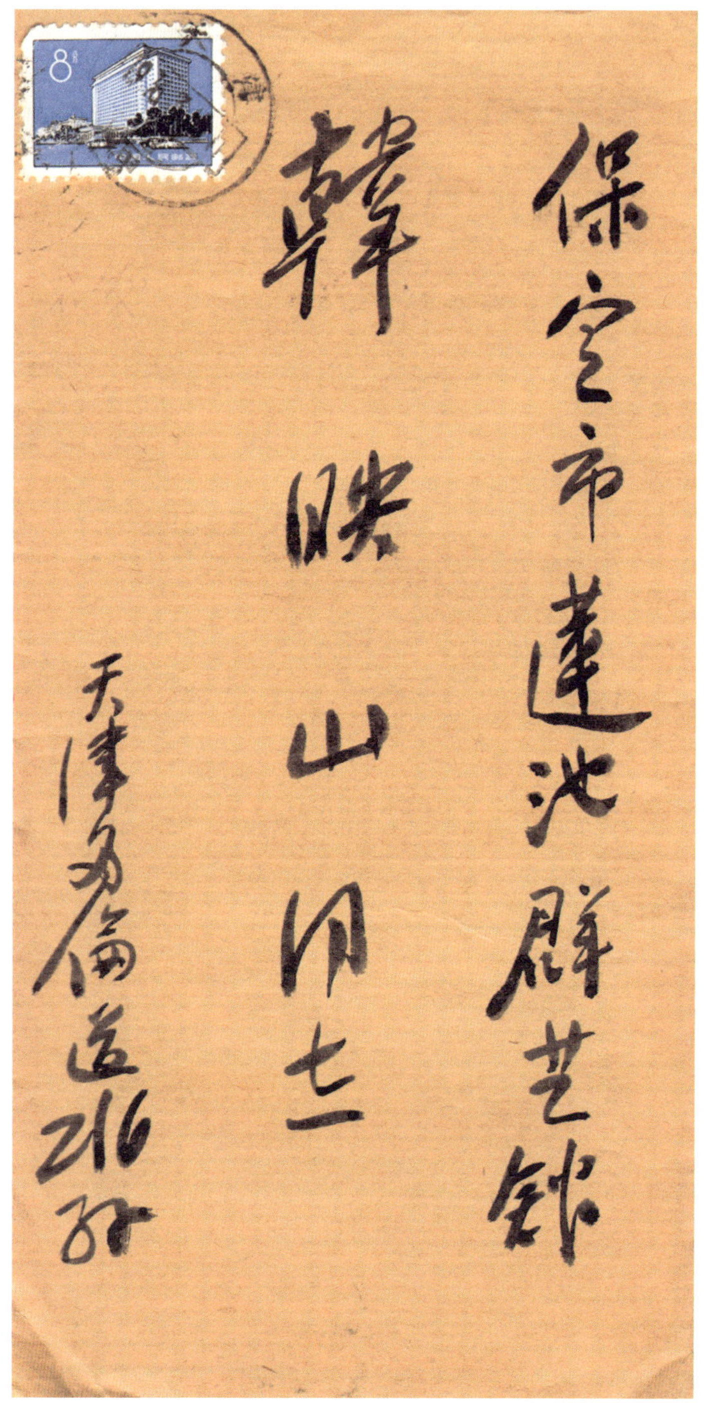
保定市莲池群艺馆
韓映山同志
天津多伦道216孙

1975.3.11

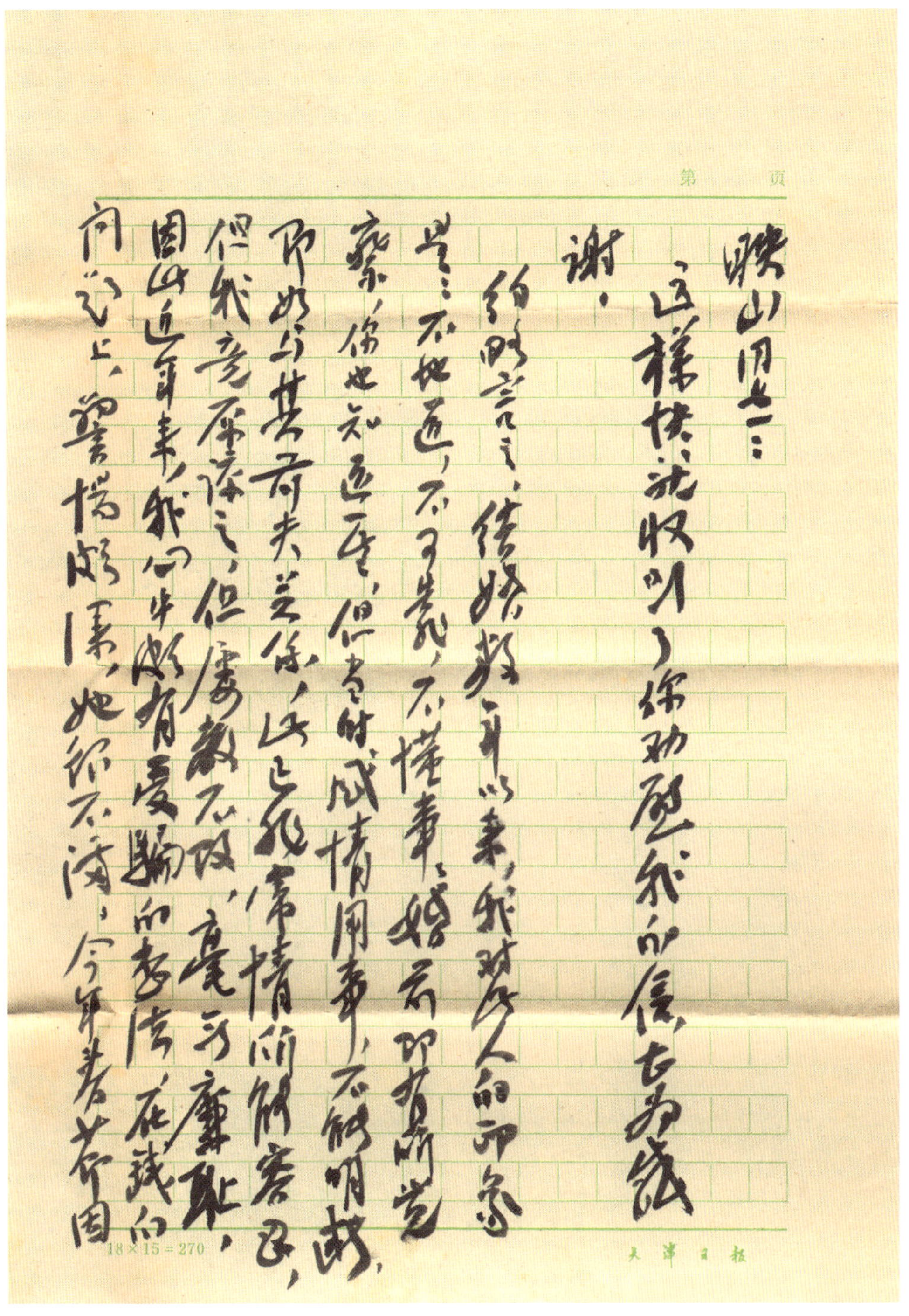

映山同志：

这样快，就收到了你劝慰我的信，甚为感谢。

约略言之，结婚数年以来，我对此人的印象是：不地道，不可靠，不懂事。婚前即有所觉察，你也知道底里。但当时感情用事，不能明断，即如与其前夫关系，也已非常情所能容忍，但我竟原谅之，但屡教不改，毫无廉耻，因此近年来，我们心中时有受骗的考虑，在践向问题上，离婚协议，她绝不同。今年春节前因

1975.3.11

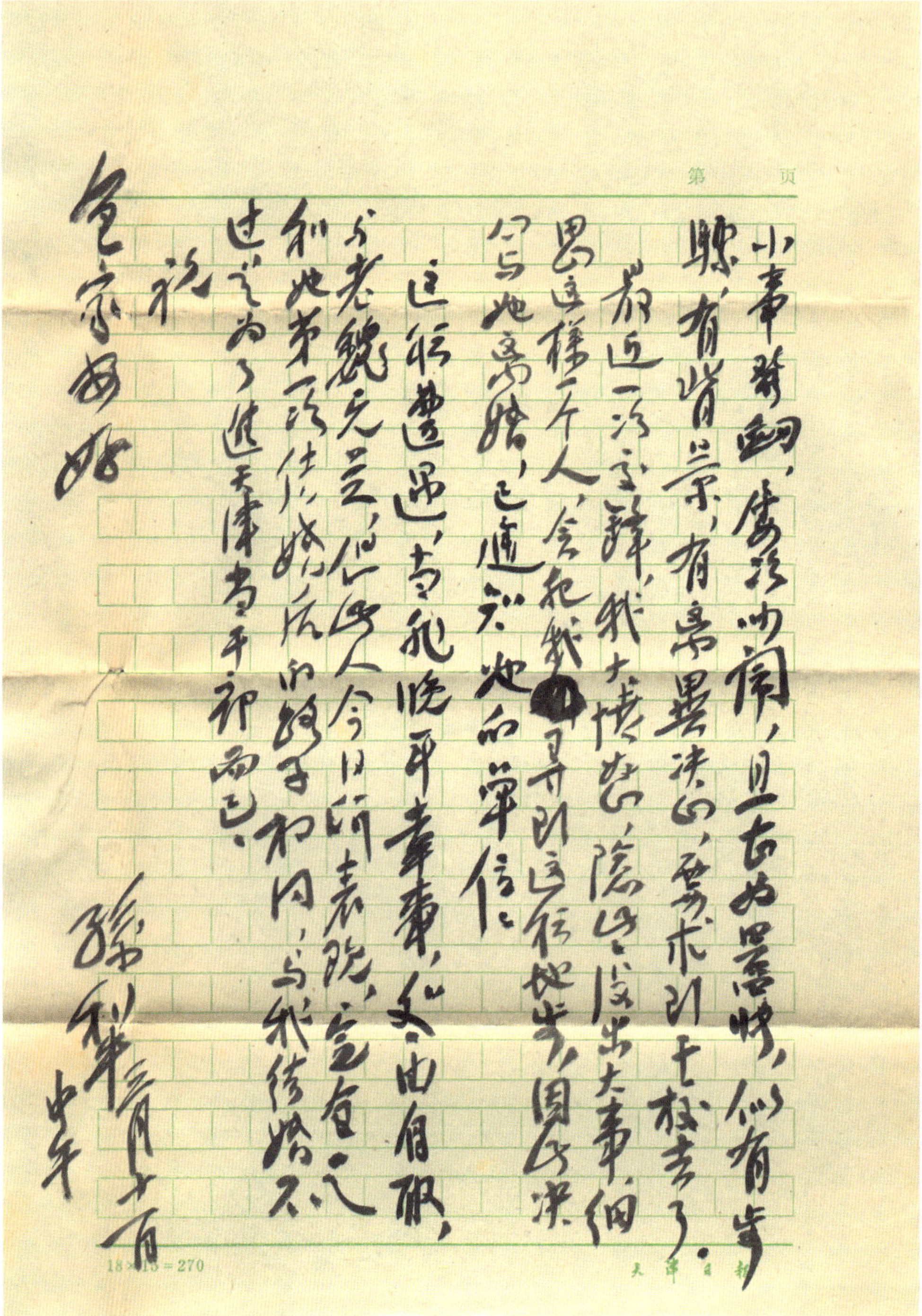

小事難斷，特別如聞，且當如暗時，似有些驚，有背景，有思想決心，要求到干校去了。最近一[illegible]，我大[illegible]，[illegible]出大事[illegible]思這樣一個人，會把我的[illegible]這種[illegible]，因此決心與她斷絕，已通知她的單位。

這種遭遇，[illegible]晚年[illegible]事，但又由自取，不老[illegible]，但此人今日[illegible]，[illegible]和她第一次信以後的[illegible]和內，與我結婚不過是為了進天津[illegible]而已。

祝

合家安好

孫犁 三月十一日 中午

1975.3.11

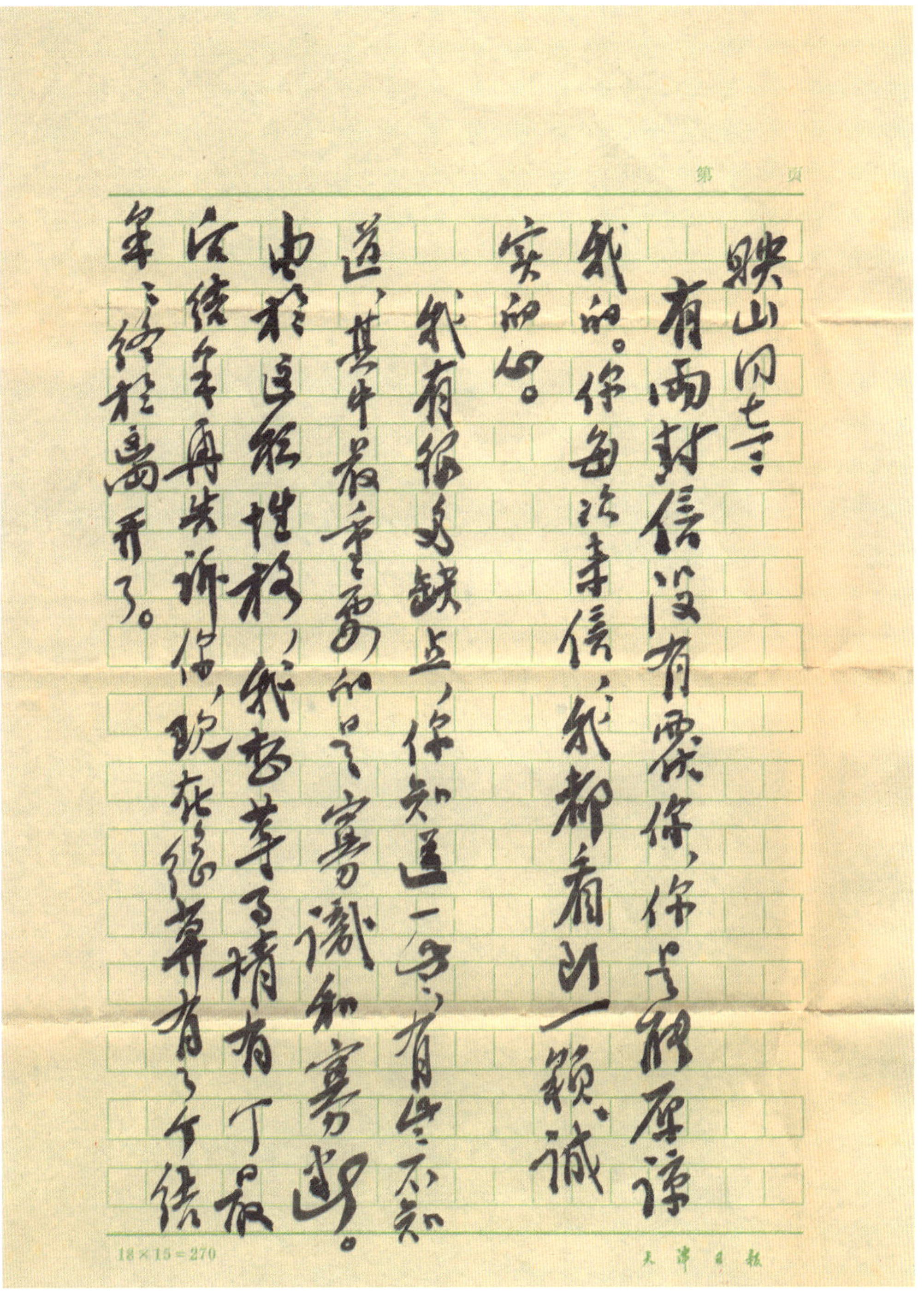

映山同志：

有两封信没有答复你，你要原谅我的。你每次来信，我都看到一颗诚实的心。

我有很多缺点，你知道一点，有些不知道，其中最重要的是寡识和寡断。由于这种性格，我总等事情有了最后结果再告诉你，现在总算有了个结果，终于这离开了。

1975.6.24

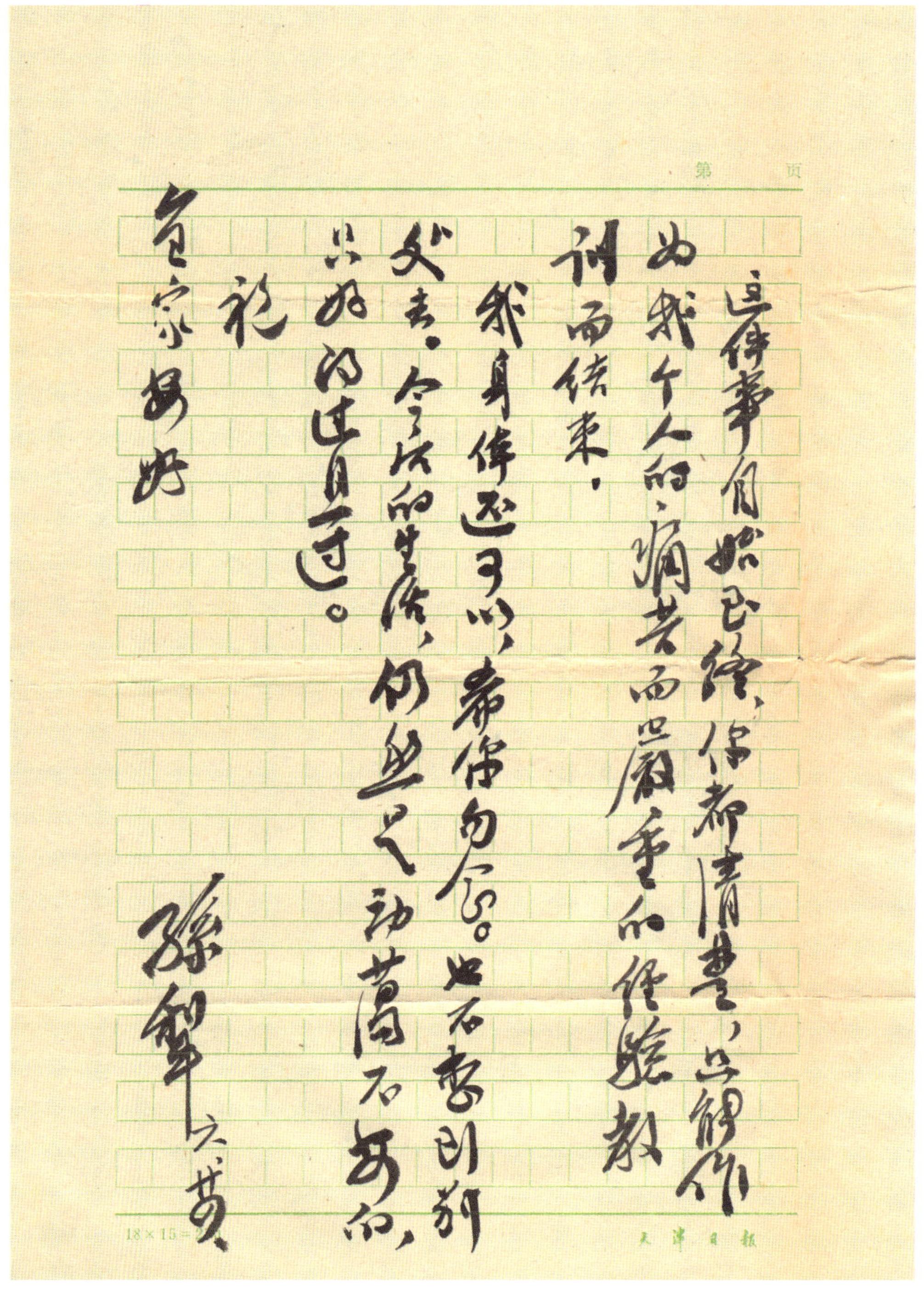

这件事自然已经，你都清楚，只能作为我个人的痛苦而严重的经验教训而结束。

我身体还可以，希望勿念。也不要到那里去。今后的生活，仍然是动荡不安的，只好得过且过。

祝

合家安好

孙犁 六、廿四

1975.6.24

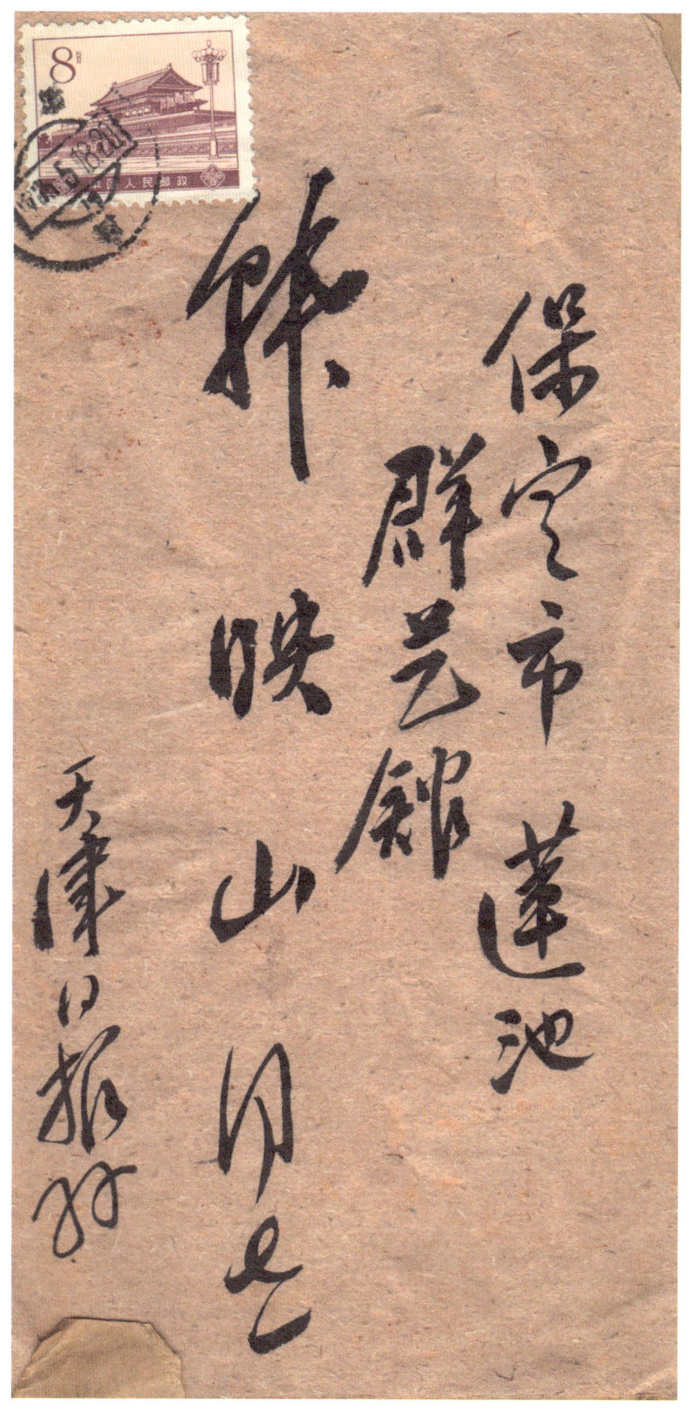

1976.5.18

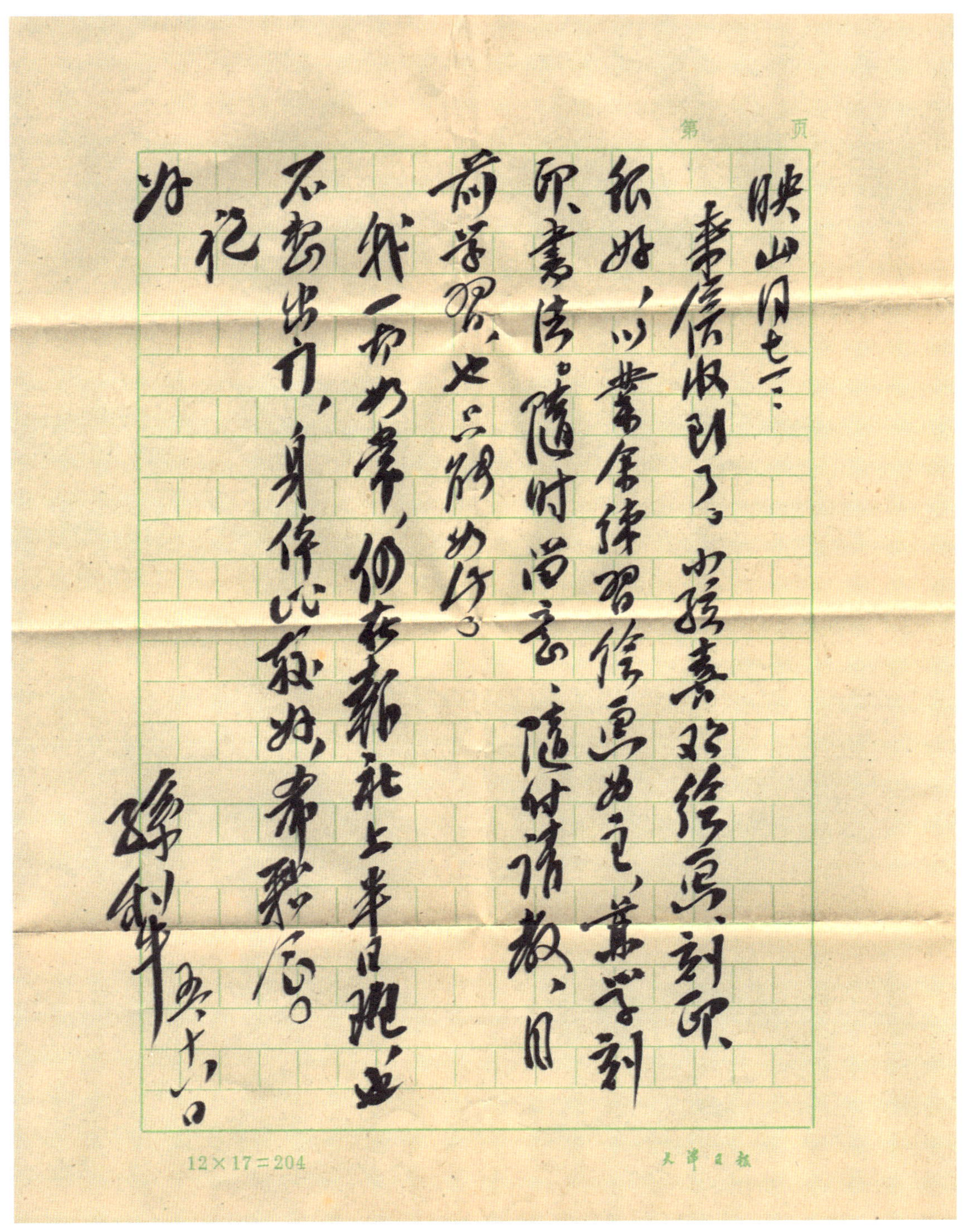

第　页

映山同志：

来信收到了。小孩喜欢绘画、刻印，很好，以业余练习绘画为主，兼学刻印、书法。随时留意，随时请教，目前学习，也只能如此了。

我一切如常，仍在报社上半日班，但不需出力，身体心绪都好，希释念。

祝

好

孙犁　五月十八日

12×17=204　天津日报

1976.5.18

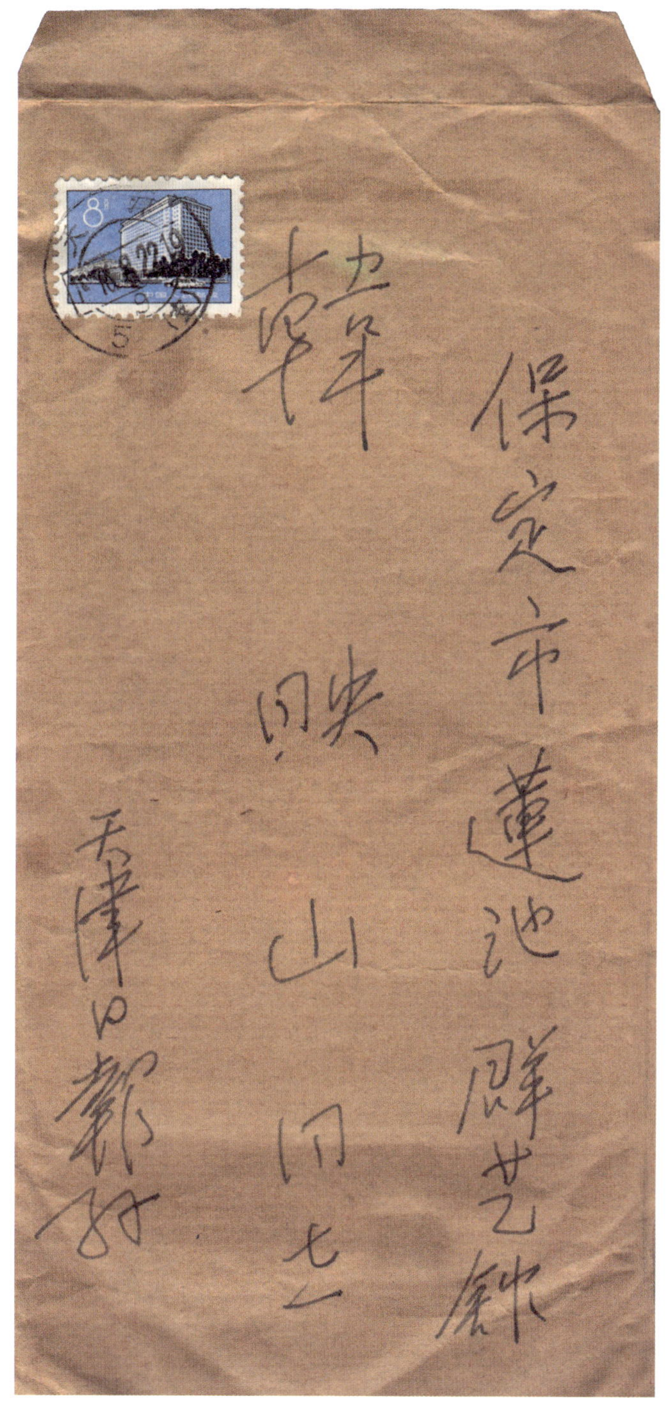

保定市蓮池群艺館

韓映山同志

天津日報孙

1976.8.21

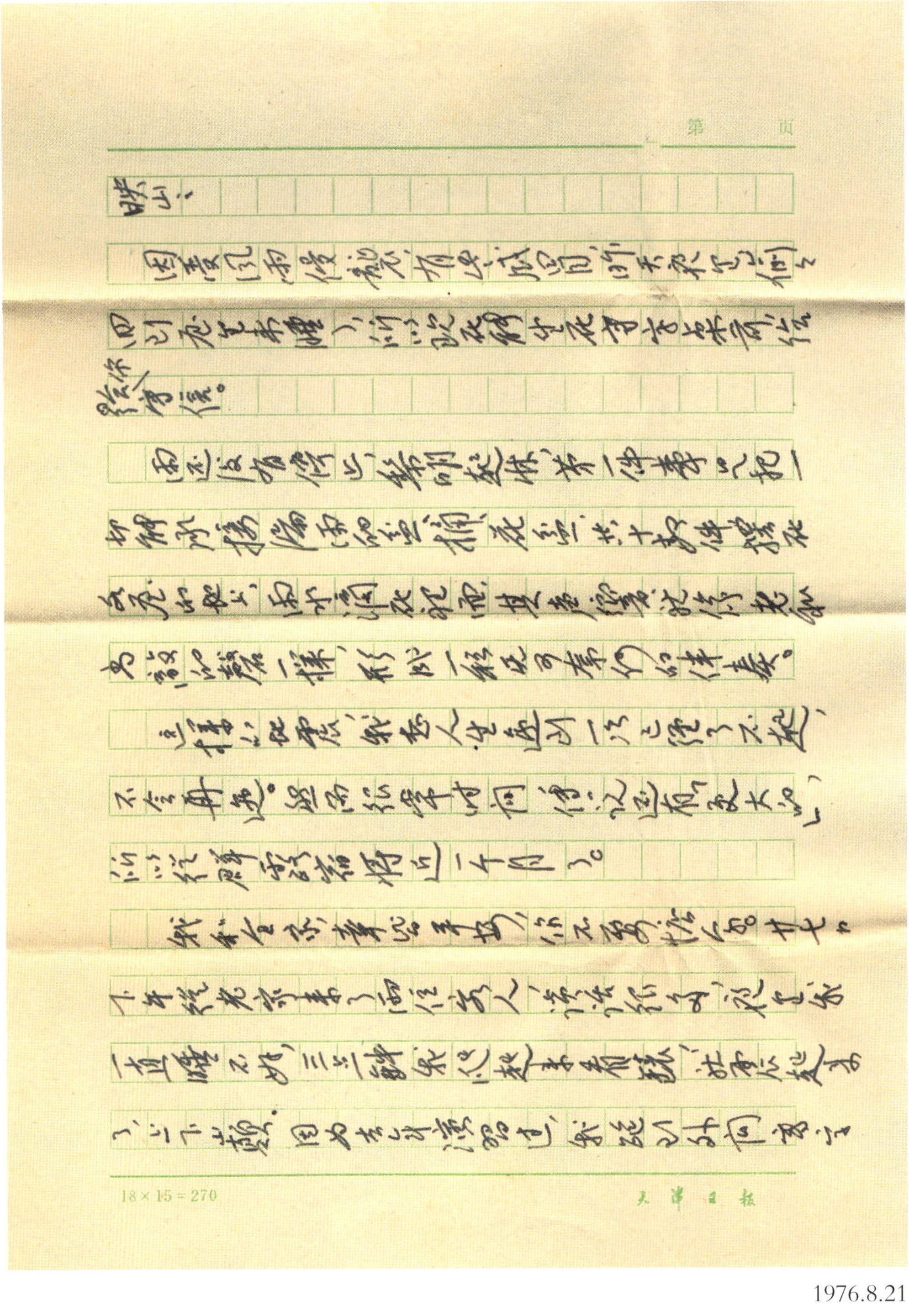

第　　页

映山：

[illegible]

18×15=270　　　　天津日报

1976.8.21

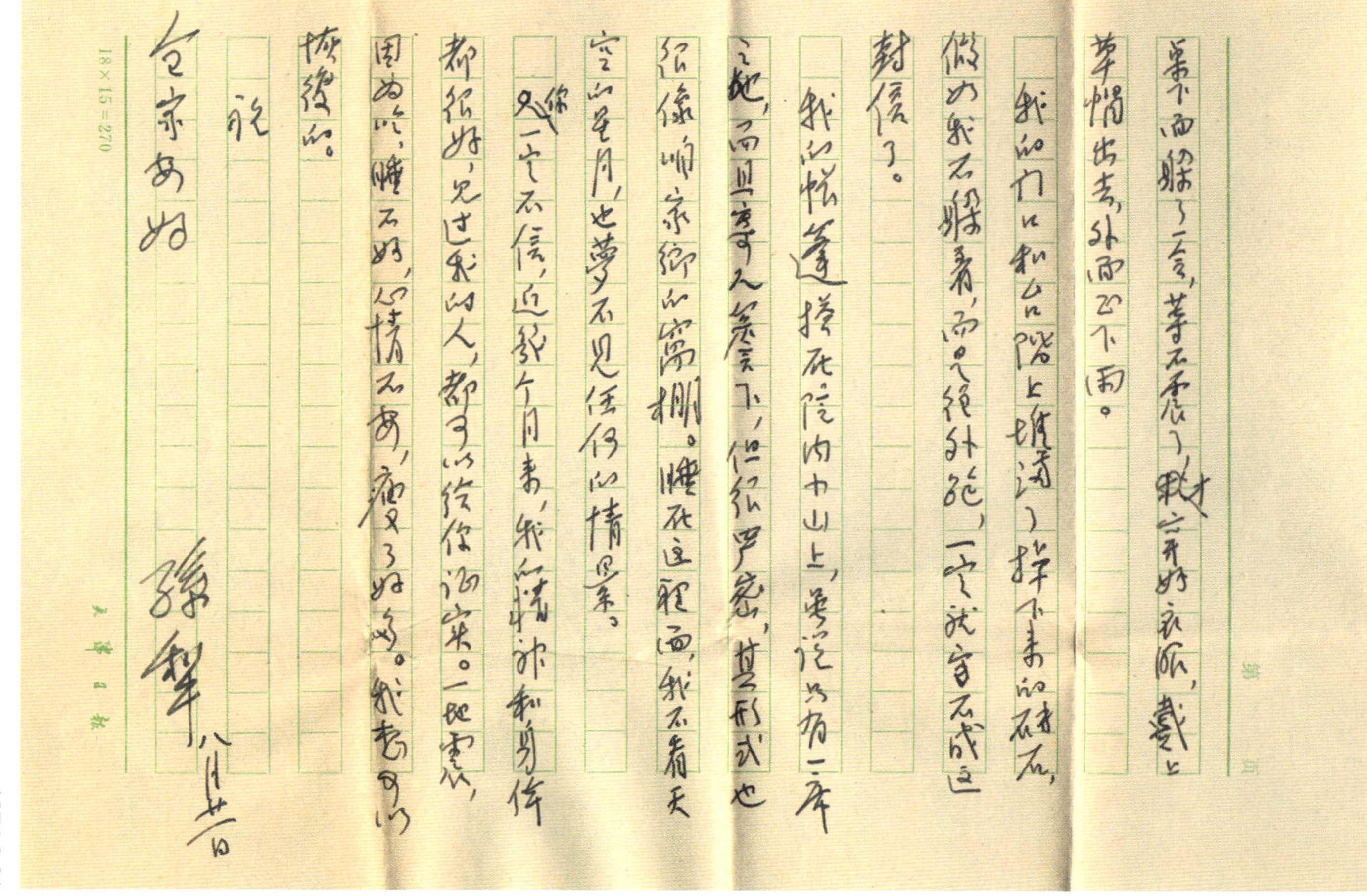
果下雨躲了一会，等不震了，我才穿好衣服，戴上草帽出去，外面还下雨。

我的门口和台阶上堆满了掉下来的砖石，假如我不躲着，而是往外跑，一定就写不成这封信了。

我的帐篷搭在院内小山上，要说只有一席之地，而且常入篷下，但很严密，其形式也很像咱家乡的窝棚。睡在这里面，我不看天空的星月，也梦不见任何的情景。

你又一定不信，近几个月来，我的精神和身体都很好，见过我的人，都可以给你证实。一地震，因为吃、睡不好，心情不安，瘦了好多。我也可以恢复的。

祝

合家安好

孙犁

八月廿一日

1976.8.21

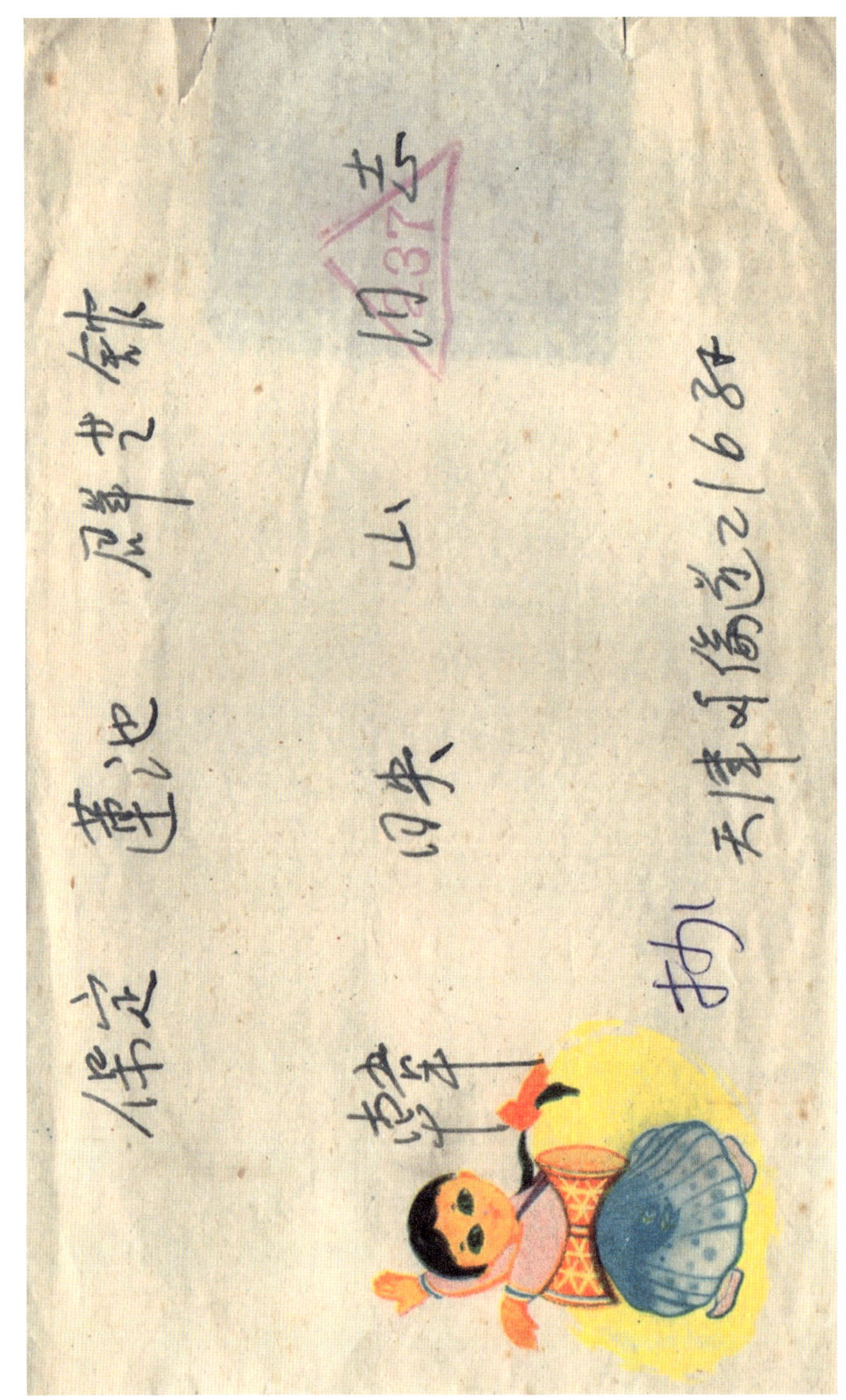

1976.12.24

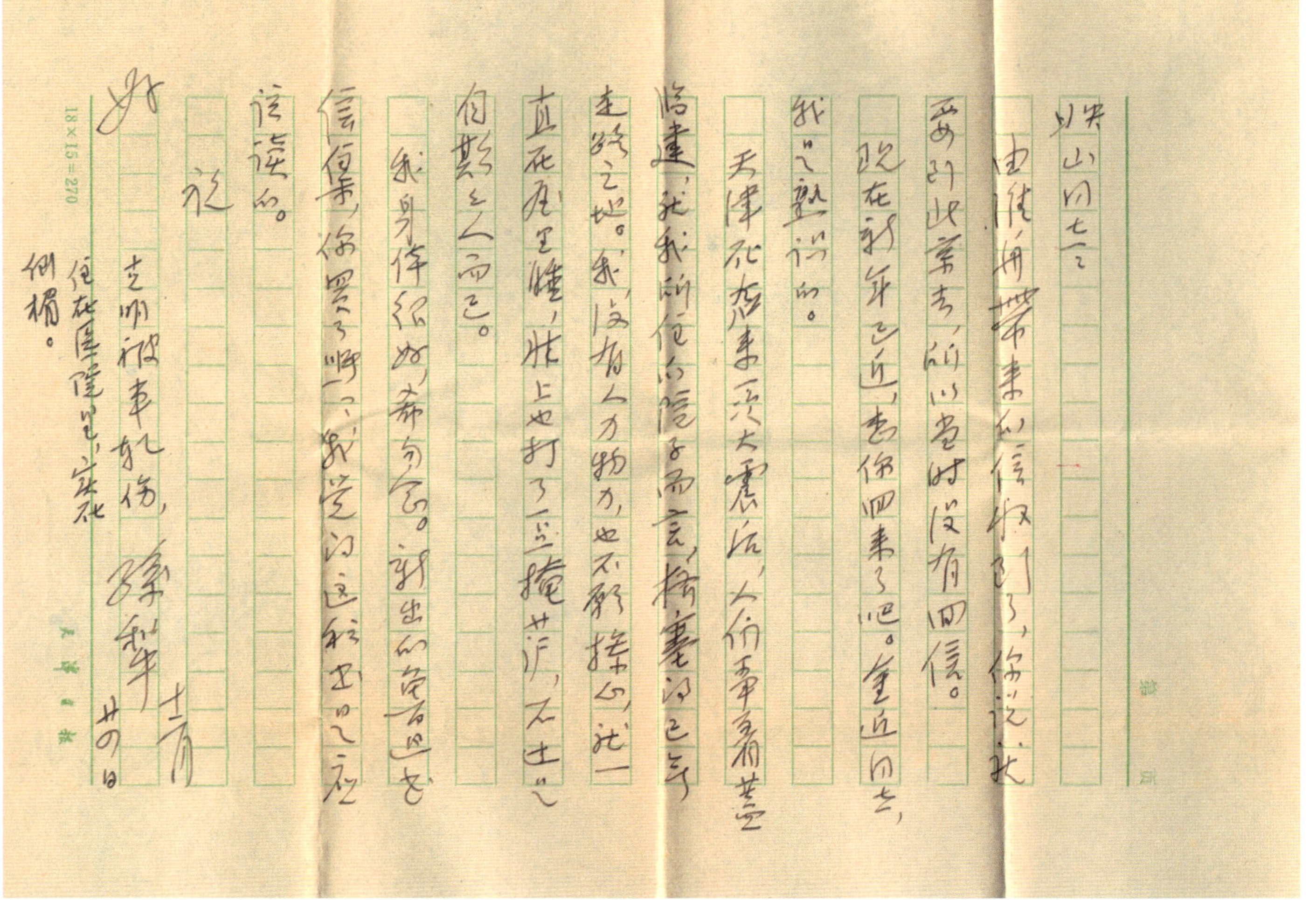
第　页

映山同志：

由仲翔带来的信收到了，你说我要到北京去，所以当时没有回信。现在新年已近，当你回来了吧。金近同志，我也熟识的。

天津在本年一次大震后，人们争着盖临建，就我所住的院子而言，拥塞得已无走路之地。我，没有人力物力，也不愿操心，就一直住在屋里，床上也打了一点掩护，不过也自欺欺人而已。

我身体很好，希勿念。新出的鲁迅书信集，你买了吗？我觉得这种书也可以读读的。

祝

好

孙犁
十二月廿四日

老明被车轧伤，住在医院里，实在倒楣。

18×15=270
天津日报

1976.12.24

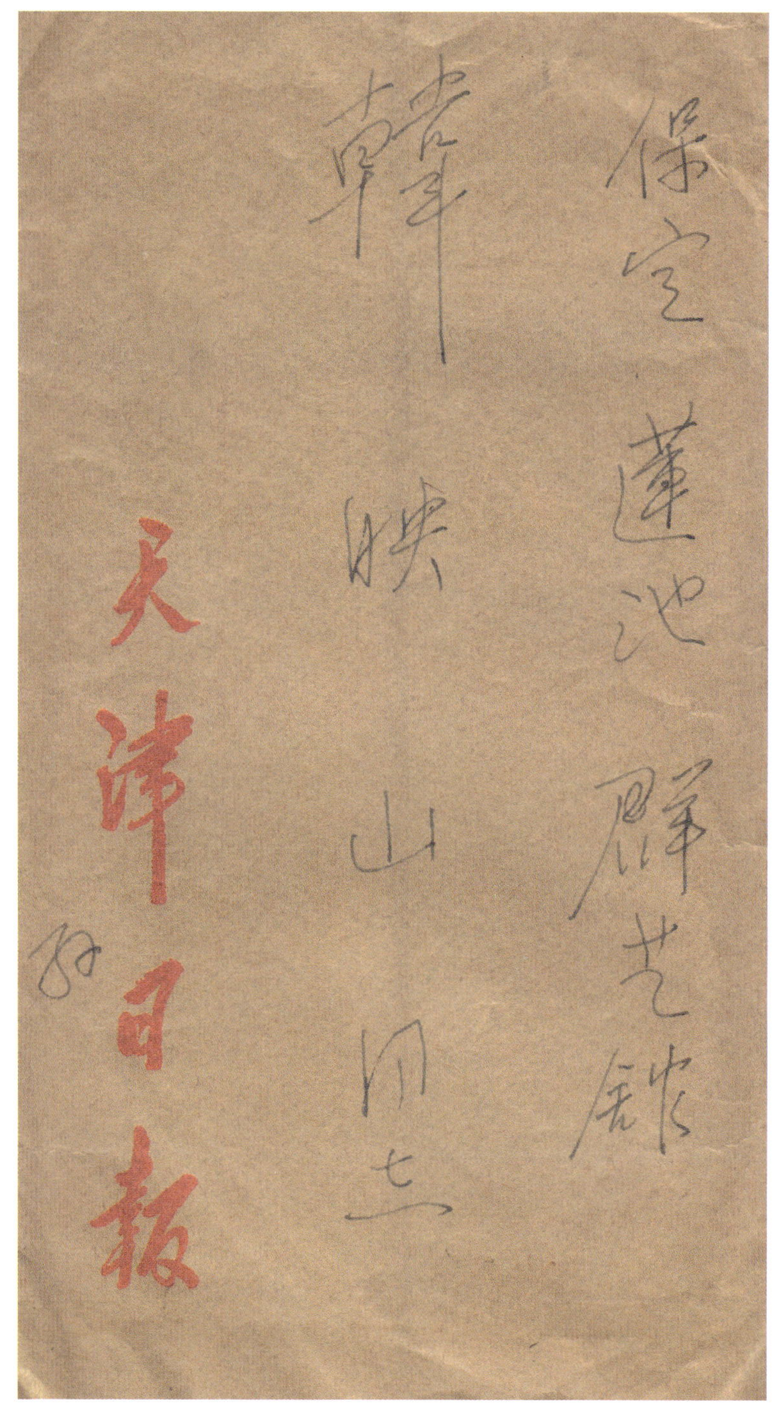

保定 蓮池 群艺館

韓 映山 同志

天津日報

孙

1977.2.16

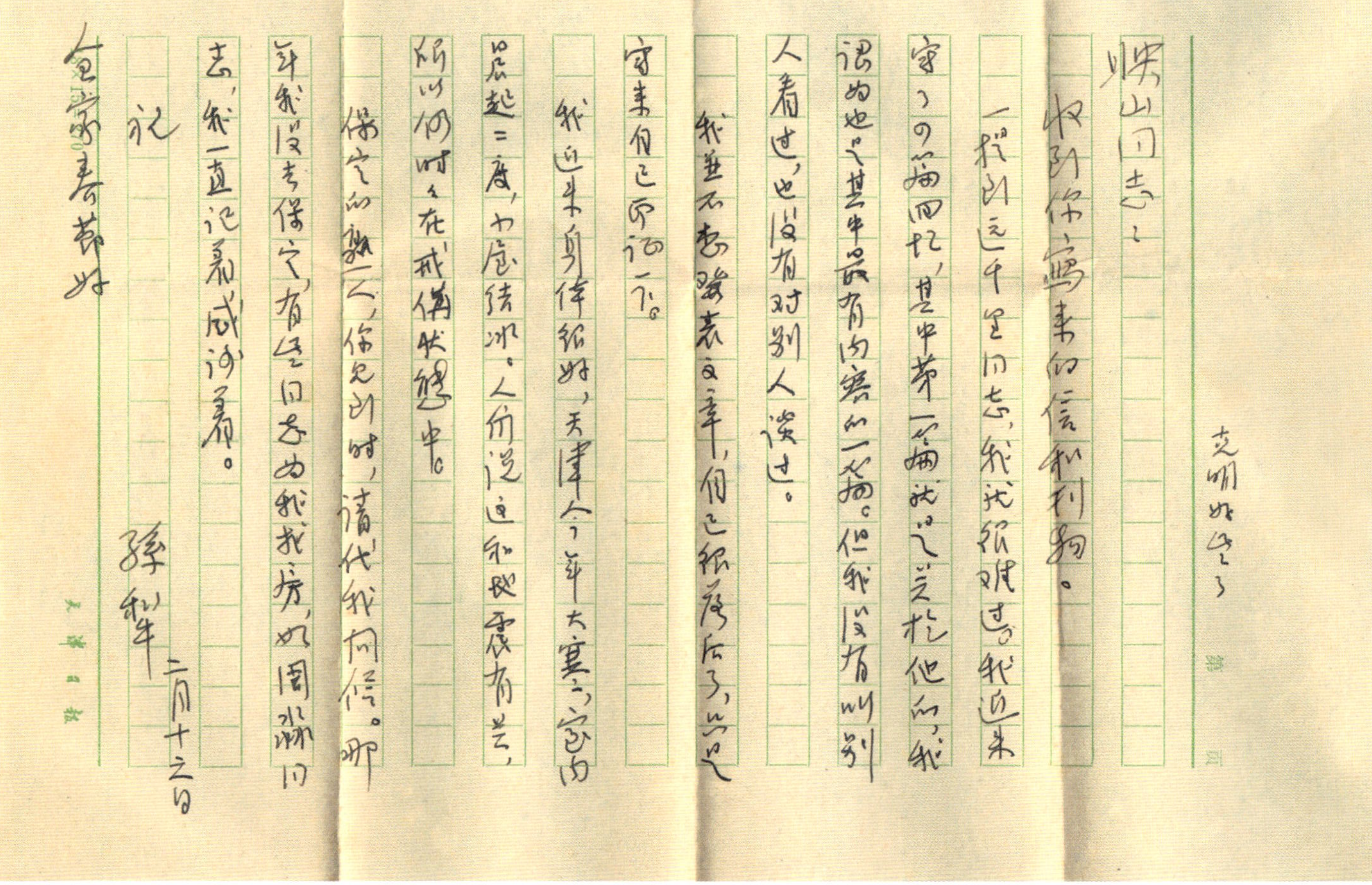

克明好些了

映山同志：

收到你寄来的信和刊物。

一找到远千里同志，我找他谈过。我近来写了四篇回忆，其中第一篇就是关于他的，我认为也是其中最有内容的一篇。但我没有叫别人看过，也没有对别人谈过。

我并不想发表这些，但已经存在了，只是写来自己开心一下。

我近来身体很好，天津今年大寒，室内只有二度，水缸结冰。人们说这和地震有关，所以同时也在戒备状态中。

保定的熟人，你见到时，请代我问候。那年我没去保定，有些同志为我找房，如周瀛同志，我一直记着感谢着。

祝

全家春节好

孙犁 二月十六日

天津日报

1977.2.16

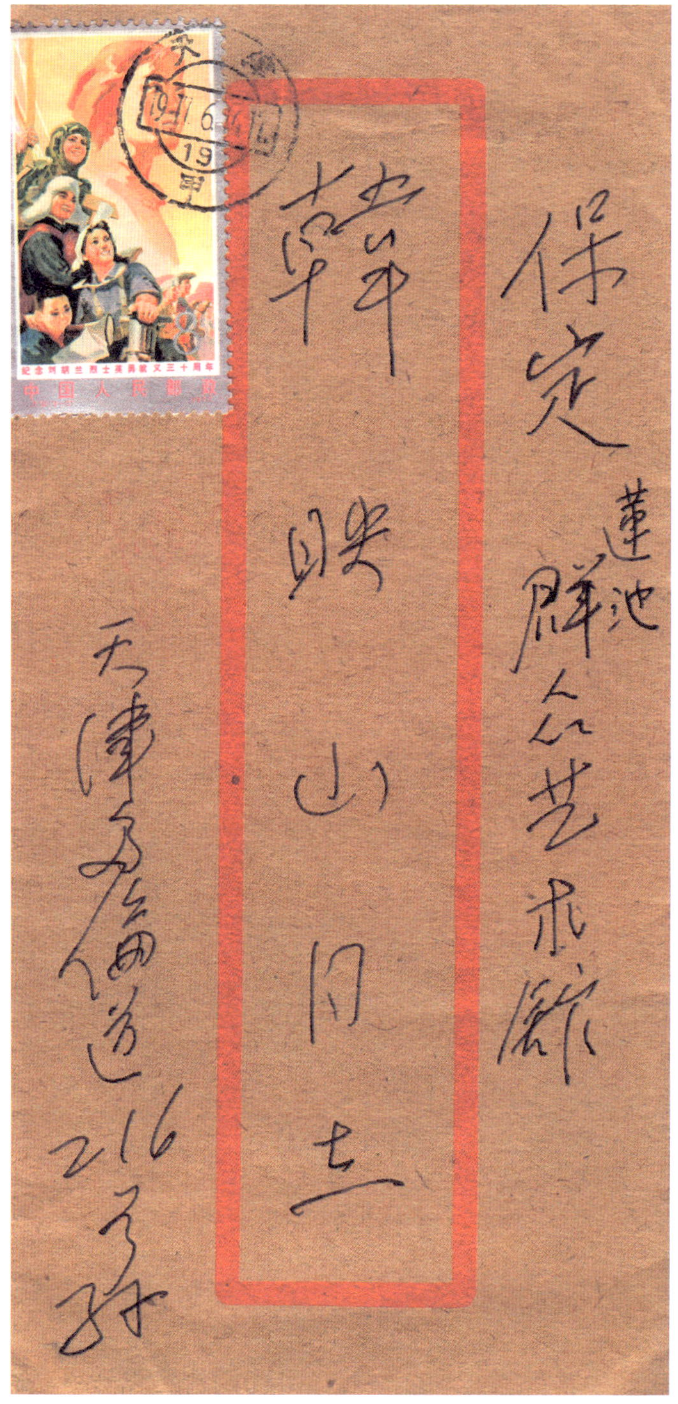

保定蓮池群众艺术館

韓映山同志

天津多伦道216号孙

1977.6.16

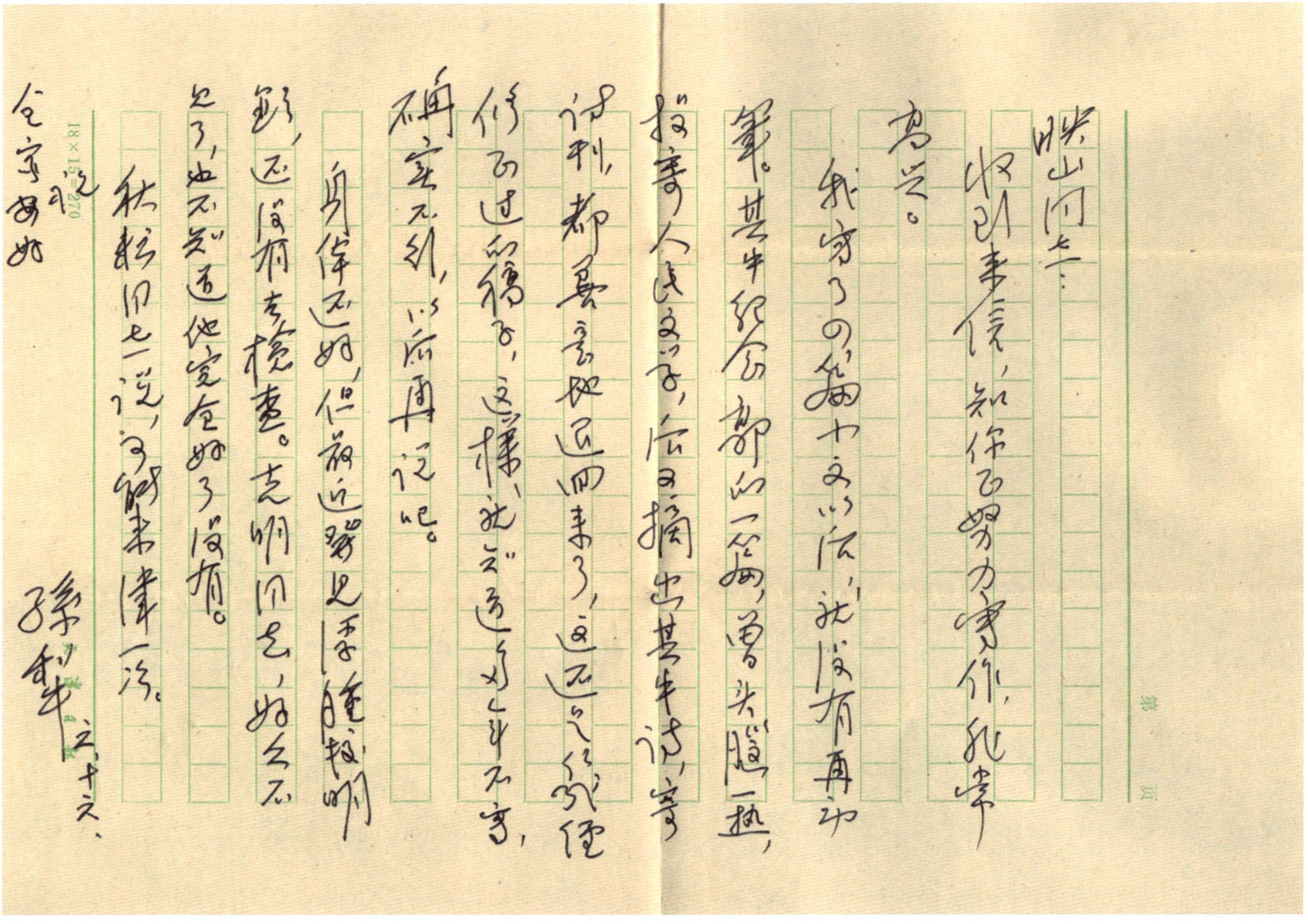

映山同志：

收到来信，知你正努力写作，非常高兴。

我写了四篇小文以后，就没有再动笔。其中的一篇，剪头去尾一些，投寄人民文学了，后又摘出其中的诗，寄诗刊，都原封退回来了，这还是经[illegible]便作为退稿了。这样，就不适于再对外寄，确实不行，以后再说吧。

身体还好，但前些日子[illegible]，还没有去检查。克明同志，好久不见了，也不知道他完全好了没有。

秋后你也一定，可以来津一谈。

孙犁 六.十六.

全家均好

1977.6.16

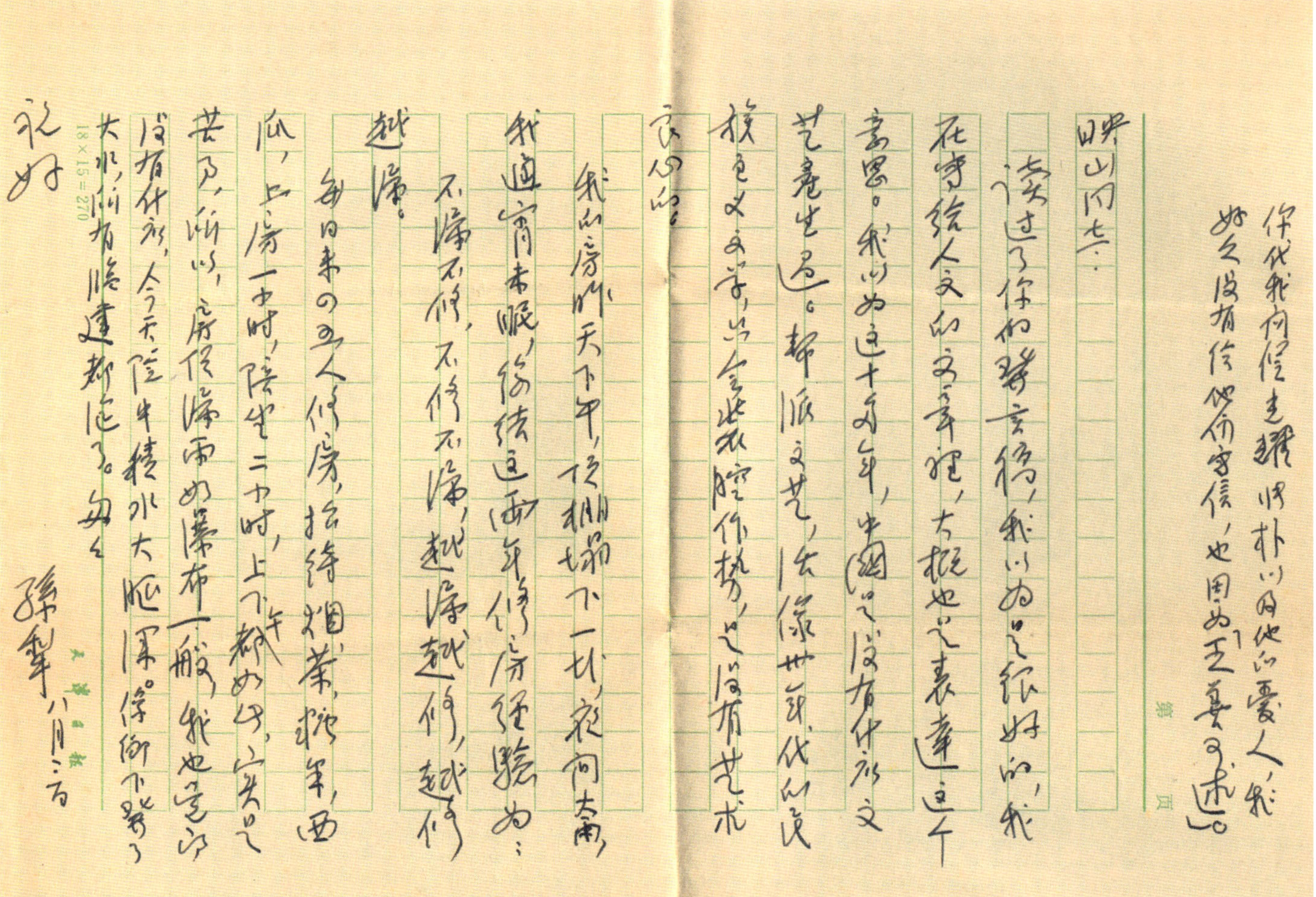

映山同志：

读过了你的散文稿，我以为是很好的，我在前几天的文章里，大概也已表达过这个意思。我以为这十多年，中国已没有什么文艺竟产生过。帮派文艺，很像世纪末代的颓废文学，只会装腔作势，已没有艺术良心的。

我的房昨天下午，后棚塌下一块，夜间大雨，我通宵未眠，总结这两年修房经验如：

不漏不修，不修不漏，越漏越修，越修越漏。

每日来四五人修房，招待烟、茶、糖果、西瓜，上房一小时，陪坐二小时，上下午都如此，实是苦了。所以，房修得漏雨如瀑布一般，我也觉得没有什么，今天院中积水大腿深。你们下乡了大水，你们的庄稼都淹了。匆匆

祝好

孙犁 八月三日

你代我问候建耀、怀朴以及他们的爱人，我好久没有给他们写信，也因为"无甚可述"。

1977.8.3

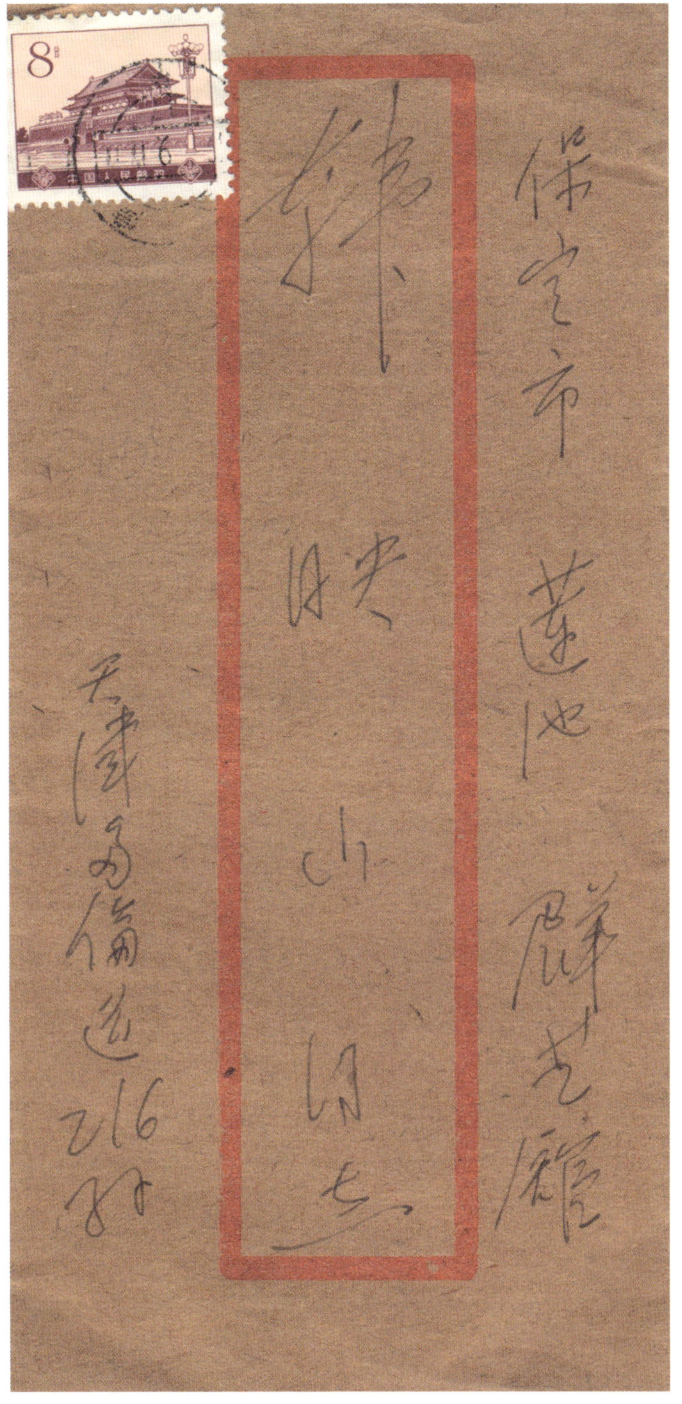

保定市莲池群艺馆

韩映山同志

天津多伦道216孙

1977.9.17

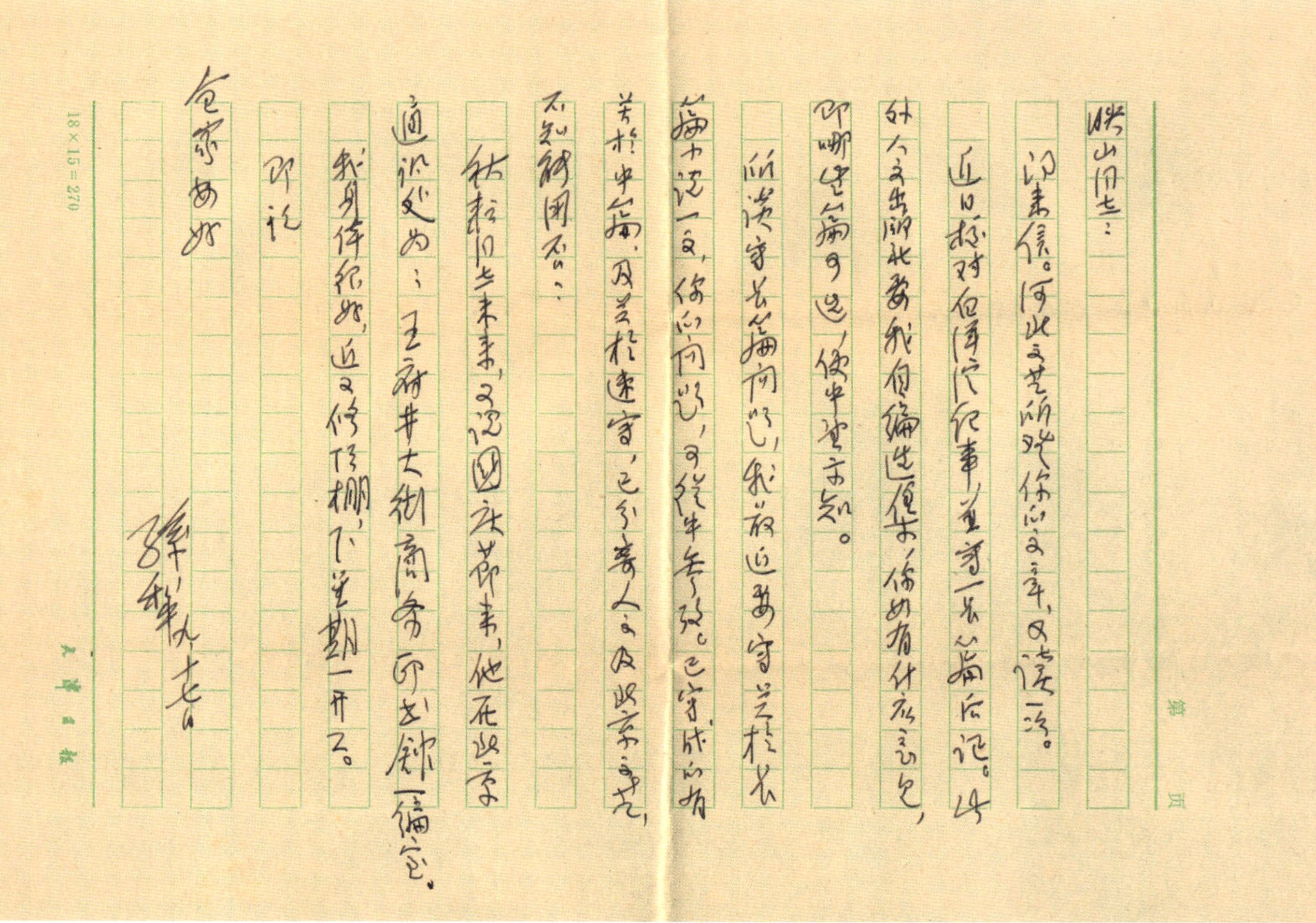

第　　页

映山同志：

得来信。河北文艺所发你的文章，已读一过。

近日拟对白洋淀纪事，另写一篇后记。此外，人文出版社要我自编选集，你如有什么意见，即哪些篇可选，便中望示知。

所谈写长篇问题，我最近要写关于长篇小说一文，你的问题，可作参考。已写成的有关于中篇，及关于速写，已分寄人文及北京文艺，不知能用否。

秋耘同志来，又谈国庆节来，他在北京通讯处为：王府井大街商务印书馆一编室。

我身体很好，近又修修棚，下星期一开工。

即祝

全家安好

孙犁 九月十七日

18×15=270　　天津日报

1977.9.17

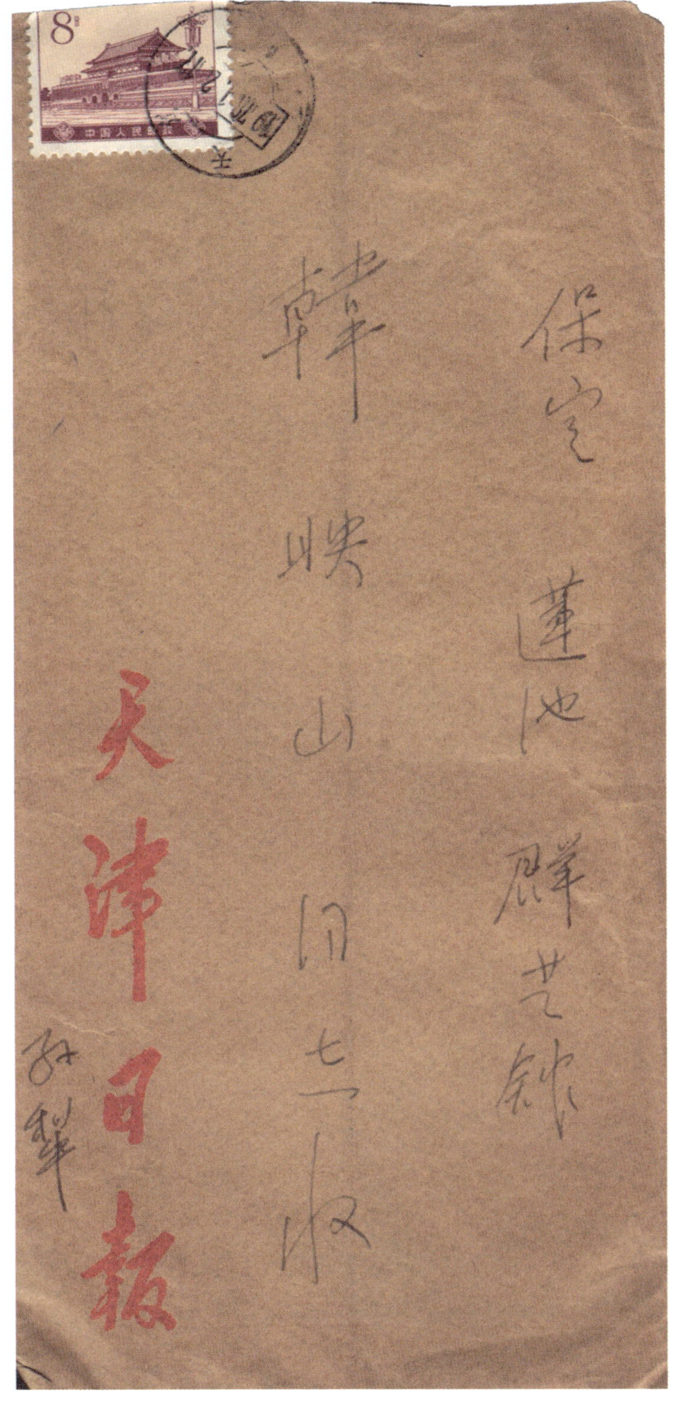

保定莲池群艺馆

韓映山同志收

天津日報

孙犁

1978.1.20

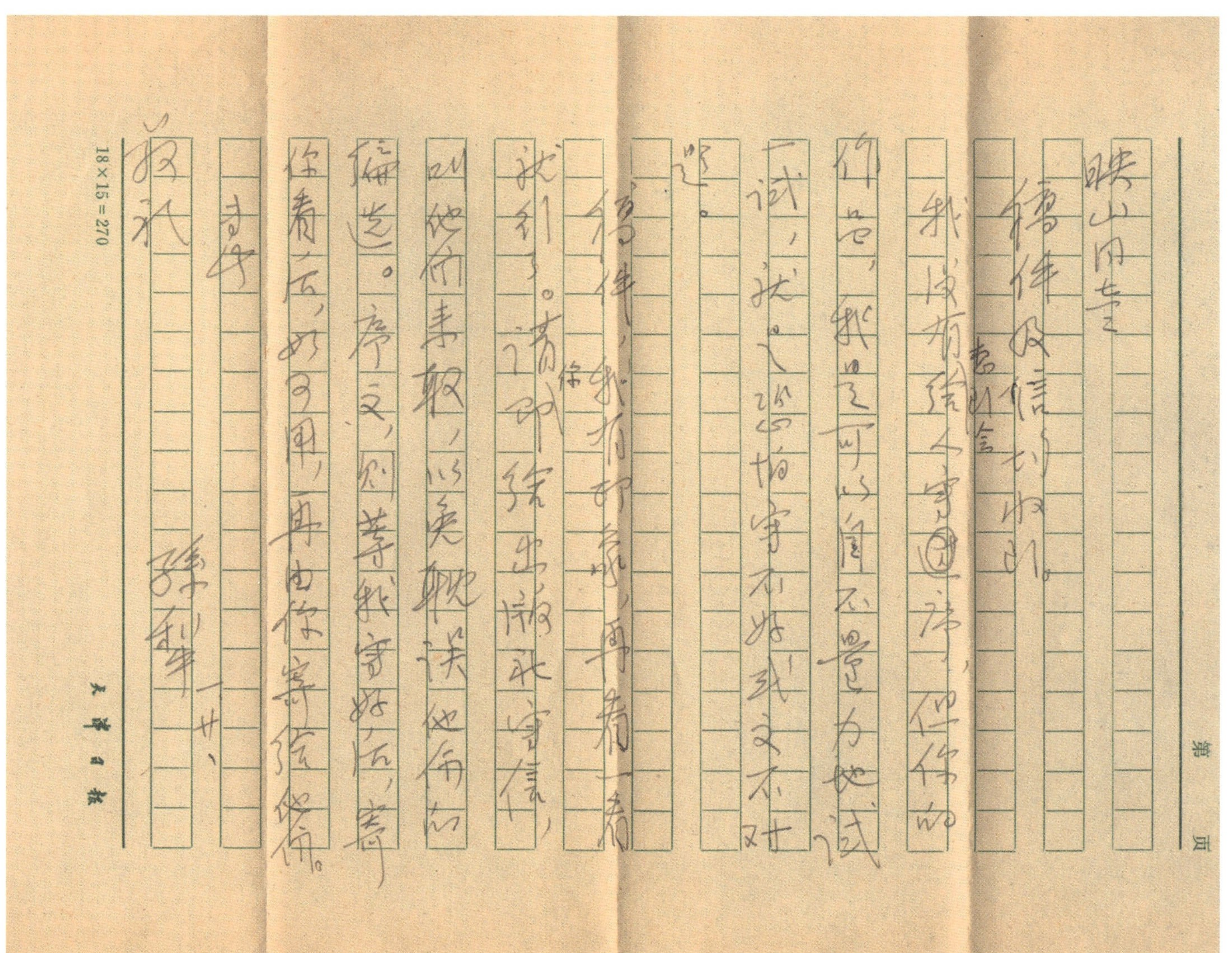

第　　页

映山同志：

稿件及信均收到。

我没有给人书的写过序，但你的作品，我觉得可以破例为它试一试，然而恐怕写不好，或文不对题。

稿件，我打印后，再看一看，我们了。请你给出版社写信，叫他们来取，以免耽误他们的编选。序文，则等我写好后，寄你看后，如可用，再由你寄给他们。

专此

敬礼

孙犁 一，廿、

18×15=270　　天津日报

1978.1.20

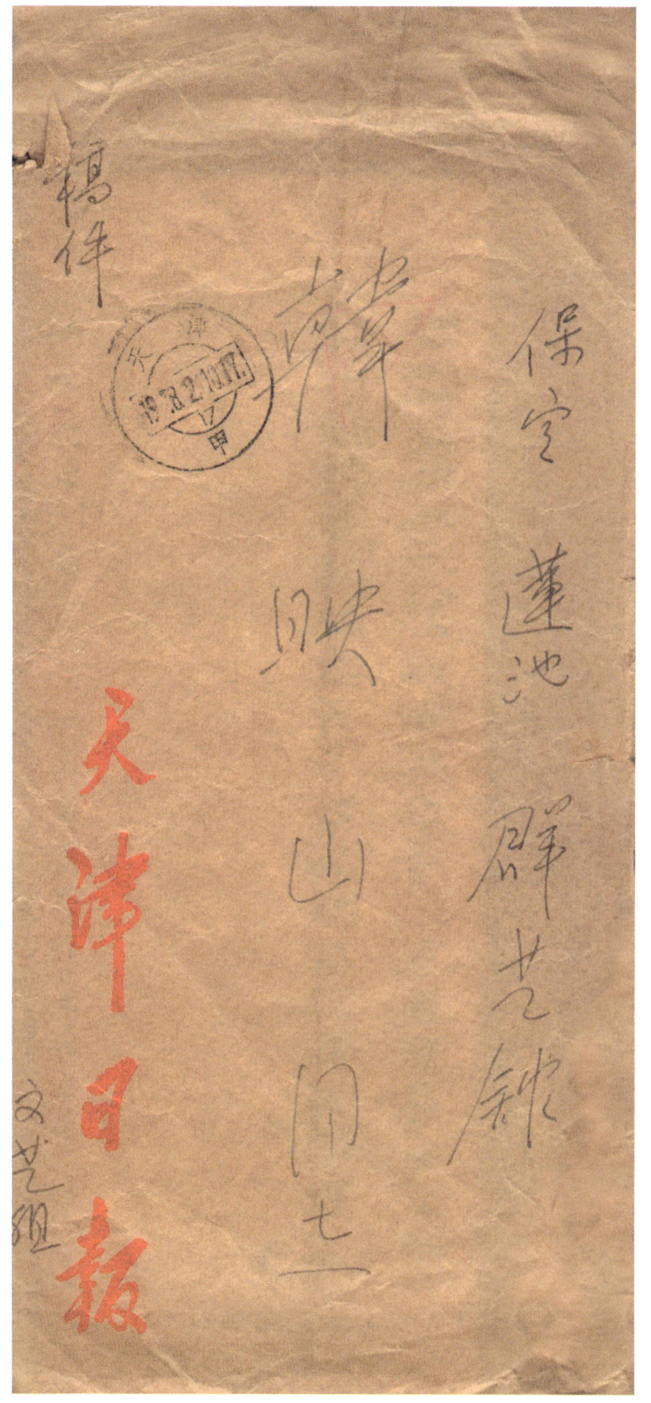
稿件
保定 莲池 群艺馆
韩映山 同志
天津日报
文艺组

1978.2.5

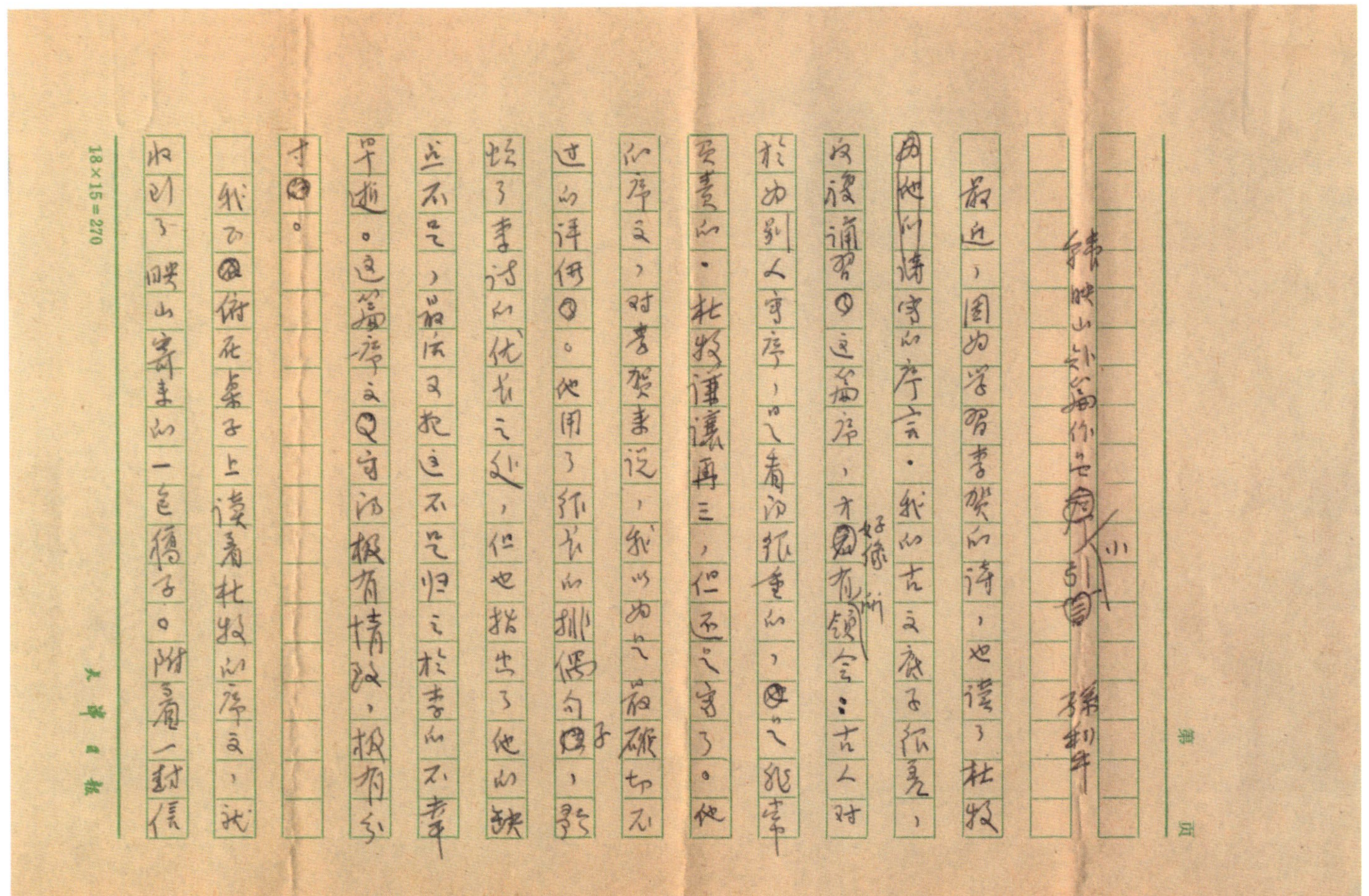

韩映山小说散文选小引 孙犁

最近，因为学习李贺的诗，也读了杜牧为他的诗写的序言。我的古文底子很差，反复诵习了这篇序，才好像有所领会：古人对于为别人写序，是看得很重的，也是很郑重其事的。杜牧谦让再三，但还是写了。他的序文，对李贺来说，我以为是最确切不过的评价了。他用了许多的排偶句子，形容了李诗的优长之处，但也指出了他的缺点不足，最后又把这不足归之于李的不幸早逝。这篇序文写得极有情致，极有分寸。

我正坐在桌子上读着杜牧的序文，就收到了映山寄来的一包稿子。附着一封信

1978.2.5

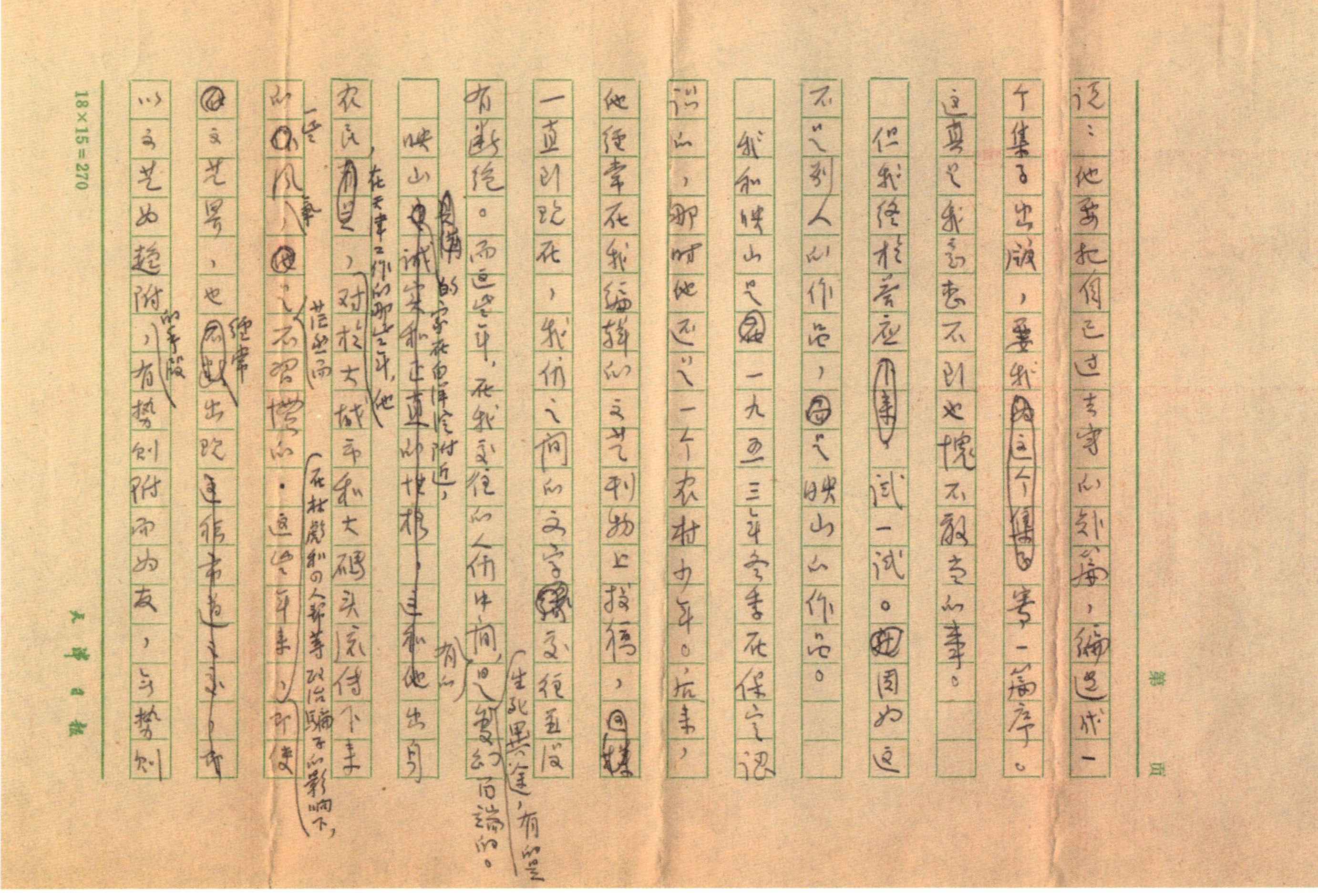

第　页

说：他要把自己过去写的创作，编选成一个集子出版，要我为这个集子写一篇序。这真是我意想不到也愧不敢当的事。

但我终于答应下来试一试。因为这不是别人的作品，而是映山的作品。

我和映山是在一九五三年冬季在保定认识的，那时他还是一个农村少年。后来，他经常在我编辑的文艺刊物上投稿，[illegible]一直到现在，我们之间的文字交往并没有断绝。而这些年，在我交往的人们中间，生死异途，有些是变幻百端的。

映山的家在白洋淀附近，农民[illegible]，在天津工作的那些年，他对于大城市和大码头流传下来的[illegible]风气，[illegible]是不习惯的。这些年来，在林彪和四人帮等政治骗子的影响下，许多[illegible]文艺界，也经常出现过非常[illegible]，以文艺为趋附的手段，有势则附而为友，无势则

18×15=270　　天津日报

1978.2.5

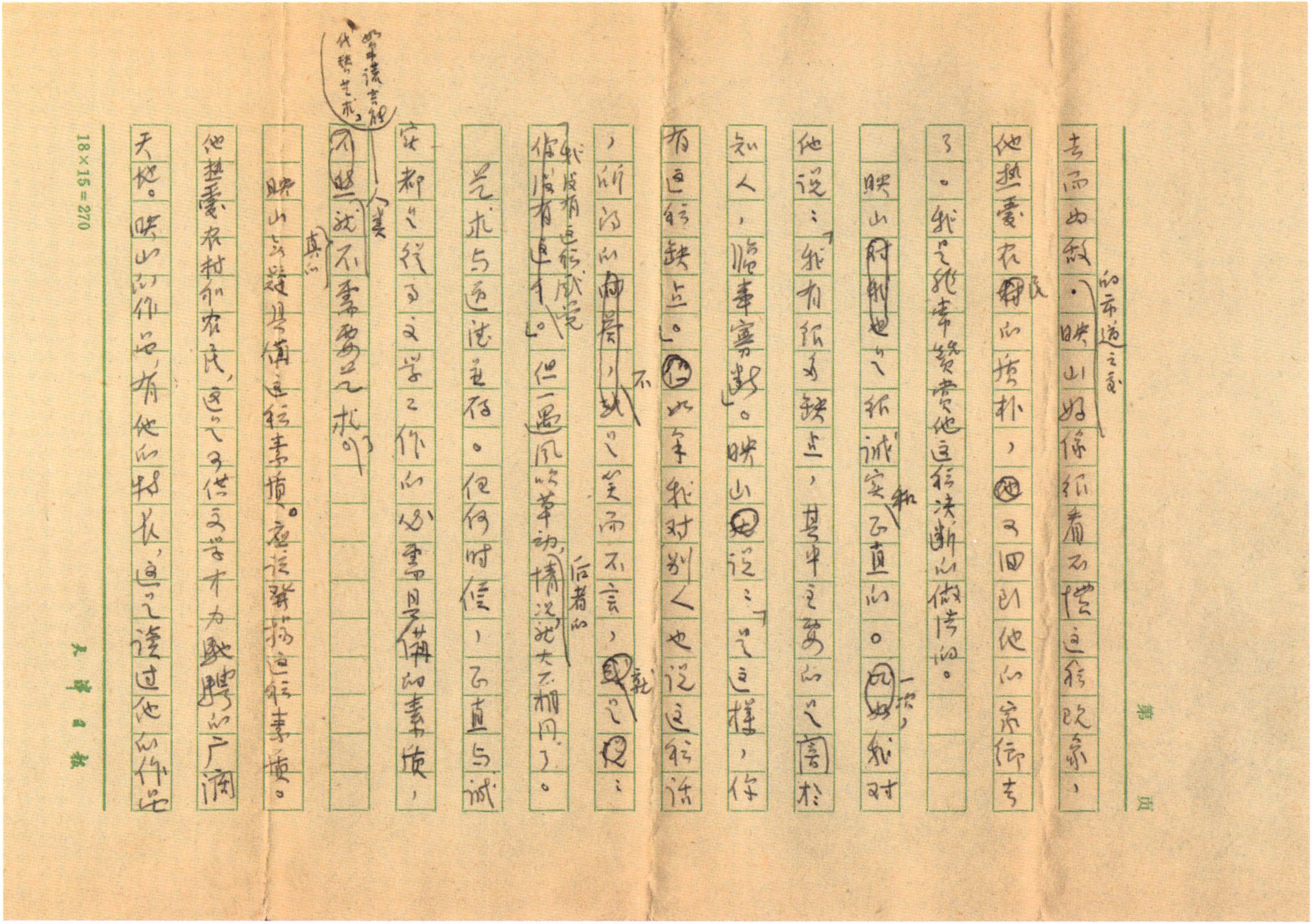

表面出发的市侩之气。映山好像很看不惯这种现象，

他热爱农民的质朴，又回到他的家乡去

了。我是非常赞赏他这种决断的做法的。

映山也是一种诚实和正直的。一次，我对

他说：“我有很多缺点，其中主要的是富于

知人，临事寡断。”映山说：“是这样，你

有这种缺点。”如今我对别人也说这种话

，所谓的痛处不说，笑而不言，就是：

我没有这种感觉。但一遇风吹草动，情况就大不相同了。

艺术与道德并存。但何时信，正直与诚

实，都是作为文学之作的必要具备的素质，

不然就不需要艺术了。

映山应该具备这种素质。应该警惕这种素质。

他热爱农村和农民，这就是他文学才力驰骋的广阔

天地。映山的作品，有他的特长，这就是通过他的作品

1978.2.5

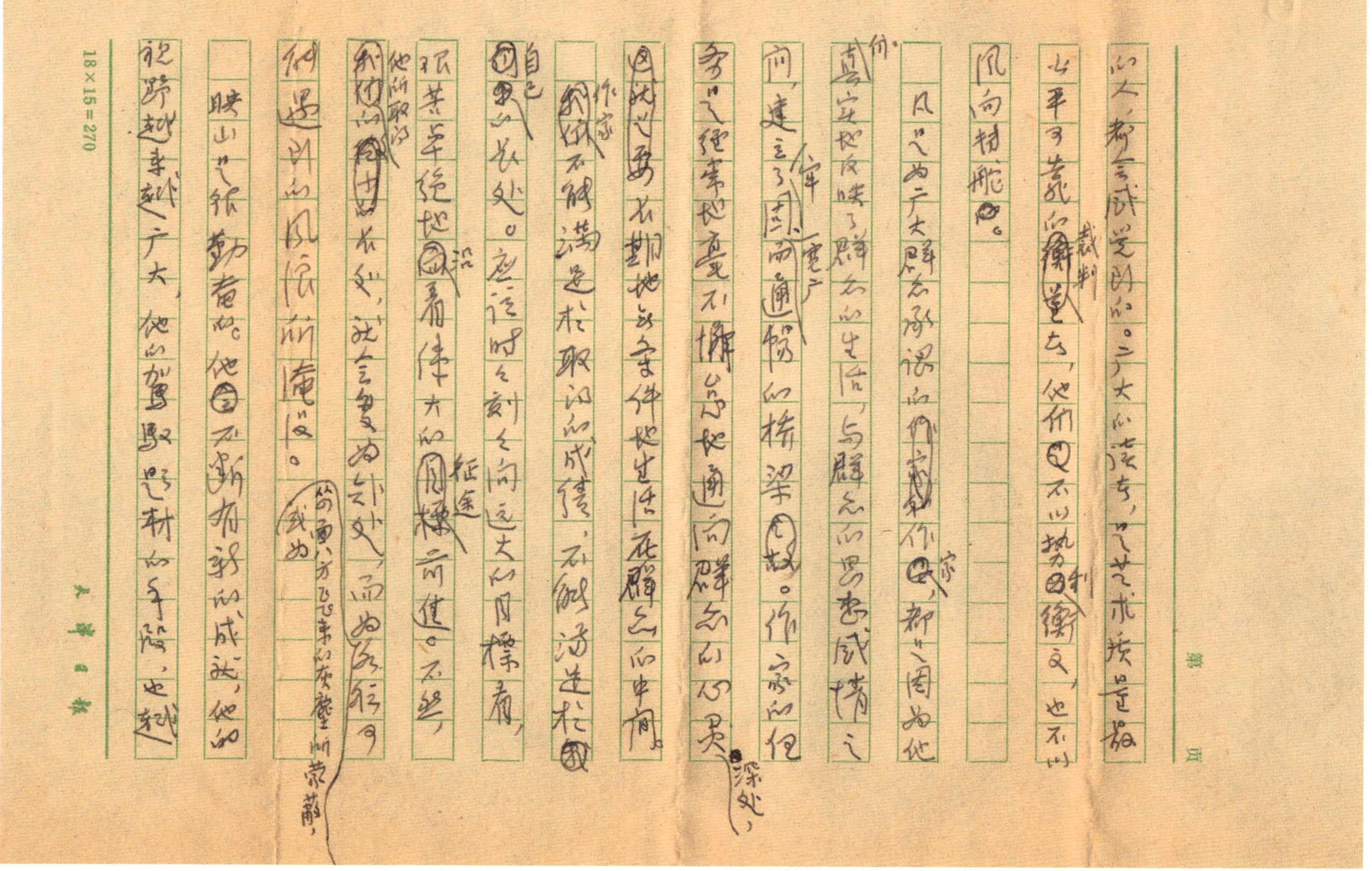

第　页

的人，都会感觉到的。广大的读者，只要求质量较少平可靠的裁判者，他们不以势利衡文，也不以风向掉舵。

凡是为广大群众承认的作家，都是因为他们真实地反映了群众的生活，与群众的思想感情之间，建立了牢固而宽广的桥梁。作家的任务是经常地、毫不懈怠地通向群众的心灵深处，因此也要长期地安全地生活在群众的中间。

作家不能满足于取得的成绩，不能沾沾于自己的长处。应该时时刻刻向远大的目标看，孜孜不绝地沿着伟大的征途前进。不然，他所取得的长处，就会变为短处，而为四面八方飞来的灰尘所蒙蔽，或为[illegible]的风气所淹没。

映山工作勤奋。他一直不断有新的成就，他的视野越来越广大，他的驾驭题材的手段，也越

18×15＝270　　天津日报

1978.2.5

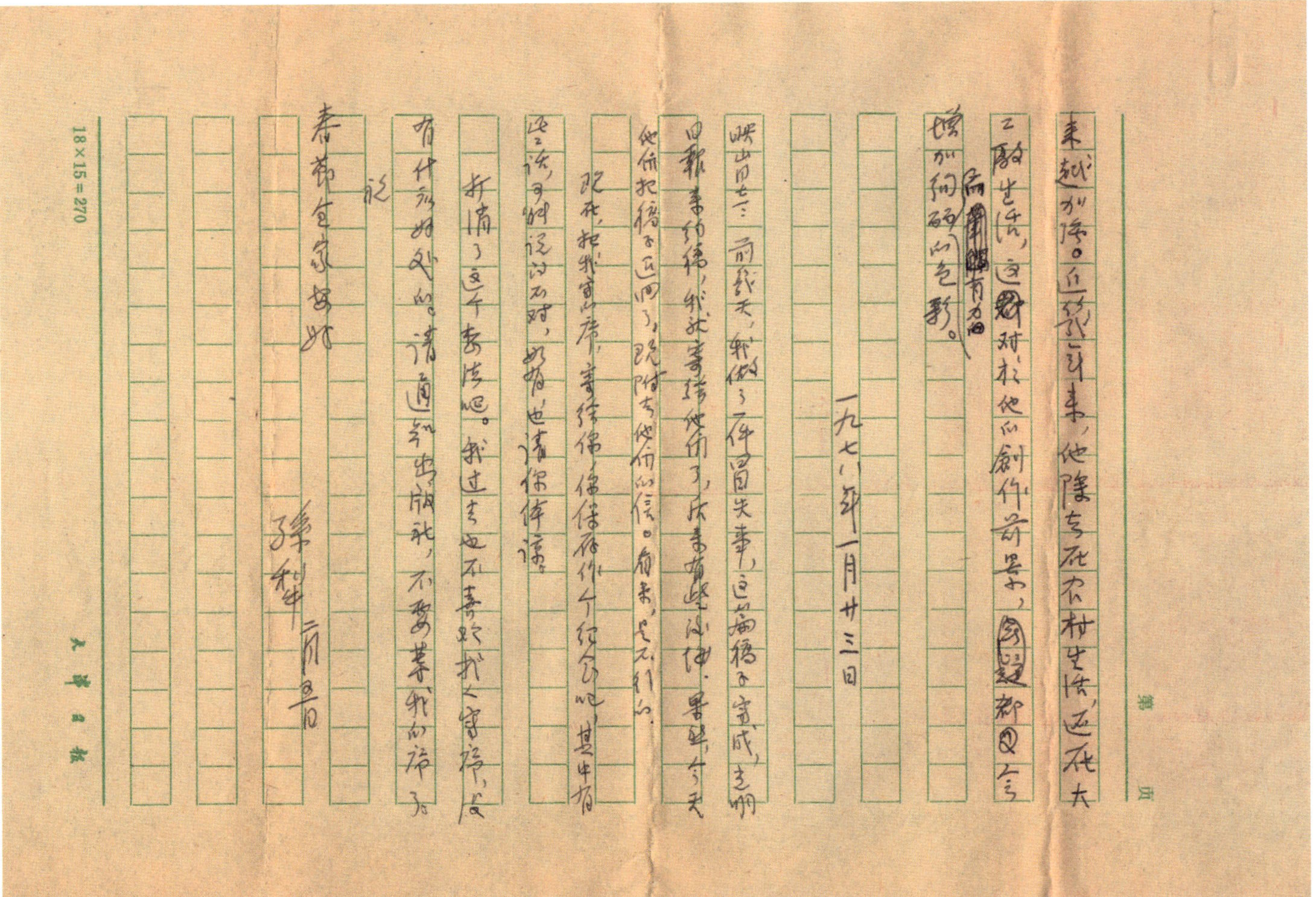
第　页

来越分隔。近几年来，他除去在农村生活，还在大工厂生活，这对于他的创作前景，题材都会增加新的色彩。

一九七八年一月廿三日

映山同志：前几天，我做了一件冒失事，这篇稿子写成，送光明日报的稿，我就寄给他们了，后来看些评论，署的今天他们把稿子退回了，说附去他们的信。看来，是不行的。

现在，把我写的序，寄给你保存，作个纪念吧，其中有些话，可能说的不对，如有，也请你体谅。

你就不用这个序言吧。我过去也不喜欢找人写序，没有什么好处的。请通知出版社，不要用我的序了。

祝

春节合家安好

孙犁　二月五日

18×15＝270　　天津日报

1978.2.5

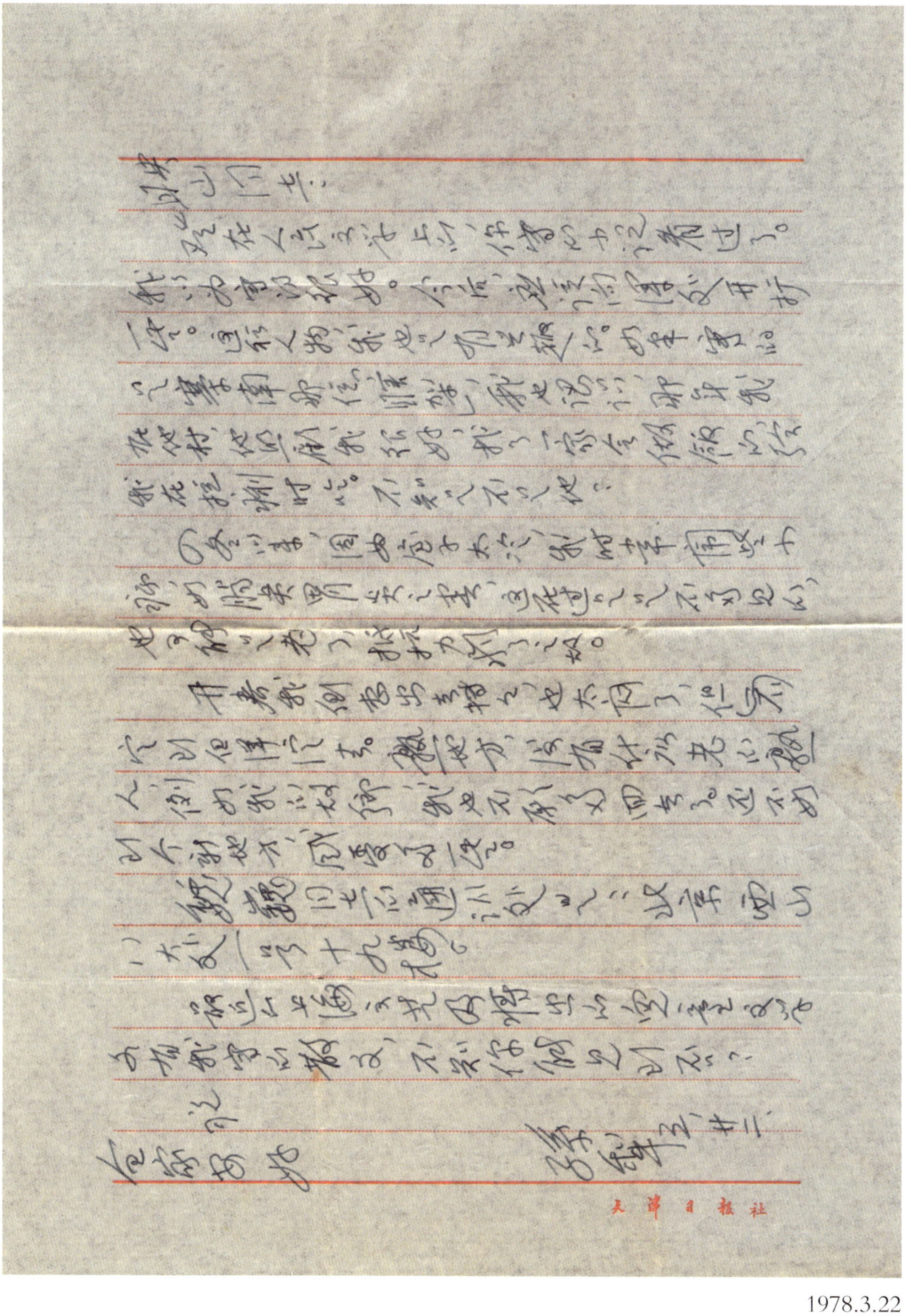

天津日报社

1978.3.22

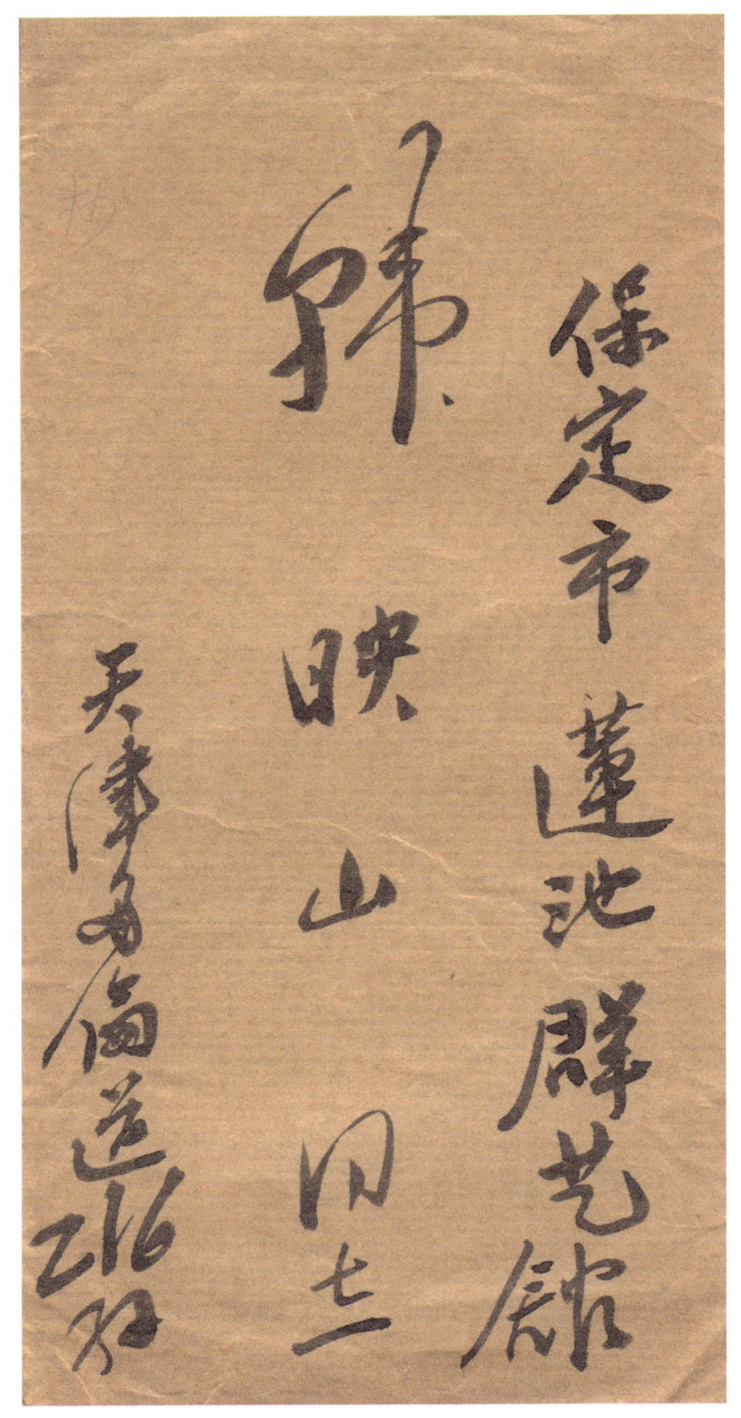

保定市莲池群艺馆
韩映山同志
天津多伦道216孙

1978.3.26

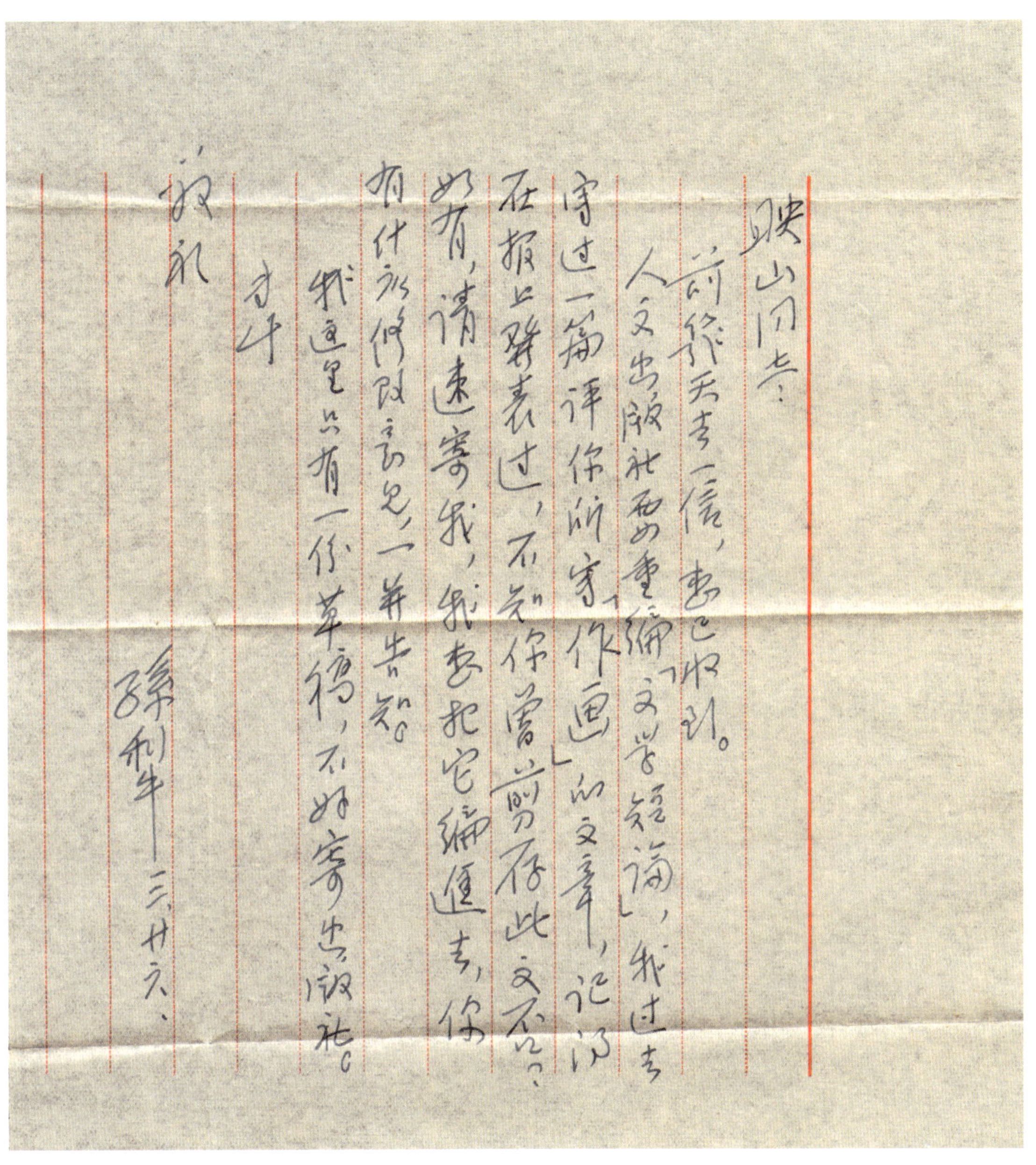

映山同志：

前几天去一信，想已收到。

人文出版社要重编《文学短论》，我过去写过一篇评你所写《作画》的文章，记得在报上发表过，不知你曾剪存此文否？如有，请速寄我，我要把它编进去，你有什么修改意见，一并告知。

我这里只有一份草稿，不好寄出版社。

专此

敬礼

孙犁 三，廿六、

1978.3.26

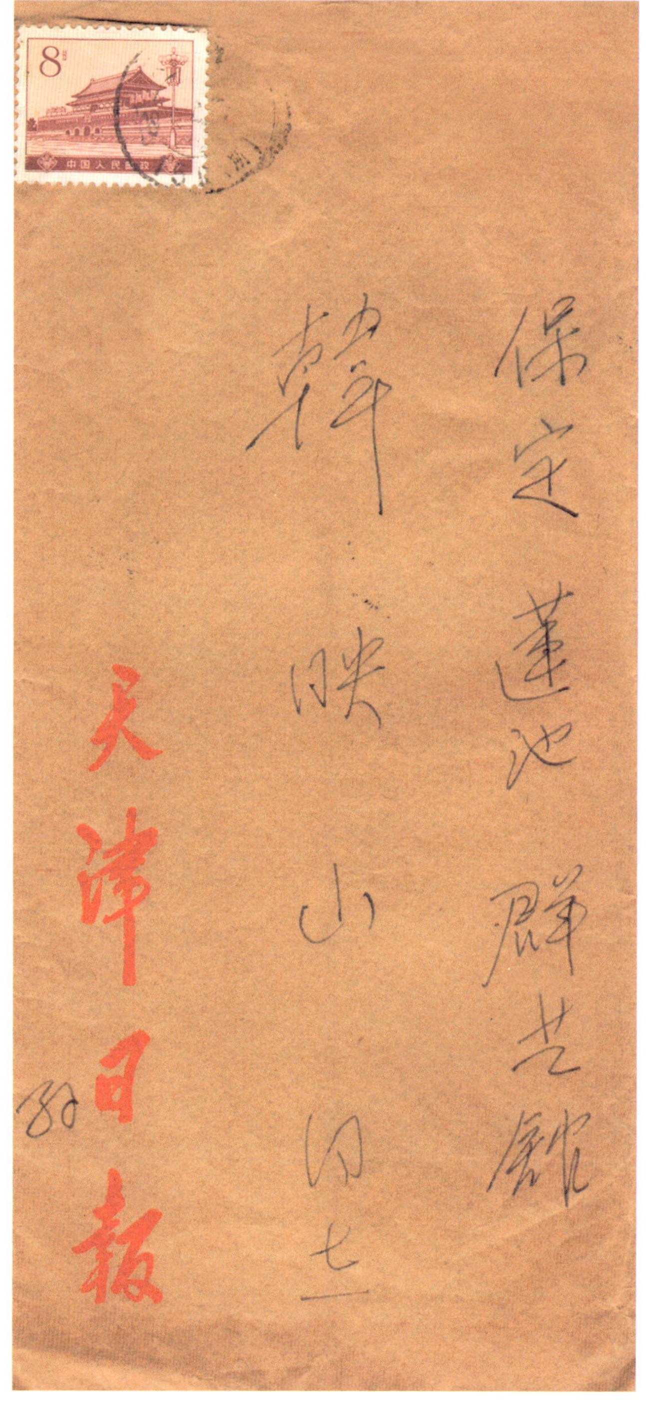

1978.4.8

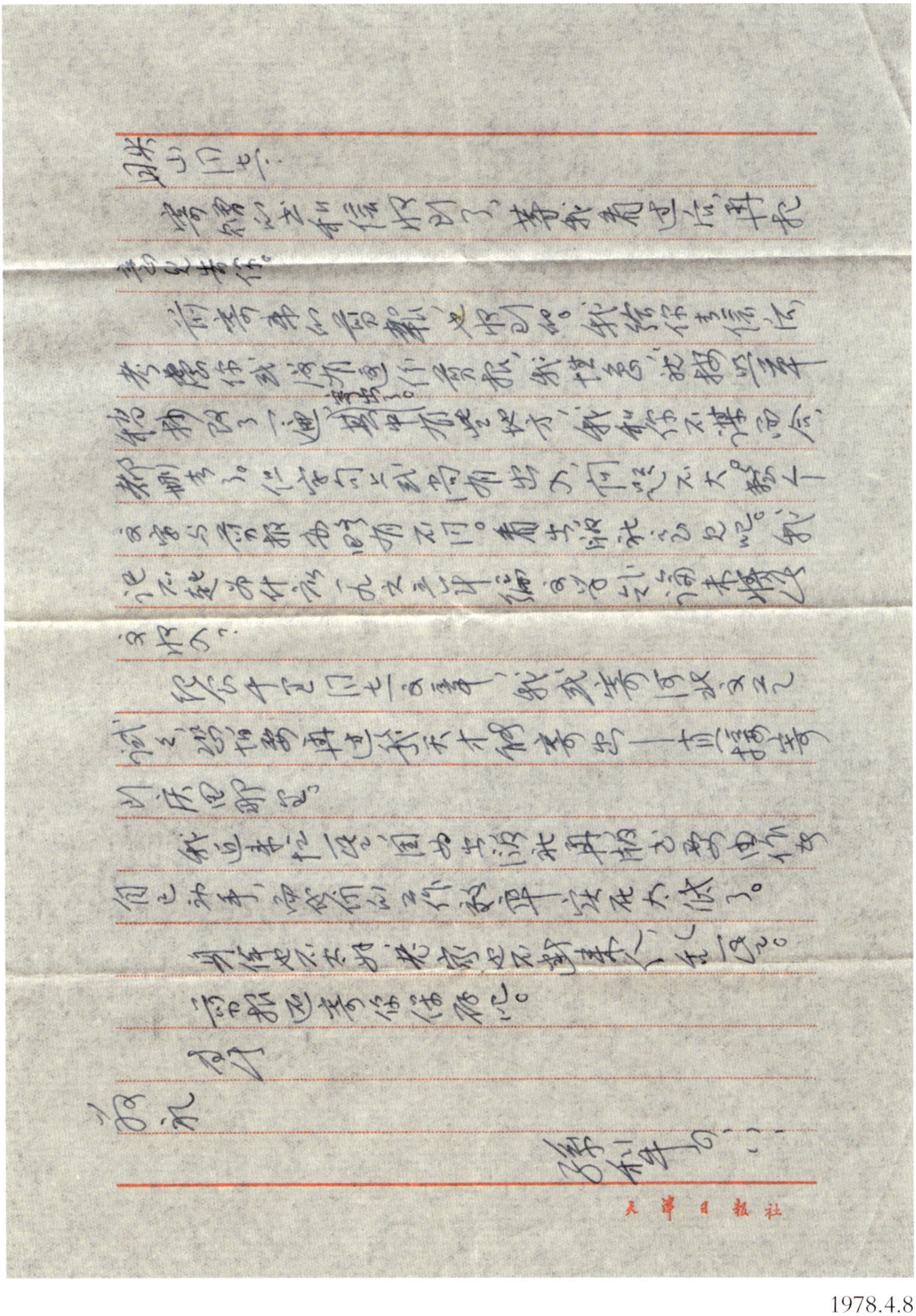

映山同志：

[illegible]

天津日报社

1978.4.8

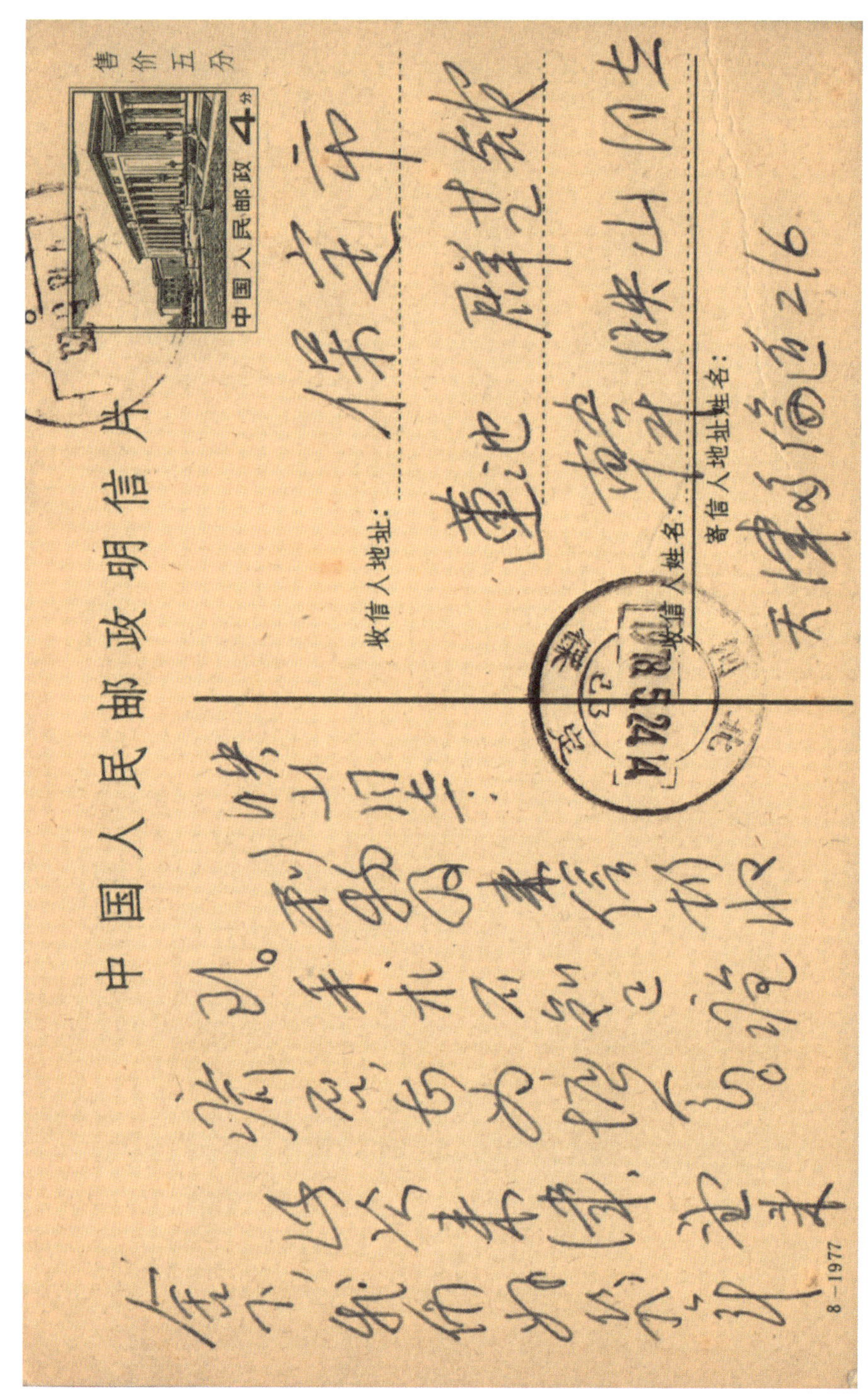

中国人民邮政明信片

售价五分

中国人民邮政 4分

收信人地址：保定市

莲池 群艺馆

收信人姓名：韩映山同志

寄信人地址姓名：天津多伦道216

映山同志：

刊物及来信均收到。手术不知已施行否，甚为悬念。你如来津，望来舍下，我们好好谈谈。

8—1977

1978.5.23

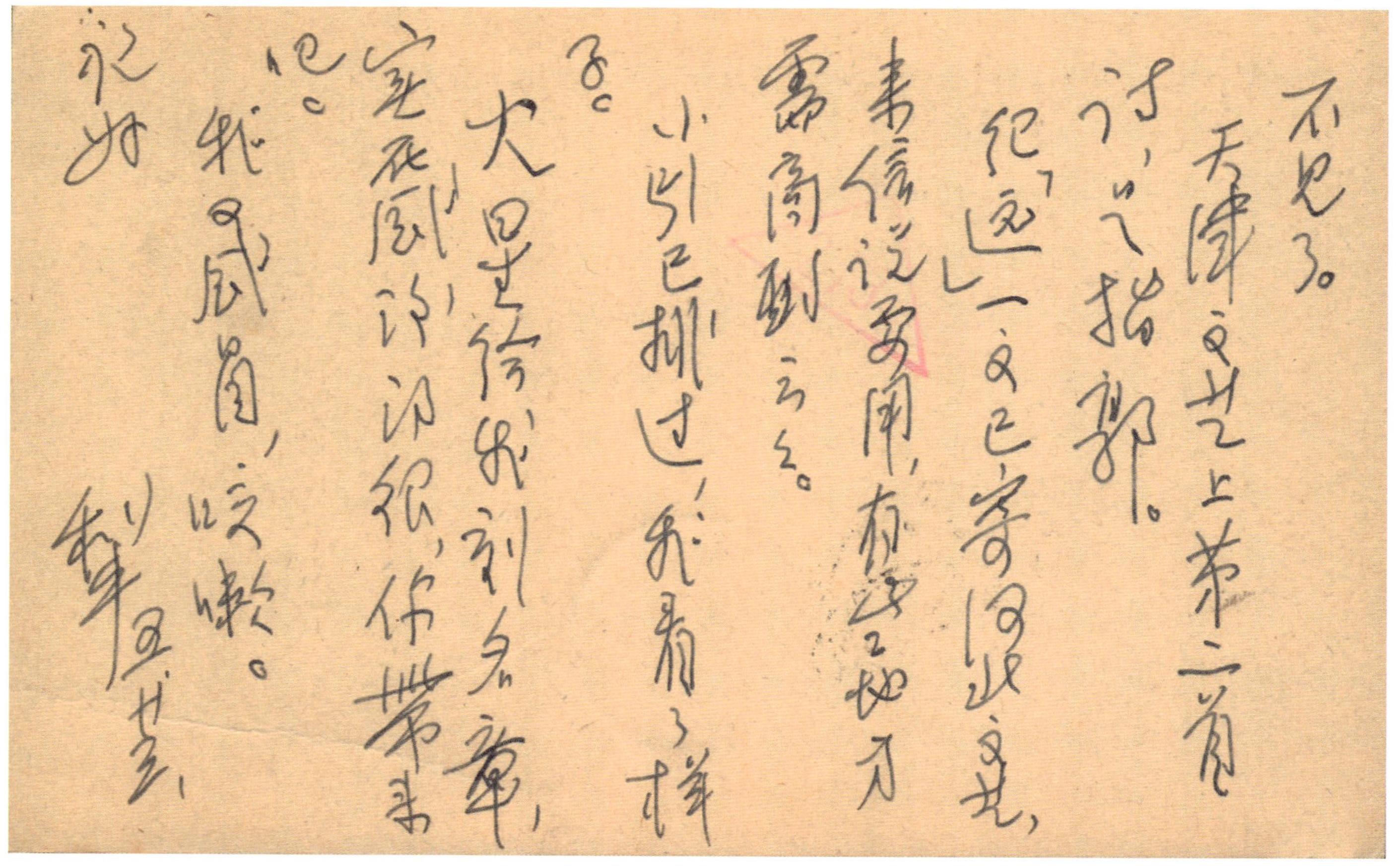

不必了。

天津日报上第二首诗，已指郭。

纪念「远」一文已寄河北文艺，来信说采用，有些地方需商酌云云。

小引已排过，我看了样了。

大星给我刻名章，定在原诗词纸，你带来吧。

我又感冒，咳嗽。

祝好

犁 五廿三

1978.5.23

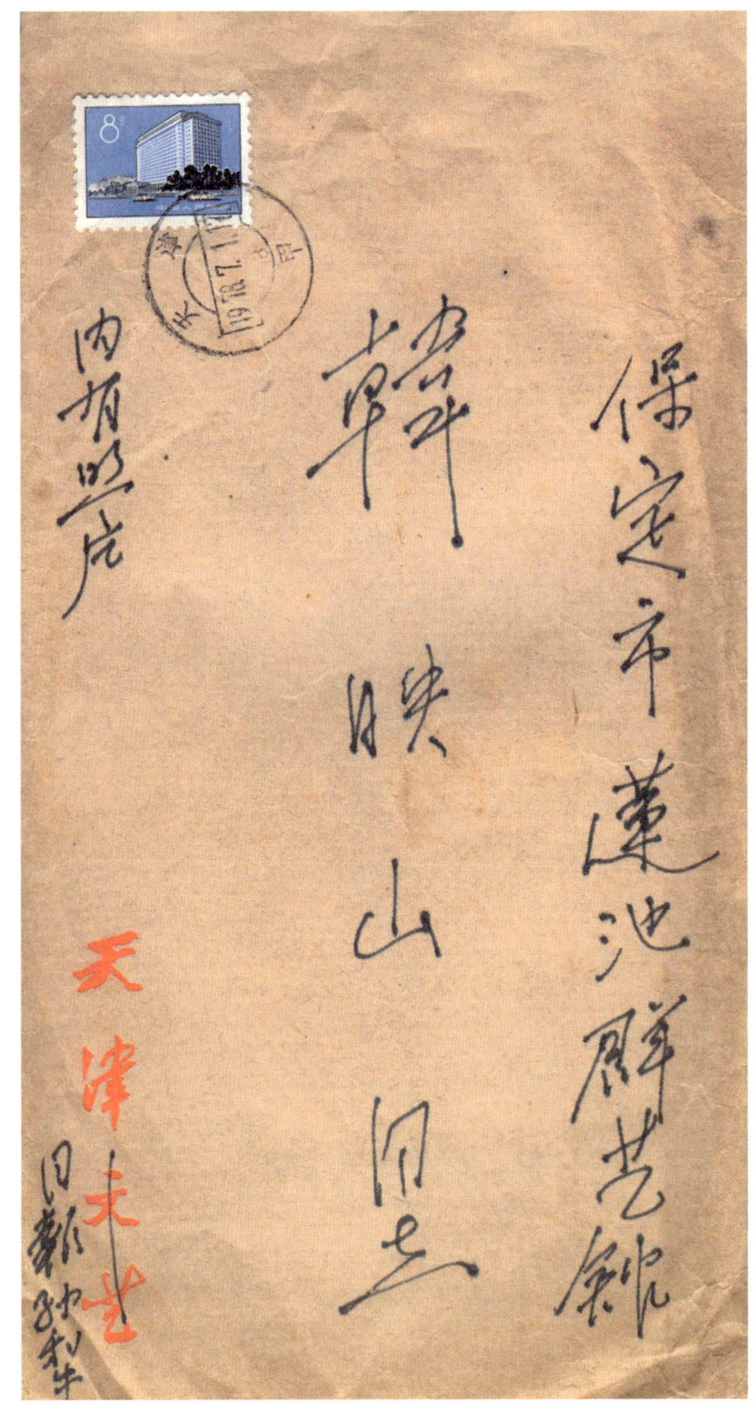
保定市蓮池群艺館
韓映山同志
内有照片
天津日報 孙犁

1978.7.1

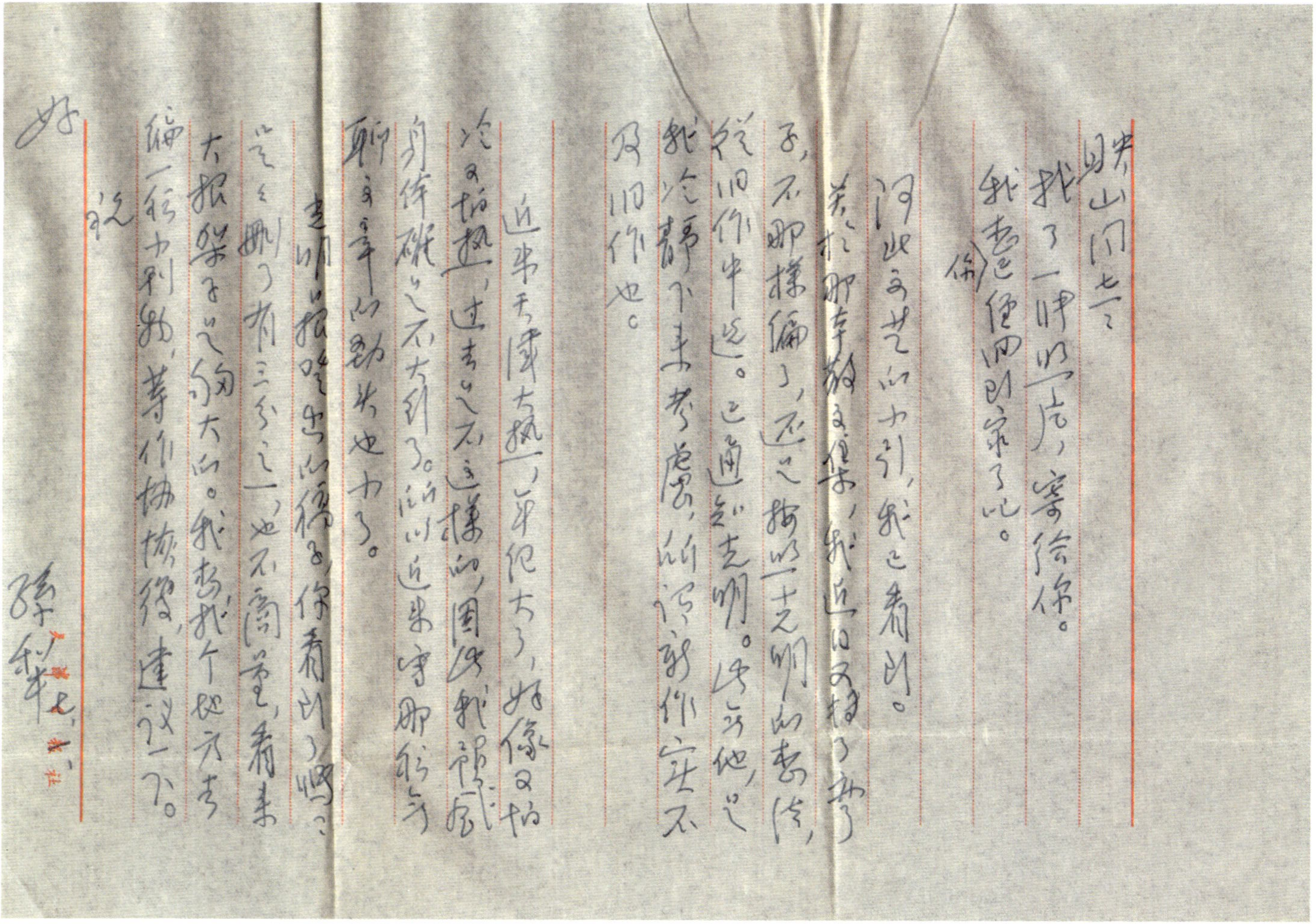

映山同志：

找了一册旧书，寄给你。

我意你已回家了吧。

河北文艺的小引，我已看到。

关于那本散文集，我近日又想了想，不那样编了，还是按照吉明的意见，从旧作中选。已通知吉明。除告他外，我冷静下来考虑，所谓新作实不及旧作也。

近来天津大热，年纪大了，好像又怕冷又怕热，过去还不这样的，因此我头晕，身体疲乏，不大好了。所以近来写那种闲聊文章的劲头也小了。

光明日报上的稿子，你看到了吗？它删了有三分之一，也不商量，看来大报架子还够大的。我想找几个人去编一种小刊物，等作协恢复，建议一下。

祝

好

孙犁 七、一

天津日报社

1978.7.1

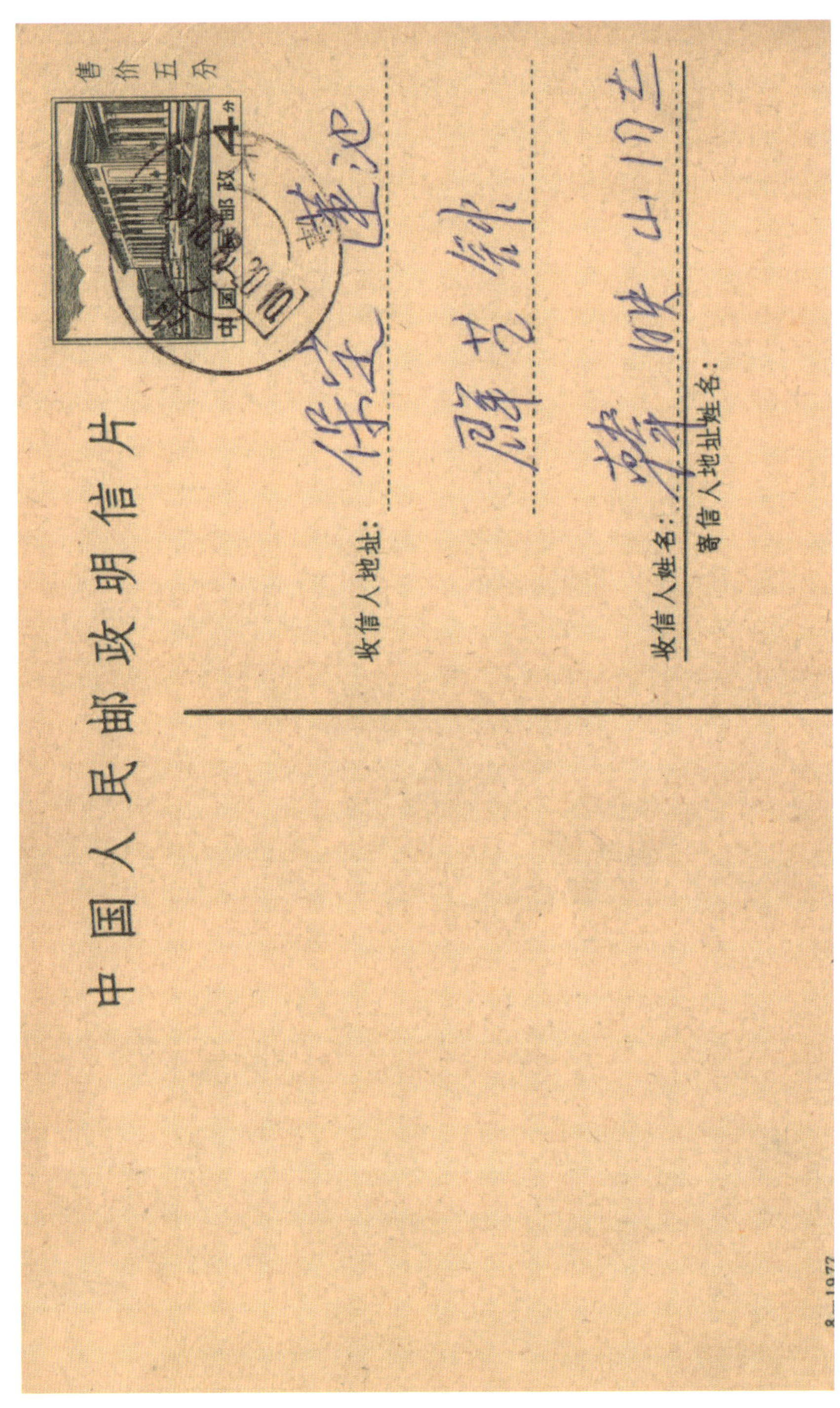

中国人民邮政明信片

售价五分

收信人地址：保定莲池

[illegible]

收信人姓名：韩映山同志

寄信人地址姓名：

8—1977

1978.8.19

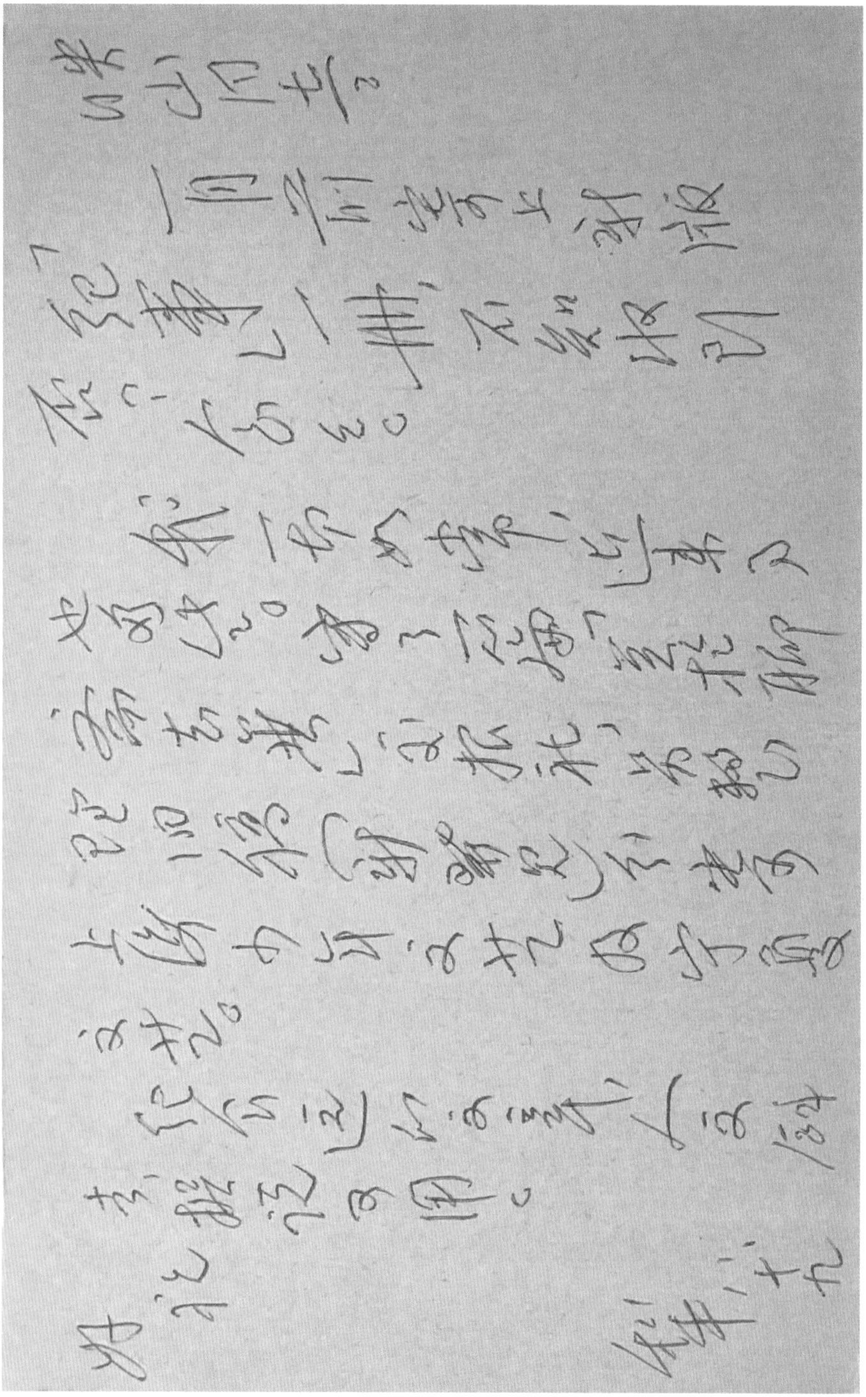

映山同志：

一月前寄上新版《纪事》一册，不知收到否？念念。

我一切如常，近来身也好些。写了两篇《芸斋聊斋志异》，寄报社，另钞短旧稿（新年悬旧画）分寄上海少年文艺及宁夏文艺。

纪念远的文章，《人民文学》去，据说可用。

祝

好

犁 八、十九

1978.8.19

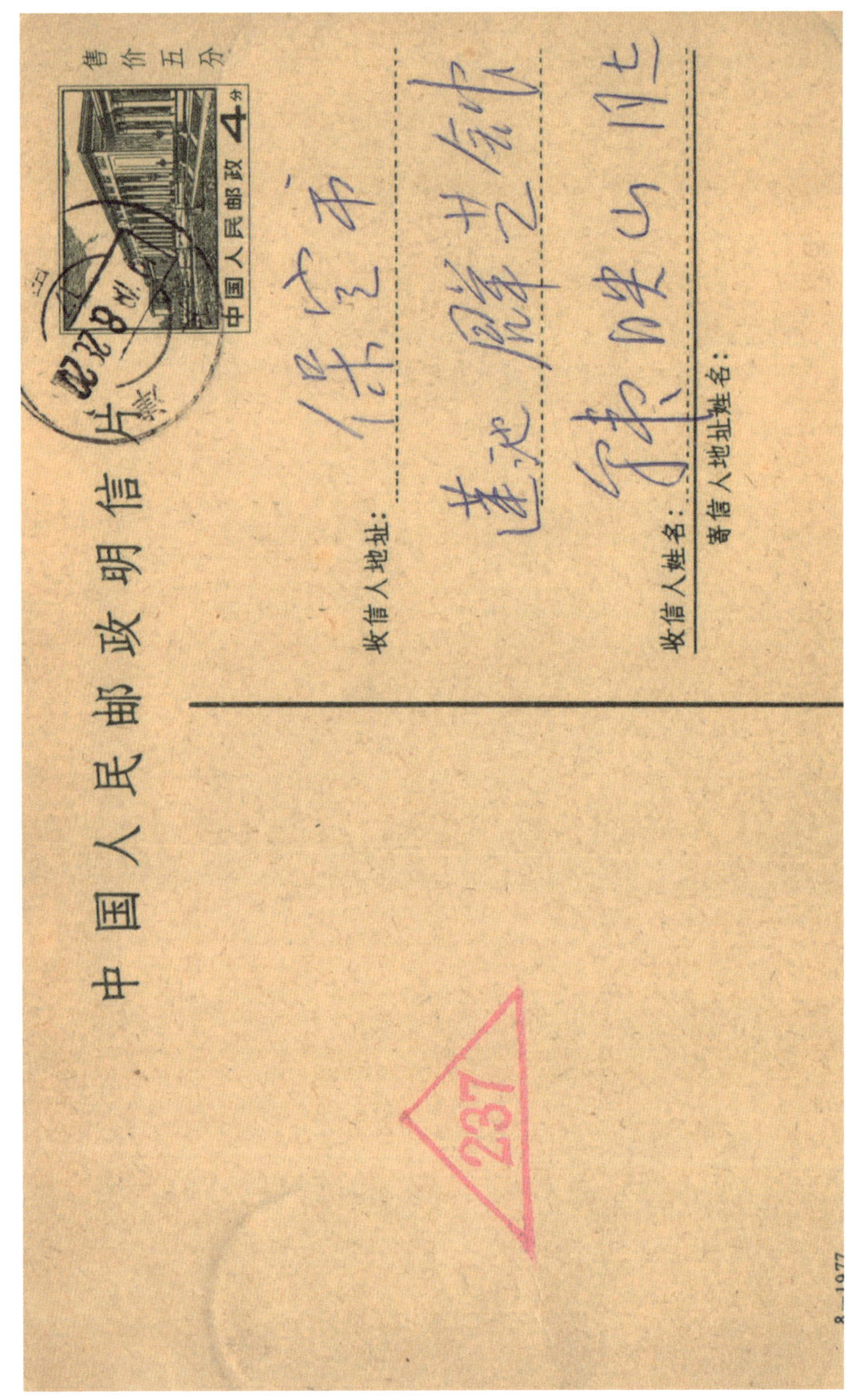

中国人民邮政明信片

售价五分

中国人民邮政 4分

收信人地址：保定市

收信人姓名：韩映山同志

寄信人地址姓名：

237

1978.8.28

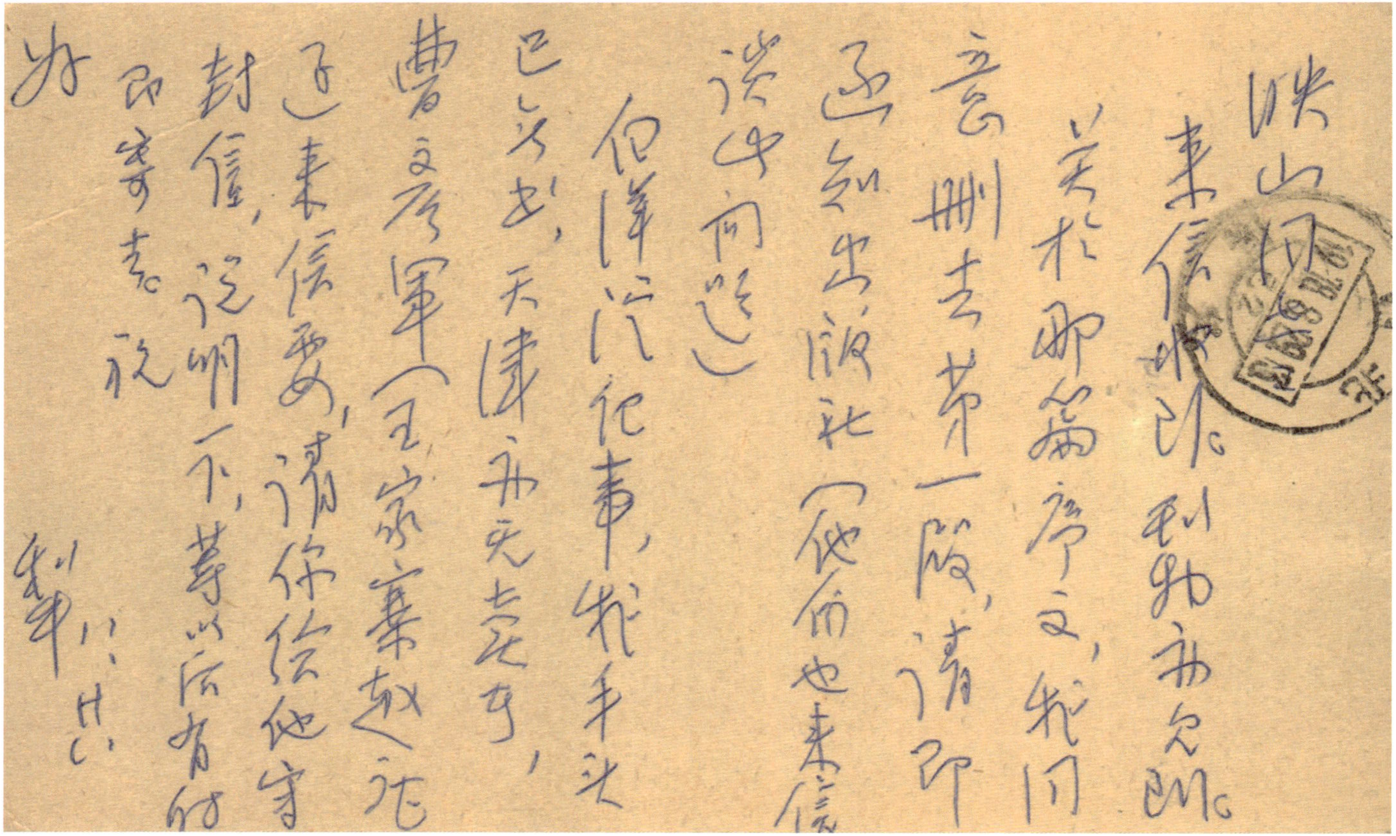

映山同志：

来信收悉。刘的补充跋。

关于那篇序文，我同意删去第一段，请即函知出版社（他们也来信谈此问题）。

白洋淀纪事，我手头已无书，天津亦无处可买，曹彦军（王家寨赵北口）来信要，请你给他写封信，说明一下，等以后有了，即寄去。祝

好

犁 八·廿八

1978.8.28

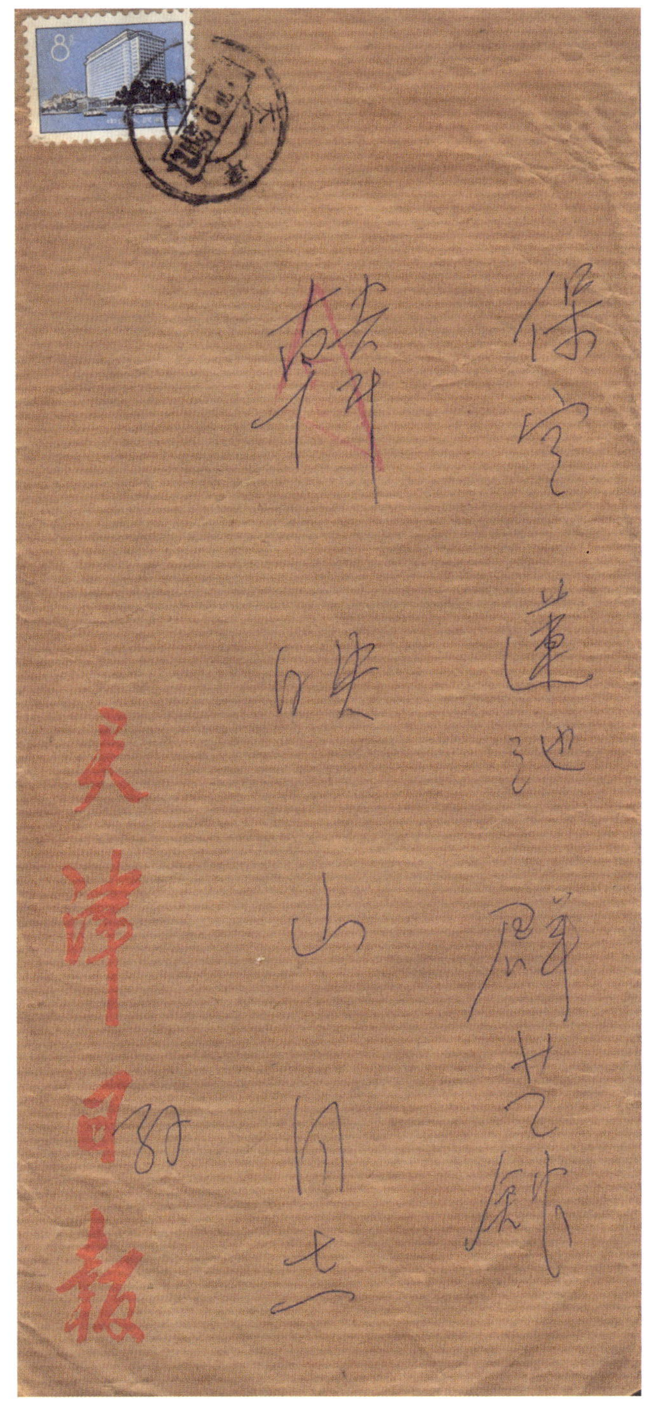

1978.9.28

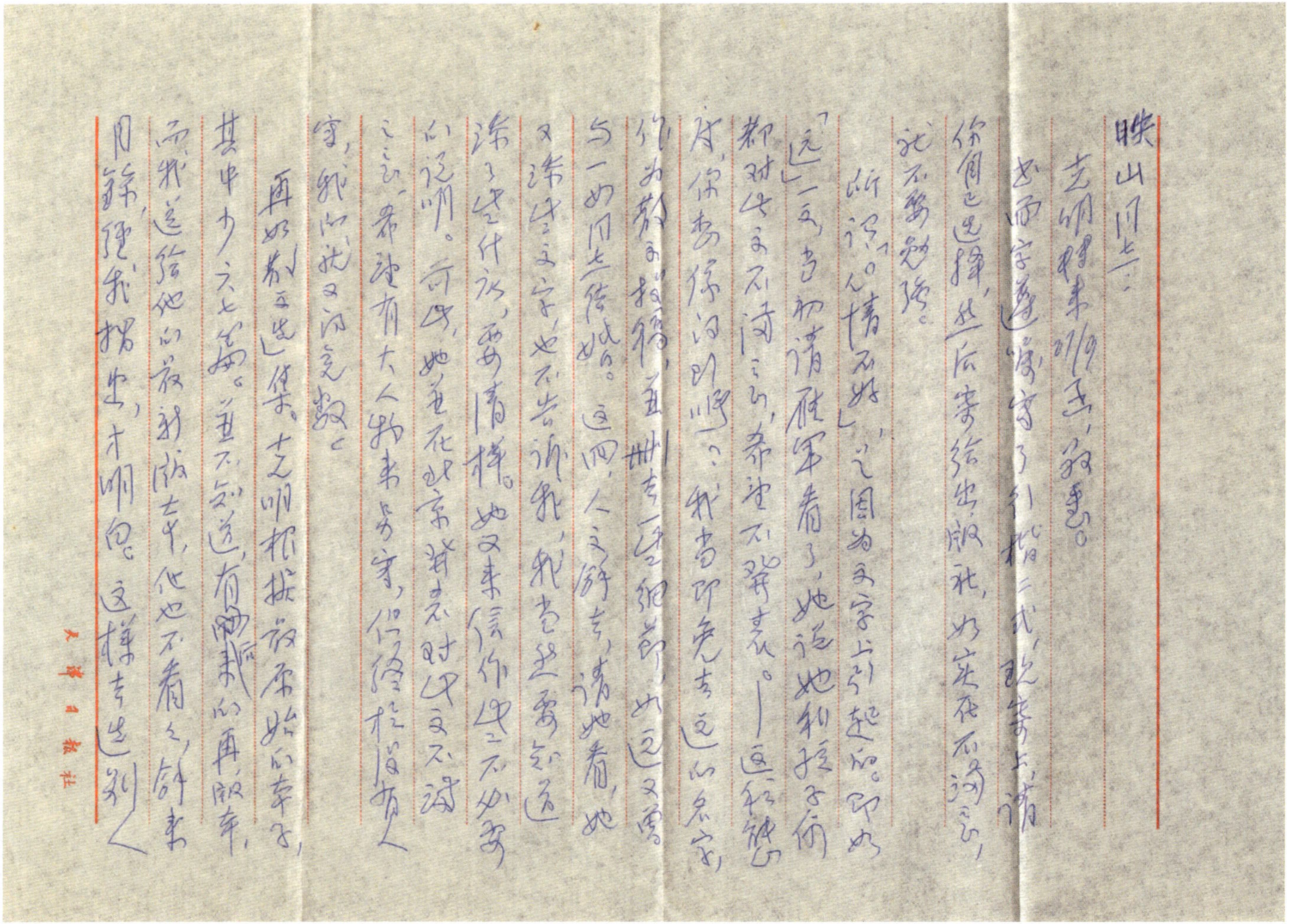
映山同志：
克明转来明信，敬悉。
此两字遵嘱写了行、楷二式，随寄上，请你们自己选择，然后寄给出版社，如实在不满意，就不要勉强。
所谓"心情不好"，是因为文字上引起的。即如"远"一文，当初请陈军看了，她说她和孩子们都对此文不满意，希望不发表。"这种态度，你去信问问吧？我当即免去这的名字，作为投稿，并删去一些细节，如这文写与一些同志结婚。这回，人文拿去，请她看，她又涂些文字，也不告诉我，我总要知道涂了些什么，要看清楚。她又来信作些不必要的说明。可是，她并在北京斟酌时也不满意，希望有大人物来写，但修改得有人字，我的就又没完毁。
再如散文选集，克明想据原始的本子，其中少六七篇。并不知道，有增删的再版本，而我送给他的最新版本，他也不看看，等我来目录，经我指出，才明白。这样去选，别人

天津日报社

1978.9.28

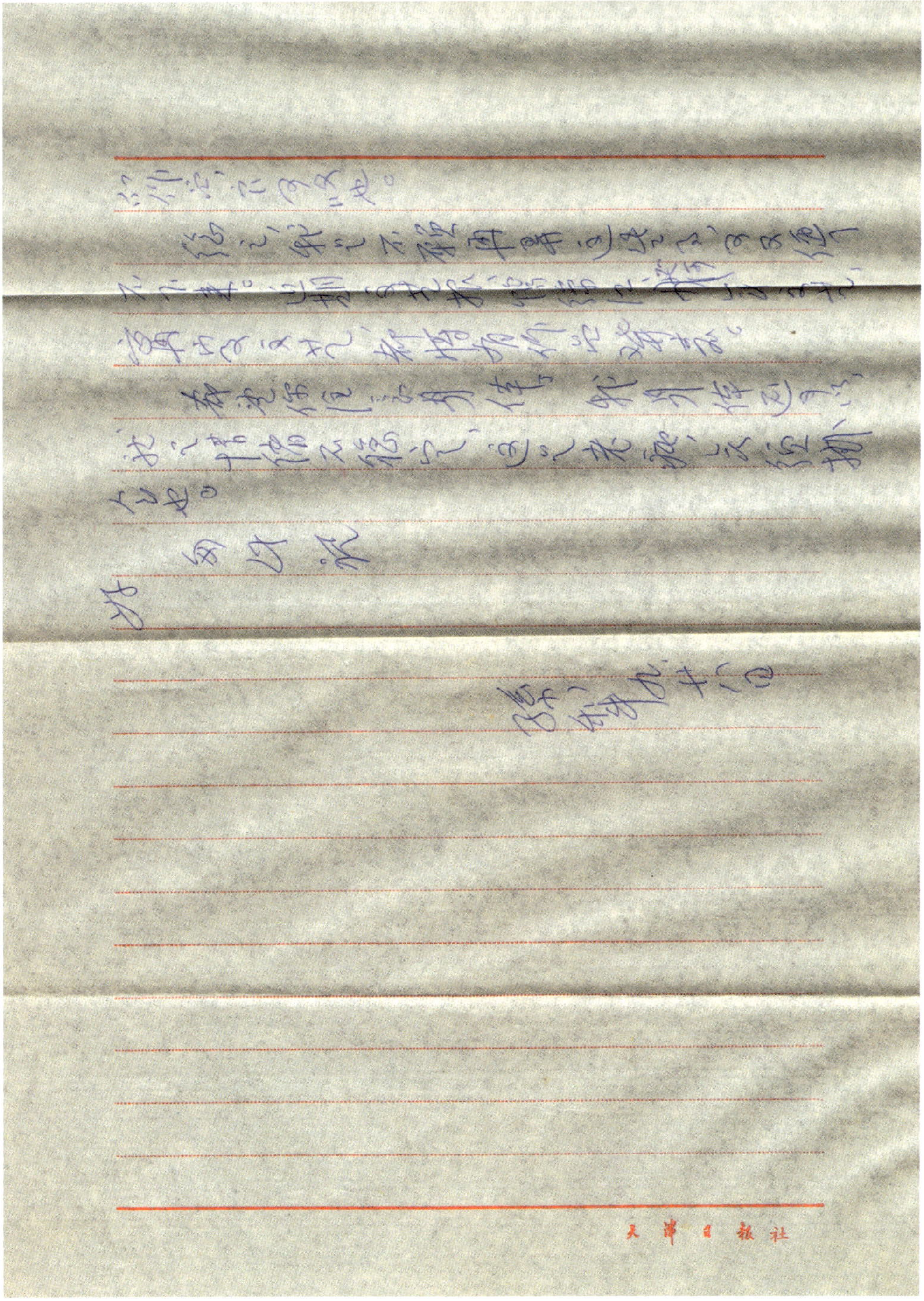

们作品，亦可收也。

总之，我已不愿再弄这些了，可又停不下来。近期《文艺报》、《湘江文艺》、《宁夏文艺》，都将有作品发表。

希望你注意身体，我身体还可以，就是情绪不稳定，这是老病，亦难挽回也。

匆此

祝

好

孙犁 九月廿八日

1978.9.28

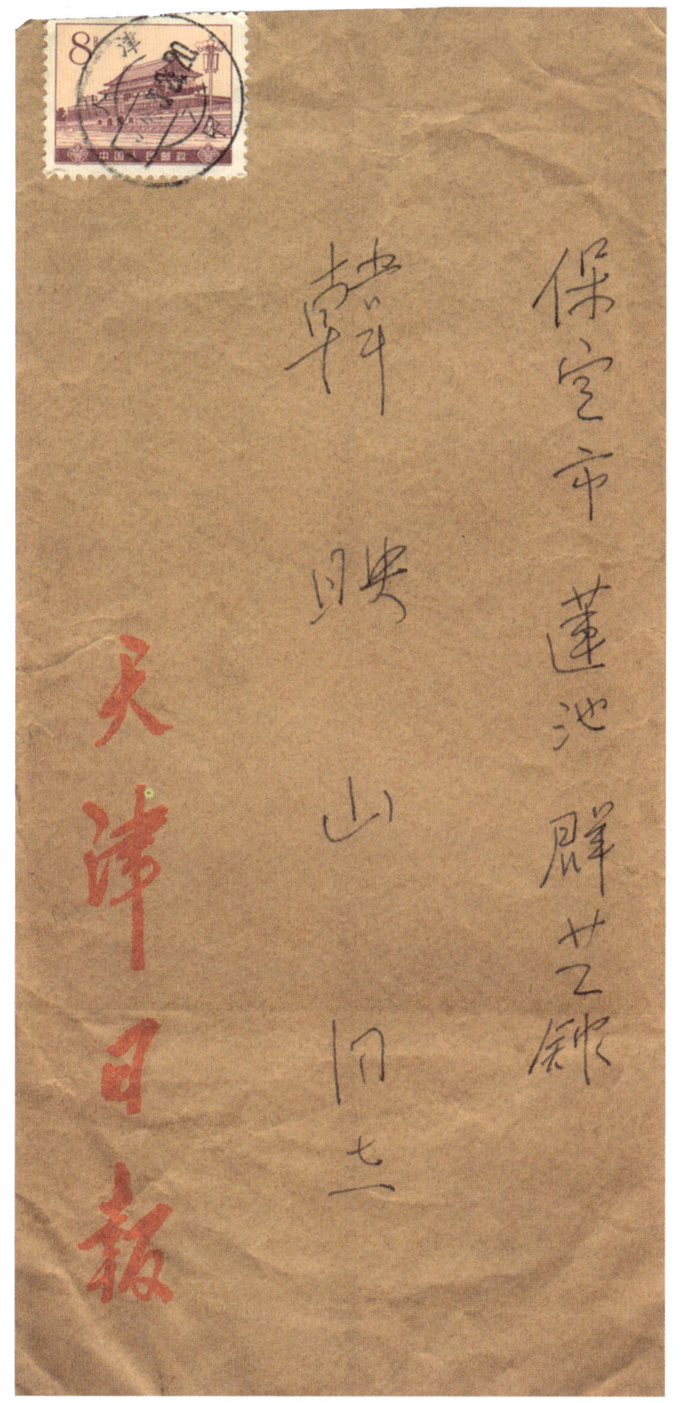

1978.10.3

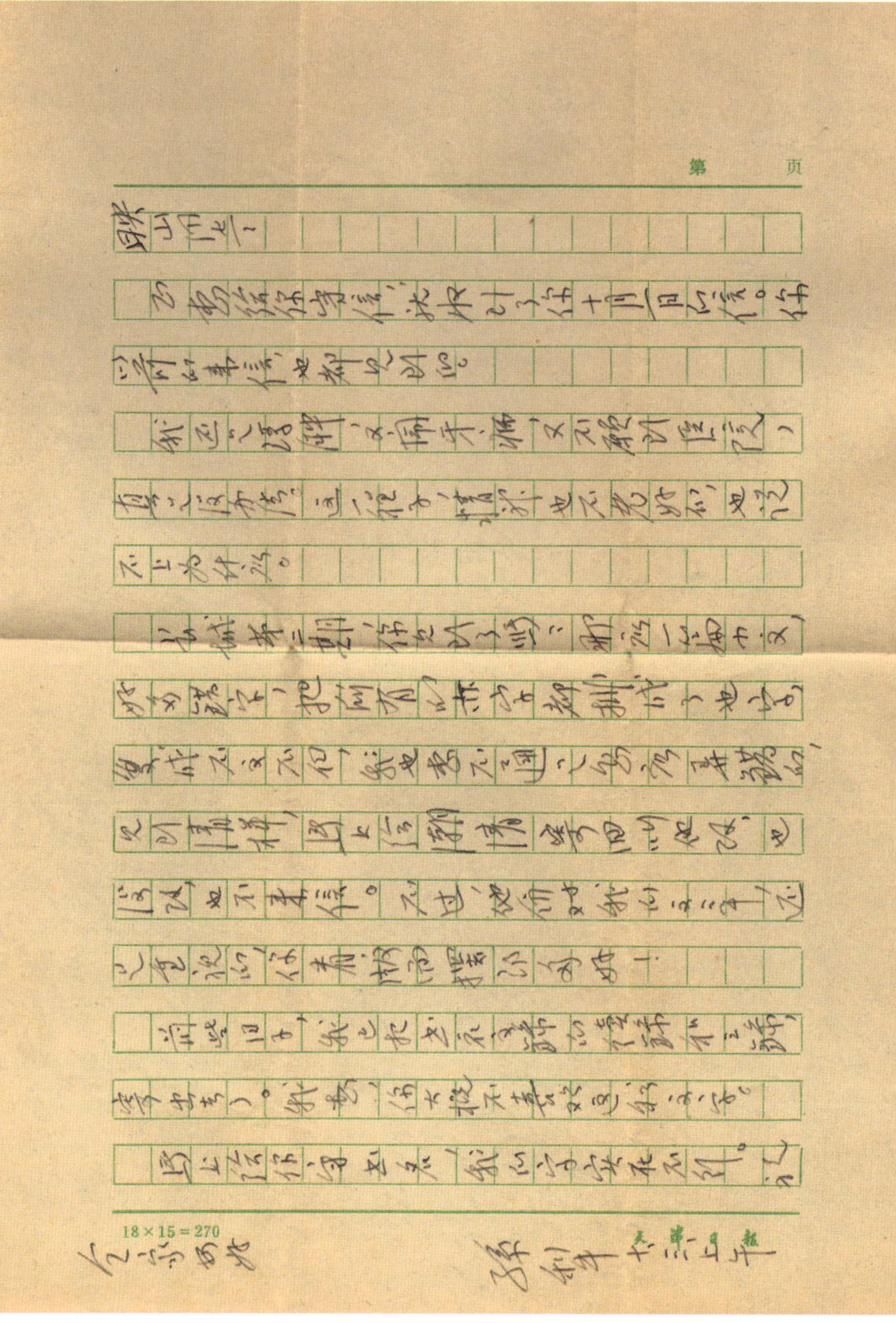

第　　页

映山同志：

正要给你写信，就收到你十月一日的信。

18×15=270

天津日报

1978.10.3

第　　页

晚上仍好。

收到刊物和来信，[illegible]。我看了你写的

《灯光》，写的很好。

我以前在十几年以前出版过[illegible]

[illegible]

[illegible]

[illegible]

[illegible]。

[illegible]

[illegible]

[illegible]

[illegible]

[illegible]

[illegible]

[illegible]

[illegible]

[illegible]

孙犁　十月廿一

好

1978.10.21

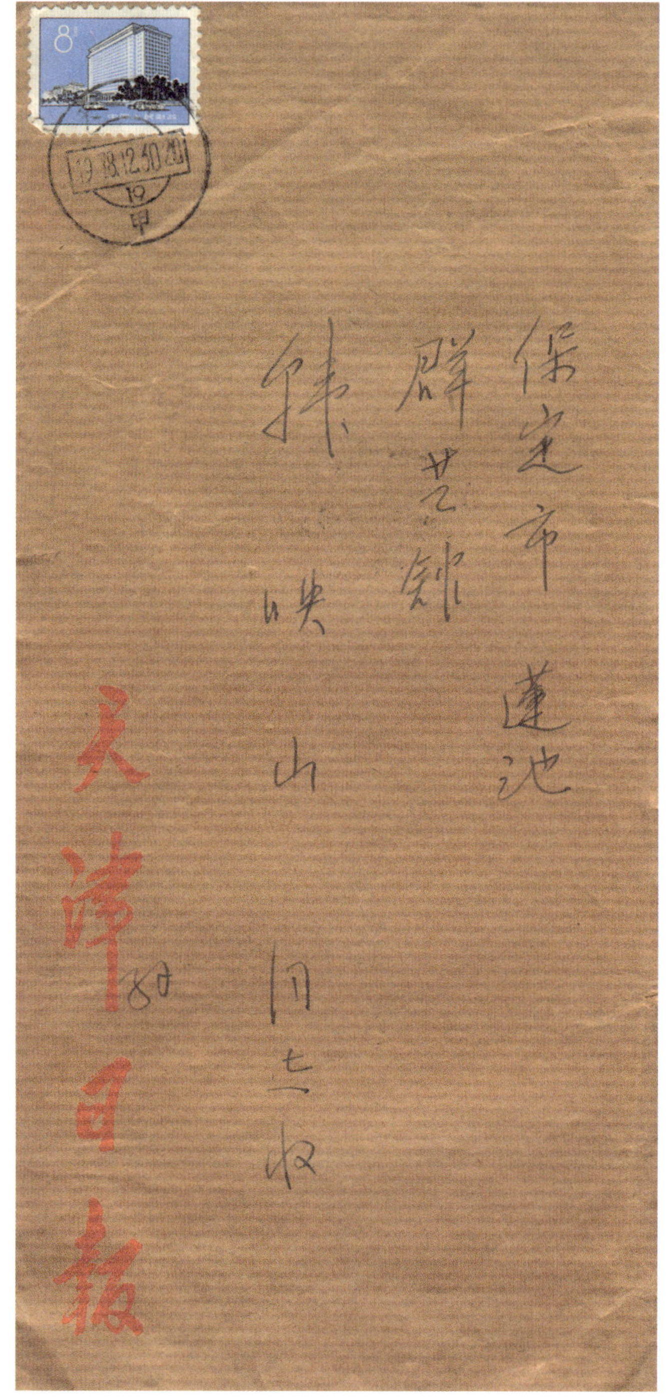

保定市 蓮池

群艺館

韓映山 同志收

天津日報

1978.12.30

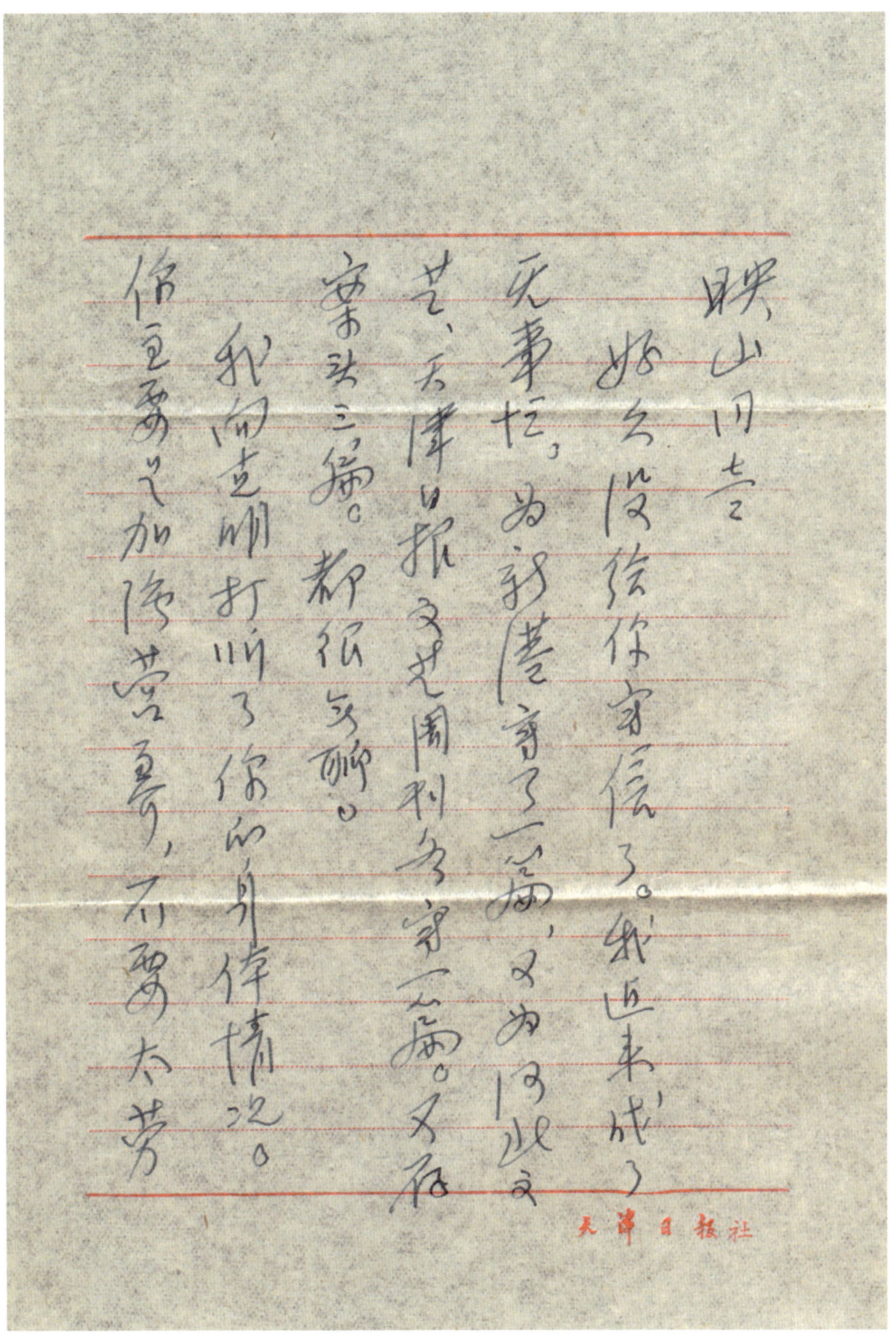
映山同志：

好久没给你写信了。我近来成了文事忙，为新港写了一篇，又为河北文艺、天津日报文艺周刊各写一篇。又在杂谈三篇。都很无聊。

我向克明打听了你的身体情况。你更要多加保养，不要太劳

1978.12.30

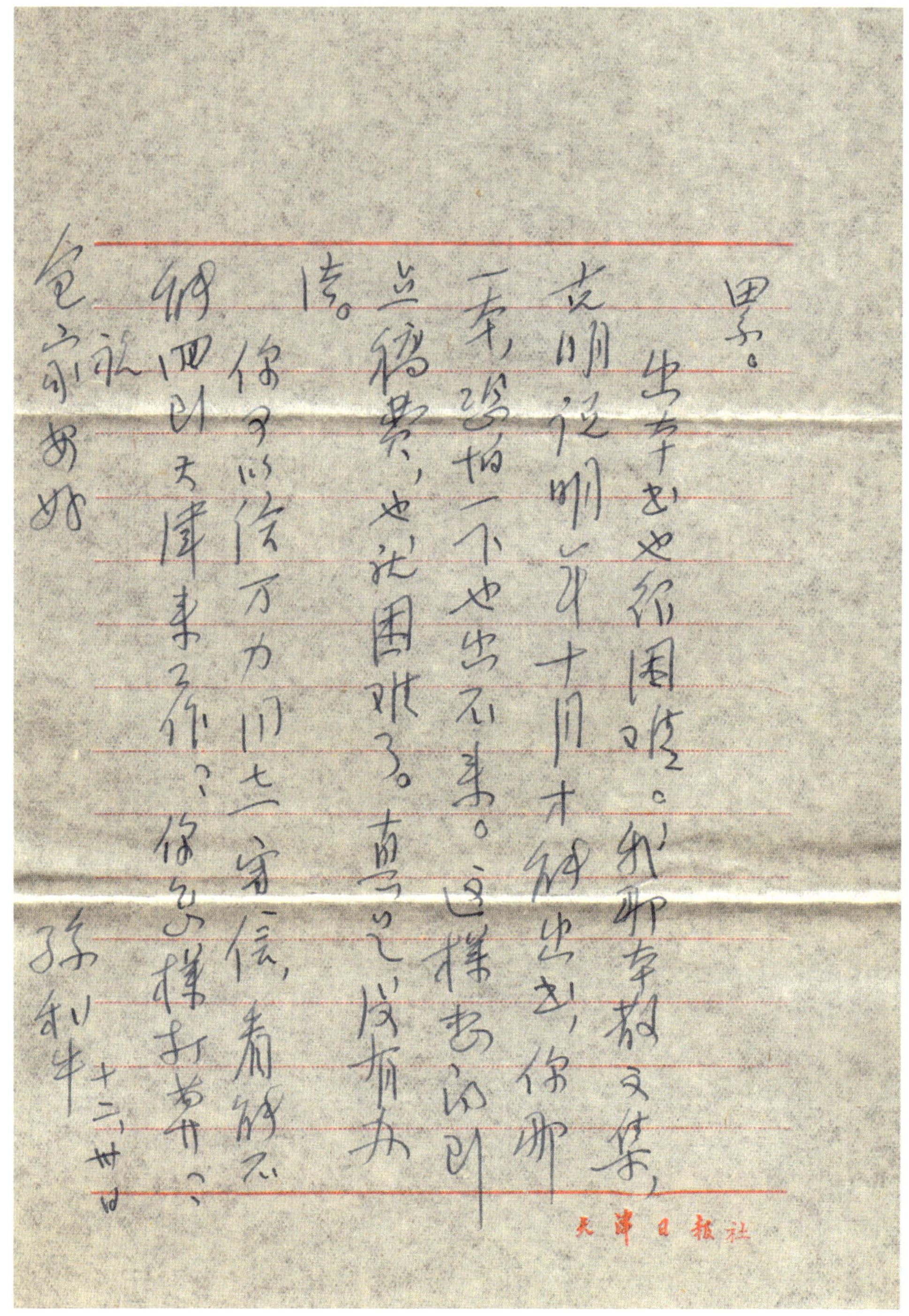

思。

出书也很困难。我那本散文集，克明说明年十月才能出书，你那一本，恐怕一下也出不来。这样的点稿费，也就困难了。再想点办法。

你可以给万力同志一封信，看能不能调回天津来工作？你看怎样办？

祝

全家安好

孙犁 十二、卅日

天津日报社

1978.12.30

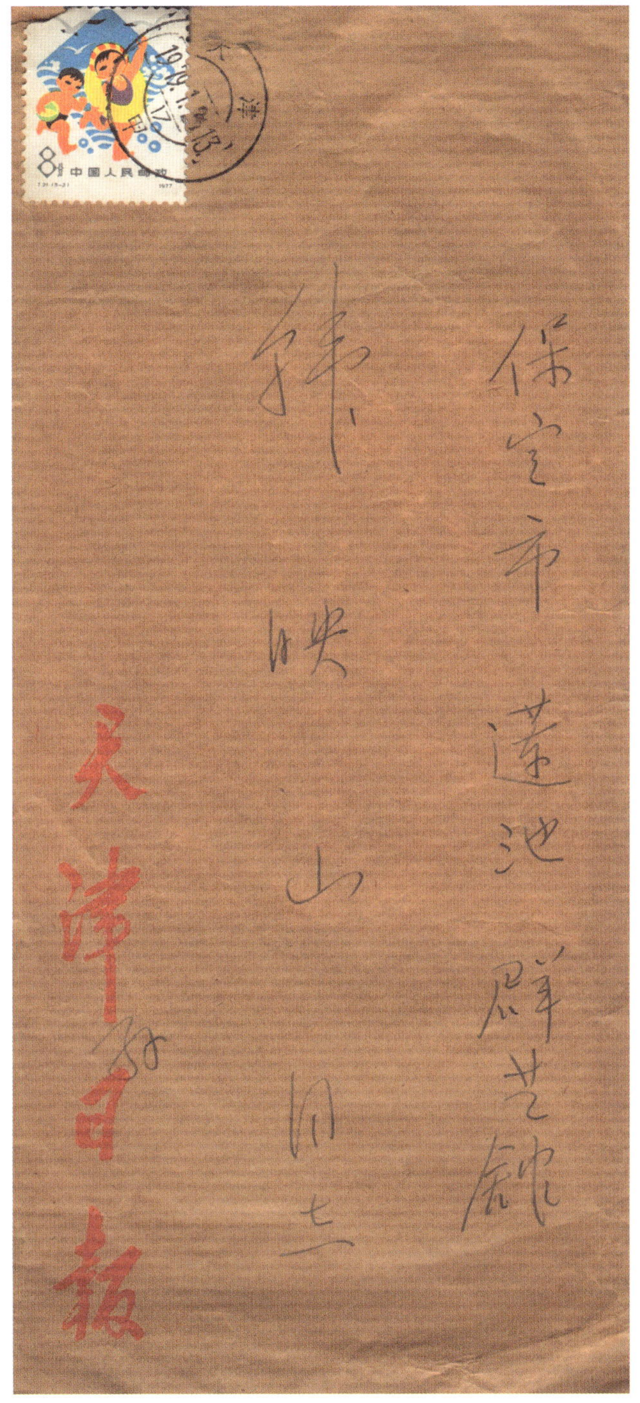

1979.1.26

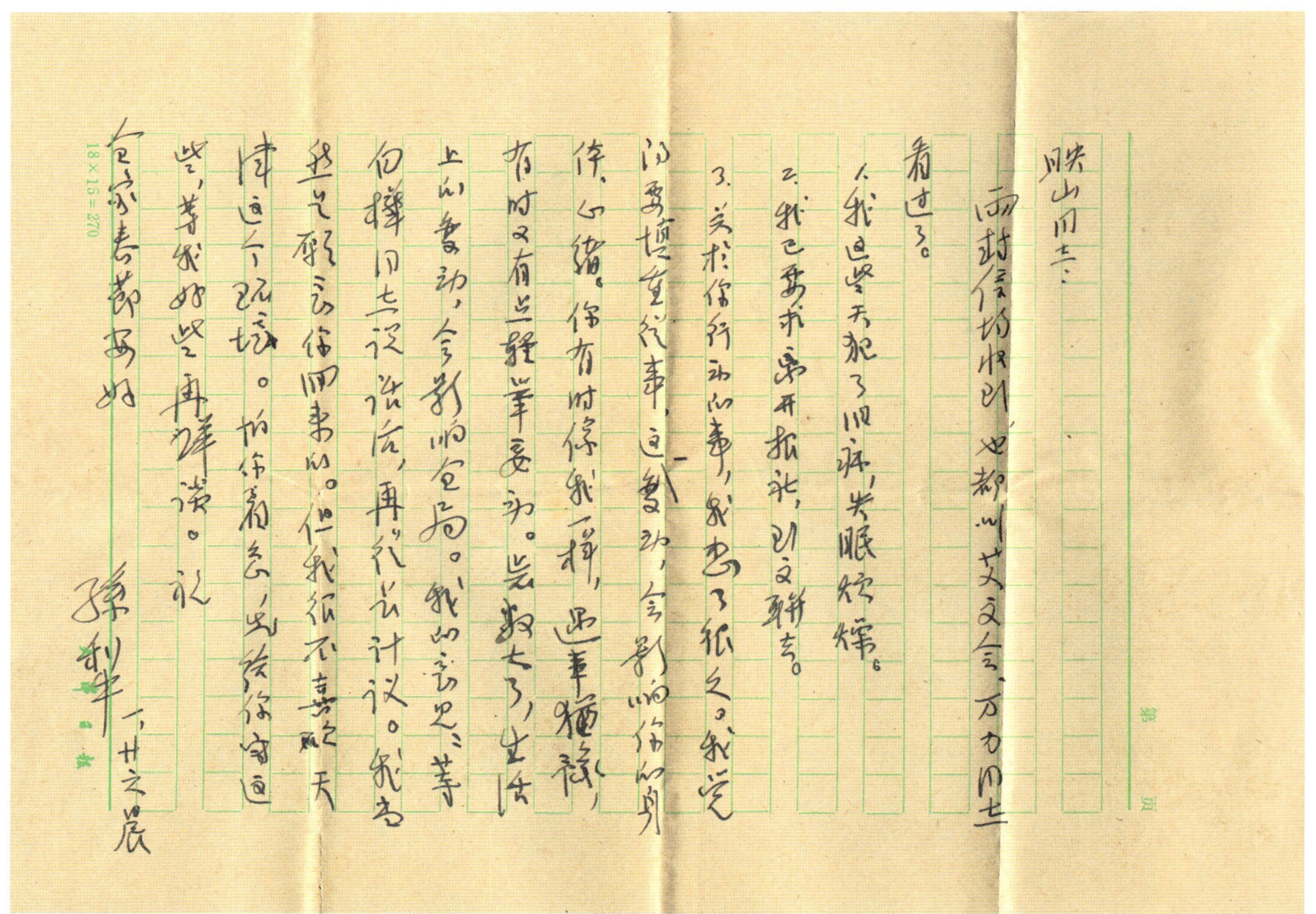

映山同志：

两封信均收到，也都叫艾文会、方力同志看过了。

1. 我这些天犯了旧病，失眠烦躁。

2. 我已要求离开报社，到文联去。

3. 关于你所谈的事，我想了很久。我觉得要慎重从事，这一变动，会影响你的身体、心情。你有时像我一样，遇事犹豫，有时又有点轻举妄动。岁数大了，生活上的变动，会影响全局。我的意思，等白桦同志谈后，再代为计议。我当然是愿意你回来的。但我很不喜欢天津这个环境。怕你着急，先给你写这些，等我好些再详谈。祝

全家春节安好

孙犁 一月廿六日晨

1979.1.26

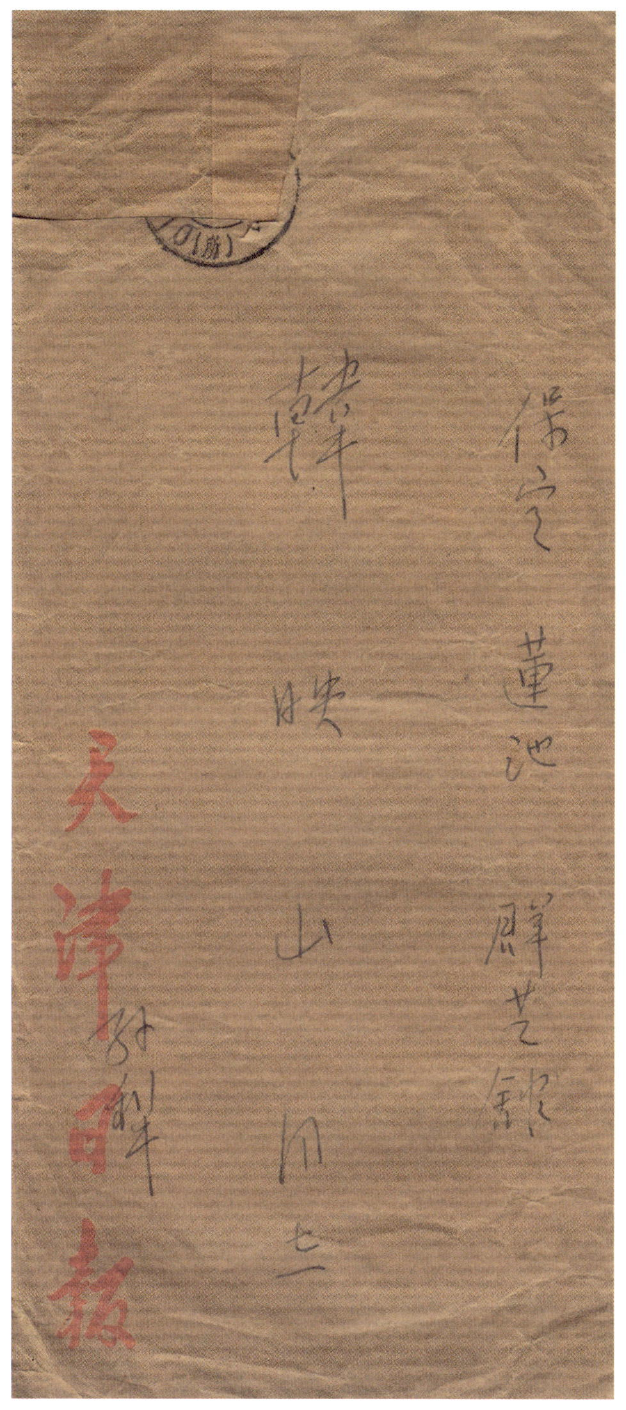

1979.3.7

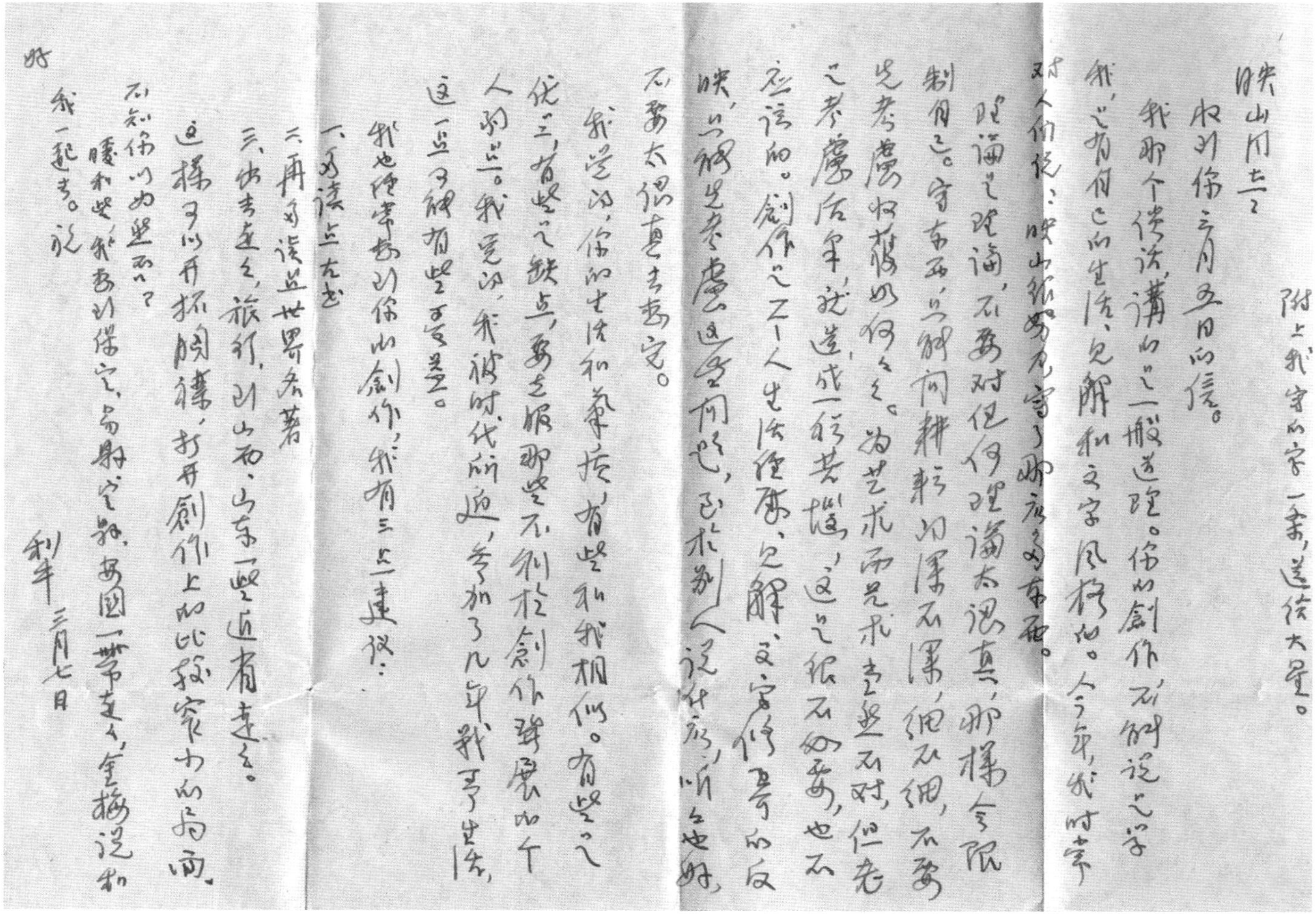

附上我写的字一张，送给大星。

映山同志：

收到你三月五日的信。

我那个谈话，讲的是一般道理。你的创作，不能说是学我，是有自己的生活、见解和文字风格的。今年，我时常对人们说：映山很努力，写了那么多的东西。

理论是理论，不要对任何理论太认真，那样会限制自己。写东西，只能像耕耘那样，深耕深耘，细耕细耘，不要先考虑收获如何如何。为艺术而艺术当然也不对，但老是考虑后果，就造成一种苦恼，这是很不好受，也不应该的。创作是个人生活经历、见解、文字修养的反映，只能先考虑这个问题，至于别人说什么，怎么说也好，不要太认真去想它。

我觉得，你的生活和气质，有些和我相似。有些是人的优点，有些是人的缺点，要克服那些不利于创作发展的个人的弱点。我觉得，我被时代所迫，参加了几年战争生活，这一点可能有些不一样。

我也经常想到你的创作，我有三点建议：

一、多读点古书

二、再多读点世界名著

三、出去走走，旅行，到山西、山东一些地方看看走走。

这样可以开拓胸襟，打开创作上的比较窄小的局面。

不知你以为然否？

腰和腿，我希望你保重，多锻炼，要同一些走走，金梅说和我一起去。祝

好

犁 三月七日

1979.3.7

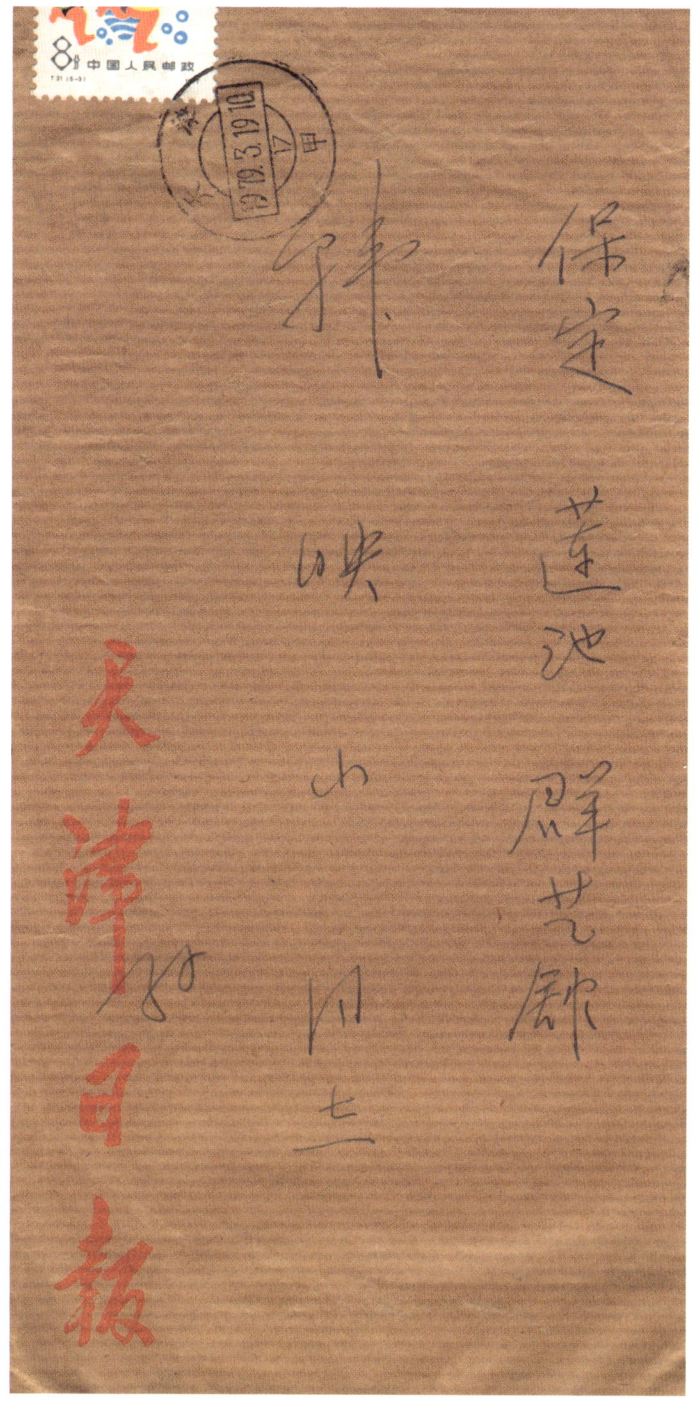
保定 莲池 群艺館

韩 映山 同志

天津日报 孙

1979.3.18

映山同志：

前后来信，都收到了。花生米也收到了，请你给时绍良同志写封信，对他表示谢意。我这里食物不缺，今后可不必再为惦记。

我近来身体好些，但杂务太多，前些日子又油漆门窗，拖了将近月余，不过又招待陪童，不干活。

近来，两个小孩都闹病，虽说都不是什么重病，吵得我心里也不安静。

你们要办刊物，我当大力支持，春节以来，一个字也没写，手下也没有存稿，你看如何呢？好好请你给做序，一下子也写不出来。

你不来天津，我以为为之上策。

祝

合家安好

孙犁 三月十八日

1979.3.18

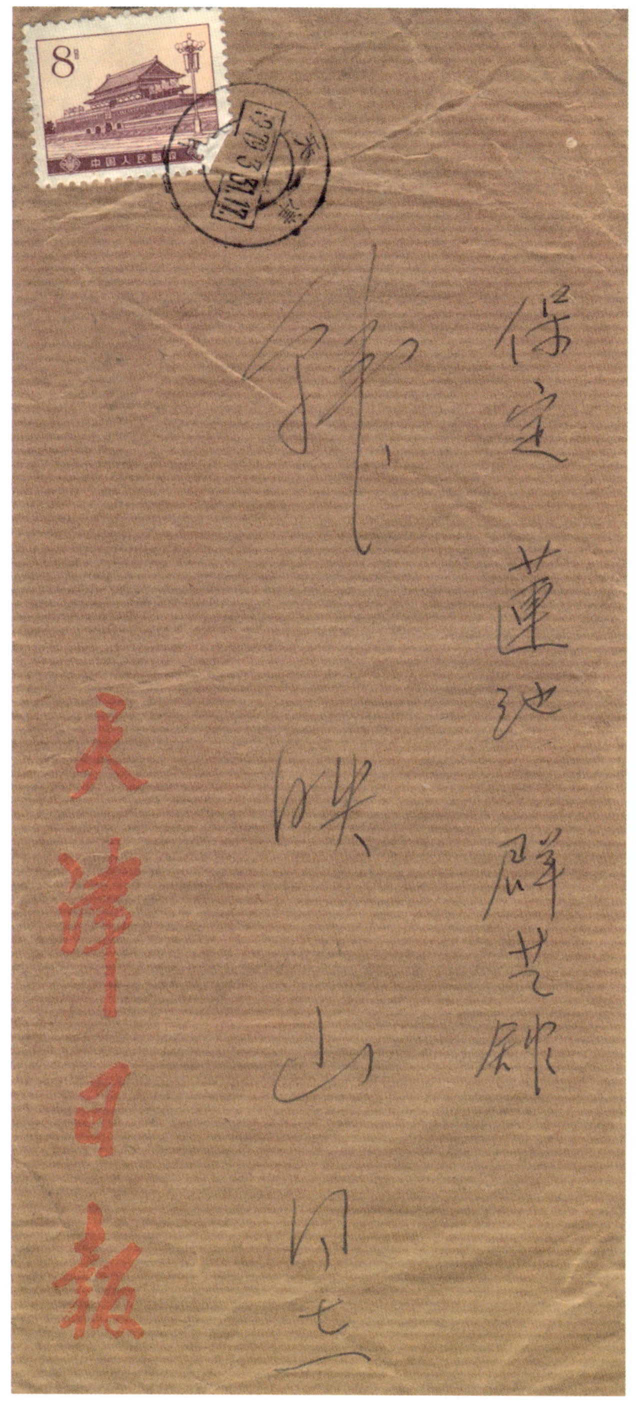

1979.3.30

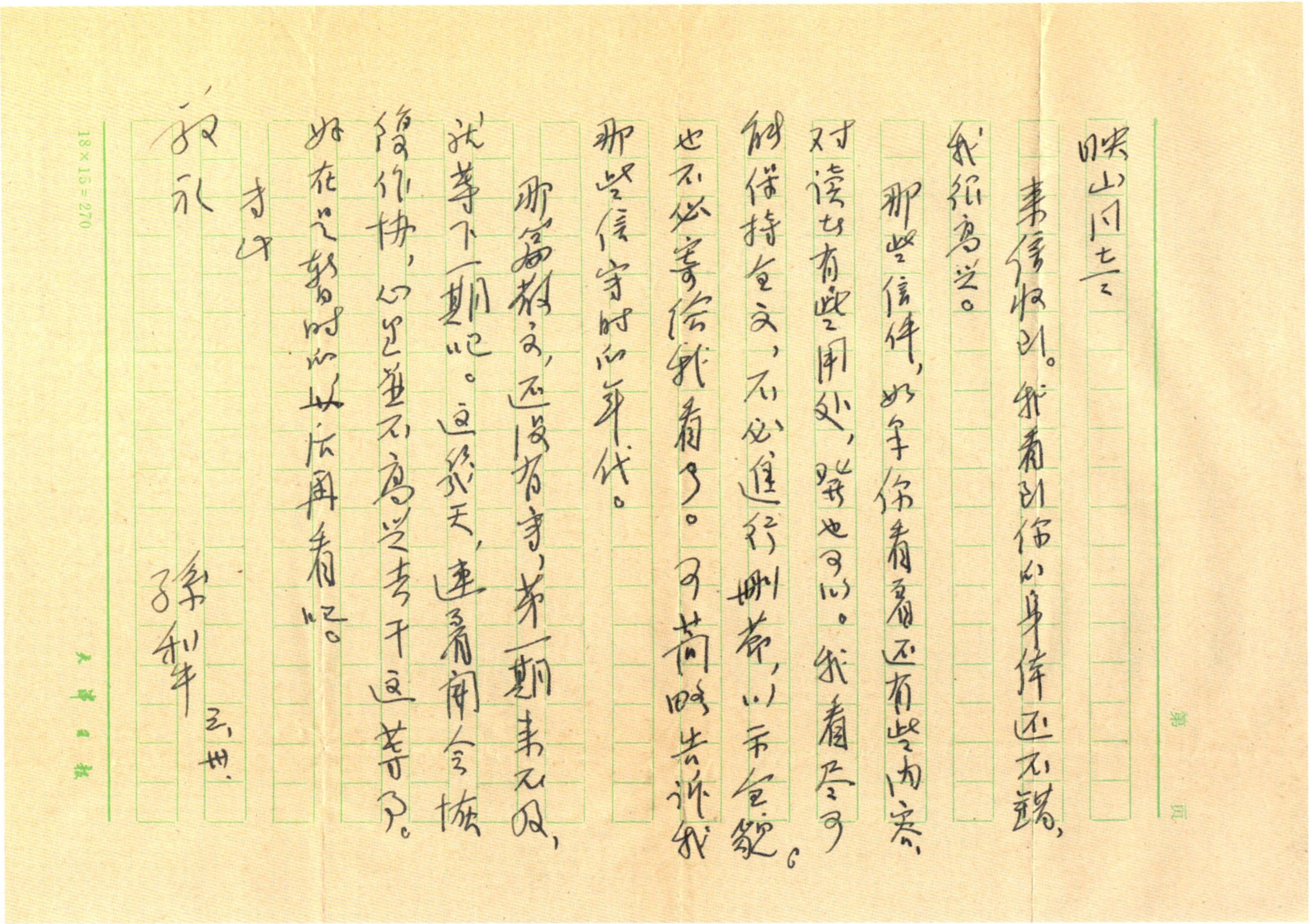

映山同志：

来信收到。我看到你的身体还不错，我很高兴。

那些信件，如果你看看还有些内容，对读者有些用处，发表也可以。我看尽可能保持全文，不必进行删节，以示全貌。也不必寄给我看了。可简略告诉我那些信写的年代。

那篇散文，还没有看，第一期来不及，就等下一期吧。这几天，连着开会恢復作协，心里并不高兴去干这些事了。好在只暂时的以后再看吧。

专此

敬礼

孙犁 三卅

1979.3.30

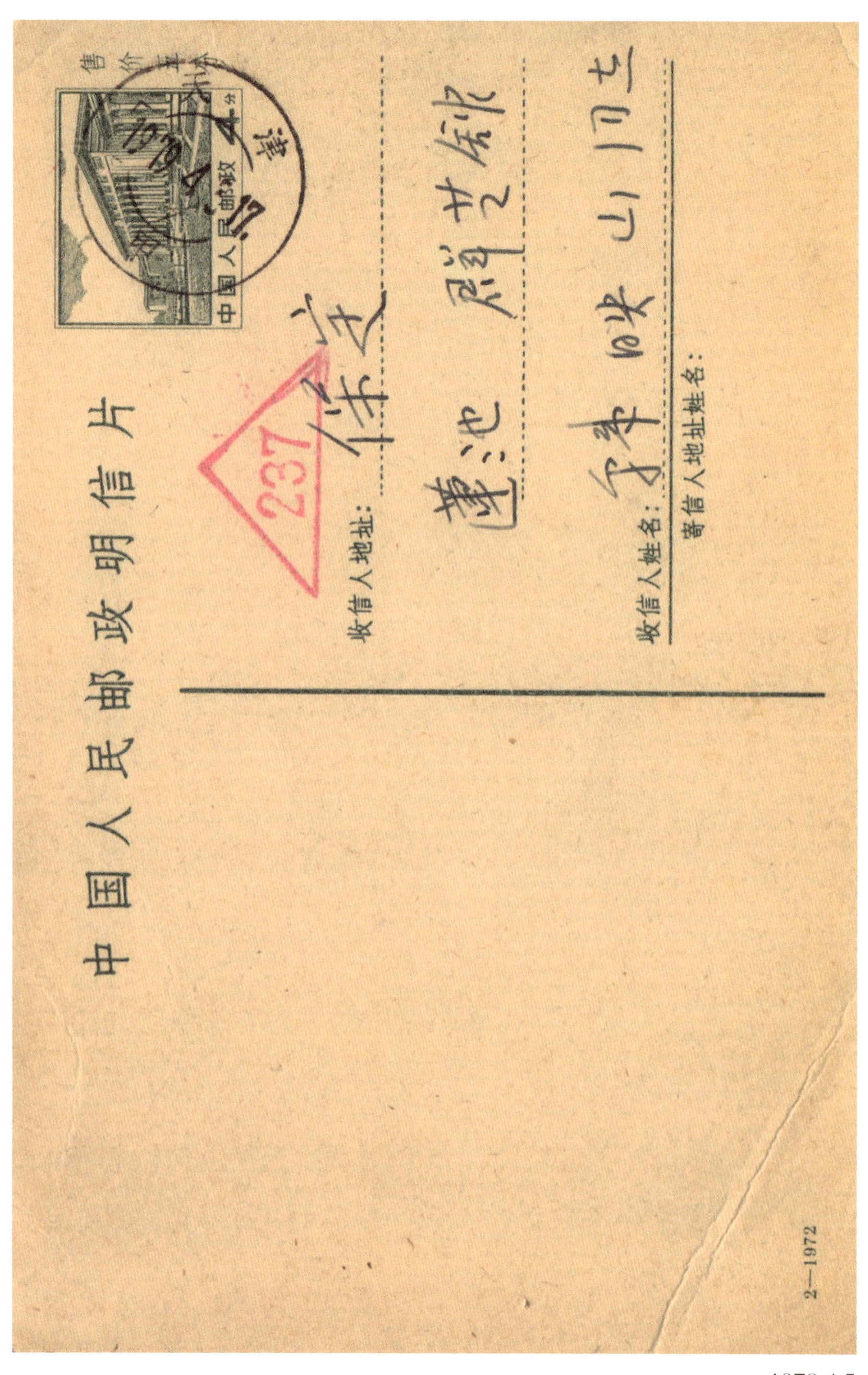

1979.4.5

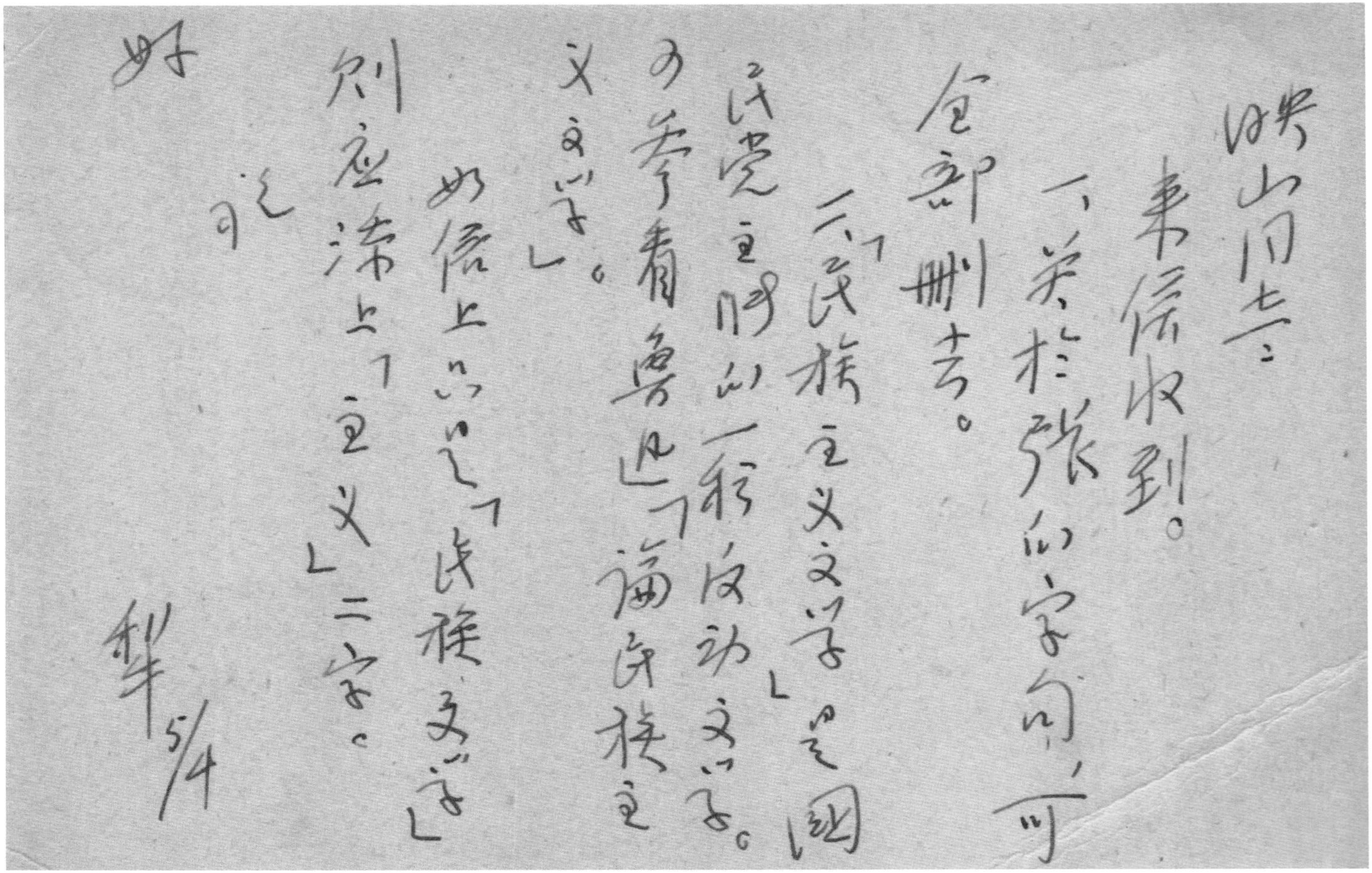
映山同志：

来信收到。

"关于张"的字句，可全部删去。

"民族主义文学"是国统区时的一种反动文学。可参看鲁迅"论民族主义文学"。

如信上只说"民族文学"则应添上"主义"二字。

祝
好

犁 5/4

1979.4.5

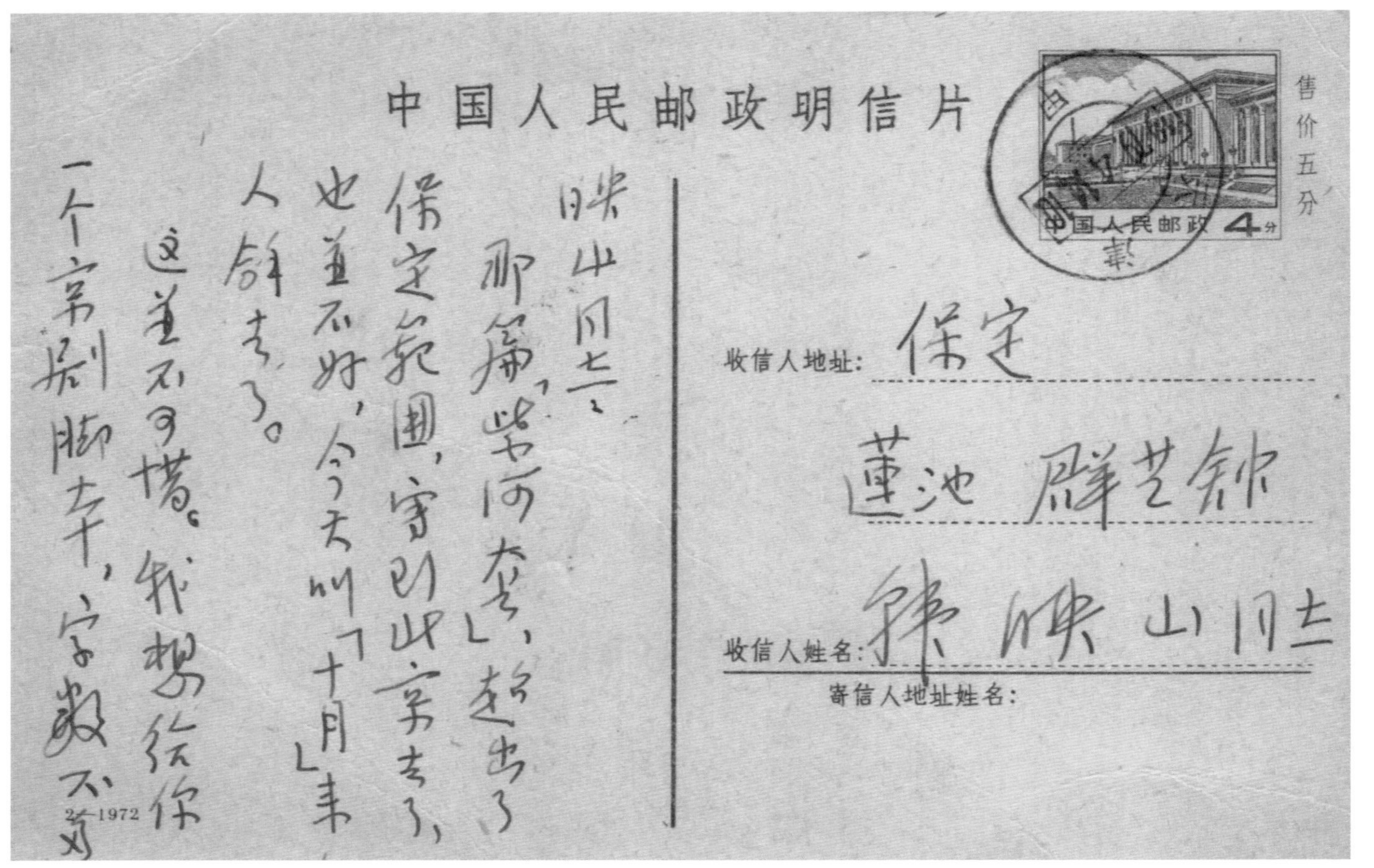
中国人民邮政明信片

售价五分

收信人地址：保定

莲池 群艺馆

收信人姓名：韩映山同志

寄信人地址姓名：

映山同志：

那篇《紫河套》，超出了保定范围，寄到北京去了，也并不好，今天以《十月》来人辞去了。

这并不可惜。我想给你一个字剧脚本，字数不对

1979.4.13

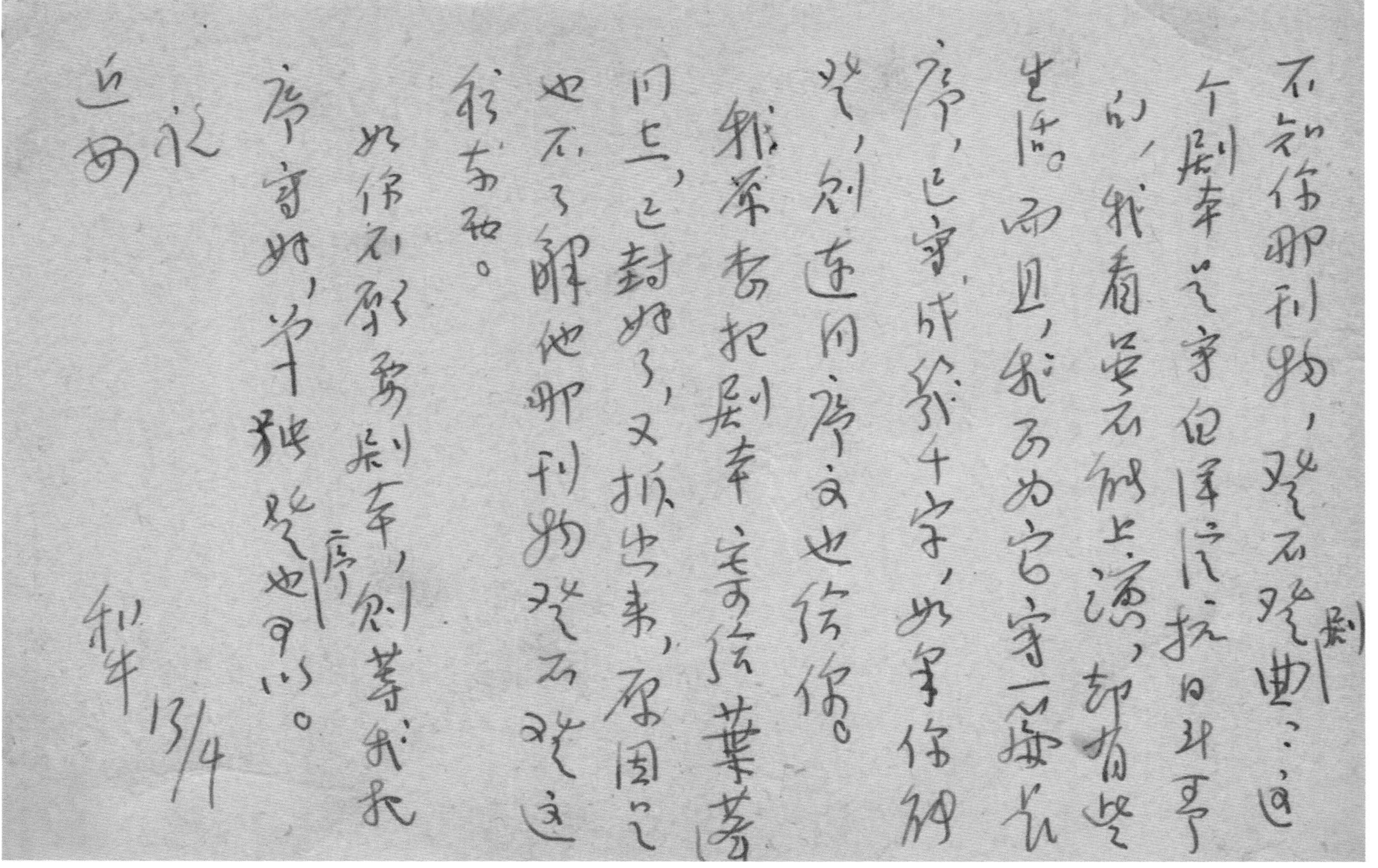

不知你那刊物，发不发剧曲：这个剧本是写白洋淀抗日斗争的，我看还不能上演，却有些生活。而且，我不为它写一篇长序，已写成约千字，如果你们发，则连同序文也给你。

我要把剧本、序寄给葉落同志，已封好了，又拆出来，原因是也不了解他那刊物发不发这种东西。

如你不能发剧本，则等我把序写好，第十辑发序也可以。

祝

近安

犁 13/4

1979.4.13

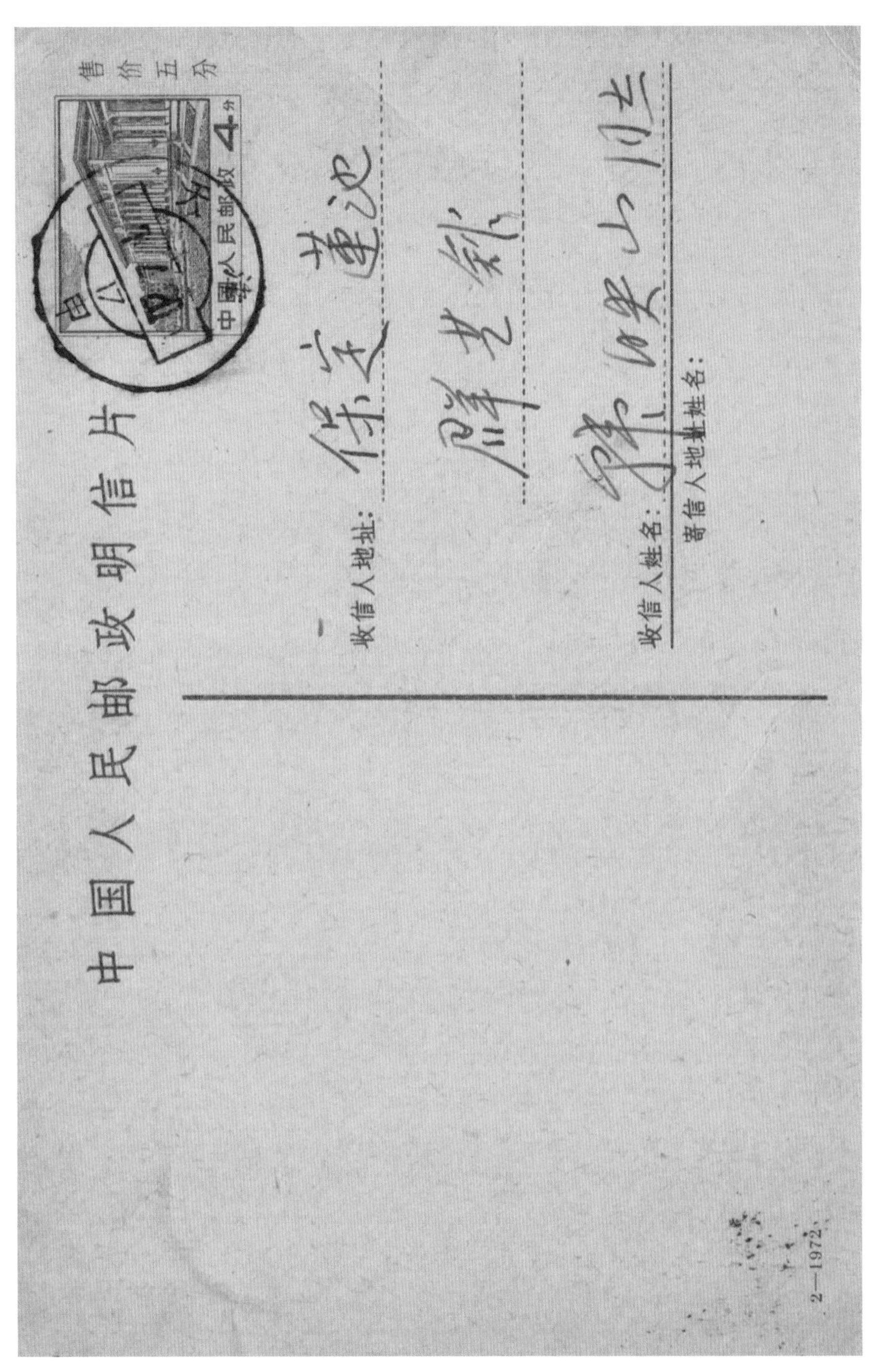

售价五分
中国人民邮政明信片
中華人民郵政 4分
收信人地址：保定莲池
收信人姓名：韩映山同志
寄信人地址姓名：
2—1972

1979.4.19

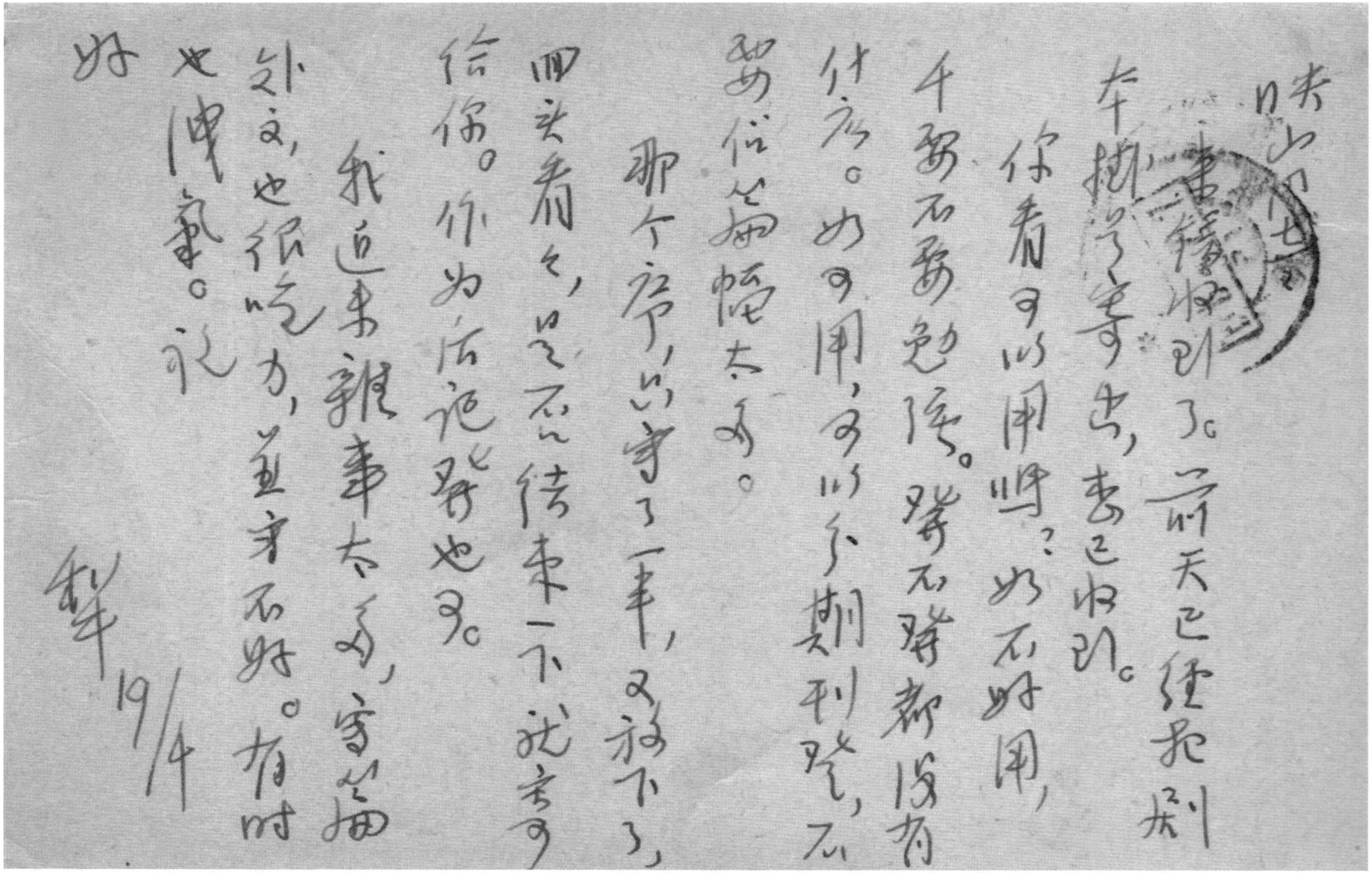
映山：

来信收到了。前天已经把剧本挂号寄出，想已收到。

你看可以用吗？如不好用，千万不要勉强。发不发都没有什么。如可用，可以下期刊登，不要给篇幅太多。

那个序，只写了一半，又放下了，回头看看，只能结束一下就寄给你。作为后记发也可。

我近来杂事太多，写篇小文，也很吃力，并身不好。有时也使气。祝

好

犁

19/4

1979.4.19

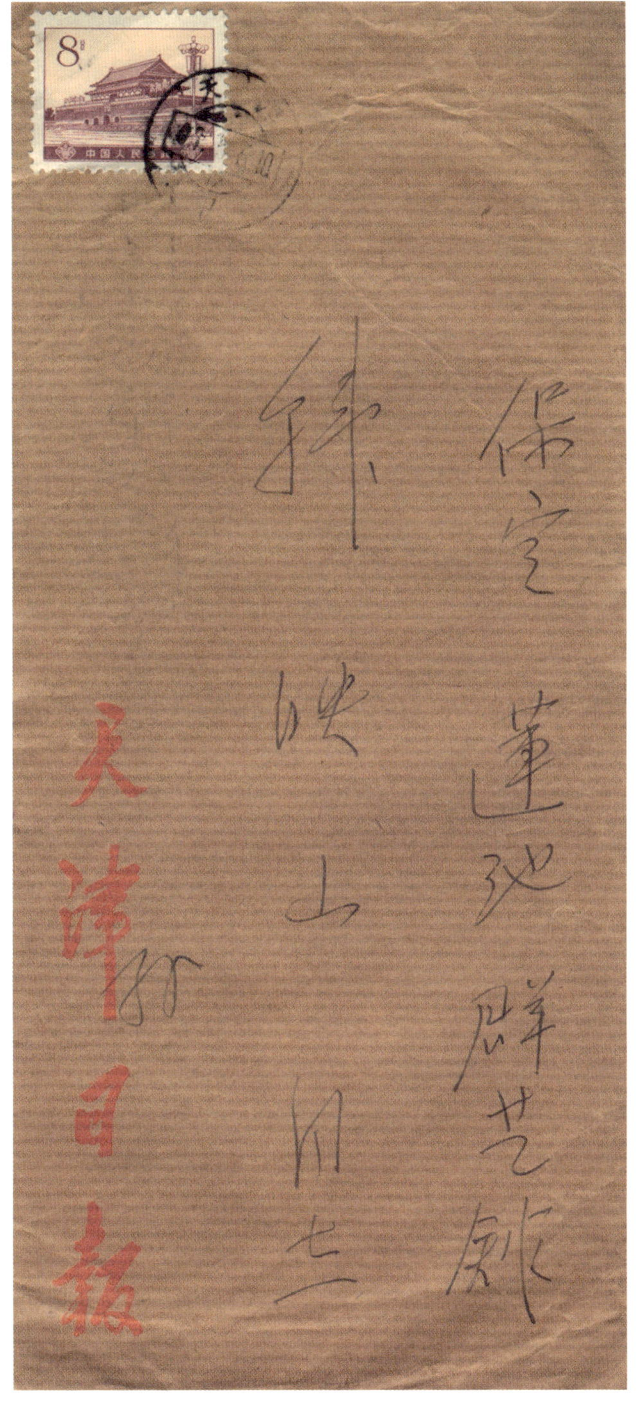

1979.5.5

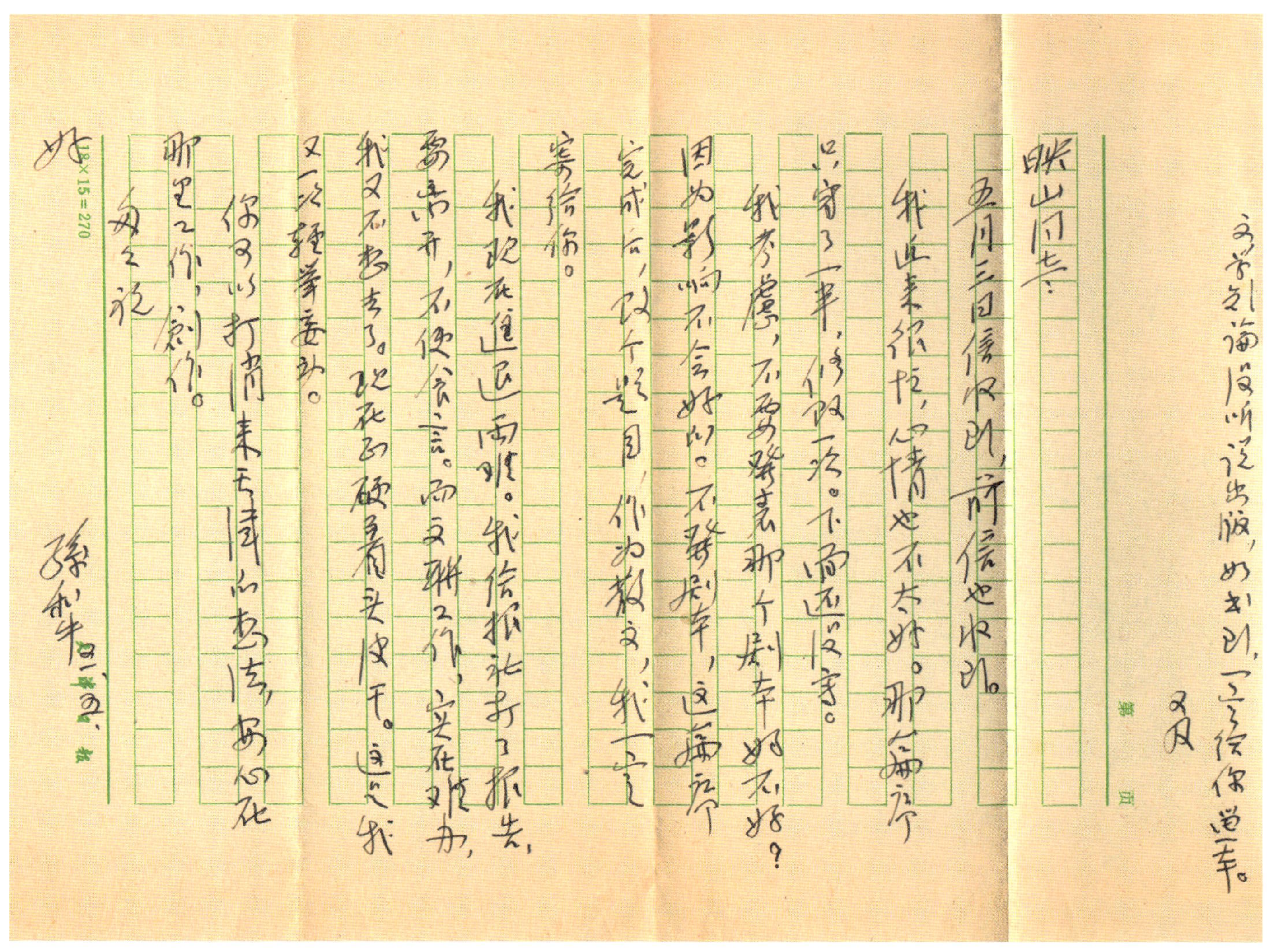

映山同志：

五月三日信收到，附信也收到。

我近来很忙，心情也不太好。那篇序只写了一半，停顿一些时。下面还没写。

我考虑，不要登素那个剧本好不好？因为影响不会好的。不登剧本，这篇序完成后，改个题目，作为散文，我一定寄给你。

我现在进退两难。我给报社打了报告，要离开，不便公言。而文联工作，实在难办，我又不想去了。现在只硬着头皮干。这是我又一次轻举妄动。

你可以打消来天津的想法，安心在那里工作，创作。

匆匆 祝

好

孙犁 五月五日

文学短论及所谈出版，如出书，一定给你留一本。又及

1979.5.5

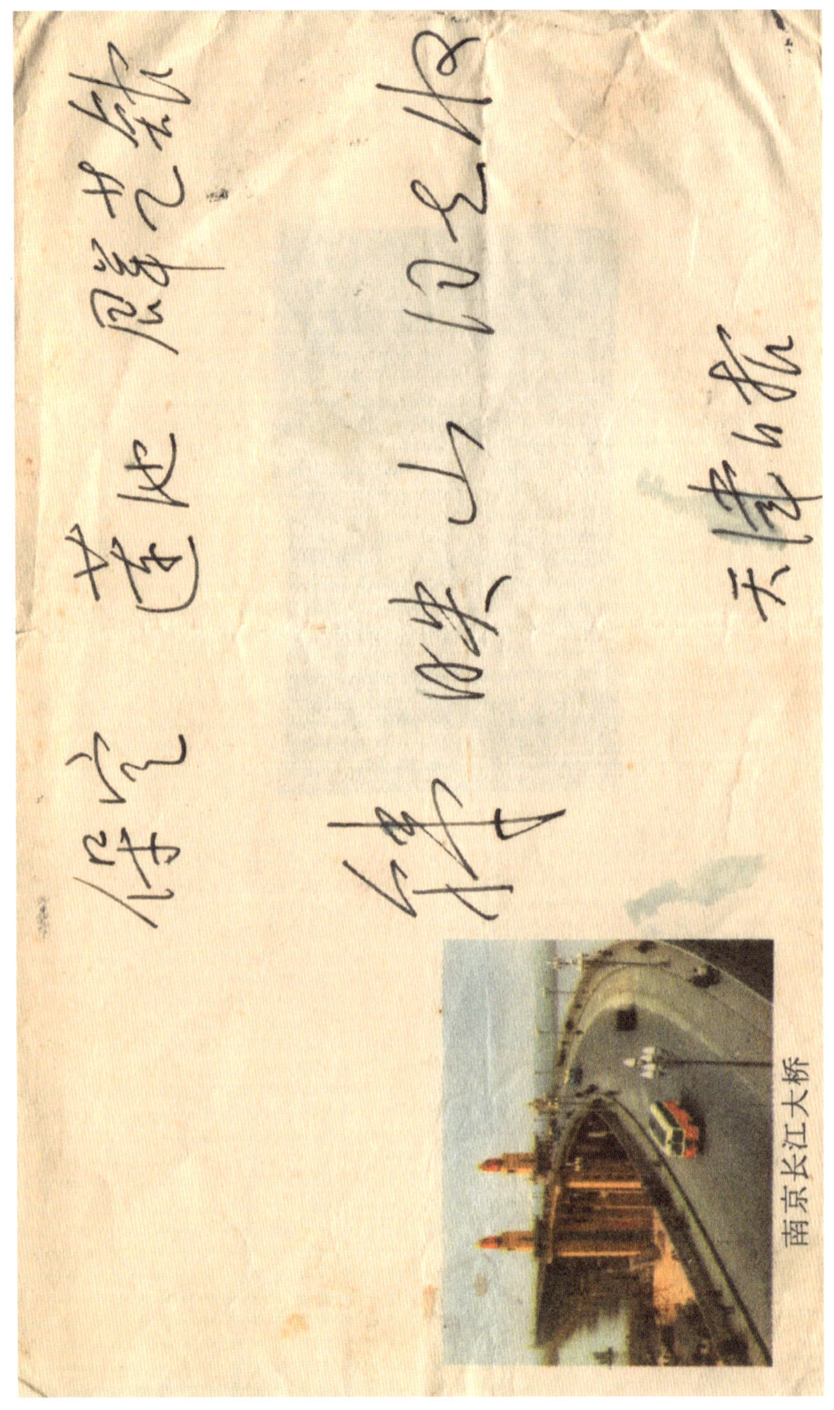

1979.5.28

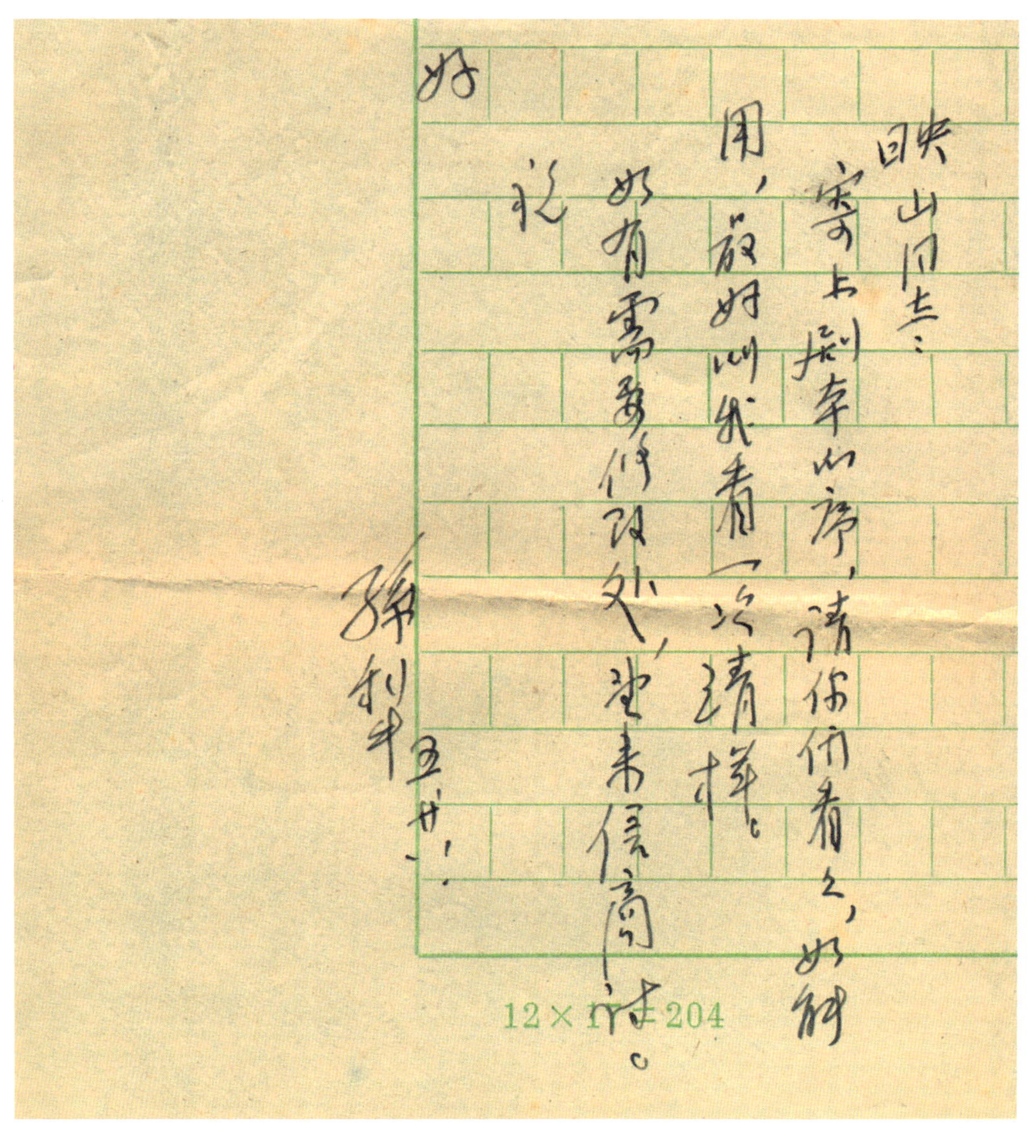
映山同志：

寄上剧本小序，请你看看，如能用，最好叫我看一次清样。如有需要修改处，望来信商讨。

祝

好

孙犁

五廿八

1979.5.28

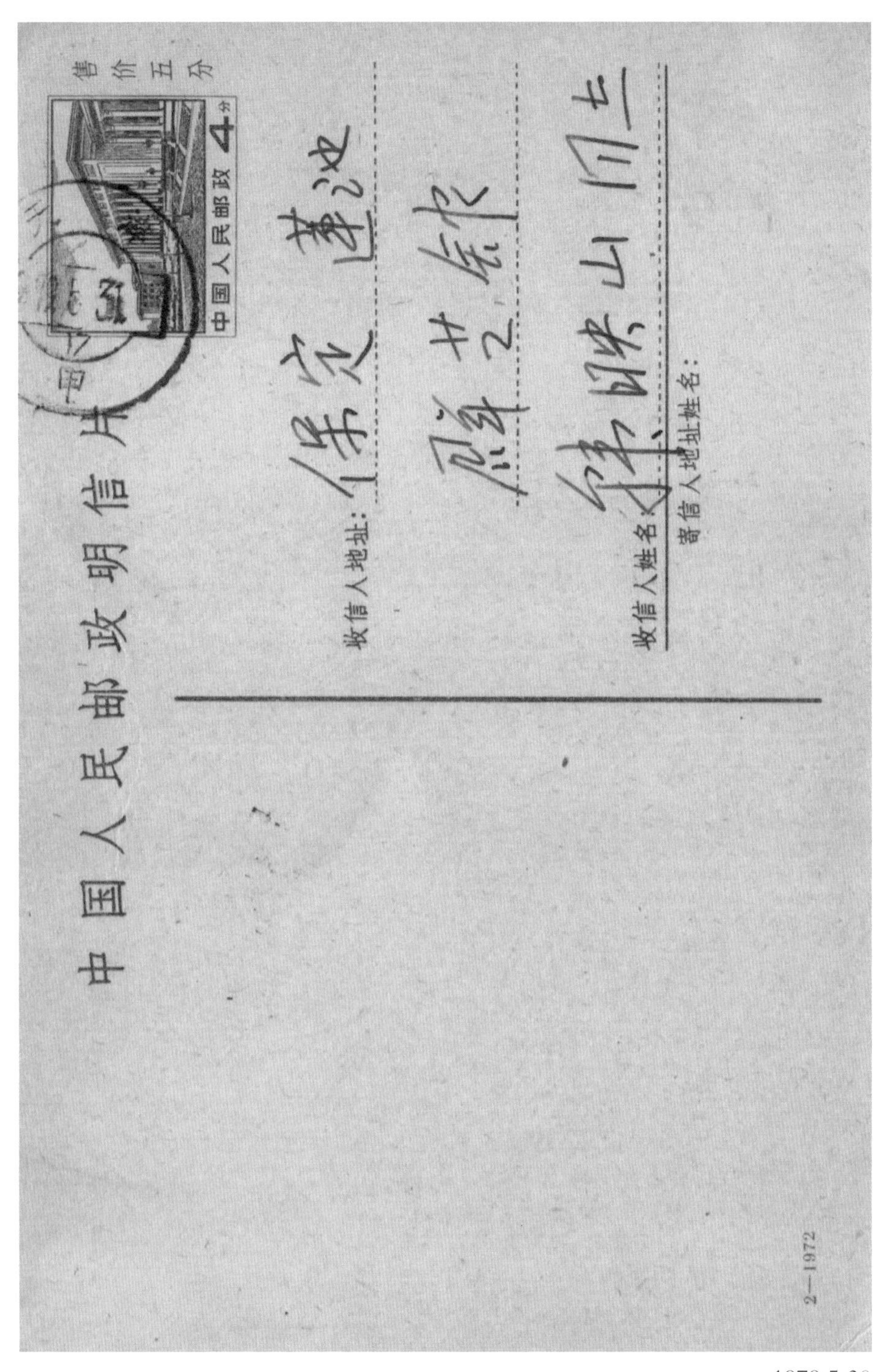

中国人民邮政明信片

售价五分

中国人民邮政 4分

收信人地址：保定莲池

收信人姓名：韩映山同志

寄信人地址姓名：

2—1972

1979.5.30

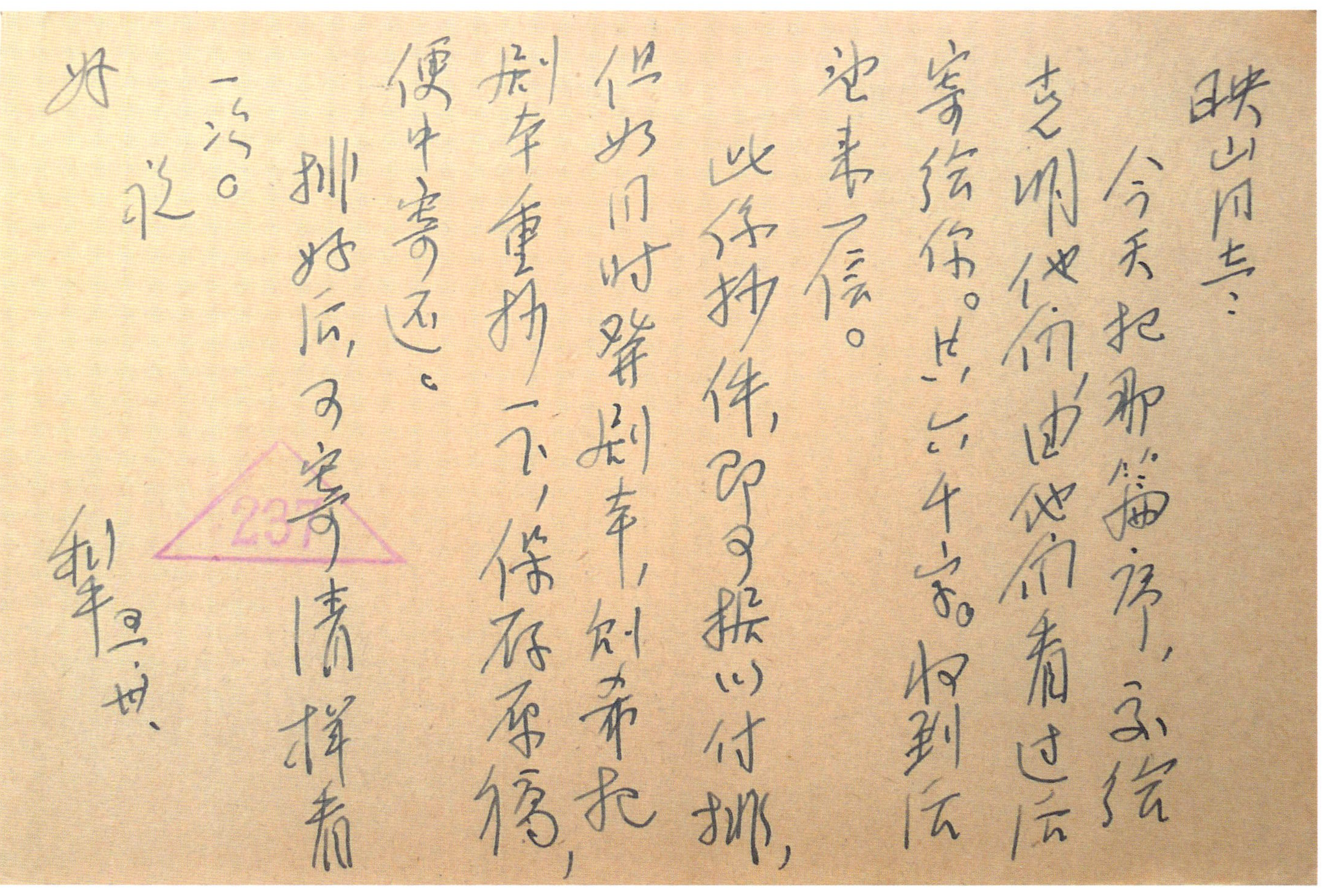

映山同志：

今天把那篇序，交给克明他们，由他们看过后寄给你。共六千字。收到后望来信。

此系抄件，即可据以付排，但如同时发刊物，则希把刊物重抄一下，保存原稿，便中寄还。

排好后，可寄清样看一次。

祝

好

犁 五.卅

1979.5.30

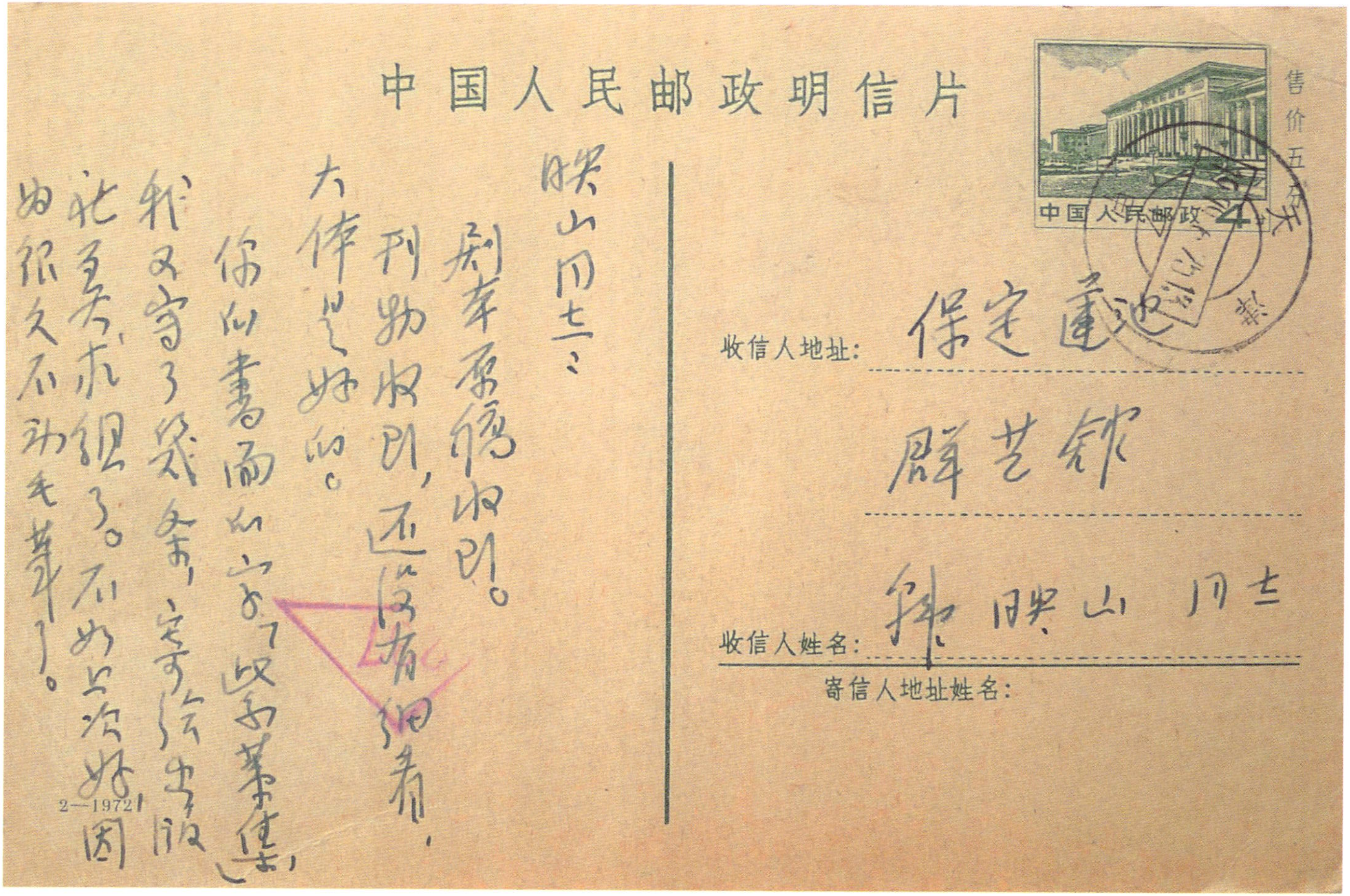

中国人民邮政明信片

收信人地址：保定蓮池
群艺馆
收信人姓名：韩映山 同志
寄信人地址姓名：

映山同志：

剧本原稿收到。刊物收到，还没有细看，大作是好的。

你的书稿的文字，以后再集选，我又写了几条，寄给出版北京去，求裱了。不如上次好，因为很久不动毛笔了。

2—1972

1979.6.24

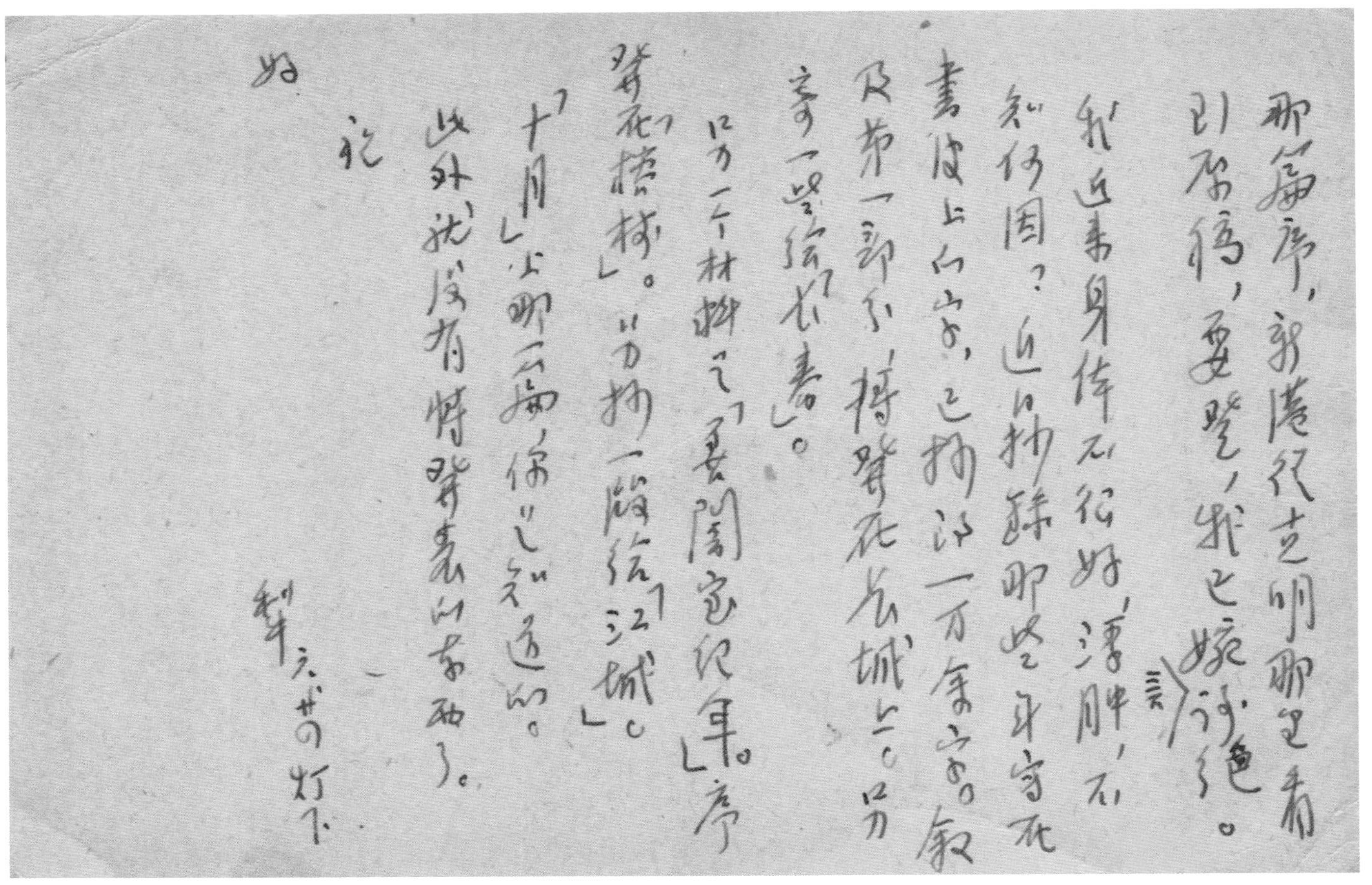

那篇序，新港代去明那里看了原稿，要登，我已婉言谢绝。

我近来身体不很好，浮肿，不知何因？近日抄録那些幸存在書皮上的字，已抄了一万余字。叙及第一部分，将野花长城上。另寄一些给「长春」。另一个材料写了「善闇室纪年」序，野花摘楼」。另抄一段给「江城」。「十月」上那一篇，你已知道的。此外我没有特别要的东西了。

祝

好

犁 六廿四 灯下

1979.6.24

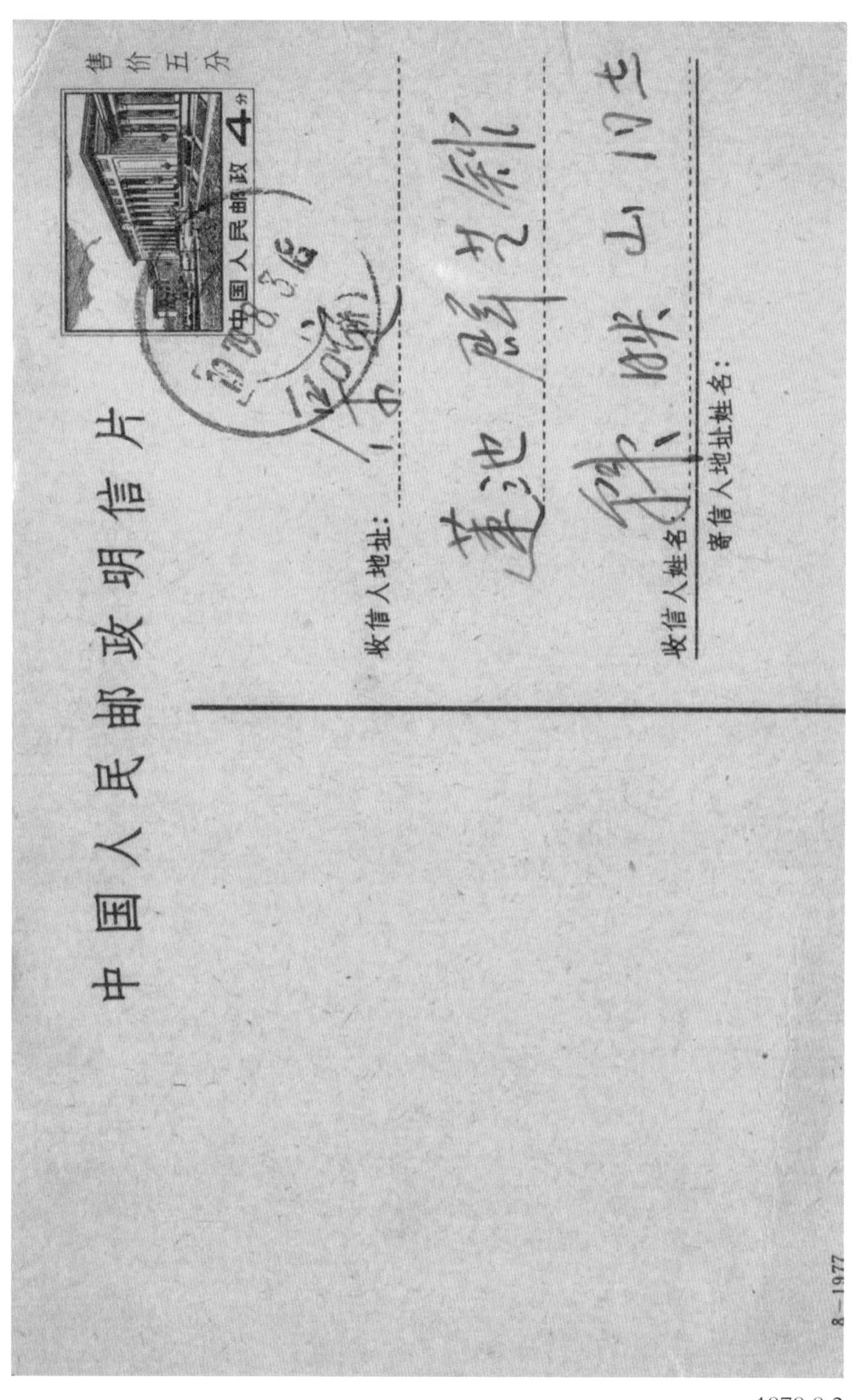

1979.8.2

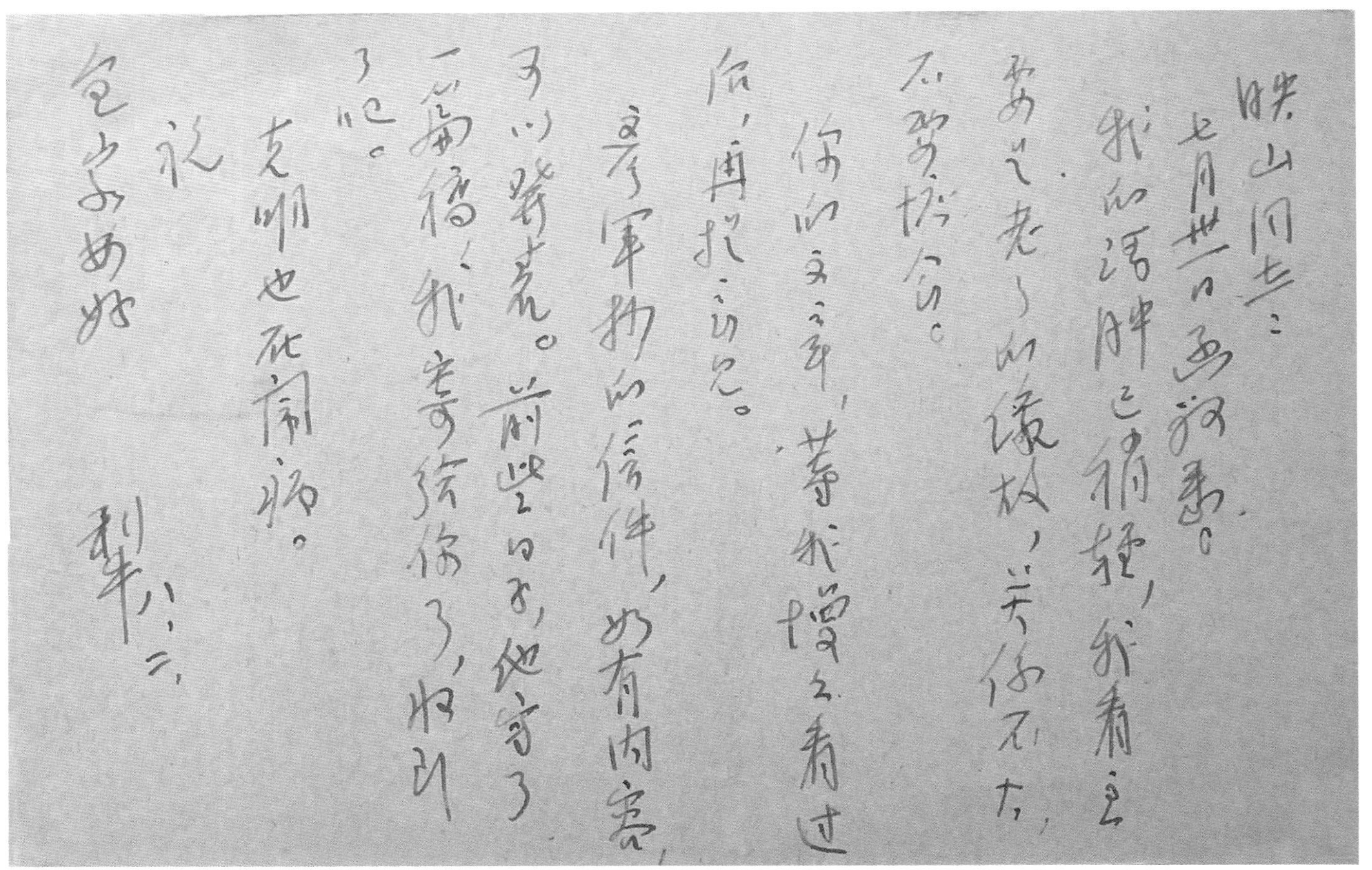

映山同志：

七月廿日函敬悉。

我的话，胖已转达，我看：要为老人的像做，关系不大，不必挂念。

你的文章，等我慢慢看过后，再托设法。

寄军物的信件，如有内容，可以发表。前些日子，他寄了一篇稿，我寄给你了，收到了吧。

克明也在闹病。

祝

全家安好

犁 八，二

1979.8.2

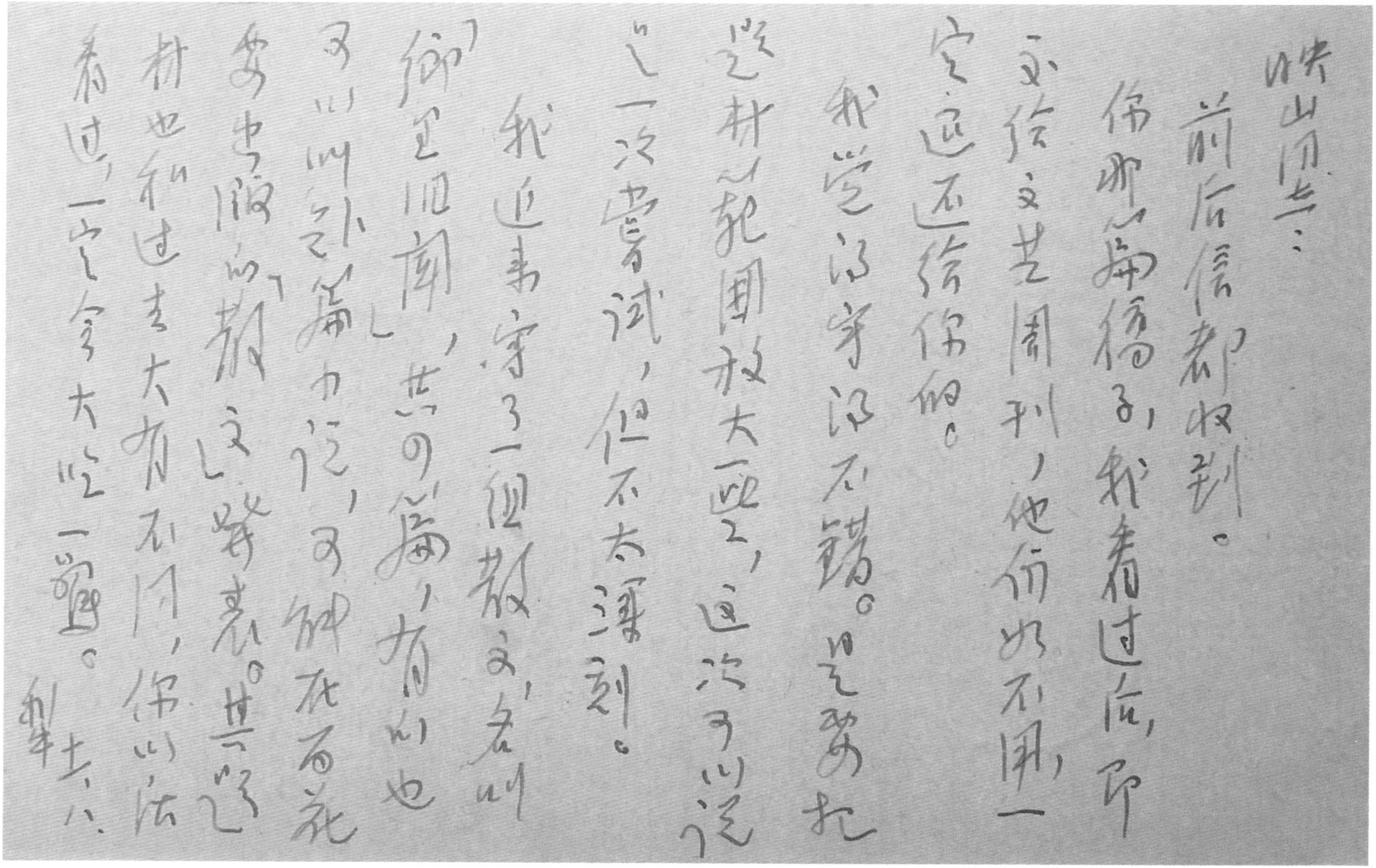

映山同志：

前后信都收到。

你那篇稿子，我看过后，即交给文艺周刊，他们如不用，一定退还给你的。

我觉得写得不错。只要把这材料范围放大一些，这次可以说是一次尝试，但不太深刻。

我近来写了一组散文，名叫《乡里旧闻》，共四篇，有的也可以叫小小篇小说，可能在百花要出版的《散文》等书。其题材也和过去大有不同，你以后看过，一定会大吃一惊。

犁 十一、八、

1979.11.8

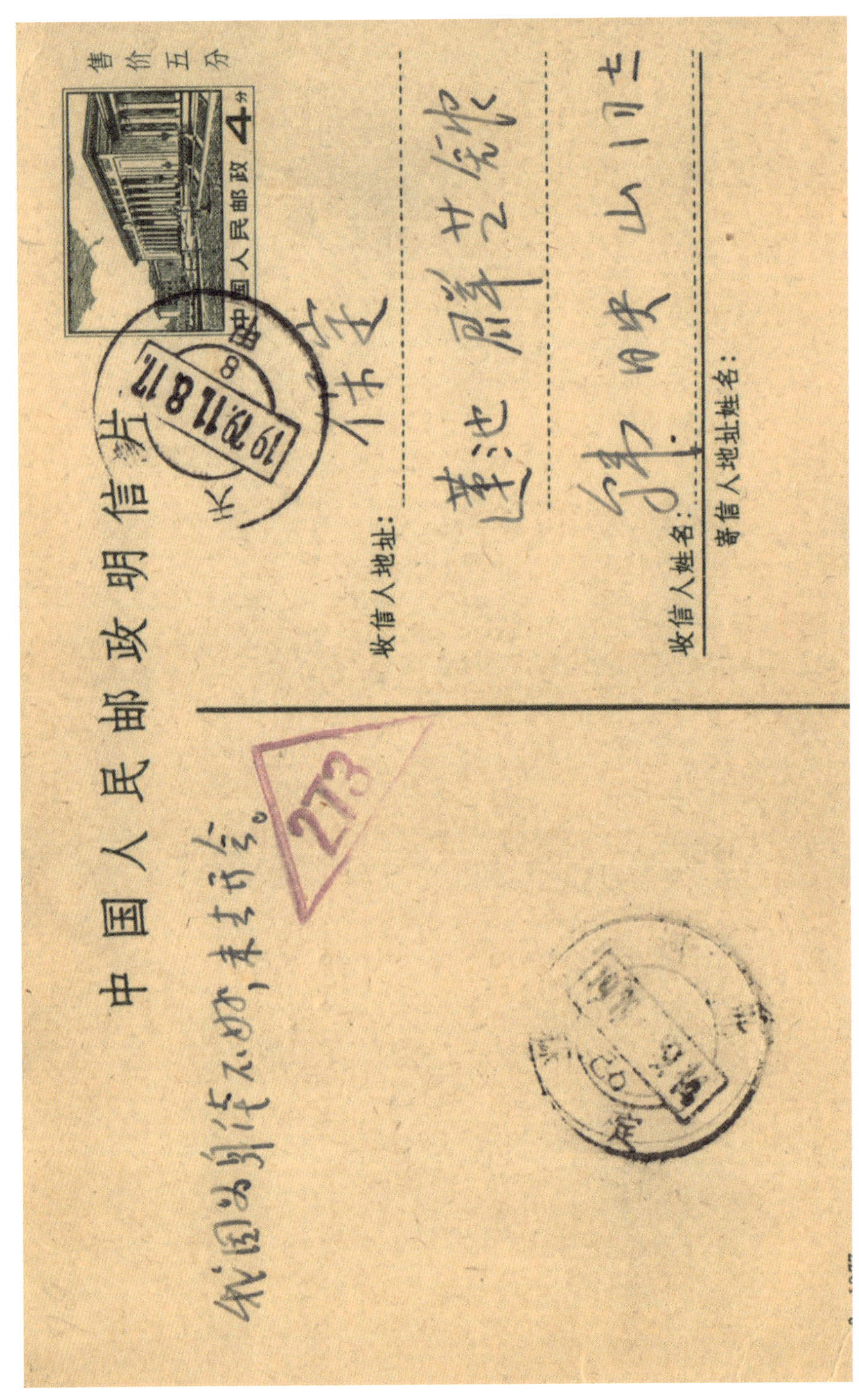

中国人民邮政明信片

收信人地址：保定

莲池群艺馆

收信人姓名：韩映山同志

寄信人地址姓名：

我因为身体不好，未去开会。

售价五分

中国人民邮政 4分

1979.11.8

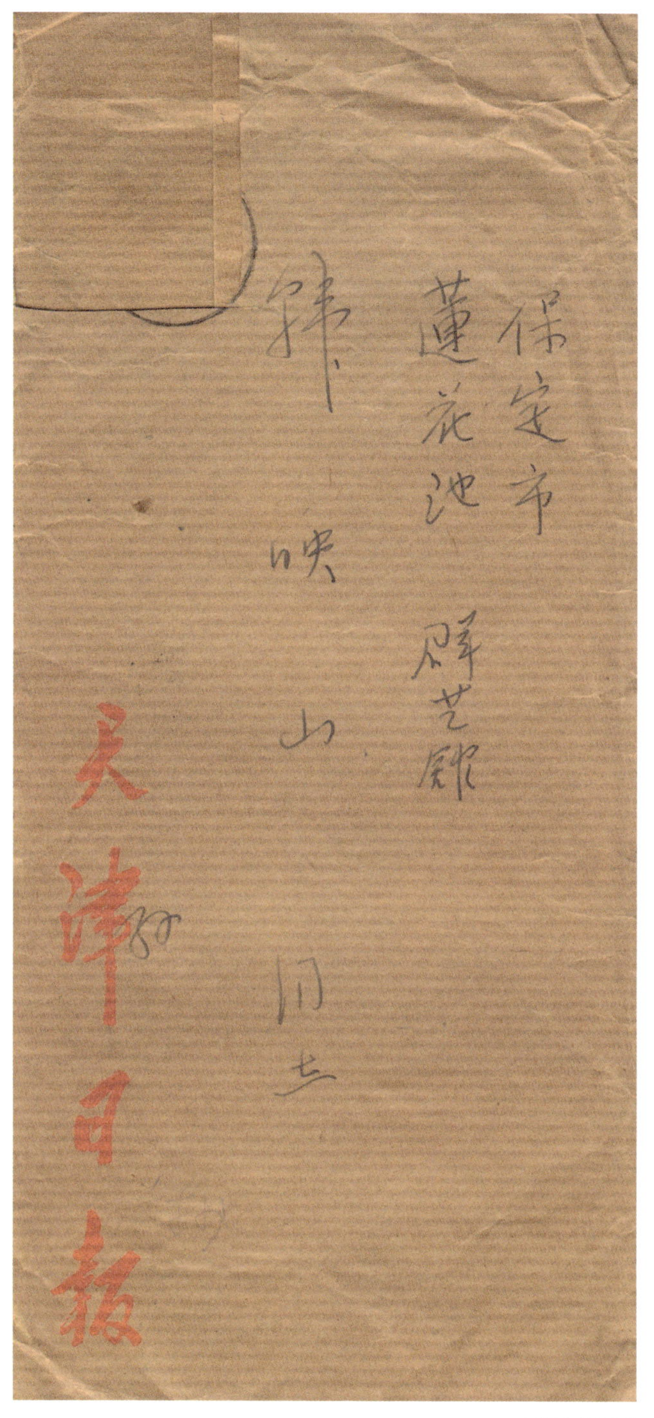
保定市
蓮花池 群艺館
韓映山 同志
天津日報

1979.12.21

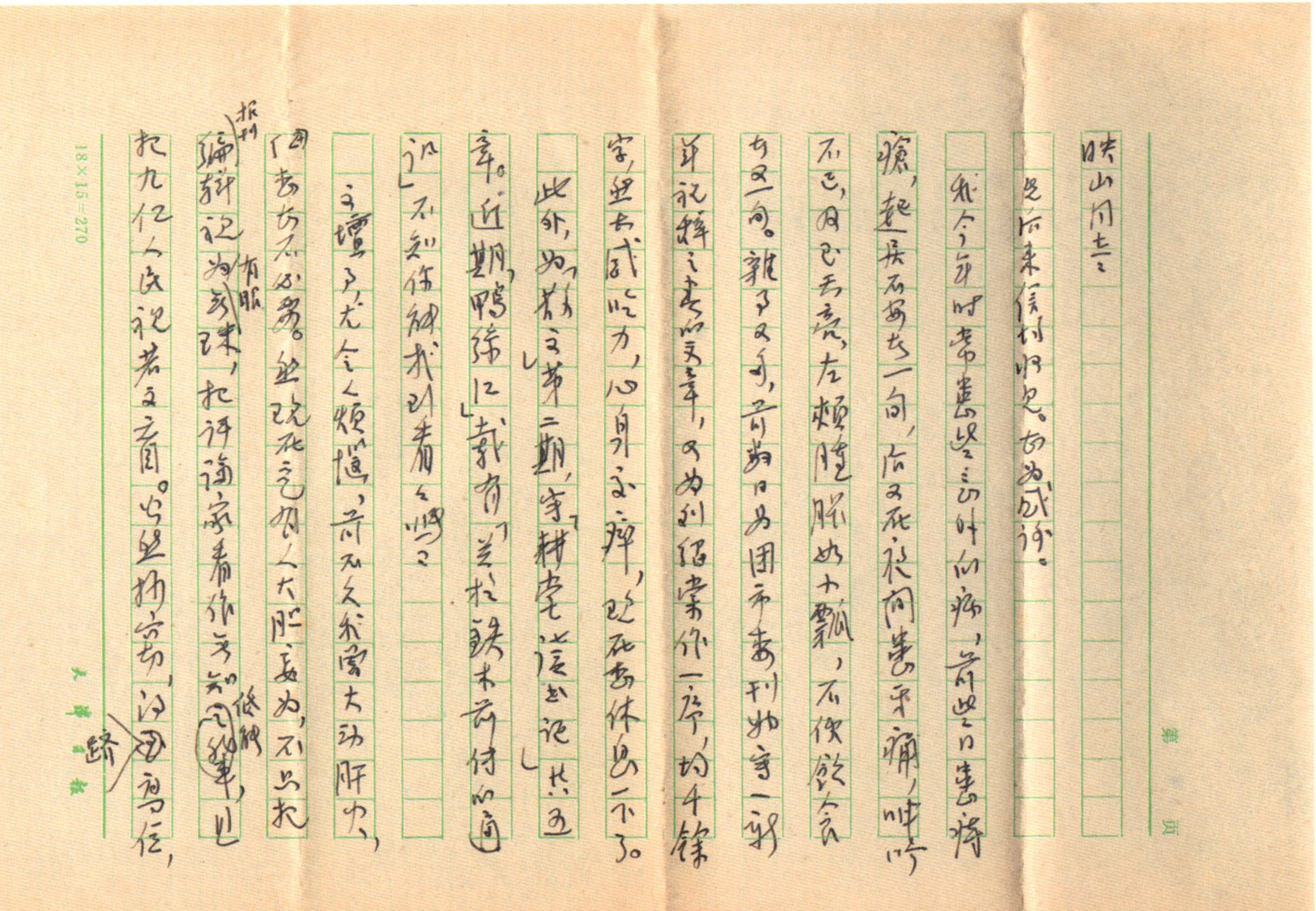

第　　页

映山同志：

先后来信均收悉。甚为感谢。

我今年时常患些小的病，前些日患痔疮，想起"老兵不死"一句，后又在夜间患牙痛，呻吟不已，因而去医，左颊肿胀如小瓢，不便饮食者又一旬。能写文字，前几日为团市委刊物写一新年祝辞之类的文章，又为刘绍棠作一序，均千余字，但甚感吃力，心身交瘁，现在要休息一下了。

此外，如『散文』第二期，『耕堂读书记』共五章。近期『鸭绿江』载有『关于铁木前传的通讯』，不知你能找到看看吗？

文坛之上，尤令人烦恼，前不久我曾大动肝火，因为有些太不像样。然现在有些人大胆妄为，不只把报刊编辑视为有眼无珠，把评论家看作无知低能，且把九亿人民视若文盲。此些狂言，请勿为信，

18×15=270

天津日报

1979.12.21

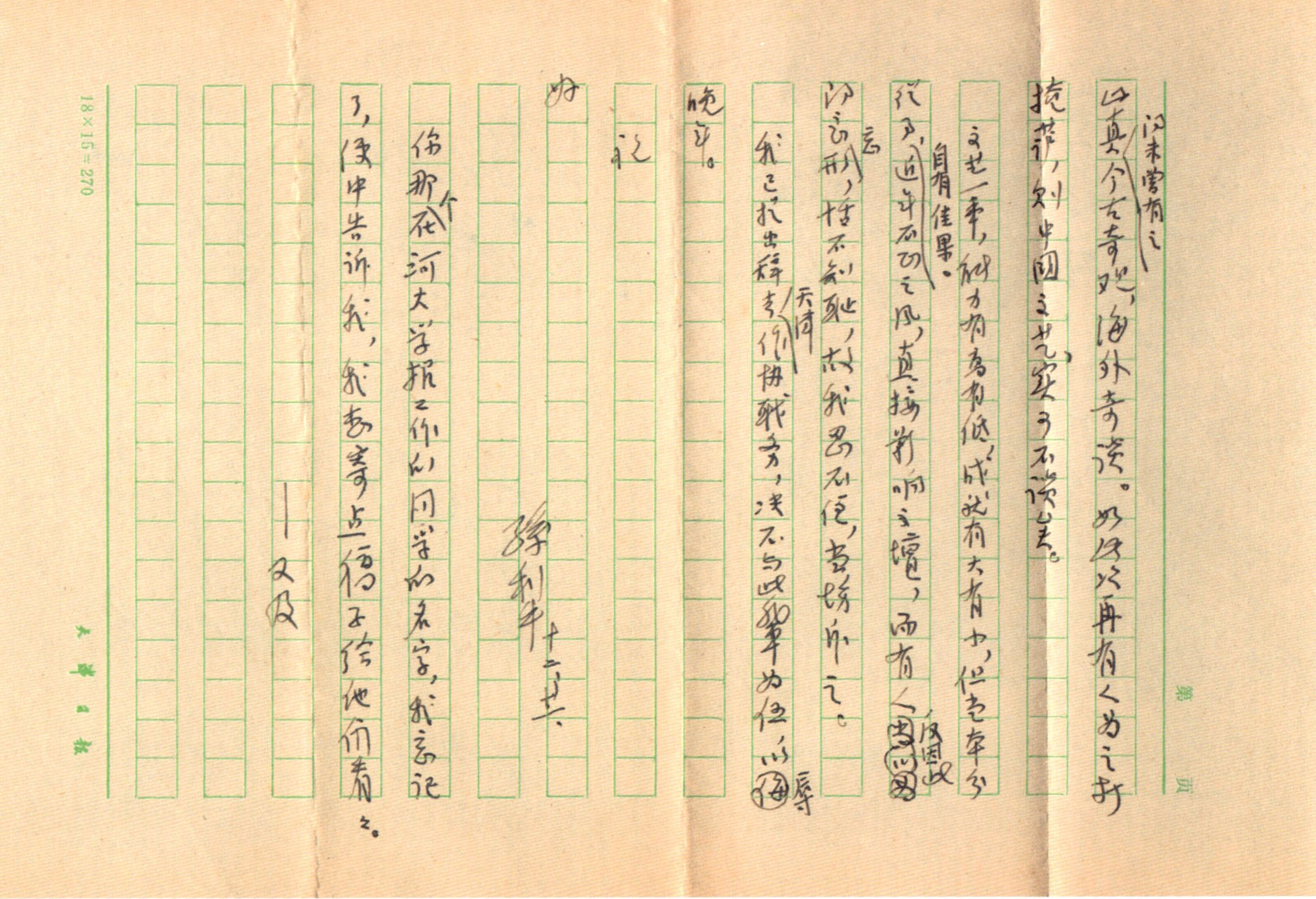
第　　页

以未尝有之真今古奇观，海外奇谈。好像只再有人为之打捧场，则中国之文艺实可不谈也矣。

文艺一事，能力有高有低，成就有大有小，但总要分行列，自有佳果。近年[illegible]之风，直接影响文坛，而有人因此[illegible]以忘形，恬不知耻，故我[illegible]，当[illegible]之。

我已于[illegible]辞去天津作协职务，决不与此辈为伍，以[illegible]晚年。

祝

好

孙犁　十二月廿一

你那个在河大学报工作的同学的名字，我忘记了，便中告诉我，我要寄点稿子给他们看看。

——又及

18×15=270　　天津日报

1979.12.21

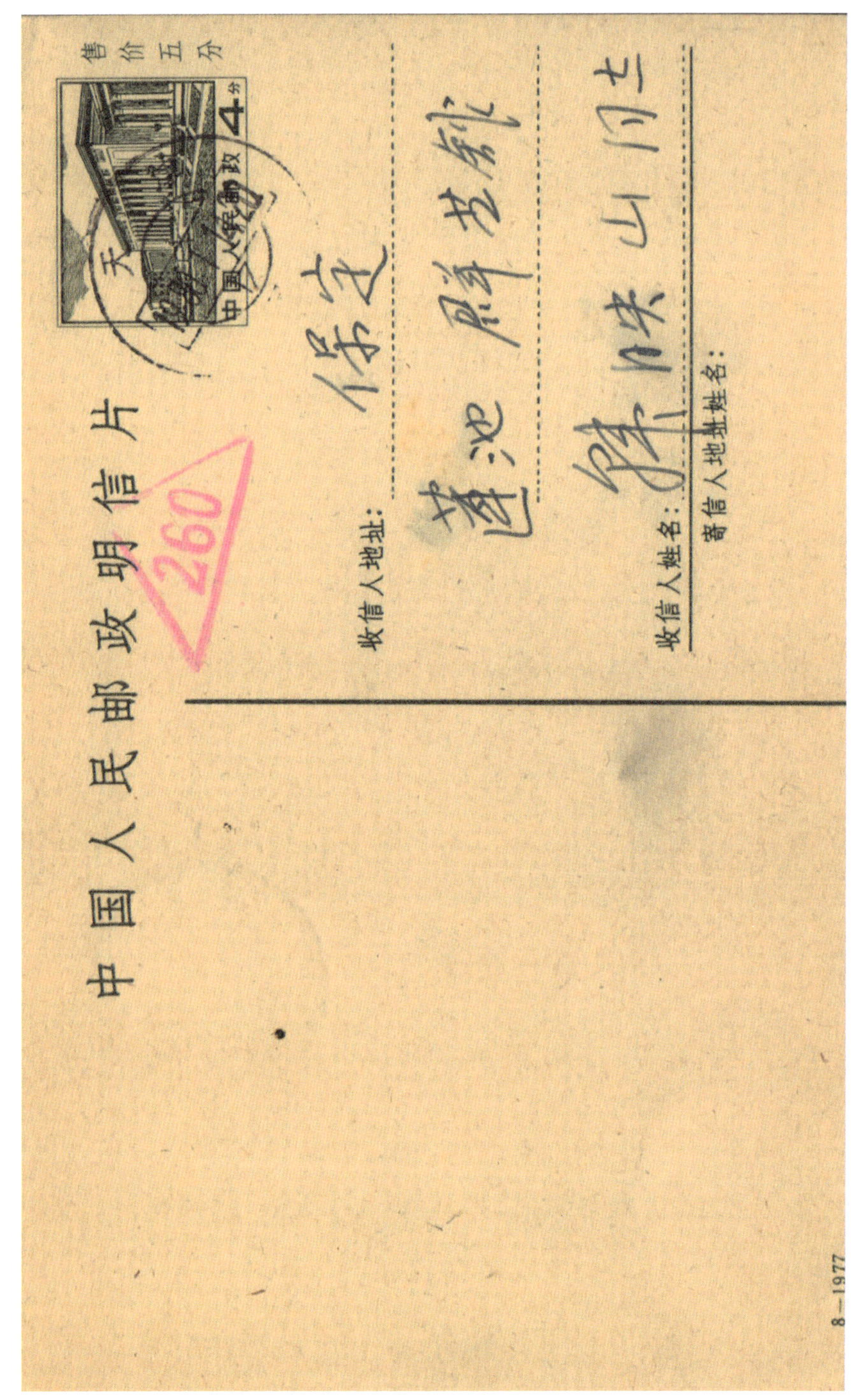

售价五分

中国人民邮政明信片

收信人地址：保定 莲池群艺馆

收信人姓名：韩映山同志

寄信人地址姓名：

8—1977

1980.1.14

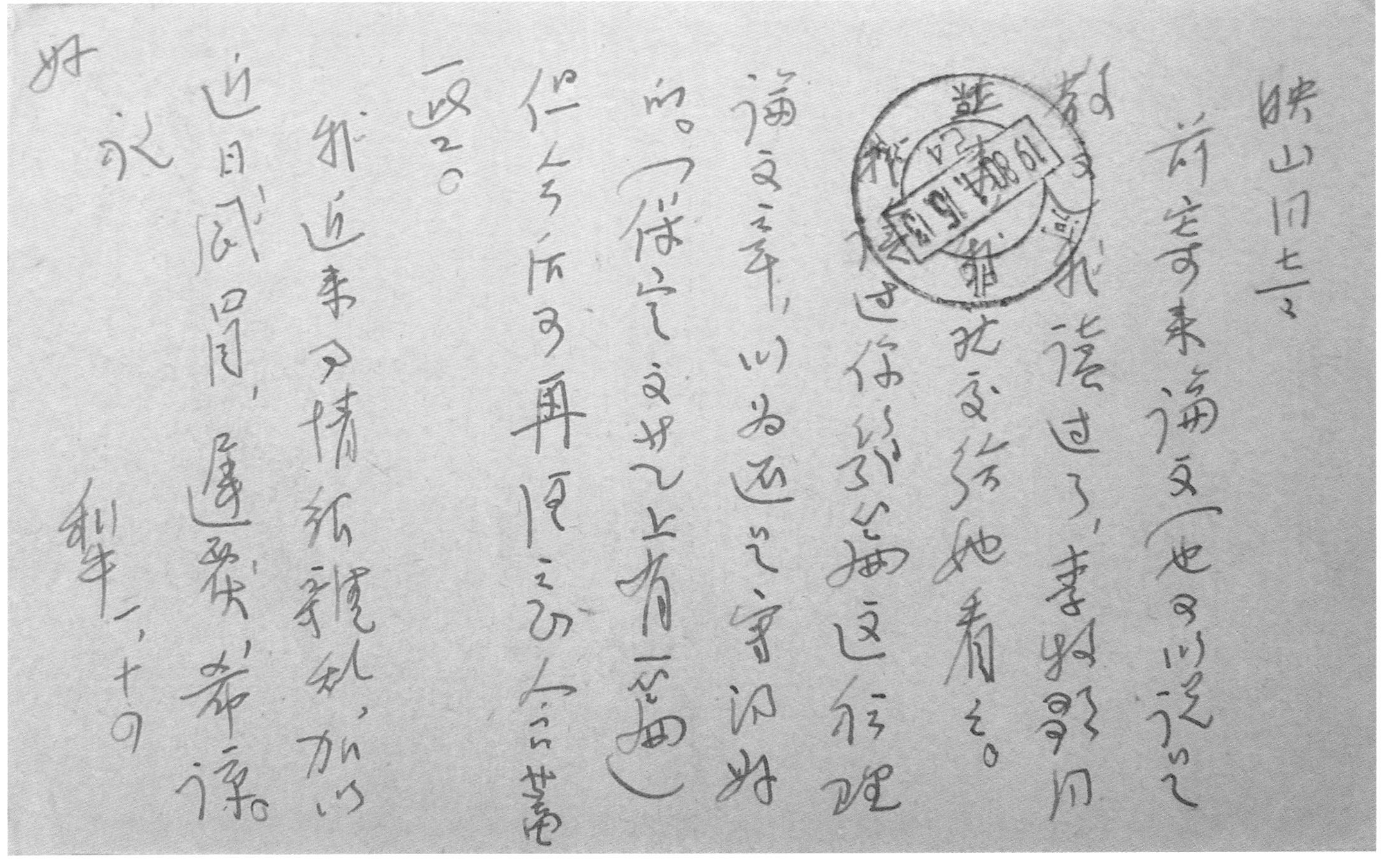

映山同志：

前寄来论文（也可以说是散文），我读过了，李牧歌同志[illegible]就交给她看了。[illegible]过你的几篇这样理论文章，以为还是写得好的。（但是文艺上有一些[illegible]）但今后可再写[illegible]一些。

我近来心情很乱，加以近日感冒，屡发，希谅。

祝

好

犁 一、十四

1980.1.14

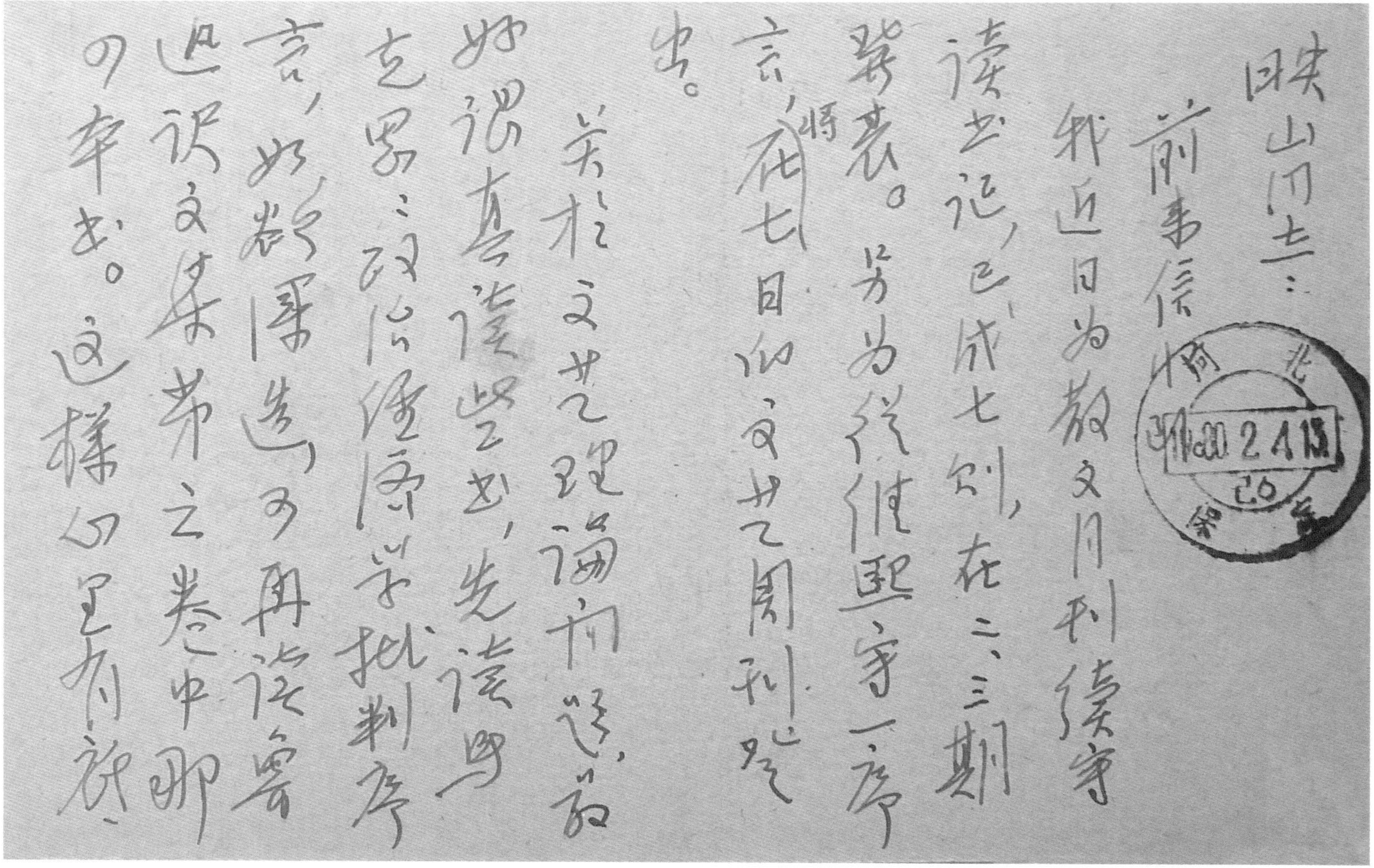
映山同志：

前来信收到。

我近日为散文月刊续写读书记，已成七则，在二、三期发表。另为从维熙写一序言，将在七日的文艺周刊登出。

关于文艺理论前途，你好读书，读些书，先读马克思的政治经济学批判序言，好好读几遍，可再读鲁迅译文集第六卷中那两本书。这样切实有较

1980.2.3

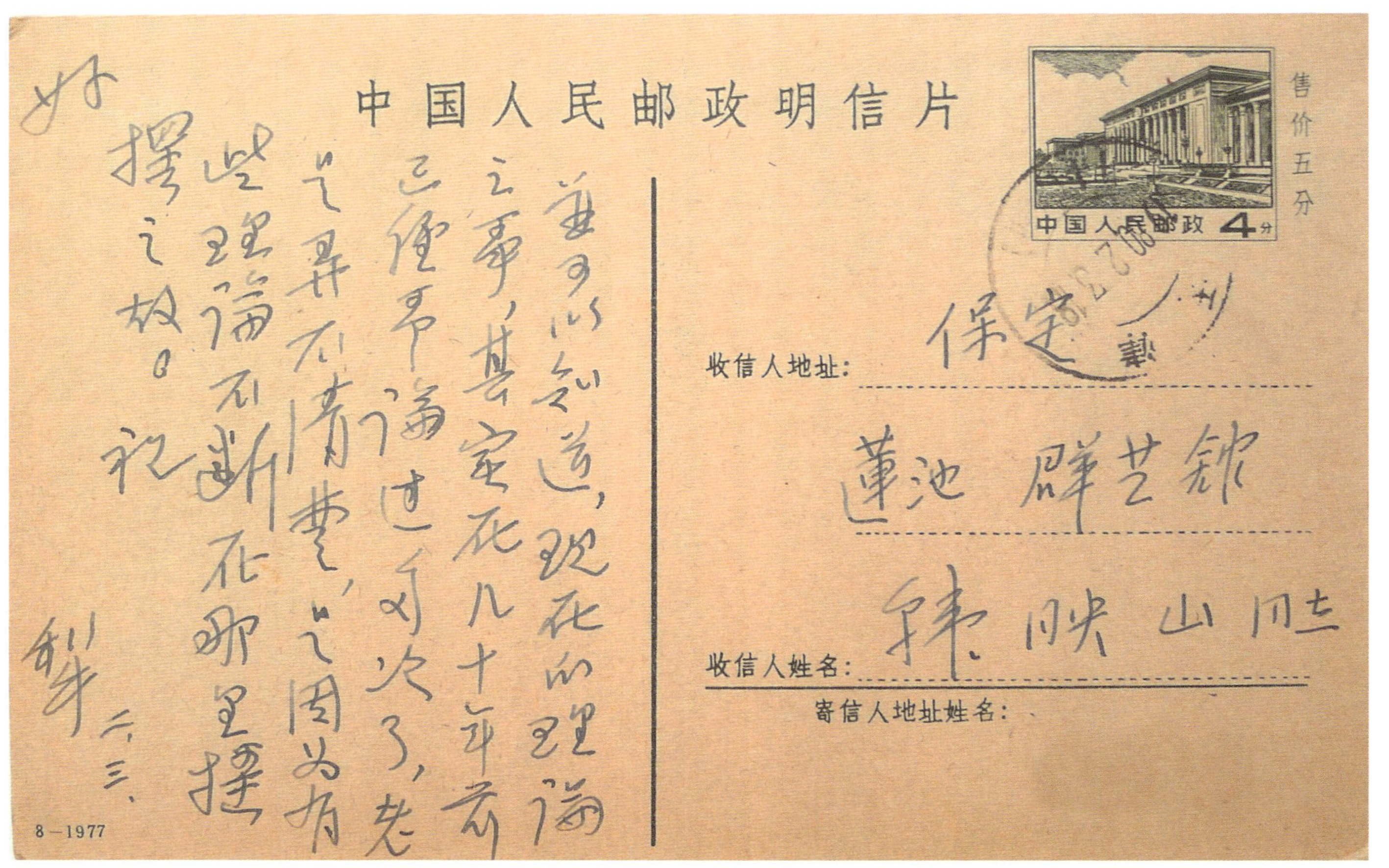
中国人民邮政明信片

售价五分

中国人民邮政 4分

无可以知道，现在的理论之事，其实在几十年前已经争论过多次了，老是弄不清楚，是因为有些理论不断在那里摇摆之故。

祝

好

犁 二、三

收信人地址：保定 莲池 群艺馆

收信人姓名：韩映山同志

寄信人地址姓名：

8—1977

1980.2.3

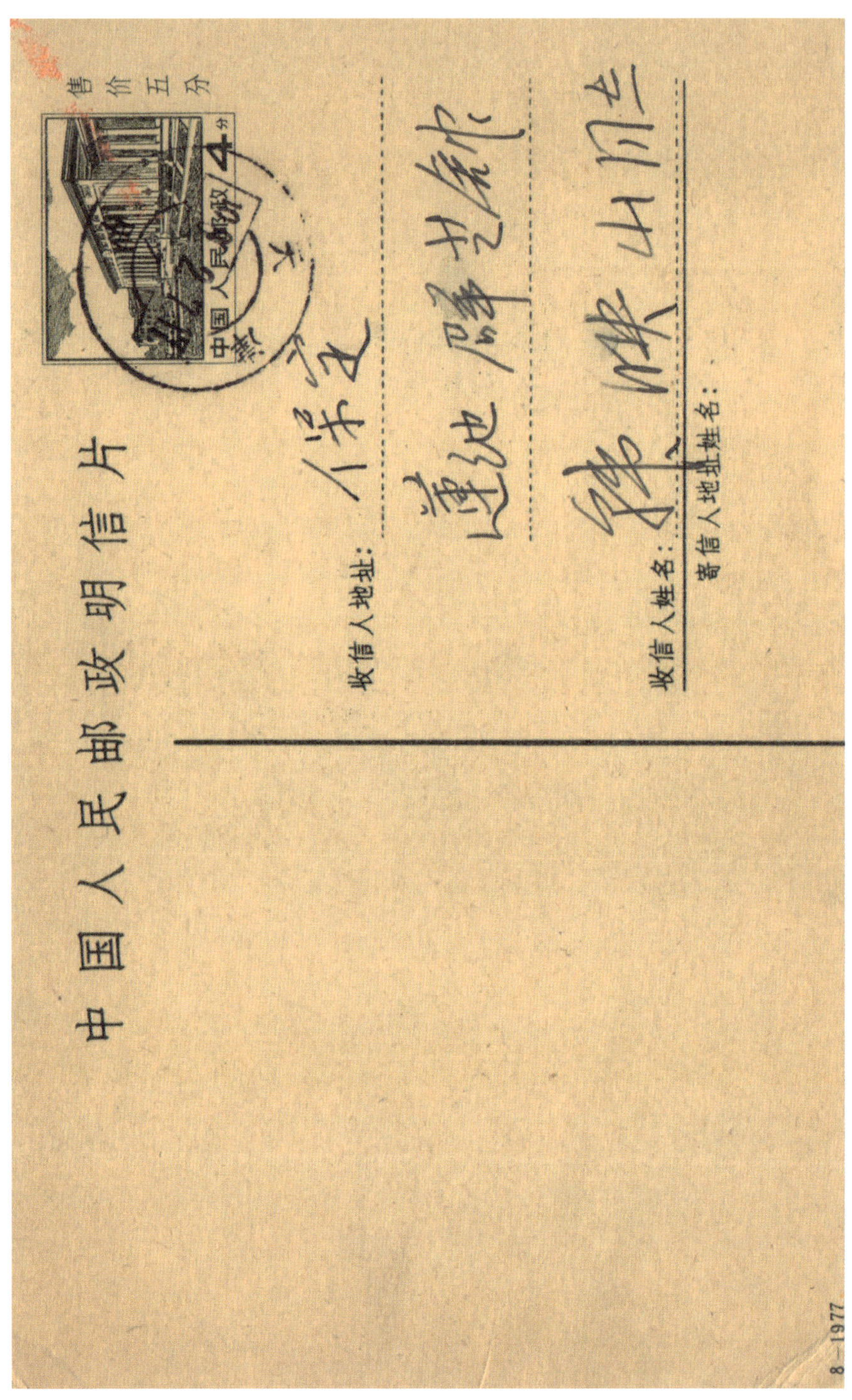

1980.2.7

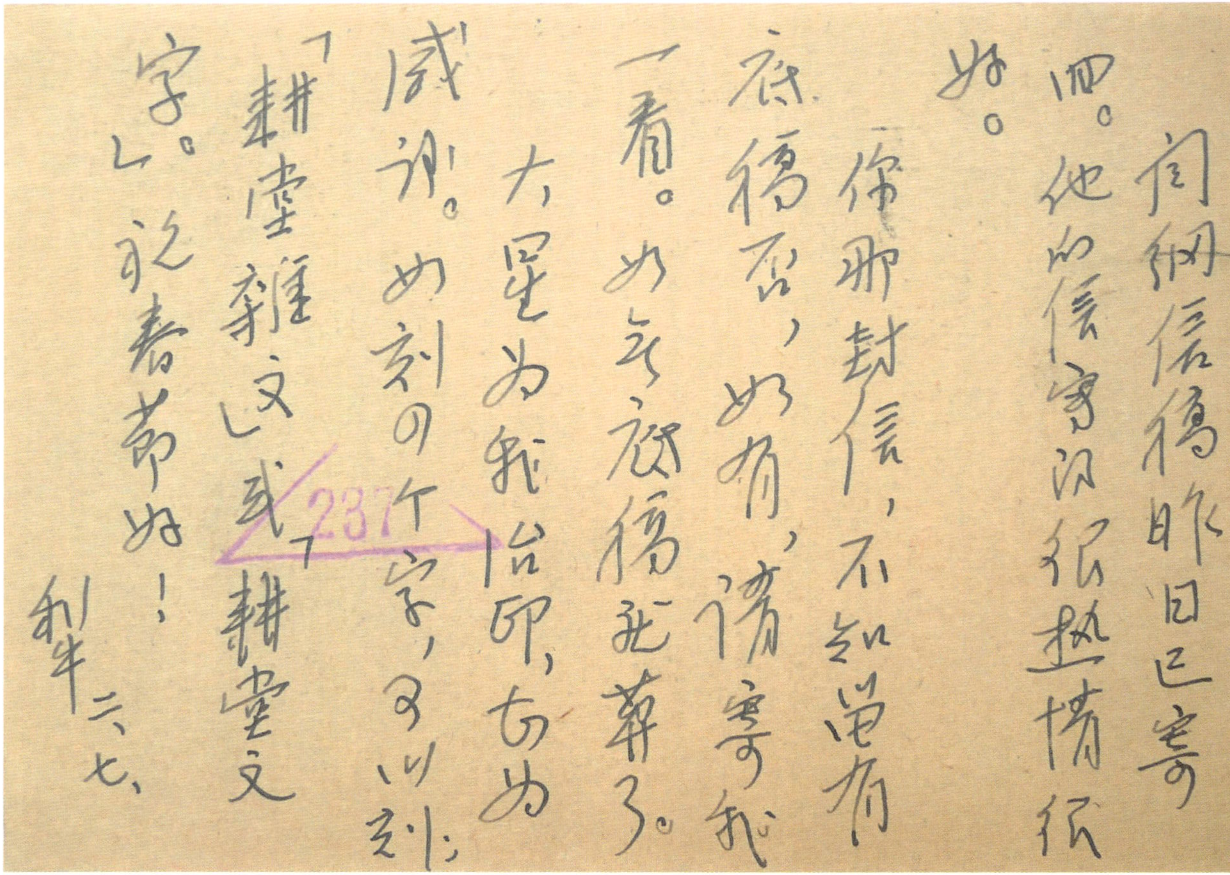

映山同志：

闵刚信稿昨日已寄他。他的信写得很热情很好。

你那封信，不知留有底稿否，如有，请寄我一看。如无，底稿就算了。

大星为我治印，甚好感谢。如刻四个字，可以刻「耕堂杂文」或「耕堂文字」。祝春节好！

犁 二、七、

1980.2.7

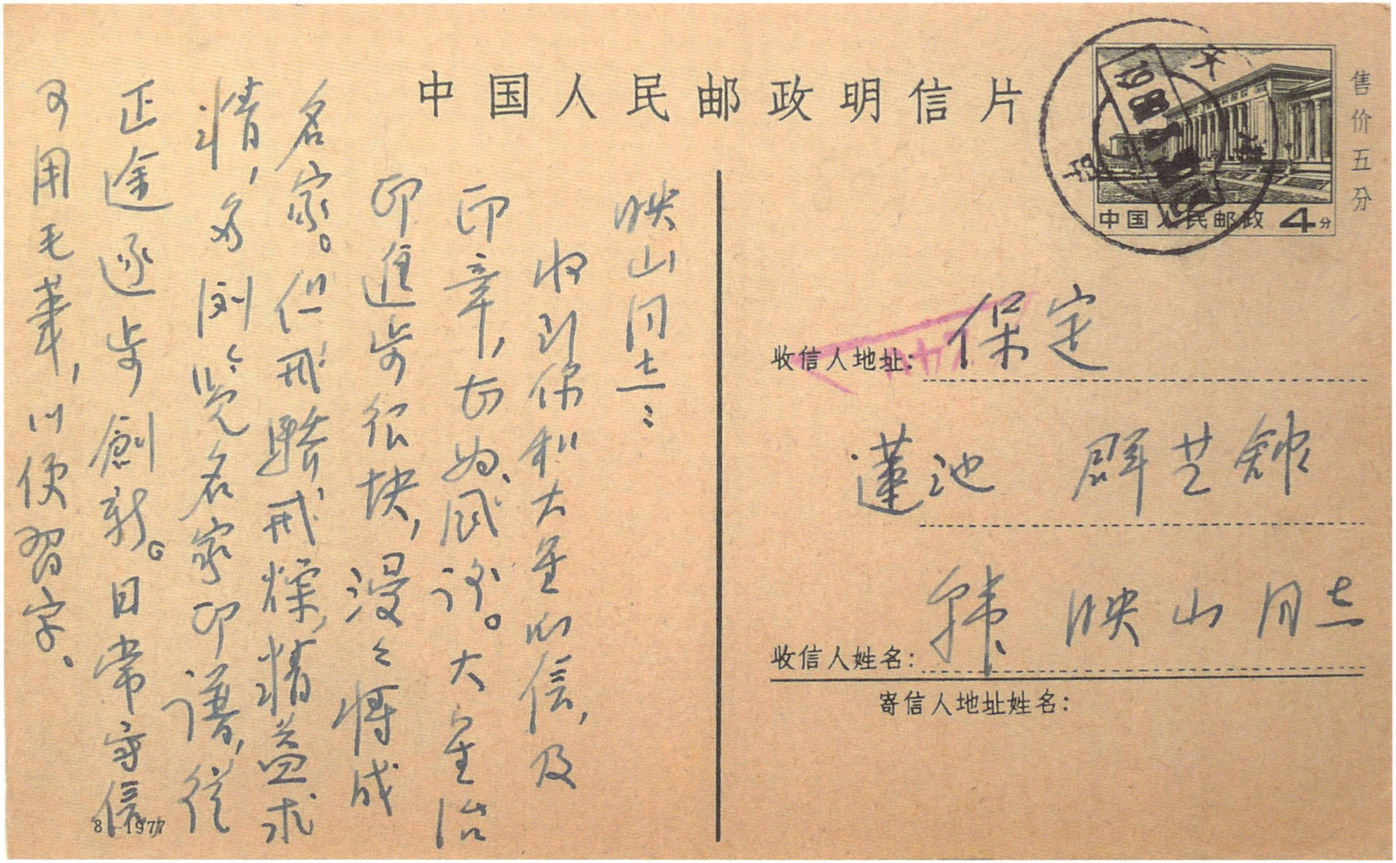

售价五分

中国人民邮政 4分

中国人民邮政明信片

收信人地址：保定

莲池 群艺馆

收信人姓名：韩映山同志

寄信人地址姓名：

映山同志：

收到你和大金的信，及印章，均为风评。大金治印进步很快，慢慢将成名家。但戒骄戒躁，精益求精，多研究名家印谱，从正途进步创新。日常写信可用毛笔，以便习字。

8-1977

1980.3.29

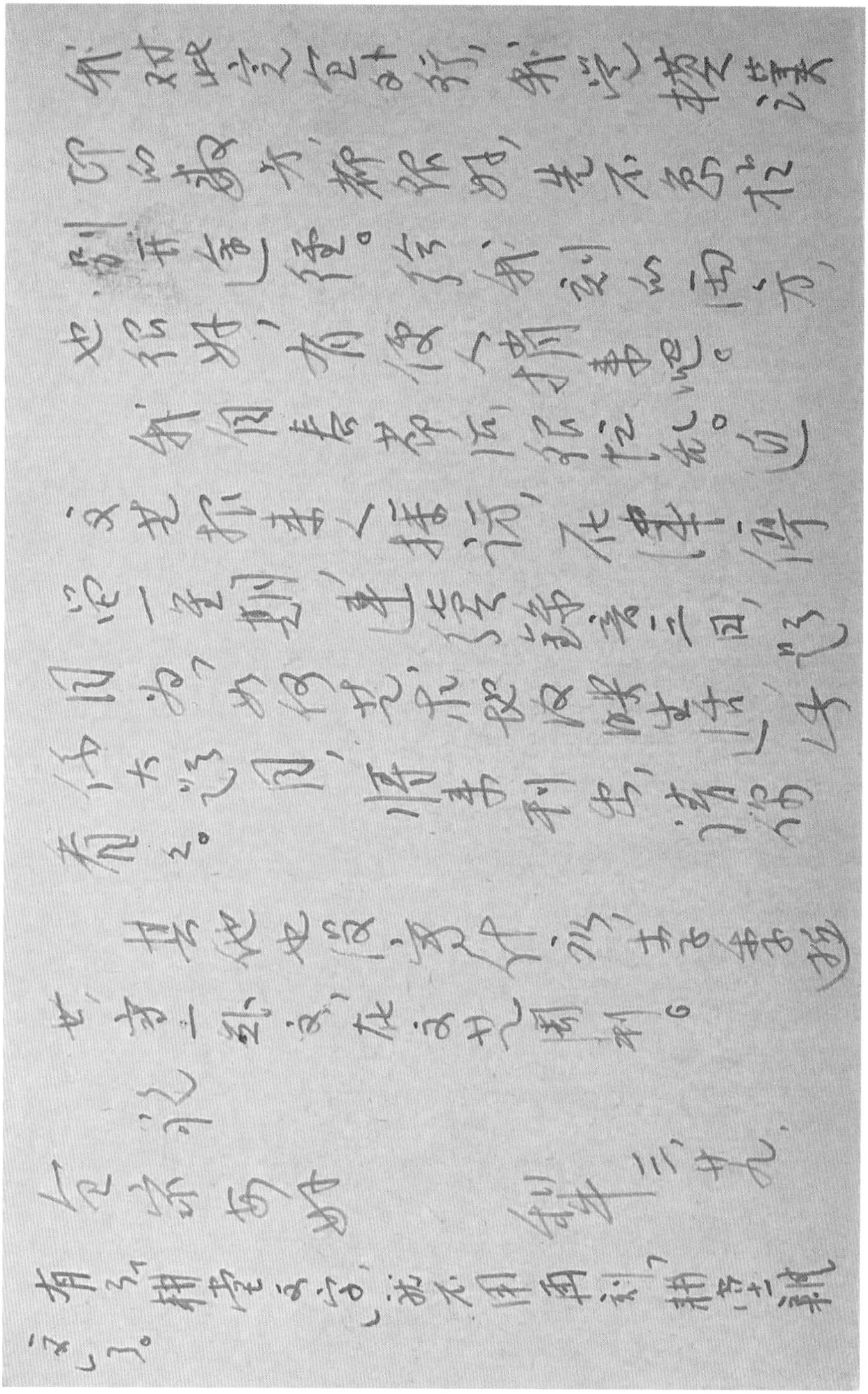

你对此文（包括新、旧）提议

印的都有，都很好，光不易引起

别开生面罢了。你所说的问题，

也很好，有便可以写出来吧。

你问王君的情况。他

又来了一封信，说已平反。他现

[illegible]

[illegible]

看看。

[illegible]

也有一些，在此也可以。

祝

近好

孙犁 三月廿九

有人说，拙集不可再印，拙书十一种了。

1980.3.29

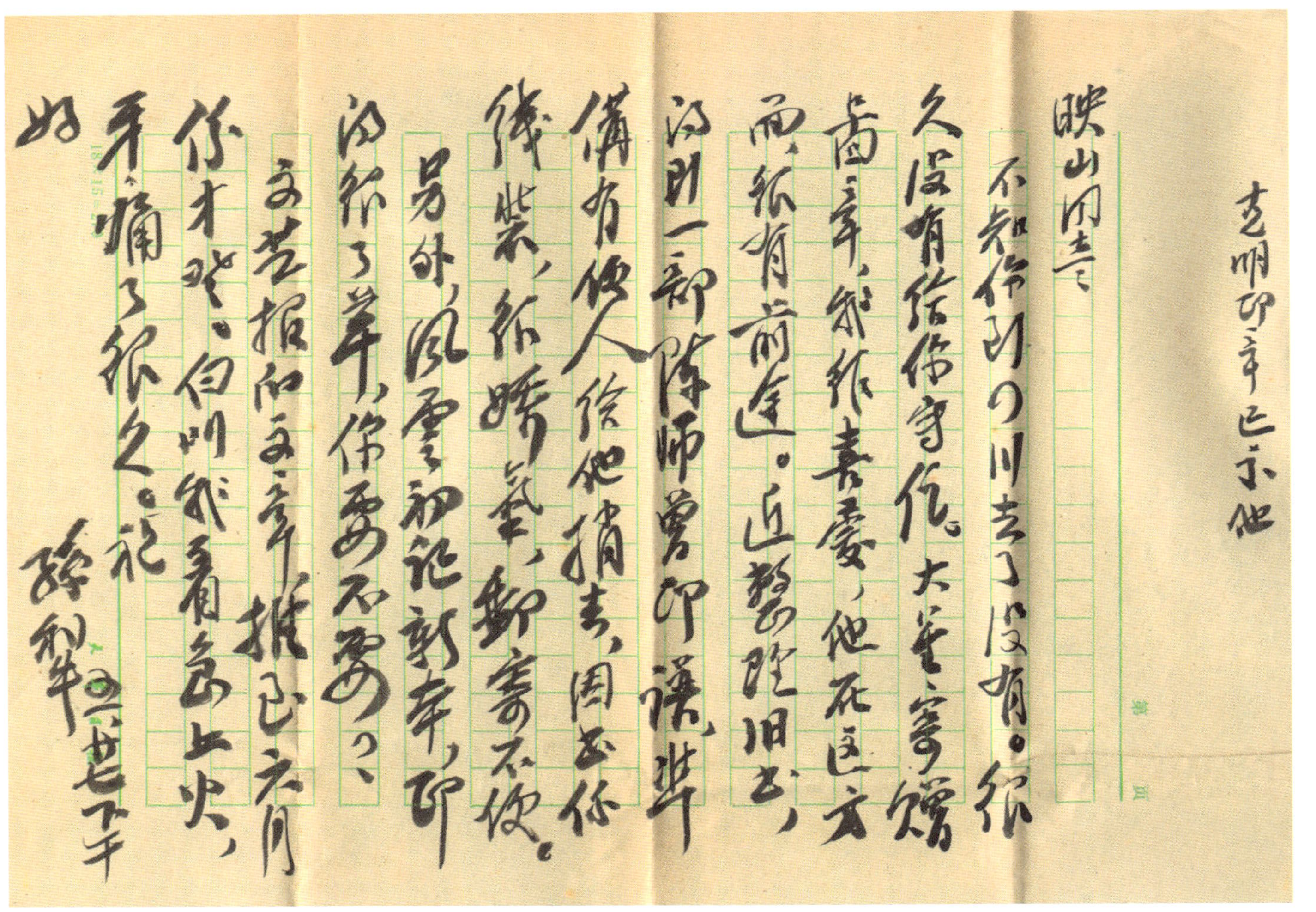

这明印章已不做

映山同志：

不知你到四川去了没有。很久没有给你写信。大鉴寄赠篆章，我很喜爱，他在这方面很有前途。近整理旧书，得到一部陈师曾印谱，备有他人给他补书，因为你线装，纸脆薄，邮寄不便。另外，风云初记新本，即给你留着，你要不要？

文艺报向我索稿，批已不用你才好。但近我看多上火，牙痛了很久。祝

好

孙犁 五月廿七下午

1980.5.27

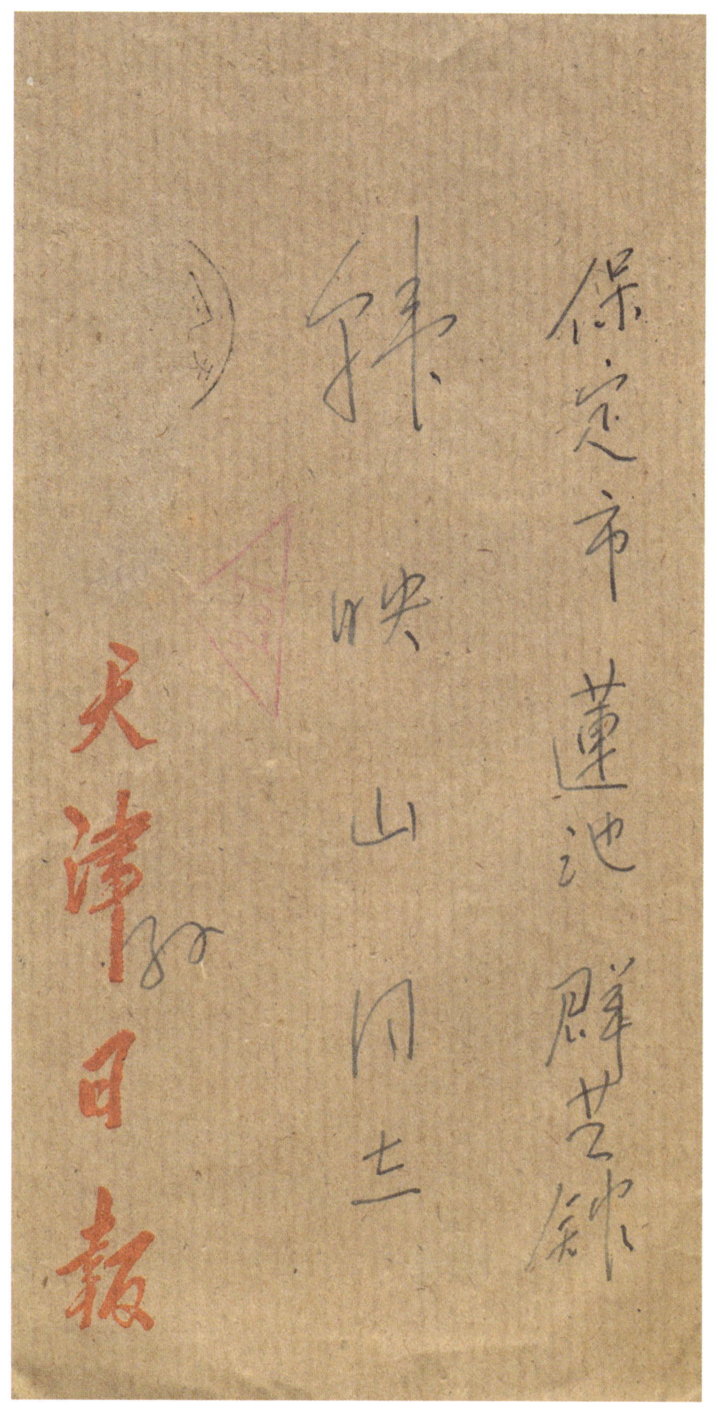

保定市蓮池群艺館

韓映山同志

天津日報 孙

1980.6.19

映山同志：

12/6日函收见，你身体不好，务希注意休息，加强营养。

你在人民日报上发表的小说，我看过了，觉得很好。小说有活气。

求人捎了一副字，信寄给你和大星，添了这么多麻烦。玉珍对你和大星，甚为感激，叫我写信时，表示她的谢意。

我近来身体还可以。夏天不怕。眼睛[illegible]，视力减退。有时阴天，就得站到窗前去看书。

文艺报上那篇谈话，后来看了看，也不像我写信时那么坏啊。下一期还有一小半。

谈话还是不谈话好，那句话我们以后给它加了限制，就免得人家以后把它读时为什么什么。但是，我说话有时还是很随便，这次编辑删去不少，我也同意。

祝

好

犁

六、十九

天津日报

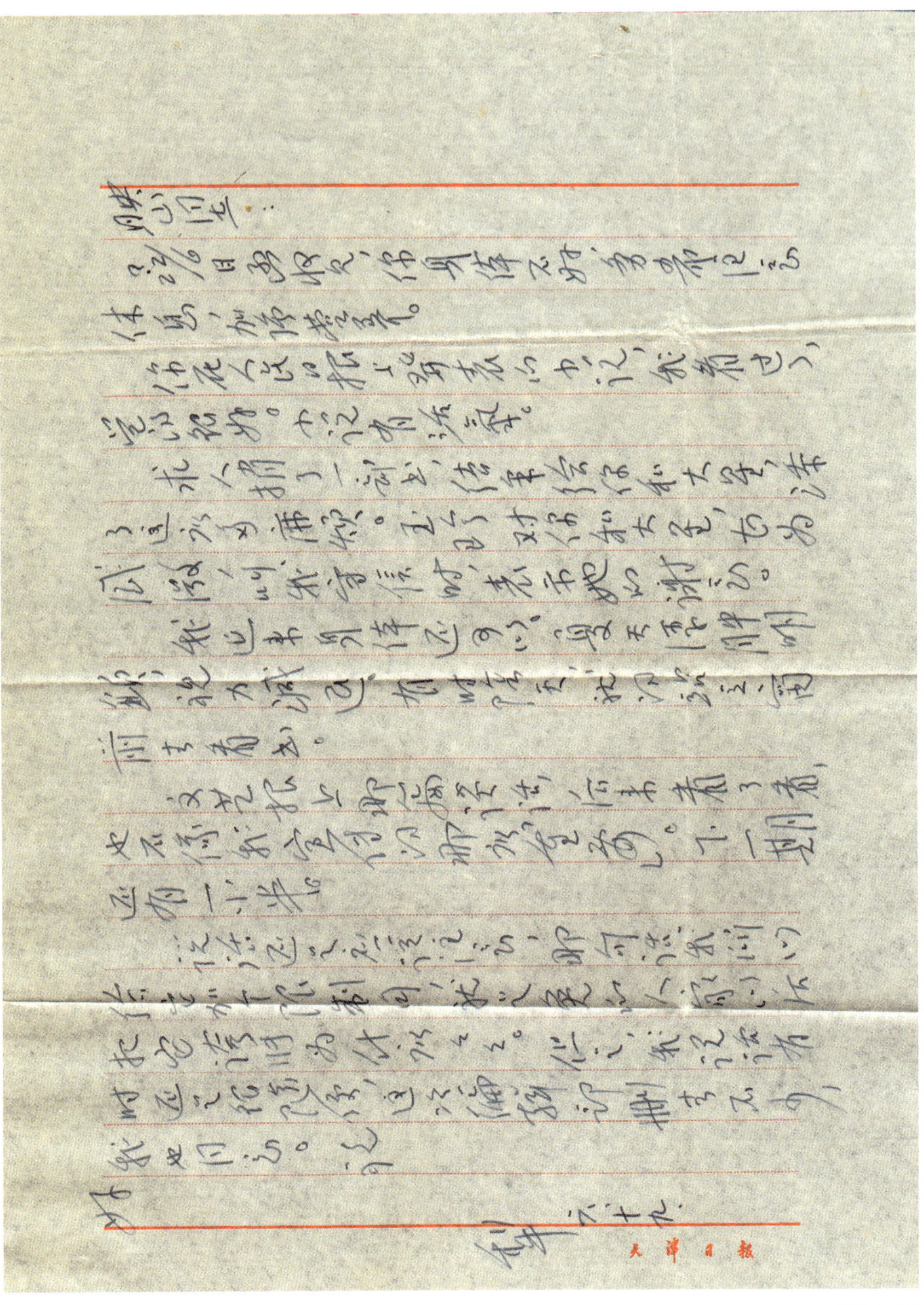

1980.6.19

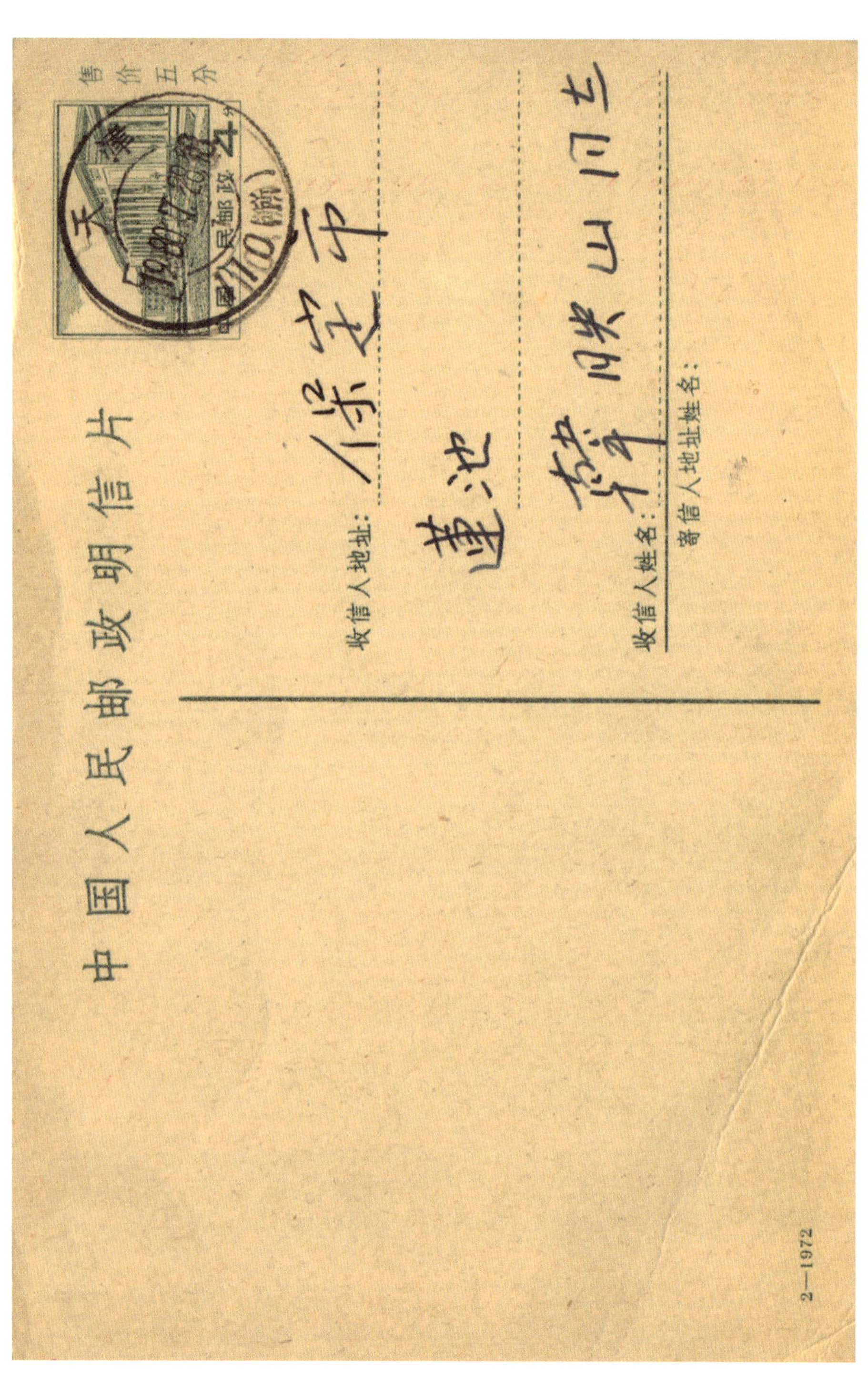

中国人民邮政明信片

售价五分

收信人地址：保定市 莲池

收信人姓名：韩映山同志

寄信人地址姓名：

2—1972

1980.7.27

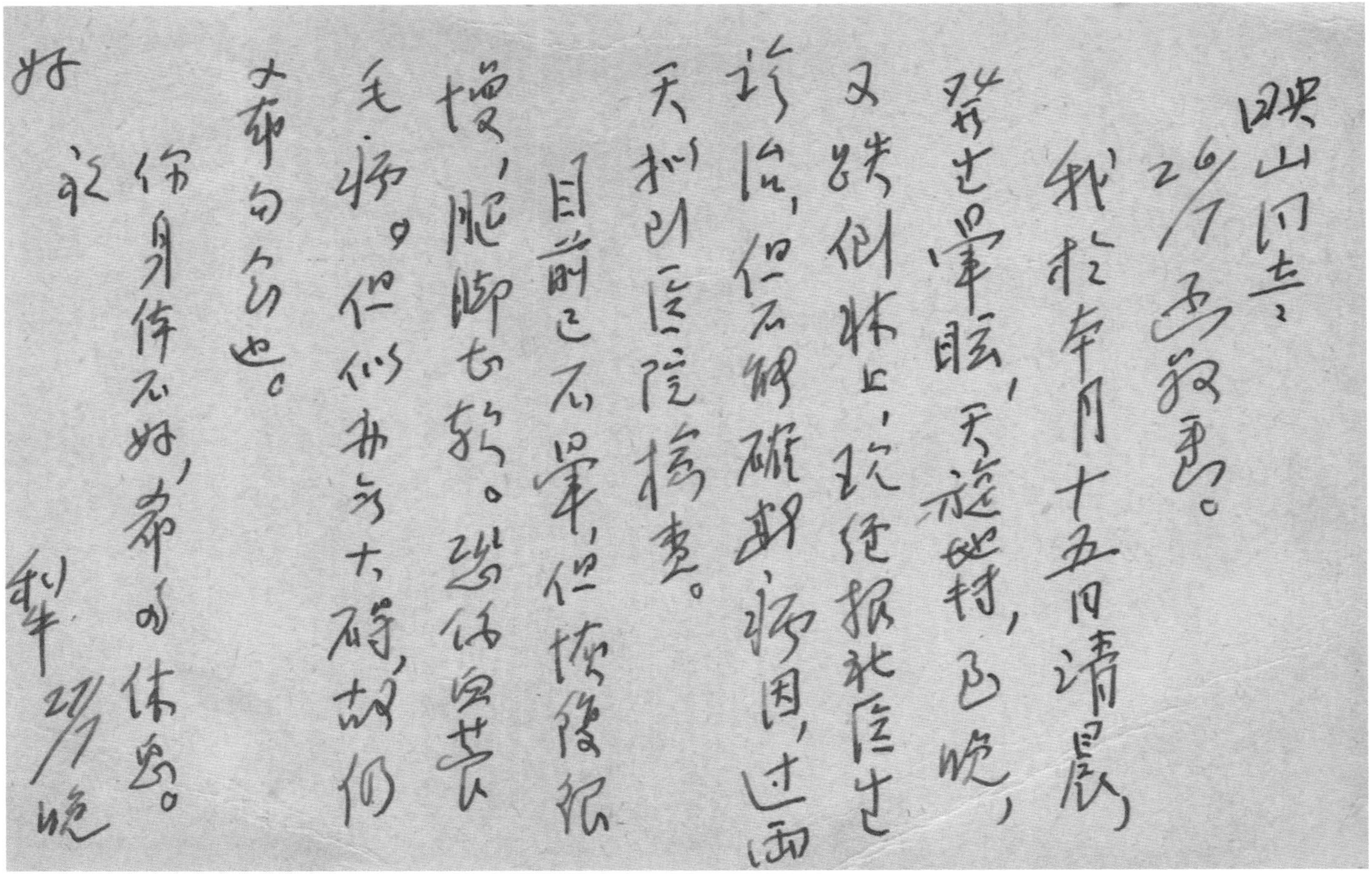

映山同志：

26/7函敬悉。

我于本月十五日清晨，发生晕眩，天旋地转，已晚，又跌倒床上，现经报社医生诊治，但不能确断病因，过两天将到医院检查。

目前已不晕，但[illegible][illegible]很慢，腿脚也软。恐系血管毛病。但似亦无大碍，故仍希勿念也。

你身体不好，希多休息。

祝

好

犁 27/7晚

1980.7.27

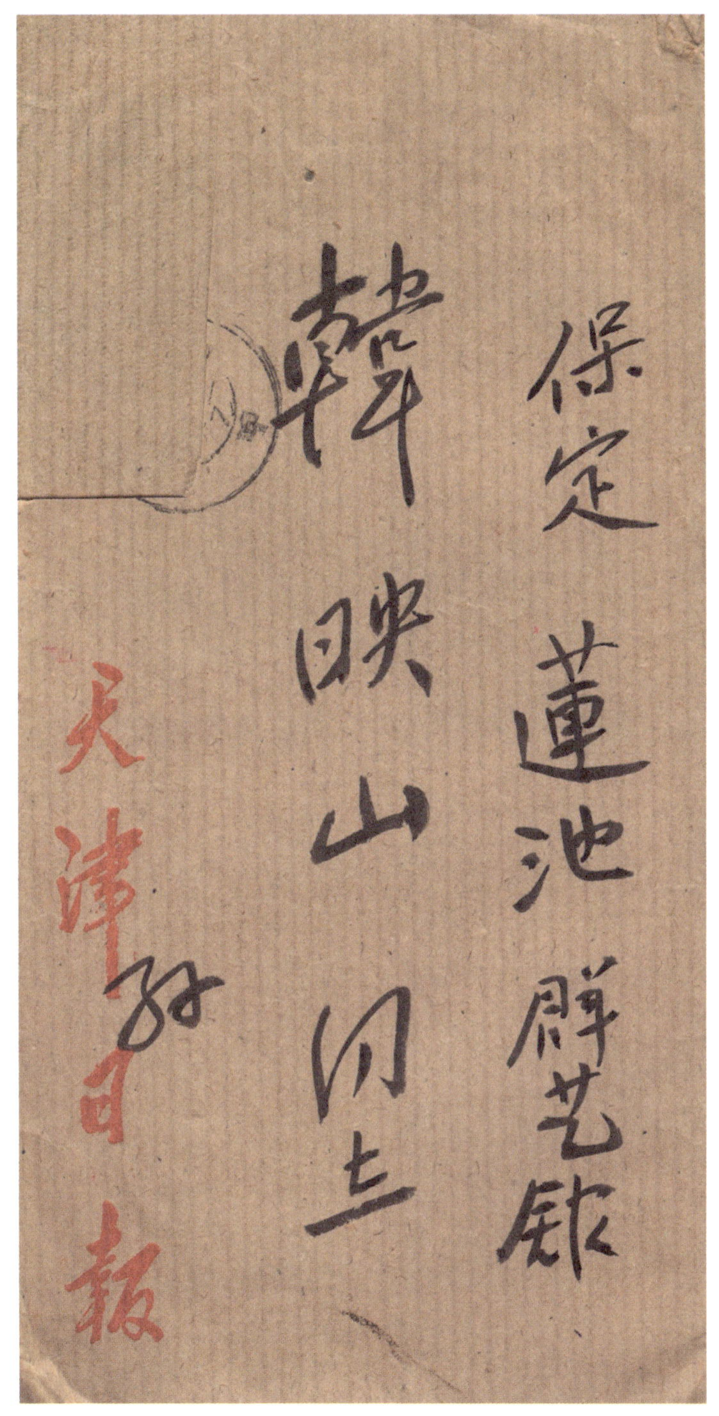

保定蓮池群艺館

韓映山同志

天津日報 孙

1980.9.8

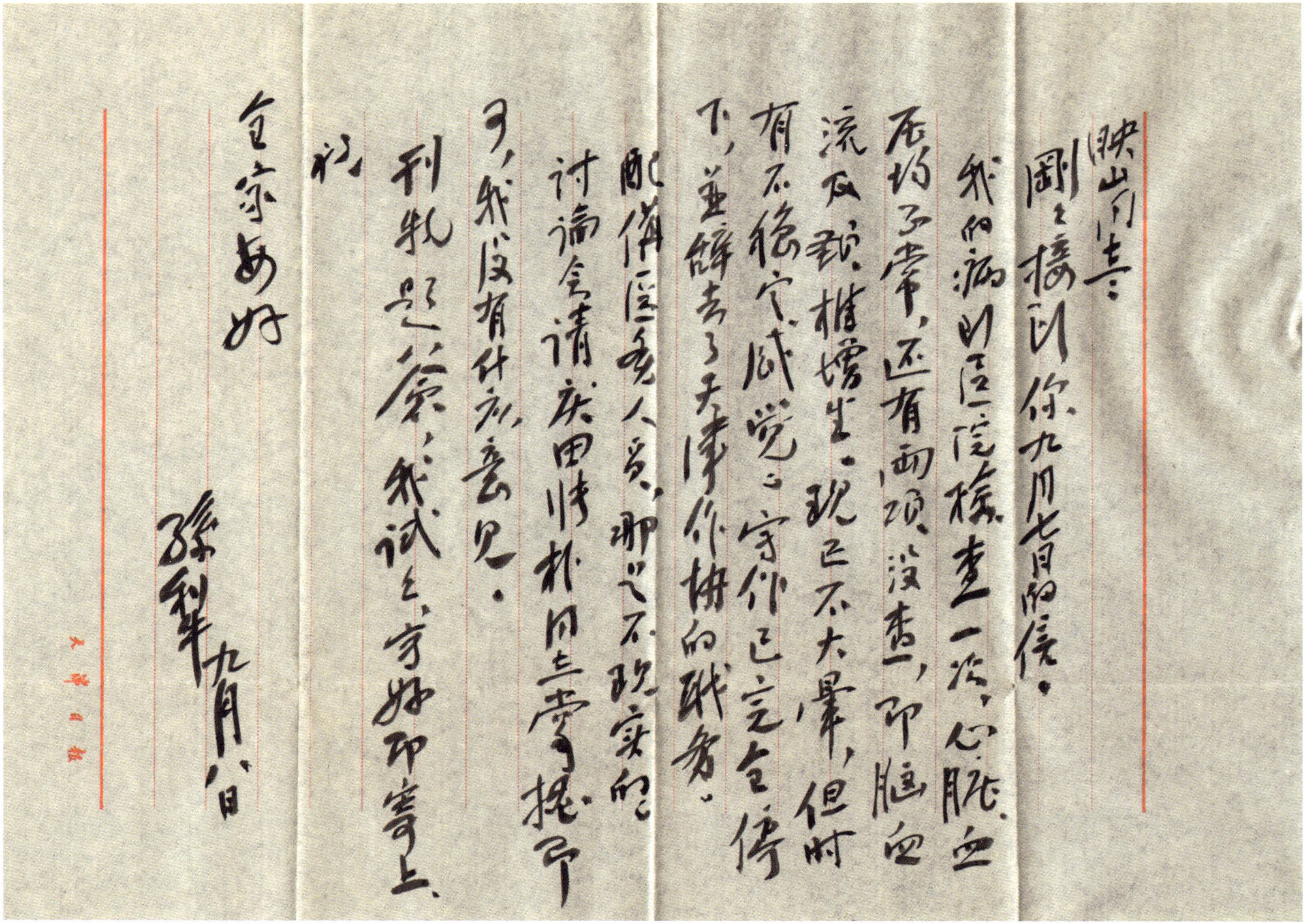

映山同志：

刚刚接到你九月七日的信。

我的病，到医院检查一次，心脏、血压均正常，还有两项没查，即脑血流及颈椎增生。现已不大晕，但时有不稳定感觉。写作已完全停下，并辞去了天津作协的职务。

配备医务人员，那是不现实的。讨论会请庆田、特林同志学习提了，我没有什么意见。

刊物题签，我试试写好即寄上。

祝

全家安好

孙犁 九月八日

天津日报

1980.9.8

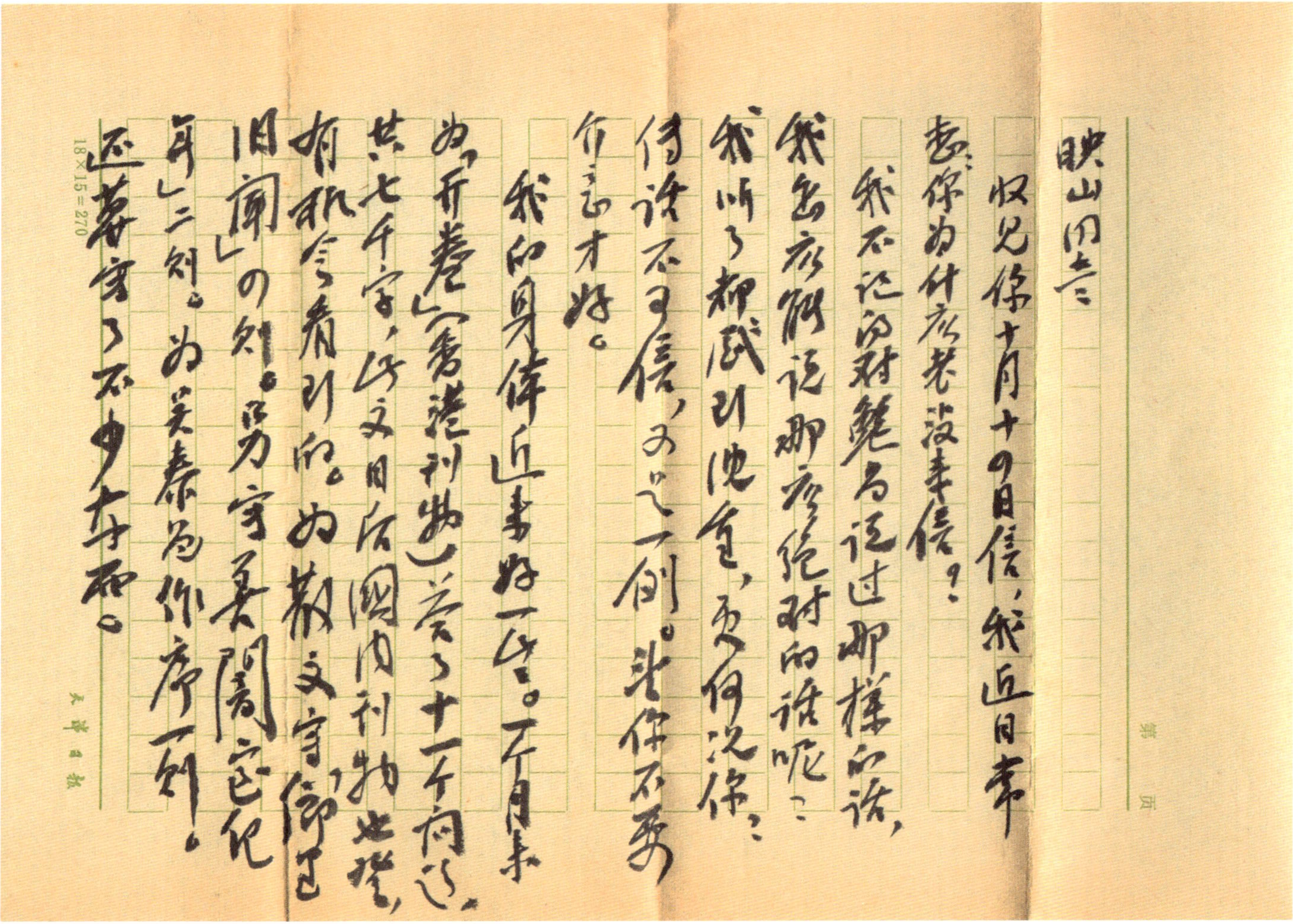
映山同志：
收到你十月十四日信，我近日来
想：你为什么老没来信？
我不记得对鲍昌说过那样的话，
我怎么能说那么绝对的话呢？
我听了柳溪[illegible]，更何况你：
传话不可信，这又是一例。望你不要
介意才好。
我的身体近来好一些。下月来
为「开卷」（香港刊物）写了十一个问答，
共七千字，估计日后国内刊物也登，
有机会看到的。为散文写了「
旧简」四则。另写[illegible]
[illegible]」二则。为吴泰昌作序一则！
还[illegible]写了不少大字呢。

1980.10.17

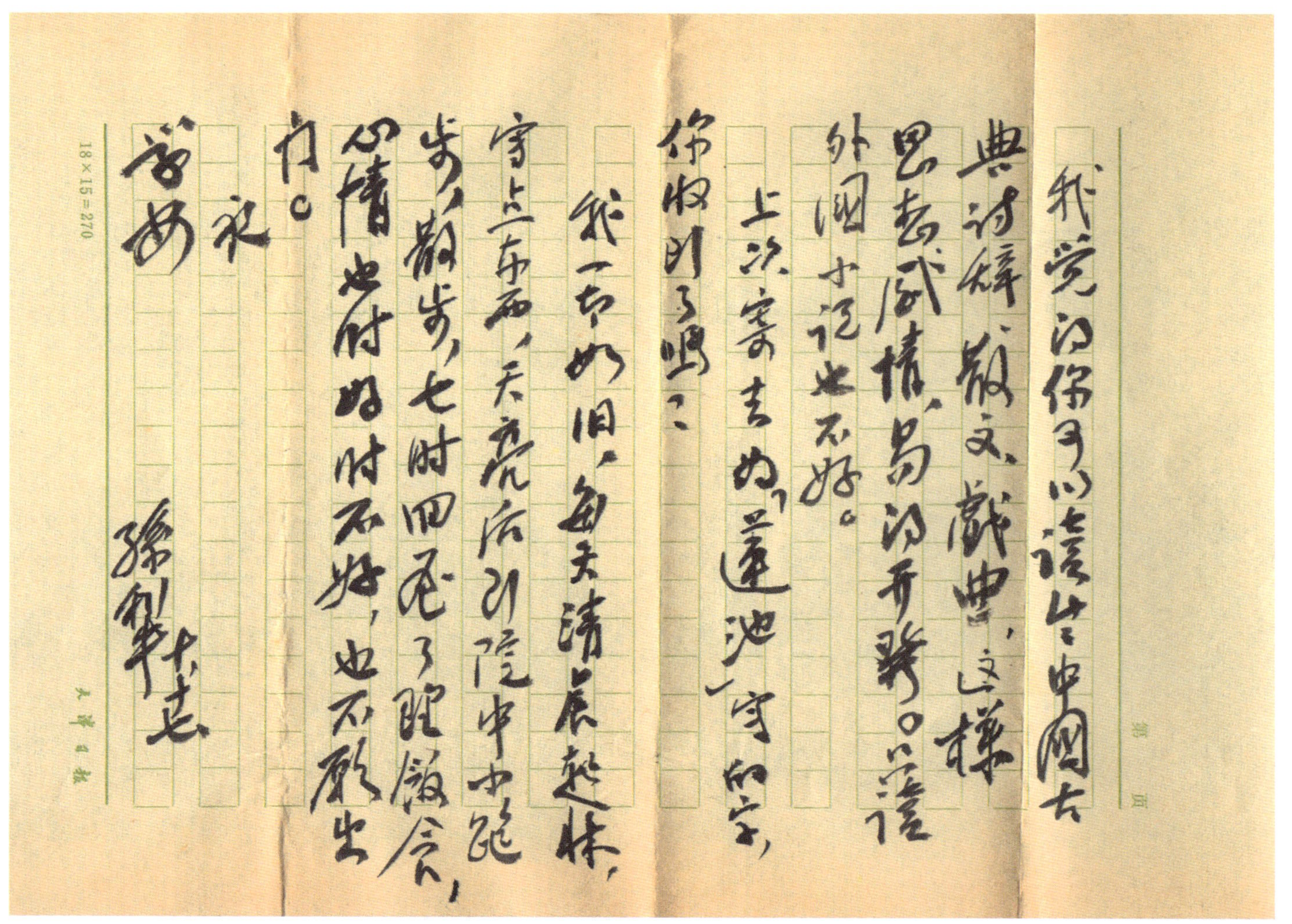

我觉得你可以读些中国古典诗辞、散文、戏曲,这样思想感情易得开拓。只读外国小说也不好。

上次寄去的《莲池》,你收到了吗?

我一切如旧,每天清晨起床,穿上衣服,天亮后到院中小跑步、散步,七时回屋又睡会,心情也时好时不好,也不敢出门。

祝

近好

孙犁 十七

1980.10.17

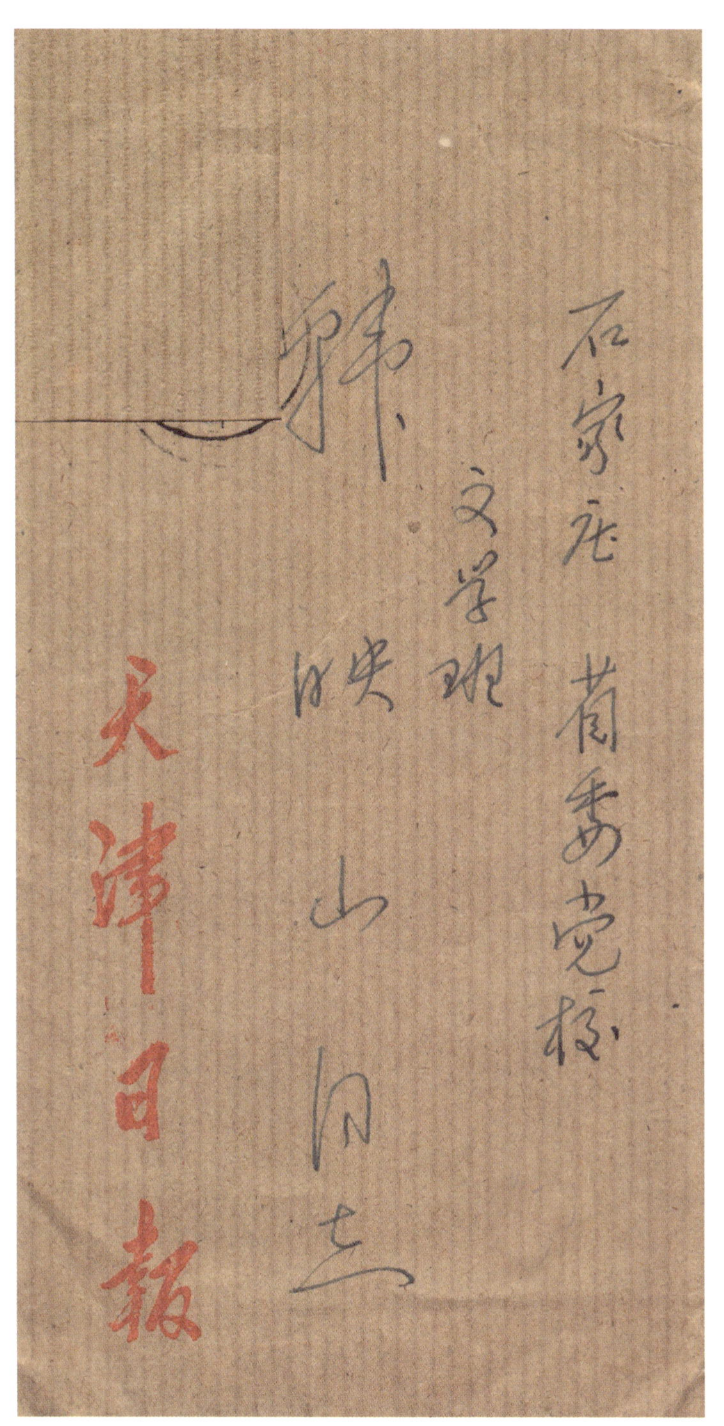

石家庄 省委党校

文学班

韩映山 同志

天津日報

1980.11.19

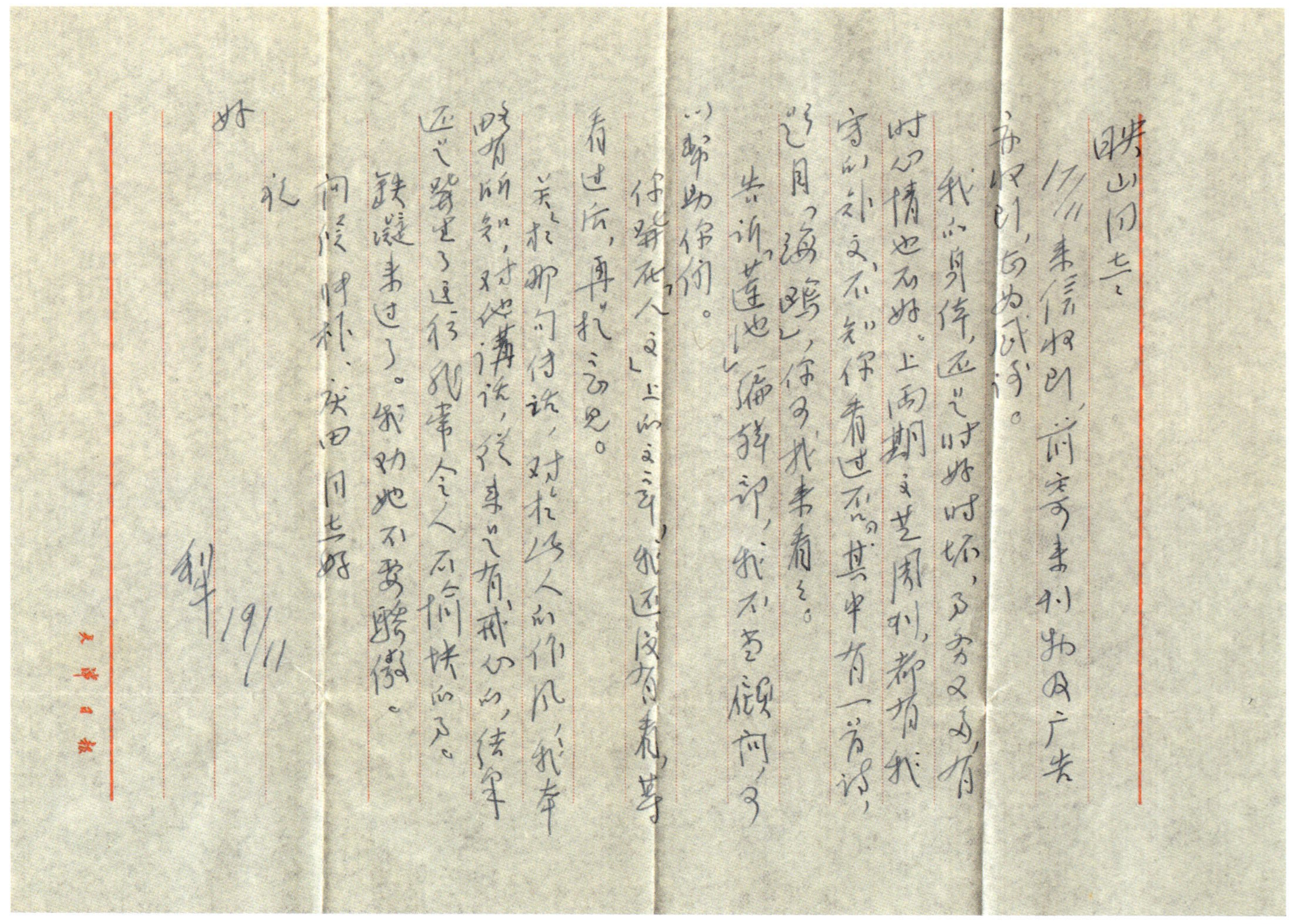

映山同志：

17/11来信收到，前寄来刊物及广告亦收到，勿为念。

我的身体，还是时好时坏，及秋冬之交，有时心情也不好。上两期之芒种刊，都有我写的小文，不知你看过否？其中有一首诗，《月》《海路》，你可找来看看。

告诉《莲池》编辑部，我不当顾问，可以帮助你们。

你写[illegible]上的文章，我还没有看，等看过后，再扎谈吧。

关于那句诗话，对于此人的作风，我本略有所知，对她讲话，从来也有戒心的，结果还是发生了这种事，令人不愉快的了。

铁凝来过了。我劝她不要骄傲。

问候师林、秋田同志好

祝

好

犁 19/11

1980.11.19

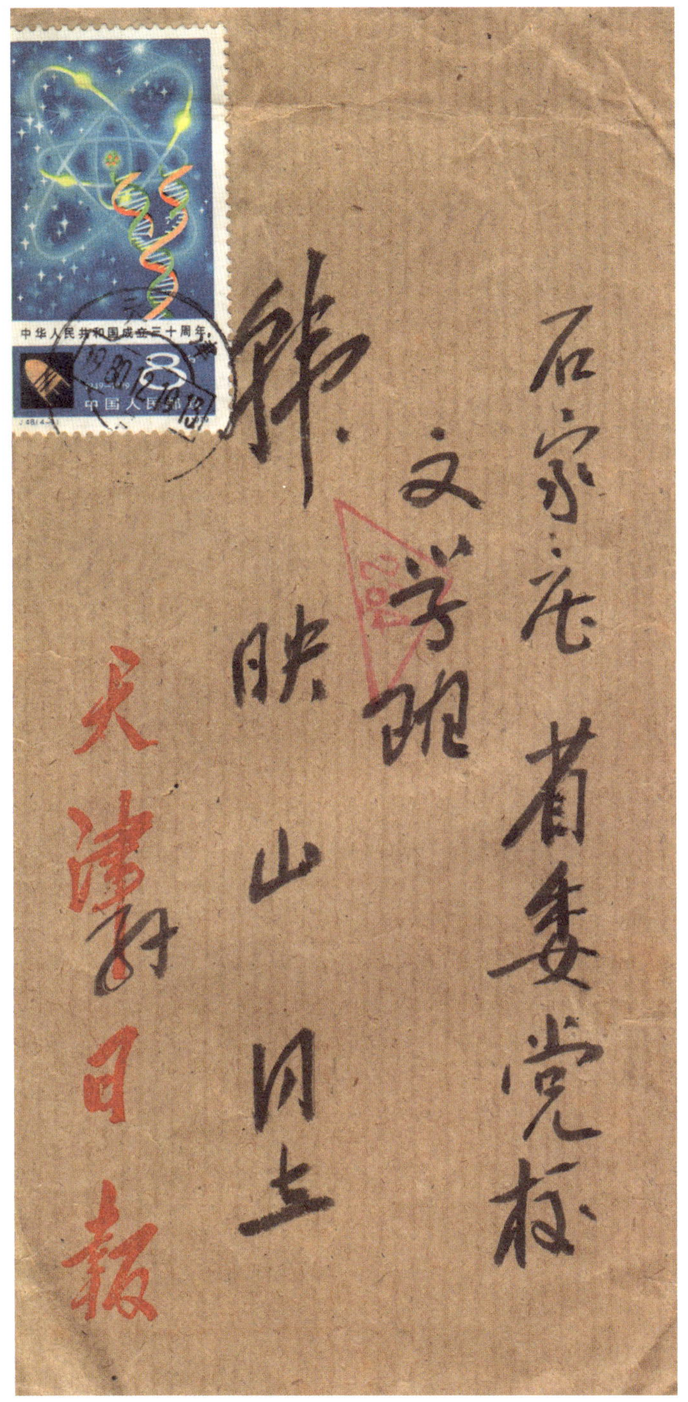

石家庄 省委党校

文学馆

韩映山同志

天津日报

1980.12.18

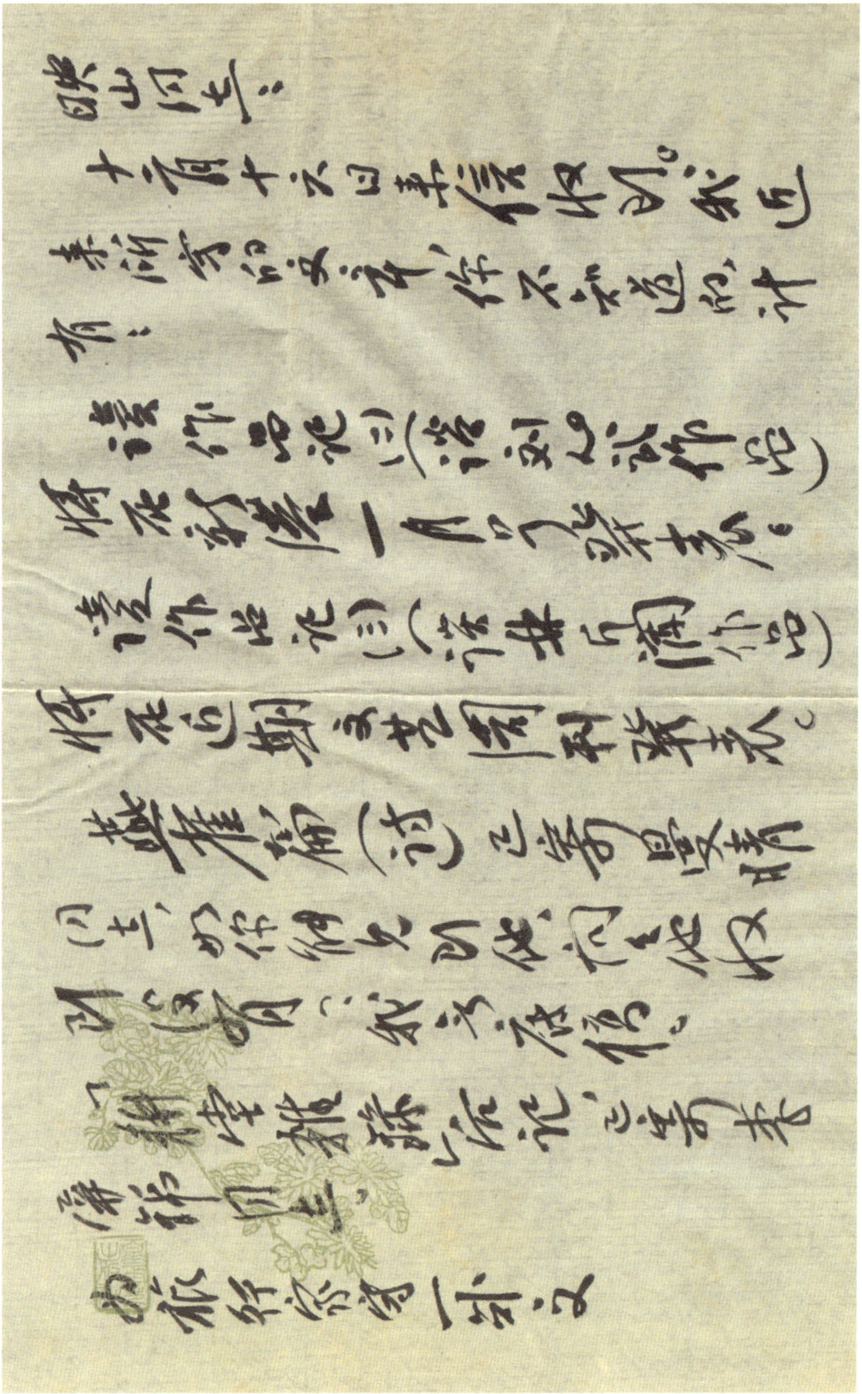

映山同志：

十二月十六日来信收到。我近来所写的文章，你不知道的计有：

读作品记（二）（谈刘心武作品）将在《新港》一月号发表。

读作品记（三）（谈井上靖作品）将在近期《文艺周刊》发表。

《燕雀篇》（诗）已寄晏晴同志，如你能见到他，问问他收到没有。我无存稿。

《耕堂杂录》后记，已寄李屏锦同志。

为旅行家写一短文

1980.12.18

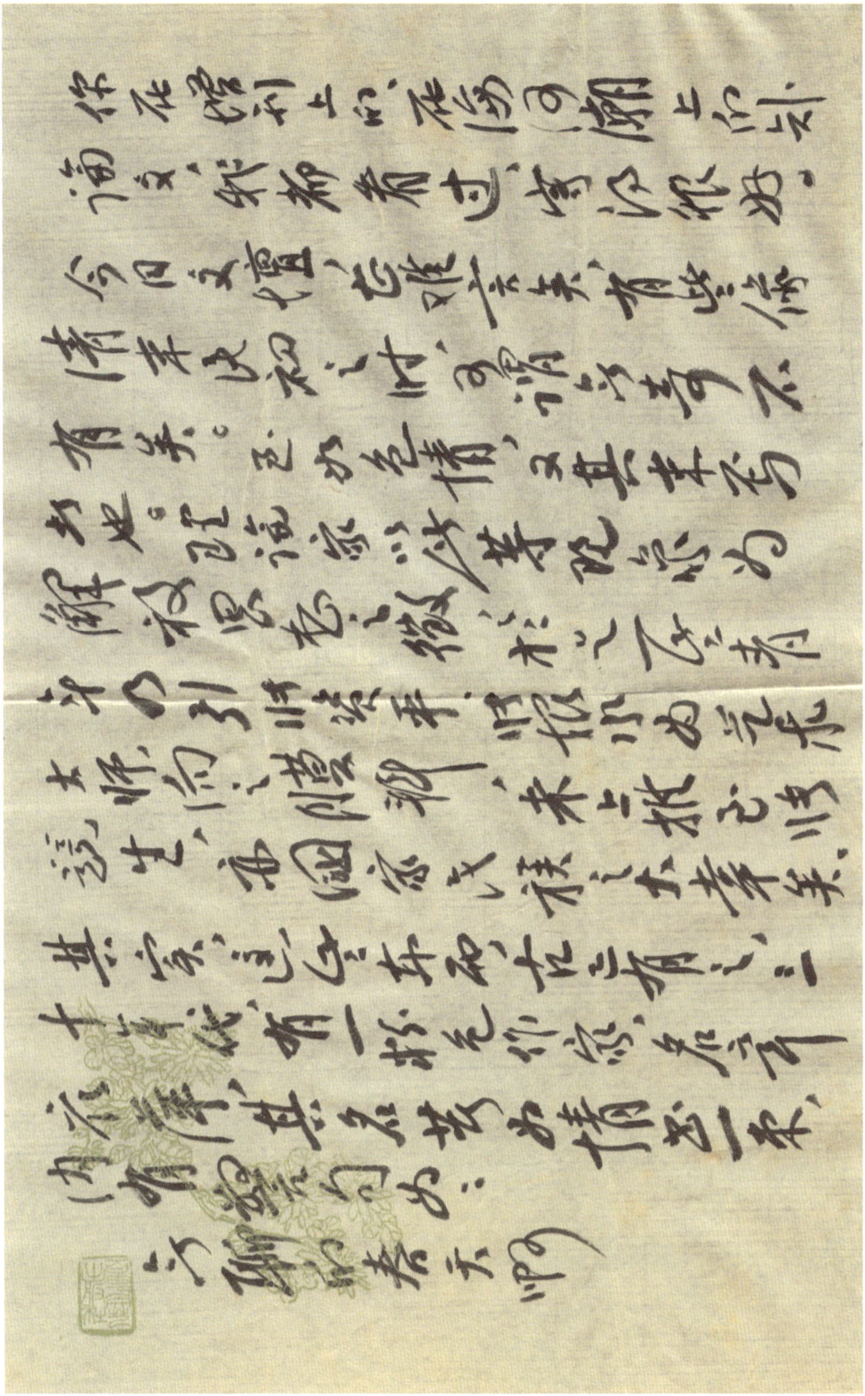
你在增刊上的、在海河潮上的小说论文，我都看过，写的很好。今日文坛，已难言矣，有些像清末民初之时，可谓无奇不有矣。至如色情，又其末焉者也。理论家以此等现象为解放思想之征，于是青年乃引[illegible]乎，[illegible]大师，向之膜拜，[illegible]生，[illegible]国家民族之大幸矣。其实，这些东西，古已有之，三十年代，有一批色情作家，名之为[illegible]，其名甚为情出一采，内有[illegible]，[illegible]聊的春天啊

1980.12.18

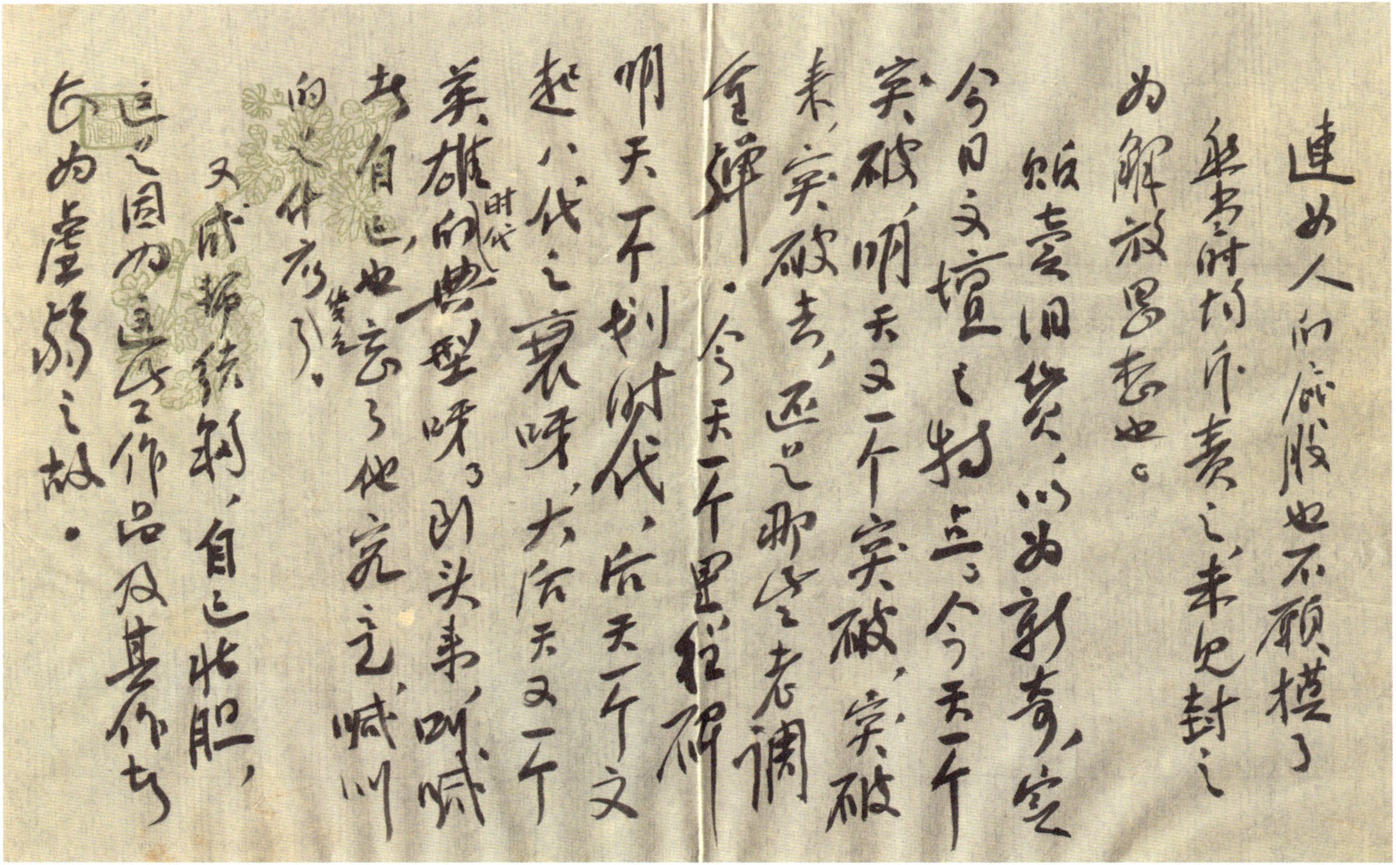
连女人的屁股也不愿摸了，恐当时何以责之，未见封之为解放思想也。

贩卖旧货，以为新奇，实今日文坛之特点。今天一个突破，明天又一个突破，突破来，突破去，还是那些老调重弹。今天一个里程碑，明天又一个划时代，后天一个文起八代之衰呀，大后天又一个英雄的时代典型呀，到头来，叫喊者自己也忘了他究竟喊叫的是什么了。

又成群结伙，自己壮胆，这是因为这些作品及其作者均为虚弱之故。

1980.12.18

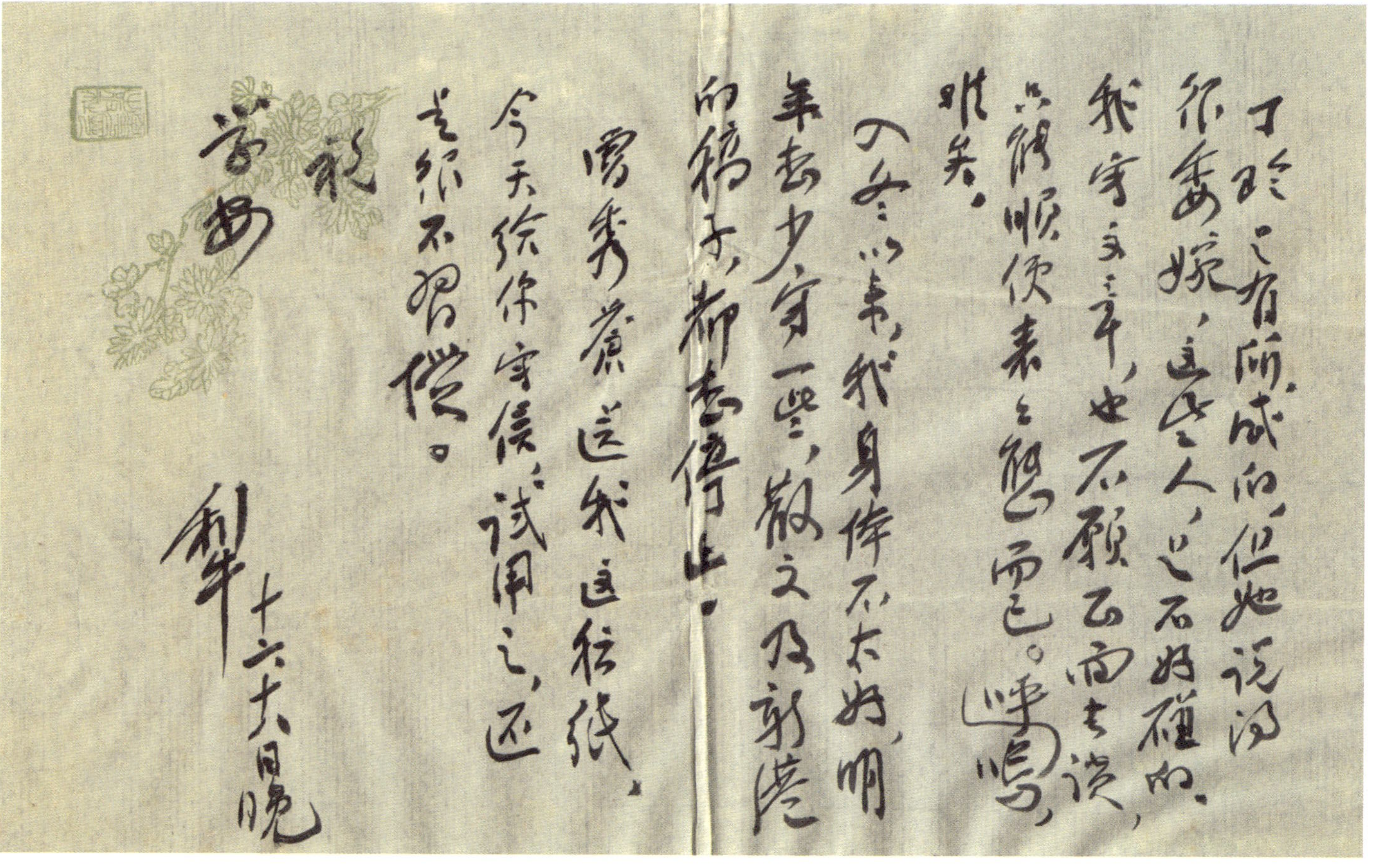

丁玲之有所成的，但她说过，你要嫁，这是人，只不好碰的。我写文章，也不愿石而告谈，只得顺便表表态而已。呜呼，悲矣。

入冬以来，我身体不太好，明年出少写一些，散文及新港的稿子，都要停止。

贾秀英送我这稿纸，今天给你写信，试用之，还是很不习惯。

祝

节安

犁 十二月十八日晚

1980.12.18

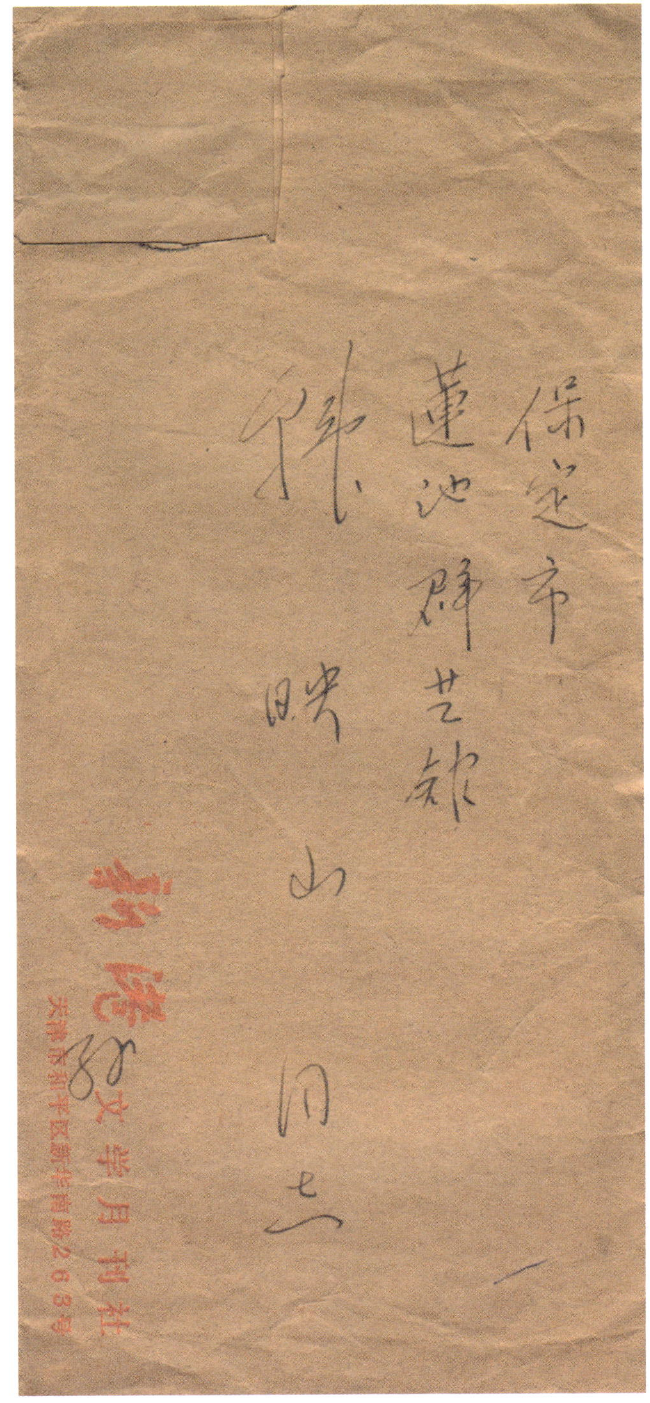

保定市
蓮池群艺館
韩映山 同志

新港 文学月刊社
天津市和平区新华南路263号

1981.1.7

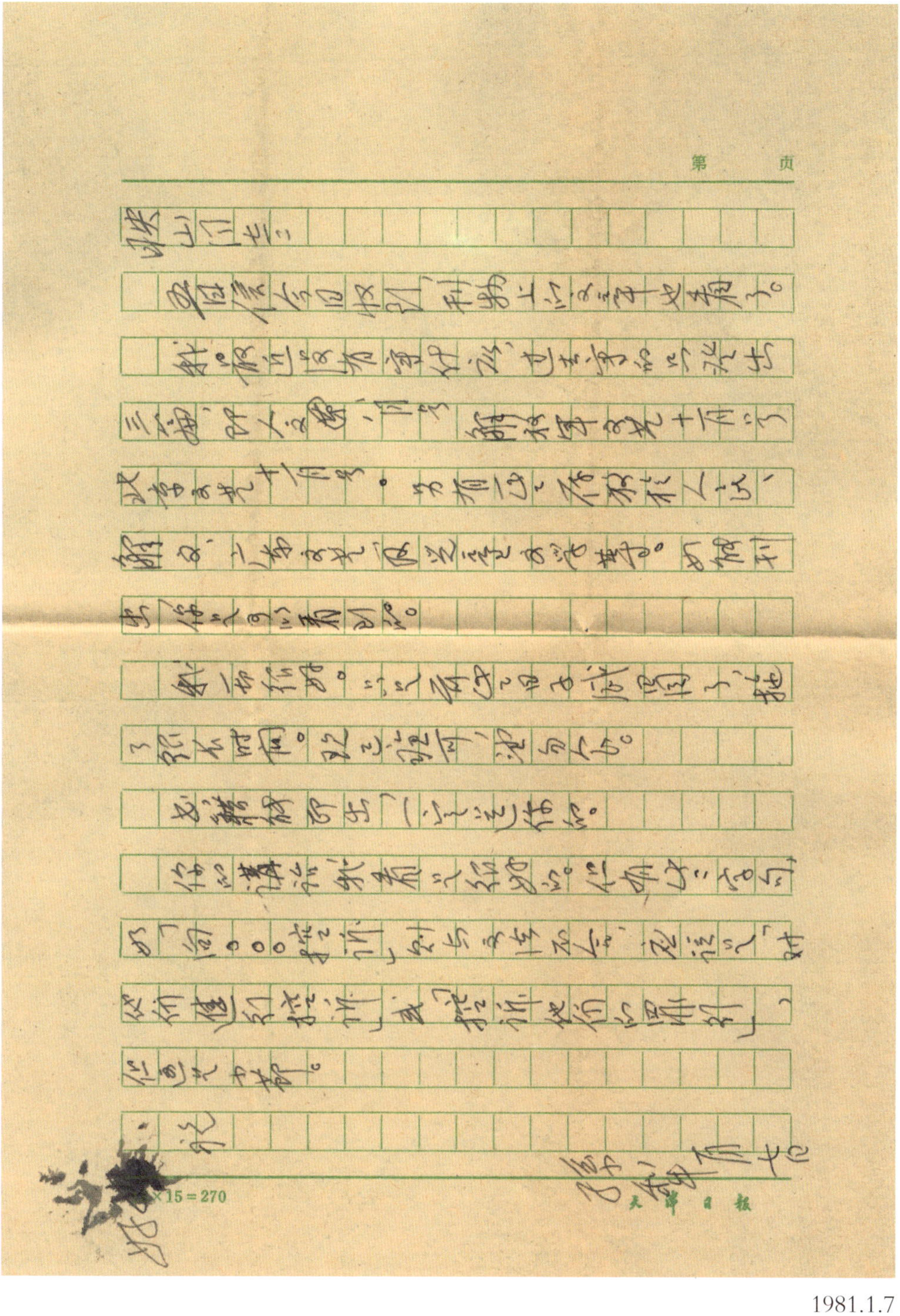
第　页

映山同志：

寄回信与旧作收到，刊物上的文章也看了。

[illegible]

祝好

孙犁　一月七日

20×15=270　天津日报

1981.1.7

1981.1.16

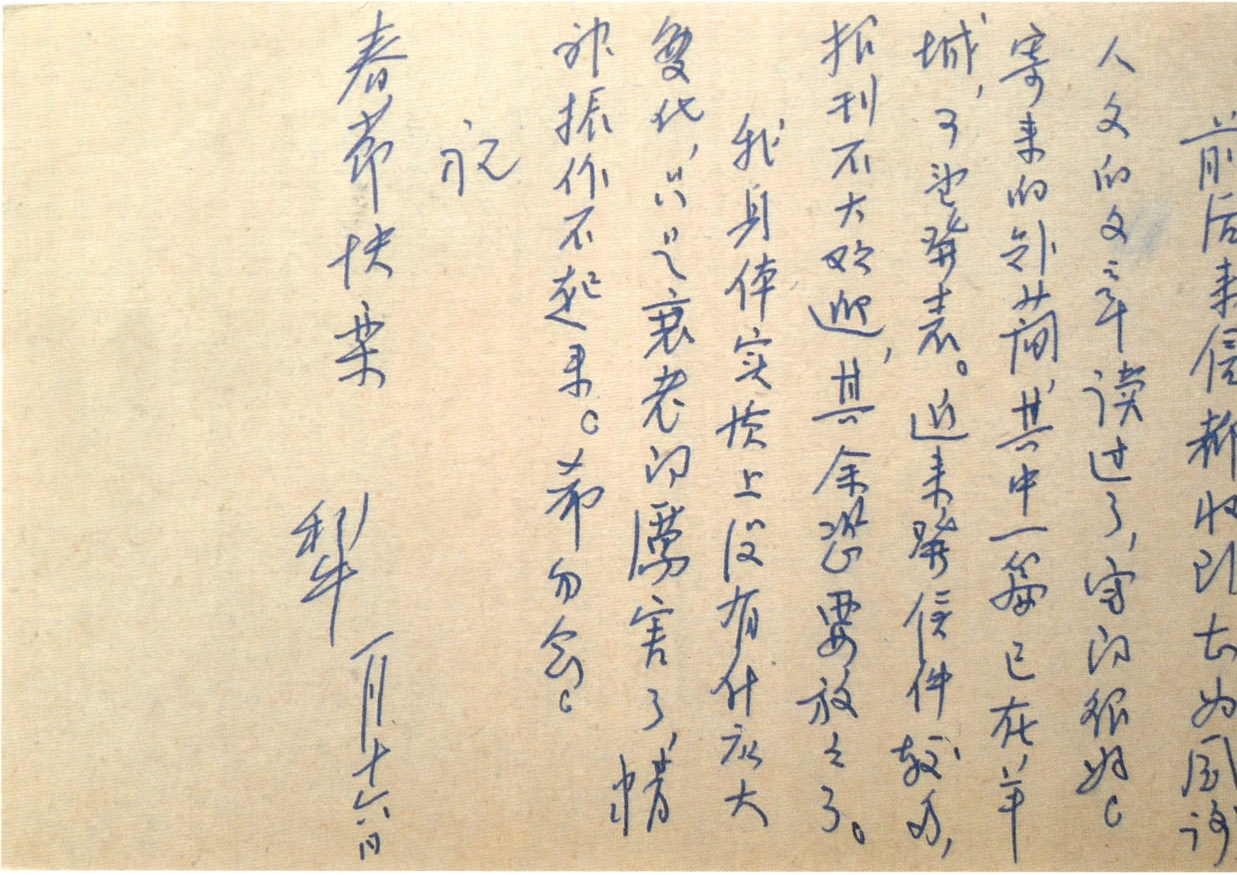

映山同志：

前后来信都收到，至为感谢。人文的文章读过了，写的很好。寄来的小荷，其中一篇已在羊城，子也发表。近来路信件较多，报刊不大好迎，其余都要放下了。

我身体实际上没有什么大变化，只是衰老得厉害了，精神振作不起来。希勿念。

祝

春节快乐

犁 一月十六日

1981.1.16

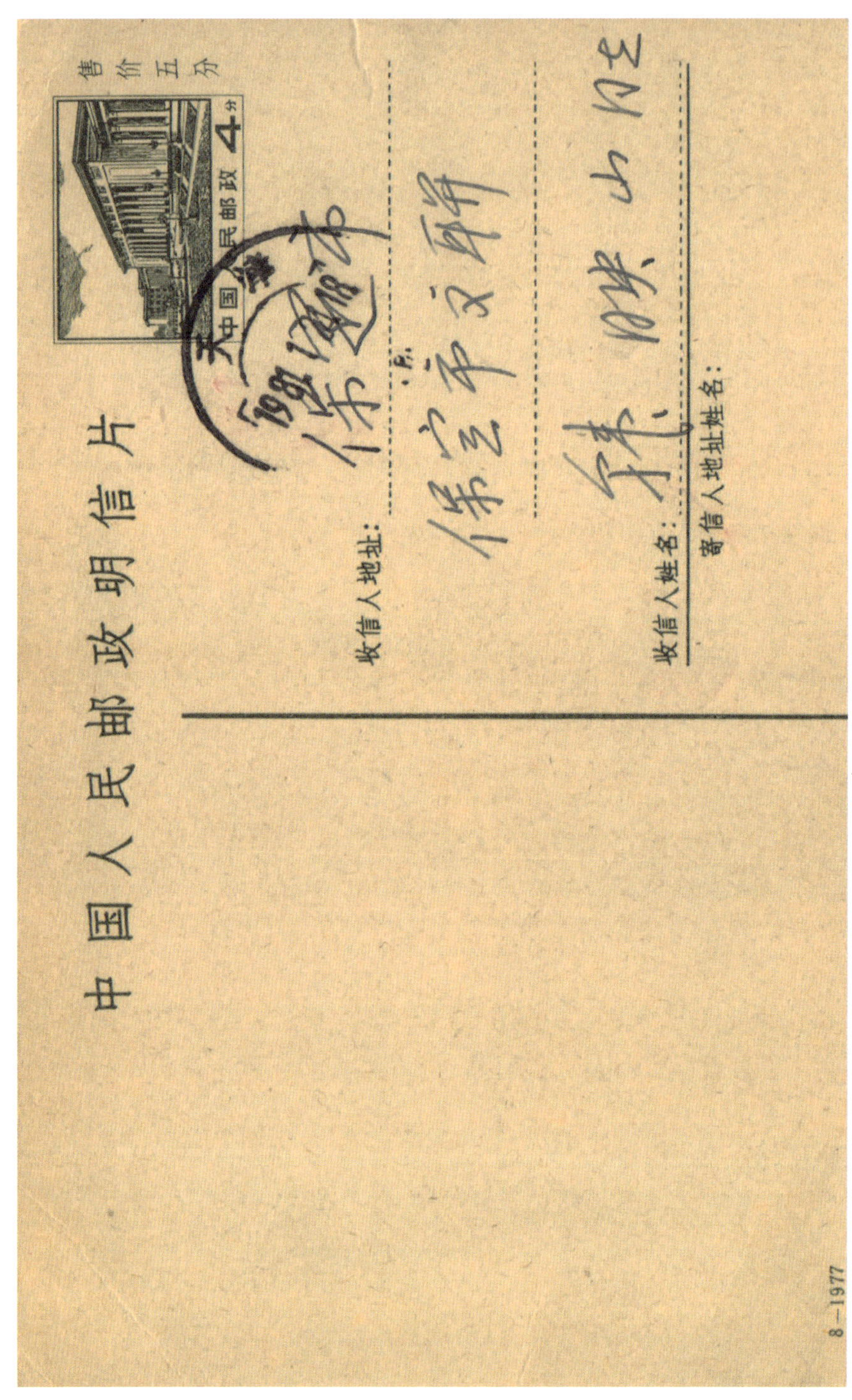
中国人民邮政明信片

售价五分

中国人民邮政 4分

收信人地址：保定市文联

收信人姓名：韩映山同志

寄信人地址姓名：

8—1977

1981.1.24

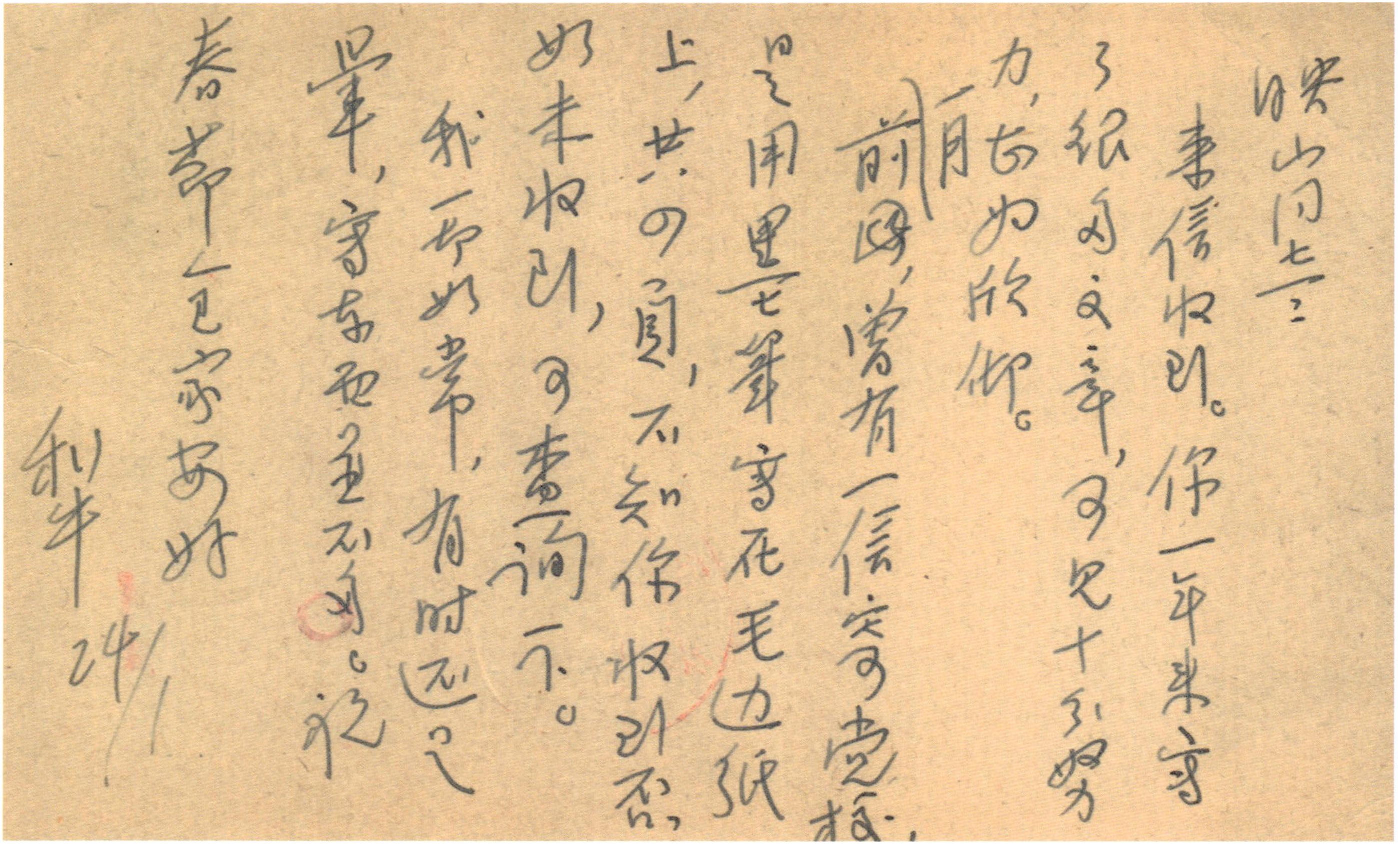
映山同志：

来信收到。你一年来写了很多文章，可见十分努力，甚为欣佩。

一月前[illegible]，曾有一信寄党校，是用黑色笔写在毛边纸上，共四页，不知你收到否，如未收到，可查询一下。

我一切如常，有时还写写短章，寄去的也不多。祝

春节全家安好

孙犁 24/1

1981.1.24

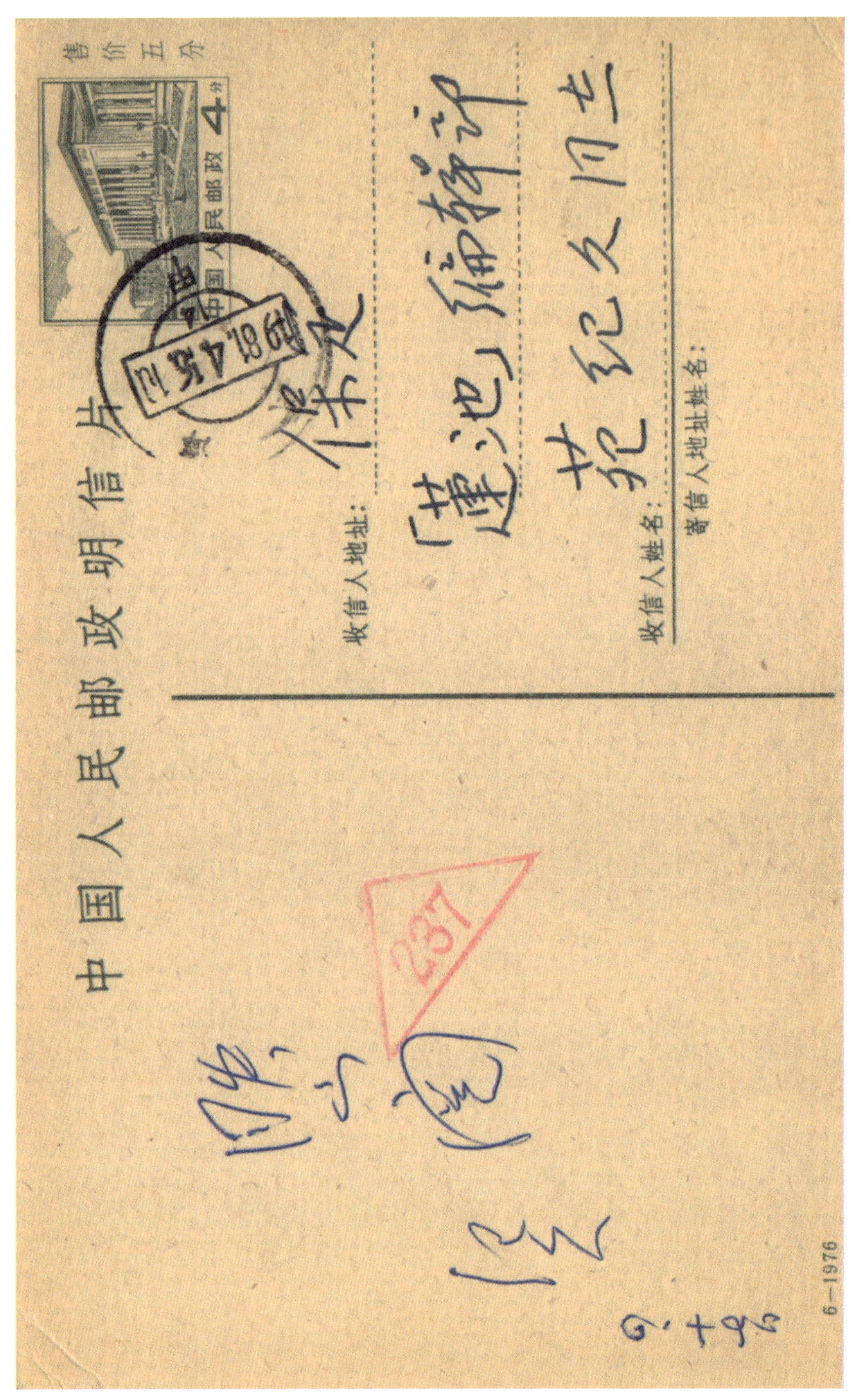
中国人民邮政明信片

售价五分

收信人地址：保定

莲池编辑部

收信人姓名：韩映山同志

寄信人地址姓名：天津孙犁

四.十五

6—1976

1981.4.15

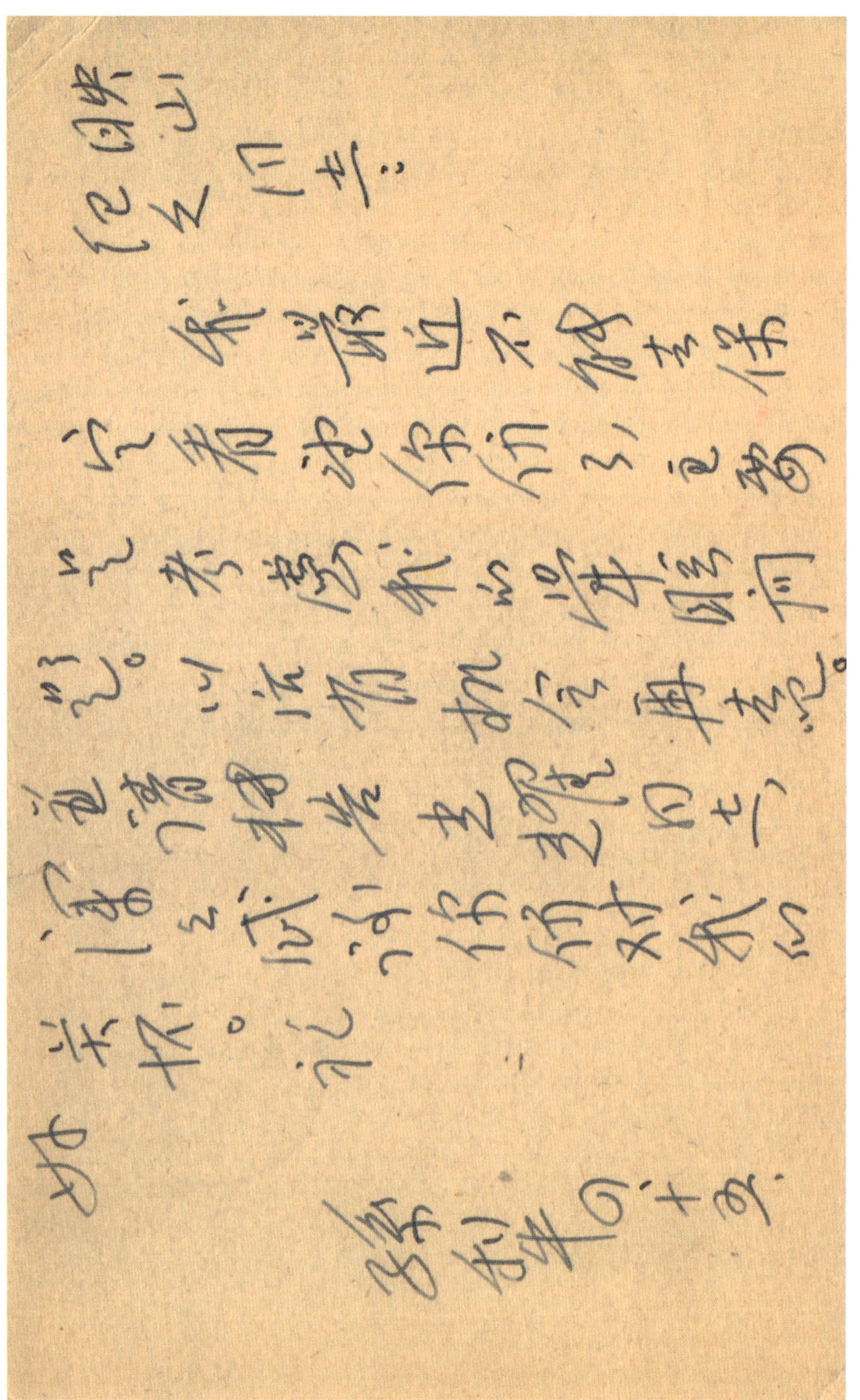
映山
纪之同志：
我最近不能去保定看望你们了，这要等春暖我的身体好些。以后有机会再去。並请转告克耀同志，深深感谢你们对我的关怀。祝
好！
孙犁 四、十五

1981.4.15

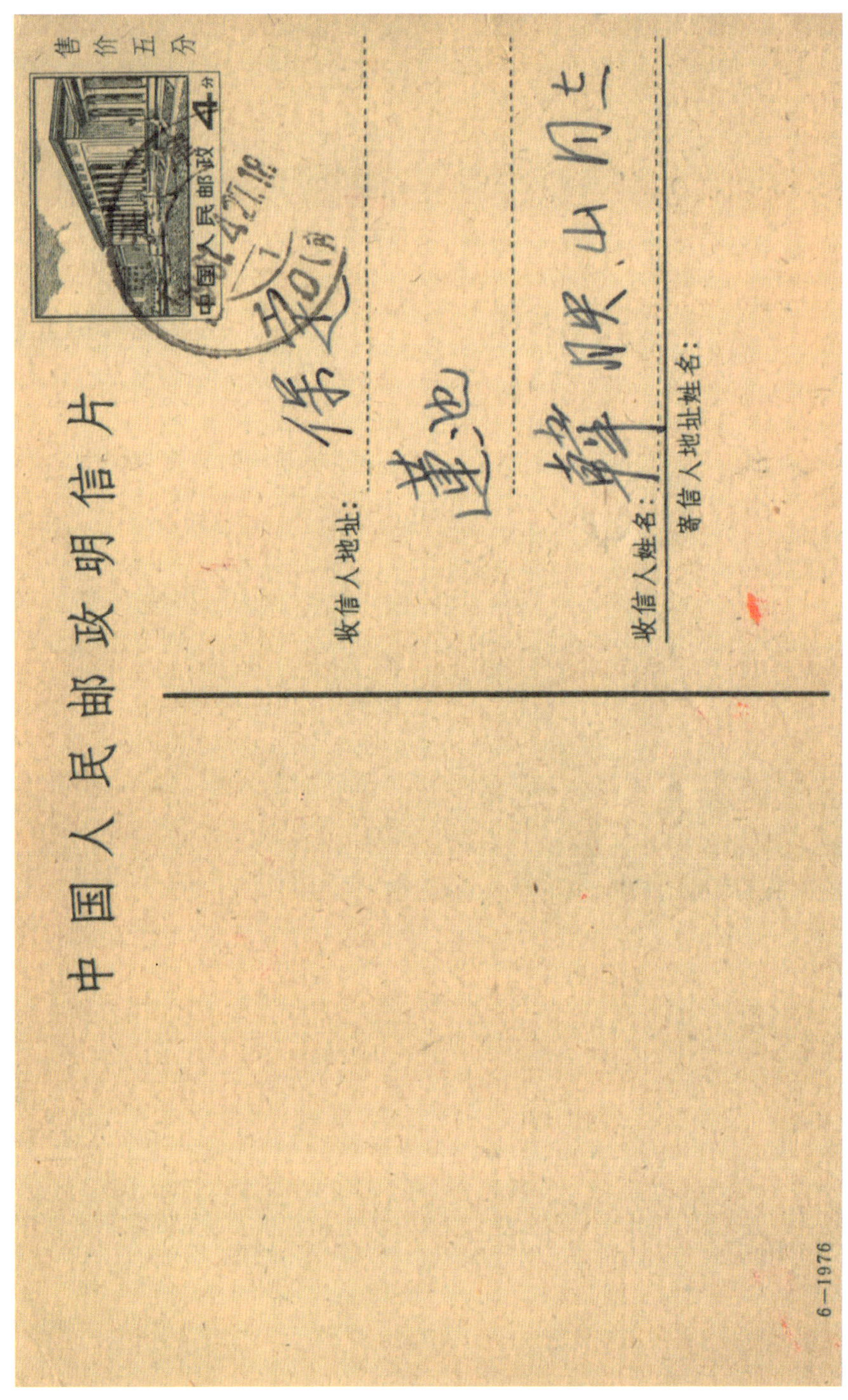
中国人民邮政明信片

售价五分

中国人民邮政 4分

收信人地址：保定 莲池

收信人姓名：韩映山同志

寄信人地址姓名：

6—1976

1981.4.26

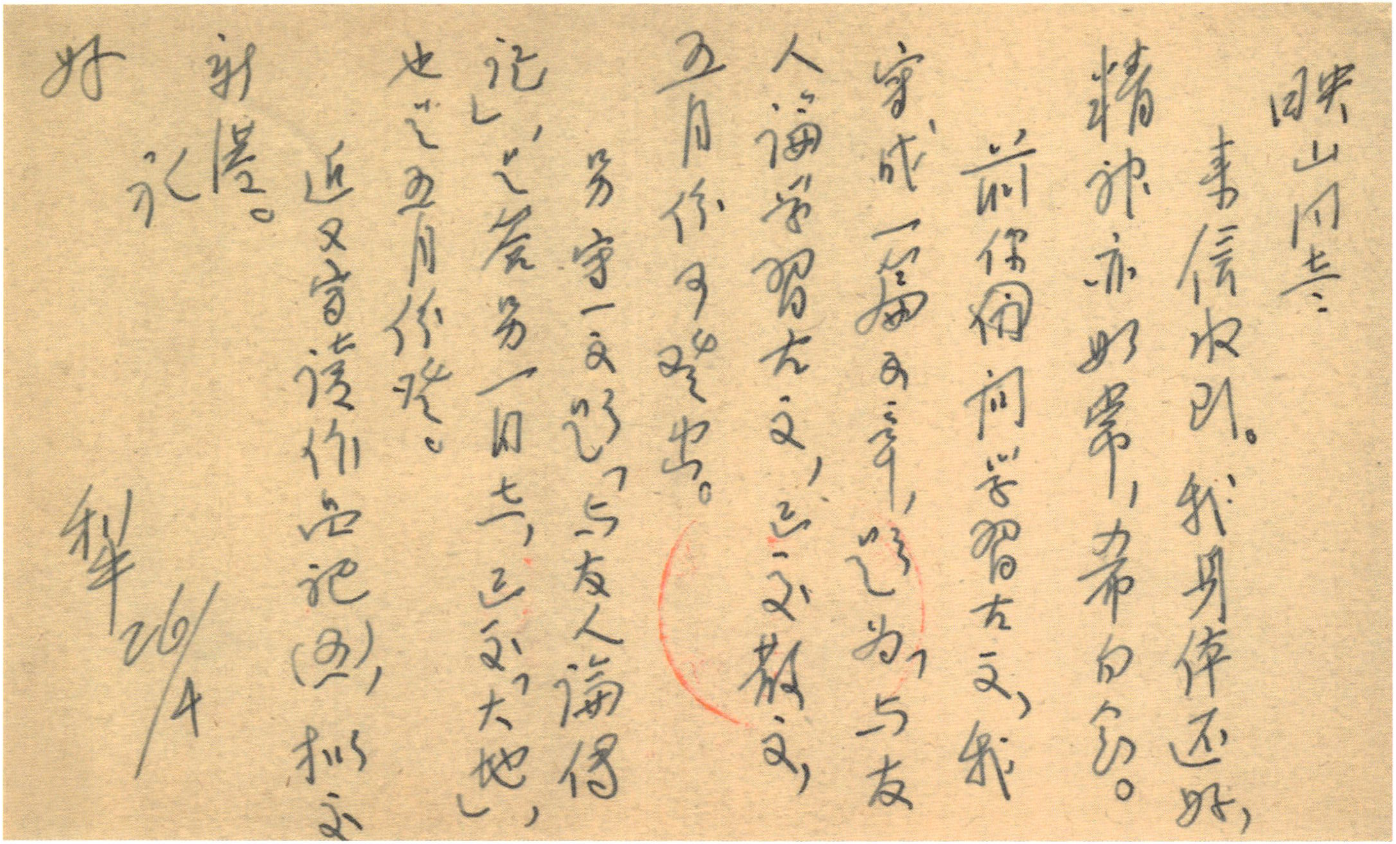

映山同志：

来信收到。我身体还好，精神亦如常，希勿念。

前信偶问学习古文，我写成一篇文章，《与友人论学习古文》，已交《散文》，五月份可发出。

另写一文《与友人论传记》，已交《大地》，也是五月份发。

近又写读作品记（五），拟交《新港》。

祝

好

犁 26/4

1981.4.26

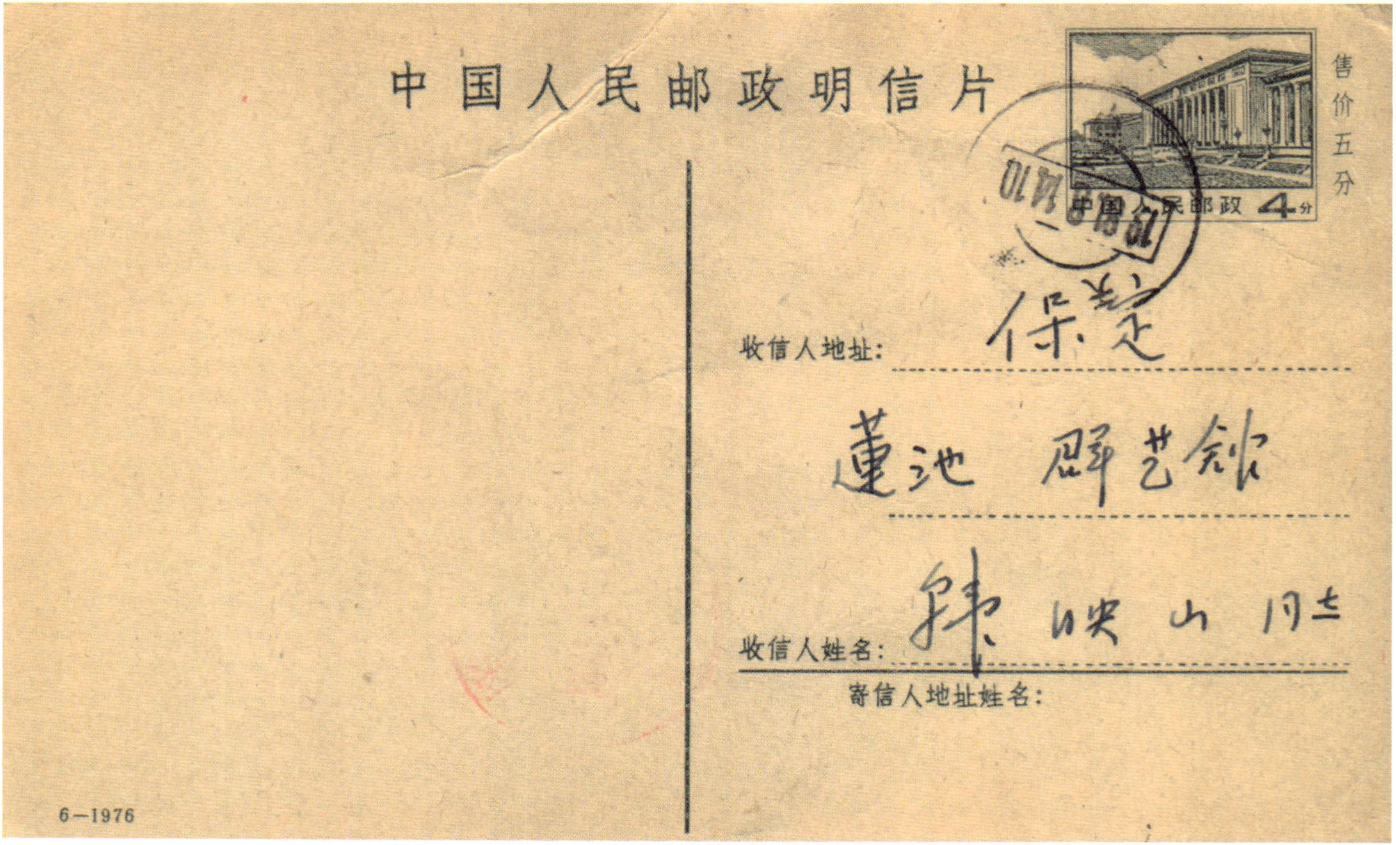

中国人民邮政明信片

售价五分

中国人民邮政 4分

收信人地址：保定

莲池 群艺馆

收信人姓名：韩映山同志

寄信人地址姓名：

6—1976

1981.8.13

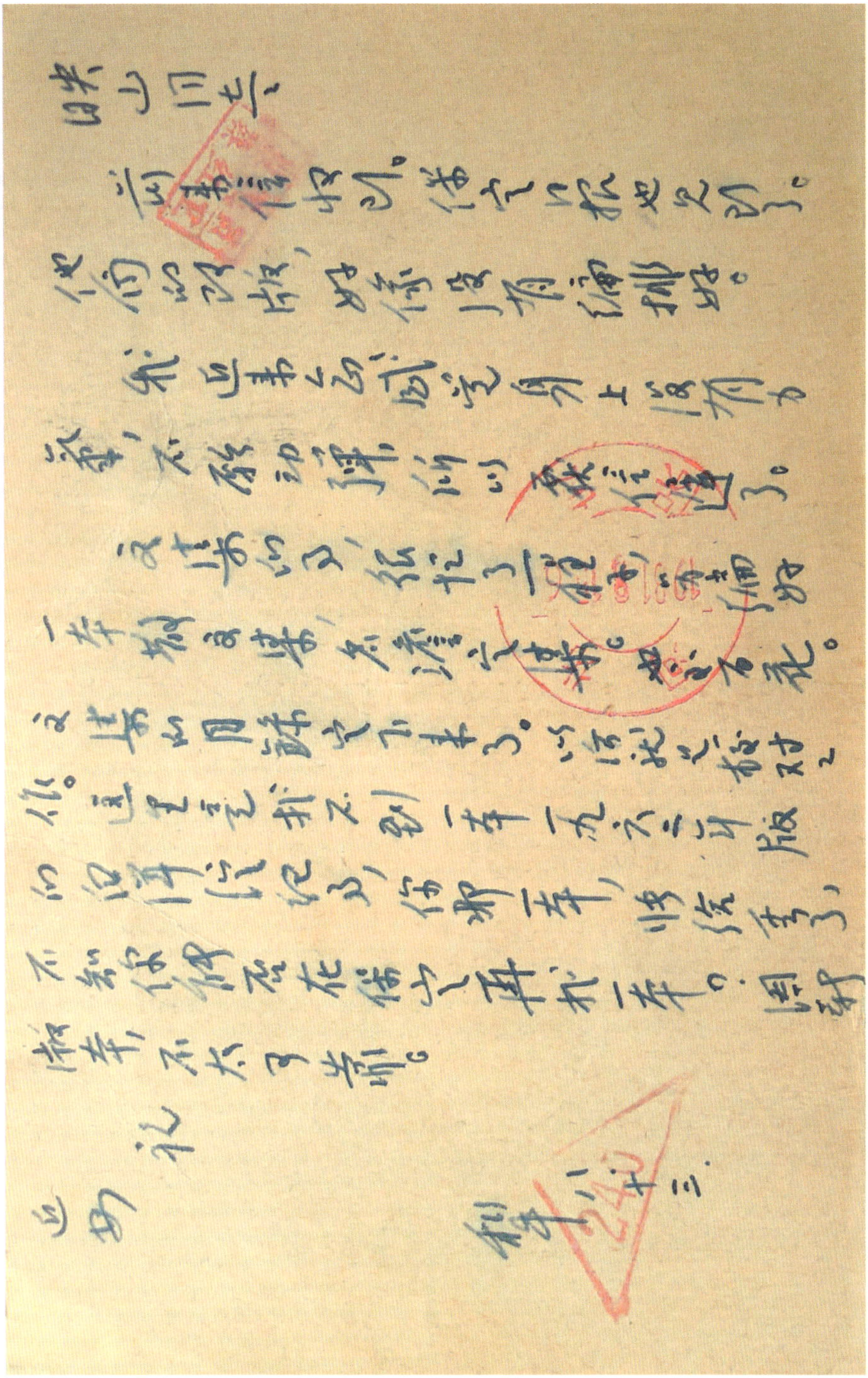

映山同志：

前寄信收到。你寄的报也见到了。他们的印版，好像没有编排好。

我近来感觉身上没有力气，不能动弹，所以来信迟了。

文集的事，经过了一種[illegible]编好一本散文集，[illegible]之集。[illegible]花。文集的目录寄下来了。以后就是校对工作。這里找不到一本一九六二年版的白洋淀纪事，你那一本，怕给弄丢了，不知你能否在保定再找一本？因新搬家，不太方便。

祝

近好

犁

八月十三.

1981.8.13

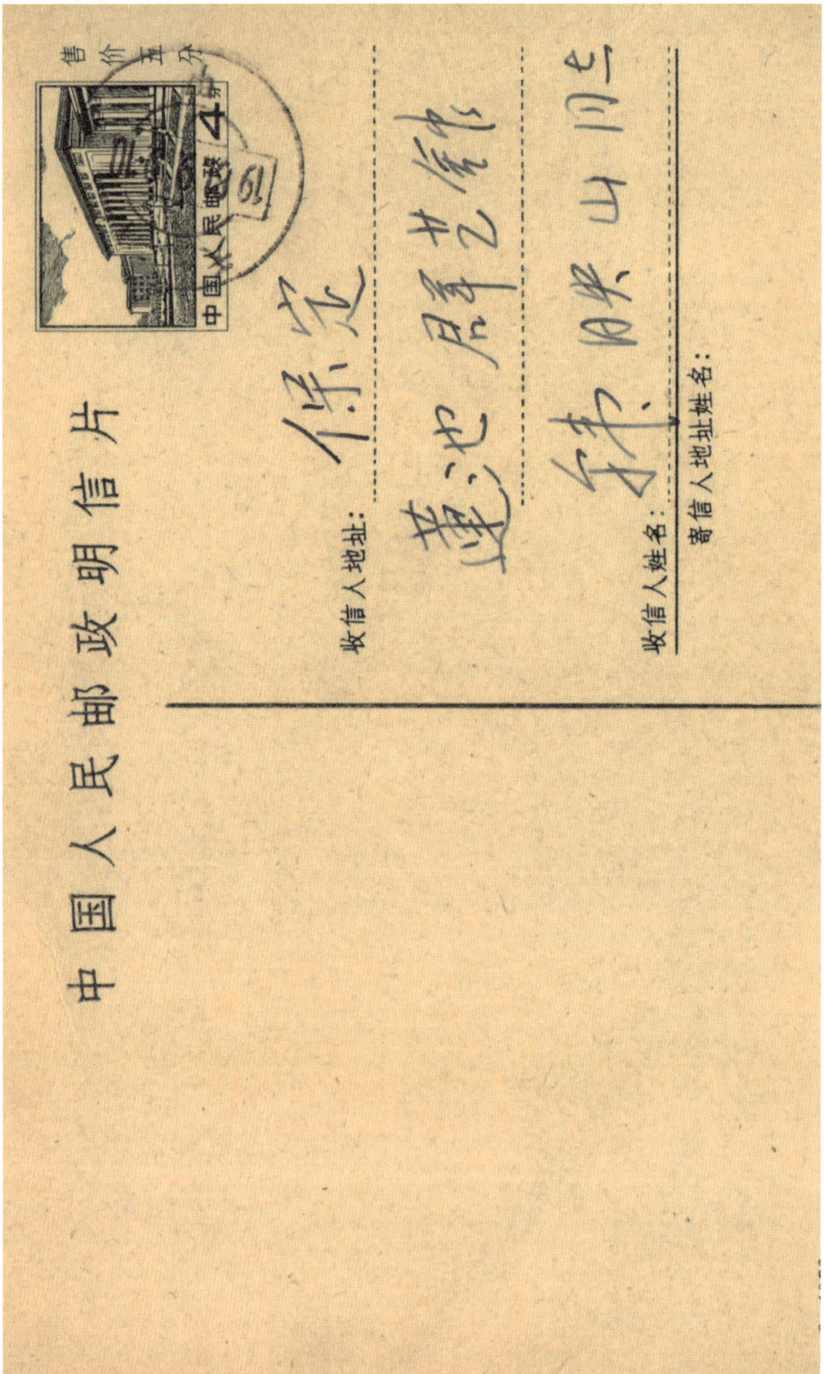
中国人民邮政明信片

售价五分

中国人民邮政 4分

收信人地址：保定 莲池编辑部

收信人姓名：韩映山同志

寄信人地址姓名：

1981.9.8

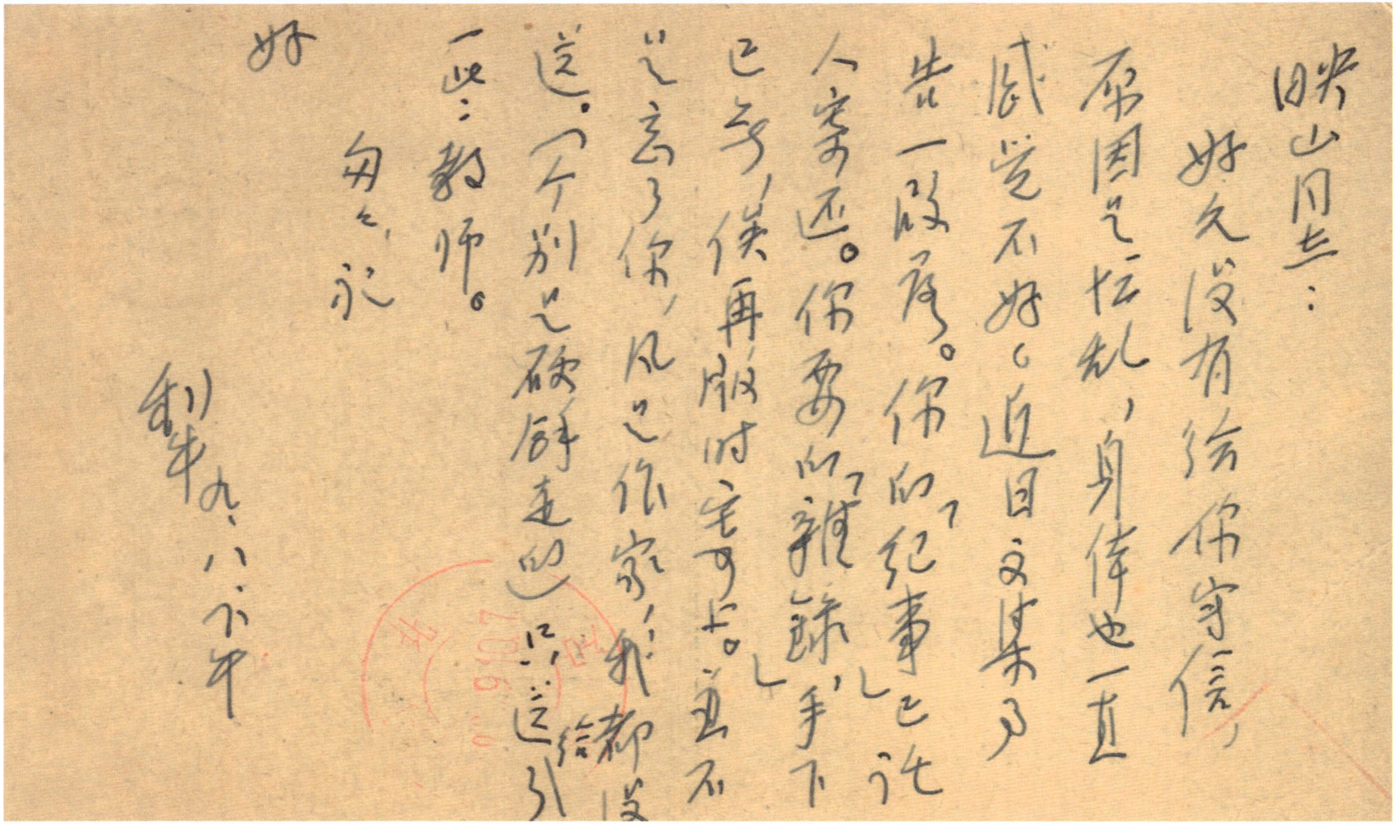
映山同志：

好久没有给你写信，原因是忙乱，身体也一直感觉不好。近日又集了一段稿。你的纪事已托人寄还。你要的杂志，手下已无，俟再版时寄上。并不是忘了你，凡是作家，我都没送。（个别已被借走的）只送给一些教师。

匆匆 祝

好

犁 九、八下午

1981.9.8

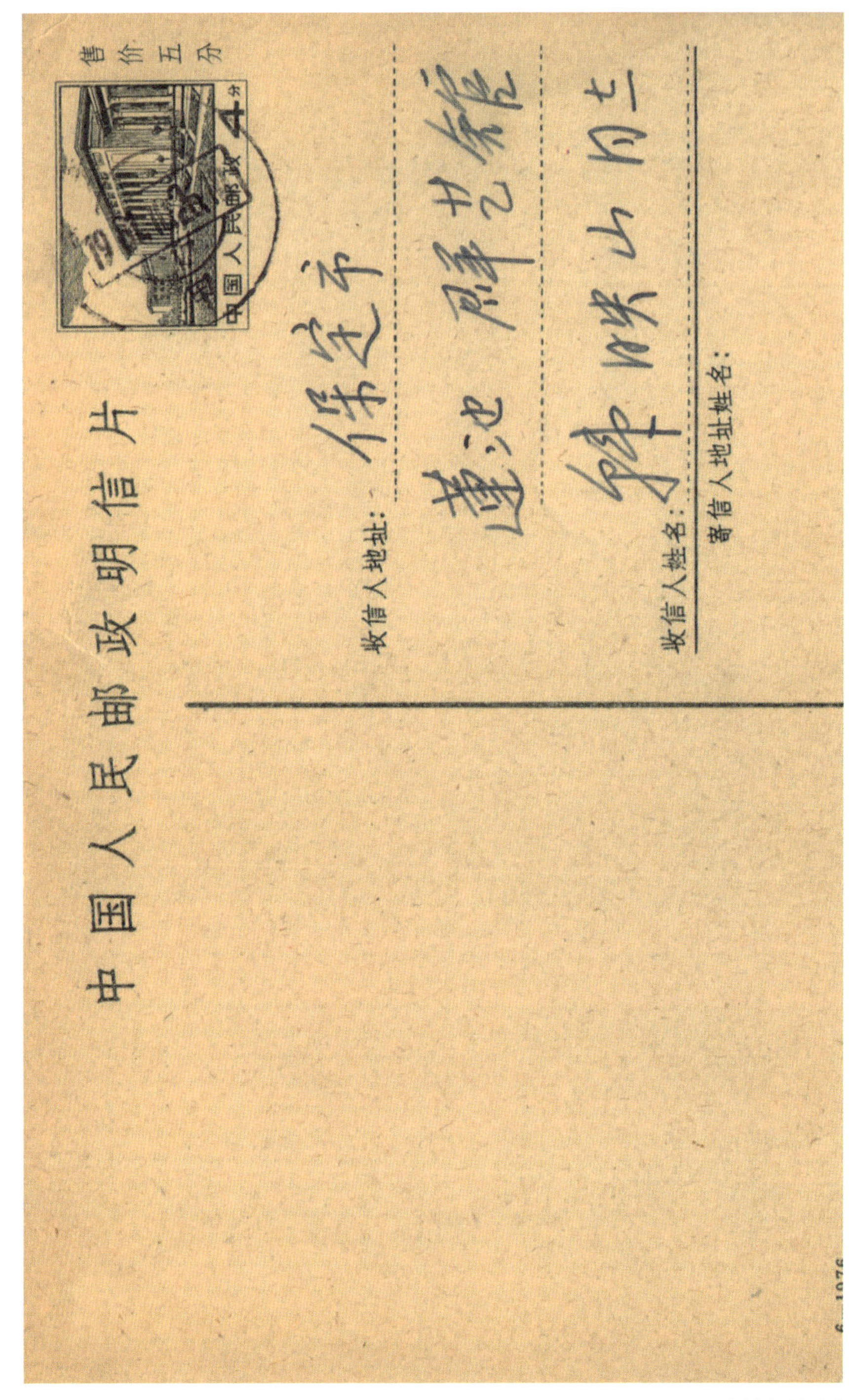
中国人民邮政明信片

售价五分

收信人地址：保定市

莲池 群艺馆

收信人姓名：韩映山同志

寄信人地址姓名：

1981.10.25

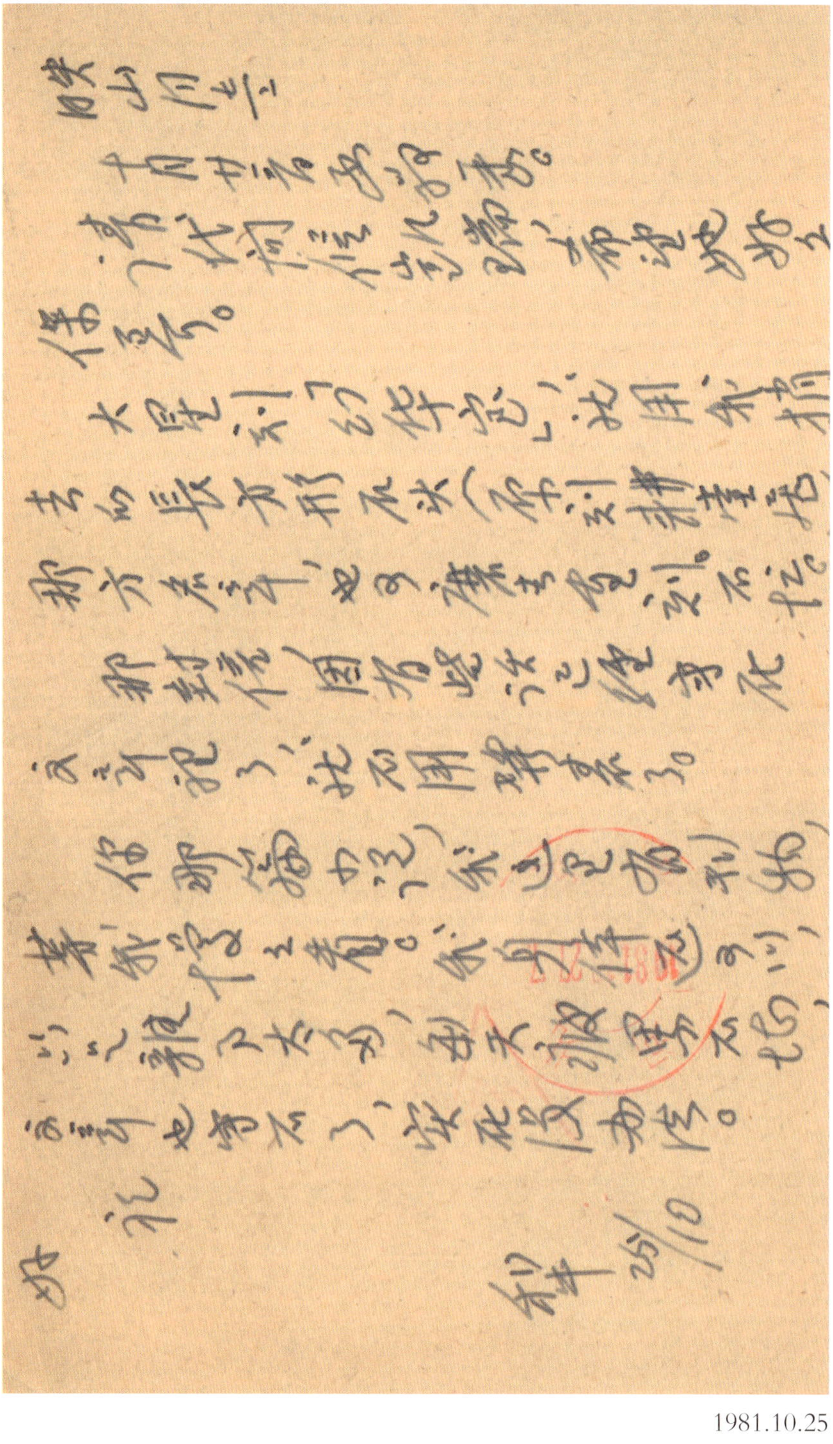

映山同志：

十月廿三日来信收到。请代问候凯瑞，希望她好好保养。

大星刻"幻华室"，就用我捎去的长方形石头（原刻耕堂居那方名章），也可磨去重刻。不忙。

那封信，因有些话已经写在文章里了，就不用发表了。

你那篇小说，我还没有刊物，等我借来看看。我身体还可以，只是杂事太多，每天疲累不堪，文章也写不了，实在没办法。

祝

好

犁 25/10

1981.10.25

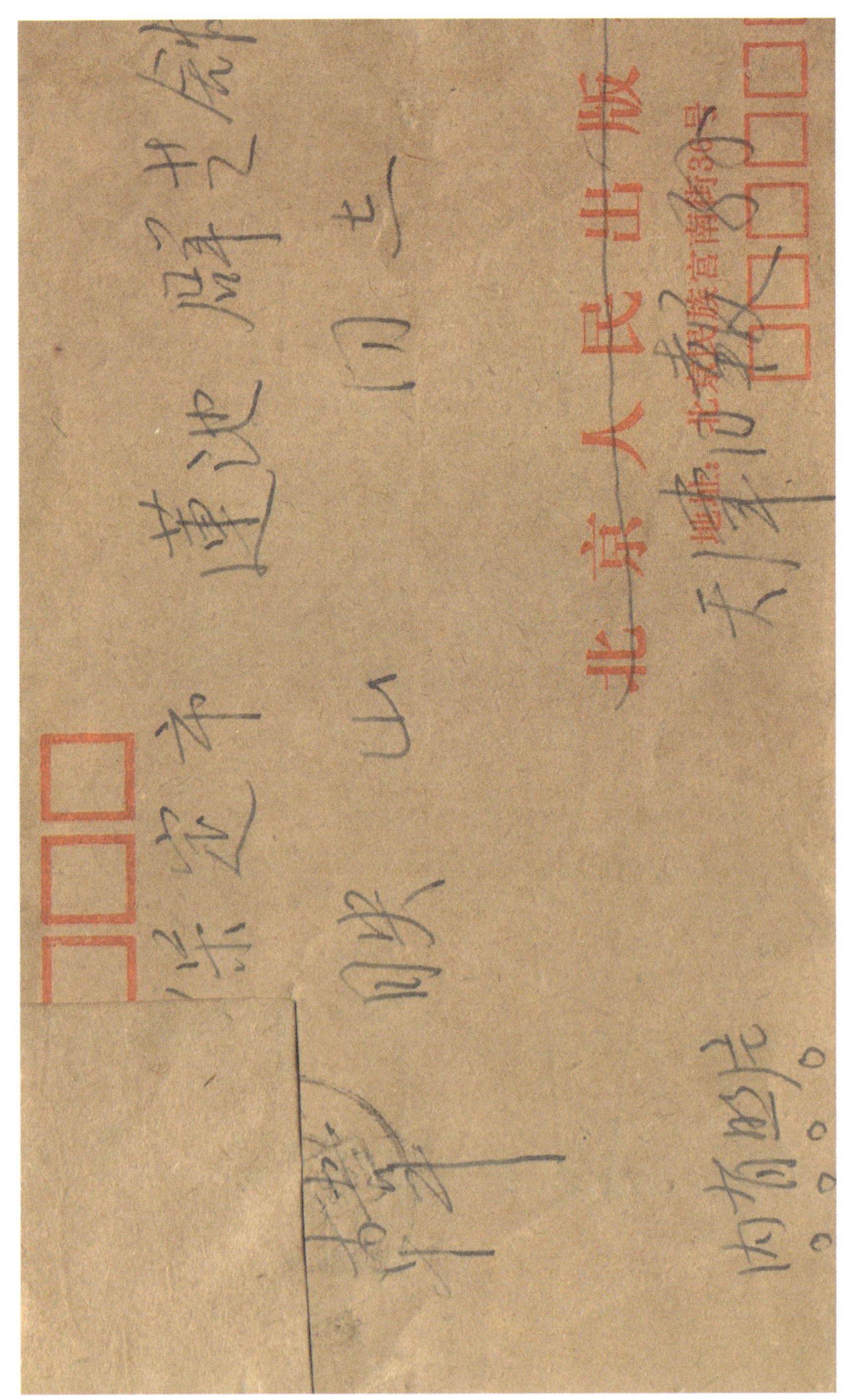

1981.12.3

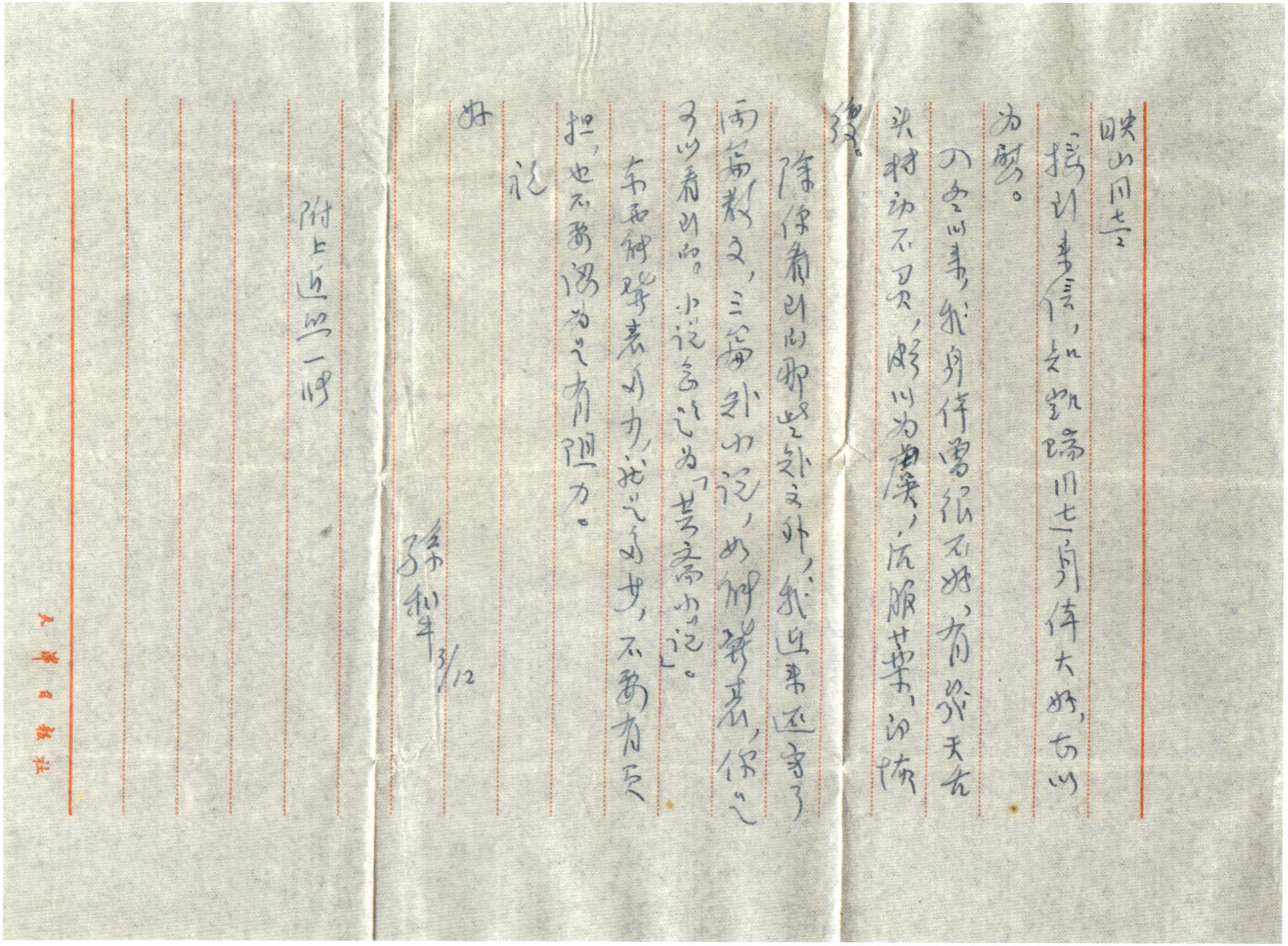
映山同志：
接到来信，知凯瑞同志身体大好，甚以为慰。
几个月来，我身体曾经不好，有几天左手脚动不灵，颇以为虑，后服药，已恢复。
除你看到的那些杂文外，我近来还写了两篇散文，三篇新小说，如能发表，你也可以看到的。小说总题为「芸斋小说」。
东西能发表就好，我已尽力去做，不敢有负担，也不敢浪费有限精力。
祝
好
孙犁 3/12
附上近照一帧
天津日报社

1981.12.3

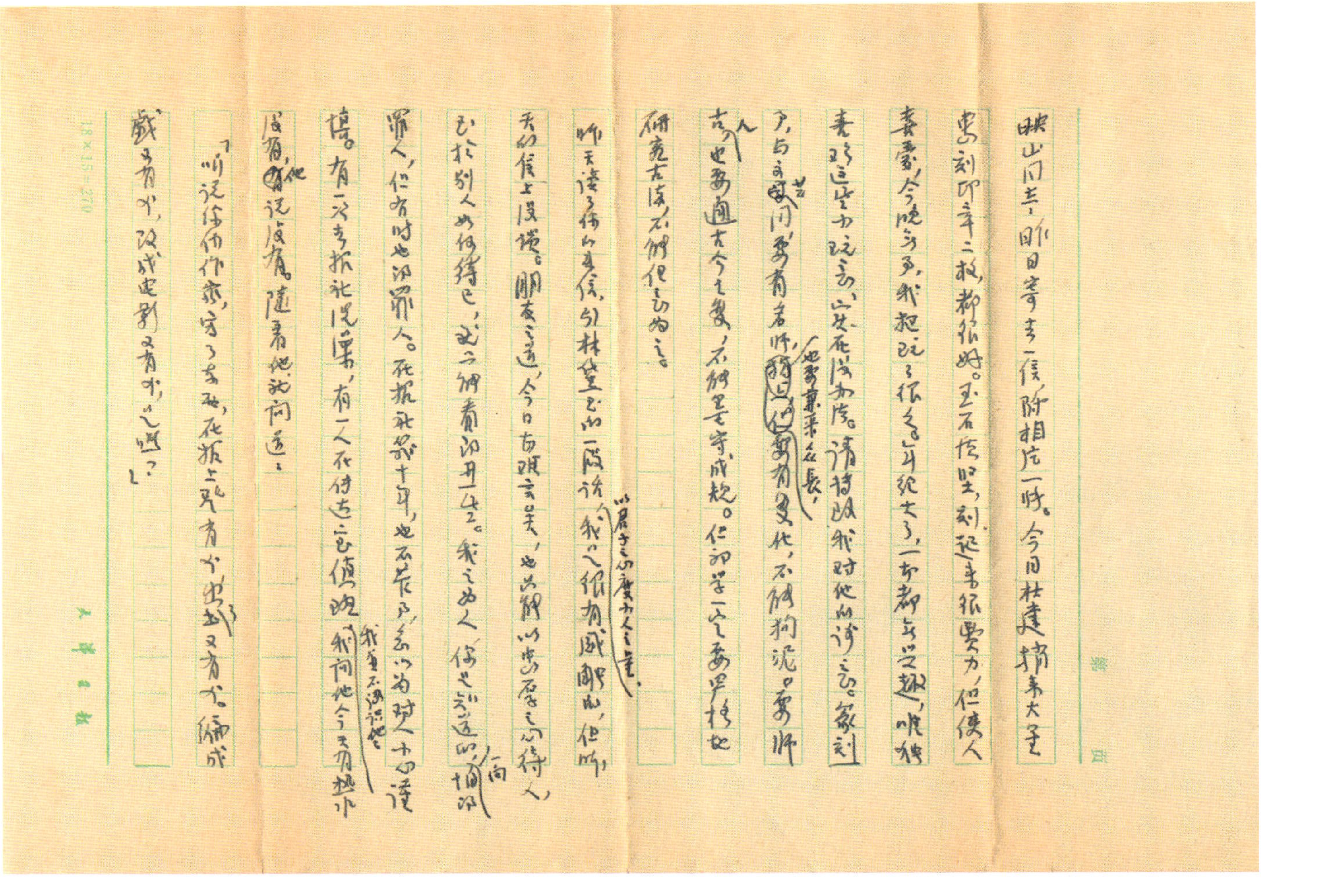
映山同志：昨日寄去一信，附相片一帧。今日杜建换来大星堂刻印章二枚，都很好。玉石很坚，刻起来很费力，但使人喜爱，今晚无事，我把玩了很久。年纪大了，一切都无兴趣，唯独喜玩这些小玩意，也是在消永夜。请转致我对他的谢意。篆刻之与文艺同，要有名师，也要兼采众长，要有变化，不能拘泥。要师古人，也要通古今之变，不能墨守成规。但初学一定要严格地研究古法，不能任意为之。

昨天读了你的来信，引林黛玉的一段话，以君子之心度小人之量，我们很有感触，但那天的信上没谈。朋友之道，今日古风衰矣，也只能以忠厚之心待人，至于别人如何待己，就不能看得开了。我之为人，你也是知道的，向缺少得罪人，但有时也得罪人。在报社几十年，也不能说，自以为对人十分谨慎。有一次去报社浴池洗澡，有一人在值班，我问他（我并不认识他）今天有热水没有，他说没有。随着他就问道：

"听说你们作家，写了东西，在报上登有稿费，出书又有稿费，编成戏又有稿费，改成电影又有稿费，是吗？"

1981.12.4

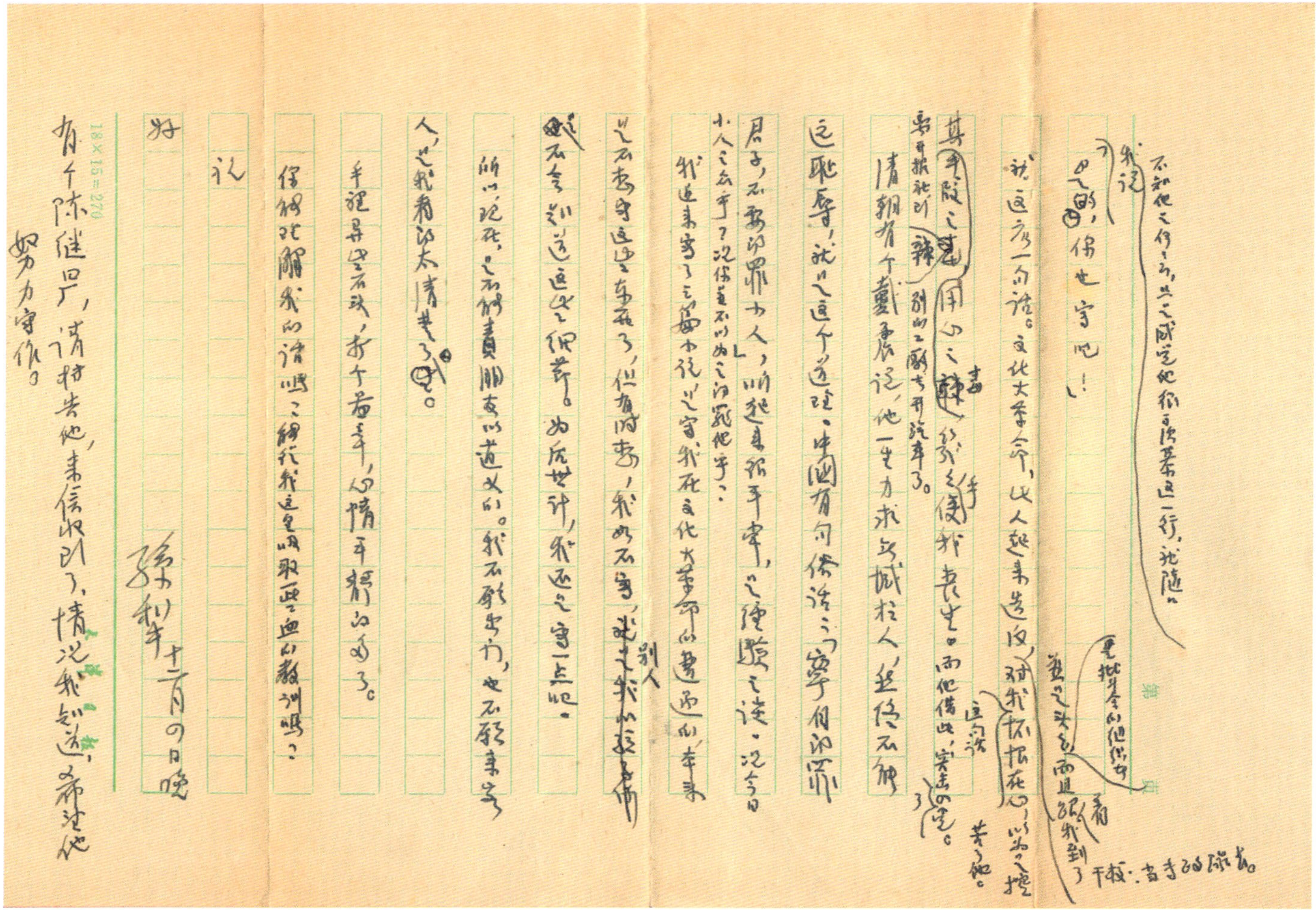
不知他之行为，只是感觉他很可能落到这一行，我随

我说：是啊，你也写吧！

就这么一句话。文化大革命，此人起来造反，对我怀恨在心，以为是挖苦了他。是批斗我的组织的头头，而且还找我到了干校：专案组的组长。

其手段之毒辣，用心之狠毒，使我丧生。而他借此，实在可笑。别的可以宽宥，对这种手段是不能宽宥了。

清朝有个戴震说，他一生力求不欺于人，然终不能

这耻辱！就以这个道理。中国有句俗话：宁得罪

君子，不要得罪小人，以起来张牙舞爪，只能躲之远之。况今日小人之多乎？况你并不以为之得罪他乎？

我近来写了三篇小说，写我在文化大革命的遭遇的，本来

是不愿写这些东西了，但有时来，我如不写，就是别人

就不会知道这些的。为后世计，我还是写一点吧。

所以说我，是不能责朋友以道义的。我不能[illegible]，也不能[illegible]

人，是我看的太清楚了吧。

手提异常不快，有个安慰，心情平静的多了。

任何时[illegible]我的诸些之[illegible]我这里吸取血的教训吗？

祝

好

孙犁 十二月四日晚

有个陈继民，请转告他，来信收到了，情况我知道，希望他努力写作。

1981.12.4

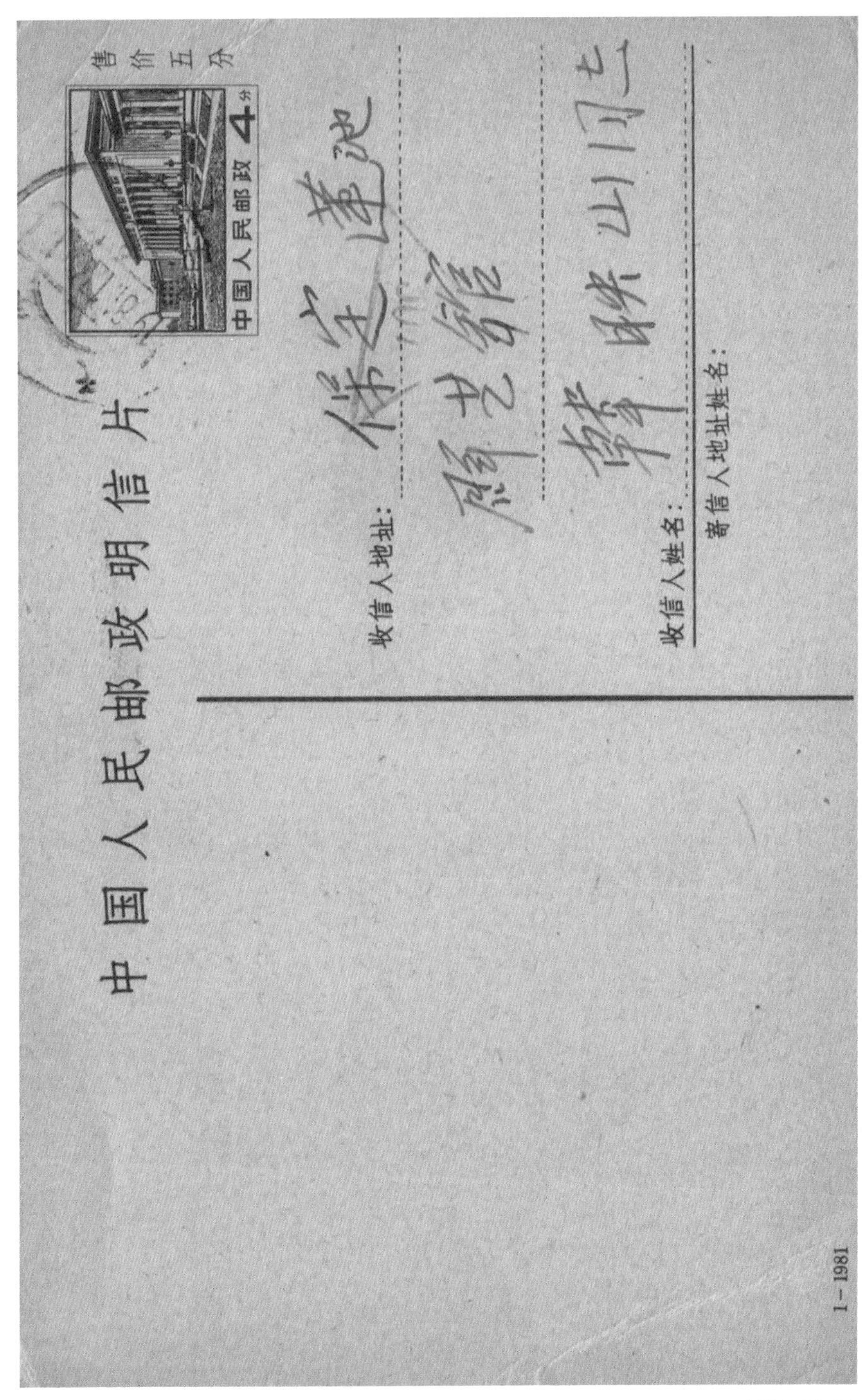

中国人民邮政明信片

售价五分

中国人民邮政 4分

收信人地址：保定莲池

收信人姓名：韩映山同志

寄信人地址姓名：

1—1981

1981.12.21

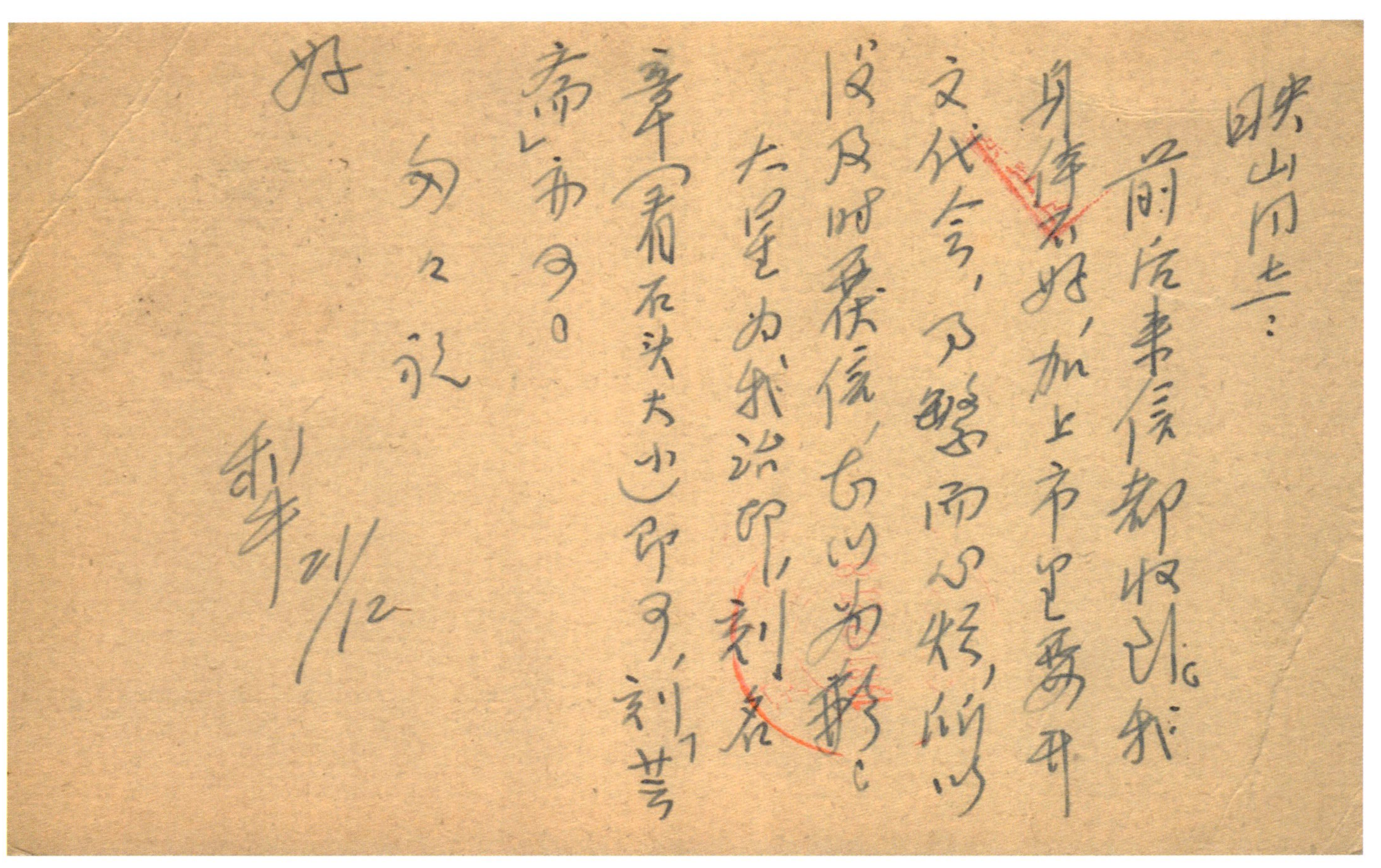

映山同志：

前后来信都收到。我身体尚好，加上市里要开文代会，乃辞而不往，所以没及时复信，可以为谅。

大星为我治印，刻名章（看石头大小）即可，刻芸斋亦可。

匆匆 祝

好

犁 21/12

1981.12.21

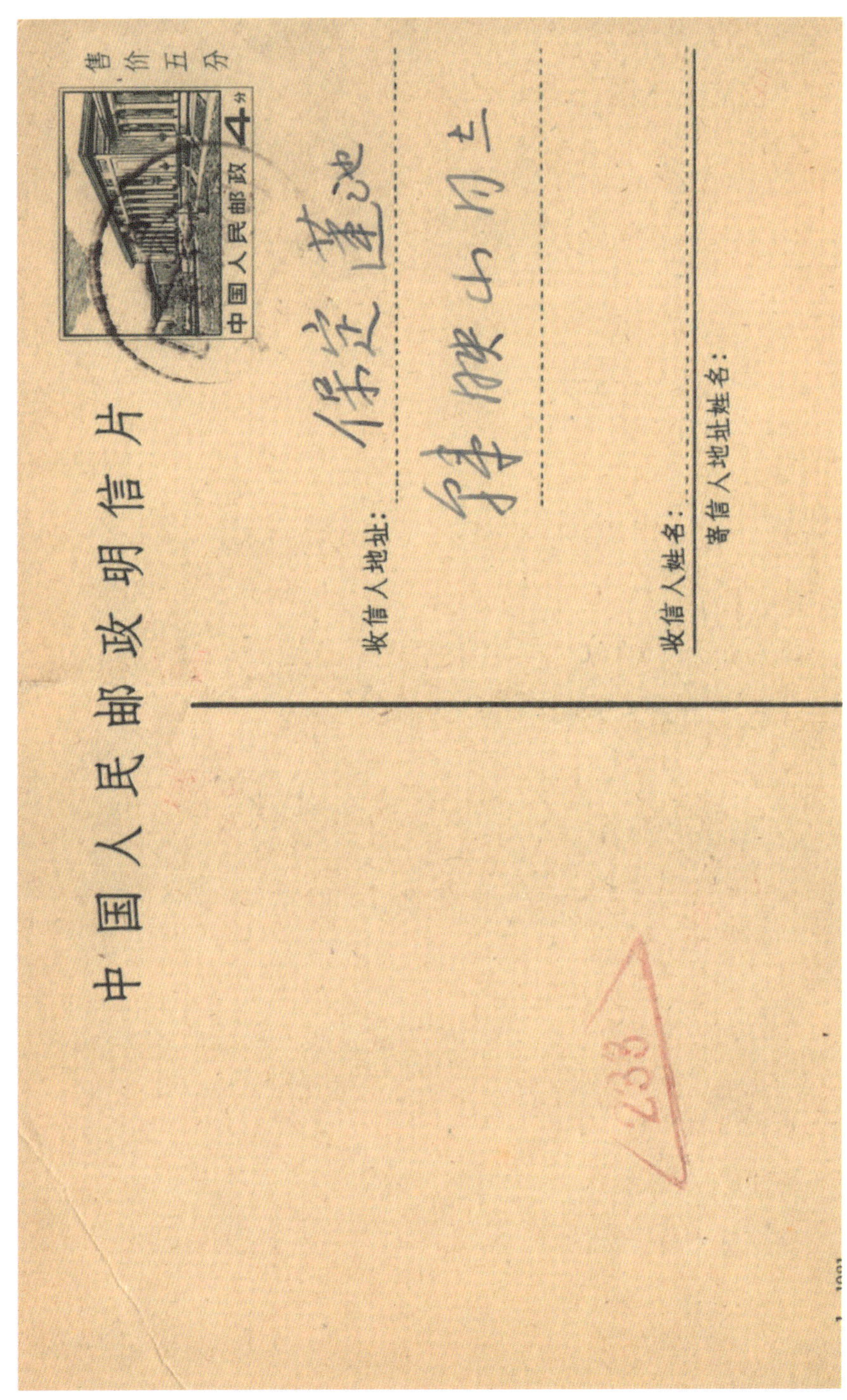
中国人民邮政明信片

售价五分

中国人民邮政 4分

收信人地址：保定莲池

韩映山同志

收信人姓名：

寄信人地址姓名：

233

1982.2.19

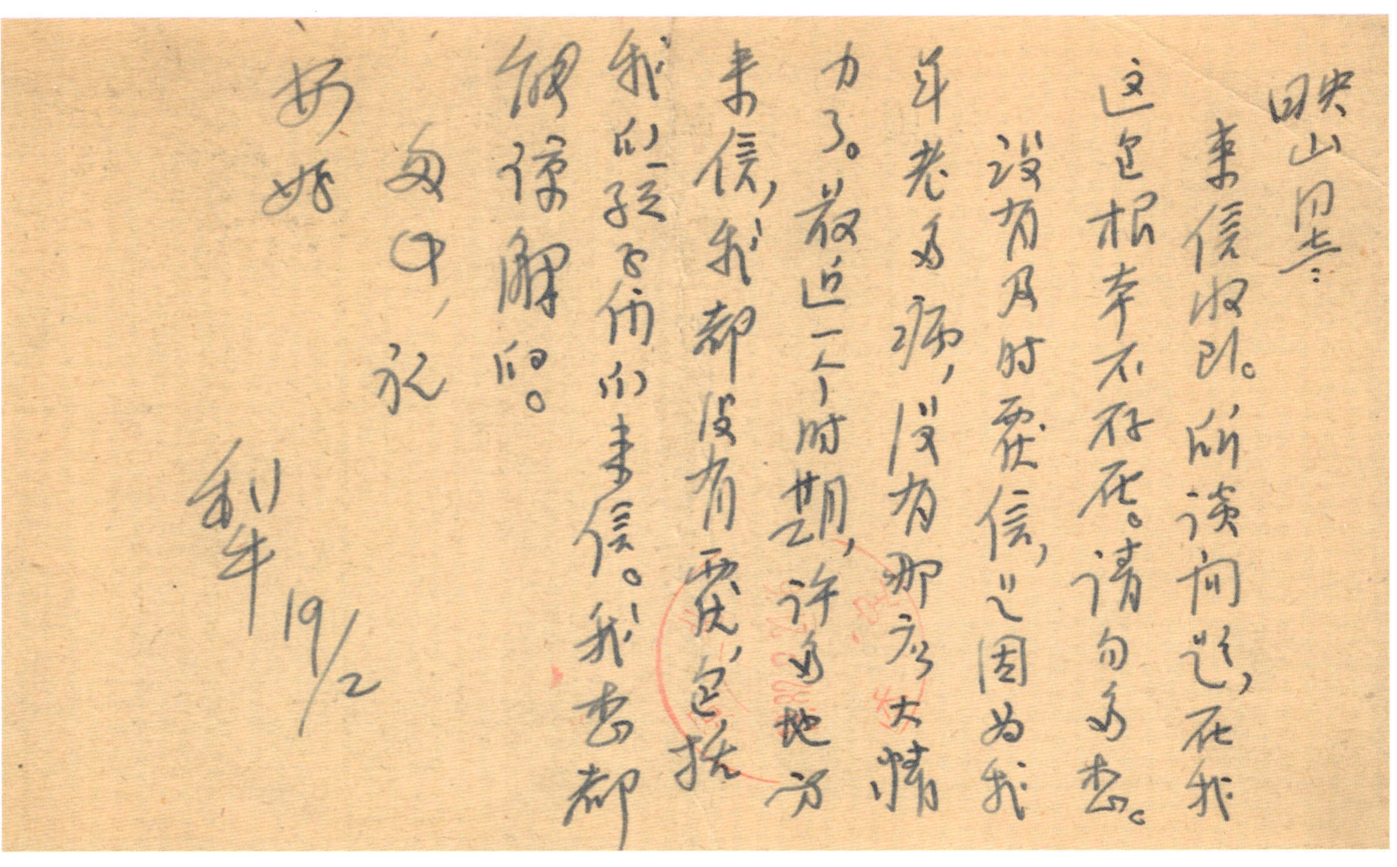

映山同志：

来信收到。所谈问题，在我这里根本不存在。请勿多虑。

没有及时复信，是因为我年老多病，没有那么大精力了。最近一个时期，许多地方来信，我都没有复，包括我的孩子们的来信。我想都能谅解的。

匆匆，祝
安好

犁 19/2

1982.2.19

映山同志：

来信收到了。过去你问过读古文的事，我在这方面也不行，只是在中学时，读了一些讲义，还读了一部韩非子，后来自学了一些，特别是前些年老是买古书，顺便读读就是了。但这与大学文科那样由科班出身的人们是不相同的。

你学习古文，先从选本读就可以，例如《古文观止》《唐诗三百首》《宋词选》《西厢记》《聊斋志异》《阅微草堂笔记》《唐宋传奇》。不要用力看这些书，要认真读熟了，收获就不小。古诗古文主要是背诵，古诗读熟也可以，但不能像看小说那样去读。

我近来也没写什么东西，以笔不高，投稿有时也退回。一些不愉快的事，例如文汇增刊上登的，后面一节，给删去好了。另外，那本书，我写给吴书昌的，这样一段，就好像是心里话记录的了。写了一首诗，寄给山东的

1982.3.19

文学，近四来了，这倒不要紧，我的意见：文艺不错，但某些诗意，像小说，不准备用了。我看他们并没有看懂这首诗，当时，他们所说的诗意，就是流行的那些现象，我看倒是我不止诗国内的诗，我已寄给梦晴，不知他以为可用否，如他也认为某些诗意，那可就太悲哀了。

还有些刊物用新六号字，我看着很吃力，这样的刊物我也就不愿投稿了。

今天外边刮大风，和你随便聊聊，请不要见笑。

附上寄的字一幅，近来，求写字的人多了，我也很奇怪，上海也来求，并说我的字好，这真是见鬼了。不过，我也有求必应，自信纸呀，字幅不大，盖上三颗大印，都是大篆给刻的。「耕堂长」，文有些重复，因为堂就是长了，大篆对这些不大讲求，我觉得也没有关系。他如有时间，还可以给我刻一颗，三个字：「澹定室」或是「幻华室」，不拘，他高兴时刻就可以了。

祝

好

犁 三月十九日灯下

1982.3.19

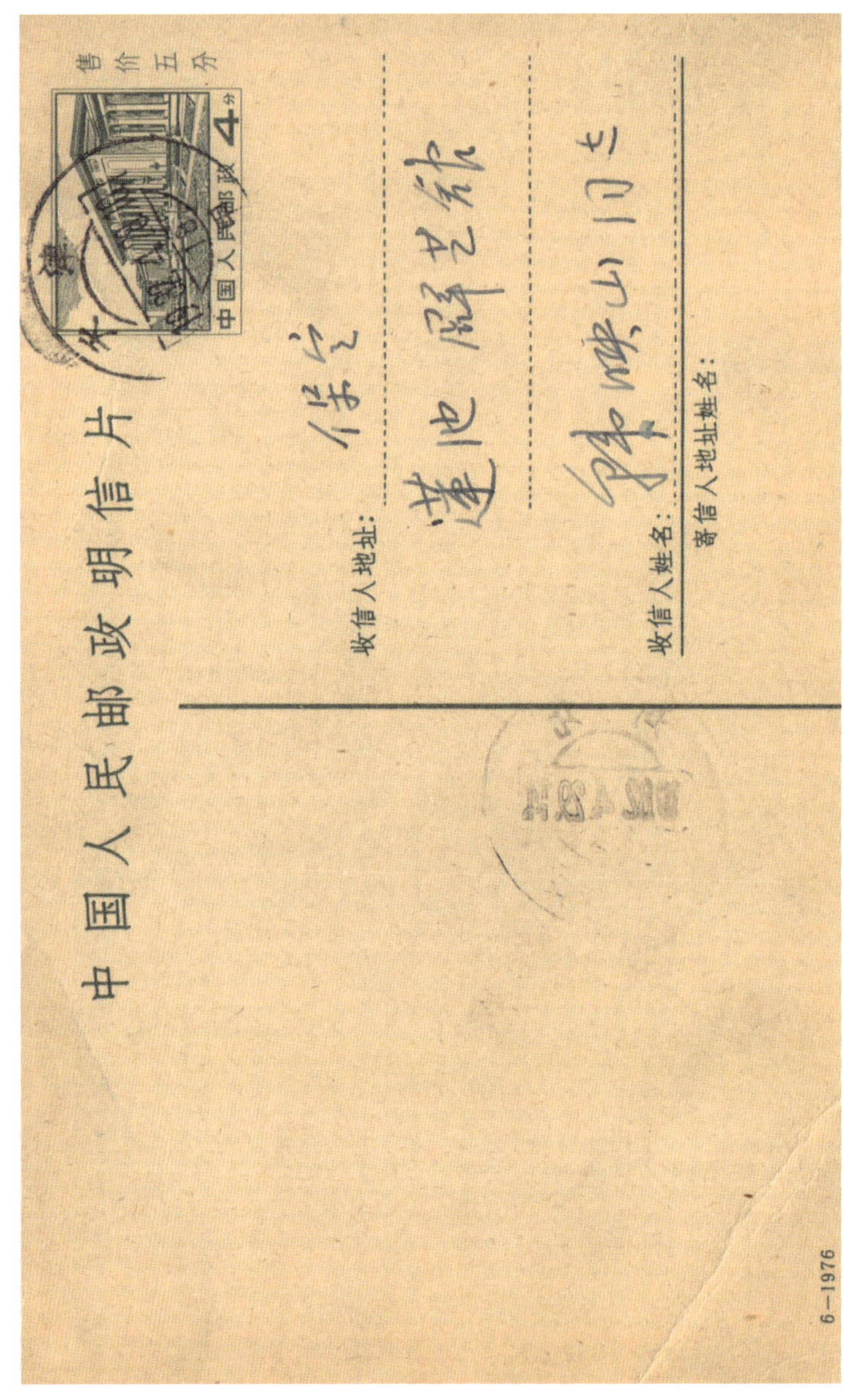

售价五分
中国人民邮政 4分
中国人民邮政明信片
收信人地址：
保定
莲池编辑部
收信人姓名：
韩映山同志
寄信人地址姓名：
6—1976

1982.4.27

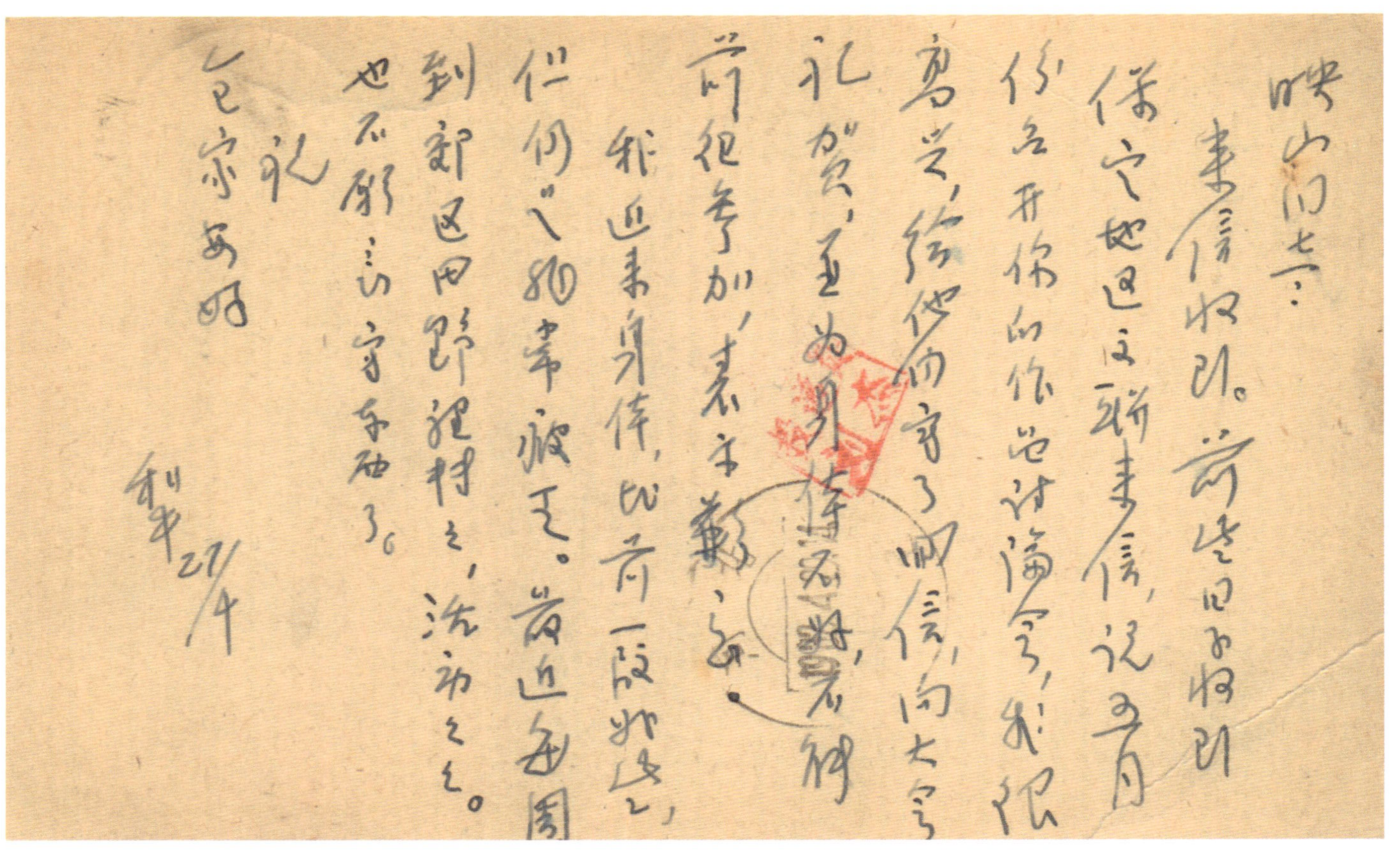

映山同志：

来信收到。前些日子保定地区文联来信，说五月份召开你的作品讨论会，我很高兴，给他们写了回信，向大家祝贺，并为我不能前往参加，表示歉意。

我近来身体，比前一段好些，但仍然非常疲乏。最近每周到郊区田野里转转，活动活动。也不能写东西了。

祝

全家安好

犁 27/4

1982.4.27

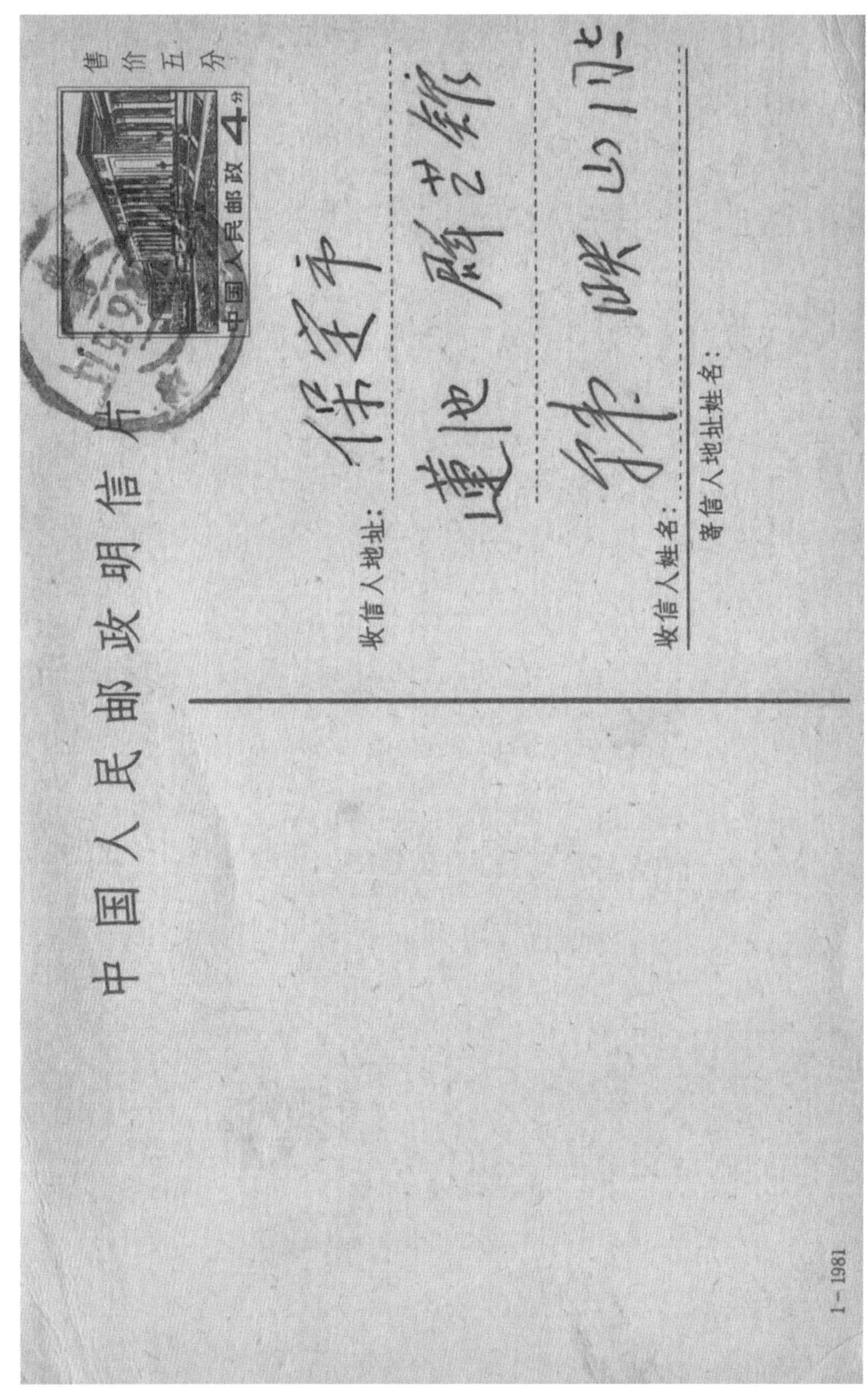

中国人民邮政明信片

售价五分

中国人民邮政 4分

收信人地址：保定市

莲池 群艺馆

收信人姓名：韩映山同志

寄信人地址姓名：

1－1981

1982.6.14

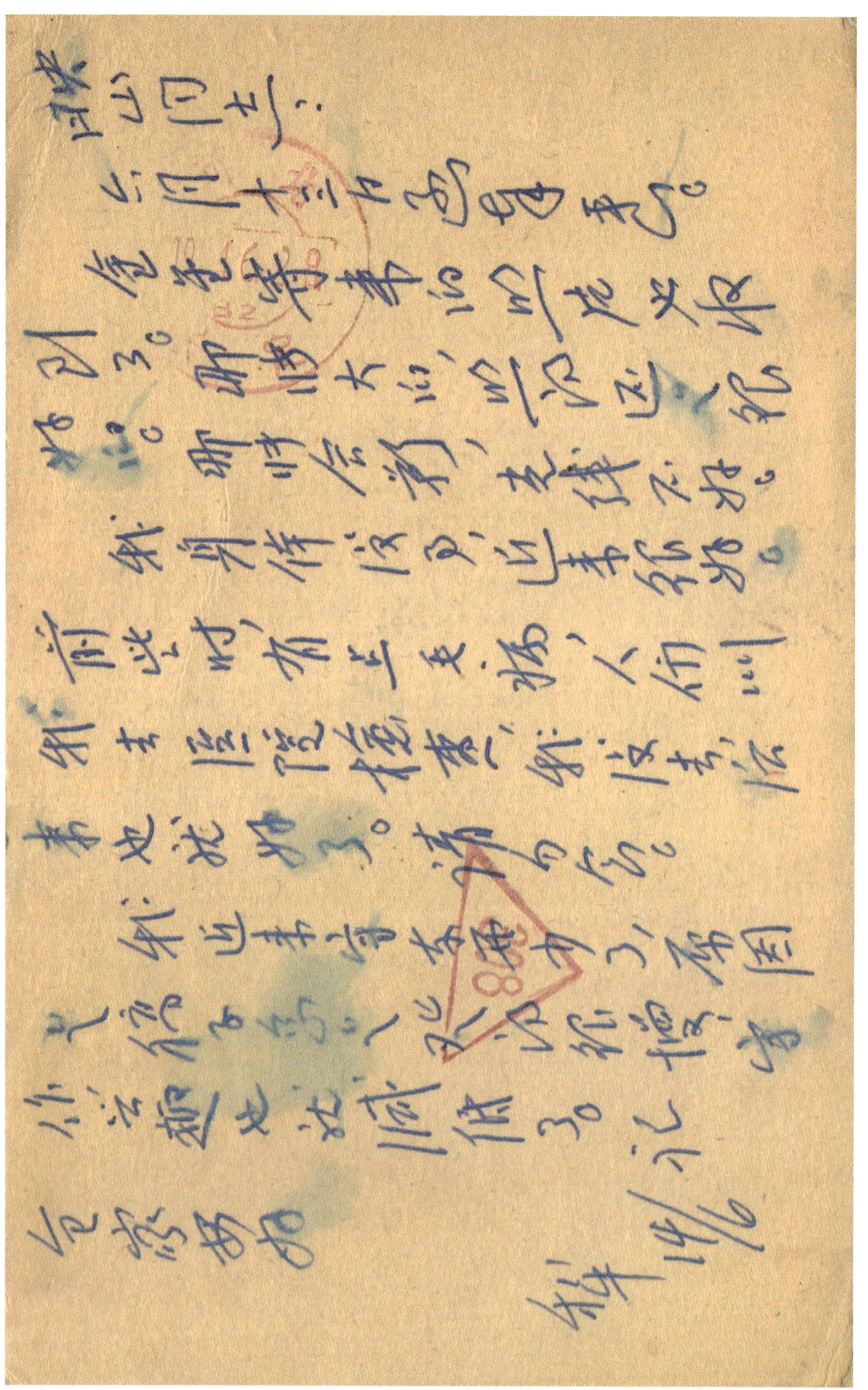

映山同志：

六月十三日函奉悉。金笔寄来的照片也收到了。那时照的，照的还很好的。那时会新，光线不好。

我身体还可，近来很好。前些时，有点毛病，人们叫我去医院检查，我没去，后来也就好了。请勿念。

我近来写东西少了，原因是缺乏勇气，又没积极性，写作兴趣也就减低了。祝

全家安好

犁 14/6

1982.6.14

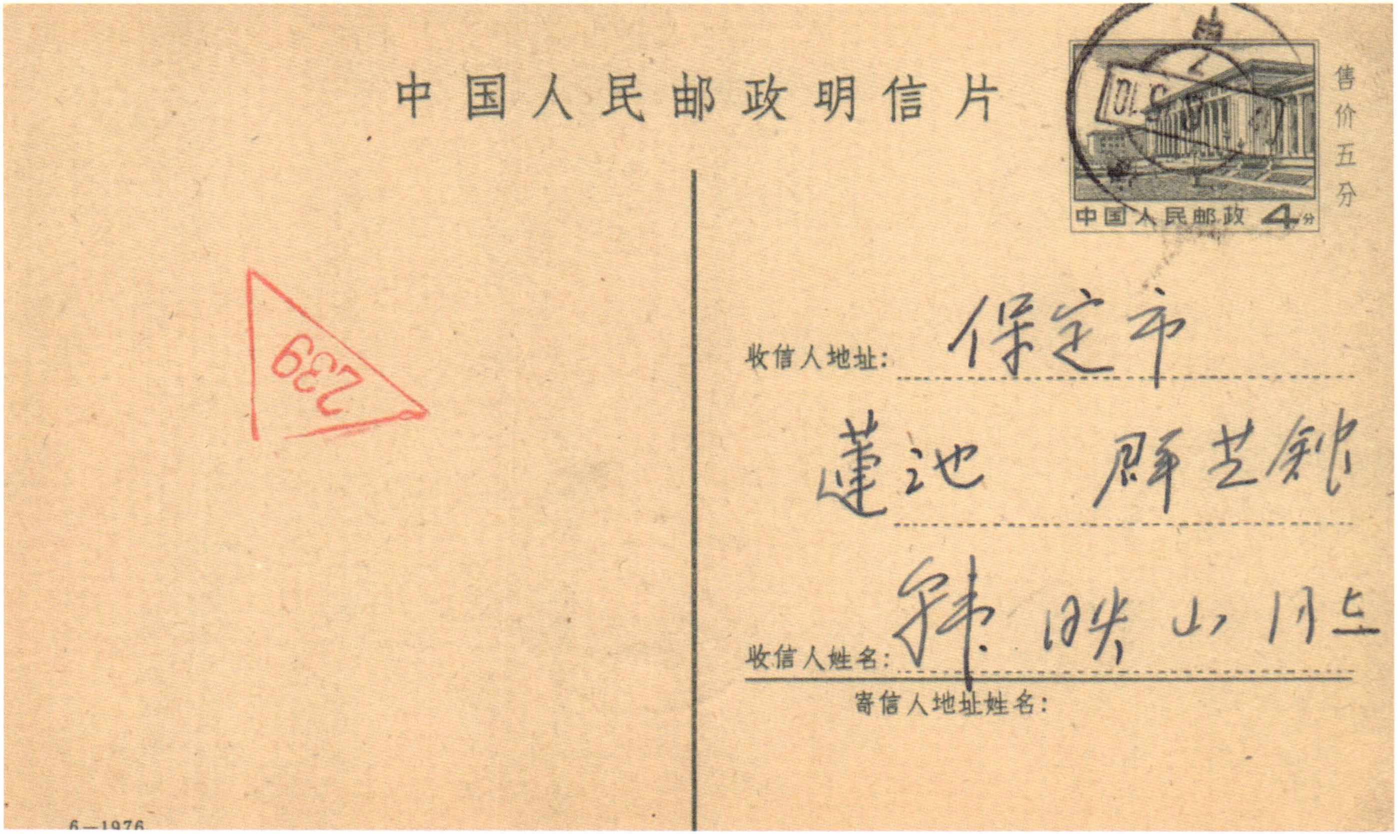
中国人民邮政明信片

售价五分

中国人民邮政 4分

239

收信人地址：保定市

莲池 群艺馆

收信人姓名：韩映山同志

寄信人地址姓名：

6—1976

1982.8.14

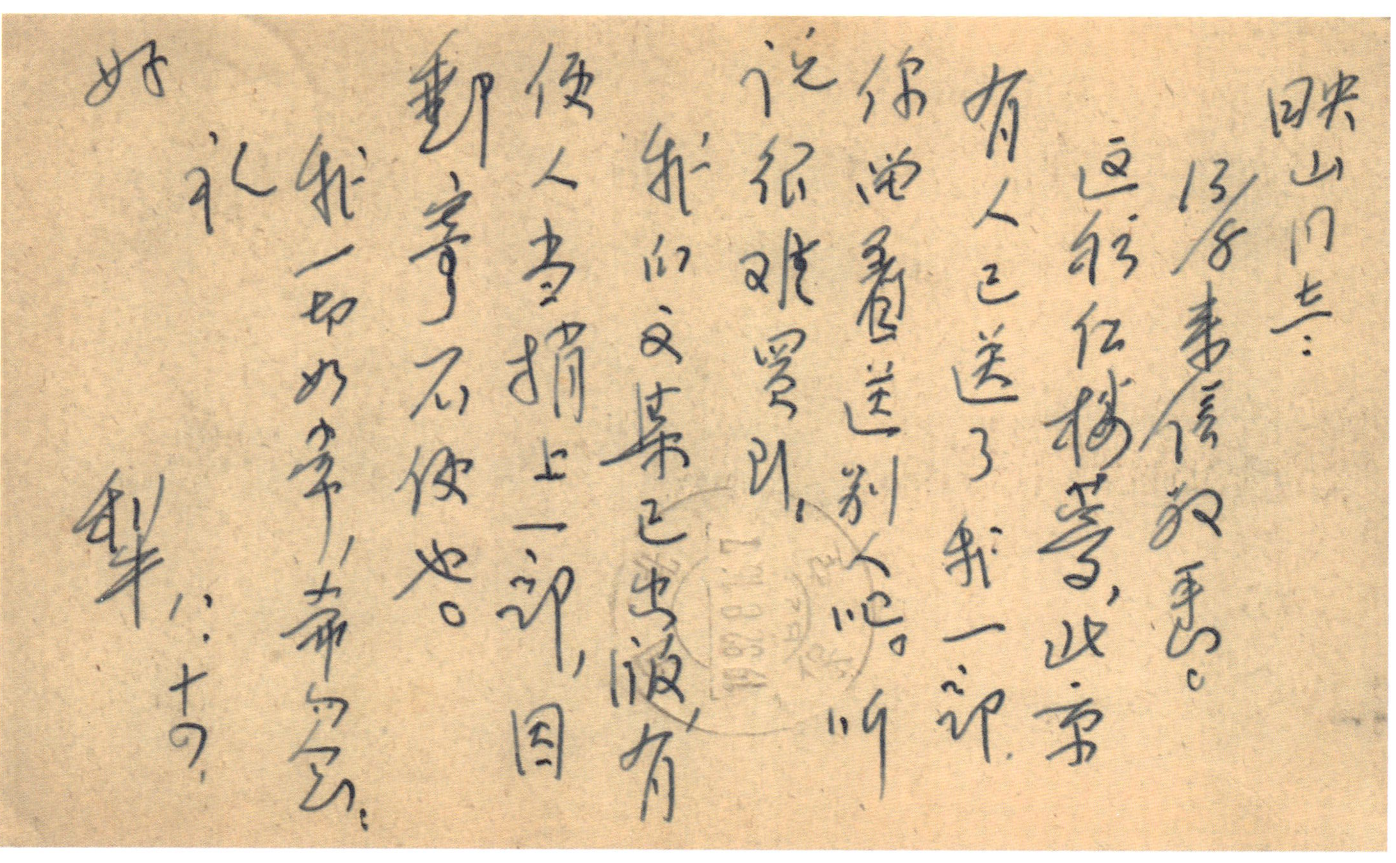

映山同志：

13/8来信敬悉。这部《红楼梦》，北京有人已送了我一部，你留着送别人吧。听说很难买到。我的文集已出版，有便人当捎上一部，因邮寄不便也。我一切如常，希勿念。

祝

好

犁 八.十四.

1982.8.14

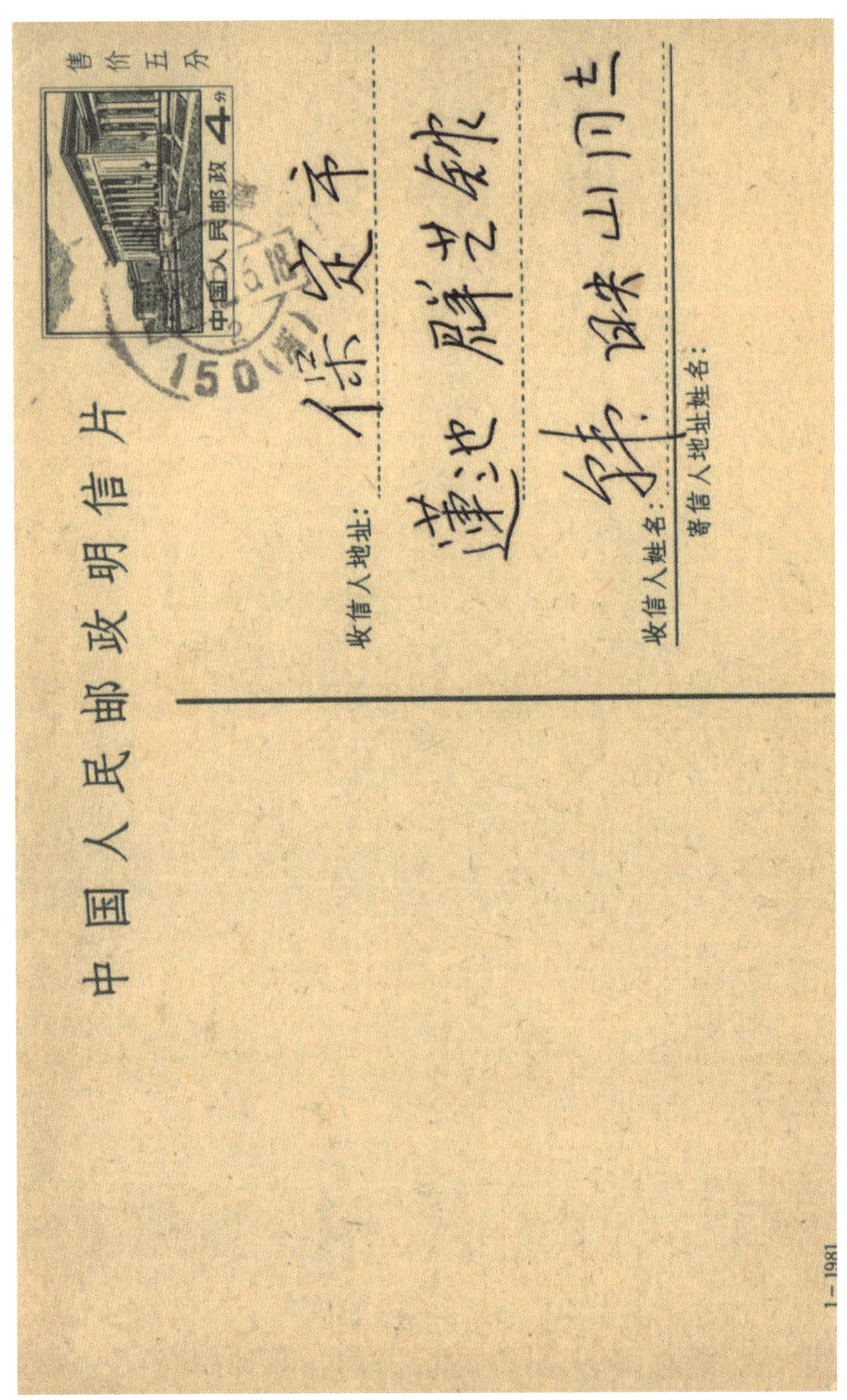
售价五分
中国人民邮政 4分
150
中国人民邮政明信片
收信人地址：保定市
莲池编辑部
收信人姓名：韩映山同志
寄信人地址姓名：
1－1981

1982.12.6

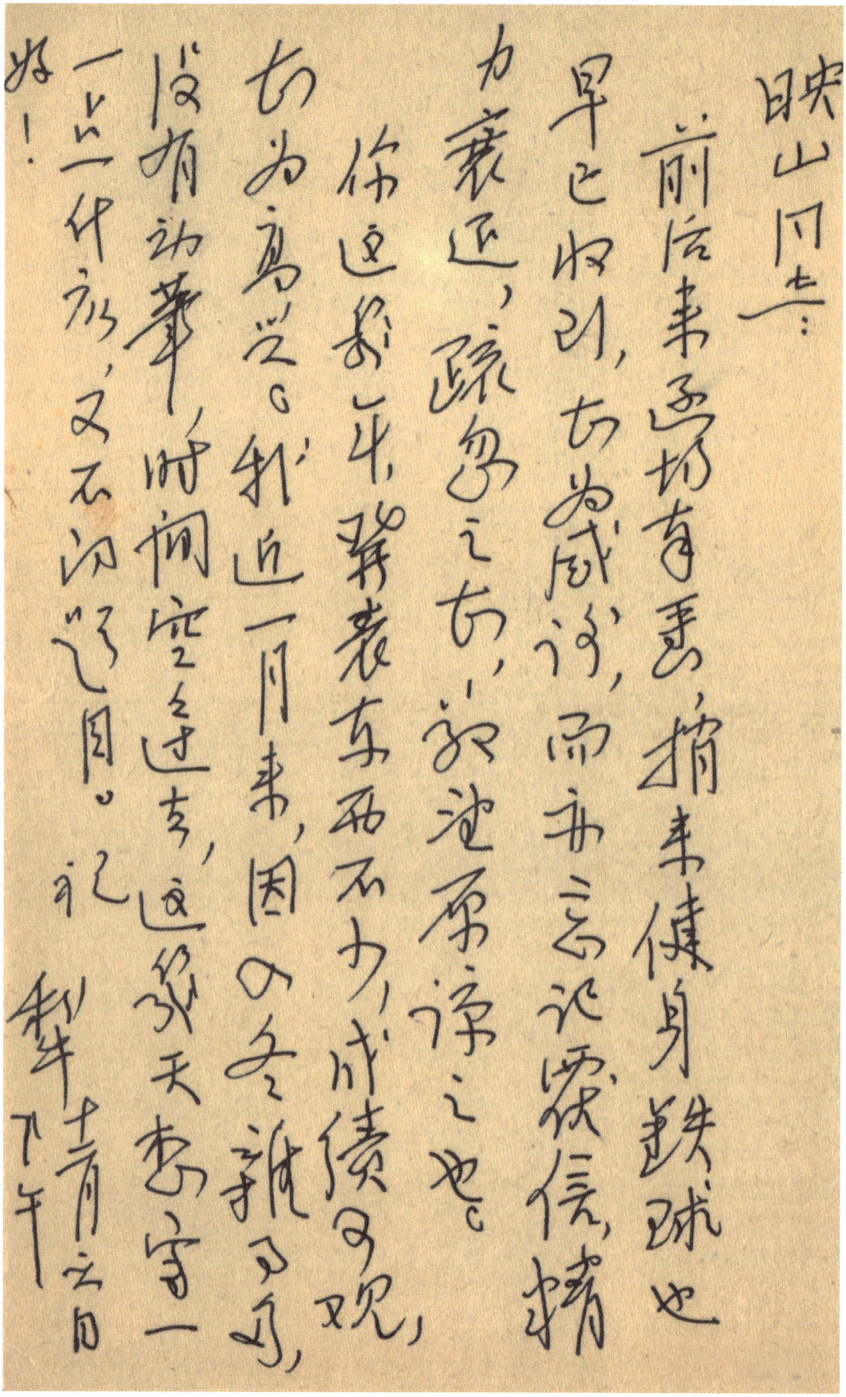

映山同志：

前后来函均奉悉，捐来健身铁球也早已收到，甚为感谢，而未立即写信，精力衰退，疏忽之甚，望能原谅之也。

你近几年，发表东西不少，成绩可观，甚为高兴。我近一月来，因为冬季到了，没有动笔，时间空空过去，这几天要写一点什么，又不知如何了。祝

好！

犁

十二月六日

下午

1982.12.6

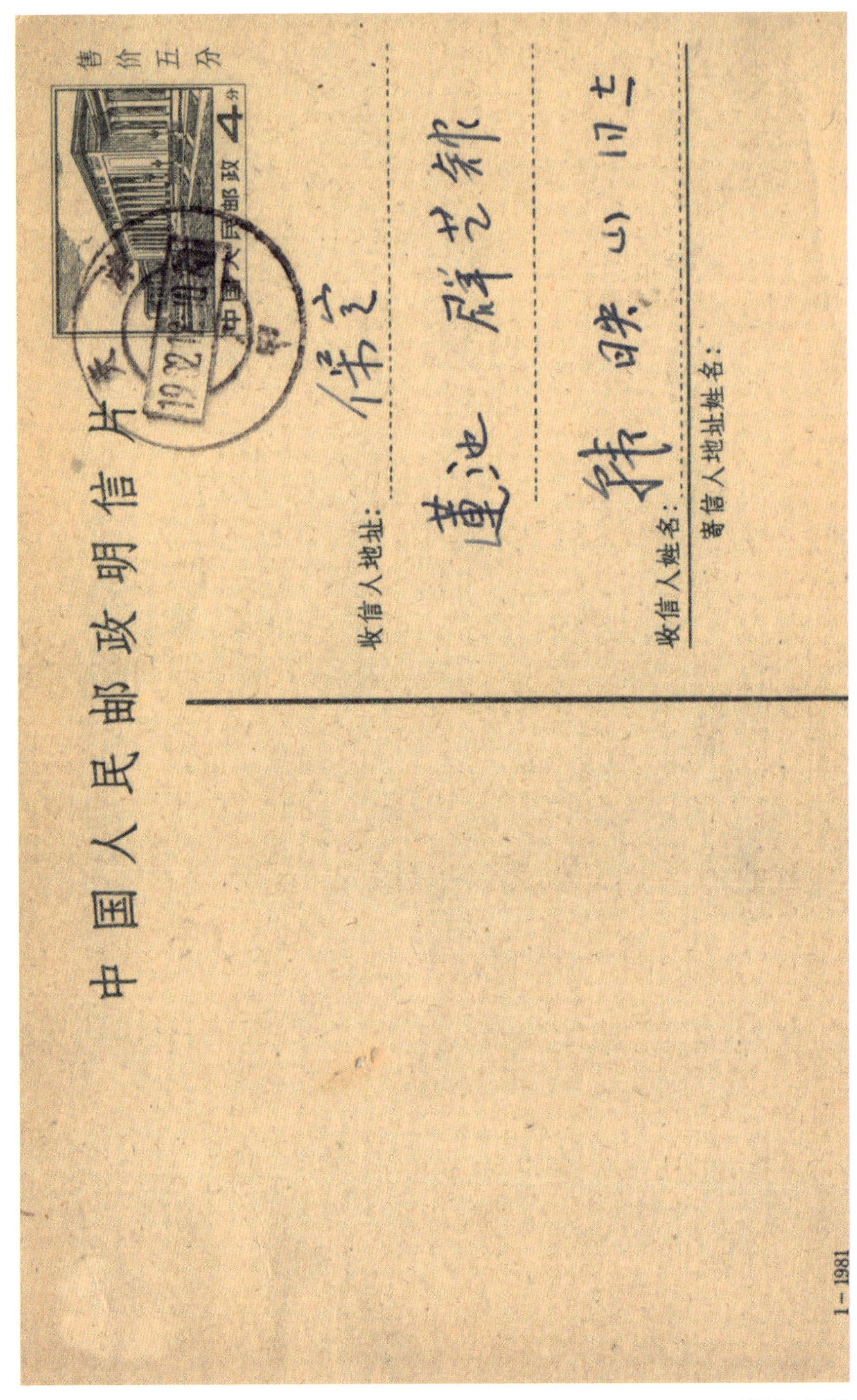

中国人民邮政明信片

售价五分

中国人民邮政 4分

收信人地址：保定 莲池 群艺馆

收信人姓名：韩映山 同志

寄信人地址姓名：

1－1981

1982.12.10

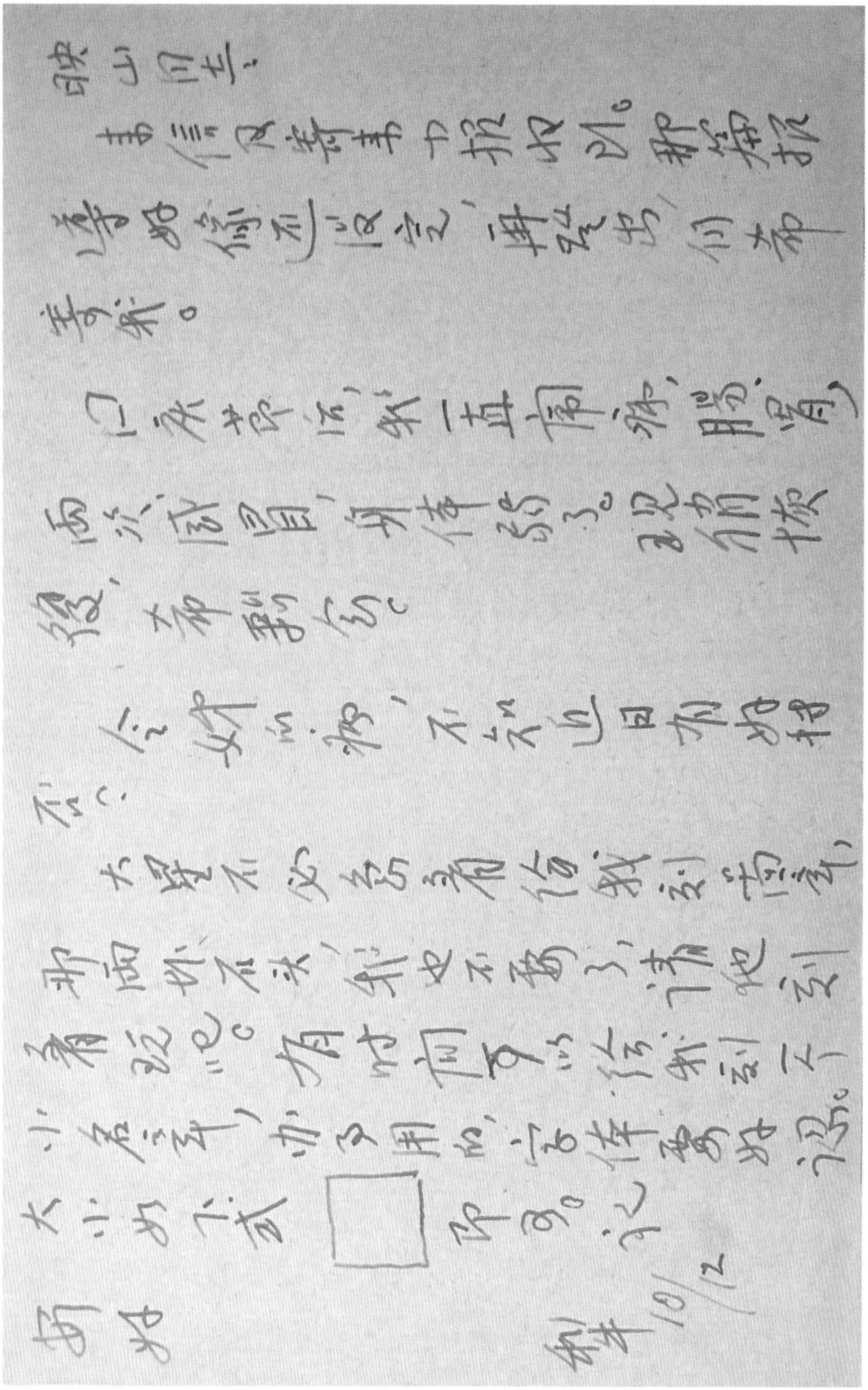

映山同志：

来信及寄来小报收到。那篇报导好像还没完，再登出，仍希寄我。

入冬节后，我一直闹病，肠、胃，而后感冒，身体弱了。现稍恢复，希勿念。

令妈的病，不知近日有好转否？

大星不必急着给我刻图章，那两块石头，我也不要了，请他刻着玩吧。有时间可以给我刻一个小名章，亦可用的，字体要好认。大小如下式 [□] 即可。祝

好

犁 10/12

1982.12.10

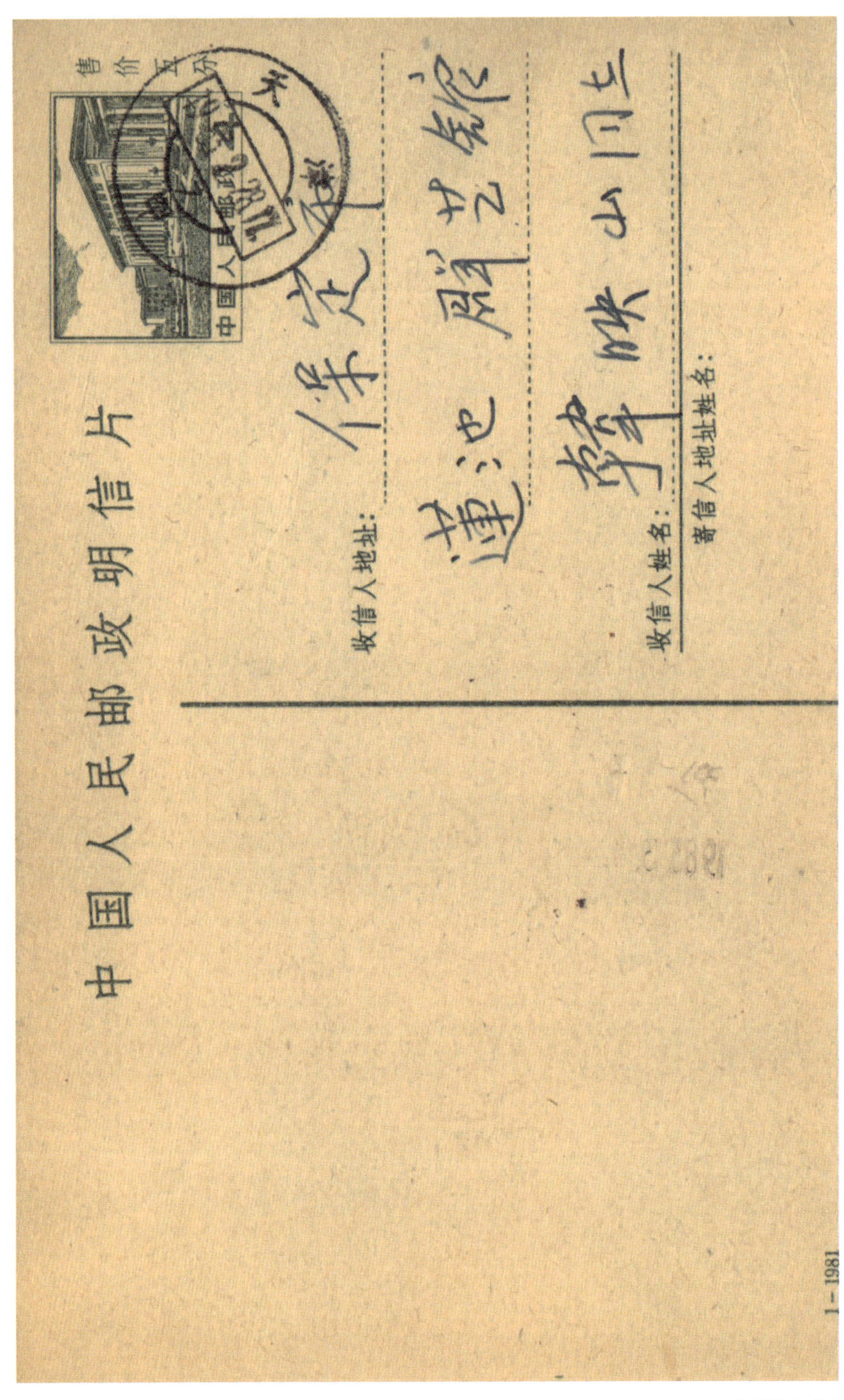

中国人民邮政明信片

售价五分

收信人地址：保定

莲池编辑部

收信人姓名：韩映山同志

寄信人地址姓名：

1－1981

1983.2.27

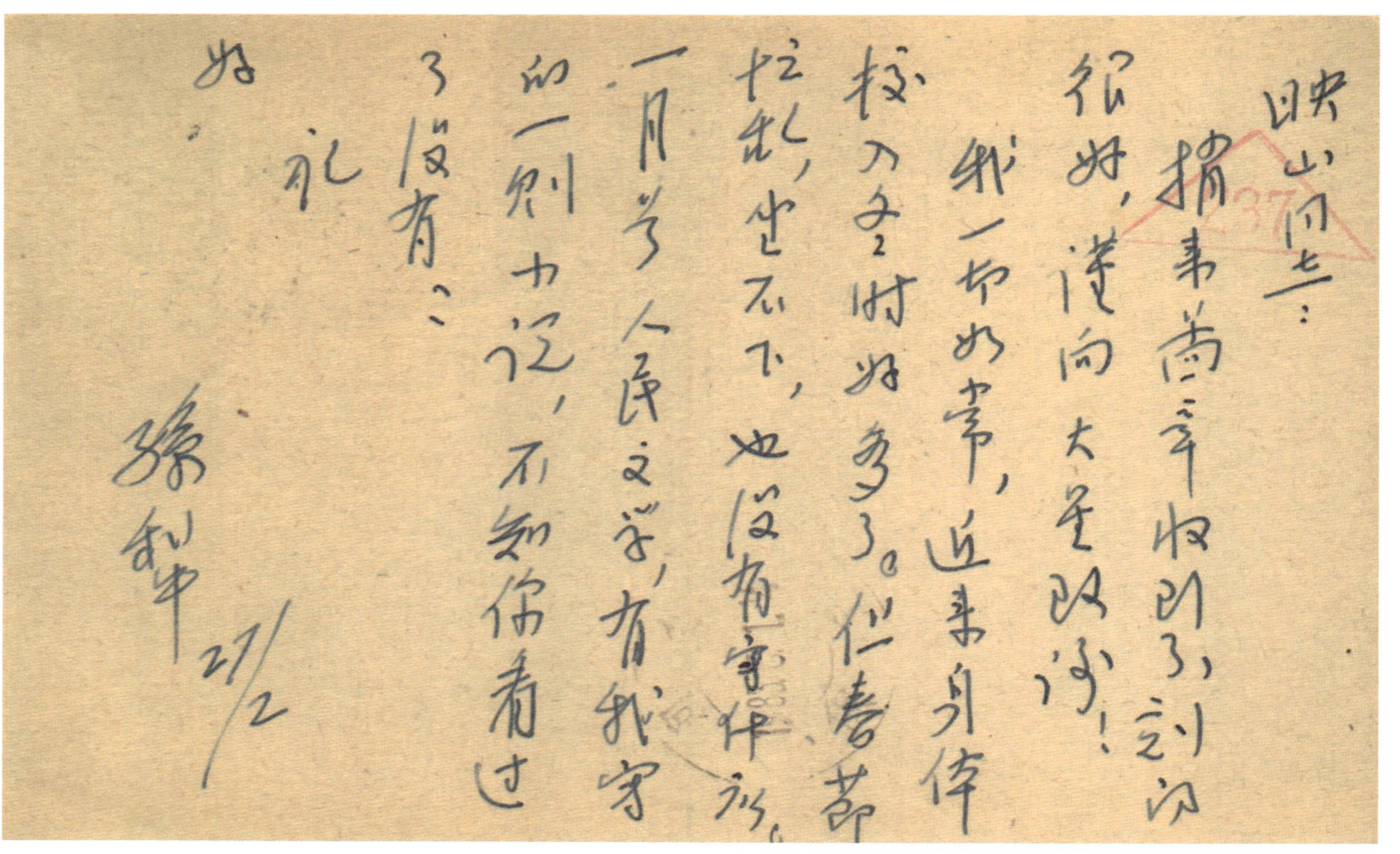

映山同志：

捎来茶叶收到了，谢谢。很好，谨向大家致谢！

我一切如常，近来身体较入冬时好多了。但春节忙乱，坐不下，也没有写作。一月号人民文学，有我写的一则小说，不知你看过了没有？

祝

好

孙犁 27/2

1983.2.27

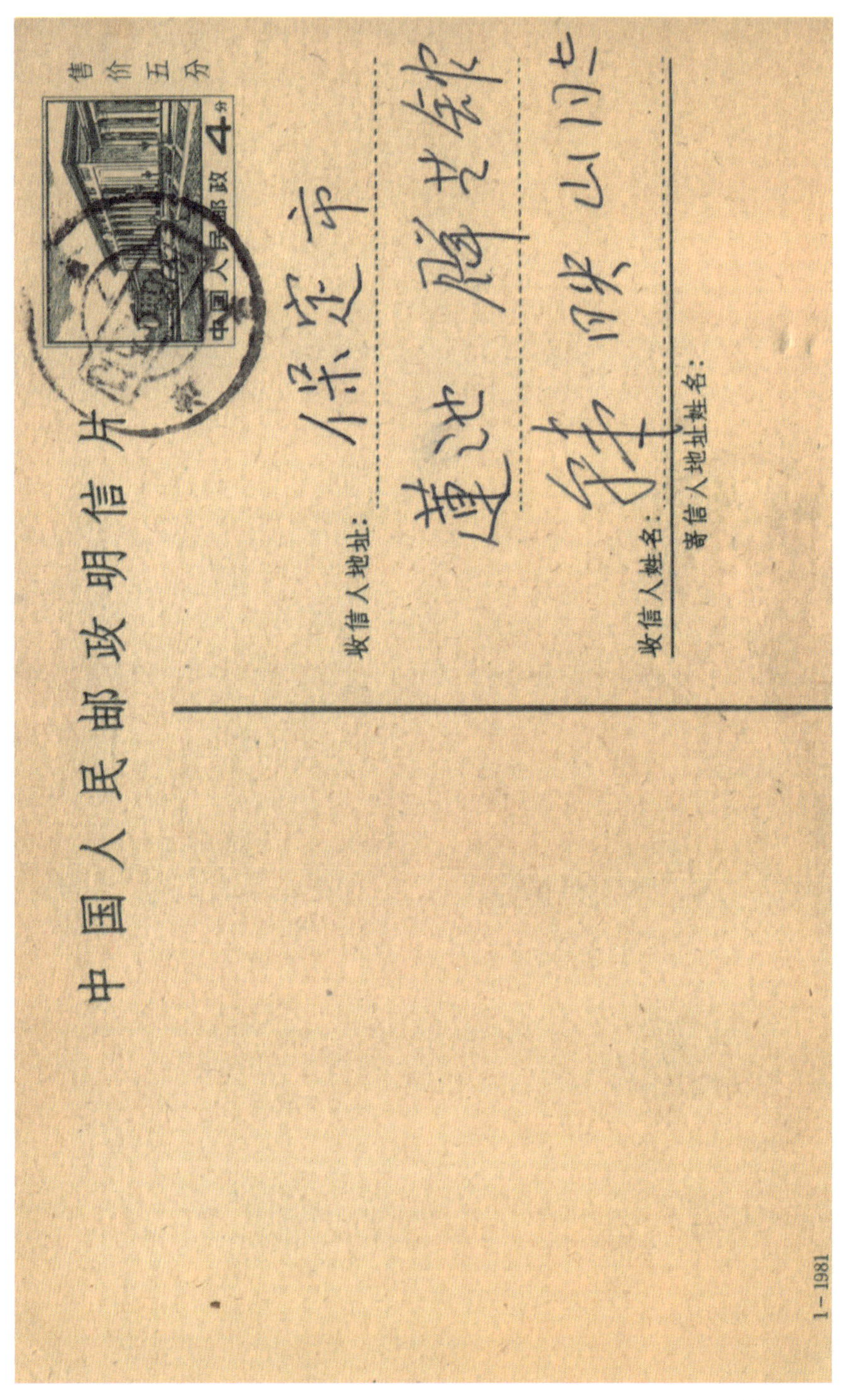

中国人民邮政明信片

售价五分

收信人地址：保定市

莲池编辑部

收信人姓名：韩映山同志

寄信人地址姓名：

1-1981

1983.9.25

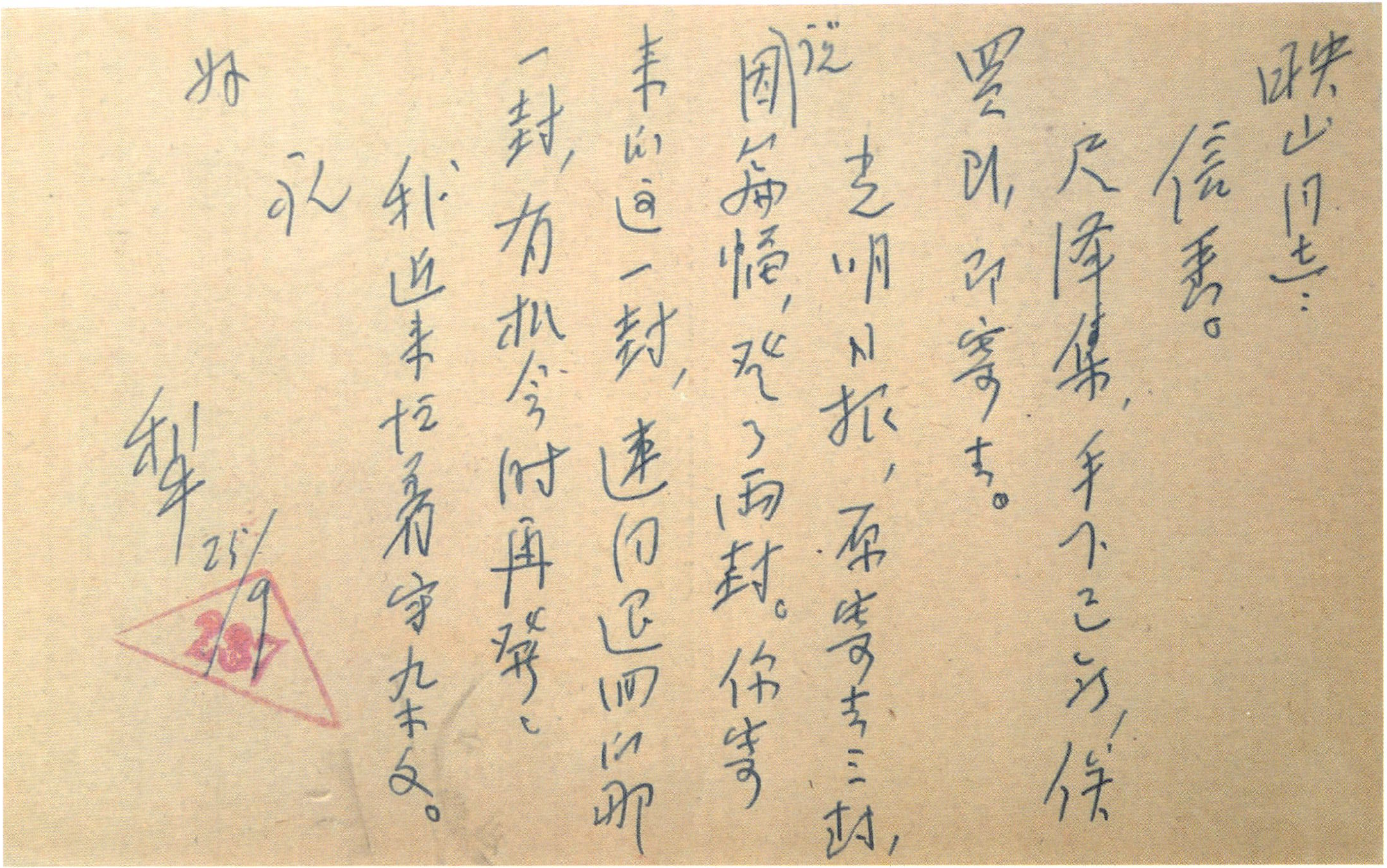
映山同志：

信悉。

尺泽集，手下已无，俟重印，即寄去。

光明日报，原寄去三封，说因篇幅，只发了两封。你寄来的这一封，连同退回的那一封，有机会时再发表。

我近来在看宋九家文。

祝

好

犁

25/9

1983.9.25

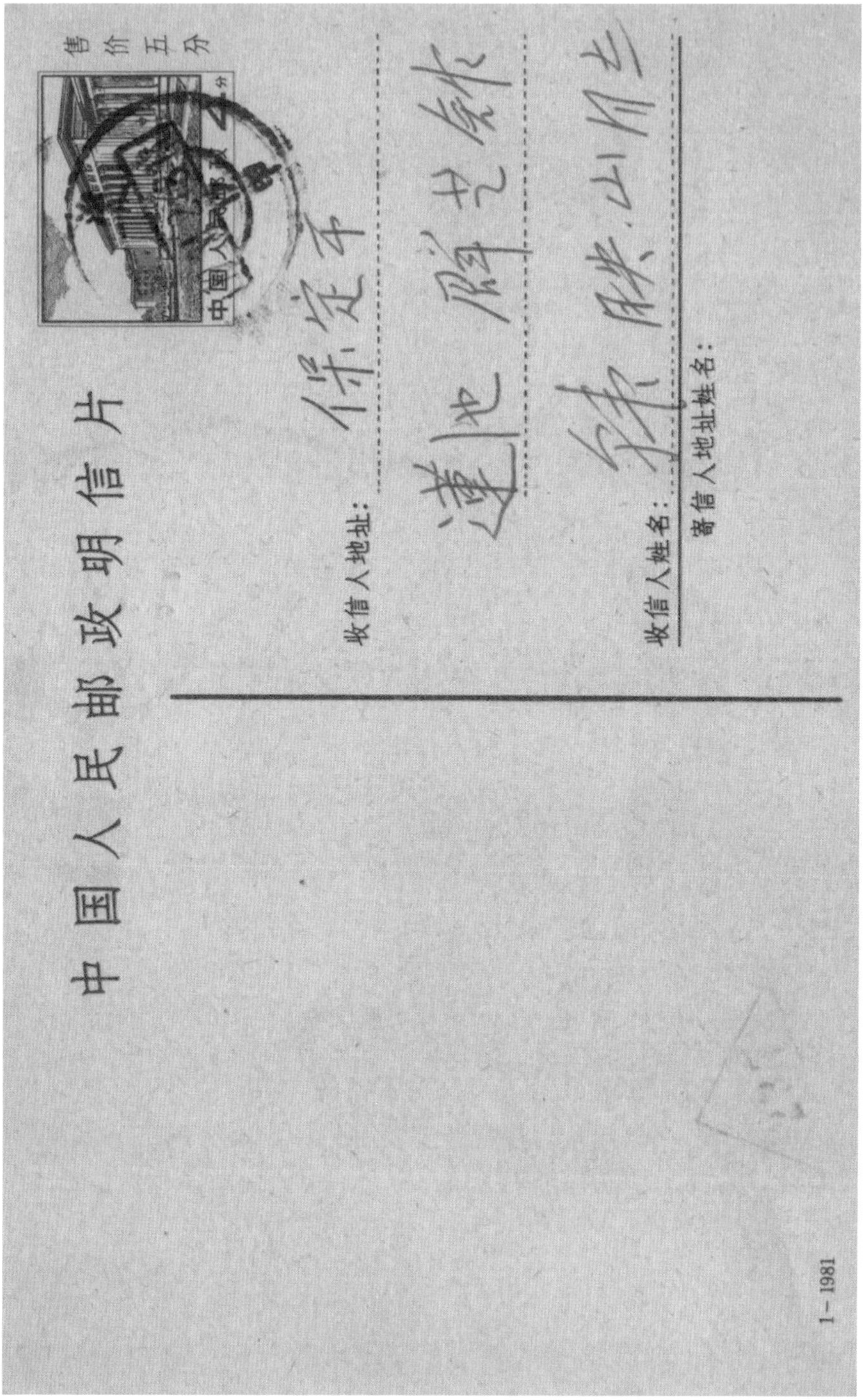
中国人民邮政明信片
售价五分
中国人民邮政 4分
收信人地址：保定市
蓮池 群艺館
收信人姓名：韓映山同志
寄信人地址姓名：
1－1981

1984.2.16

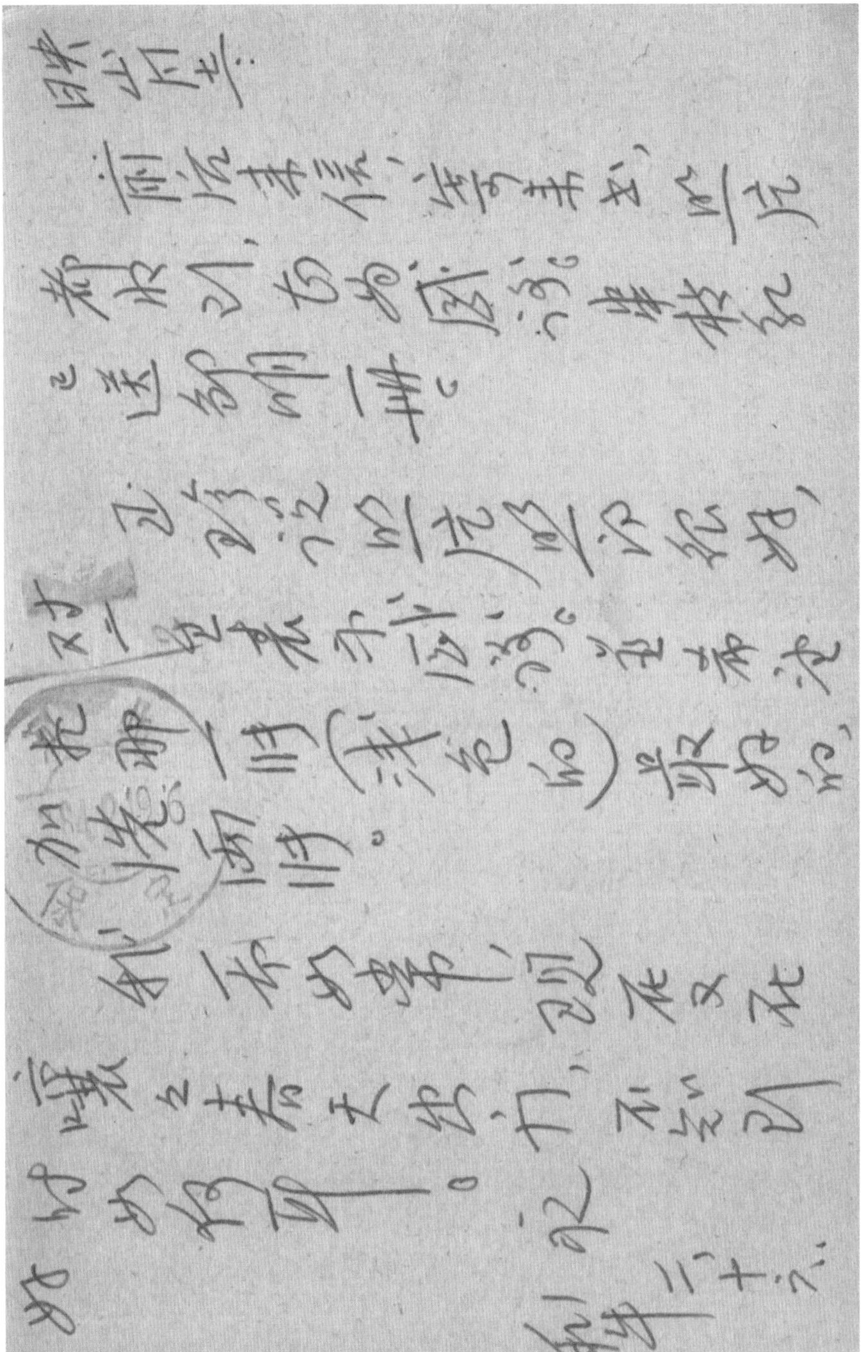
映山同志：

前信来信，等来书，照片都收到，甚为感谢。半枝红已送邮一册。

玉珍说照片照的很好，对二老表示感谢。并希望把那一件（浅色的）最好的，加洗两张。

我一切如常，现在又在嚷嚷春天出力，不知到时如何耳。

祝好

犁 二、十六

1984.2.16

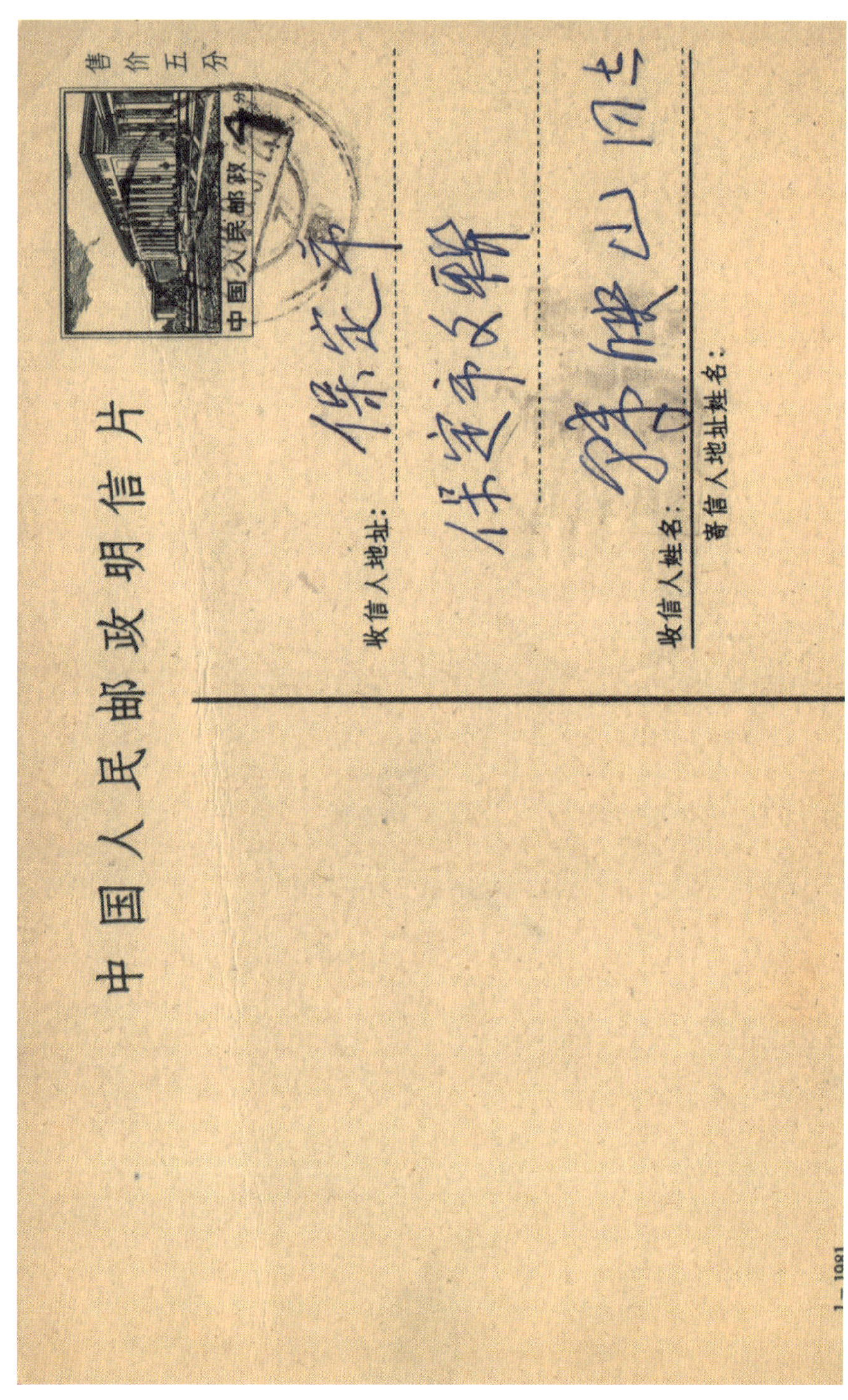
中国人民邮政明信片

售价五分

中国人民邮政 4分

收信人地址：保定市
保定市文联

收信人姓名：韩映山同志

寄信人地址姓名：

1—1981

1984.8.31

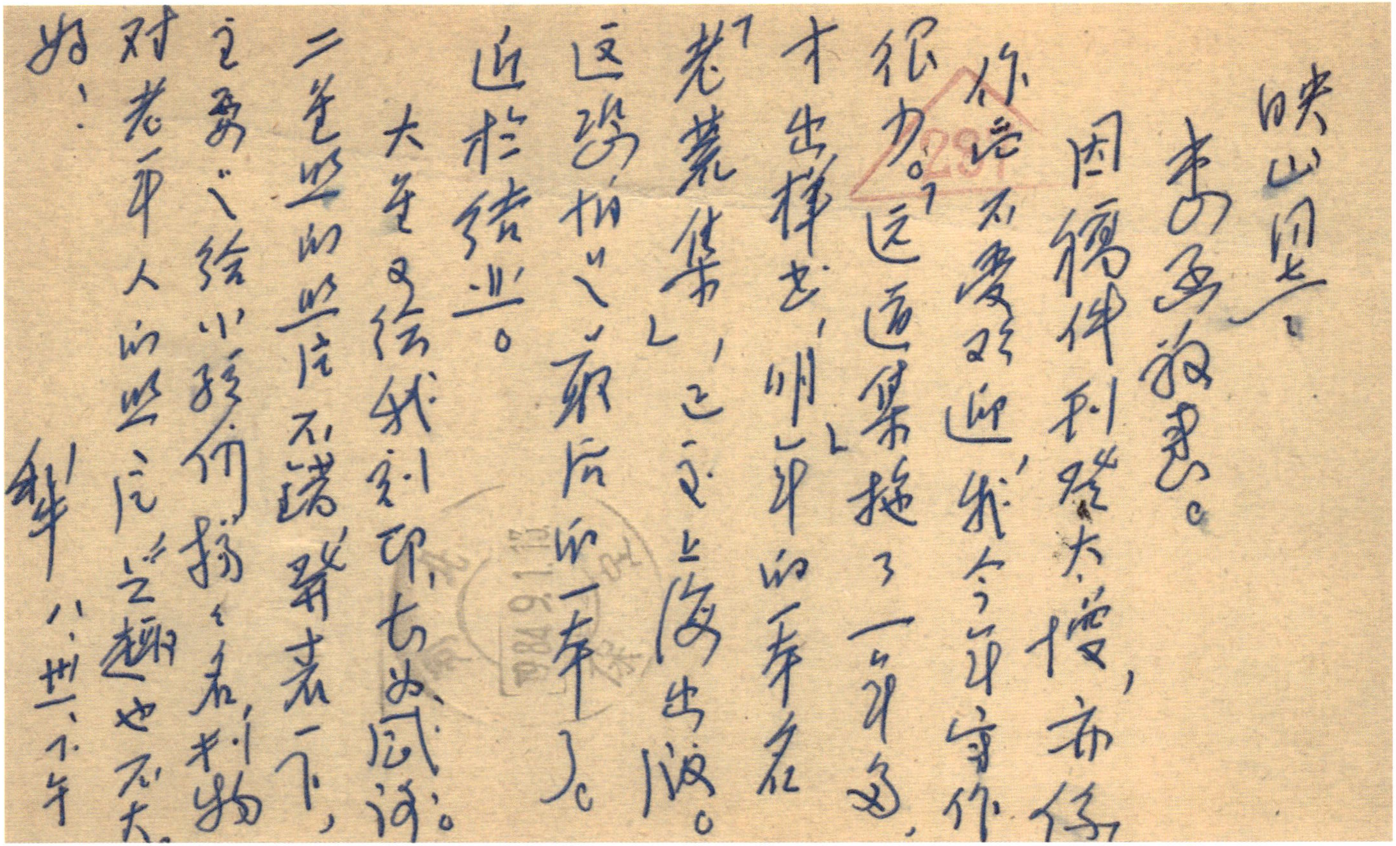

映山同志：

来函敬悉。

因稿件刊登太慢，亦係作品不受欢迎，我今年写作很少。近选集拖了一年多，未出样书，明年的集名在《老荒集》，已交上海出版。这篇稿以[illegible]后的一本了。近於结束。

大笔又给我刻印出版试。二笔照的照片不错，我看了一下，主要是给小孩们拍拍看，刊物对老年人的照片兴趣也不大。

好！

犁 八、卅一下午

1984.8.31

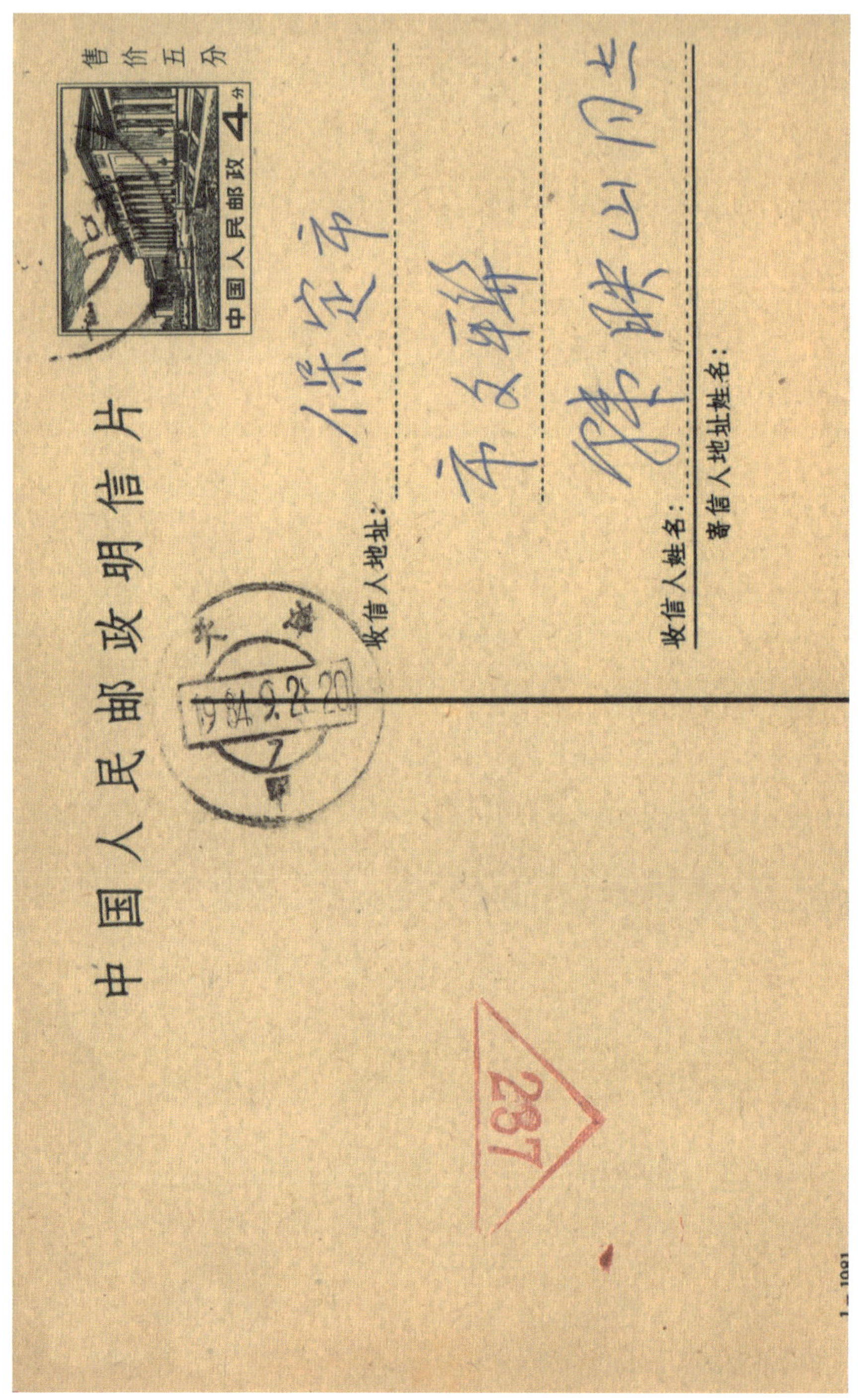
中国人民邮政明信片
售价五分
中国人民邮政 4分
收信人地址：
保定市
市文联
收信人姓名：
韩映山同志
寄信人地址姓名：
237

1984.9.28

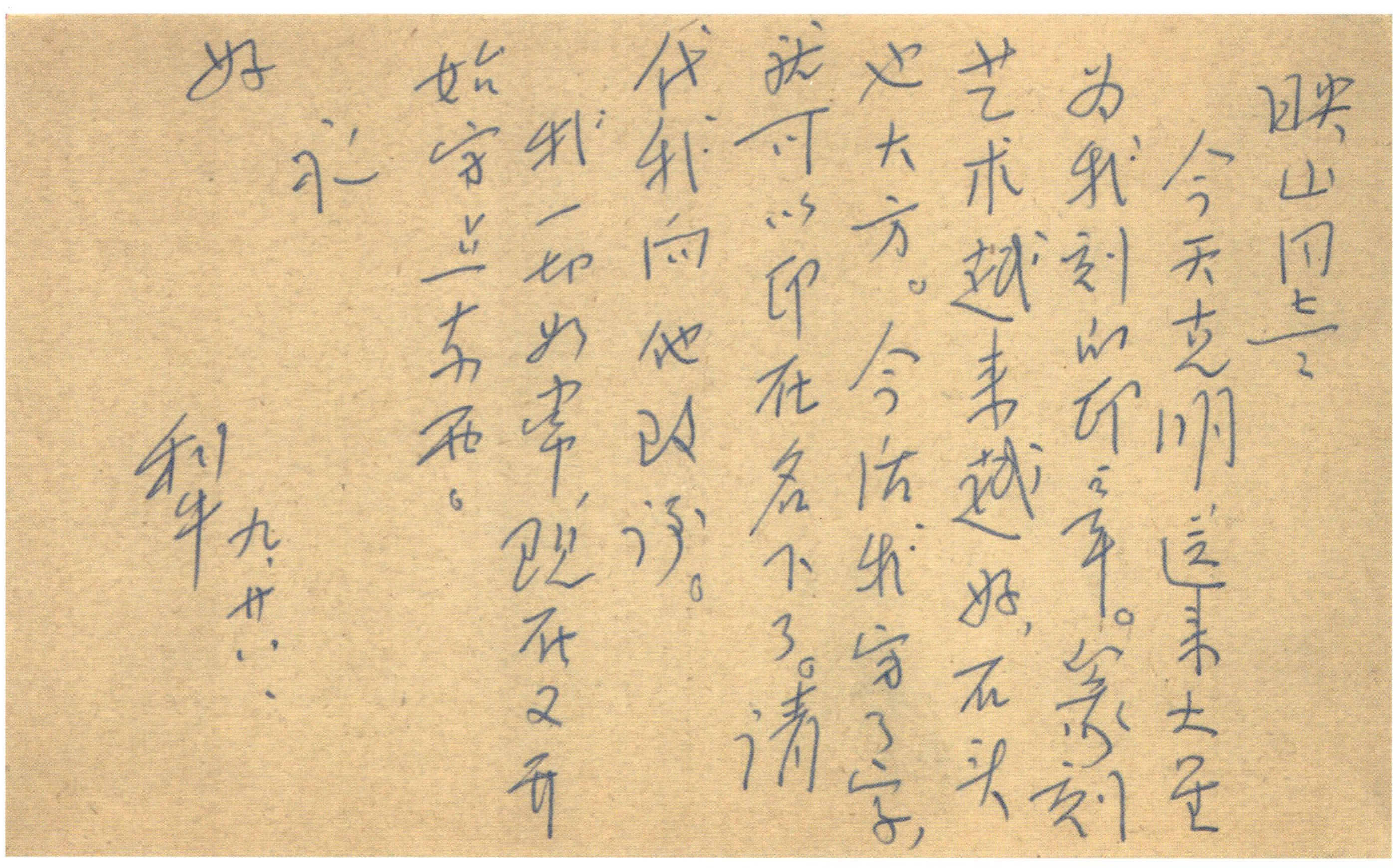
映山同志：

今天克明送来大至为我刻的印章。篆刻艺术越来越好，石头也大方。今后我写了字，就可以印在名下了。请代我向他致谢。

我一切如常，现在又开始写点东西。

祝

好！

犁 九、廿八

1984.9.28

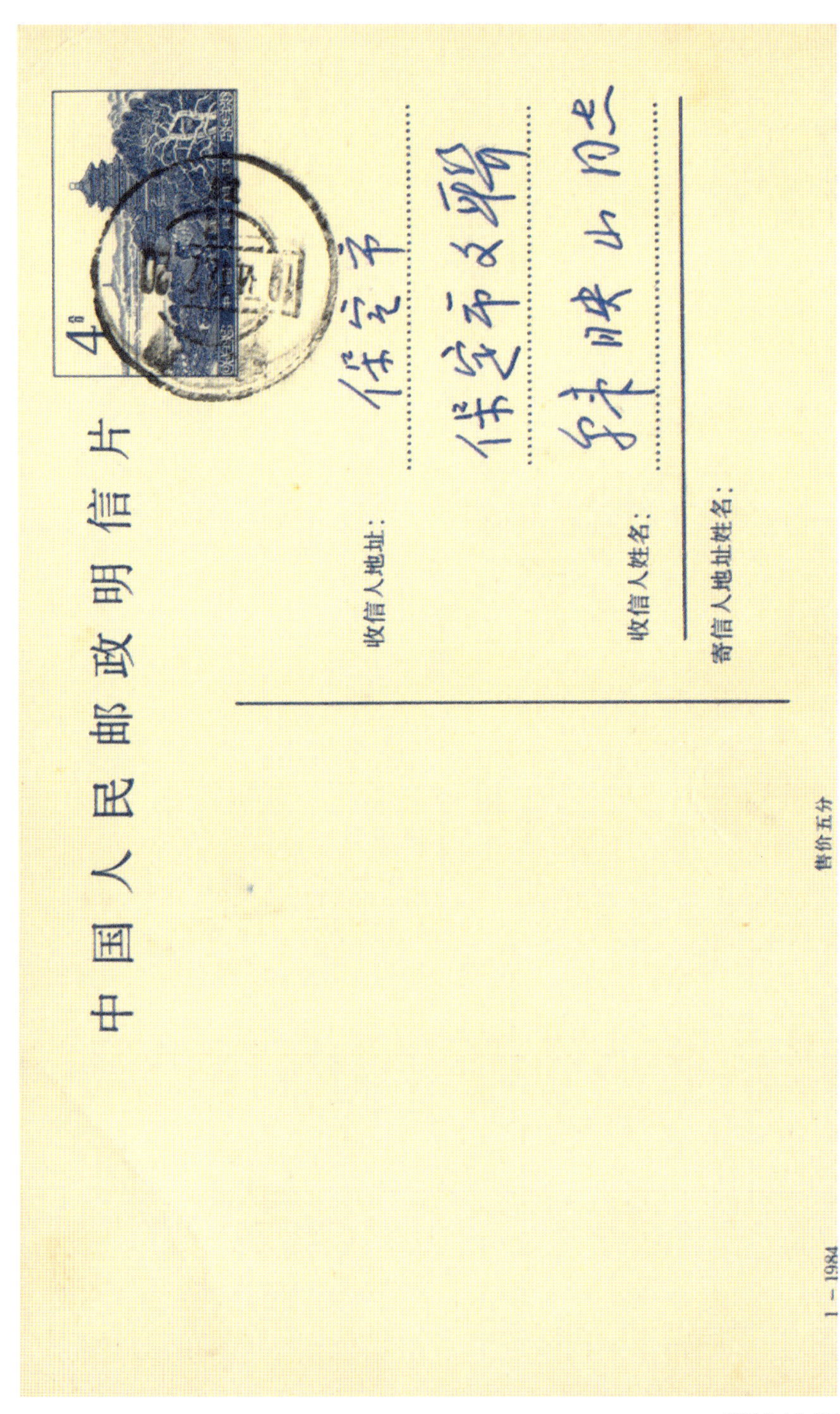

中国人民邮政明信片

收信人地址：保定市

保定市文联

收信人姓名：韩映山同志

寄信人地址姓名：

售价五分

1－1984

1984.12.27

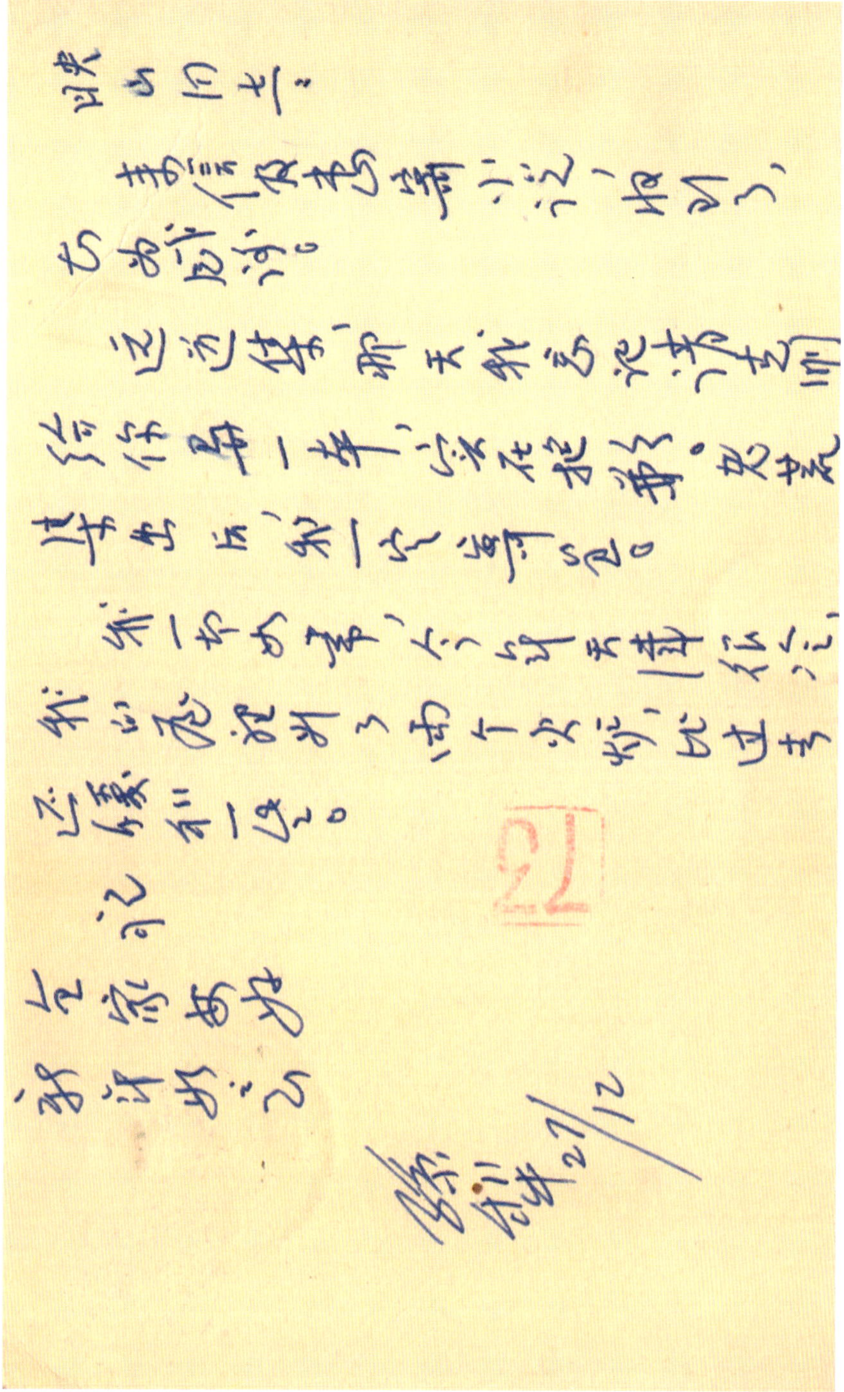

映山同志：

来信及惠寄小说，收到了，甚为感谢。

近选集，那天我忘记请老刘给你寄一本，实在抱歉。老荒集出后，我一定寄赠。

我一切如常，今年天津很冷，我的屋里装了两个火炉，比过去还暖和一些。

祝

全家安好

新年好！

孙犁 27/12

1984.12.27

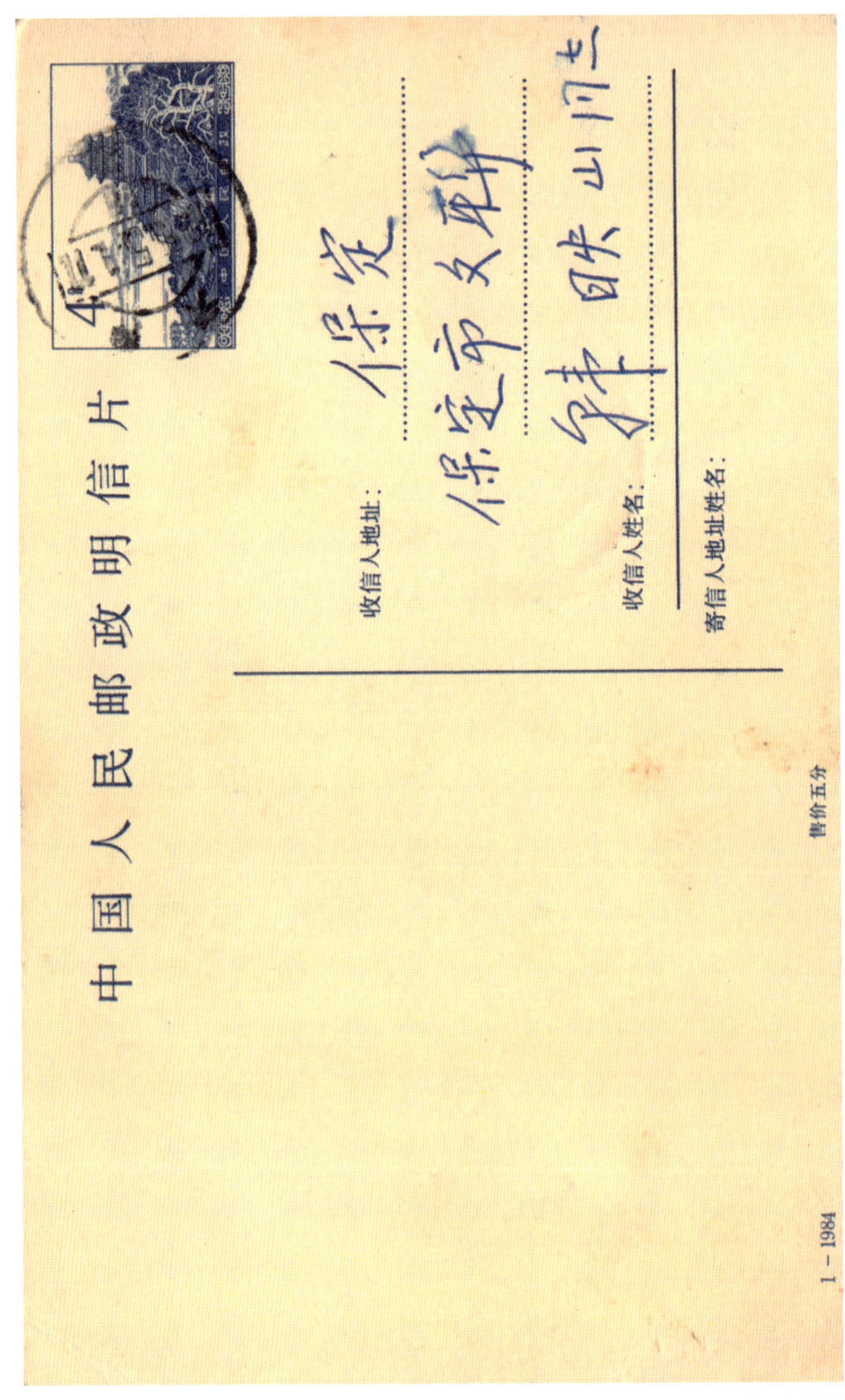
中国人民邮政明信片

收信人地址：保定 保定市文联

收信人姓名：韩映山同志

寄信人地址姓名：

售价五分

1－1984

1985.4.30

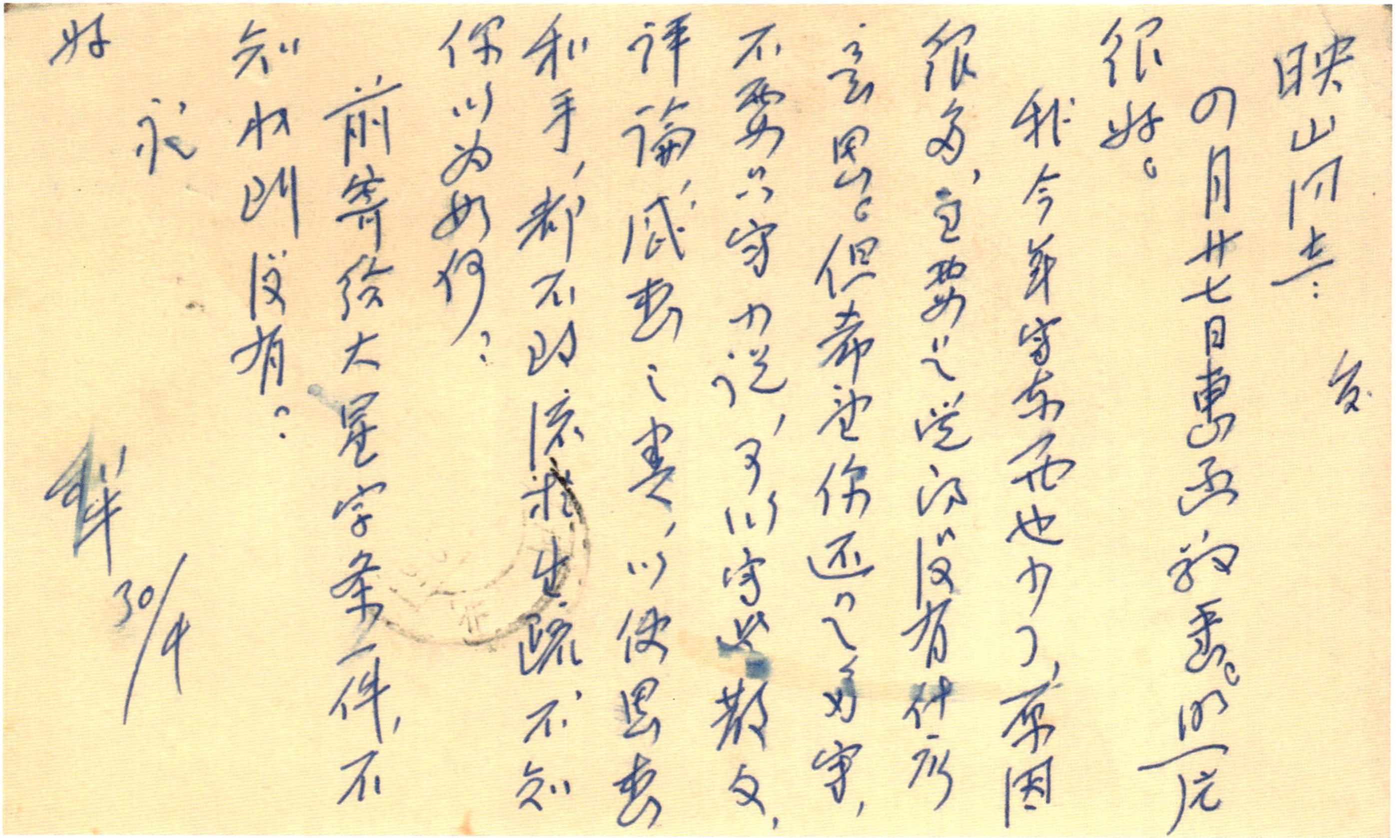

映山同志：

四月廿七日来信收到，近况很好。

我今年写东西也少了，原因很多，主要是觉得没有什么可写。但希望你还是多写，不要只写小说，可以写些散文、评论、感想之类，以便思想和手，都不致荒芜生疏，不知你以为如何？

前寄给大星字条一件，不知收到没有？

祝

好

犁 30/4

1985.4.30

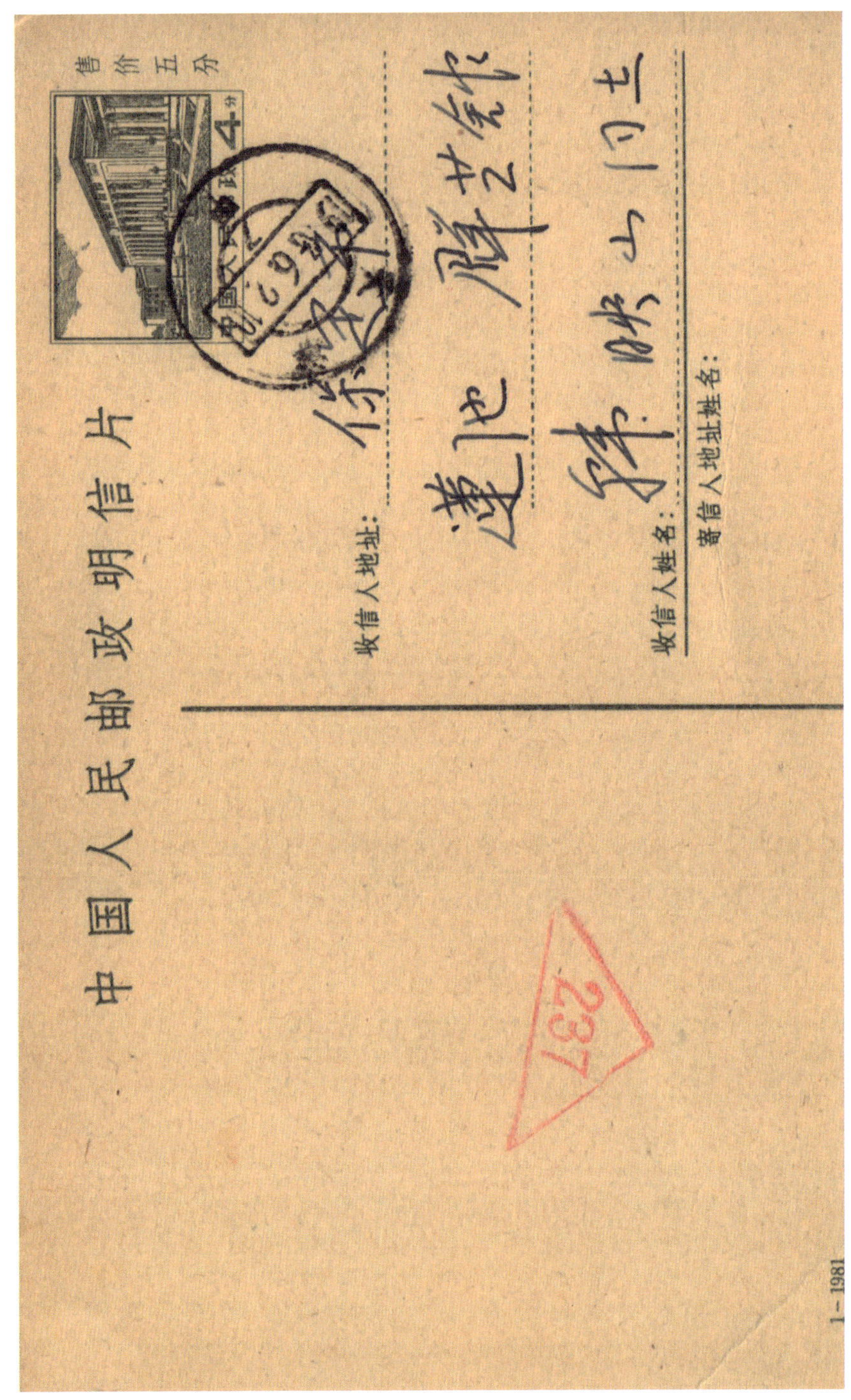
中国人民邮政明信片

售价五分

收信人地址：保定 莲池

收信人姓名：韩映山同志

寄信人地址姓名：

1－1981

237

1985.6.1

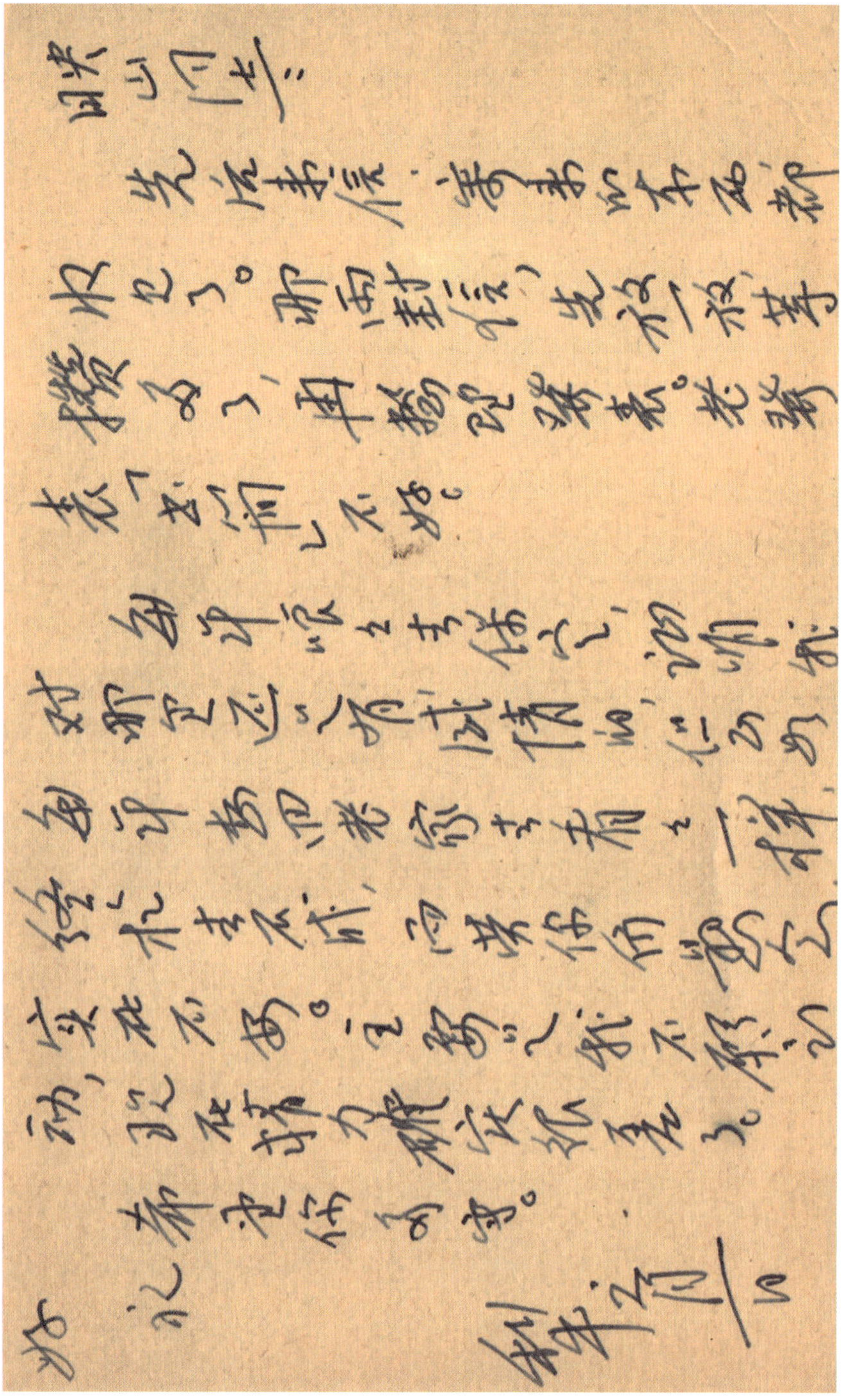

映山同志：

先后来信、寄来的东西，都收见了。那两封信，先放一放，等攒多了，再整理发表。老发表「书简」不好。

每年唤之去保定，谢谢。我对那里还是有感情的，但正如每年都回老家去看看一样，终于去不成，而劳你们费心，实在不安。主要是我不愿活动，现在精力难以支持了。

希望你多多保重。

祝

好

孙犁 六月一日

1985.6.1

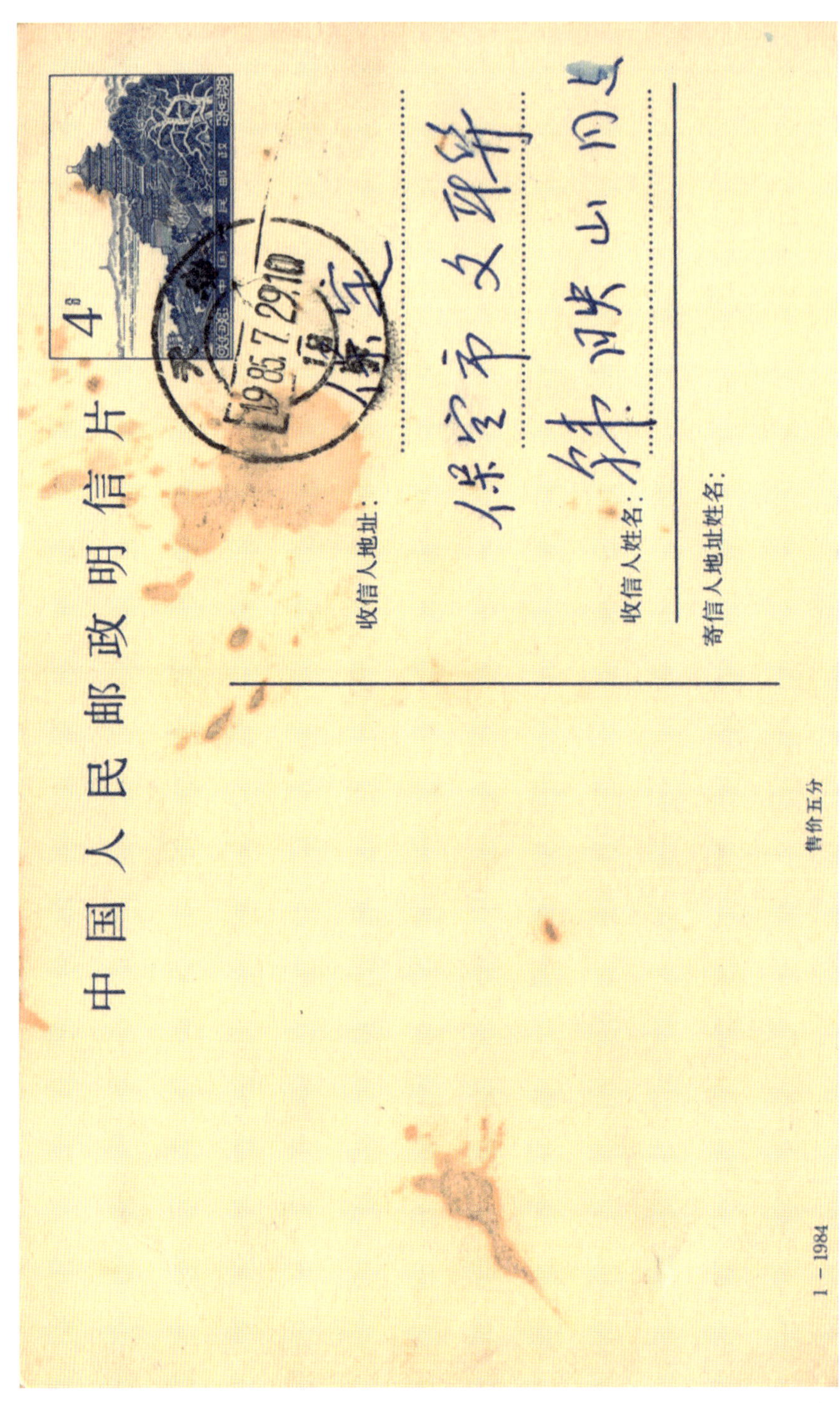
中国人民邮政明信片

收信人地址：保定市文联转

收信人姓名：韩映山同志

寄信人地址姓名：

售价五分

1－1984

1985.7.28

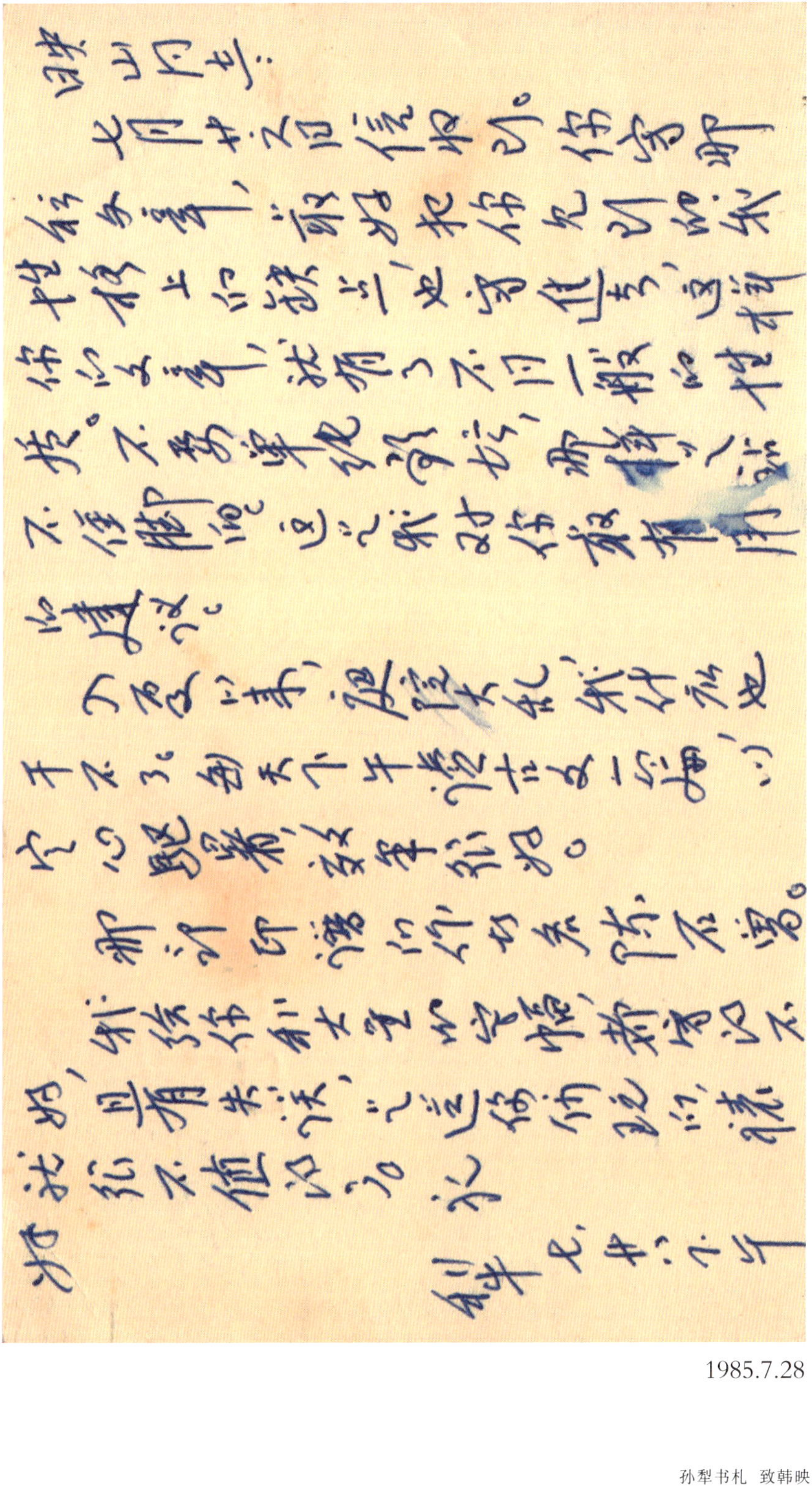

映山同志：

七月廿六日信收到。你写那些文章，最好把你见到的，我性格上的缺点，也写进去，这样你的文章，就有了不同一般的性质。不要单纯歌颂，那样，人家不但腻烦，这对我对你都有用的建议。

入夏以来，庭院大乱，我什么也干不了。每天下午读古文一篇，以定心驱暑，效果很好。

那部印谱的作者陈师曾。

我给你们大字小字幅，都写得不好，且有失误，送你们玩的，装裱就很不值得了。祝

好

犁 七.廿八下午

1985.7.28

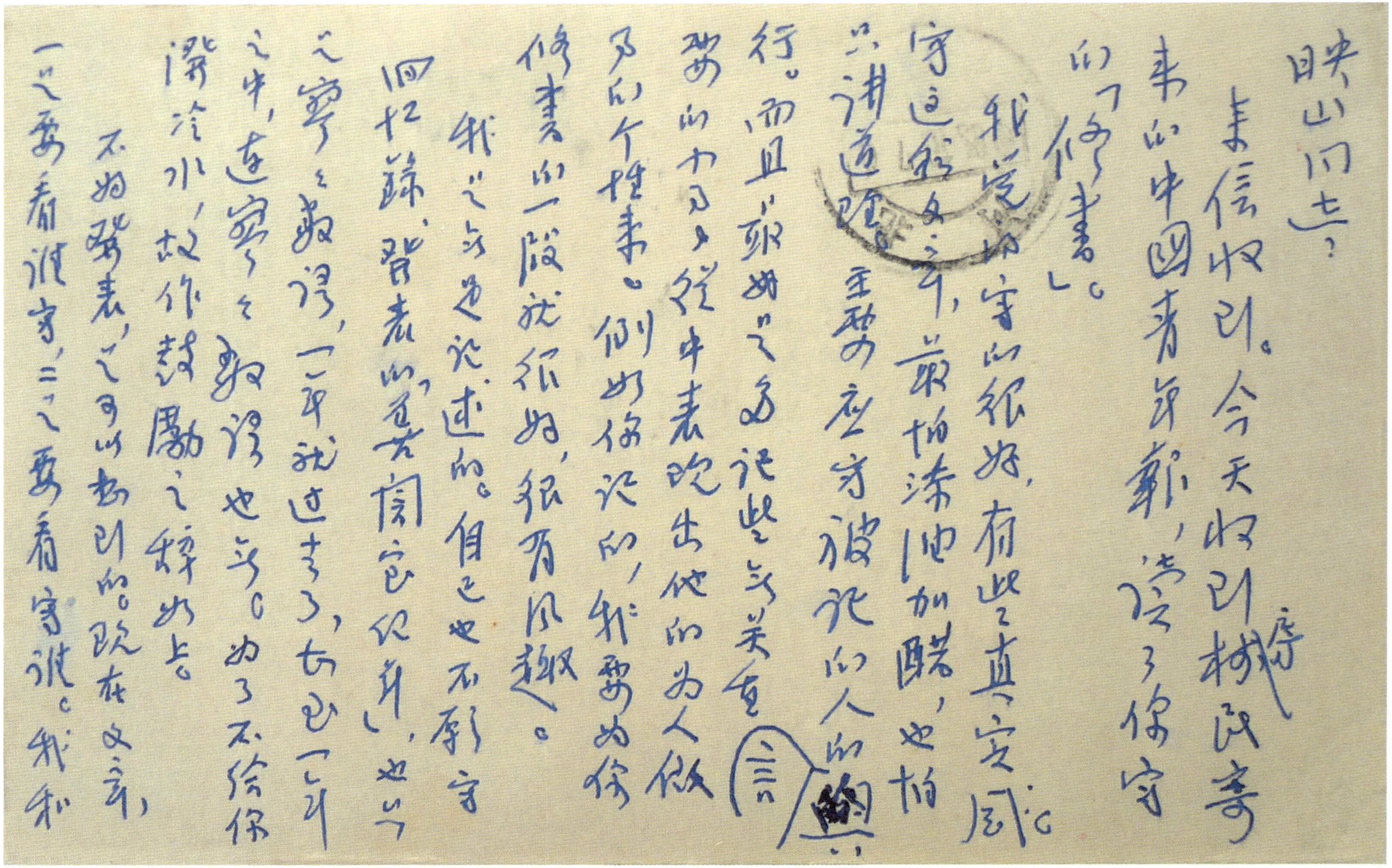

映山同志：

来信收到。今天收到树民寄来的中国青年报，读了你写的《修书》。

我觉得写的很好，有些真实感。写这类文章，最怕添油加醋，也怕只讲道理。主要应写被说的人的言行。而且，[illegible]多记些关系重要的方面，从中表现出他的为人做人，及他的个性来。例如你说的，我要为你修书的一段，就很好，很有风趣。

我之所以这样叙述的。自己也不到写回忆录，背着的[illegible]它[illegible]，也以之[illegible]之乱语，一年就过去了，今已一年之中，连[illegible]之乱语也无了。为了不给你泼冷水，故作鼓励之辞如上。

不如发表之可以[illegible]的。现在文章，一是要看准字，二是要看[illegible]张。我和

1985.10.2

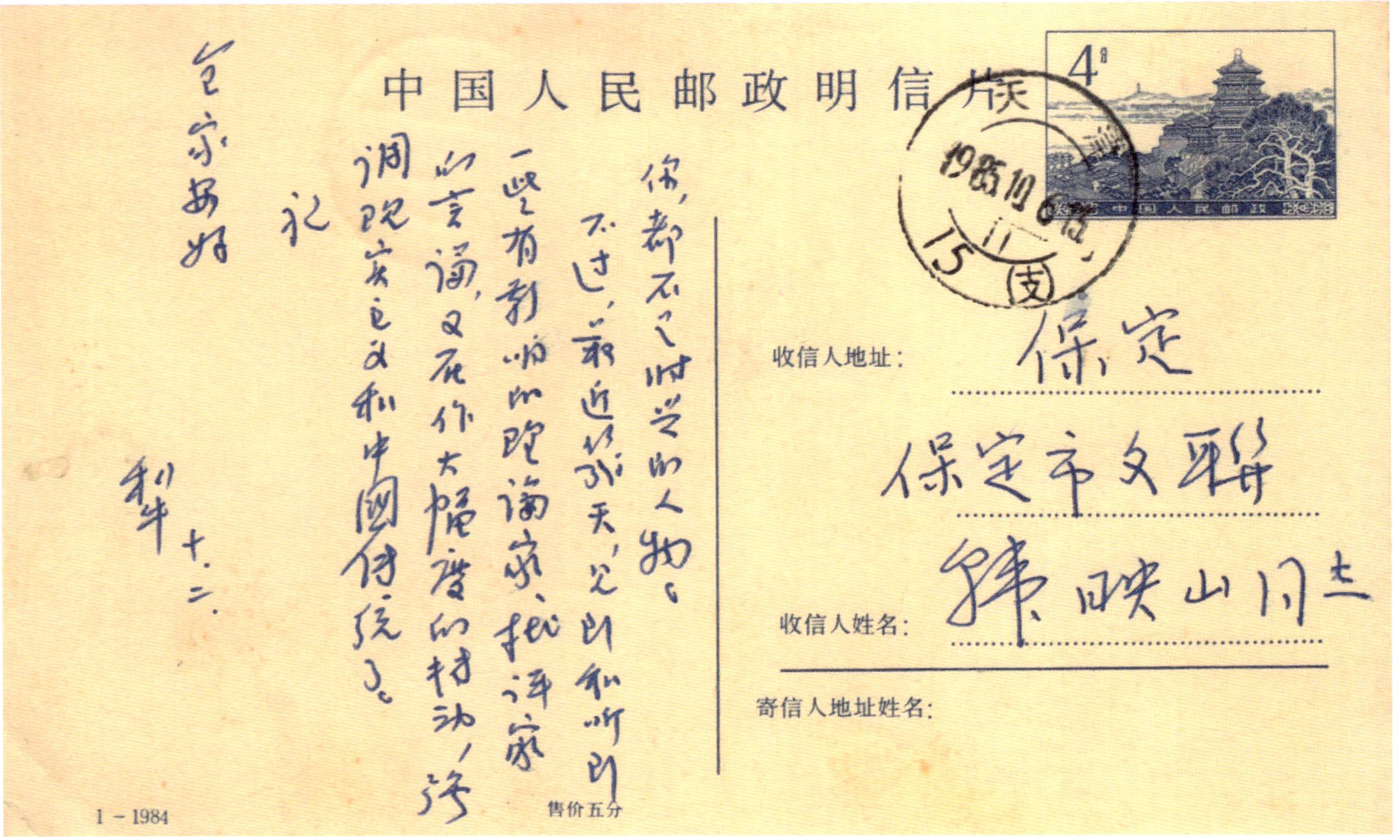

中国人民邮政明信片

收信人地址：保定

保定市文联

收信人姓名：韩映山同志

寄信人地址姓名：

你，都不是时兴的人物。

不过，最近的聊天，只见和听见一些有影响的理论家、批评家的言论，又在作大幅度的转动，强调现实主义和中国传统了。

祝

全家安好

犁 十.二

售价五分

1－1984

1985.10.2

中国人民邮政

收信人地址：保定市文联

收信人姓名：韩映山同志

寄信人地址姓名：

售价叁分

1985.12.17

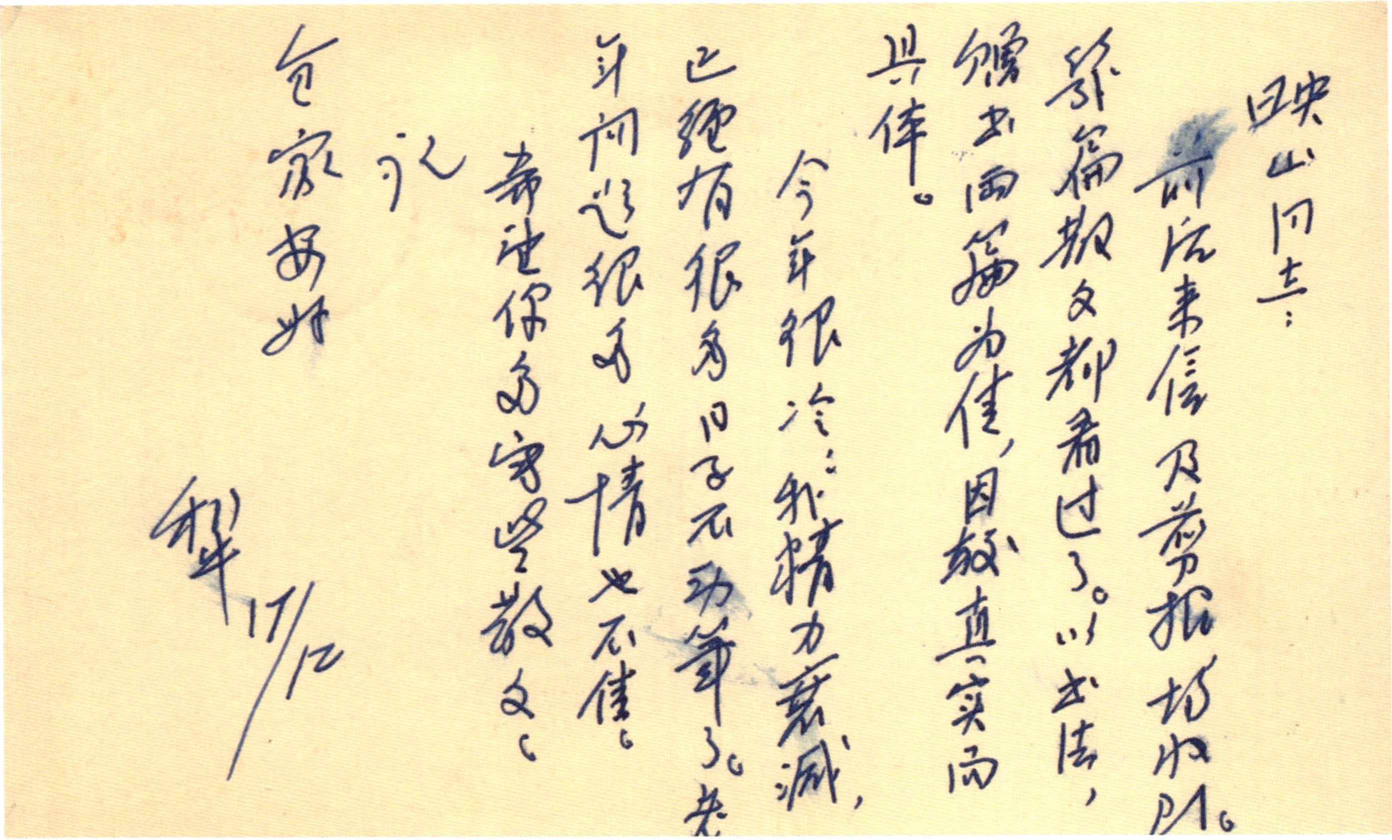

映山同志：

前后来信及剪报均收到。几篇散文都看过了。以我看，後面两篇为佳，因较真实而具体。

今年很冷，我精力衰减，已经有很多日子不动笔了。老年问题很多，心情也不佳。

希望你多写些散文。

祝

合家安好

犁 17/12

1985.12.17

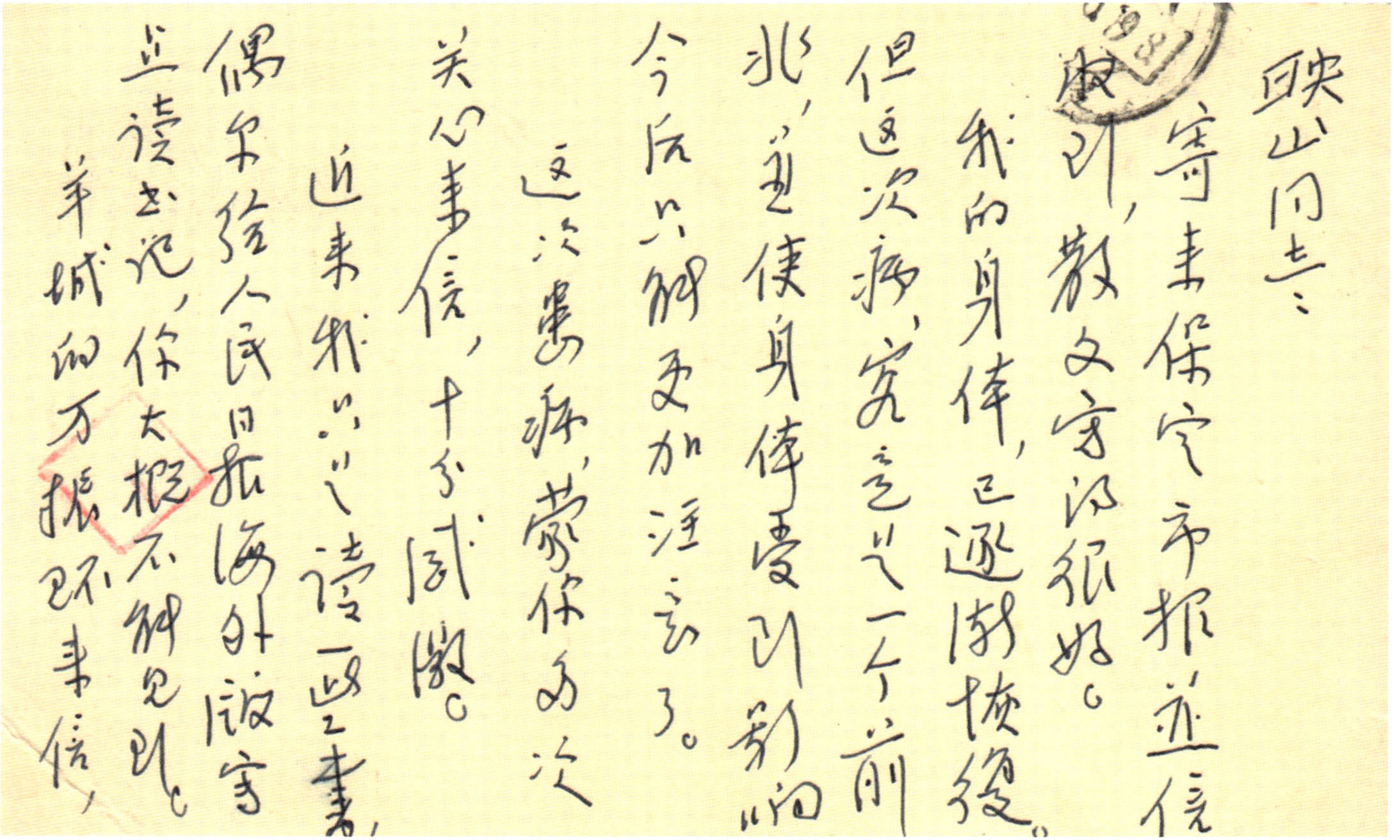

映山同志：

寄来保定市报并信收到，散文写得很好。

我的身体，已逐渐恢复。但这次病，究竟是一个前兆，是使身体受到影响的，今后只能更加注意了。

这次患病，蒙你多次关心来信，十分感激。

近来我只是读一些书，偶尔给人民日报海外版写些读书记，你大概不能见到。

羊城的万振环来信，

1986.3.14

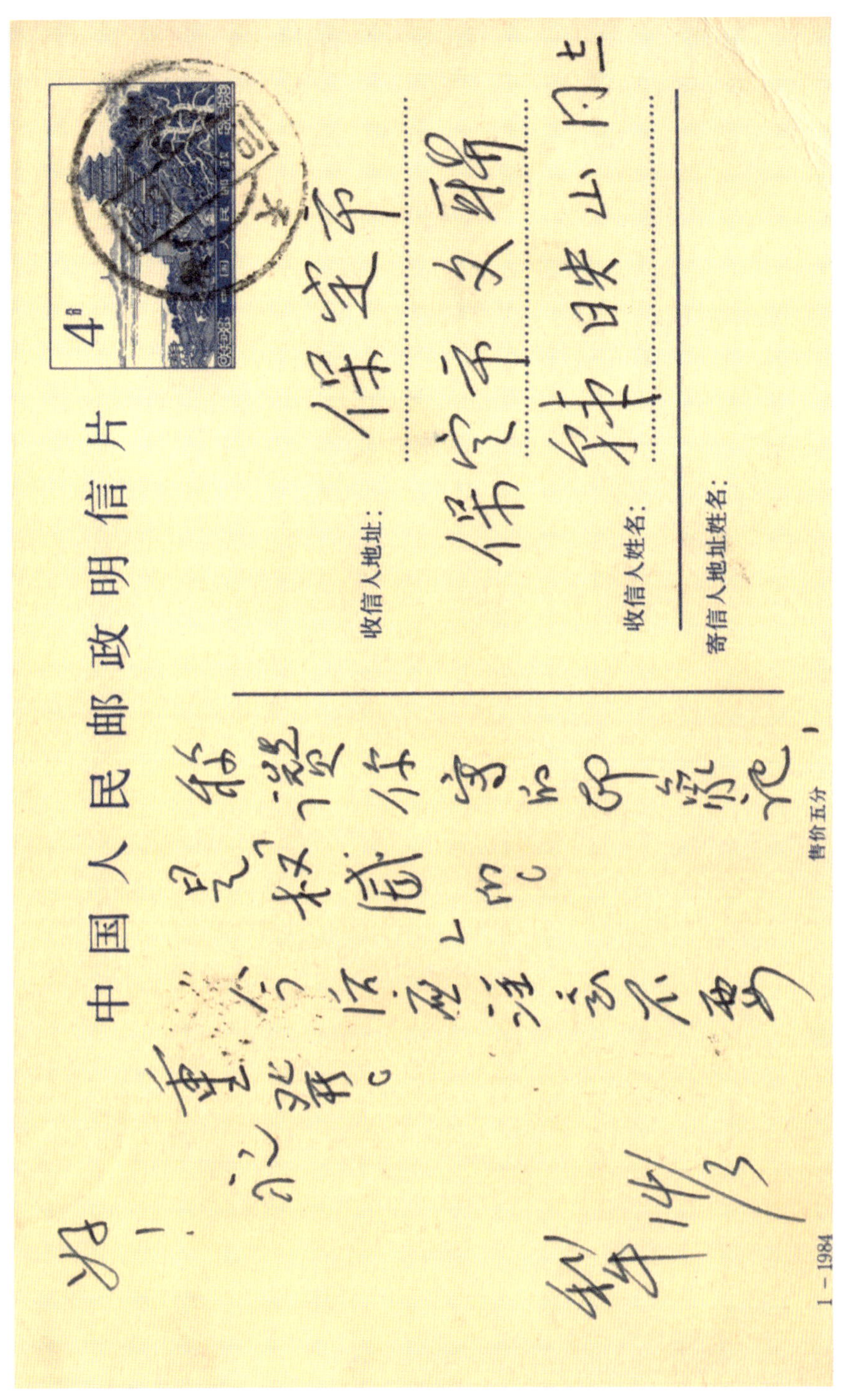

中国人民邮政明信片

4分

收信人地址：保定市 保定市文联

收信人姓名：韩映山同志

寄信人地址姓名：

售价五分

1－1984

1986.3.14

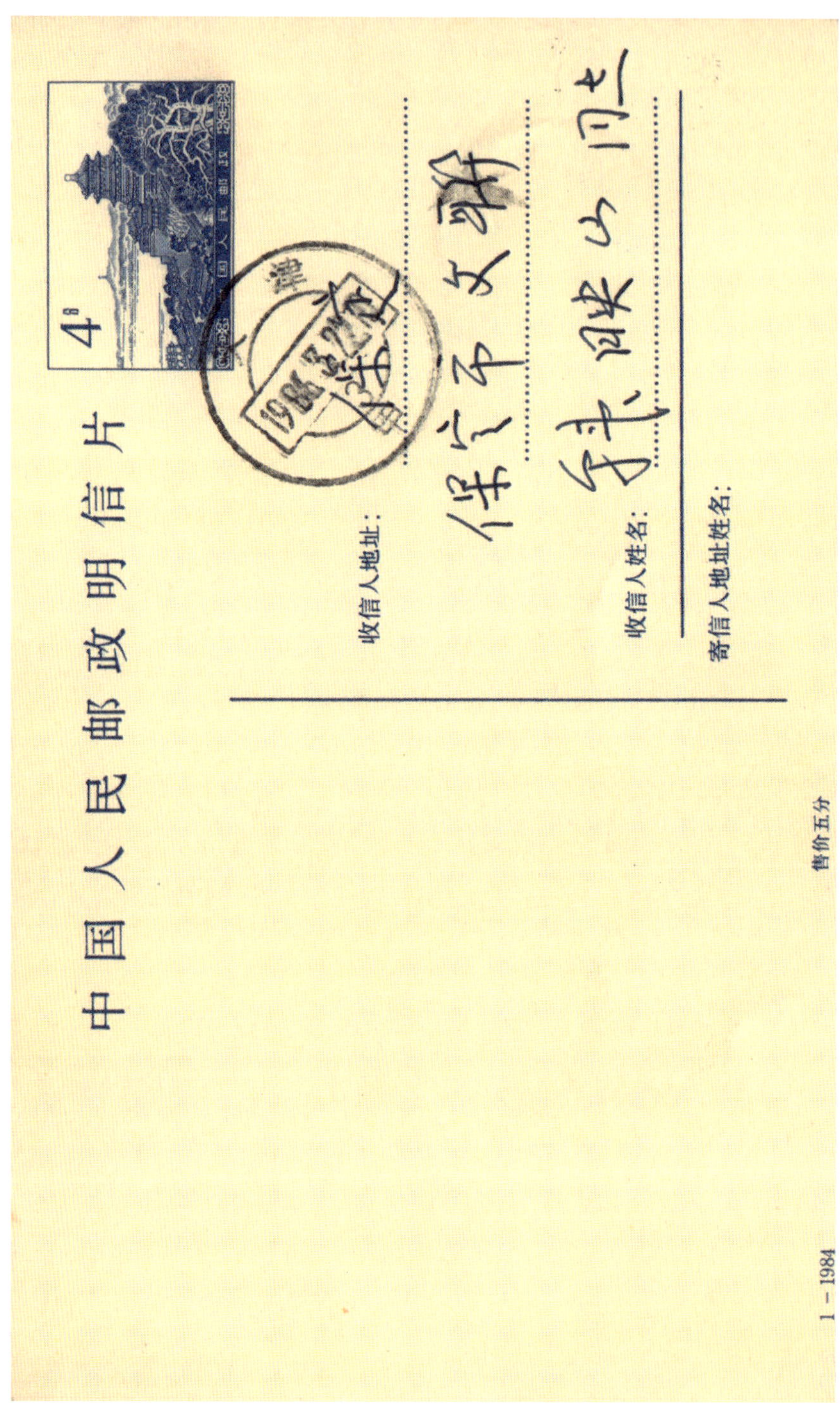
中国人民邮政明信片

收信人地址：保定市文联

收信人姓名：韩映山 同志

寄信人地址姓名：

售价五分

1－1984

1986.3.21

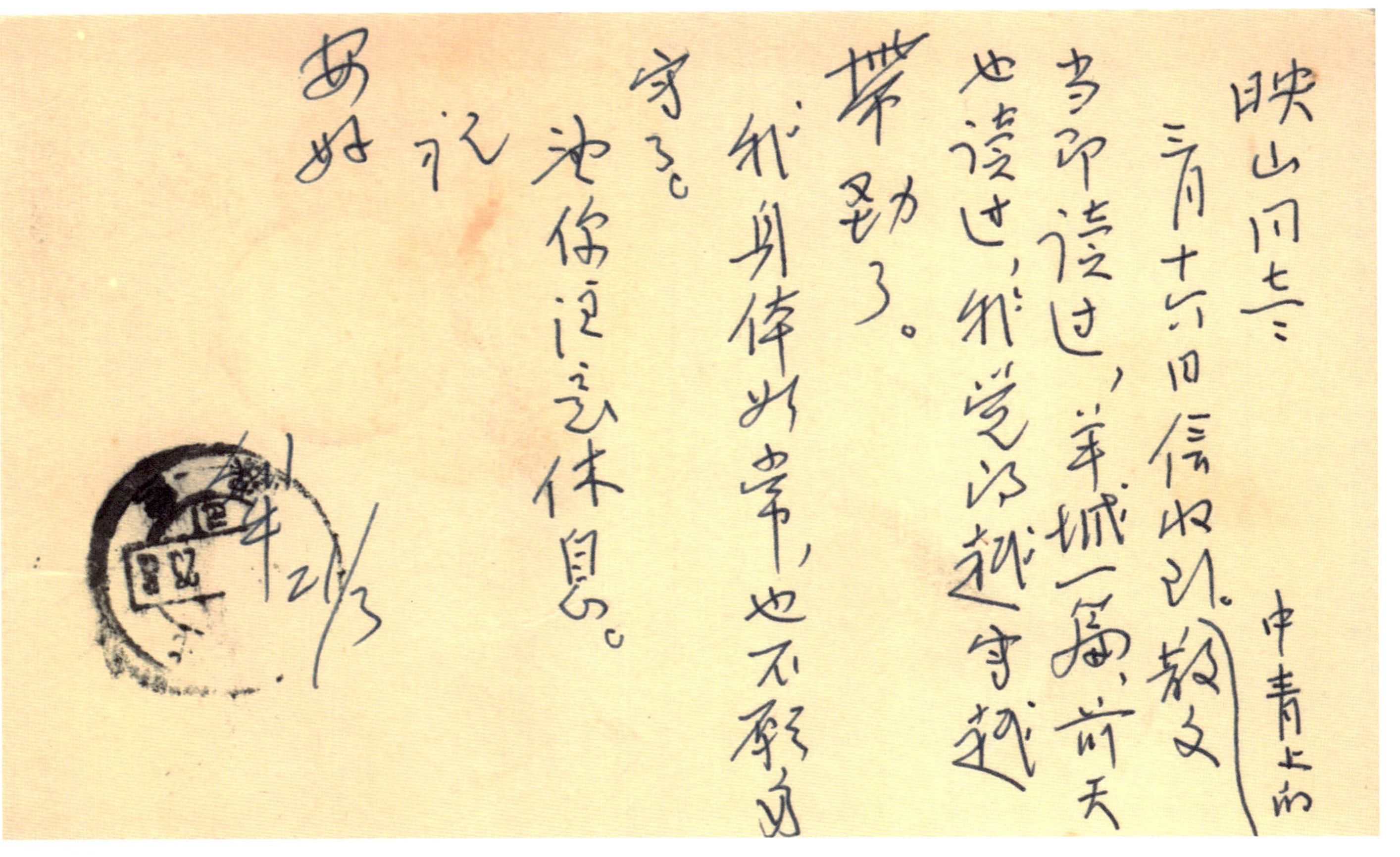

映山同志：

三月十六日信收到。中青上的散文书印读过，羊城一篇，前天也读过，我觉得越写越带劲了。

我身体如常，也不敢多写了。

祝你注意休息。

安好

孙犁 21/3

1986.3.21

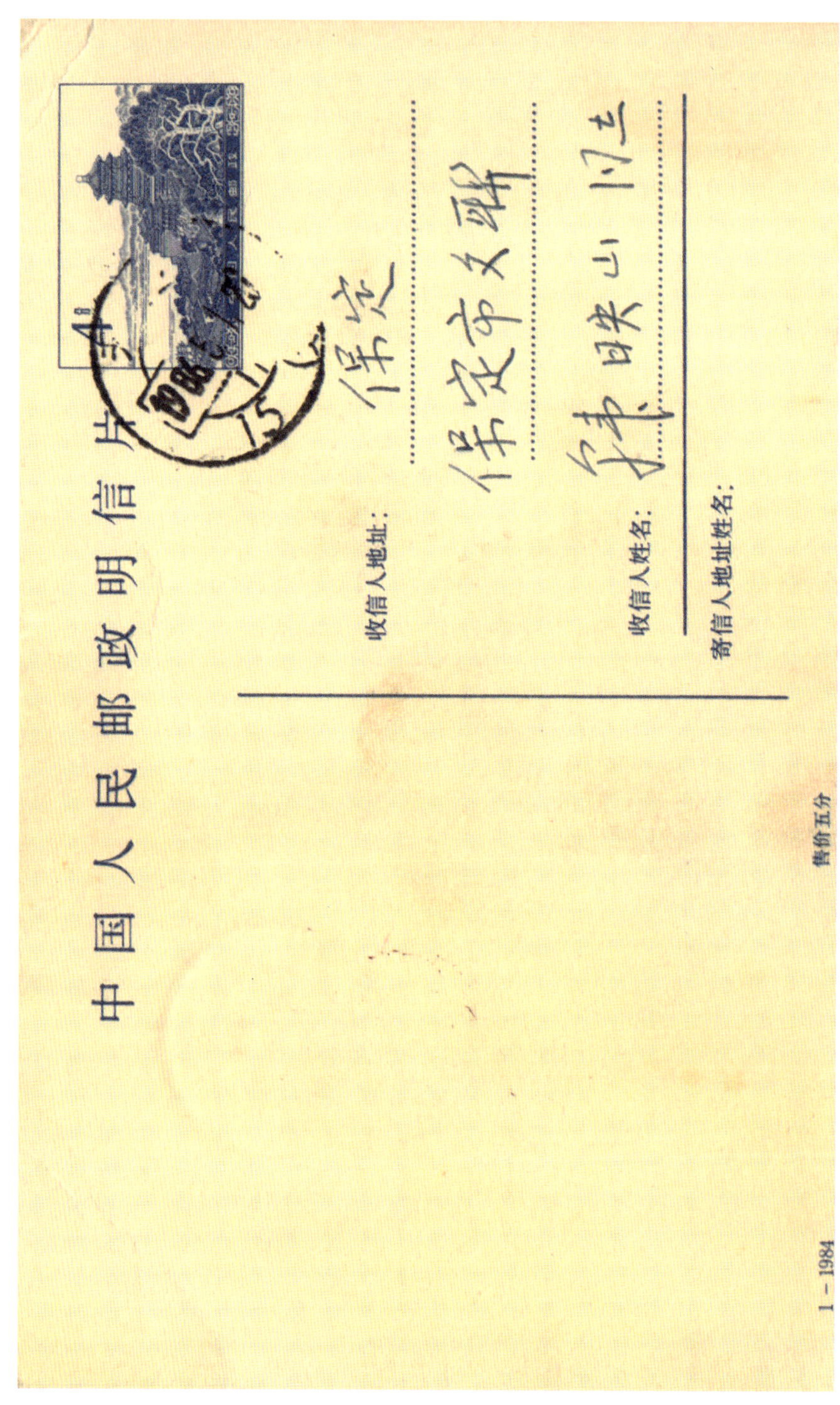
中国人民邮政明信片

收信人地址：保定

保定市文联

收信人姓名：韩映山 同志

寄信人地址姓名：

售价五分

1－1984

1986.4.29

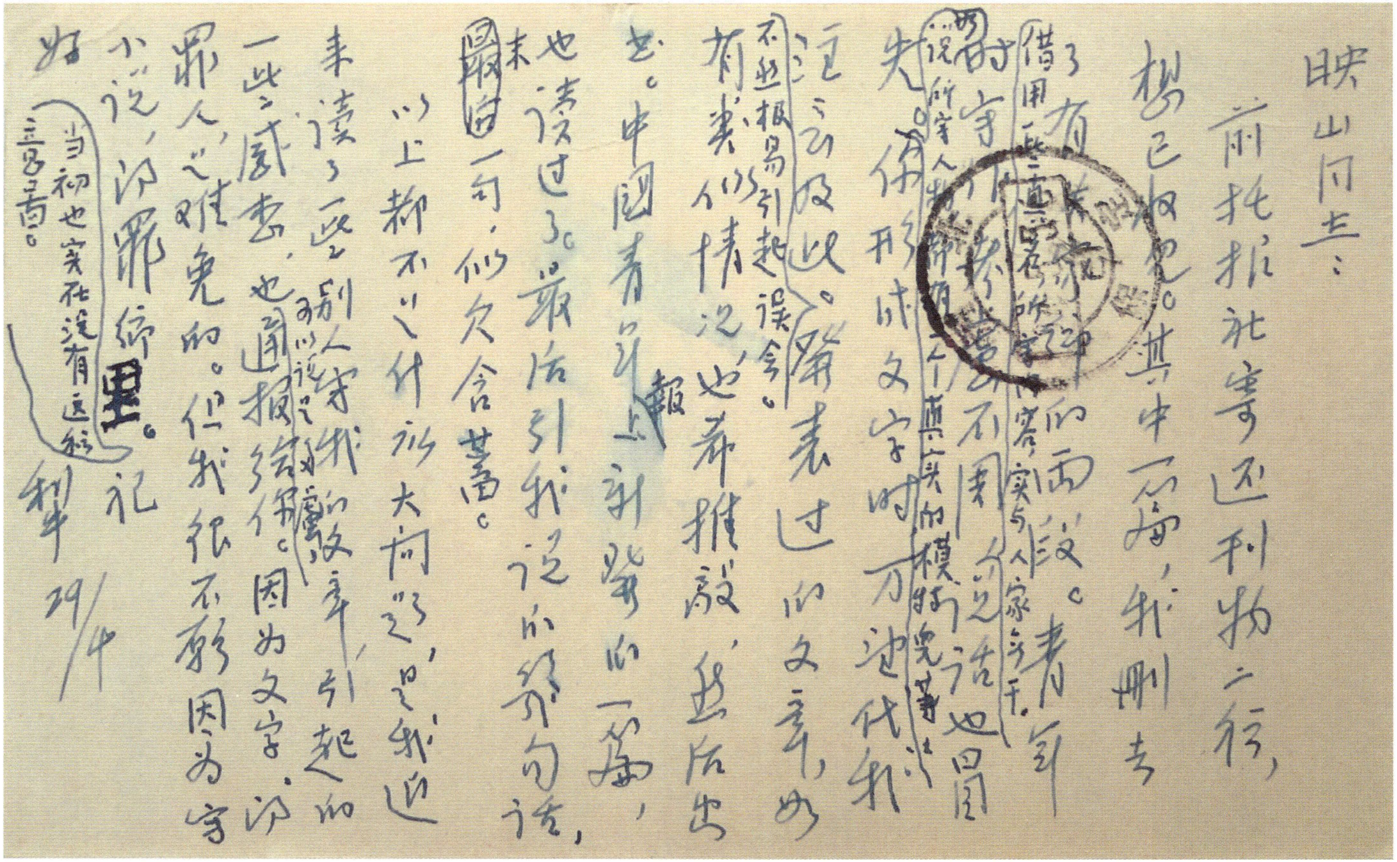

映山同志：

前托报社寄还刊物二行，想已收到。其中一篇，我删去了有关[illegible]的两段。（借用一些真实[illegible]所写内容，实与作家无干。）青年作者有时守[illegible]不同[illegible]的语也罢（明说所写人物有一个真实的模特，究竟[illegible]），失于依形成文字时，万望代我注意及此。除表过的文章外，有类似情况，也希推敲，然后发出。（不然很易引起误会。）中国青年报上刊登的一篇，也读过了。最后引我说的几句话，末后一句，似欠含蓄。

以上都不是什么大问题，只是我近来读了一些别人写我的文章，引起的一些感想，也通报给你。因为文字，得罪人，是难免的。但我很不愿因为写小说，得罪乡里。（当初也实在没有这种意思。）祝

好

孙犁

29/4

1986.4.29

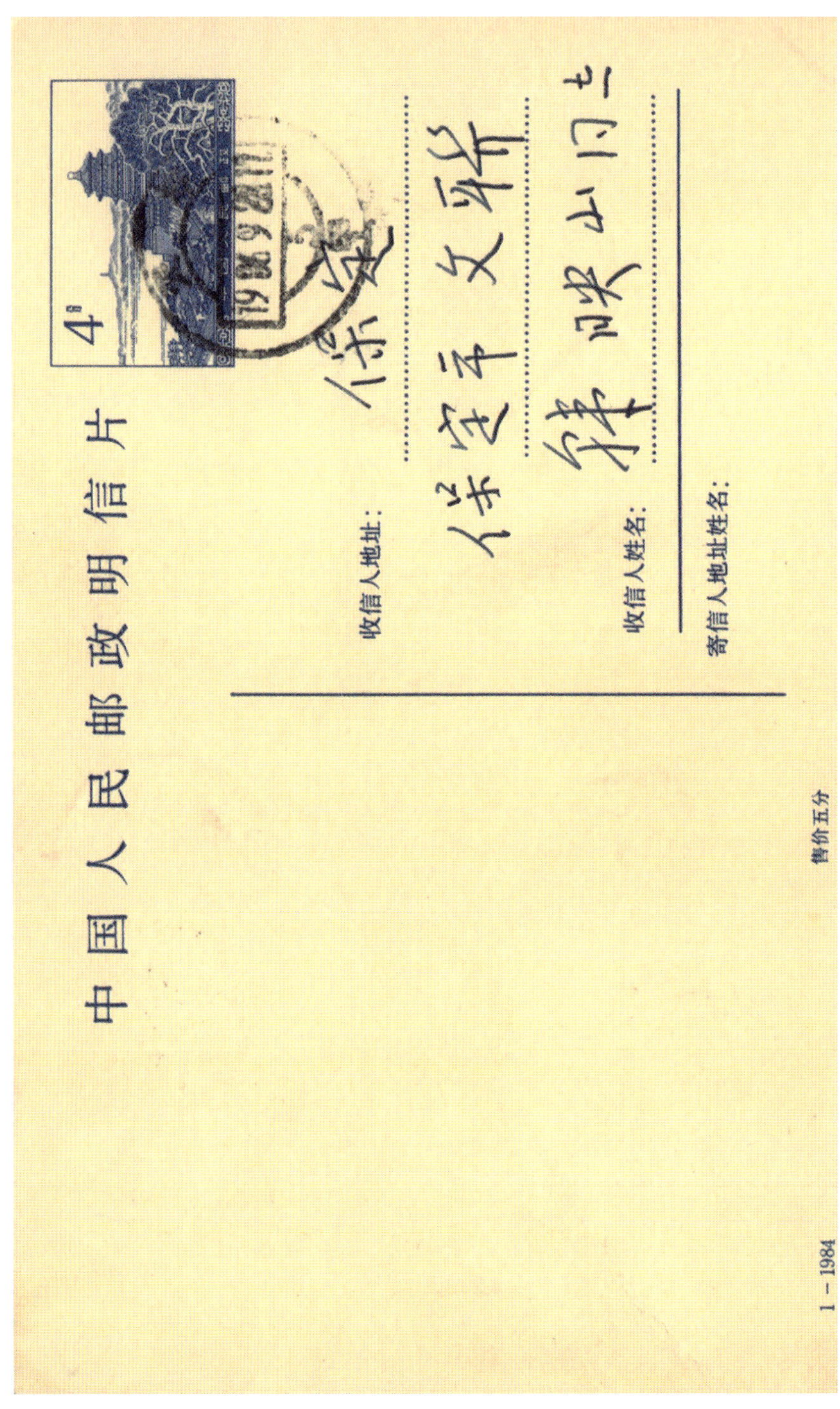

中国人民邮政明信片

4分

收信人地址：保定
保定市文联

收信人姓名：韩映山同志

寄信人地址姓名：

售价五分

1－1984

1986.9.28

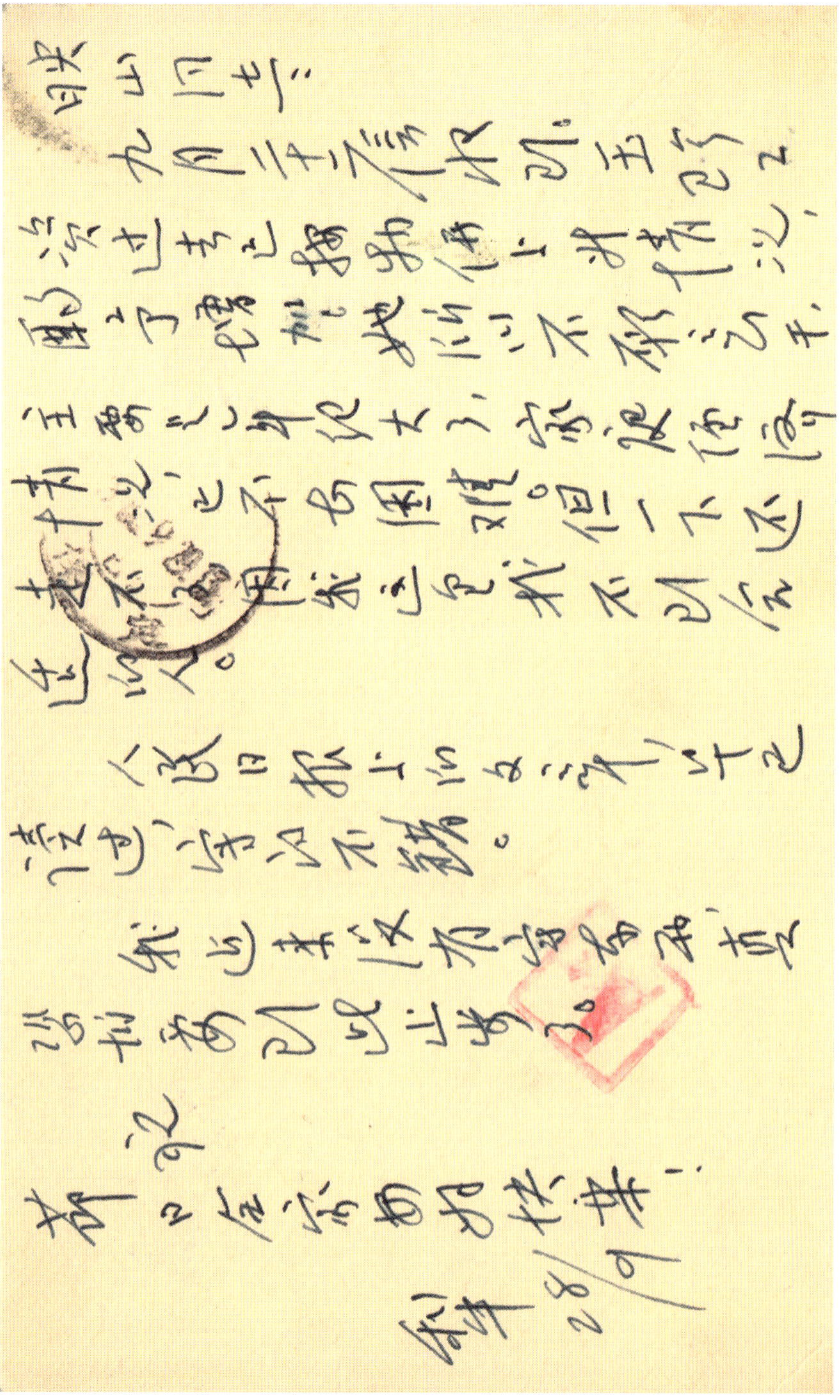

映山同志：

九月二十二信收到。[illegible]

[illegible]

犁 28/9

1986.9.28

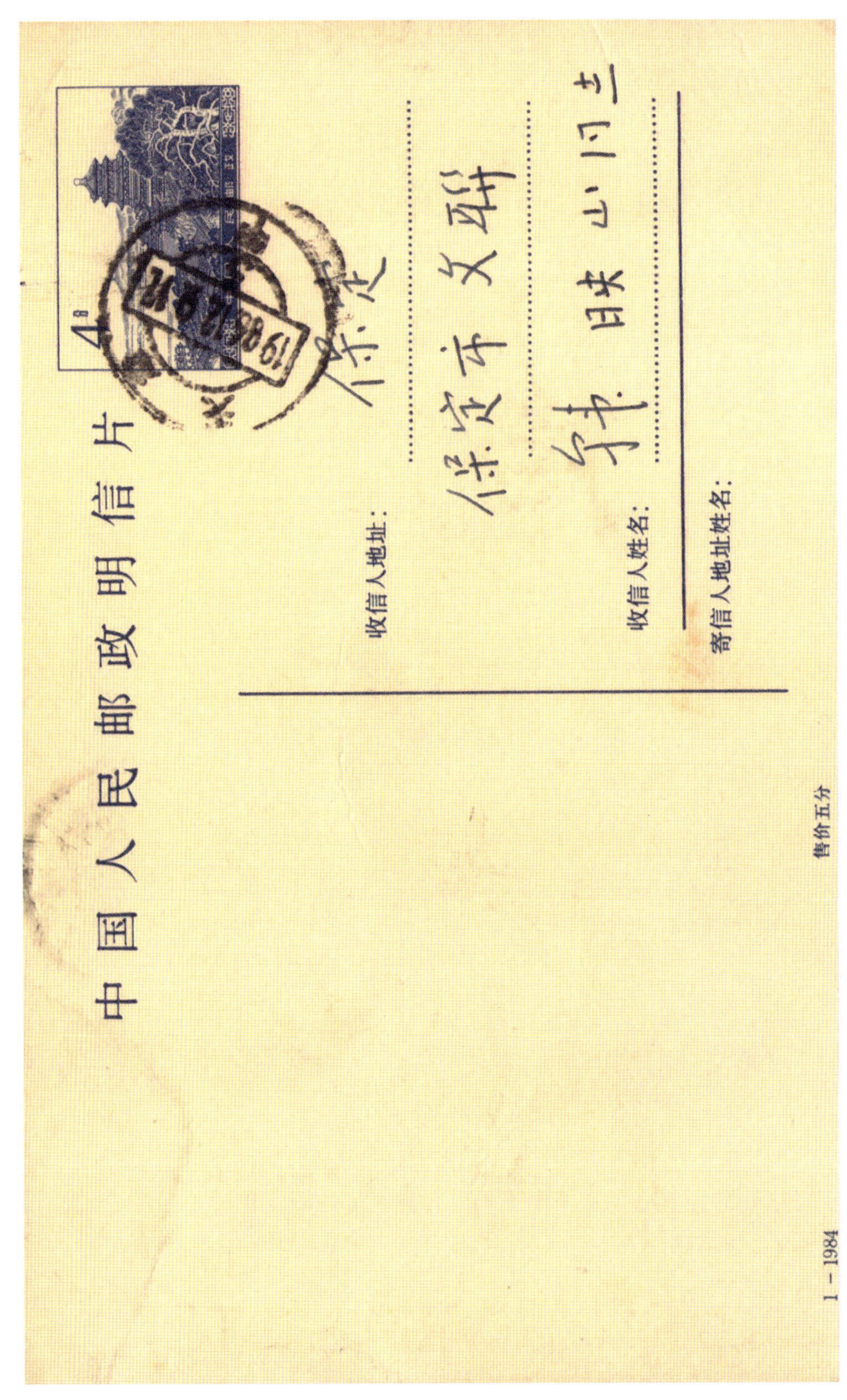

中国人民邮政明信片

收信人地址：保定
保定市文联

收信人姓名：韩映山同志

寄信人地址姓名：

售价五分

1－1984

1986.12.9

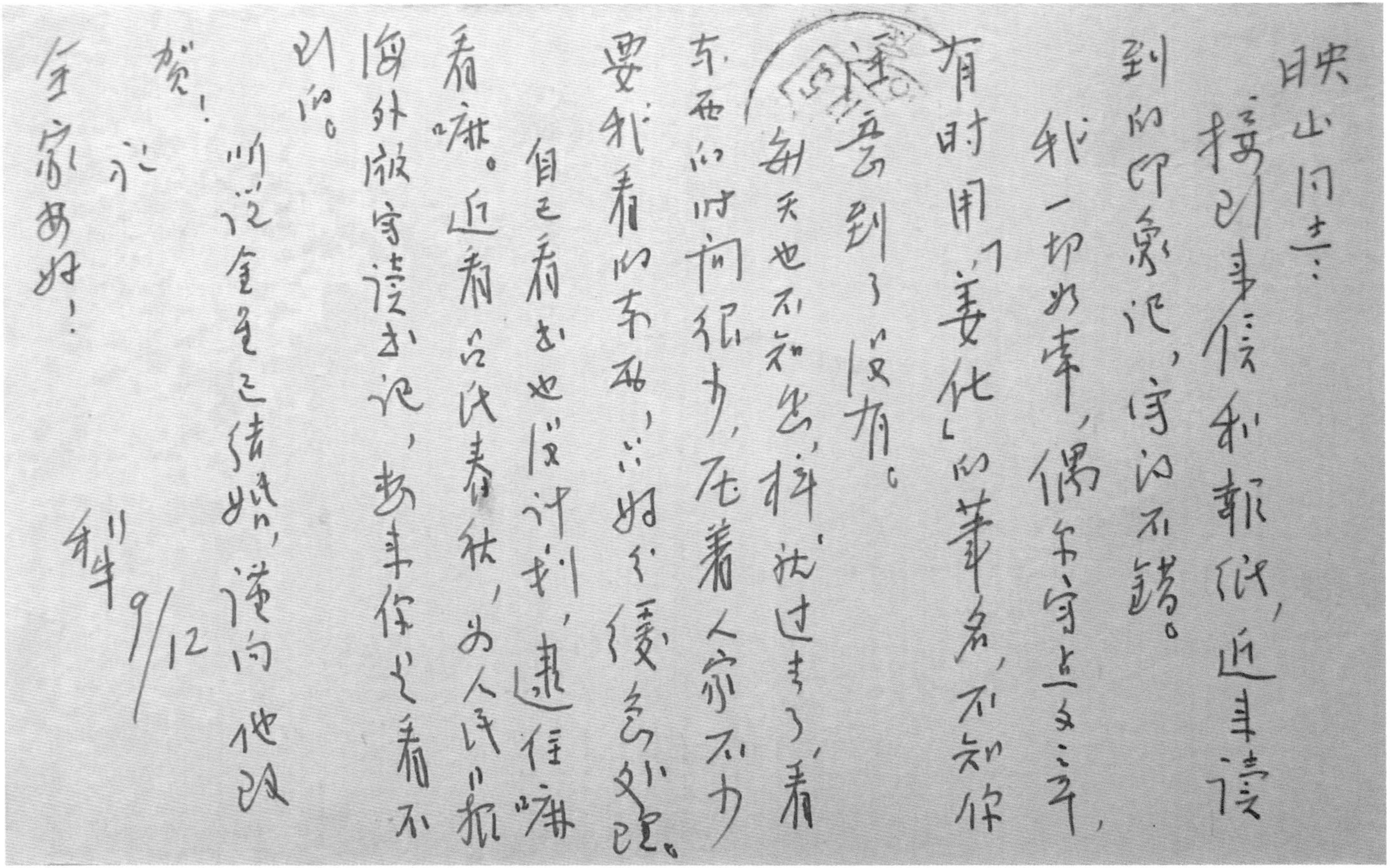

映山同志：

接到来信和报纸，近来读到的印象记，写的不错。

我一切如常，偶尔写点文章，有时用"姜化"的笔名，不知你看到了没有。

每天也不知怎样就过去了，看东西的时间很少，压着人家不少要我看的东西，只好慢慢处理。

自己看书也没计划，遇什么看什么。近看吕氏春秋，为人民日报海外版写读书记，出来你也看不到的。

听说金龟已结婚，请向他致贺！

祝

全家安好！

犁 9/12

1986.12.9

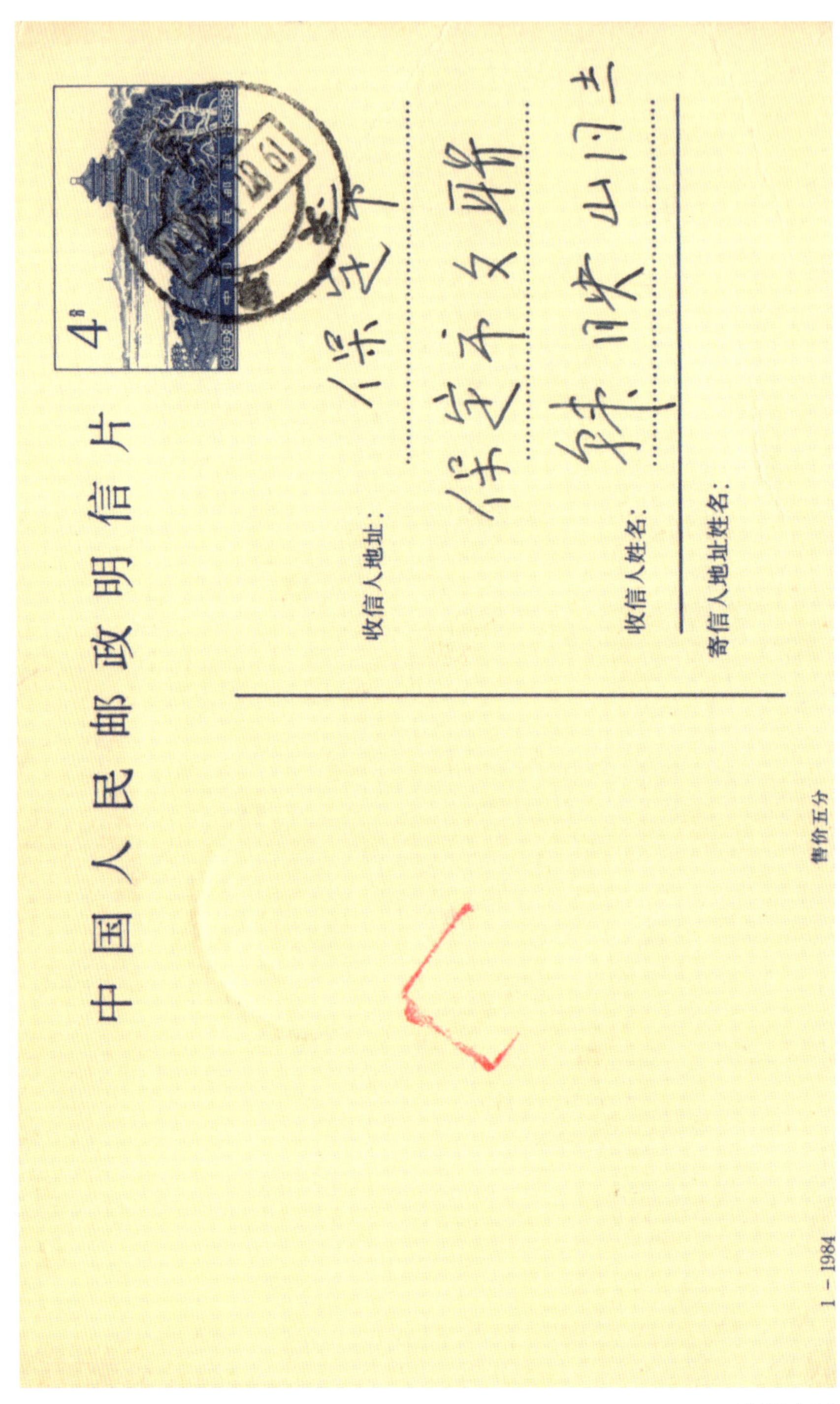
中国人民邮政明信片

4分

收信人地址：保定市
保定市文联

收信人姓名：韩映山同志

寄信人地址姓名：

售价五分

1－1984

1987.1.20

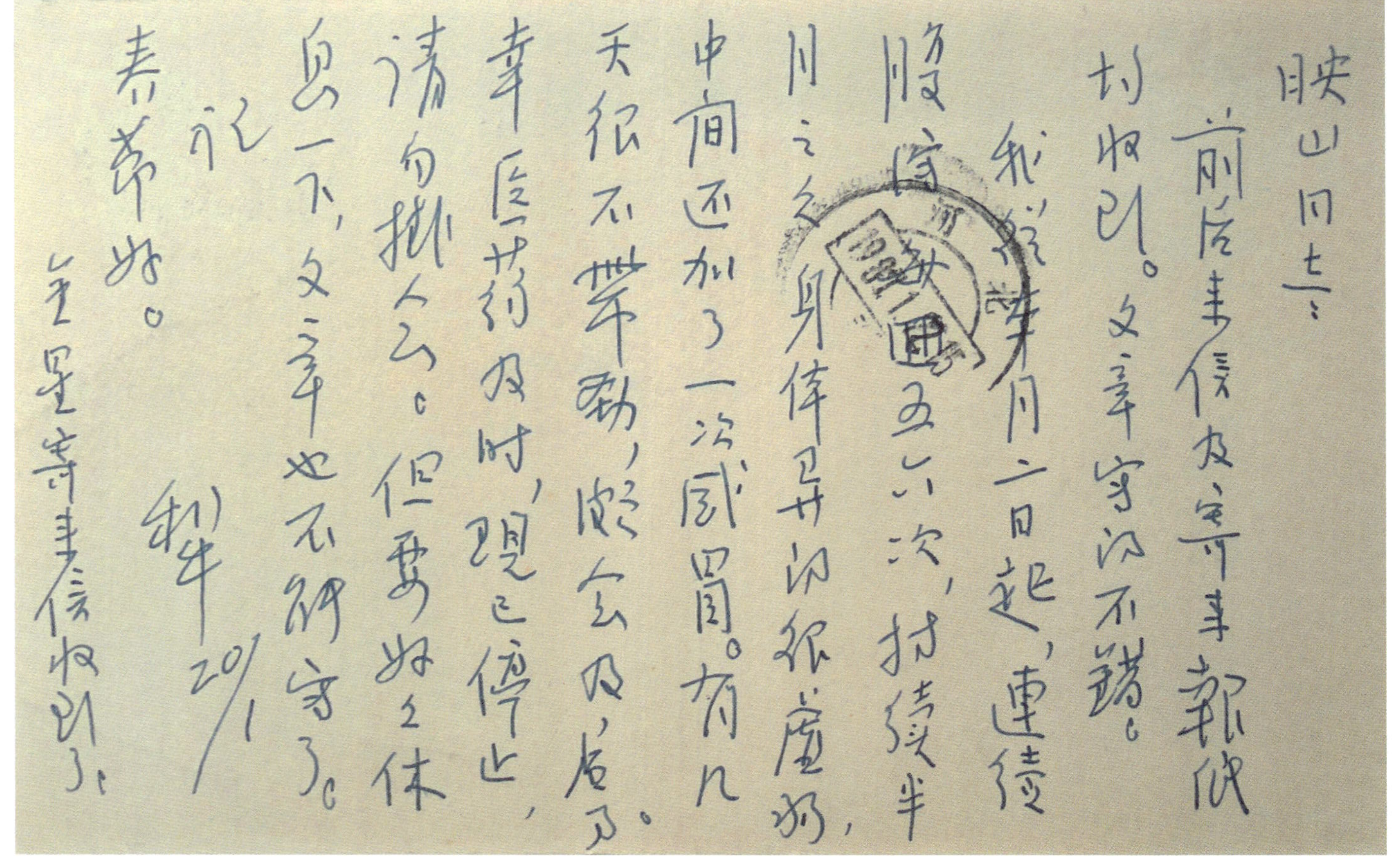

映山同志：

前后来信及文章都收到。文章写的不错。

我从本月二日起，连续腹泻五六次，持续半月之久，身体异常衰弱，中间还加了一次感冒。有几天很不带劲，躺在那儿了。幸医药及时，现已停止，请勿挂念。但要好好休息一下，文章也不能写了。

祝

春节好。

犁 20/1

王星寄来信收到了。

1987.1.20

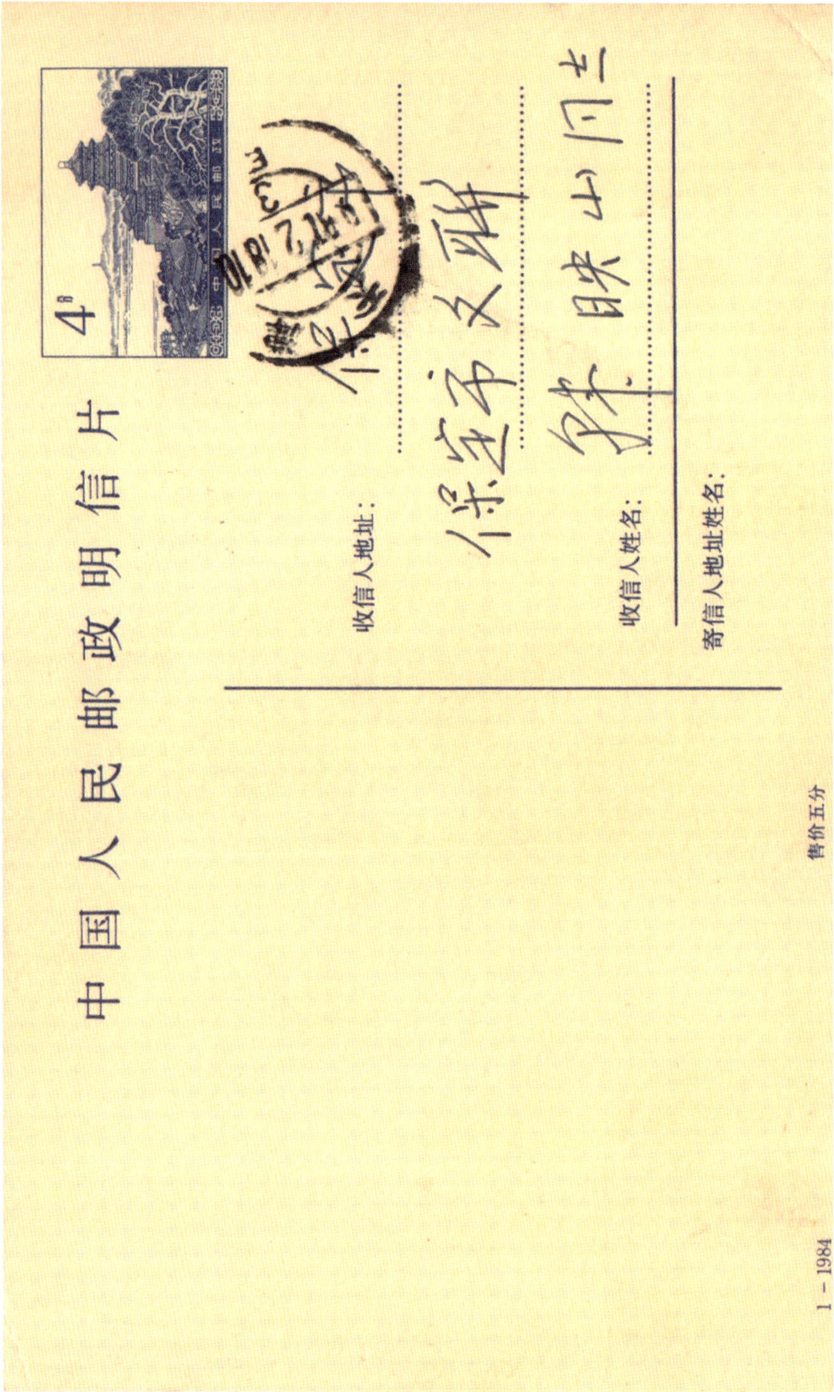
中国人民邮政明信片

4分 中国人民邮政

收信人地址：保定市文联

收信人姓名：韩映山同志

寄信人地址姓名：

售价五分

1－1984

1987.2.16

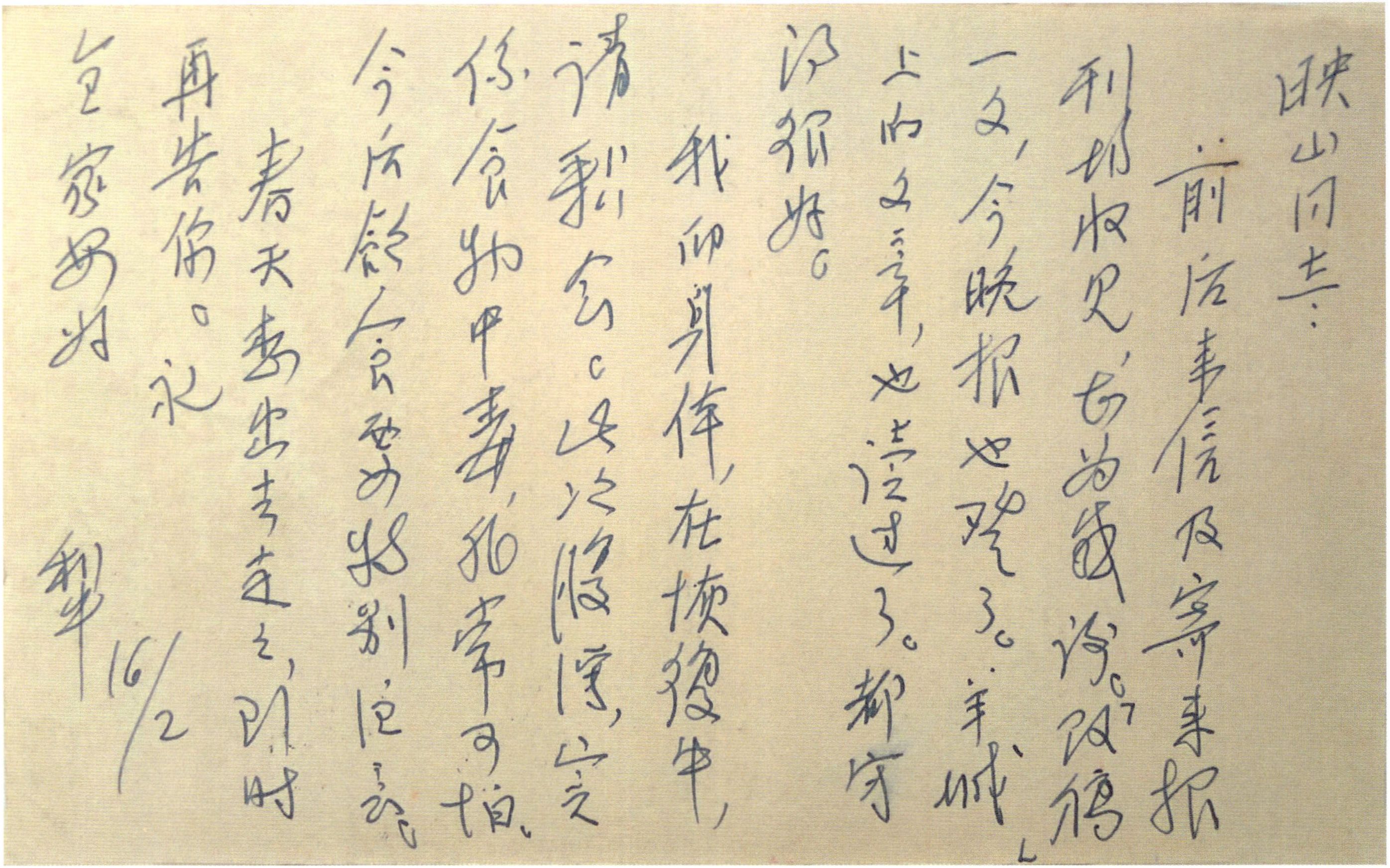
映山同志：

前信及寄来报刊均收见，古为战诗改稿一文，今晚报也登了。羊城上的文章，也读过了。都写得很好。

我的身体，在恢复中，请别念。这次复发，完系食物中毒，非常可怕。今后饮食要特别注意。

春天或出去走走，到时再告你。祝

全家安好

犁 16/2

1987.2.16

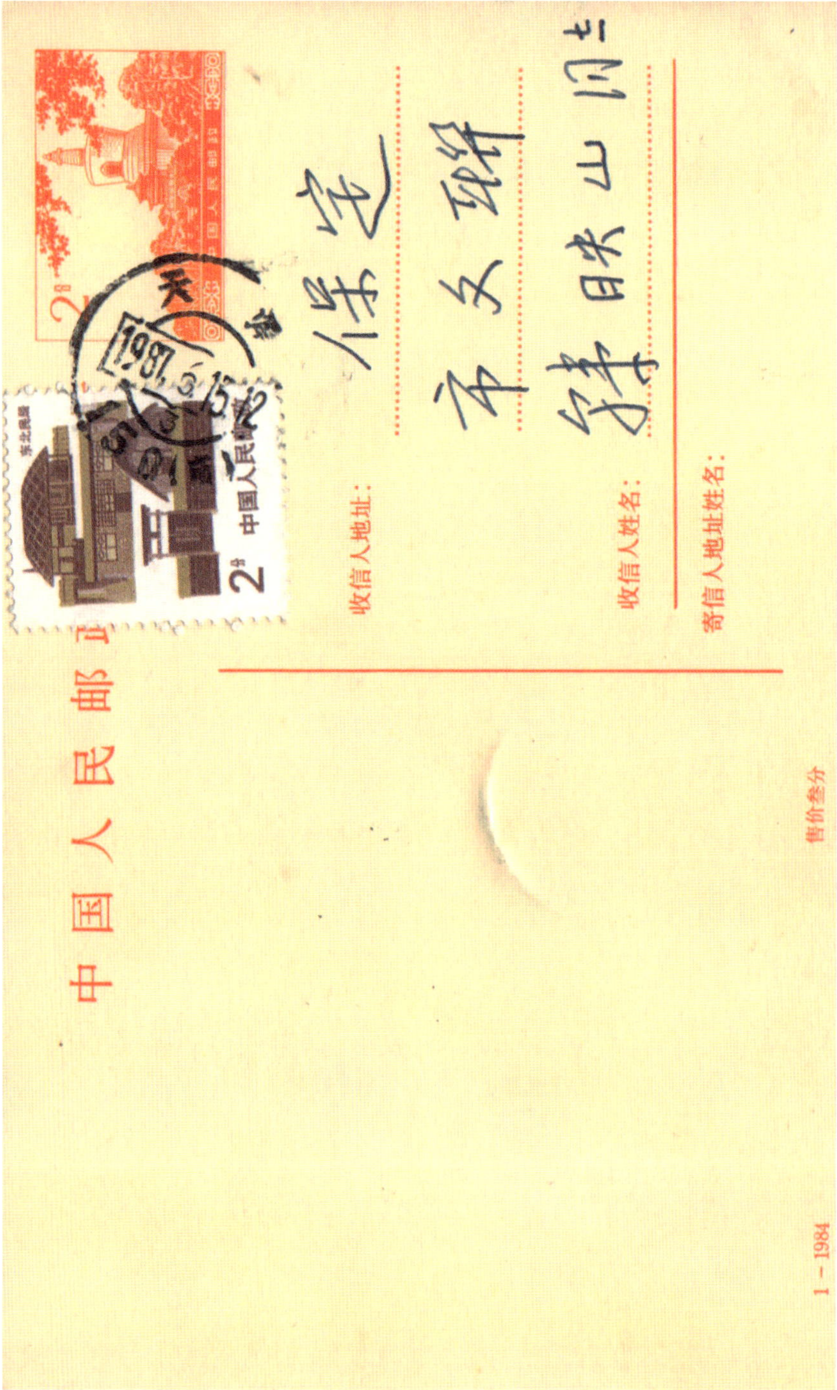
中国人民邮政
收信人地址：
保定
市文联
收信人姓名：
韩映山同志
寄信人地址姓名：
售价叁分
1－1984
东北民居
中国人民邮政
2分

1987.6.14

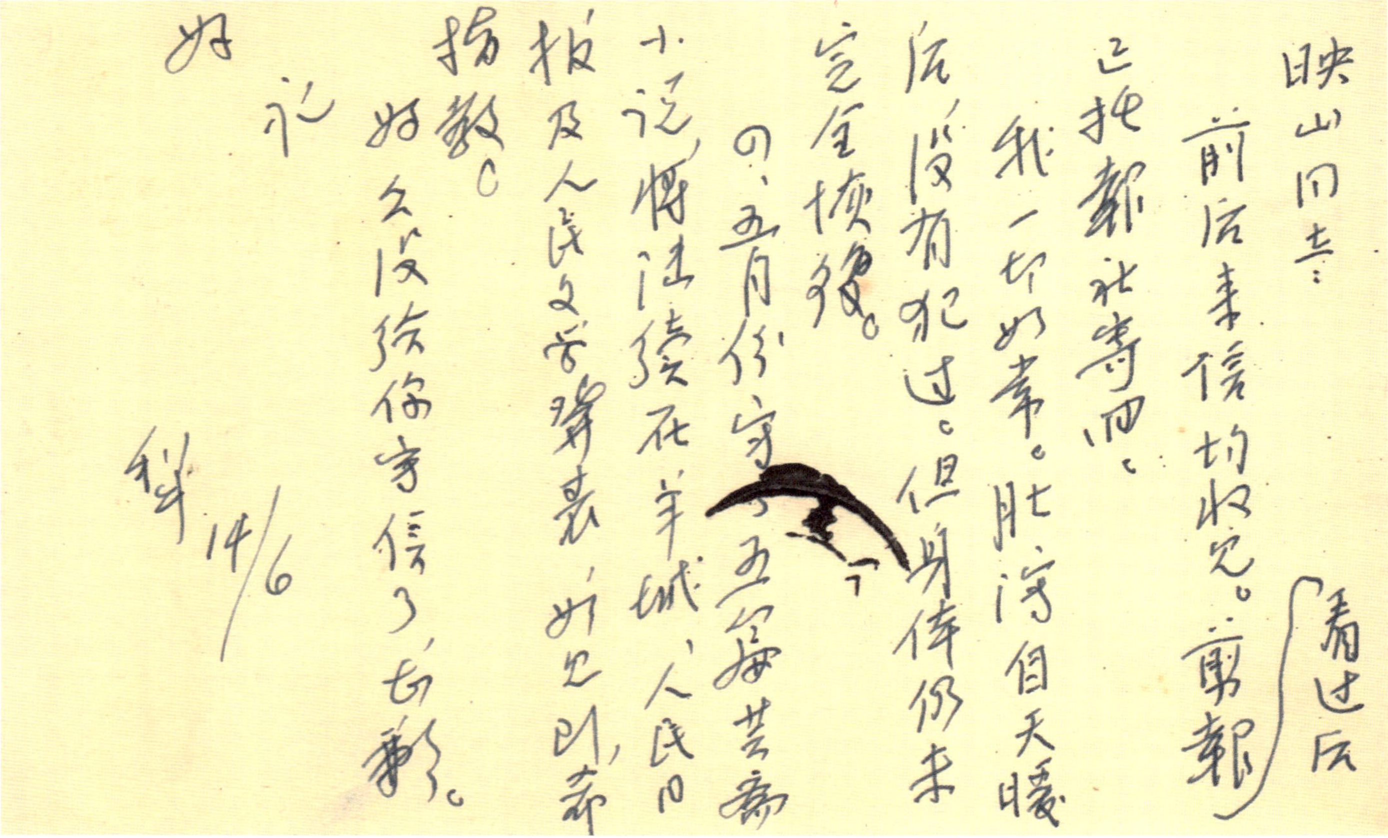

映山同志：

前信来信均收到。剪報看过后，已托邮社寄回。

我一切如常。此间自天暖后，没有犯过。但身体仍未完全恢复。

四、五月份写的五篇芸斋小说，将陆续在羊城、人民日报及人民文学发表，如见到，希指教。

好久没给你写信了，甚歉。

祝

好

犁 14/6

1987.6.14

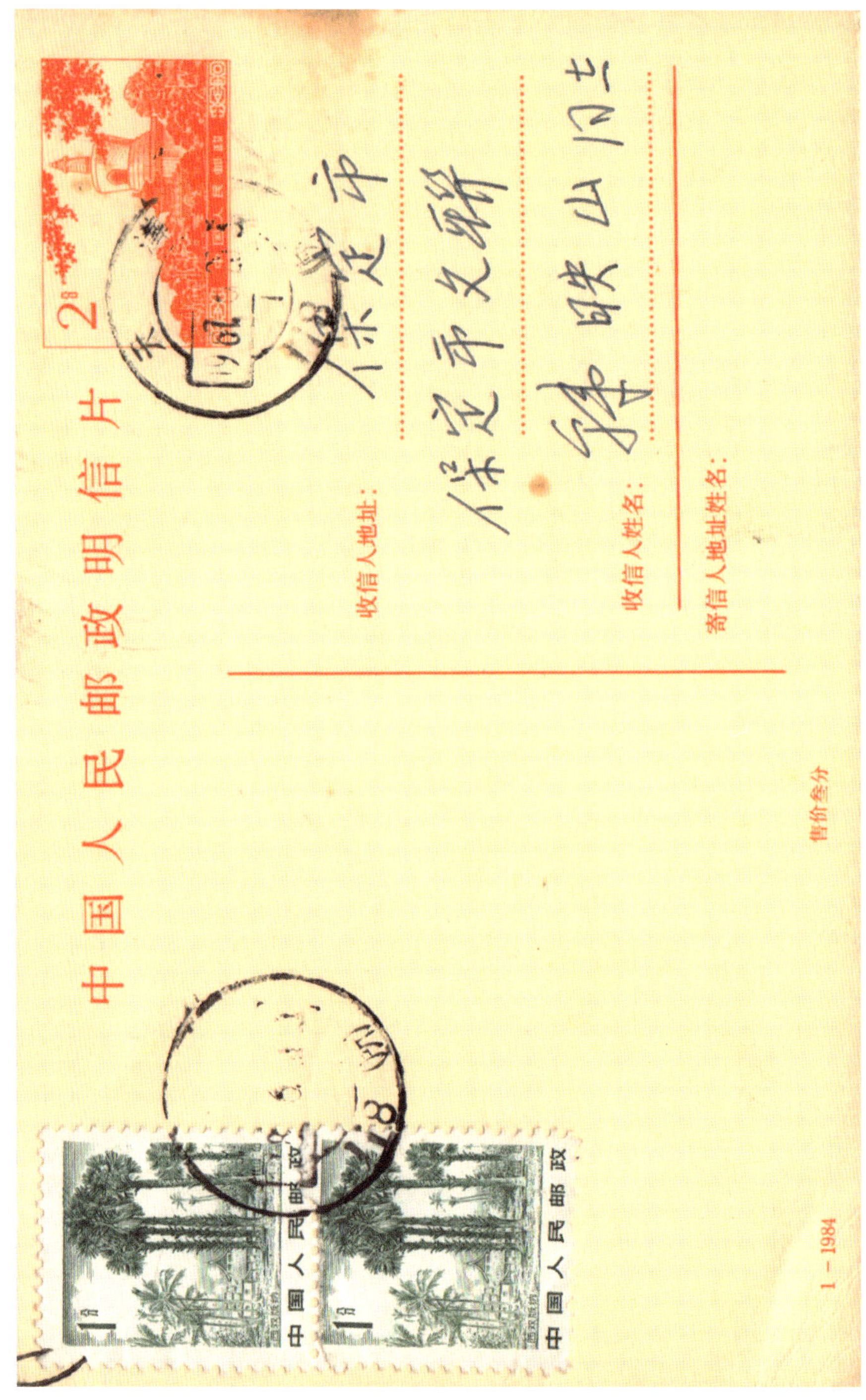
中国人民邮政明信片

收信人地址：保定市 保定市文联

收信人姓名：韩映山 同志

寄信人地址姓名：

售价叁分

1－1984

1987.6.27

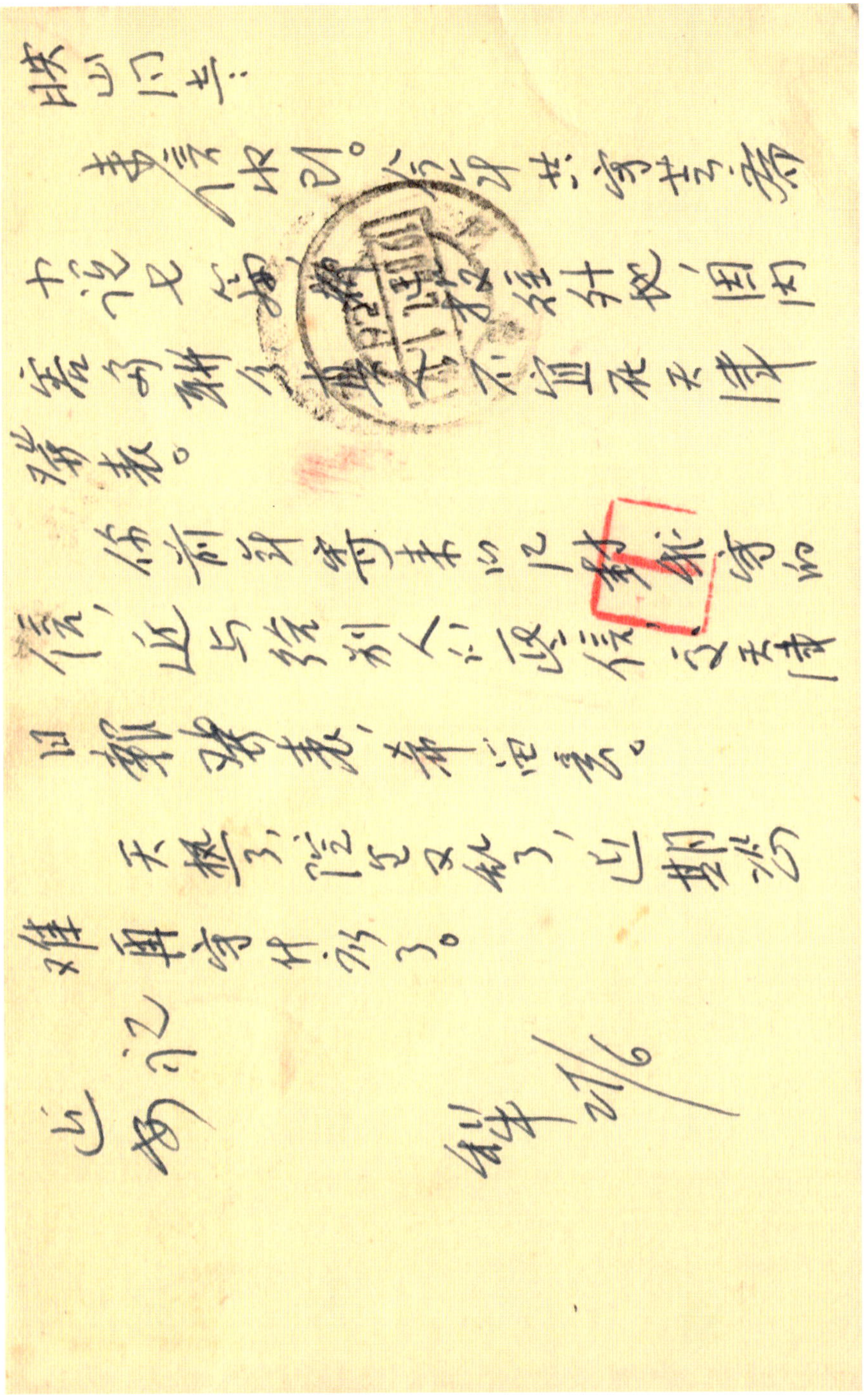
映山同志：

来信收到。今年共写芸斋小说七篇，都投往外地，因内容多联系真人，不宜在天津发表。

你前年寄来的几封我写的信，近与给别人的书信，交天津日报发表，希留意。

天热了，院里又乱了，近期恐难再写什么了。

祝

近安

犁 27/6

1987.6.27

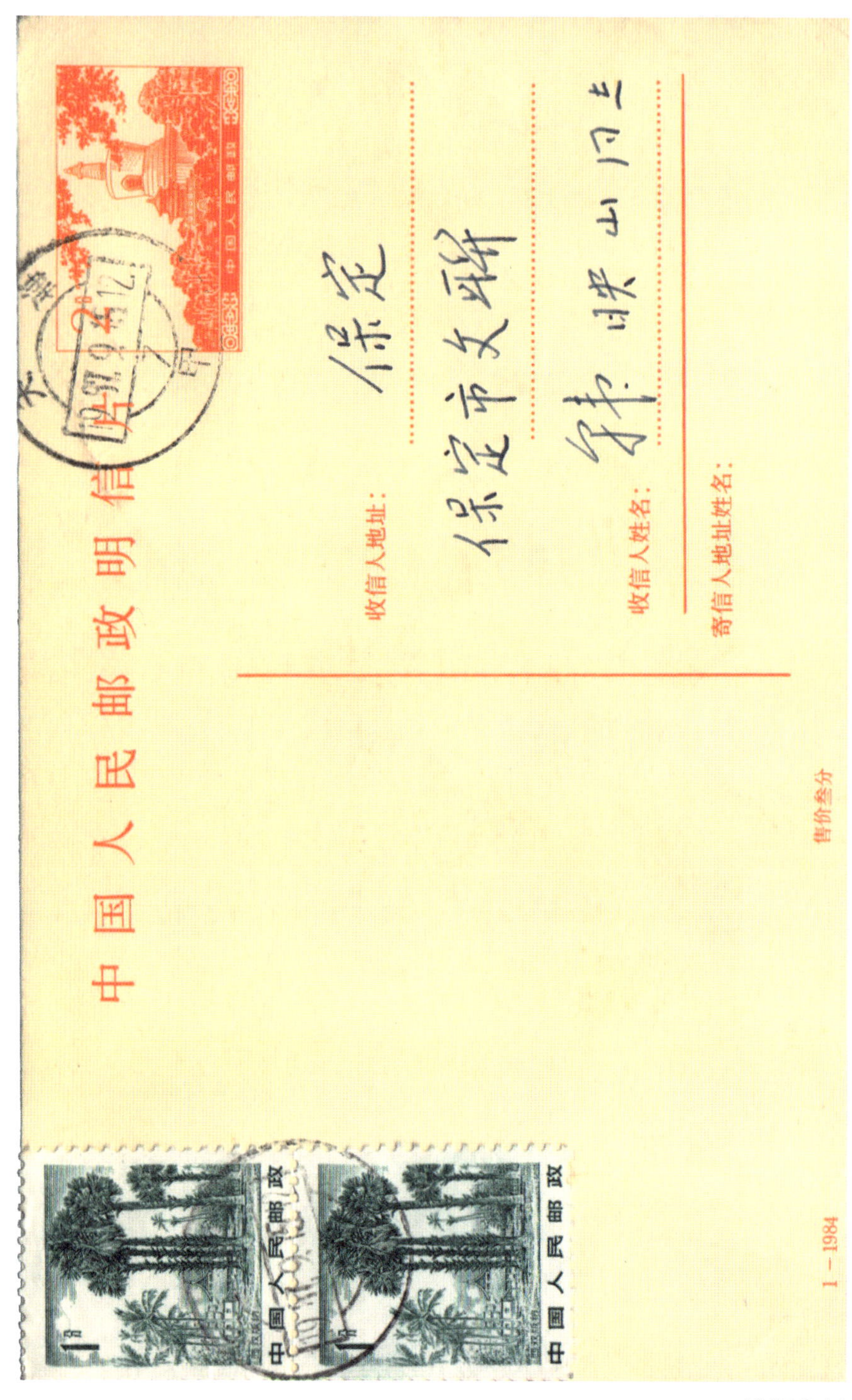
中国人民邮政明信片

收信人地址：保定

保定市文联

收信人姓名：韩映山同志

寄信人地址姓名：

售价叁分

1—1984

1987.9.14

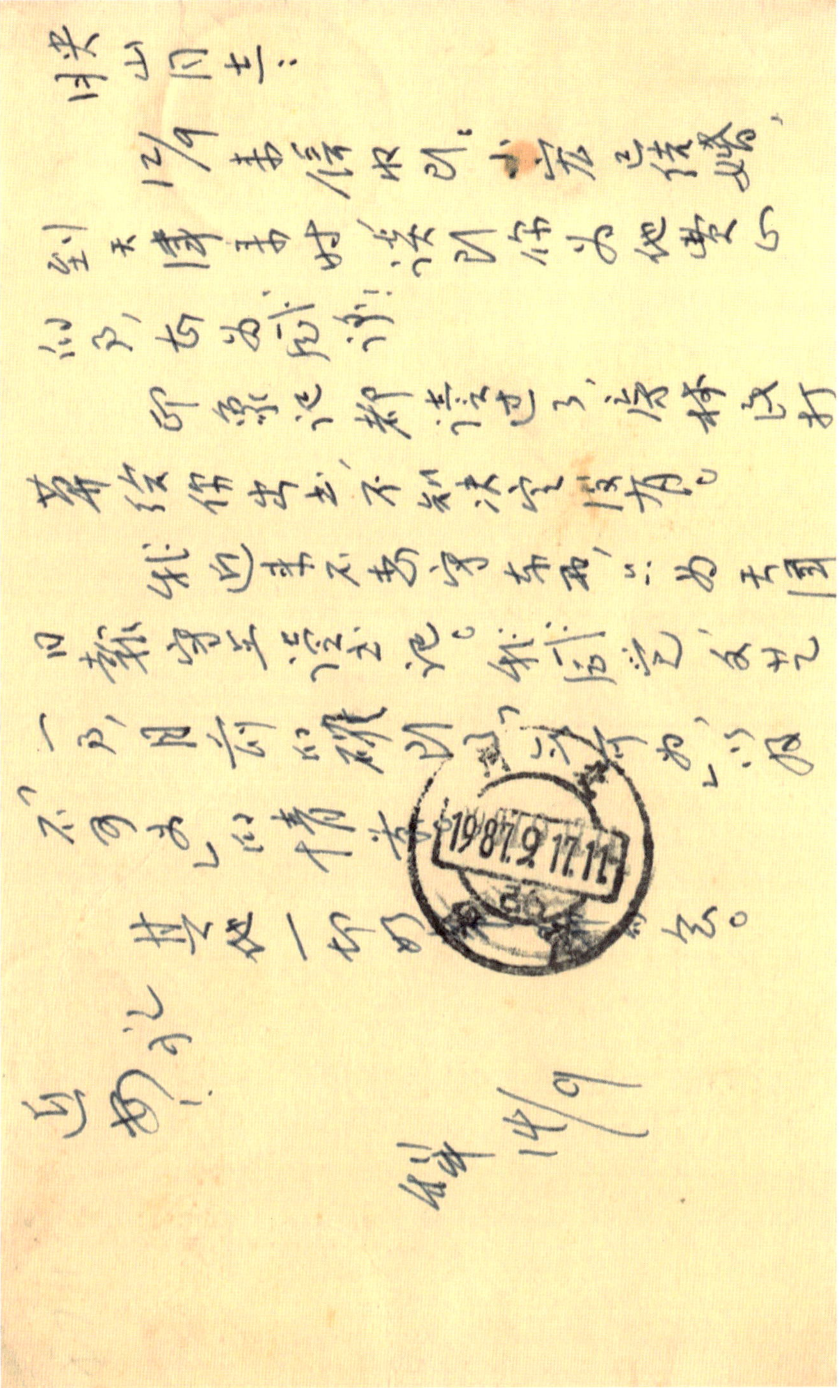

映山同志：

12/9来信收到。小宏已结婚，到天津来时，谈到你为他费心的事，甚为感谢！

印象记都读过了，房树民打算给你出书，不知决定没有。

我近来不大写东西，只为天津日报写点读书记。我感觉，文艺一事，目前的确到了「无可为」，以后「不可为」的情景。

其他一切如常，勿念。

祝

近好！

孙犁 14/9

1987.9.14

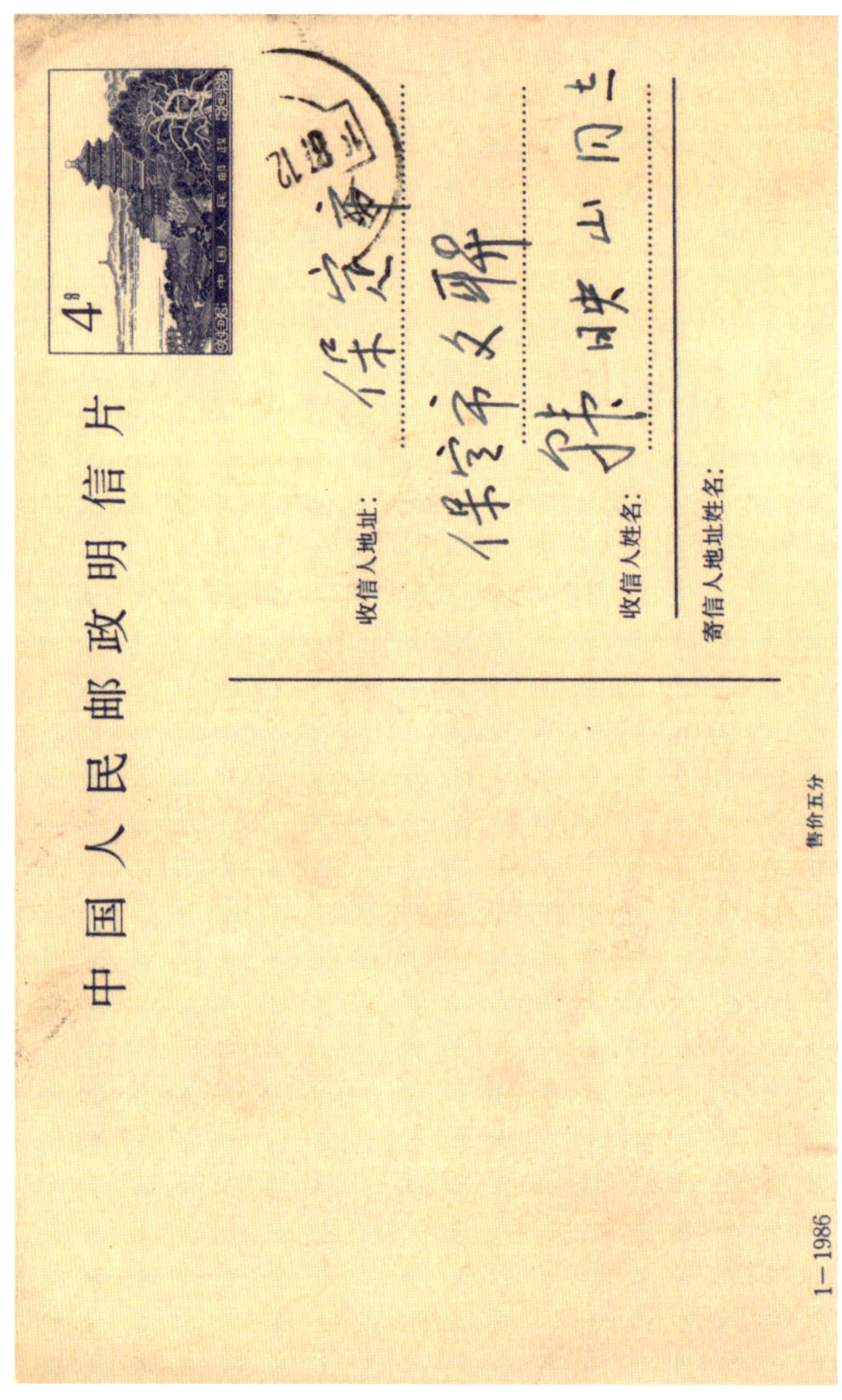

中国人民邮政明信片

4分

收信人地址：保定市
保定市文联

收信人姓名：韩映山同志

寄信人地址姓名：

售价五分

1—1986

1987.12.21

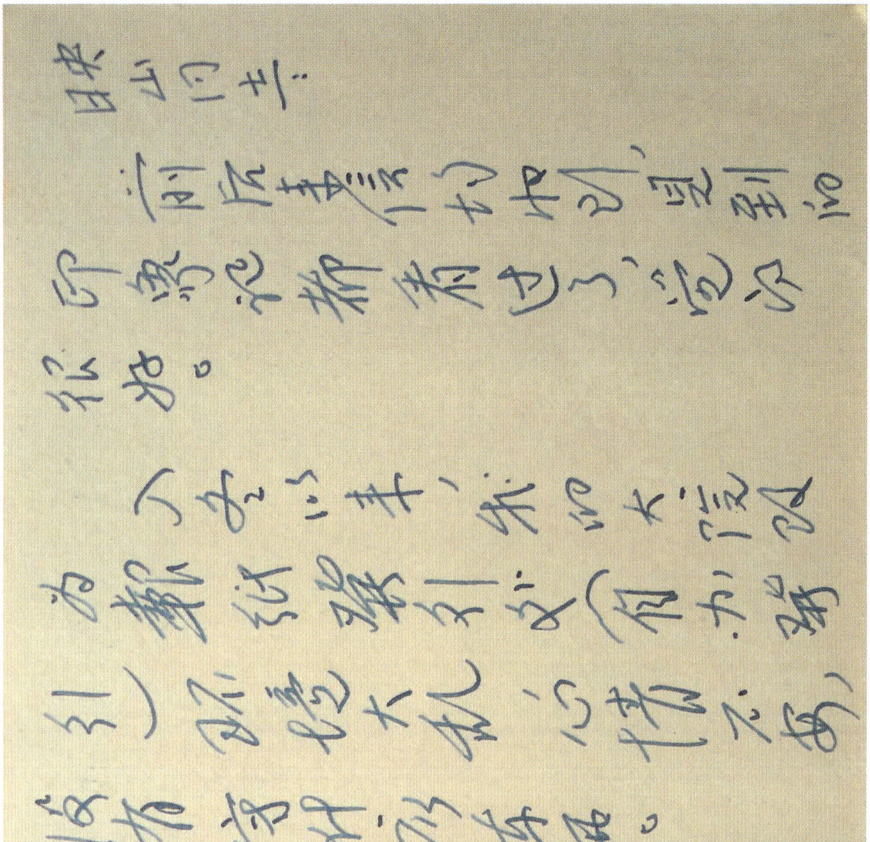

映山同志：

前后来信均收到，是到的印象记都看过了，觉得很好。

入冬以来，我的大院改为邻居装修（自加修引）环境大乱，心情不安，没有写什么东西。

出书难，一下看来解决不了，并且越来越不好办。

祝

新年好！

犁 21/12

1987.12.21

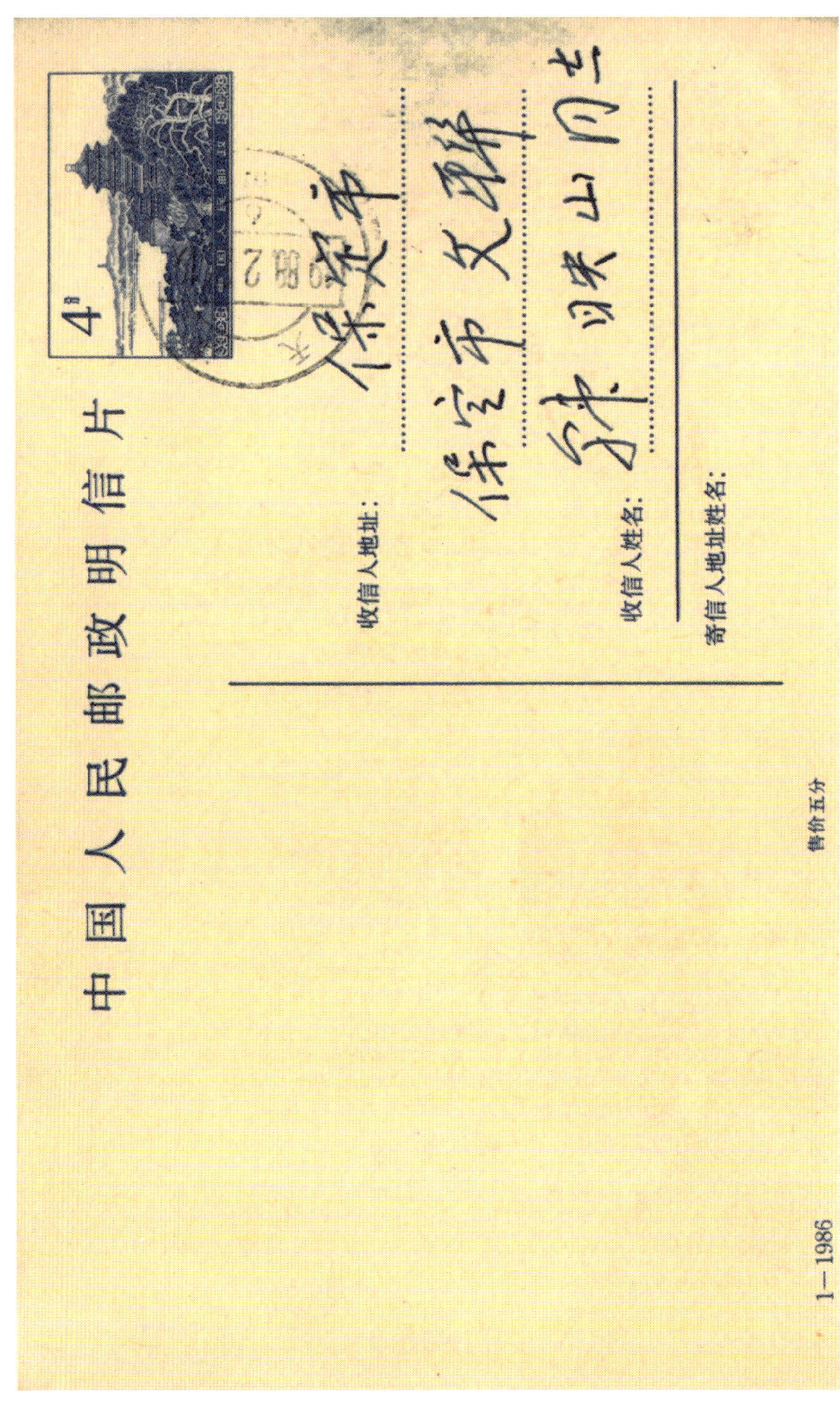
中国人民邮政明信片

收信人地址：保定市 保定市文联

收信人姓名：韩映山同志

寄信人地址姓名：

售价五分

1—1986

1988.2.26

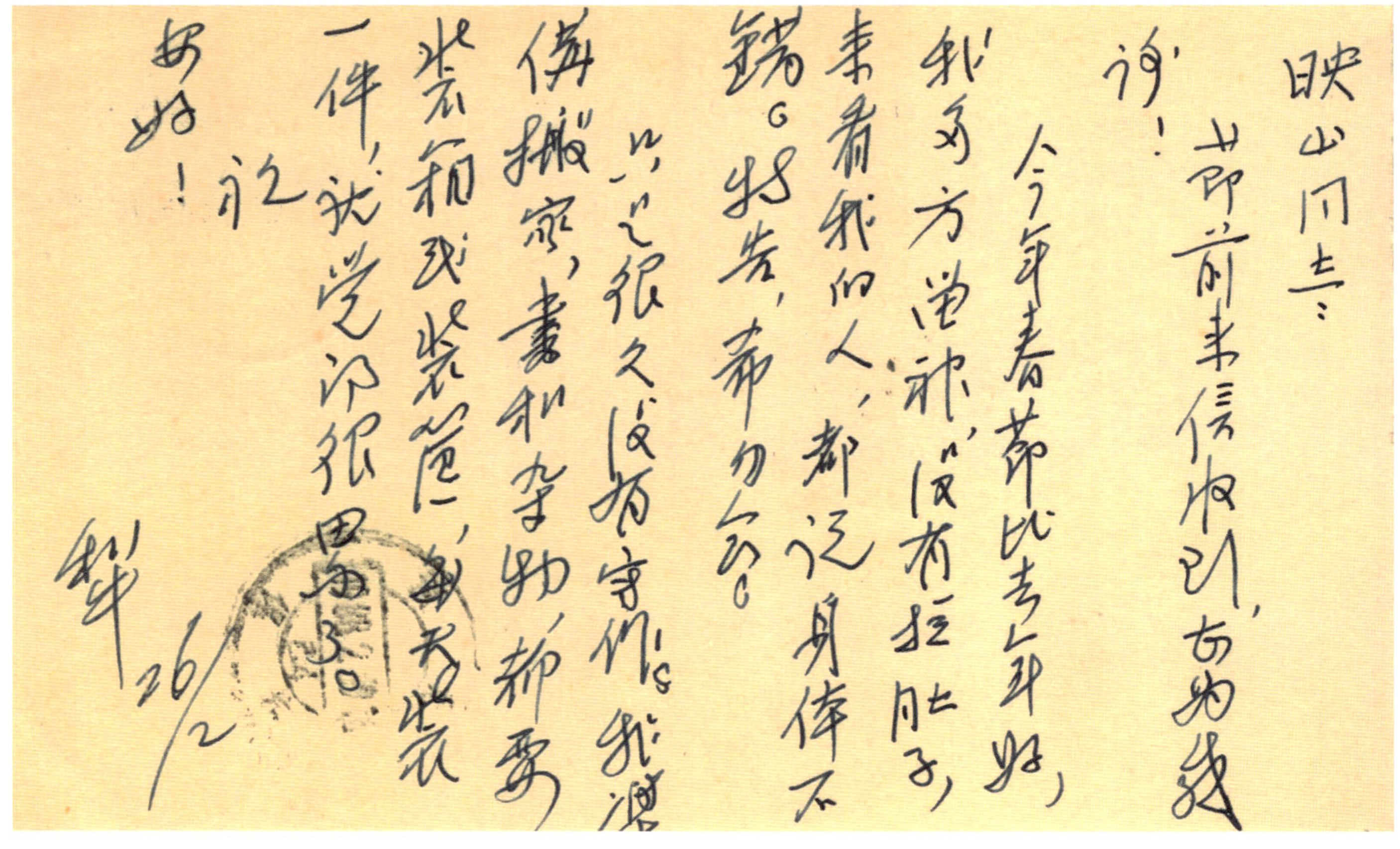

映山同志：

节前来信收到，[illegible]为我[illegible]！

今年春节比去年好，我多方当心，没有拉肚子，来看我的人，都说身体不错。特告，希勿念。

近已很久没有写作。我准备搬家，书和杂物，都要装箱，和我装箱，每天只装一件，就觉得很困[illegible]

祝

安好！

犁

26/2

1988.2.26

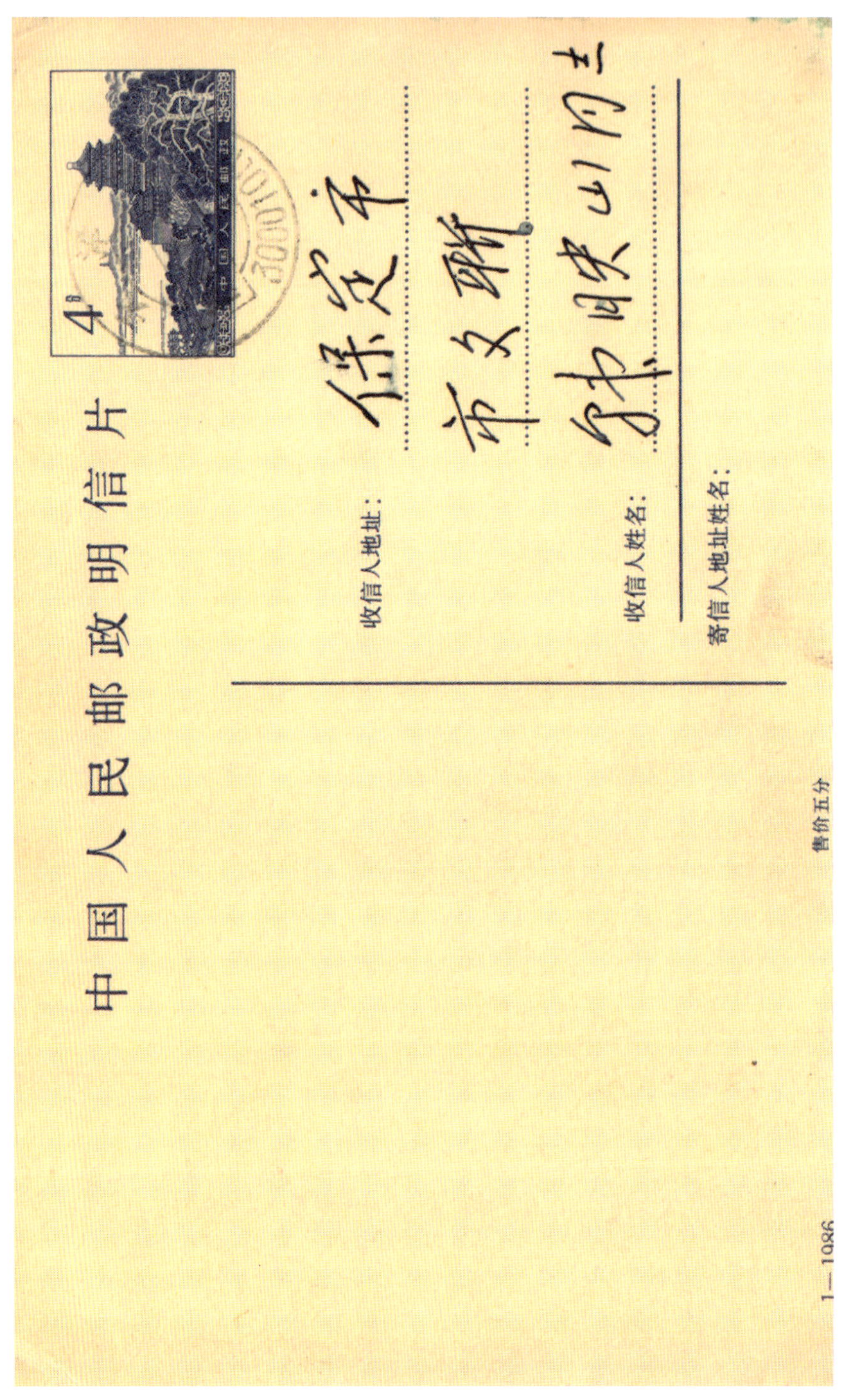

1988.8.16

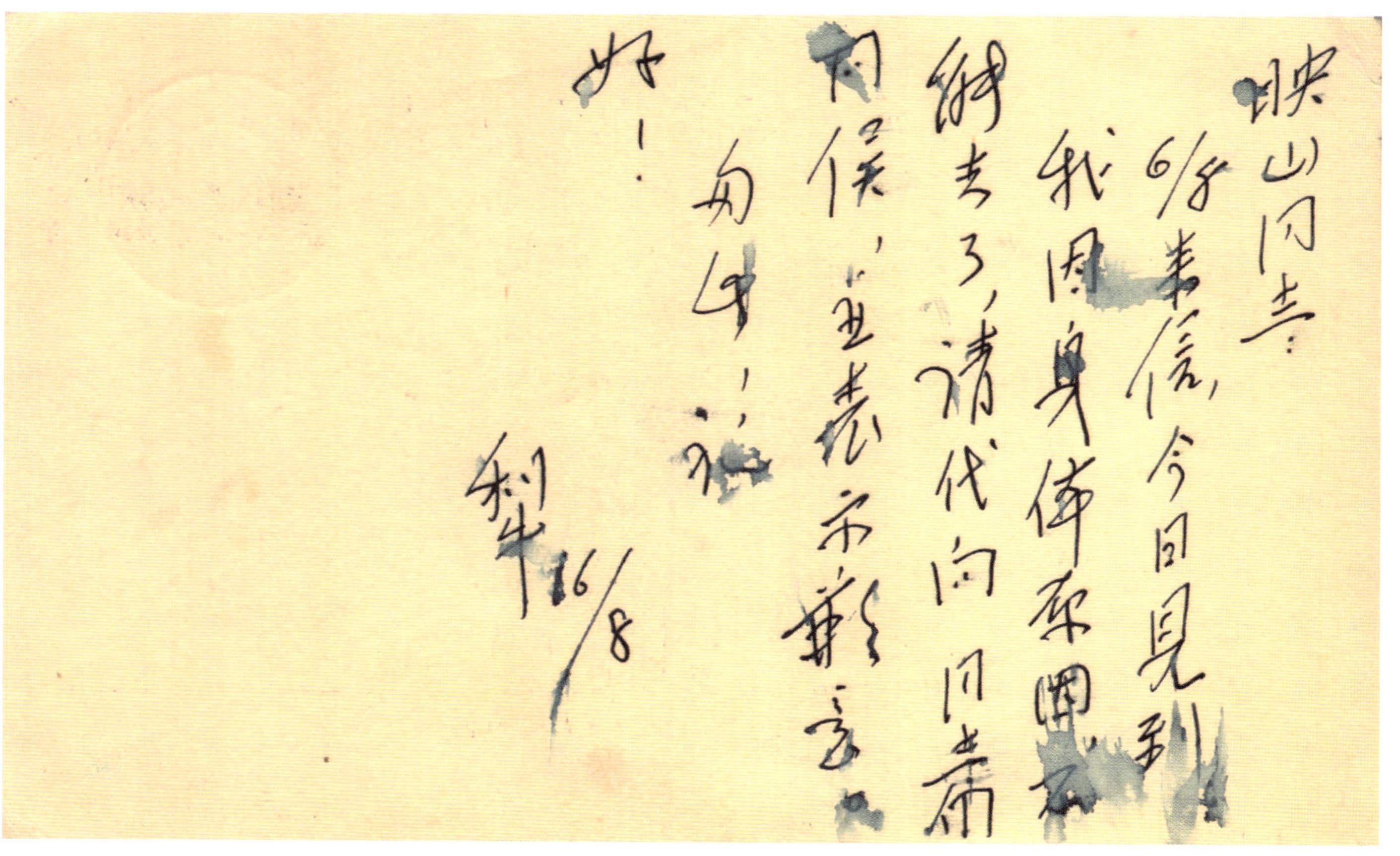

映山同志：

6/8来信，今日见到。我因身体不适，不能去了，请代向同志们问候，并表示歉意。

匆匆！祝

好！

犁 16/8

1988.8.16

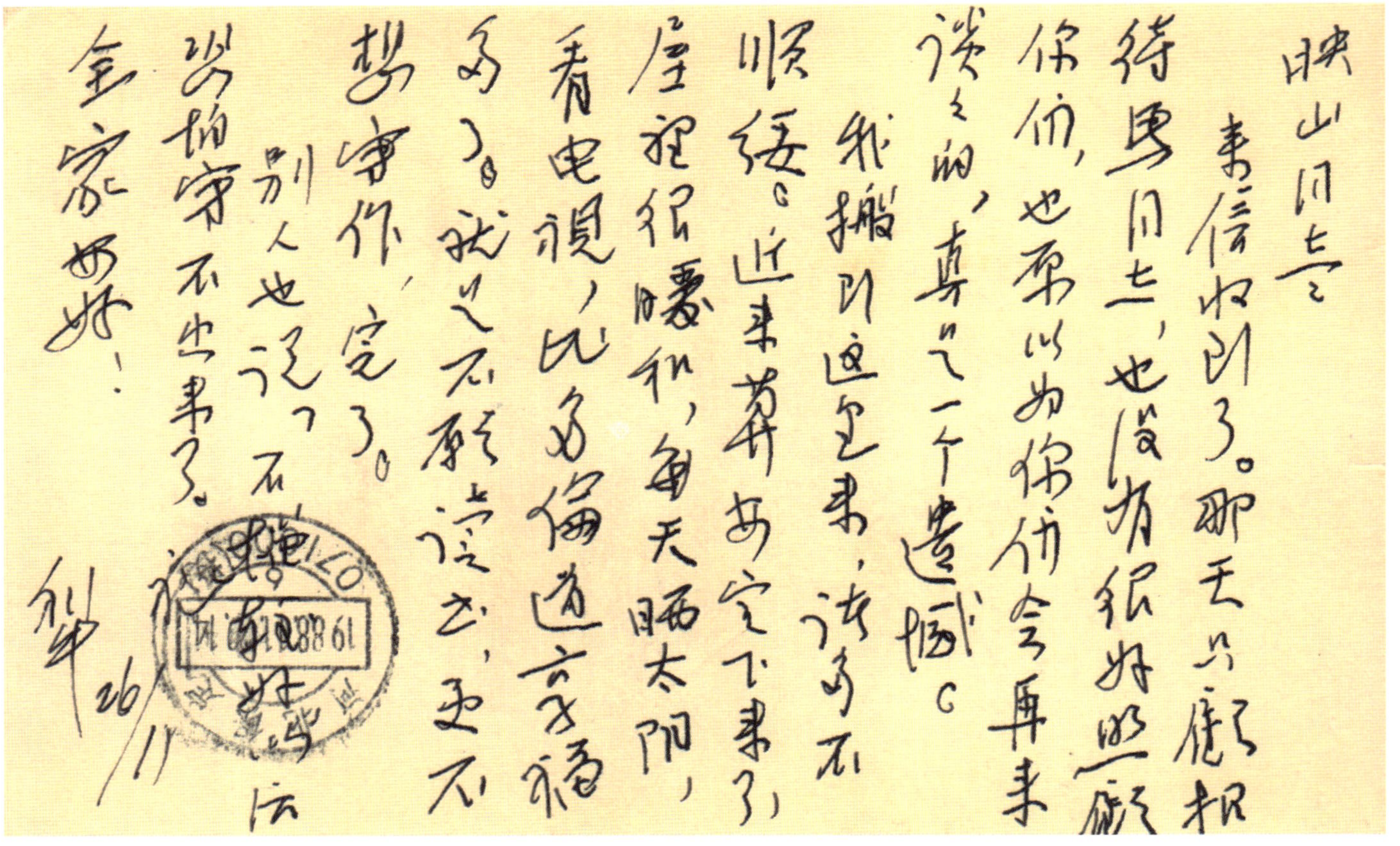

映山同志：

来信收到了。那天只能招待马同志，也没有很好的照顾你们，也希望以后你们会再来谈谈的，真是一个遗憾。

我搬到这里来，诸多不顺遂。近来总算安定下来了，屋里很暖和，每天晒太阳，看电视，比在多伦道享福多了。我已不能读书，更不想写作，完了。

别人也说了，不必怕写不出来了。

全家好好！

犁

26/11

1988.11.26

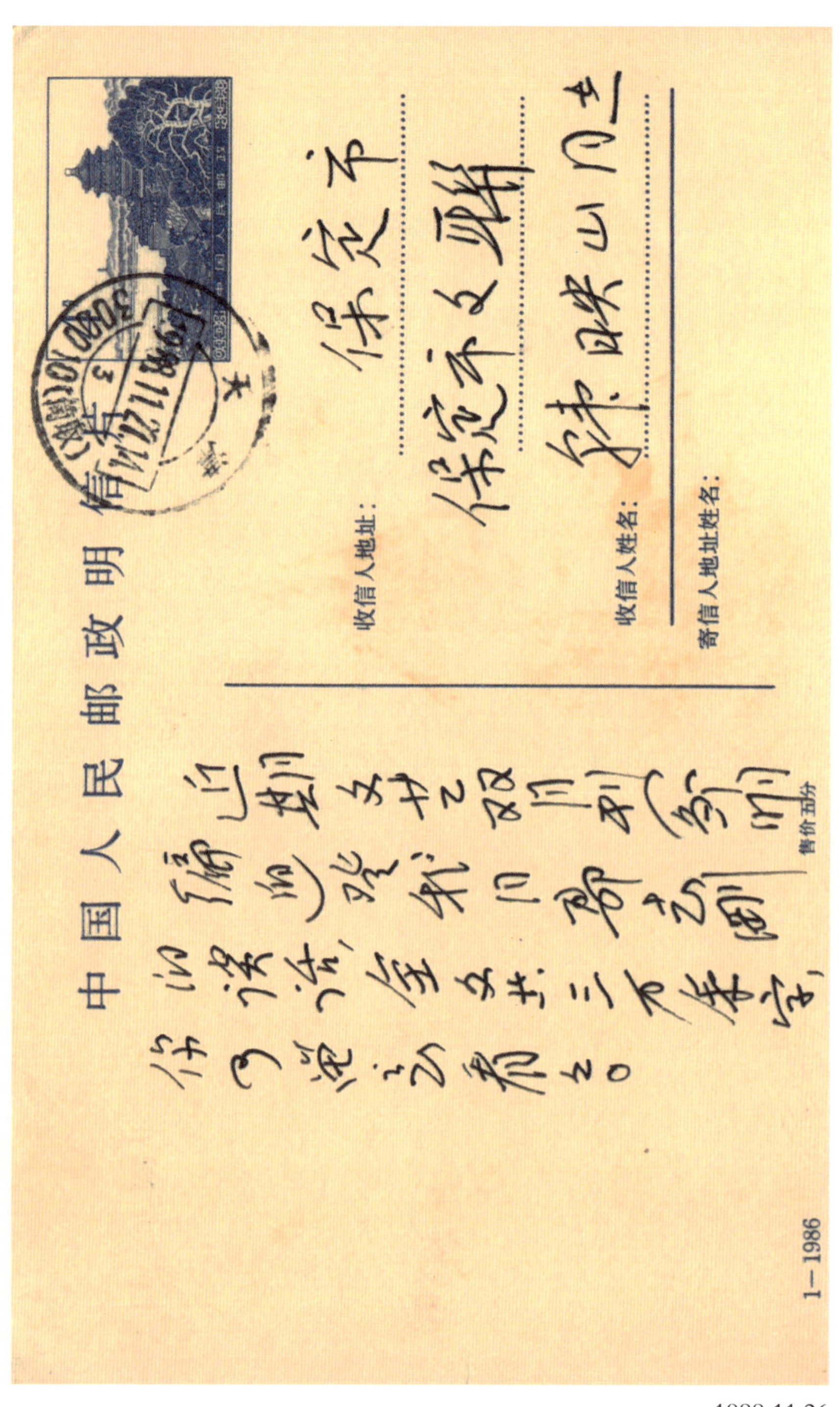
中国人民邮政明信片

收信人地址：保定市
保定市文联

收信人姓名：韩映山同志

寄信人地址姓名：

售价五分

1—1986

1988.11.26

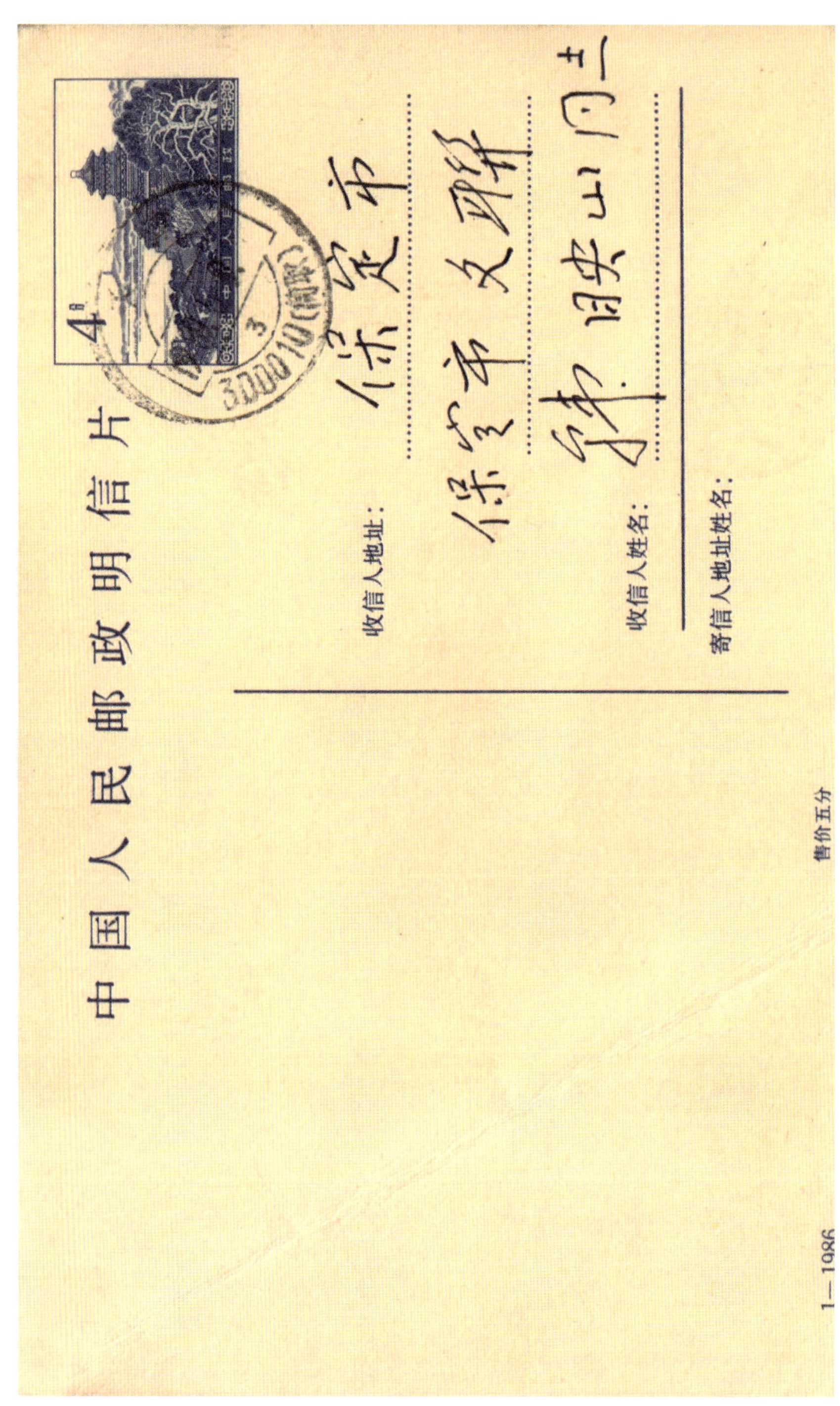
中国人民邮政明信片
4分
收信人地址：保定市
保定市文联
收信人姓名：韩映山同志
寄信人地址姓名：
售价五分
1—1986

1989.5.7

映山同志：

眩晕基本上好了，只血管硬化，供血供氧不足所致。但从此不想再写东西，看书也很少，到了衰老的多种表现。

今年，别人给编了一本读书记，一本芸斋小说（共三十篇，有几篇原不叫芸斋小说）。前者由百花出，后者由人民日报出版社出。书出后，一定会寄送你的。

你可以读一些古典哲学和古典美学的书，现在都好买。

祝

好！

犁　五.七.

1989.5.7

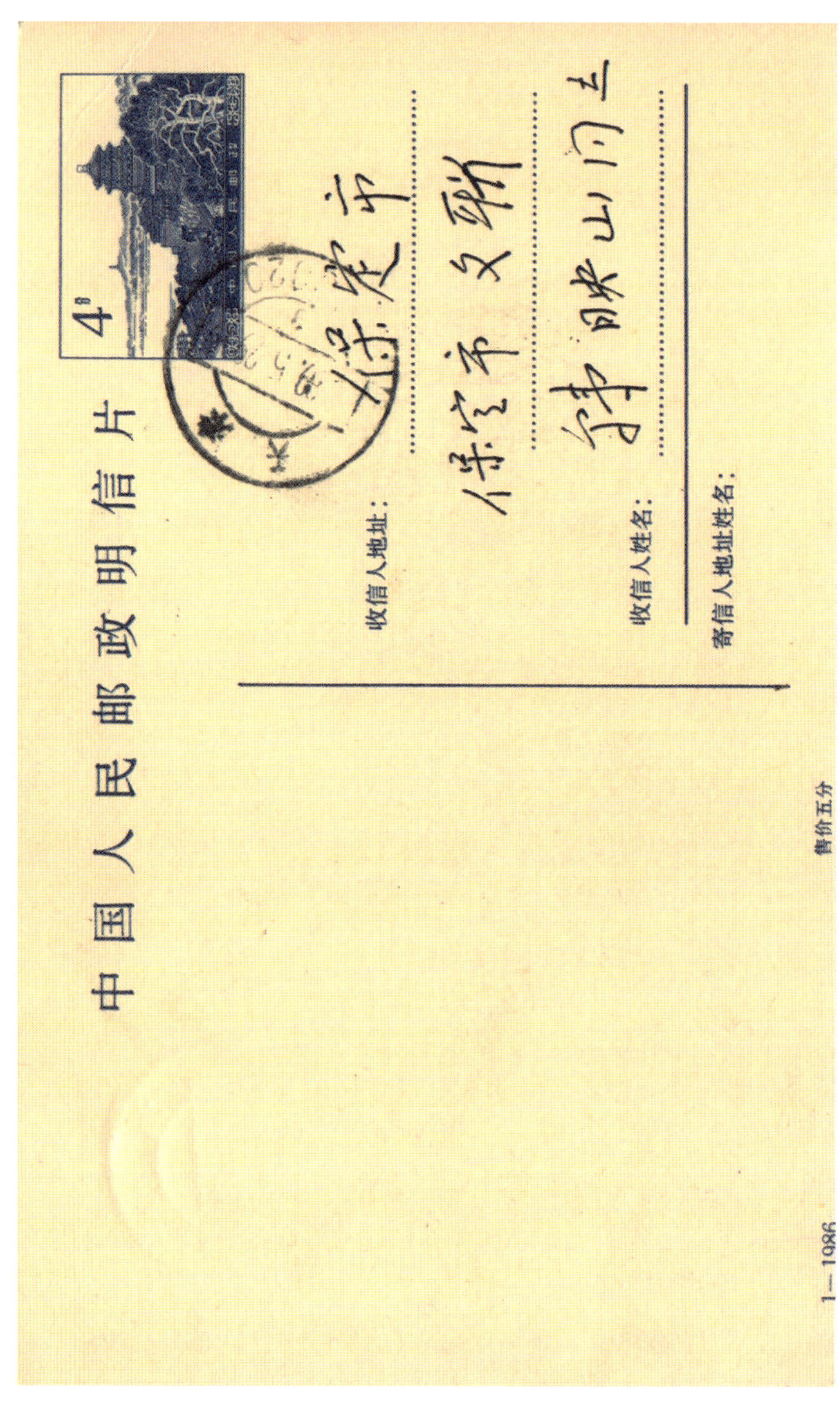
中国人民邮政明信片

4分

收信人地址：保定市 保定市文联

收信人姓名：韩映山同志

寄信人地址姓名：

售价五分

1—1986

1989.5.29

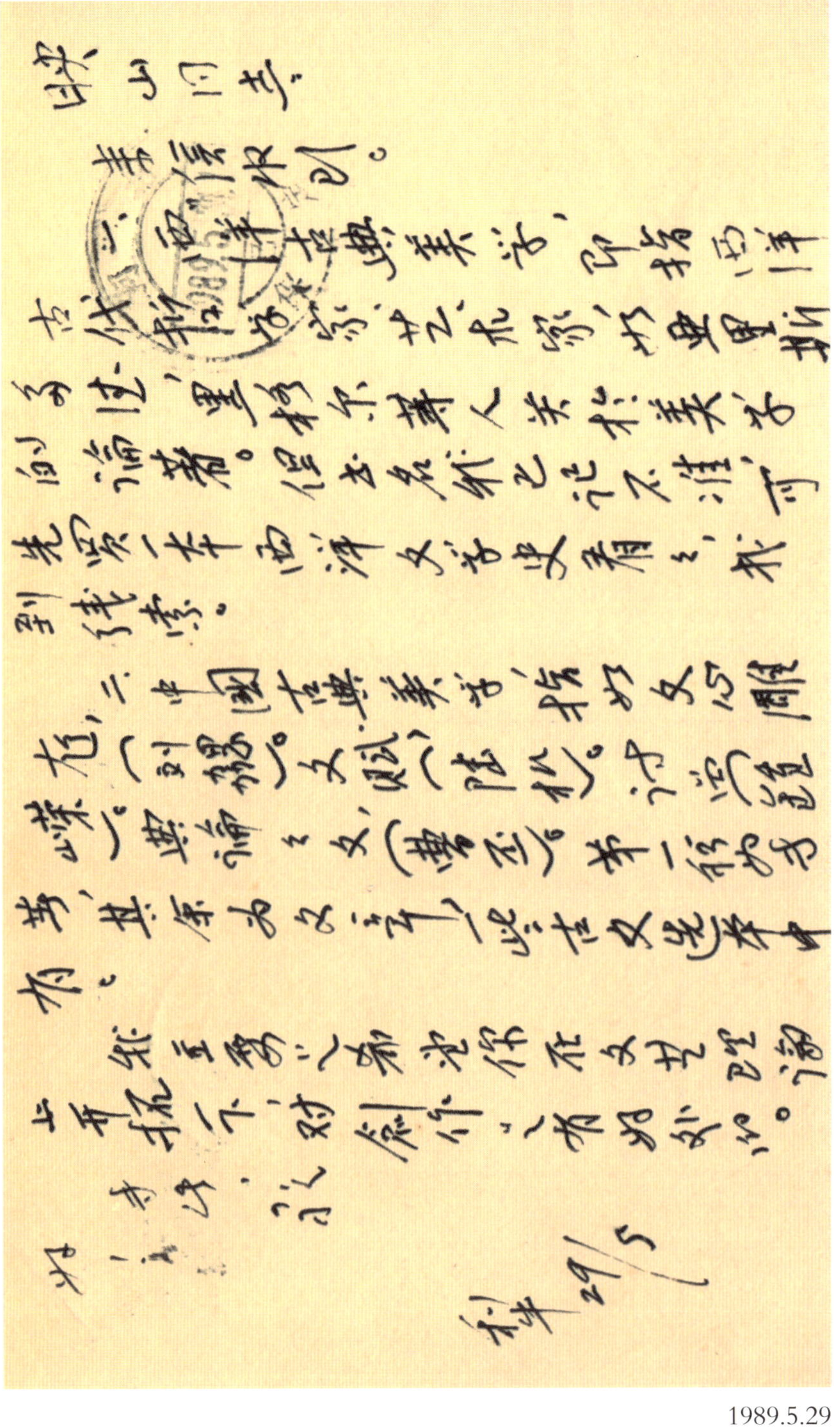

映山同志：

来信收到。

一、西洋古典美学，即指西洋古代哲学家、艺术家，如亚里斯多德、黑格尔等人关于美学的论著。但书名我已记不准，可先买一本西洋文学史看看，找到线索。

二、中国古典美学，指如文心雕龙（刘勰）、文赋（陆机）、诗品（钟嵘）、典论论文（曹丕）。第一种为专著，其余为文章，一些古文选本中有之。

我主要之意，是你在文艺理论上开拓一下，对创作亦有好处也。

专此，祝

好！

孙犁 29/5

1989.5.29

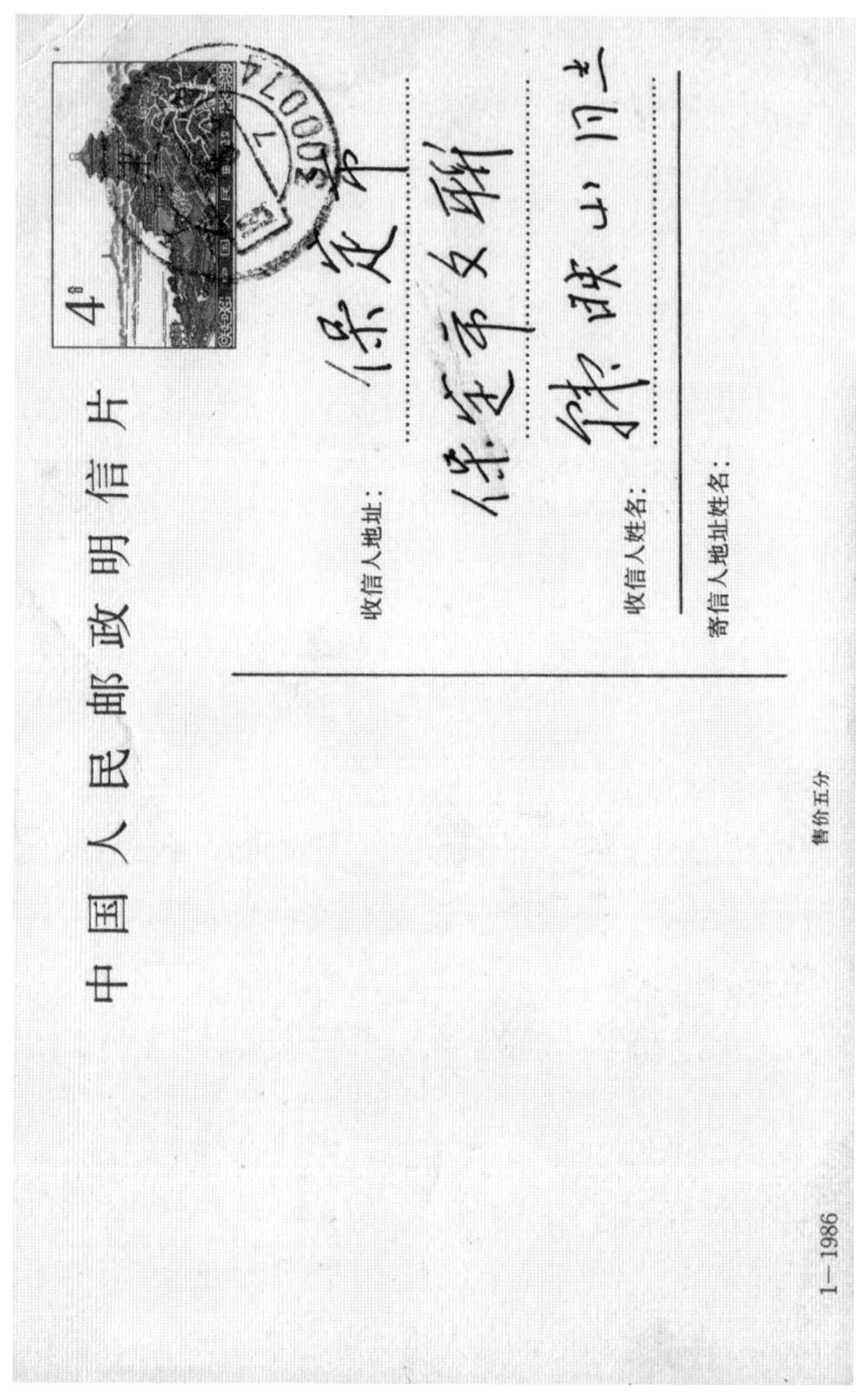
中国人民邮政明信片

4分

收信人地址：保定市

保定市文联

收信人姓名：韩映山同志

寄信人地址姓名：

售价五分

1—1986

1989.8.4

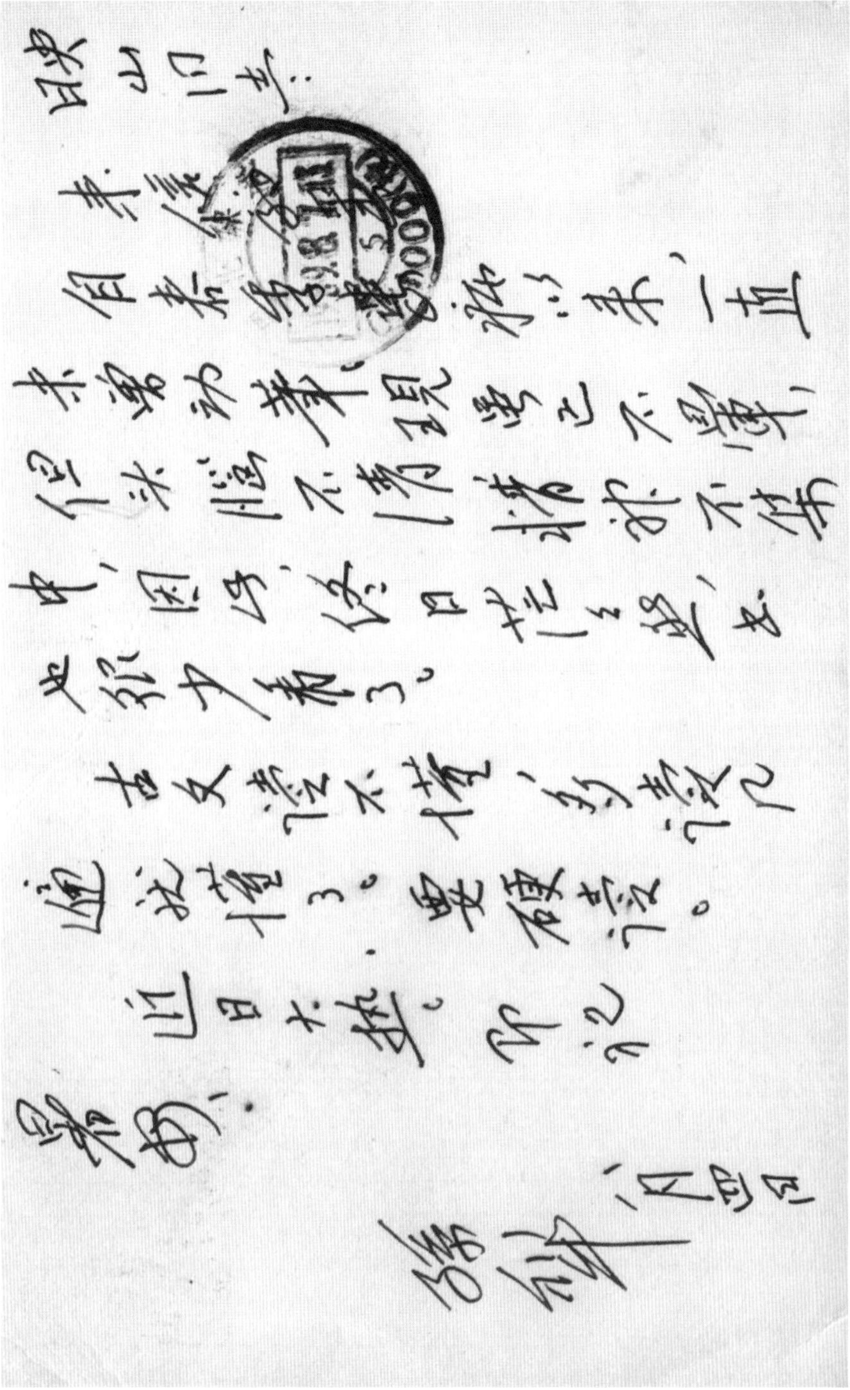

映山同志：

来信收到。

自春季以来，一直未曾动笔，现已不写，但头脑不清，精神不集中，困倦，终日茫茫然，书也很少看了。

古文读不懂，多读几遍就懂了。要硬读。

近日大热。即记

暑安！

孙犁

八月四日

1989.8.4

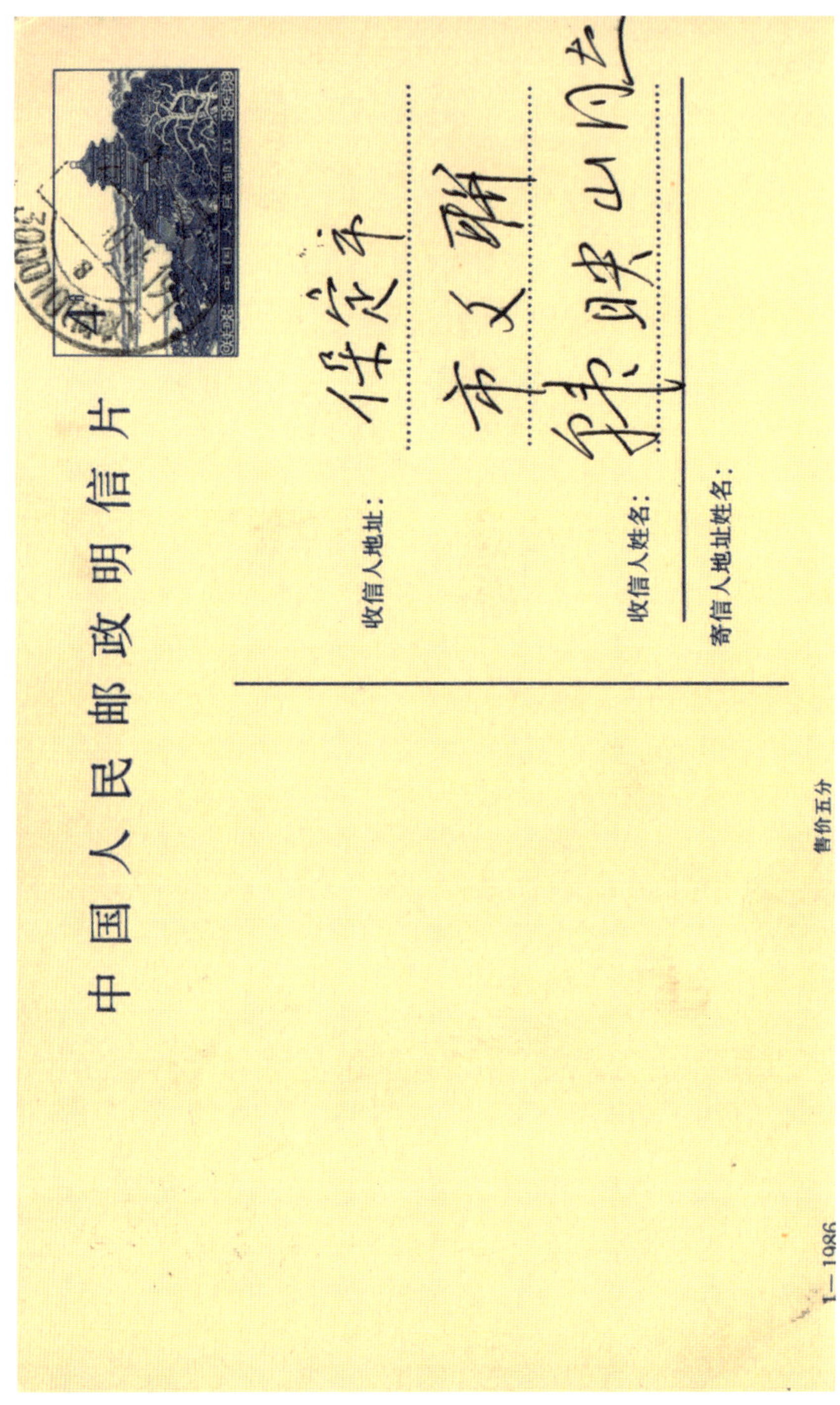
中国人民邮政明信片

收信人地址：保定市文联

收信人姓名：韩映山同志

寄信人地址姓名：

售价五分

1—1986

1989.10.14

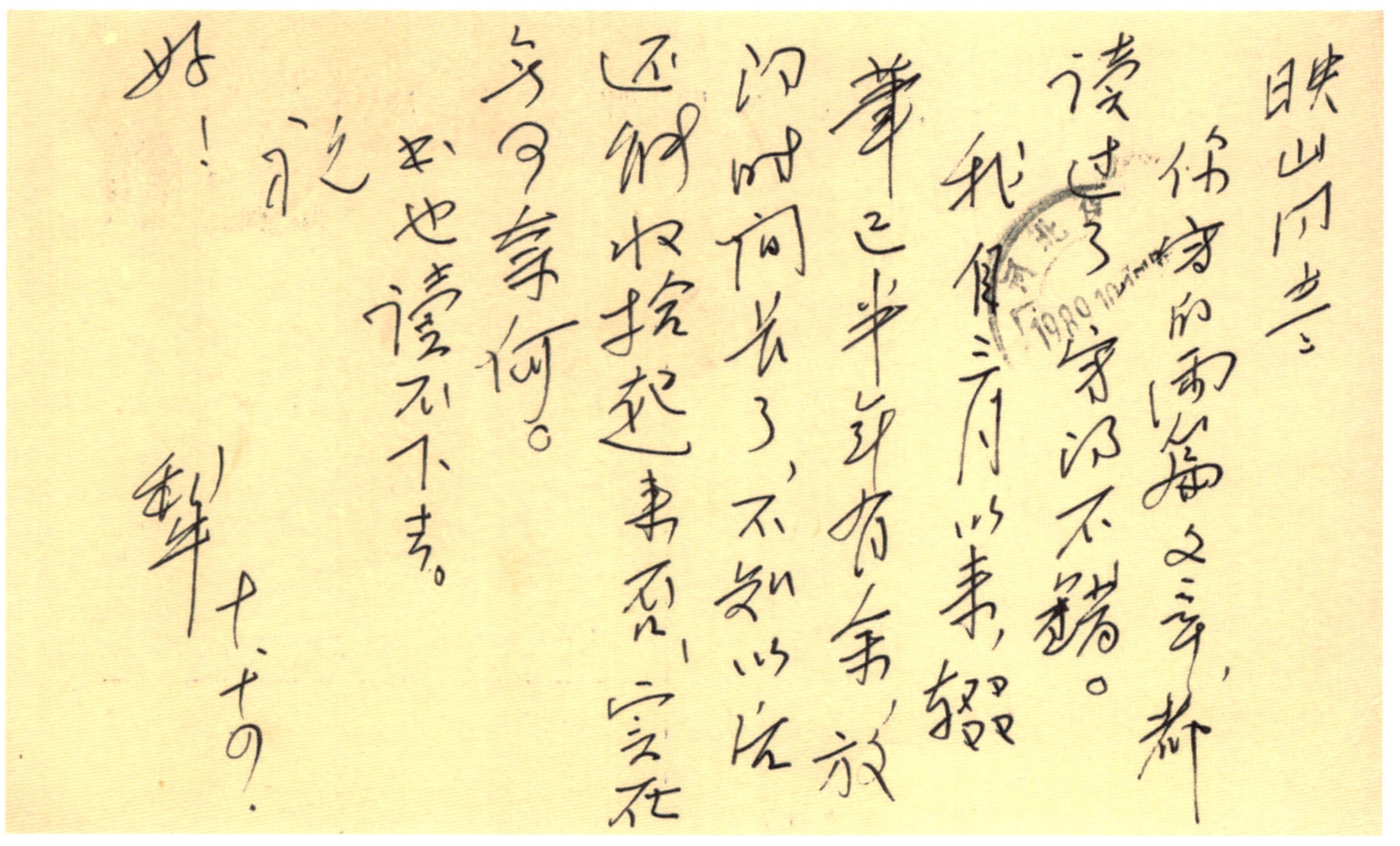

映山同志：

你寄的两篇文章，都读过了，写的不错。

我们以来，辍笔已半年有余，放的时间长了，不知以后还能收拾起来否，实在无可奈何。

书也读不下去。

祝

好！

犁 十、十四。

1989.10.14

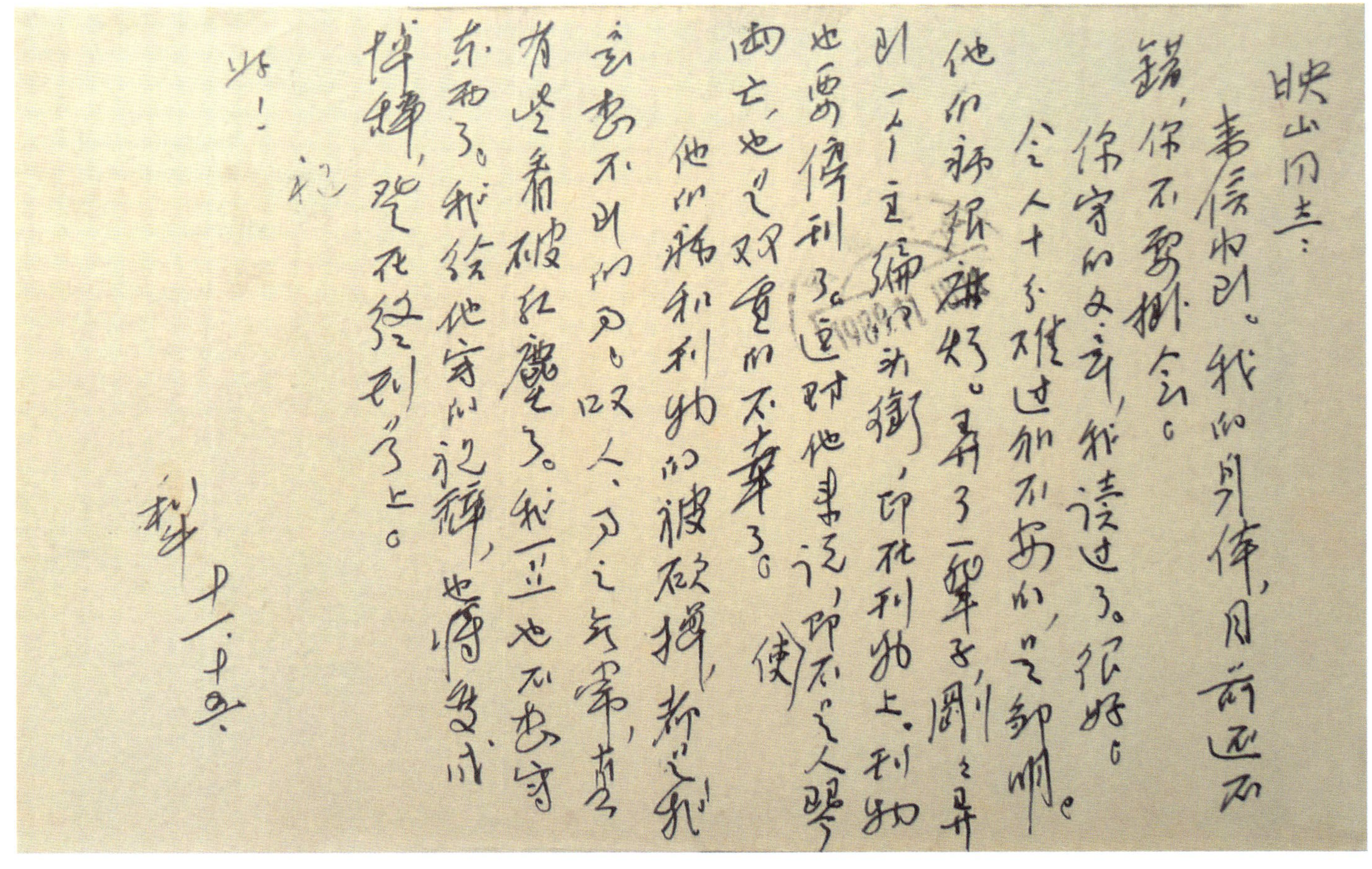

映山同志：

来信收到。我的身体，目前还不错，你不要挂念。

你写的文章，我读过了。很好。

令人十分难过和不安的，是邹明。他们称[illegible]好。弄了一辈子，刚刚弄到一个主编的头衔，印在刊物上，刊物也要停刊了。这对他来说，即使不是人琴两亡，也是双重的不幸了。

他[illegible]和刊物的被砍掉，[illegible]不比[illegible]。以人、刀之气[illegible]，有些看破红尘了。我一直也不想写东西了。我给他写的[illegible]，也将变成悼辞，[illegible]了上。

好！

犁 十一.十五

1989.11.15

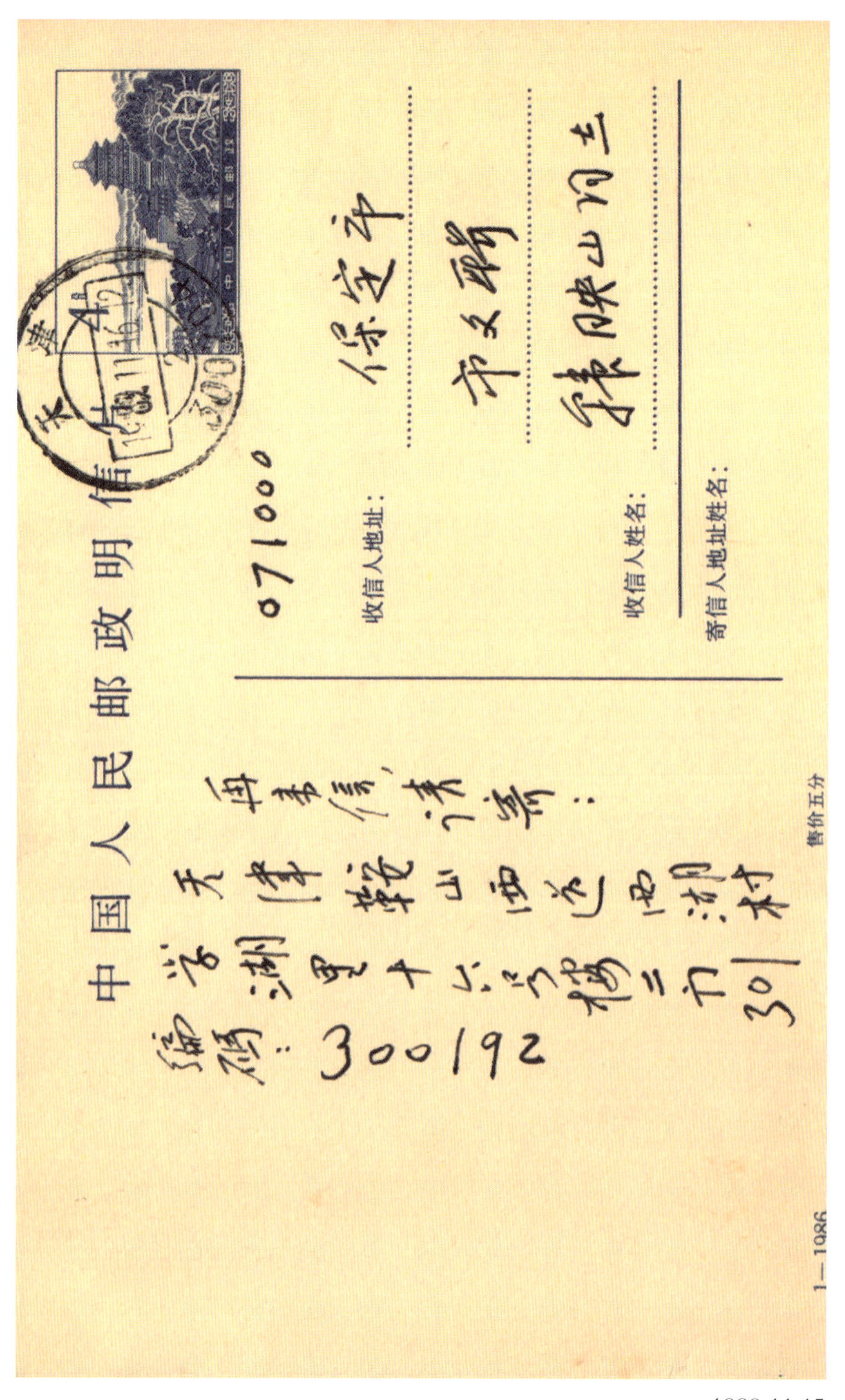

中国人民邮政明信片

071000

收信人地址：保定市

市文联

收信人姓名：韩映山同志

寄信人地址姓名：

两本信，请寄：

天津鞍山西道[illegible]湖村

学湖里十六号楼三门301

邮码：300192

售价五分

1—1986

1989.11.15

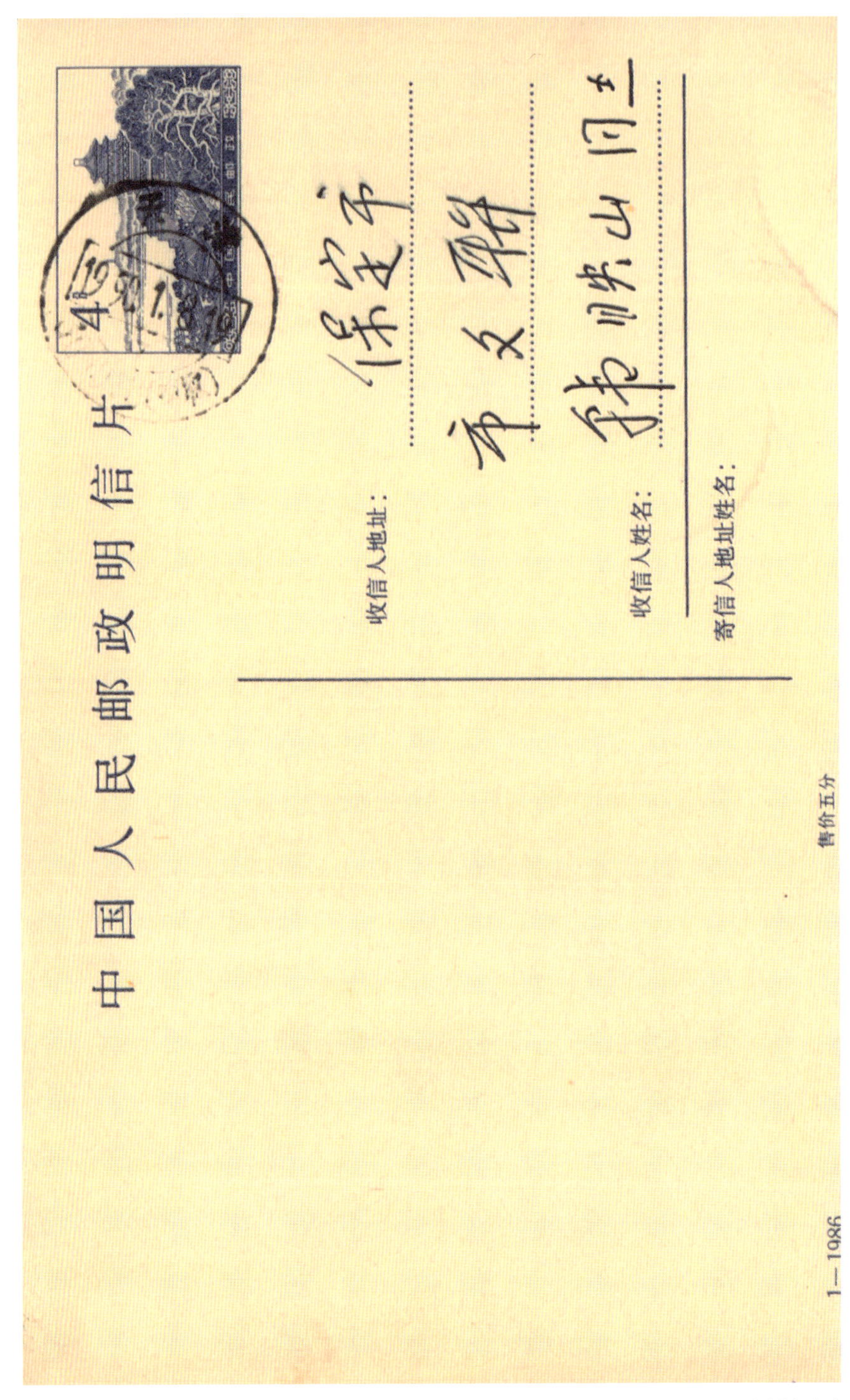
中国人民邮政明信片

收信人地址：保定市文联

收信人姓名：韩映山同志

寄信人地址姓名：

售价五分

1—1986

1990.1.8

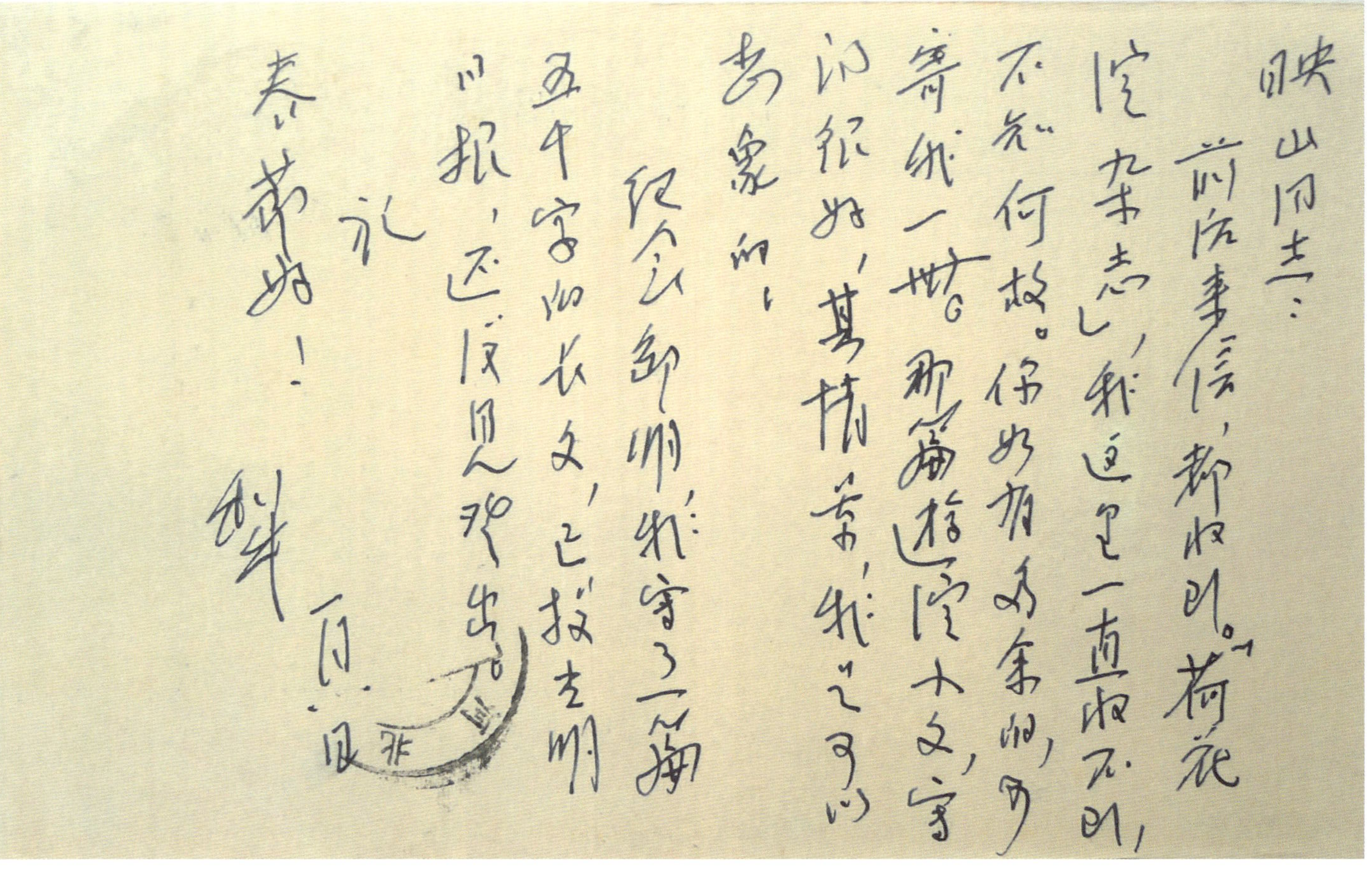

映山同志：

前信、年信，都收到。《荷花淀》杂志，我这里一直收不到，不知何故。你如有多余的，再寄我一册。那篇悼亡之文，写的很好，其情景，我也可以想象的。

纪念邹明，我写了一篇五千字的长文，已投光明日报，还没见刊出。

祝

春节好！

孙犁

一月八日

1990.1.8

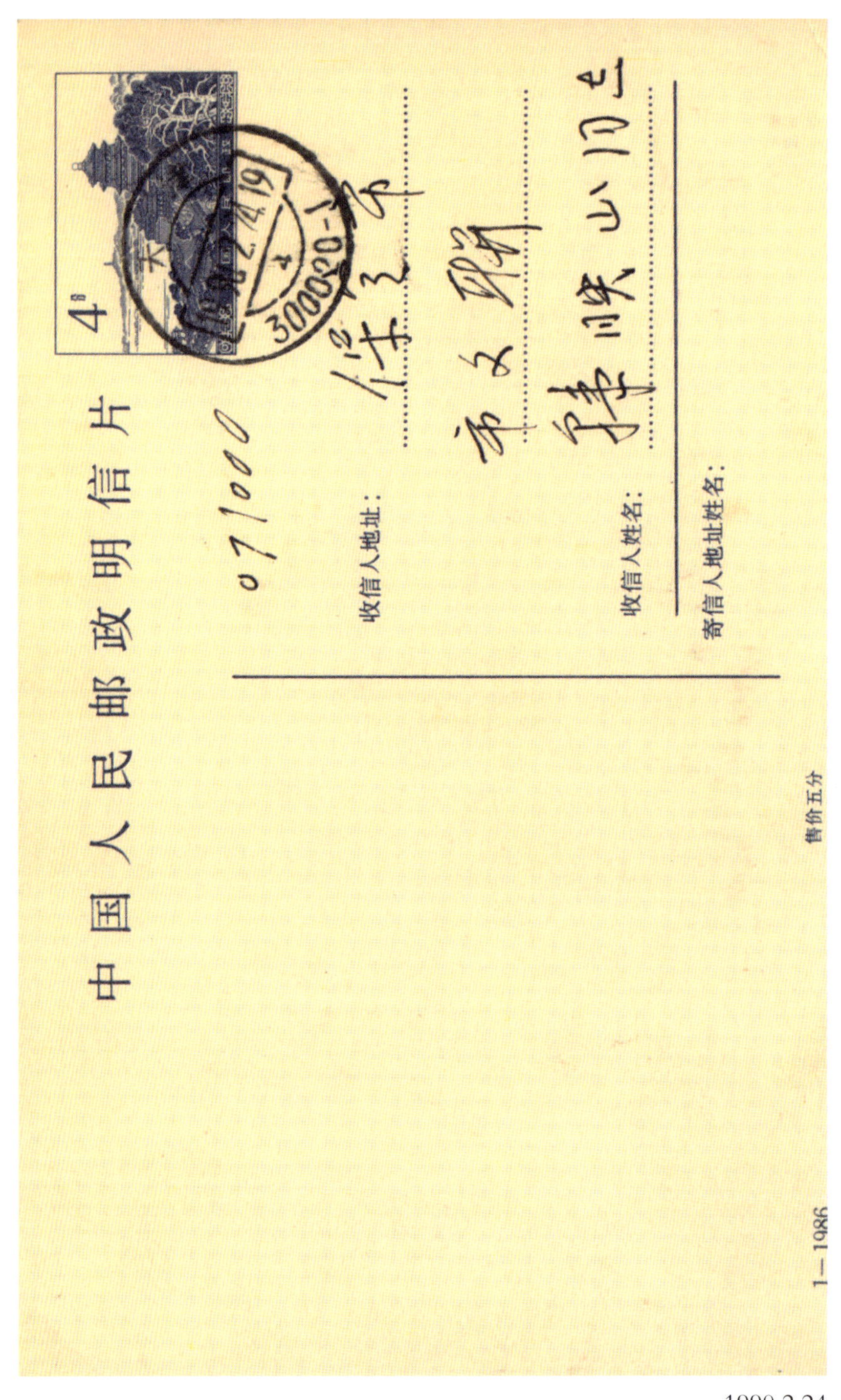

中国人民邮政明信片

4分

071000

收信人地址：保定市文联

收信人姓名：韩映山同志

寄信人地址姓名：

售价五分

1—1986

1990.2.24

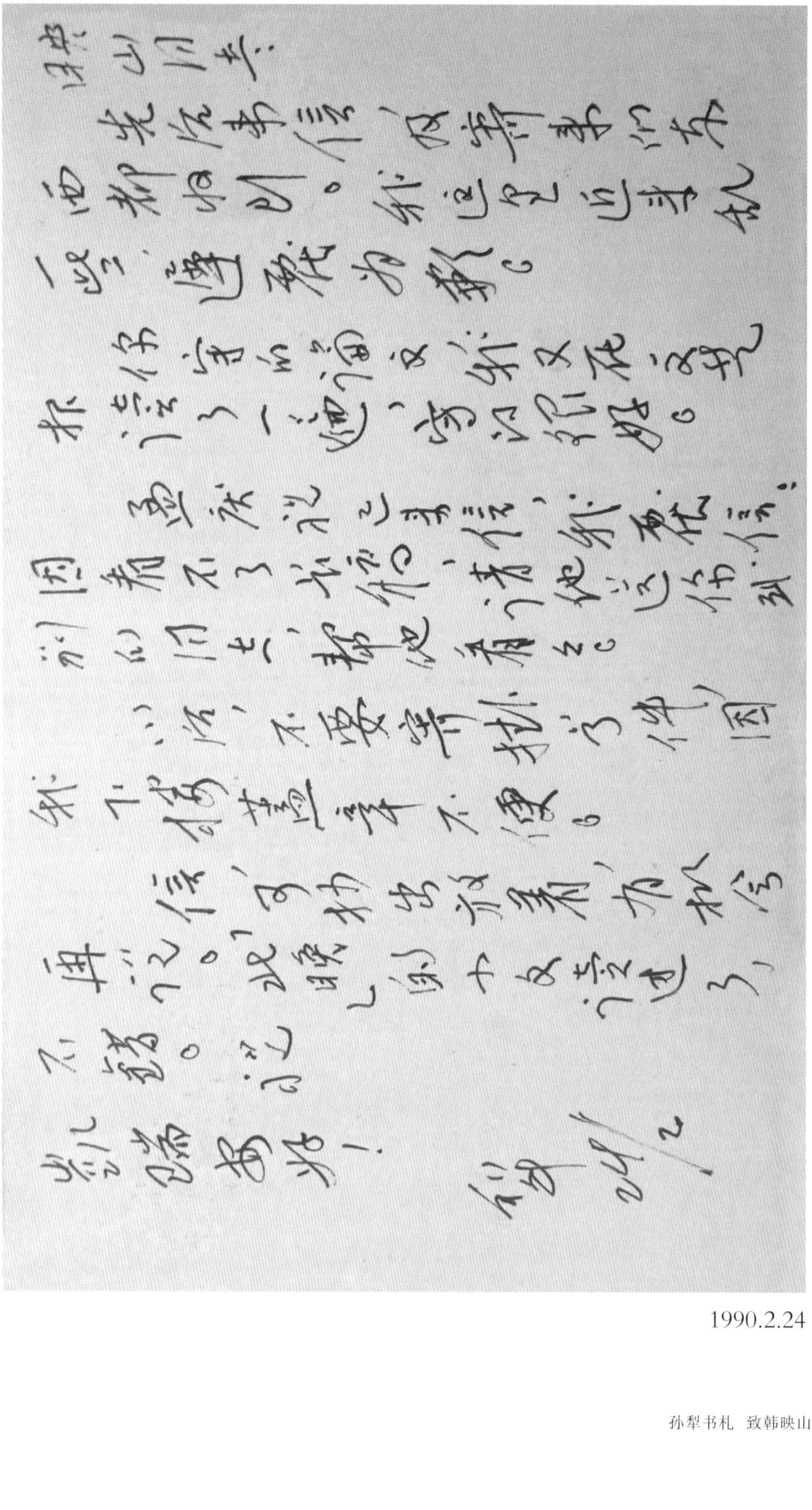
映山同志：

先后来信，以寄来的东西都收到。我这里近来乱一些，迟覆为歉。

你写的论文，我又在文艺报读了一遍，写的很好。

孟庆龙近来信，我无暇复信：因看不了长稿，请他送你和别的同志，帮他看看。

小说，不要寄挂号件，因我不下楼，盖章不便。

信，可抄出放着，有机会再说。“北晚”副刊小文读过了，不错。祝

凯瑞安好！

犁 24/2

1990.2.24

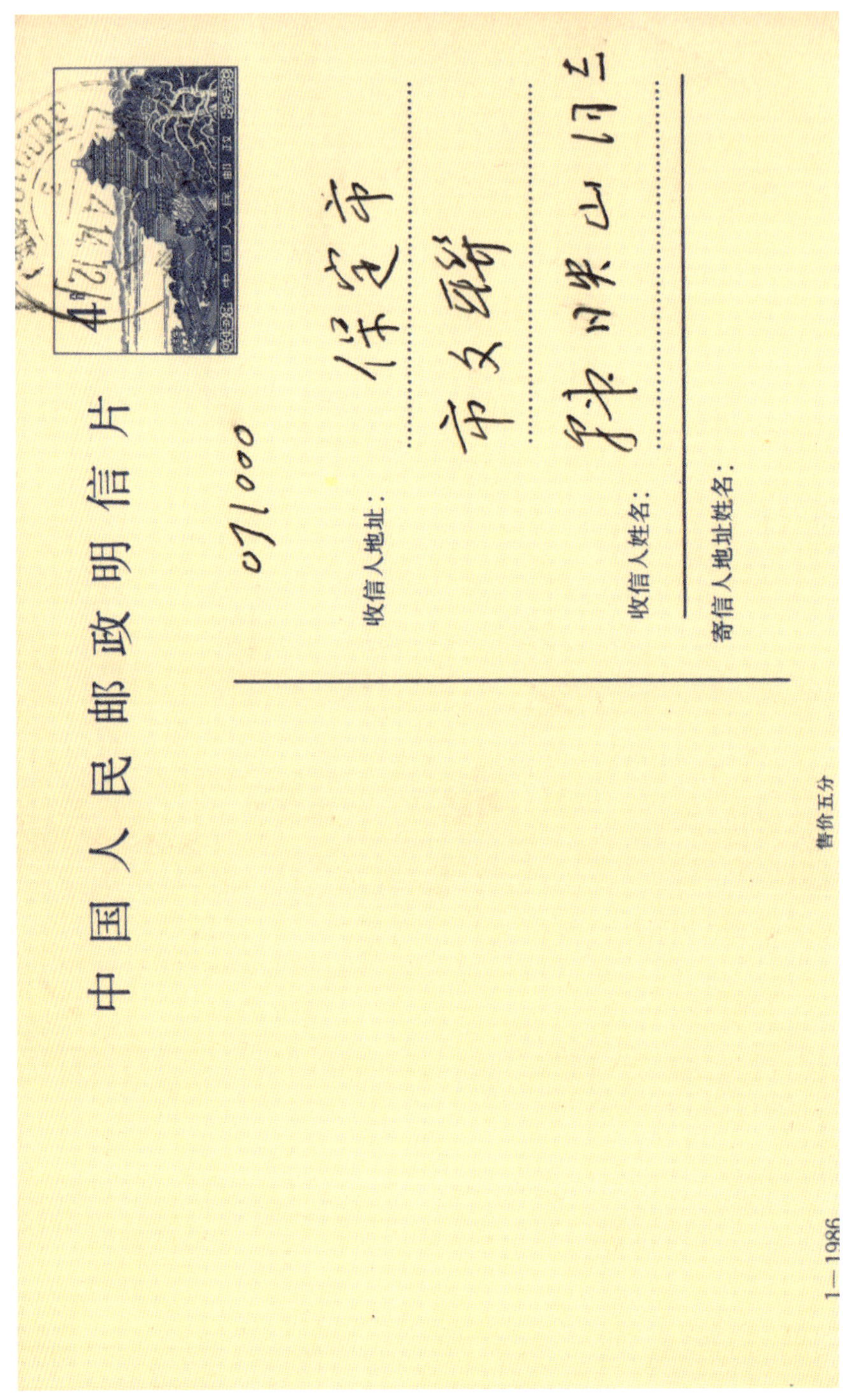
中国人民邮政明信片

071000

收信人地址：保定市
市文联

收信人姓名：韩映山同志

寄信人地址姓名：

售价五分

1—1986

1990.4.14

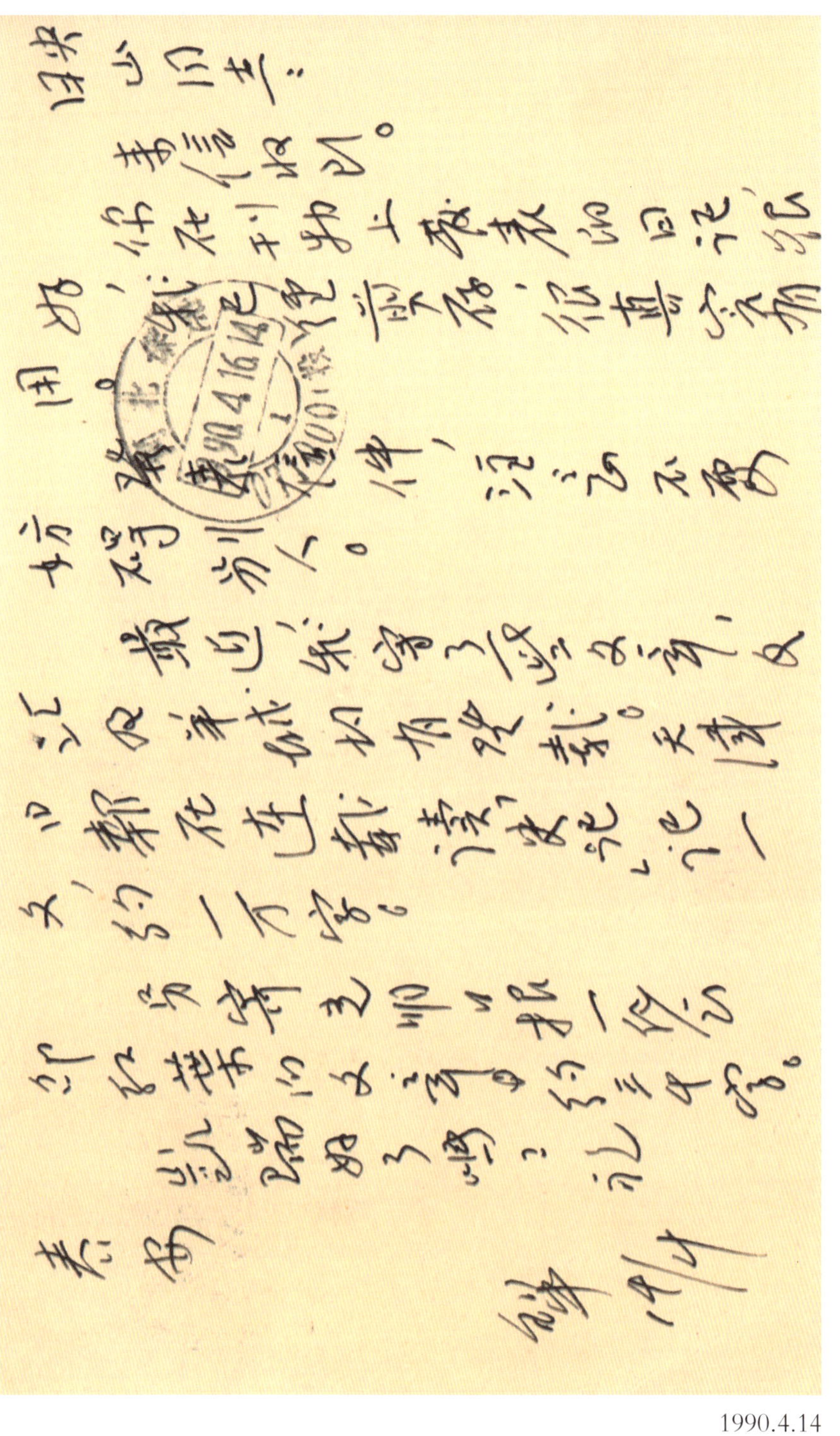
映山同志：

来信收到。你在刊物上发表的日记，很好，我已经剪存，很喜它有用。请来信件，注意不要妨碍别人。

最近我写了些文章，文汇及羊城均有发表。天津日报在连载读《史记》记一文，约一万字。

另寄上明日报一份，即红叶的文章，约三千字。

凯瑞好了吗？祝

春安

犁 14/4

1990.4.14

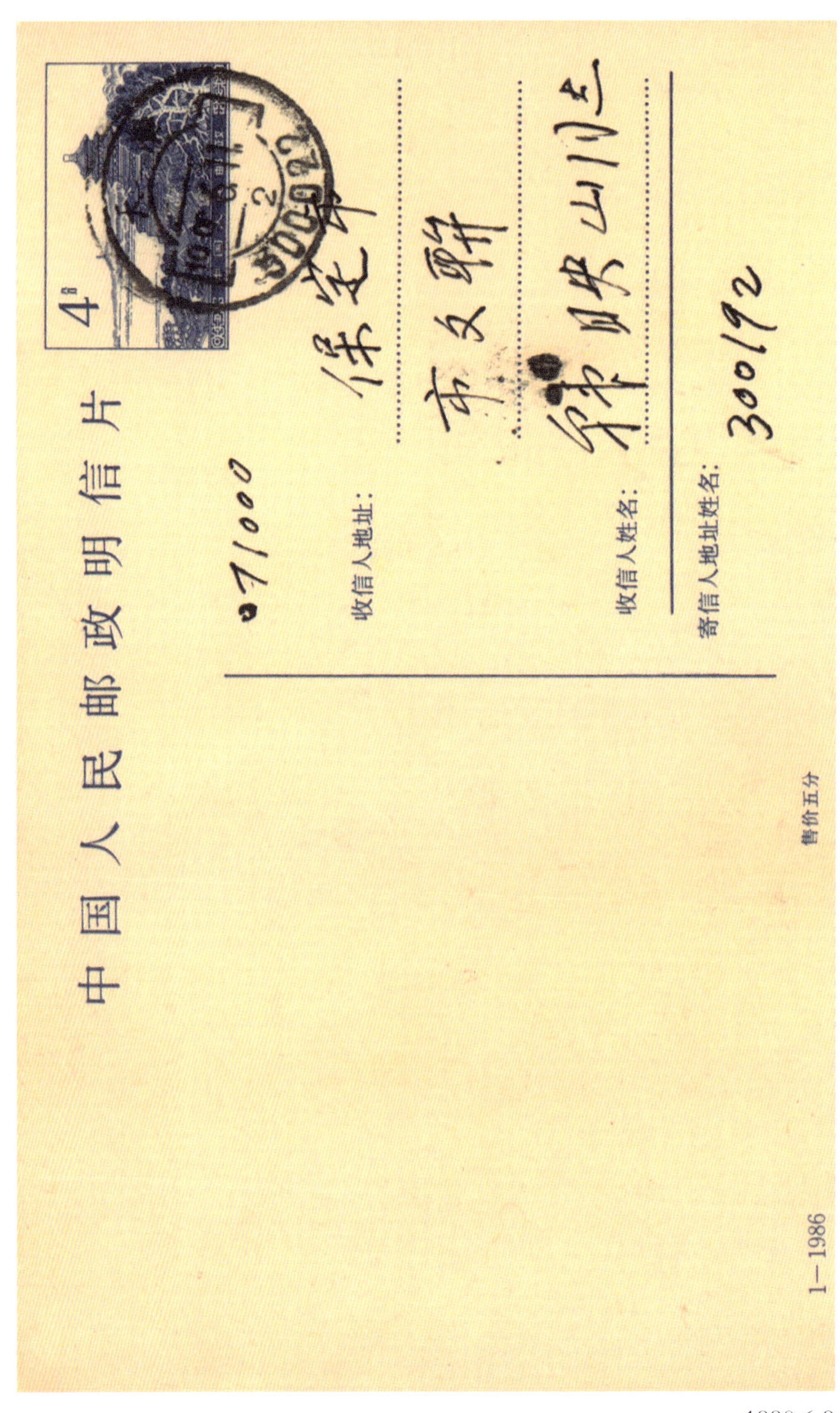
中国人民邮政明信片

071000

收信人地址：保定市文联

收信人姓名：韩映山同志

寄信人地址姓名：300192

售价五分

1—1986

1990.6.9

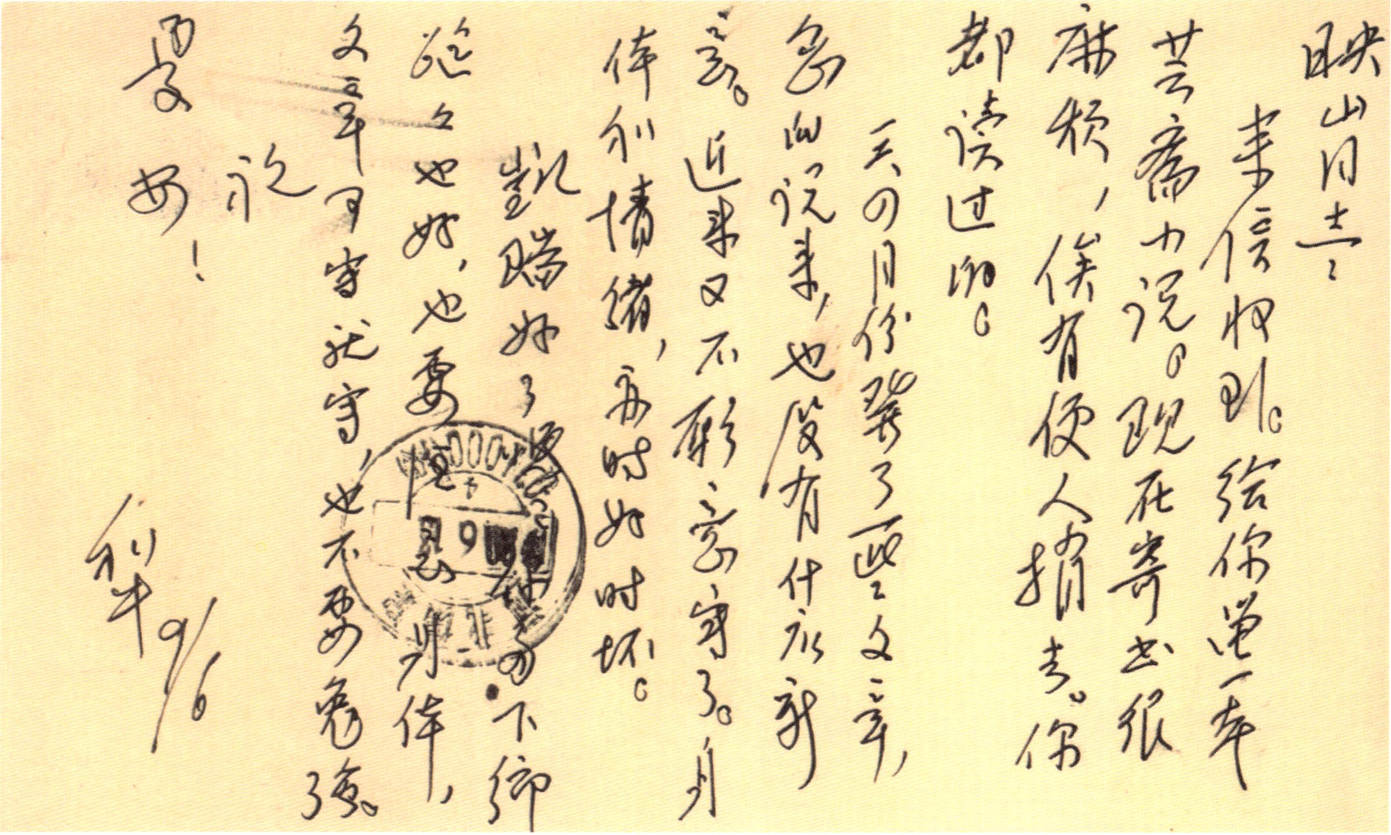
映山同志：

来信收到。给你留一本《芸斋小说》，现在寄去很麻烦，你有便人捎去，你都读过的。

头四月份，发了一些文章，多回忆之作，也没有什么新意。近来又不能写字了。身体和情绪，有时好，有时坏。

凯[illegible]好了[illegible]的。下[illegible]

总之也好，也要[illegible]作，文章可写就写，也不要勉强。

祝

夏安！

犁 9/6

1990.6.9

中国人民邮政明信片

4分

071000

收信人地址：保定市文联

收信人姓名：韩映山同志

寄信人地址姓名：300192

售价五分

1—1986

1990.7.4

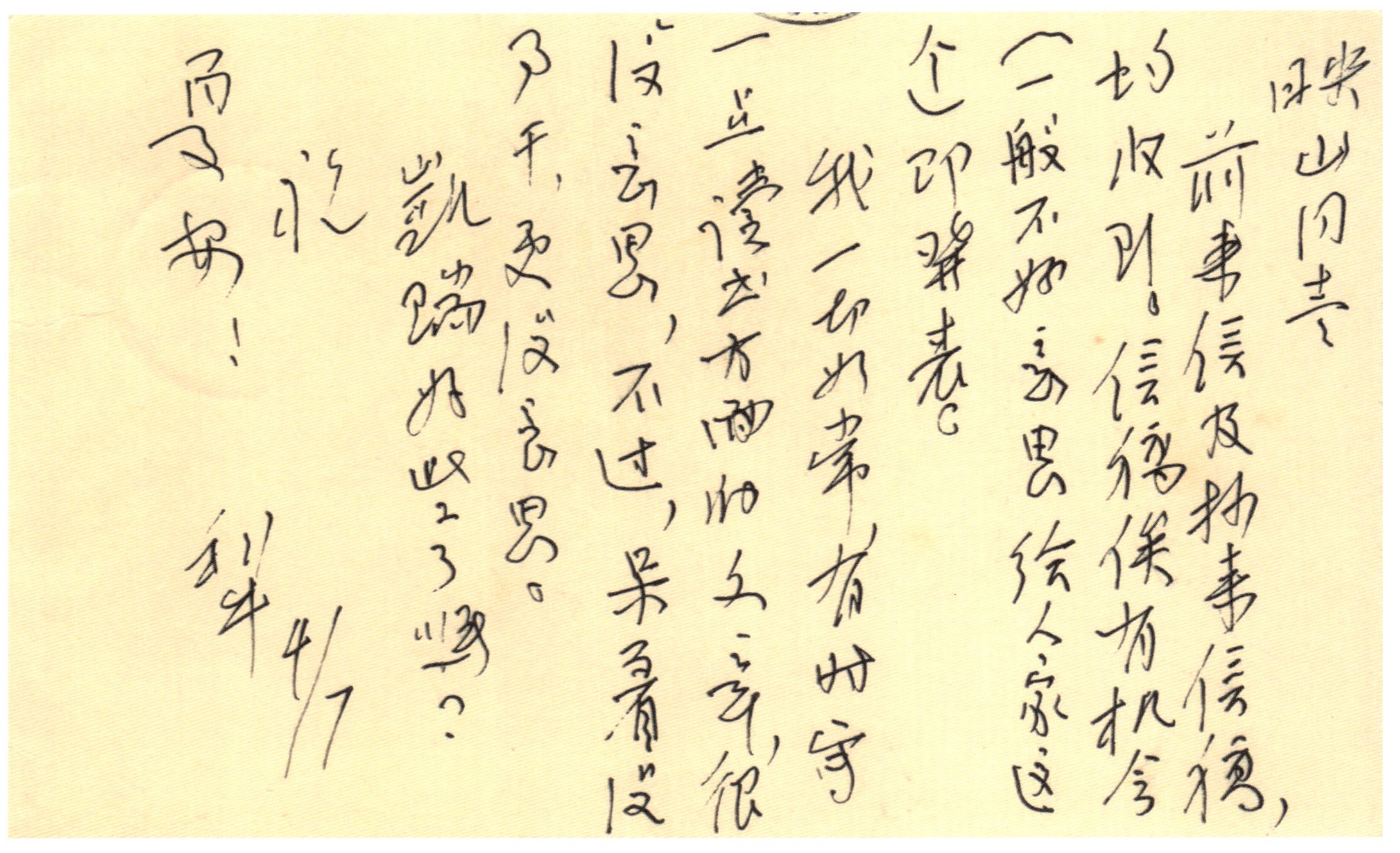

映山同志：

前寄信及转来信稿，均收到。信稿俟有机会（一般不好意思给人家这样）即转去。

我一切如常，有时写一些读书方面的文章，很没意思，不过，呆着没事干，更没意思。

凯[illegible]好些了吗？

祝

夏安！

孙犁 4/7

1990.7.4

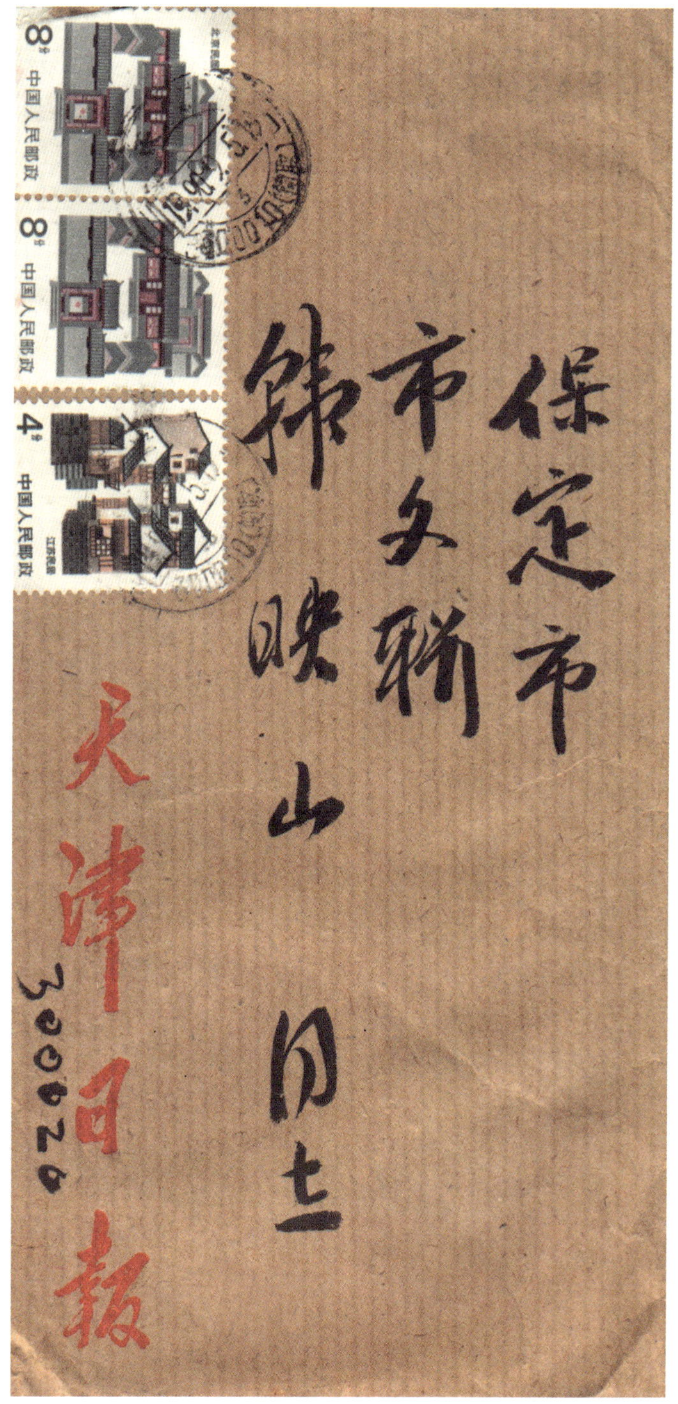
保定市
市文联
韩映山同志

天津日报
300020

1990.9.2

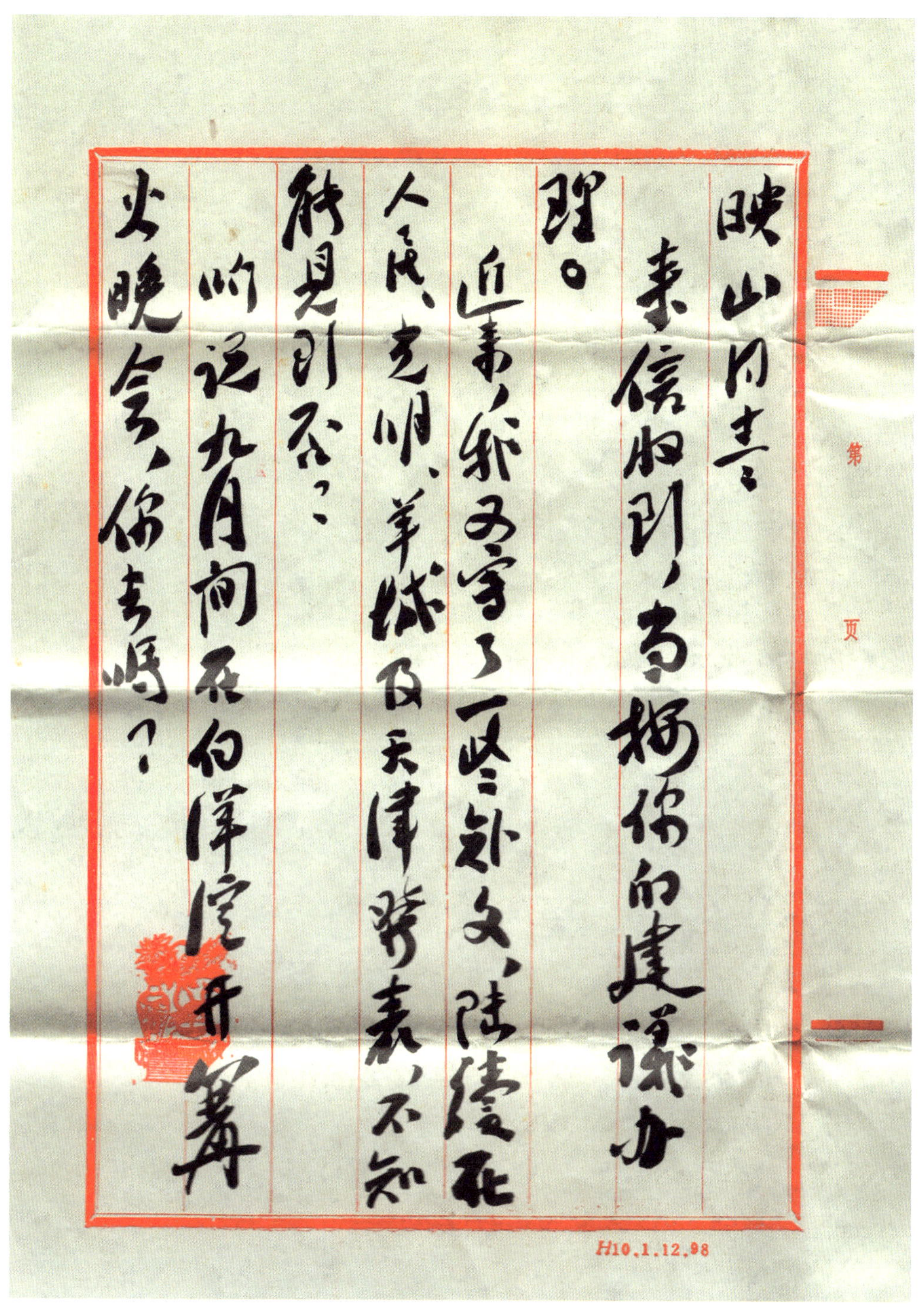

映山同志：

来信收到，当按你的建议办理。

近来，我又写了一点杂文，陆续在人民、光明、羊城及天津发表，不知能见到否？

听说九月间在白洋淀开篝火晚会，你去吗？

第　页

H10.1.12.98

1990.9.2

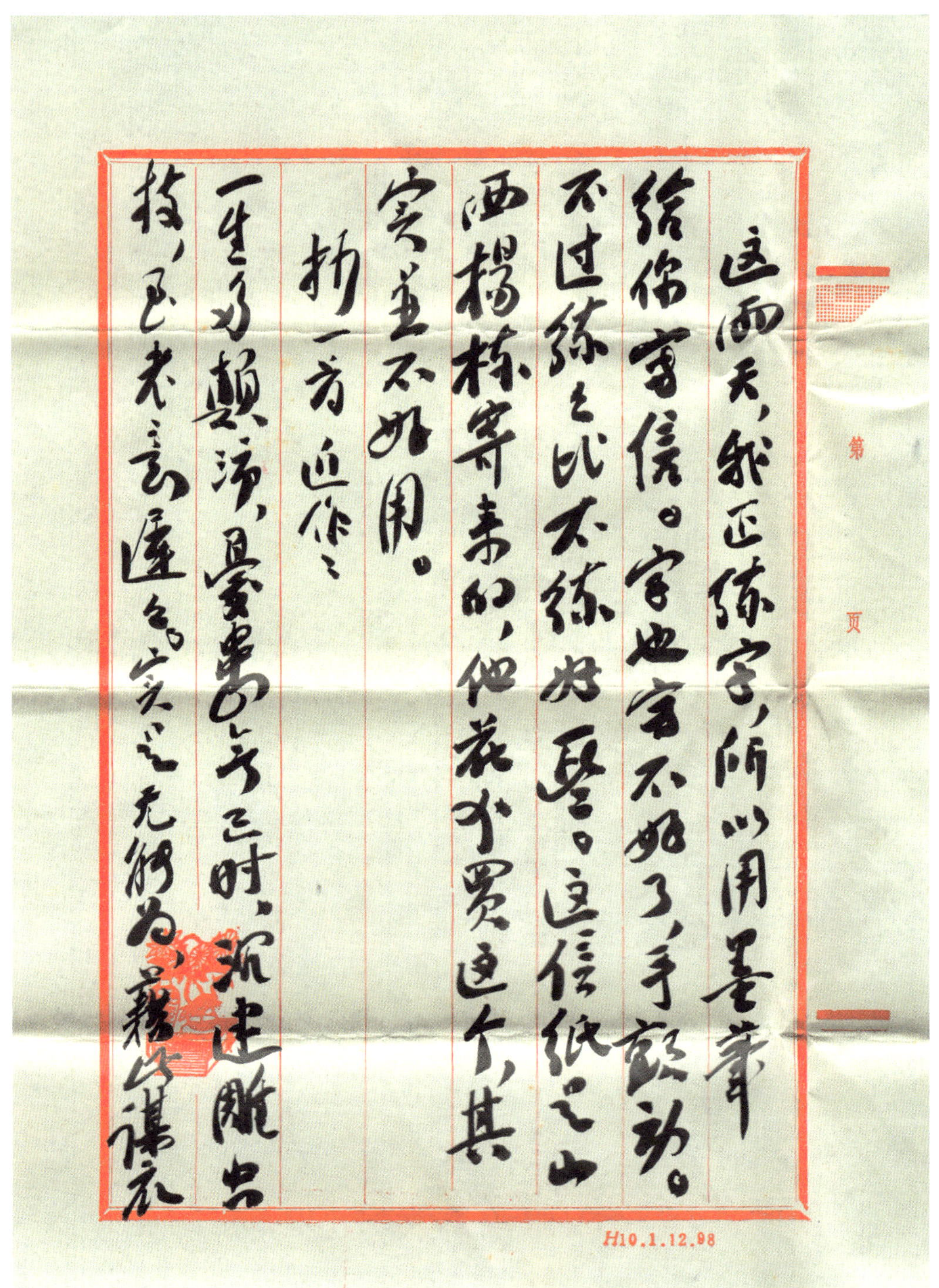

这两天，我正练字，所以用墨笔给你写信。字也写不好了，手颤动。不过练之比不练好些。这信纸是山西杨栋寄来的，他花钱买这个，其实并不好用。

折一方 近作之

一生好颠沛，且当丧乱之时。近迷雕虫技，已老之遇逢，岁岁之无所为，聊以谋衣

H10.1.12.98

1990.9.2

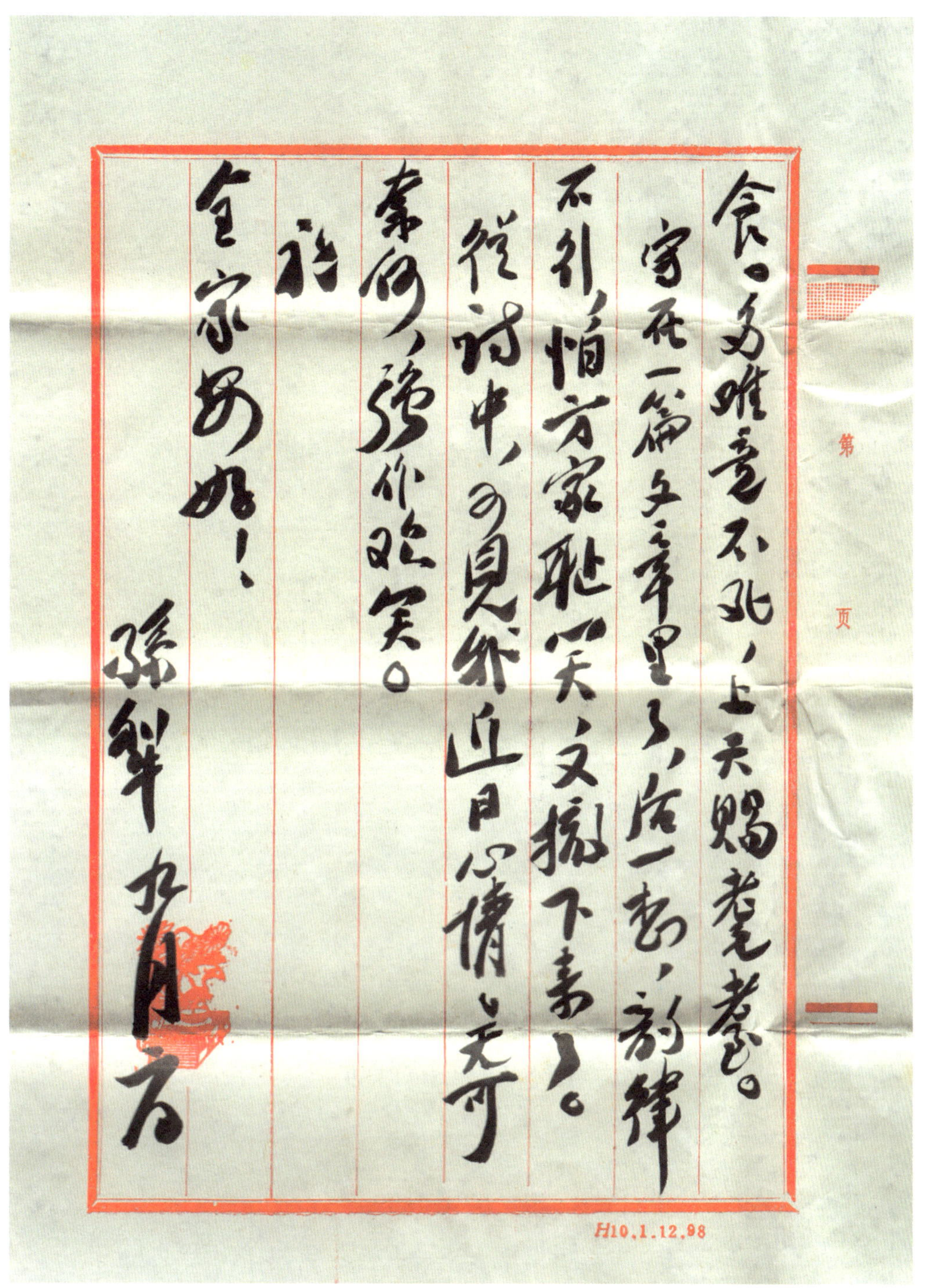

食。多难竟不死，上天赐耄耋。

寄在一篇文章里了，后一首，新律不引，怕方家耻笑，又摘下来了。然诗中，可见我近日心情，亦可奉阅，请你们欢笑。

祝

全家安好！

孙犁 九月二日

1990.9.2

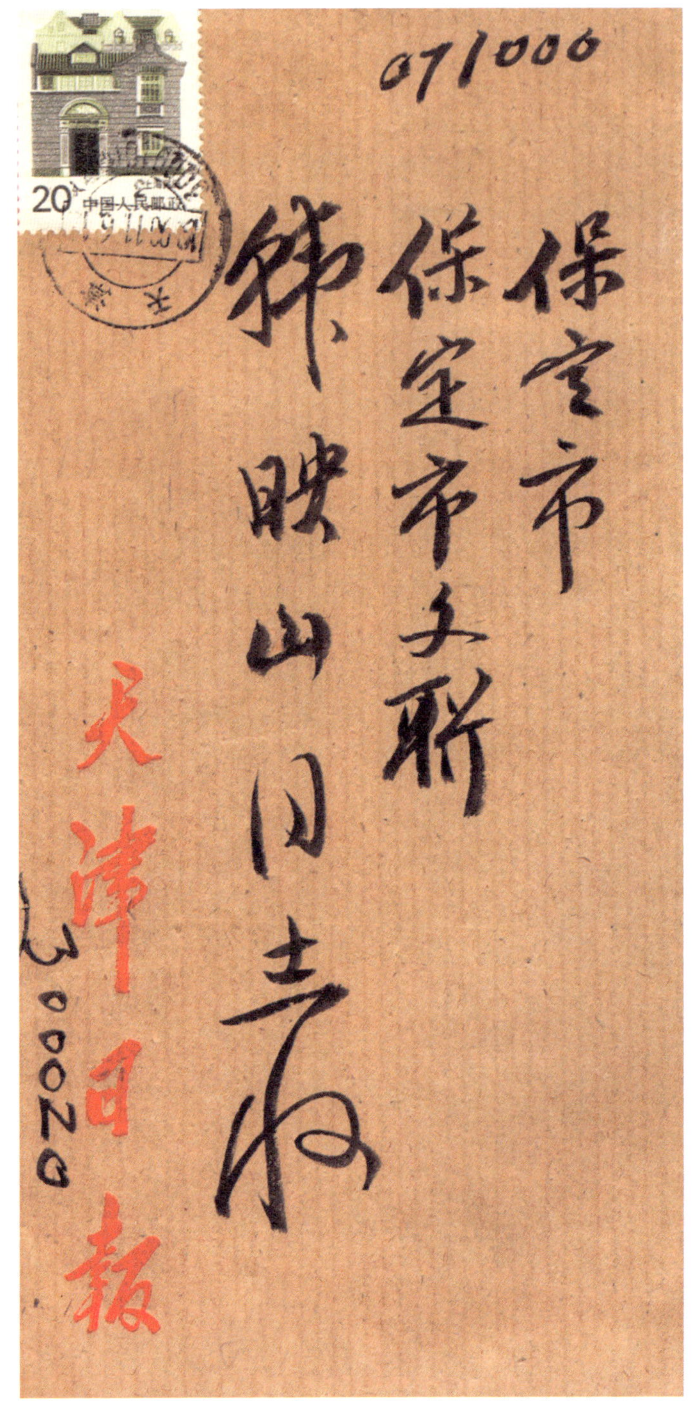
071000

保定市

保定市文联

韩映山同志

天津日報

300020

1990.11.5

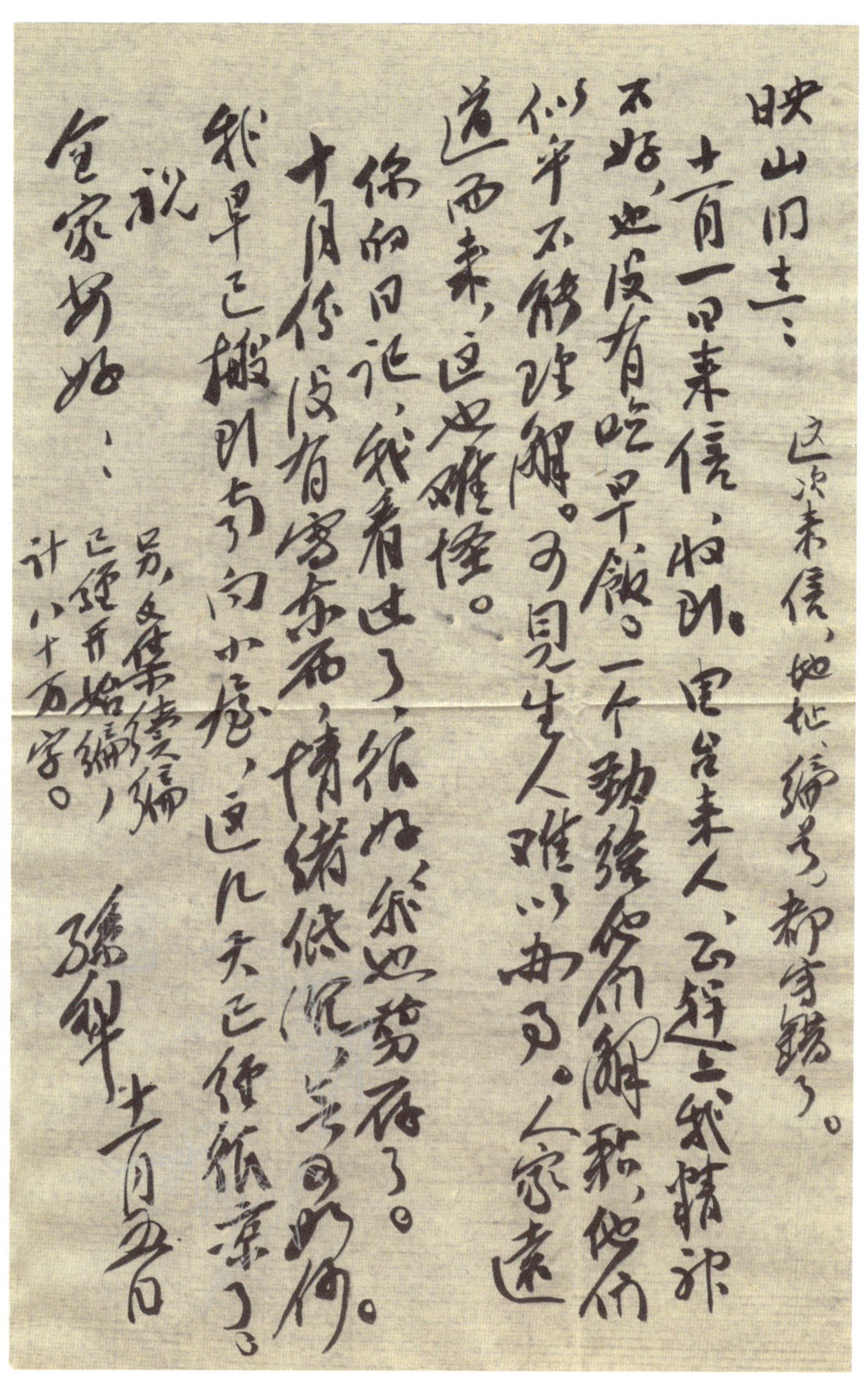

映山同志：

十一月一日来信，收到。电台来人，已经过，我精神不好，也没有吃早饭。一个劲给他们解释，他们似乎不能理解。可见生人难以开口。人家远道而来，这也难怪。

这次来信，地址、编号，都写错了。

你的日记，我看过了，很好，你也劳苦了。

十月份没有写东西，情绪低沉，无可奈何。

我早已搬到南间小屋，这几天已经很凉了。

祝

全家安好！

孙犁 十一月五日

另，文集续编已经开始编，计八十万字。

1990.11.5

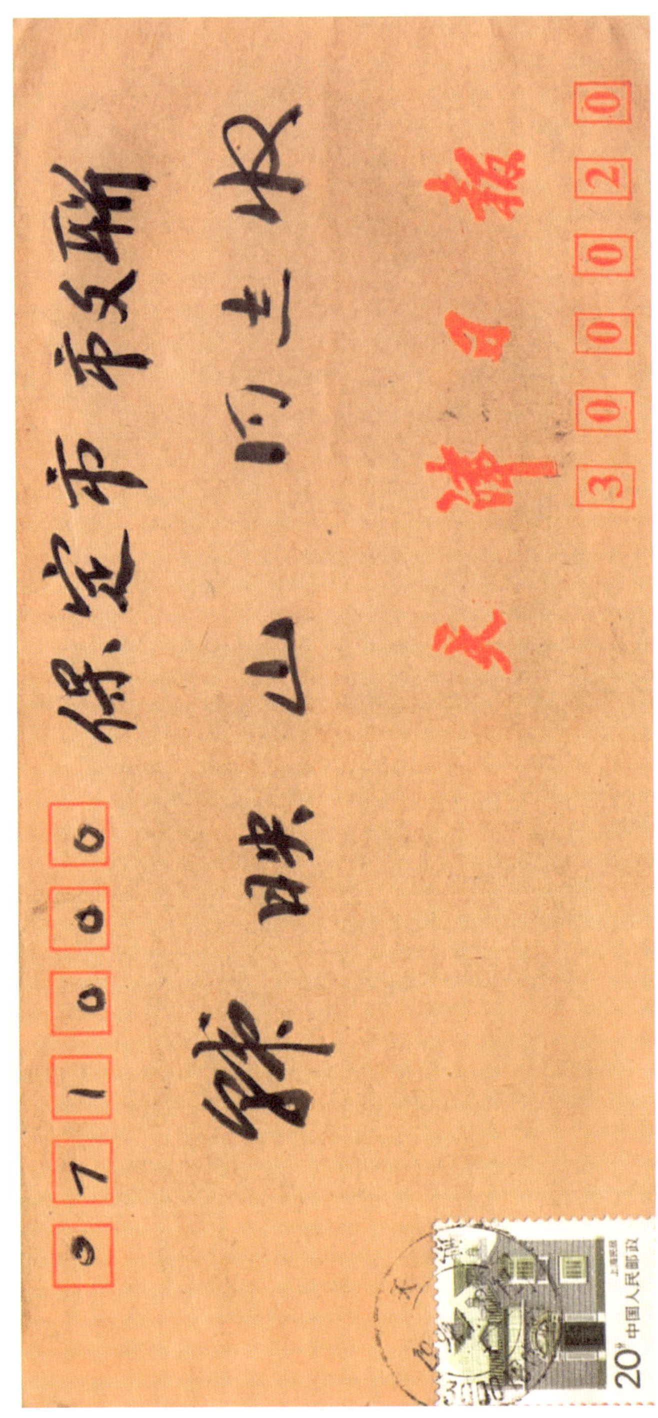

071000

保定市文联

韩映山 同志收

天津日报

300020

1991.1.6

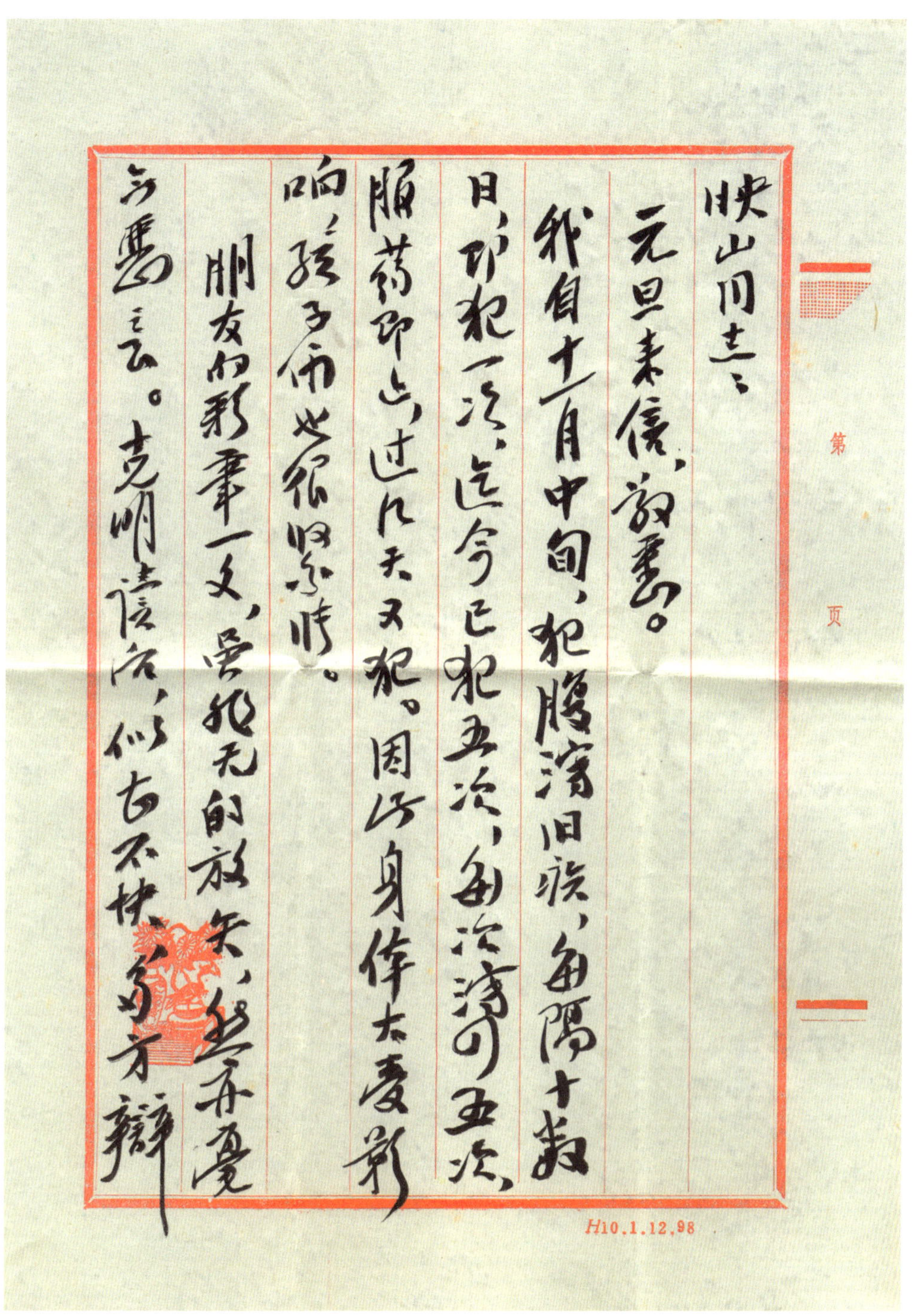

映山同志：

元旦来信，敬悉。

我自十一月中旬，犯胯滑旧疾，每隔十数日，即犯一次，迄今已犯五次，每次滑开五次，服药即止，过几天又犯。因此身体大受影响，孩子们也很紧张。

朋友们彩笔一文，是我无的放矢，然再觉与焉云云。克明来信后，似有不快，[illegible]方。

犁

1991.1.6

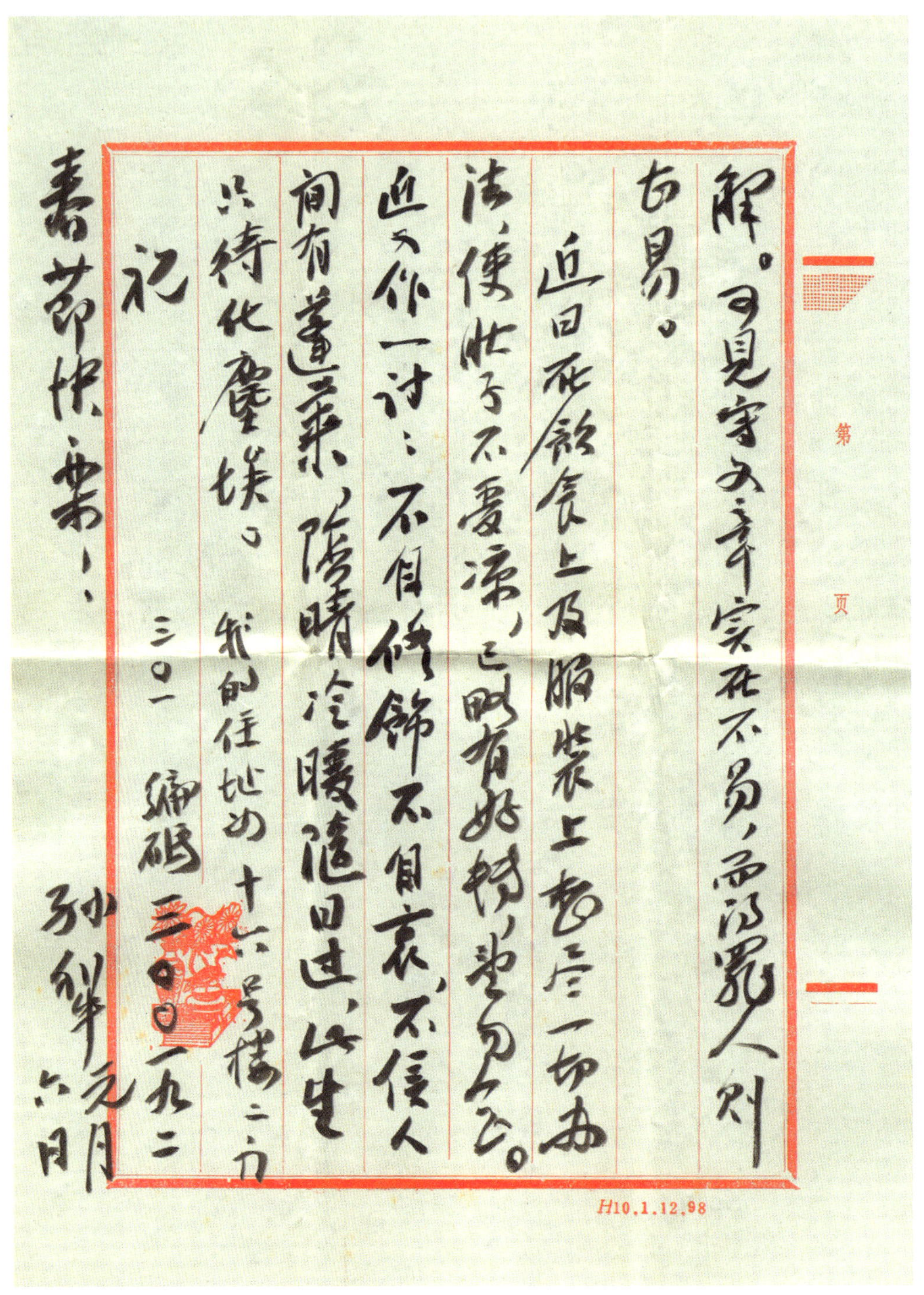

解。可见写文章实在不易，而识别人则尤易。

近日在饮食上及服装上，都尽一切办法，使壮子不要添，已购有好材料，要易人云。

近又作一诗：不自修饰不自哀，不侵人间有蓬莱。阴晴冷暖随日过，此生只待化尘埃。

我的住址为十六号楼二门三〇一　编码三〇〇一九二

祝

春节快乐！

孙犁

元月六日

1991.1.6

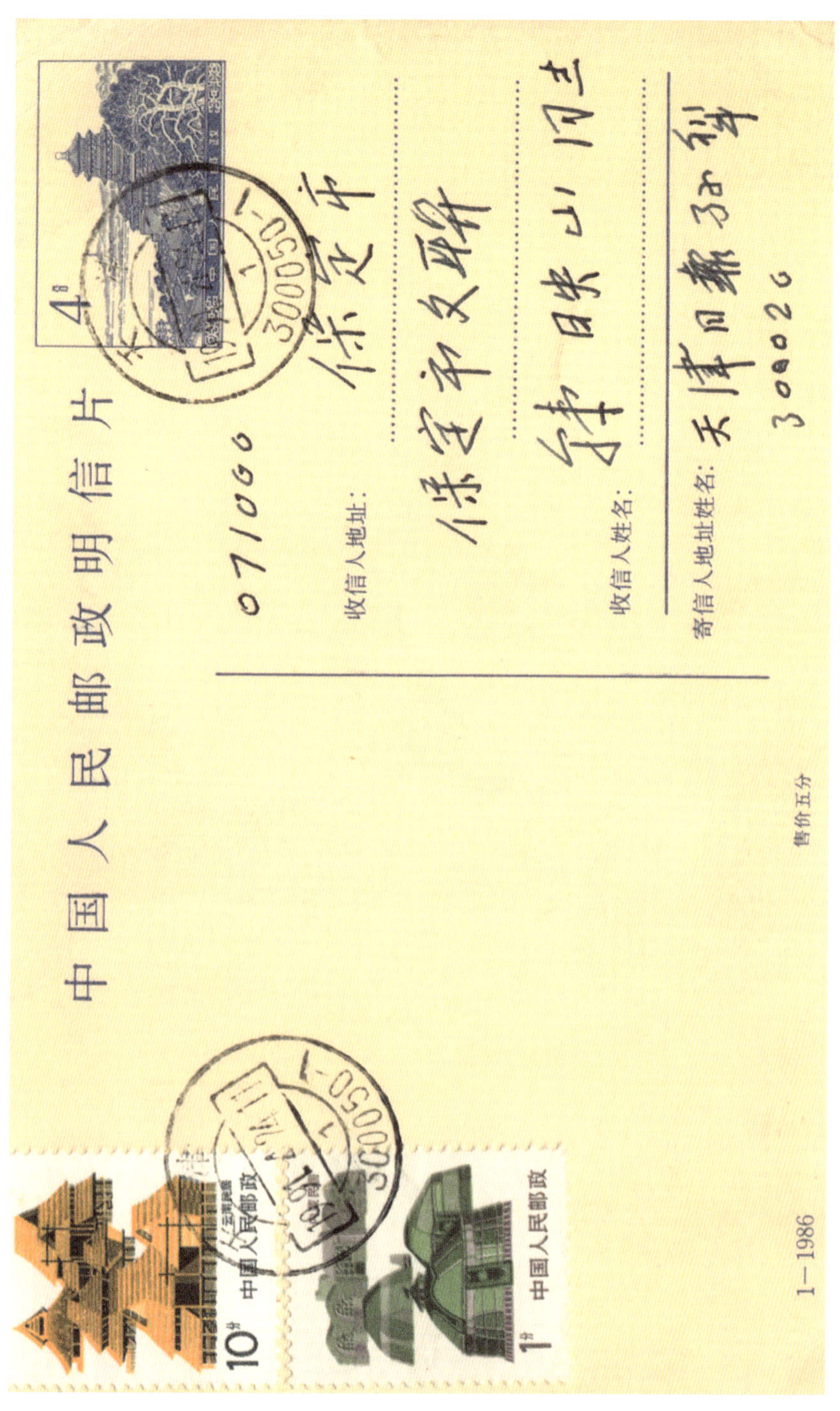

中国人民邮政明信片

071000　　保定市

收信人地址：保定市文联

收信人姓名：韩映山同志

寄信人地址姓名：天津日报孙犁

300020

售价五分

1—1986

1991.4.23

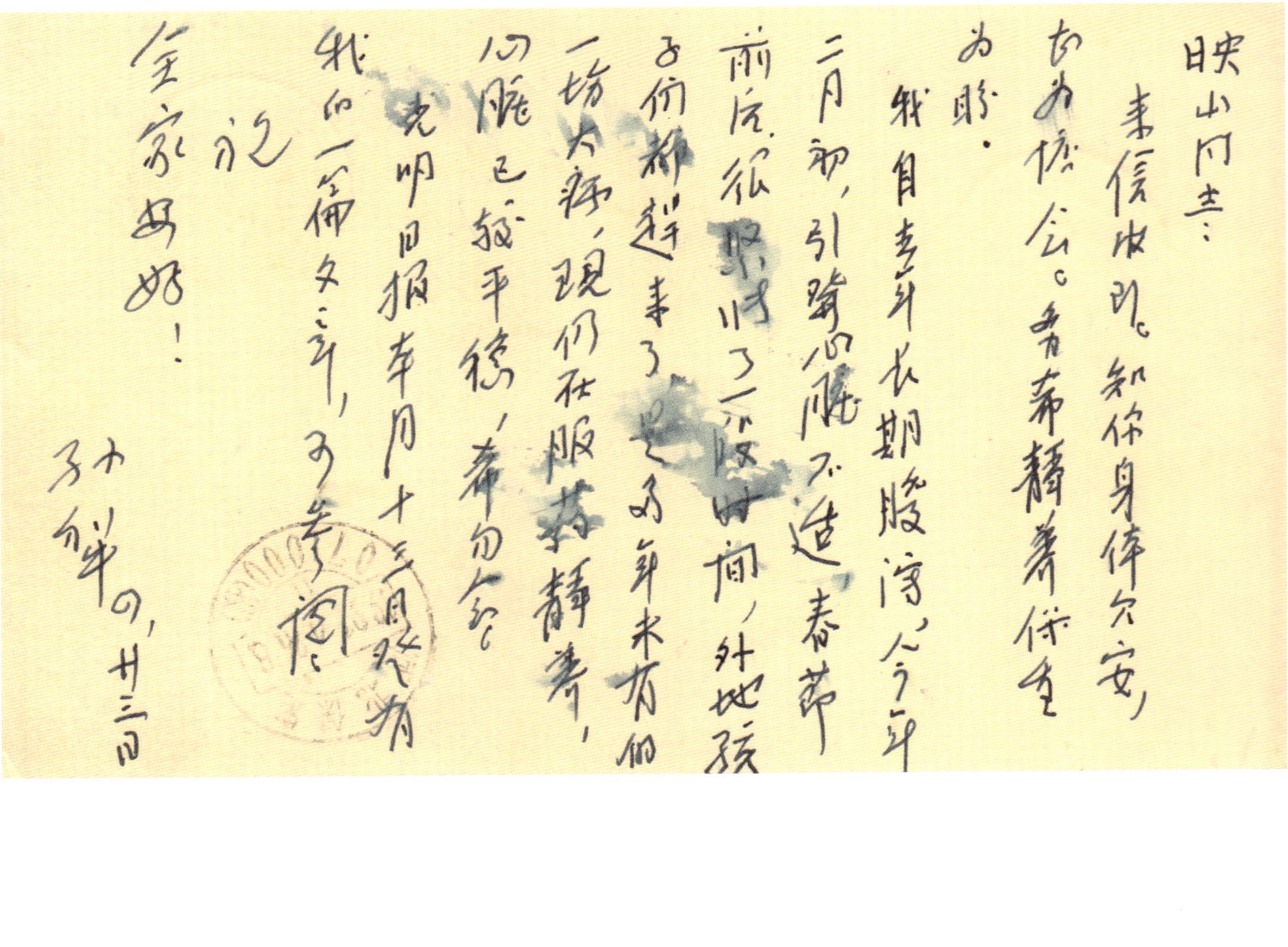

映山同志：

来信收到。知你身体欠安，甚为挂念。希静养保重为盼。

我自去年长期腹泻，今年二月初，引发心脏不适，春节前后，很紧张了一段时间，外地孩子们都赶来了，这是多年未有的一场大病，现仍在服药静养，心脏已较平稳，希勿念。

光明日报本月十三日发有我的一篇文章，可参阅。

祝

全家好！

孙犁

四，廿三日

1991.4.23

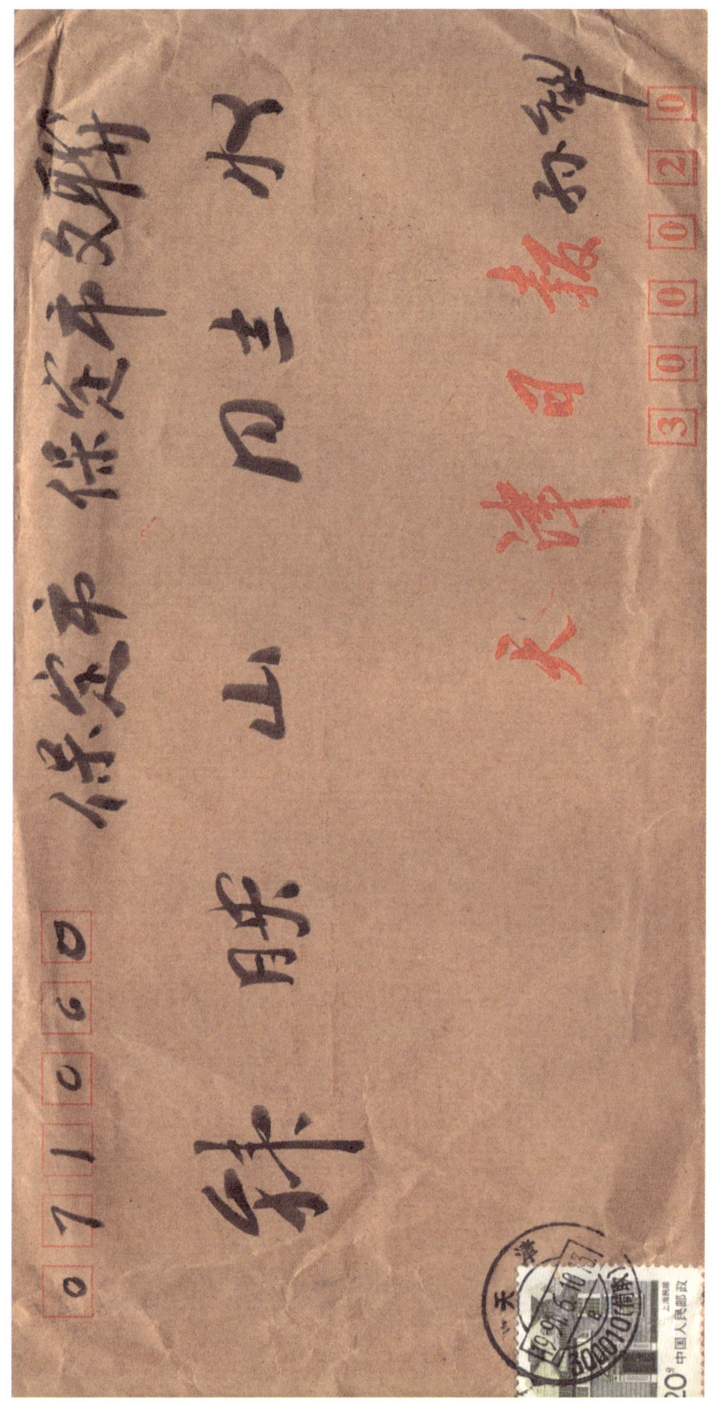

1991.6.9

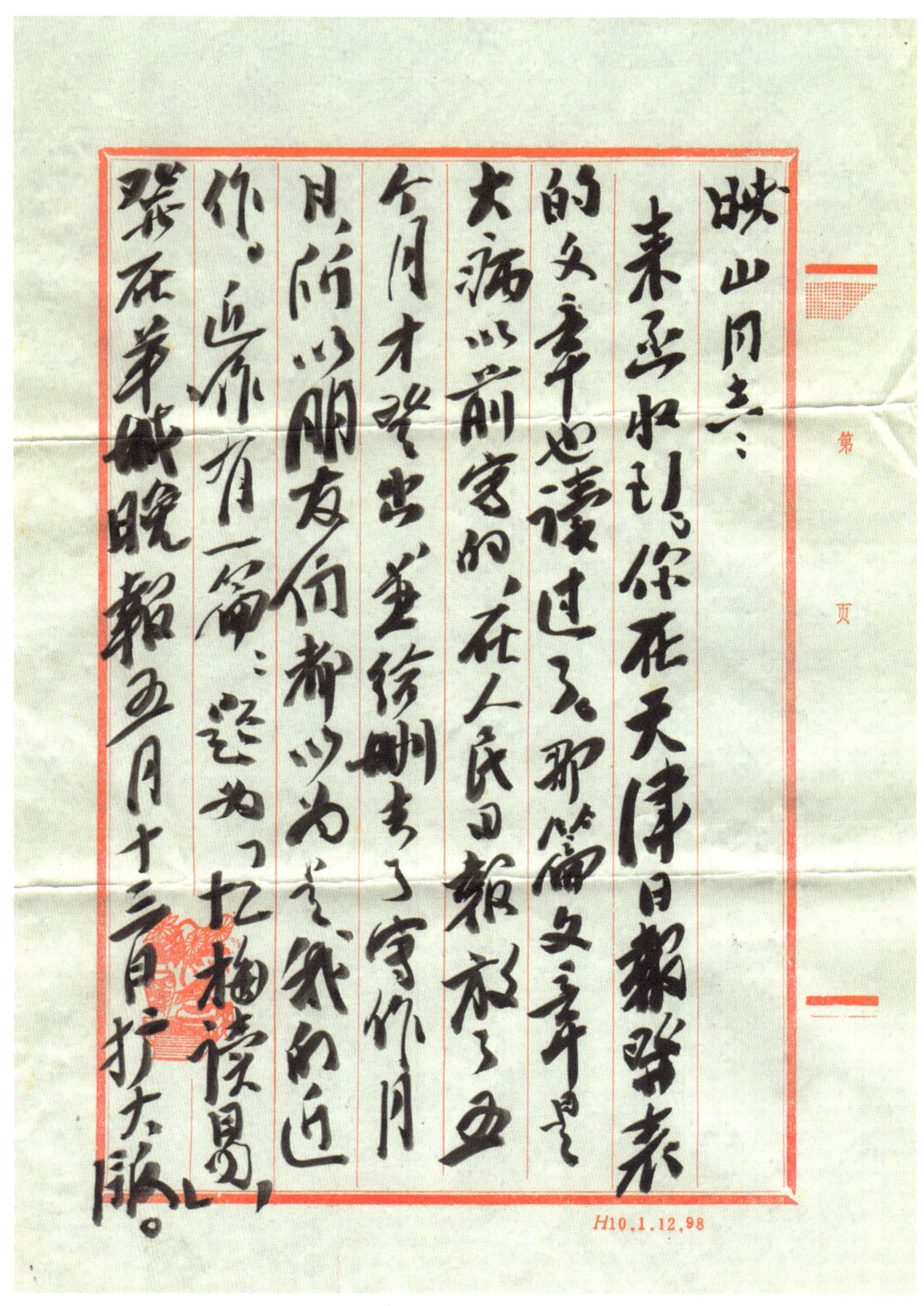

映山同志：

来函收到。你在天津日报发表的文章，也读过了。那篇文章是大病以前写的，在人民日报放了五个月才登出，并注明了写作月日，所以朋友们都以为是我的近作。近作有一篇，题为「札梅读易」，发在羊城晚报。

五月十三日

打大脓。

1991.6.9

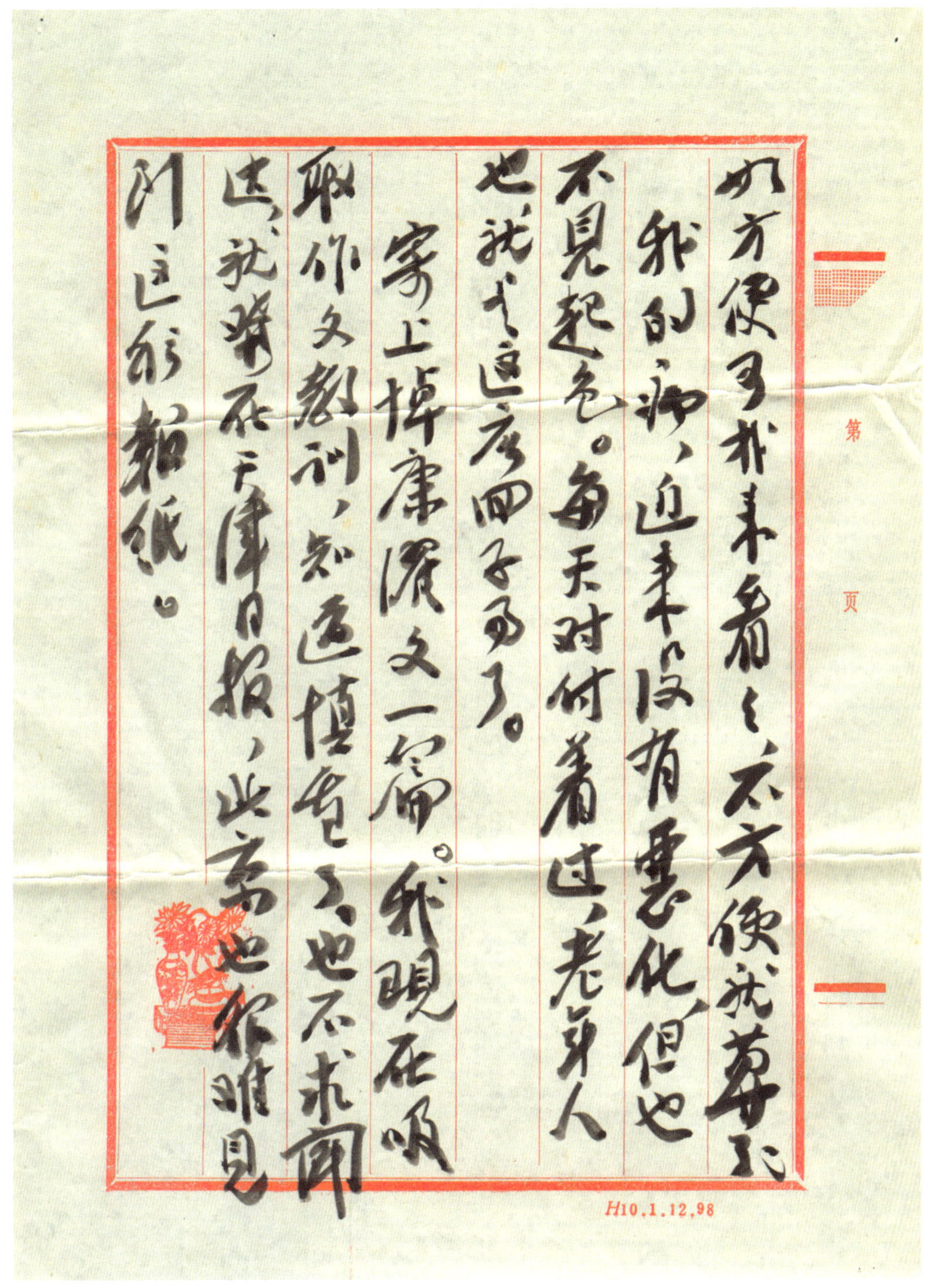

如方便可找来看看，不方便就算了。我的病，近来没有恶化，但也不见起色。每天对付着过，老年人也就是这么回子事了。

寄上悼康濯文一篇。我现在顺眼作文艺副刊，知道这情况了，也不求闻达，就登在天津日报，此稿也很难见刊，这是彩稿纸。

1991.6.9

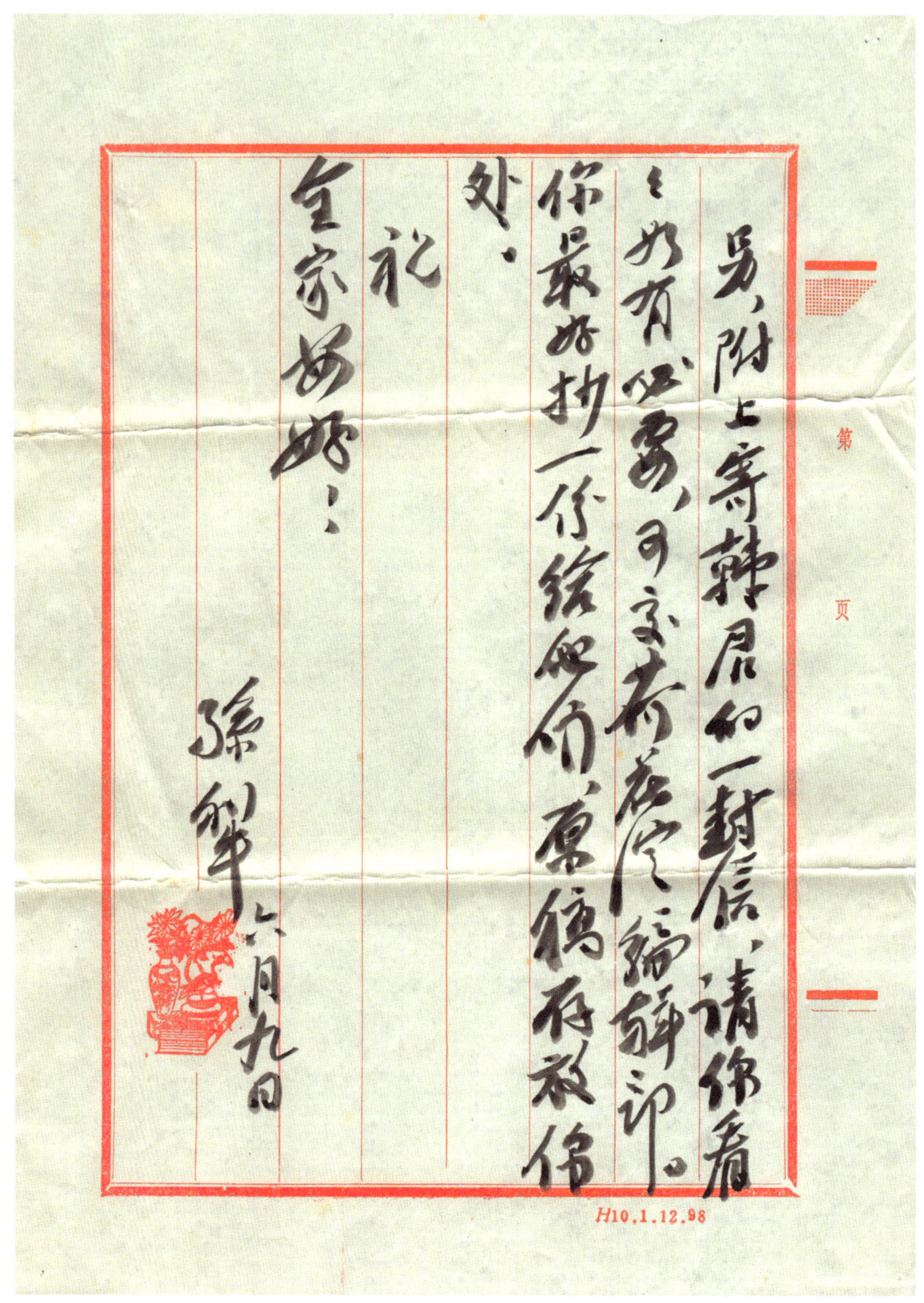

另，附上寄韩君的一封信，请你看看，如有必要，可交莲池编辑部。你最好抄一份给他们，原稿存敝处。

祝

全家安好！

孙犁

六月九日

1991.6.9

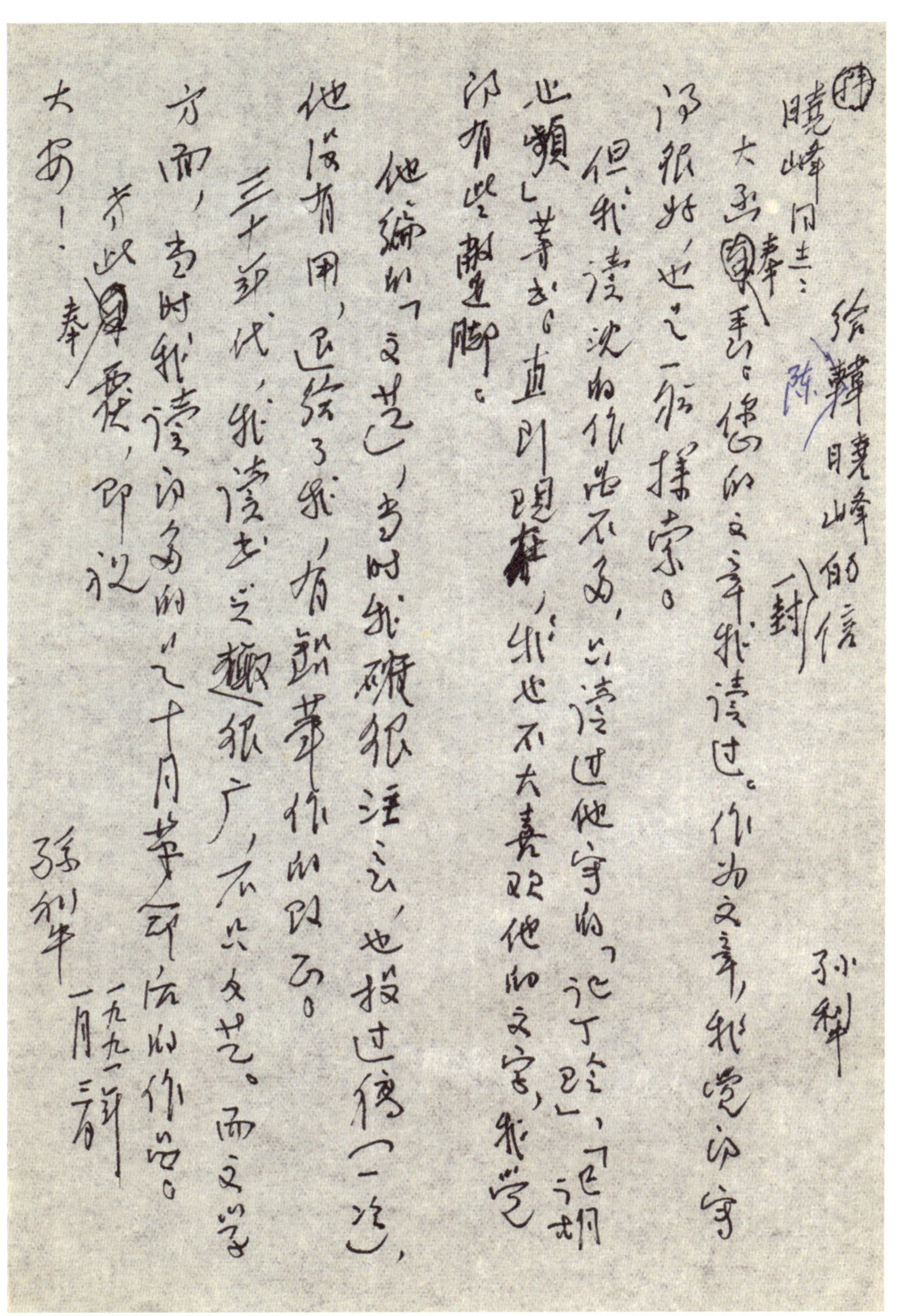

给韩（陈）晓峰的信 一封

孙犁

晓峰同志：

大函奉悉。您的文章我读过。作为文章写很好，也是一种探索。

但我读沈的作品不多，只读过他写的「记丁玲」、「记胡也频」等书。直到现在，我也不太喜欢他的文字，我觉得有些散漫。

他编的「文艺」，当时我确很注意，也投过稿（一次），他没有用，退给了我，有铅笔作的改正。

三十年代，我读书之趣很广，不只文艺。而文学方面，当时我读得多的，是十月革命后的作品。

专此奉覆，即祝

大安！

孙犁
一九九一年一月三日

1991.6.9

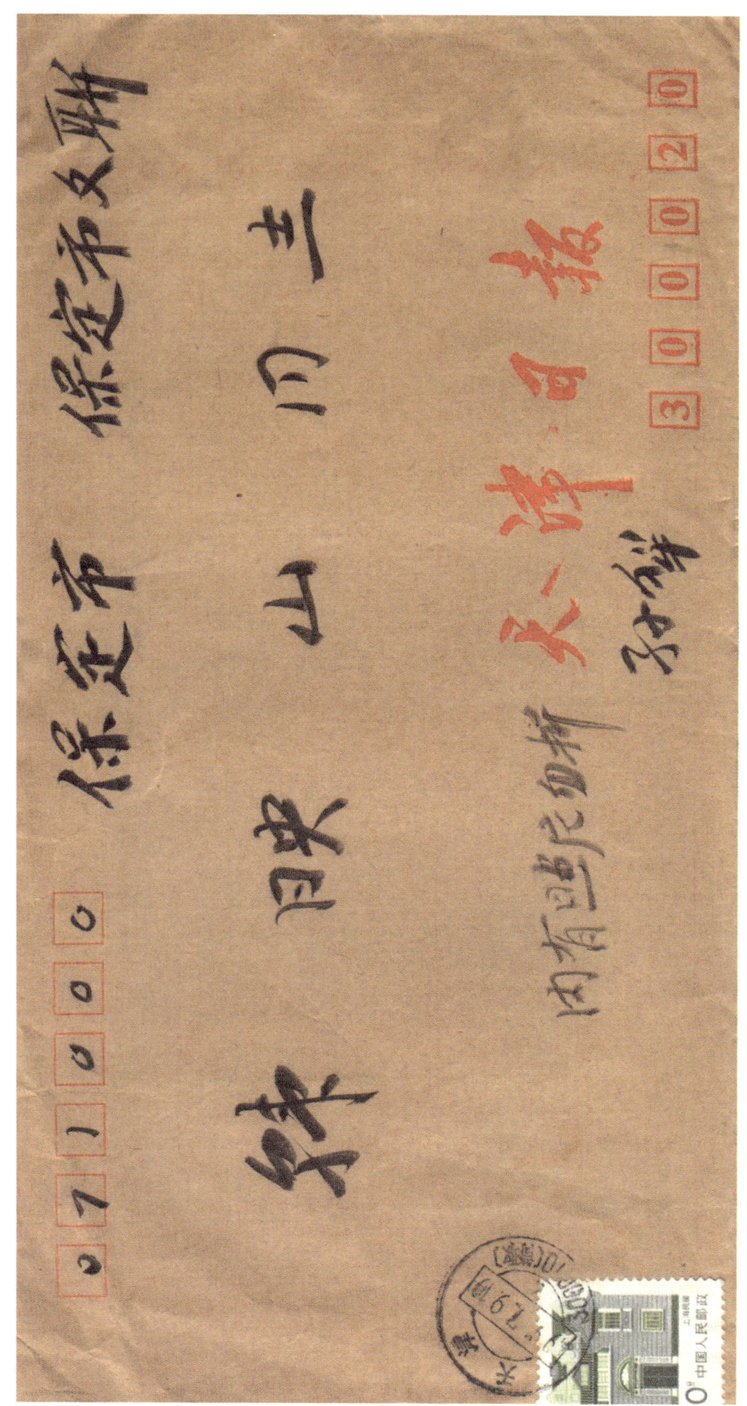

1991.7.9

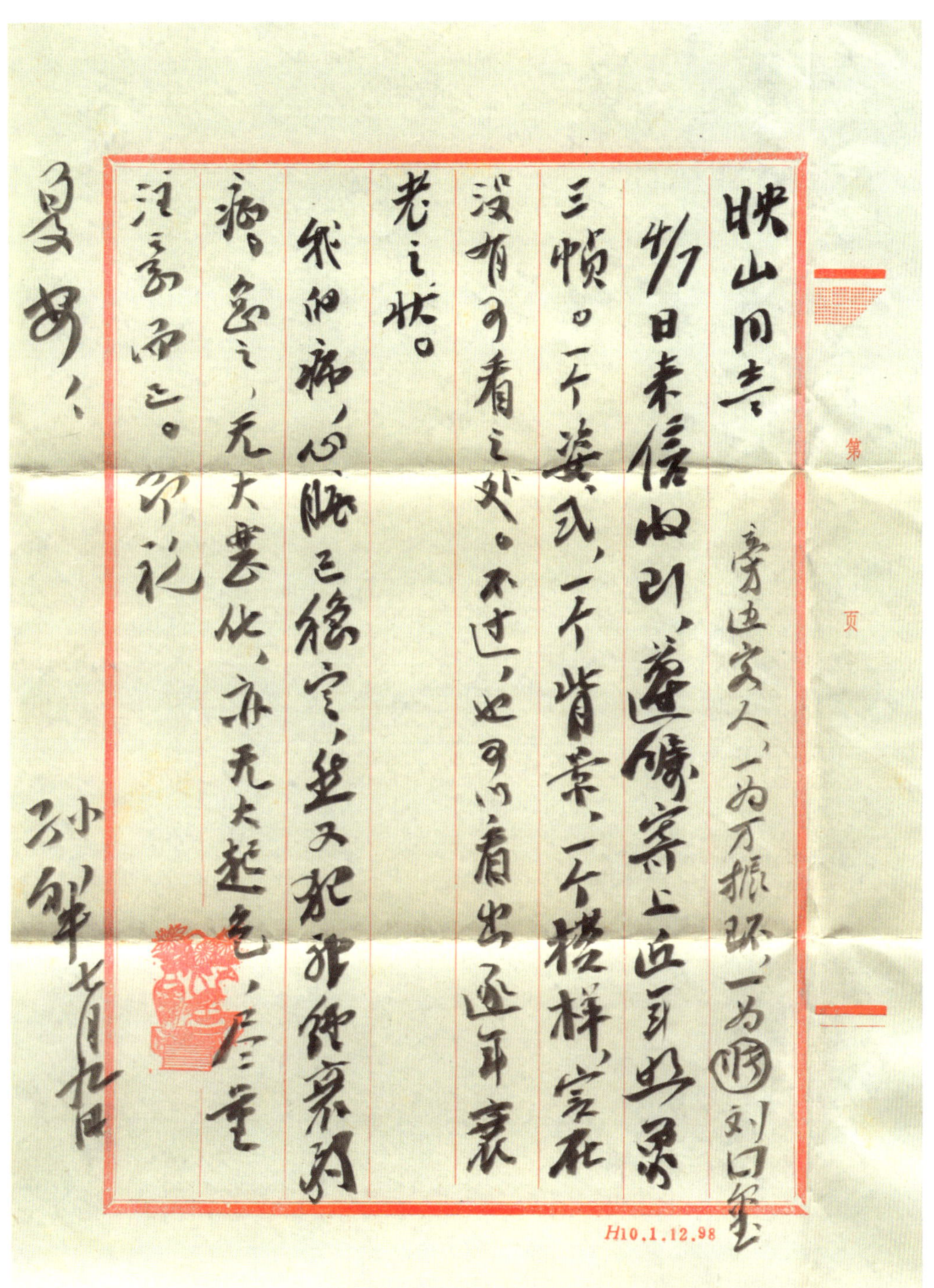

映山同志：

8/7日来信收到，蒙远像寄上近日好影三帧。一个姿式，一个背景，一个格样，实在没有可看之处。不过，也可以看出逐年衰老之状。

我的病，心脏已稳定，然又犯神经衰弱症，患之，无大恶化，亦无大起色，尽量注意而已。即祝

夏安！

孙犁

七月九日

寄达之人，一为万振环，一为（陈）刘口金

H10.1.12.98

1991.7.9

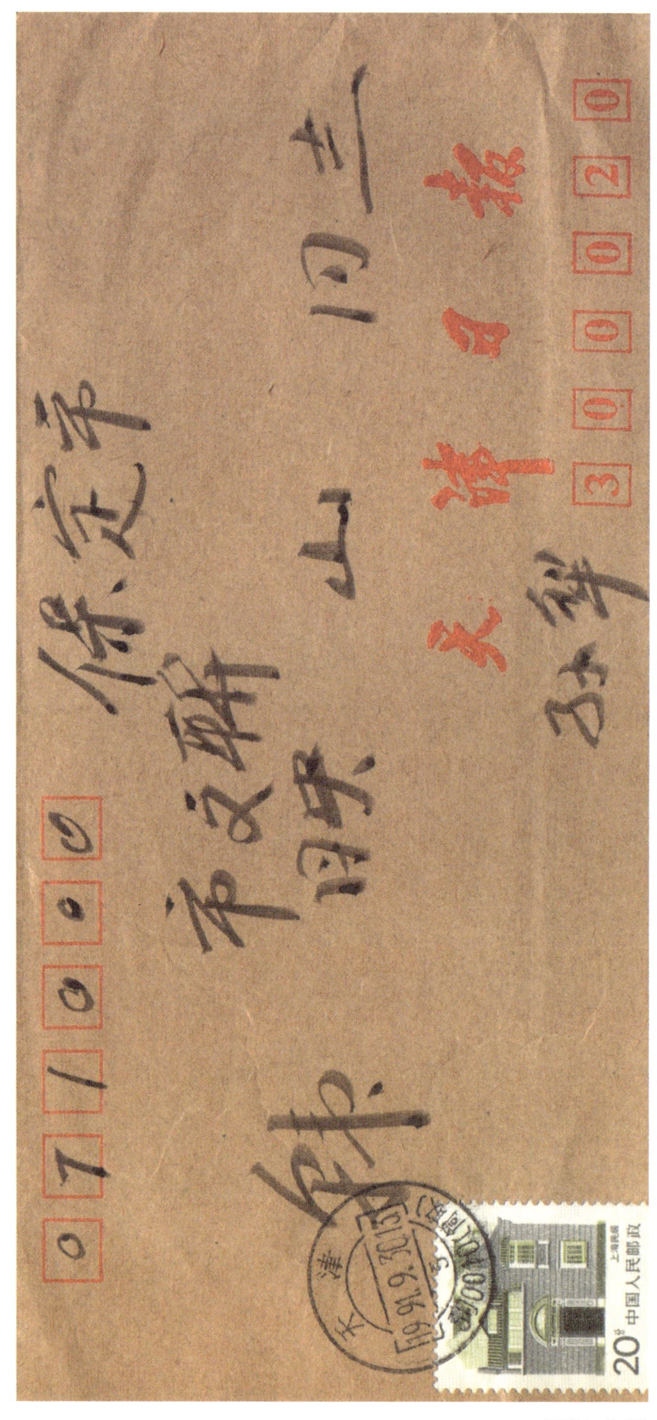

1991.9.29

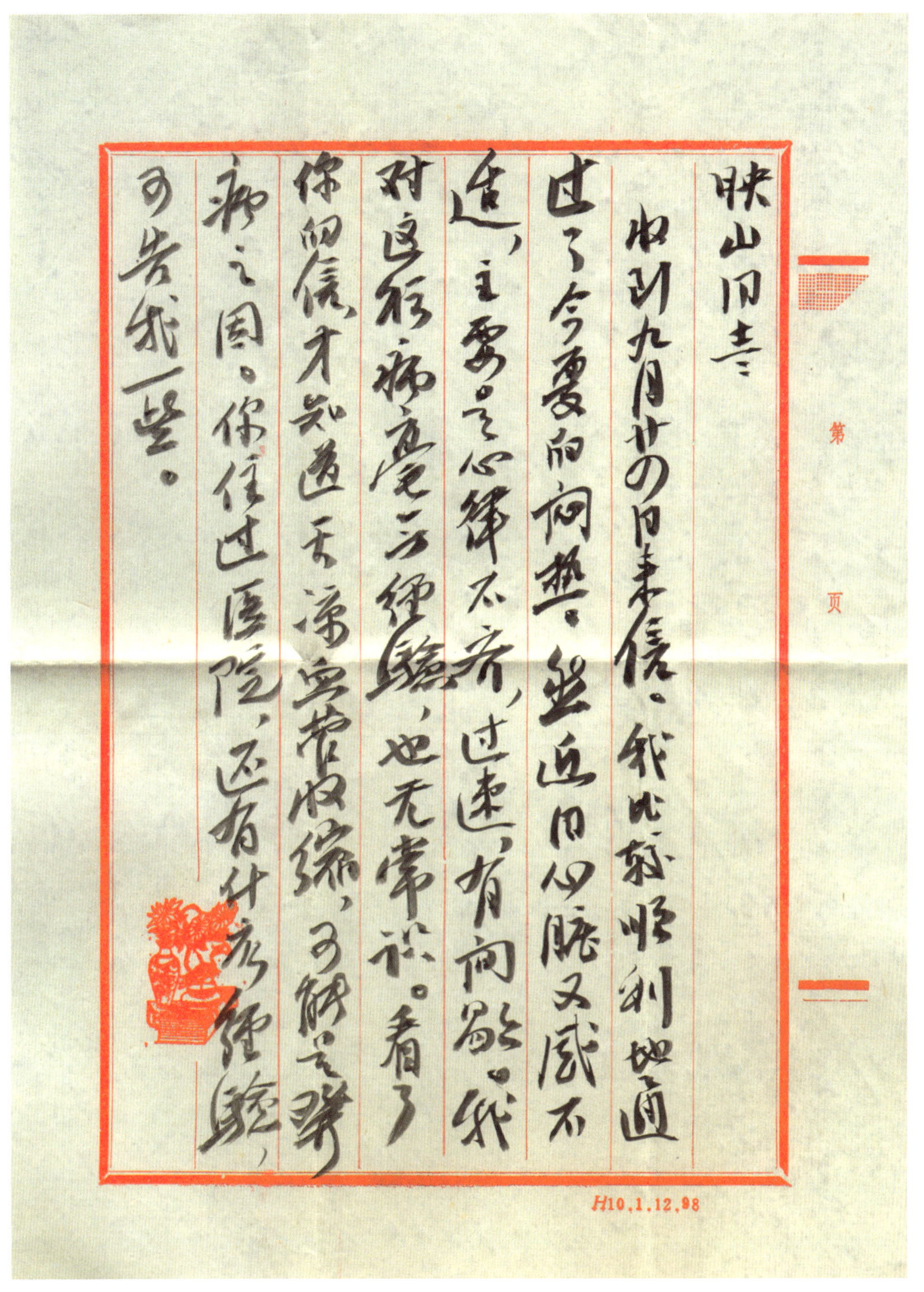
映山同志：

收到九月廿四日来信。我比较顺利地通过了今夏的闷热。然近日心脏又感不适，主要是心律不齐，过速，有间歇。我对这种病毫无经验，也无常识。看了你的信，才知道是房性早搏收缩，可能是我病之因。你住过医院，还有什么经验，可告我一些。

1991.9.29

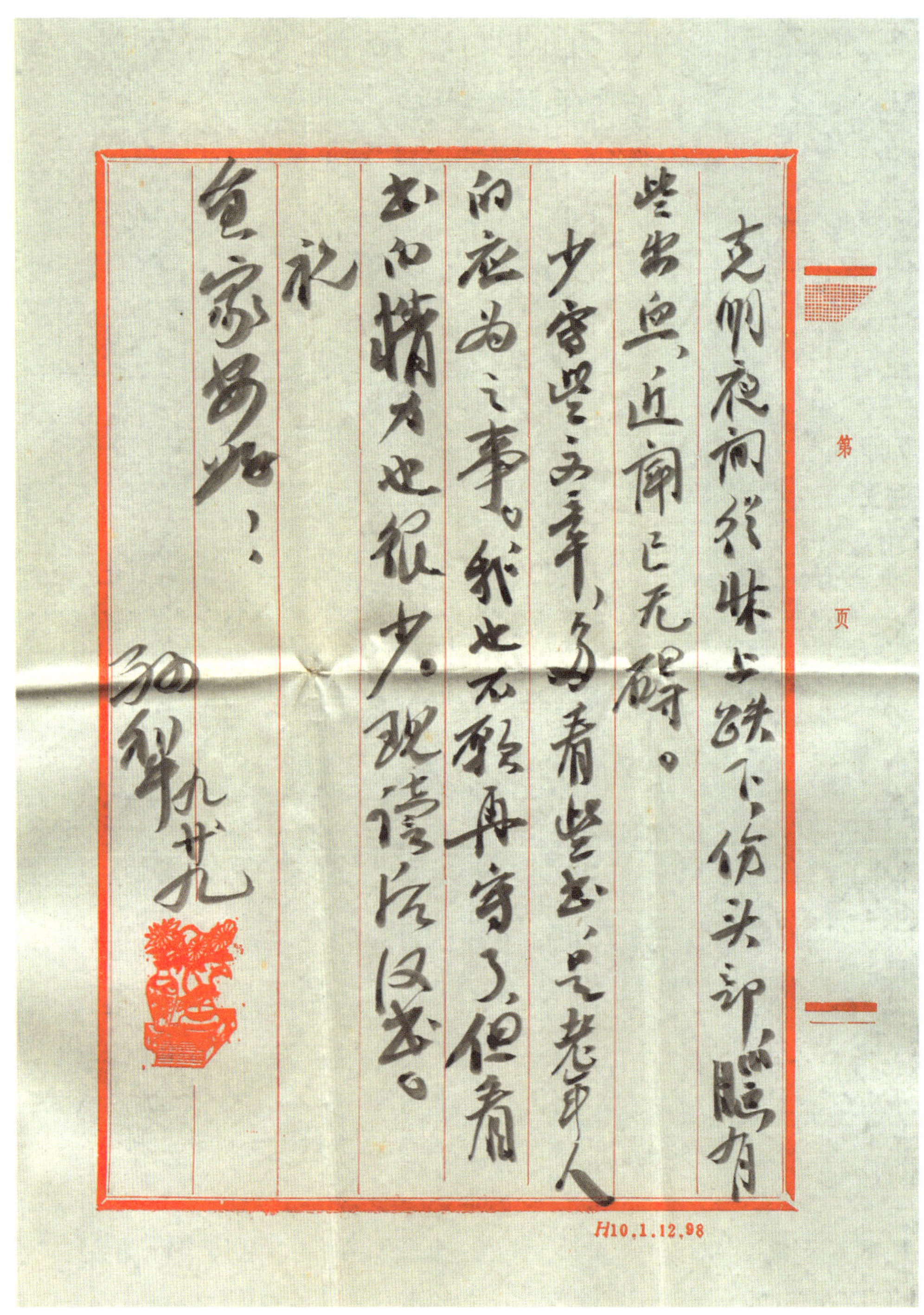

克明夜间从床上跌下，伤头部，脑有些出血，近闻已无碍。

少写些文章，多看些书，是老年人的应为之事。我也不愿再写了，但看书的精力也很少，现读后汉书。

祝

阖家安好！

孙犁 九廿九

1991.9.29

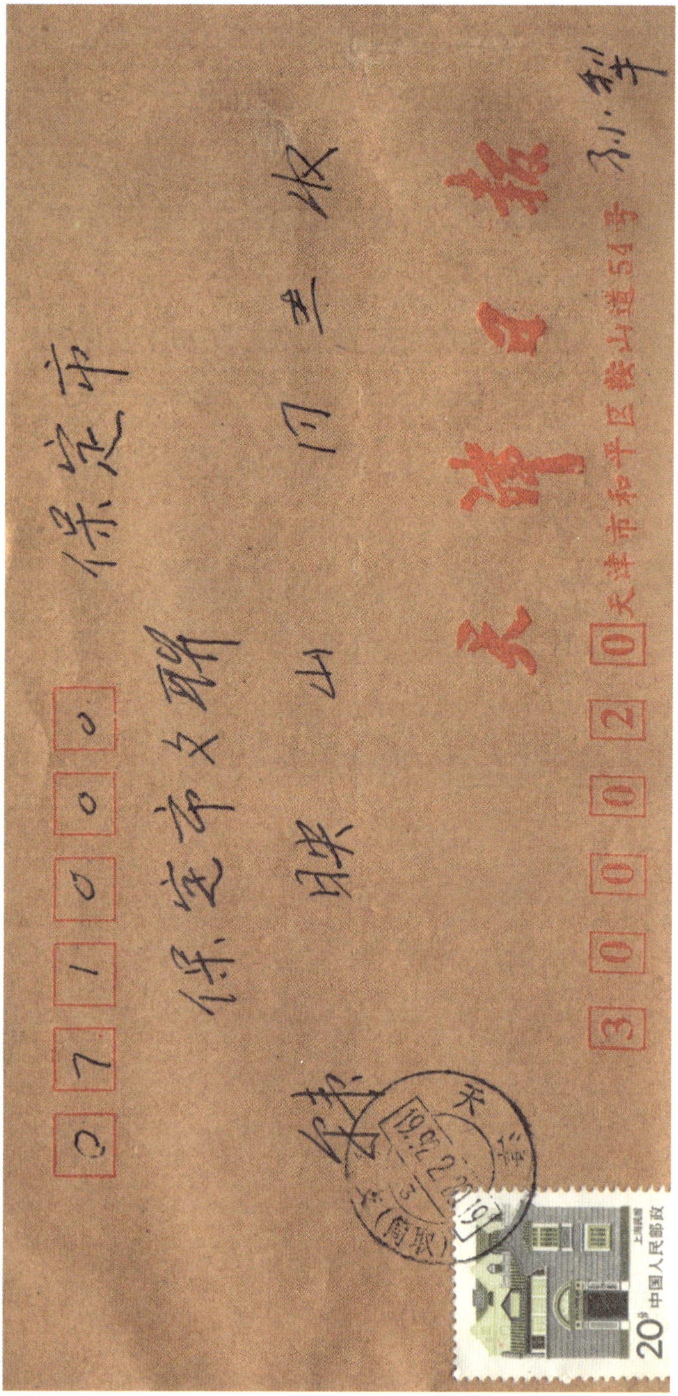
071000
保定市
保定市文联
映山 同志 收
天津日报
天津市和平区鞍山道54号
300020
孙犁
中国人民邮政
20分

1992.2.19

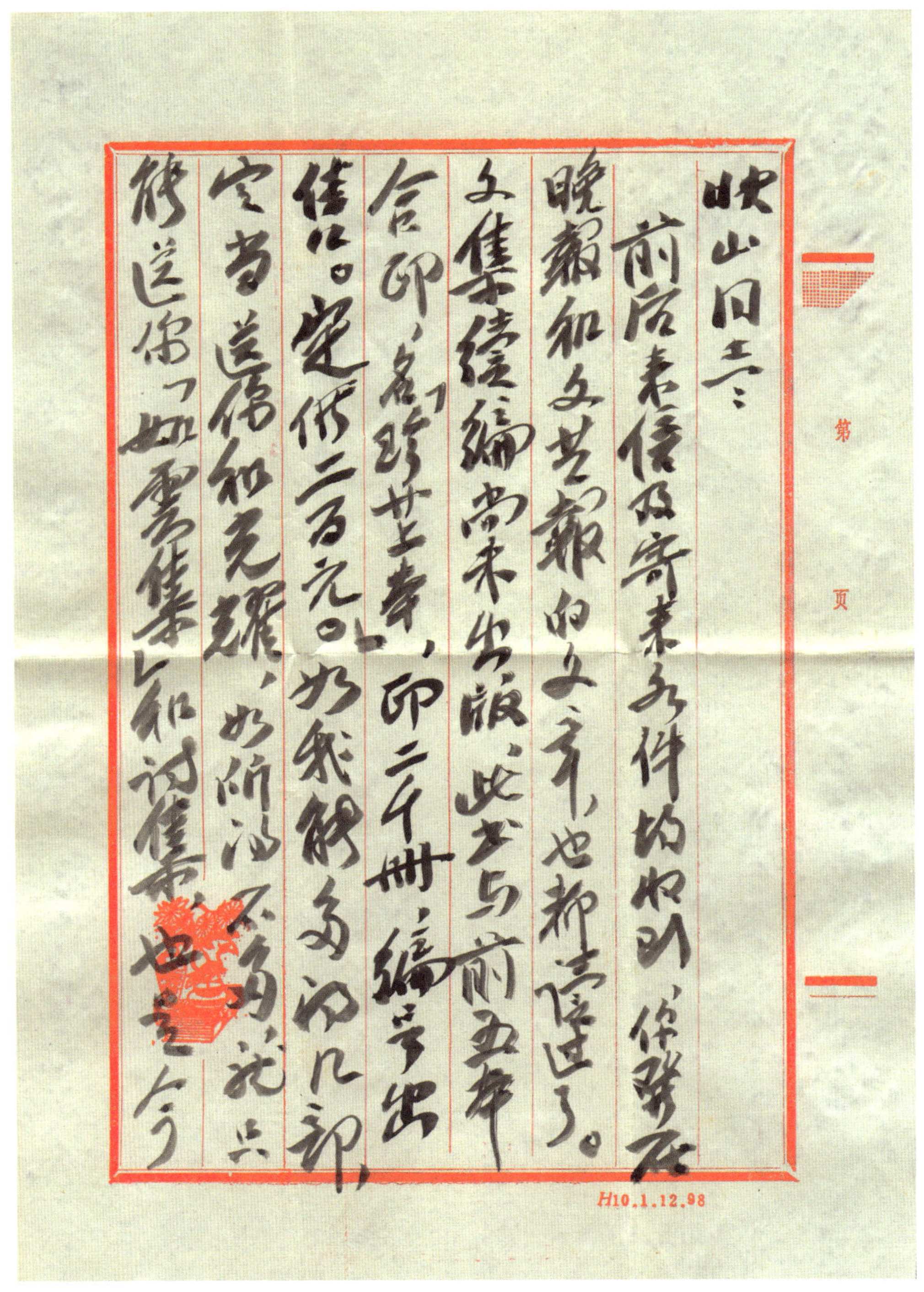

映山同志：

前后来信及寄来各件均收到，你发在晚报和文艺报的文章，也都看过了。文集续编，尚未出版，此书与前五本合印，名为珍藏本，印二千册，编号出售。定价二百元。如我能多得几部，定当送你和光耀，如所得不多，就只能送你们《如云集》和[illegible]集，也是今

1992.2.19

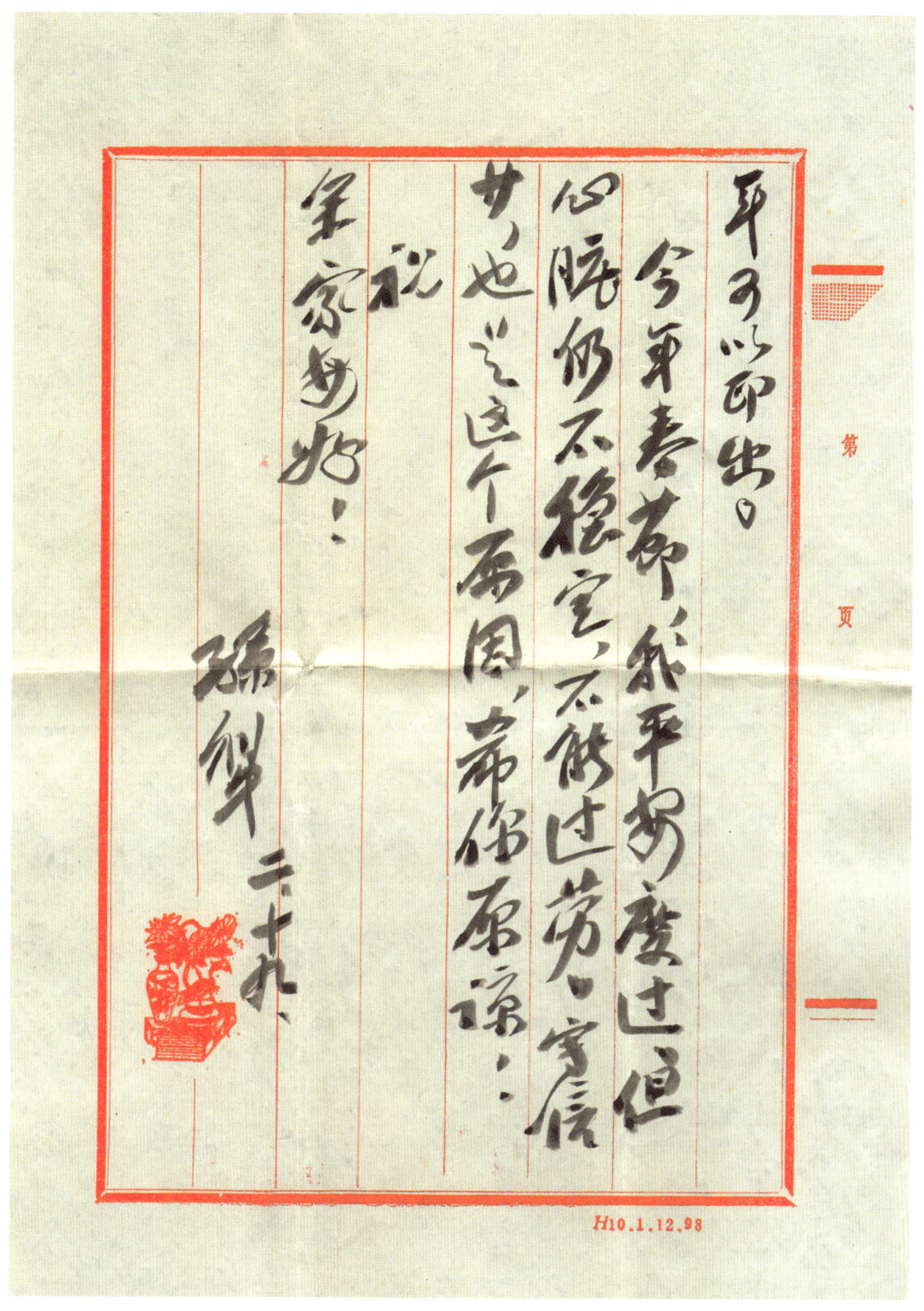

平可以印出。

今年春节，我平安度过，但心脏仍不稳定，不能过劳。写信少，也以这个原因，希你原谅！

祝

全家安好！

孙犁

二十九、

第　页

H10.1.12.98

1992.2.19

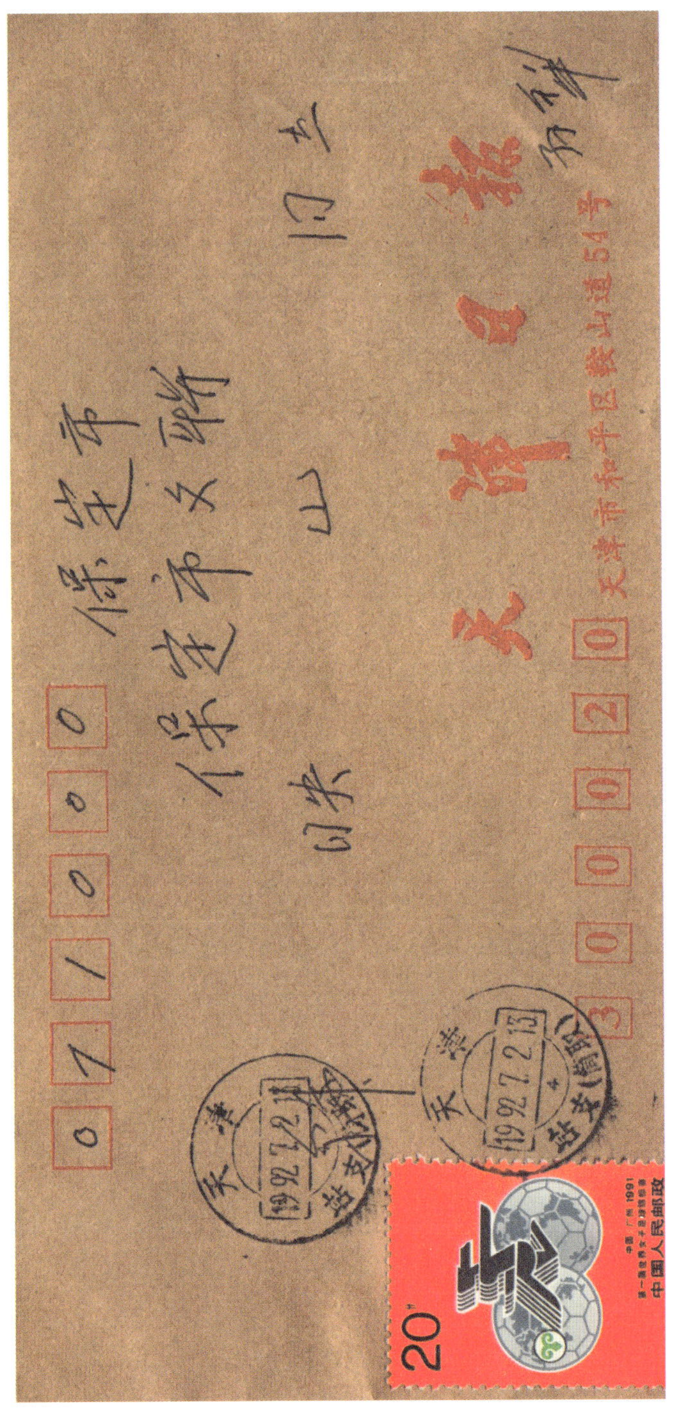
071000
保定市
保定市文联
韩映山 同志
天津日报
孙犁
天津市和平区鞍山道54号
300020
中国人民邮政
20分

1992.7.1

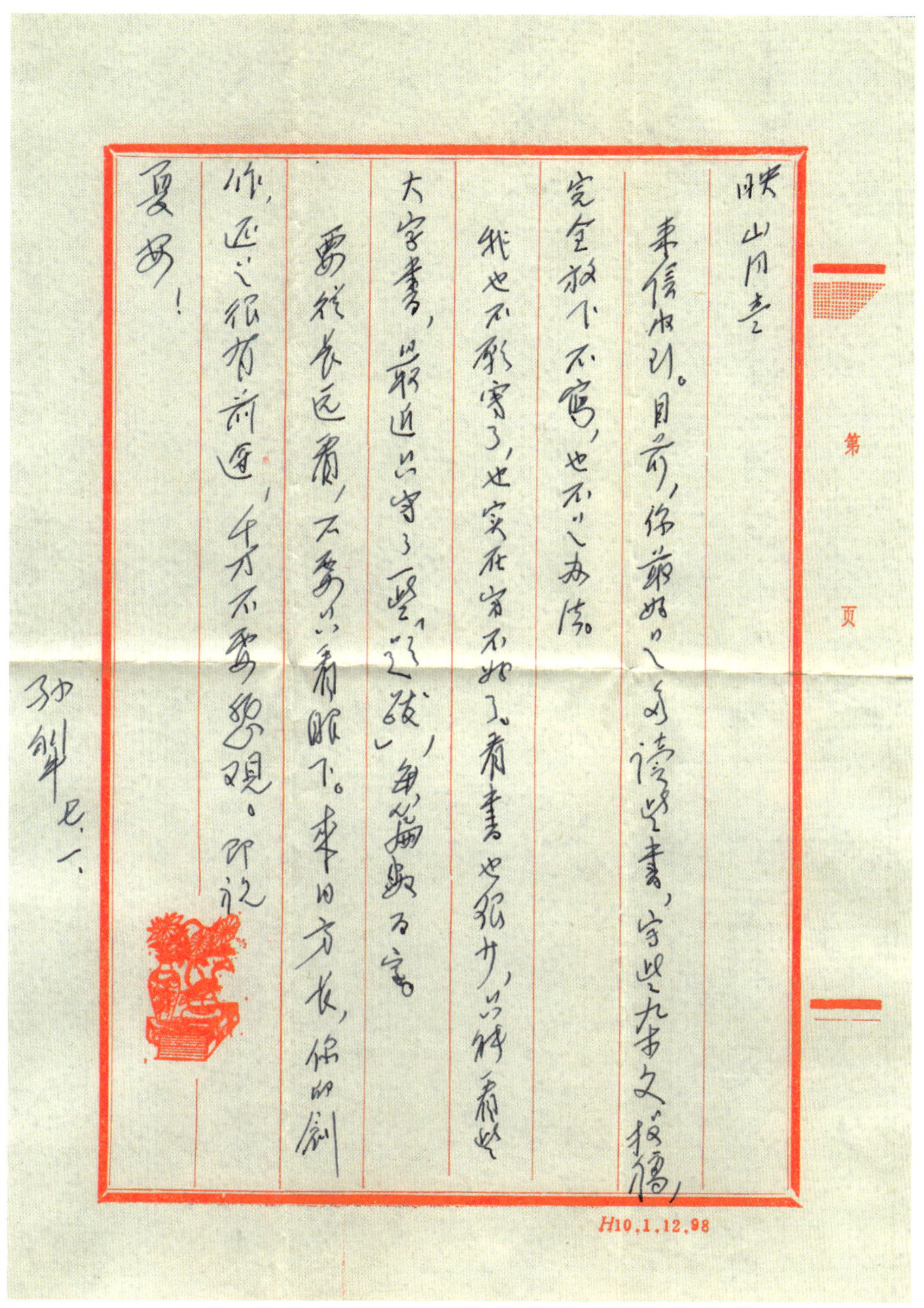

映山同志：

来信收到。目前，你最好多读些书，写些杂文投稿，完全放下不写，也不是办法。

我也不能写了，也实在写不好了。看书也很少，只能看些大字书，最近只写了一些“题跋”，每篇数百字。要从长远看，不要只看眼下。来日方长，你的创作，还是很有前途，千万不要悲观。即祝

夏安！

孙犁 七.一

H10.1.12.98

1992.7.1

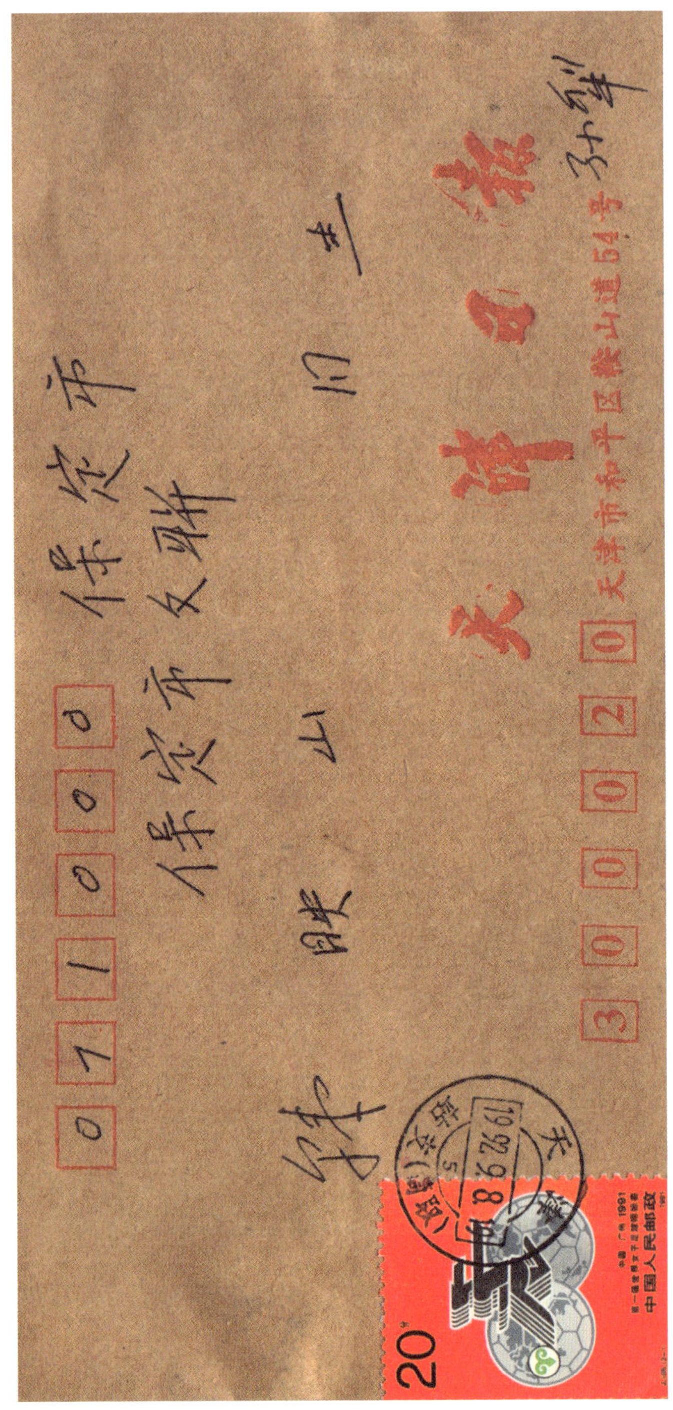

071000

保定市

保定市文联

韩映山同志

天津日报　孙犁

天津市和平区鞍山道54号

300020

1992.9.8

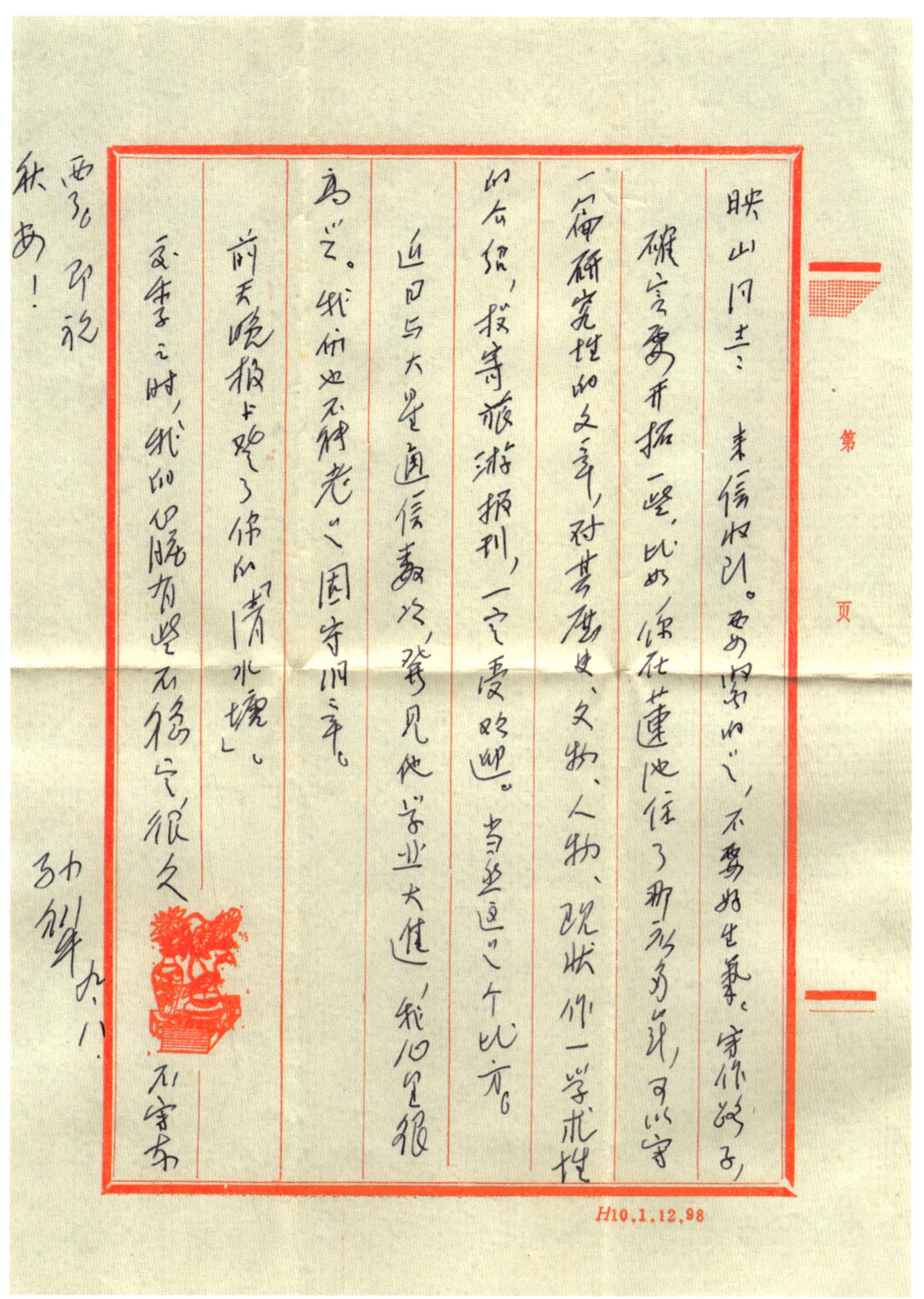

映山同志：

来信收到。西如写的事，不要生气。写作路子，要开拓一些，比如，你在莲池住了那么多年，可以写一篇研究性的文章，对其历史、文物、人物、现状作一学术性的介绍，投寄旅游报刊，一定受欢迎。当然这只是个比方。

近日与大星通信数次，获见他学业大进，我心里很高兴。我们也不能老是困守旧章。

前天晚报上登了你的「清水塘」。

夏季之时，我的肠胃有些不舒服，很久不写东西了。即祝

秋安！

孙犁 九.八.

第　页

H10.1.12.98

1992.9.8

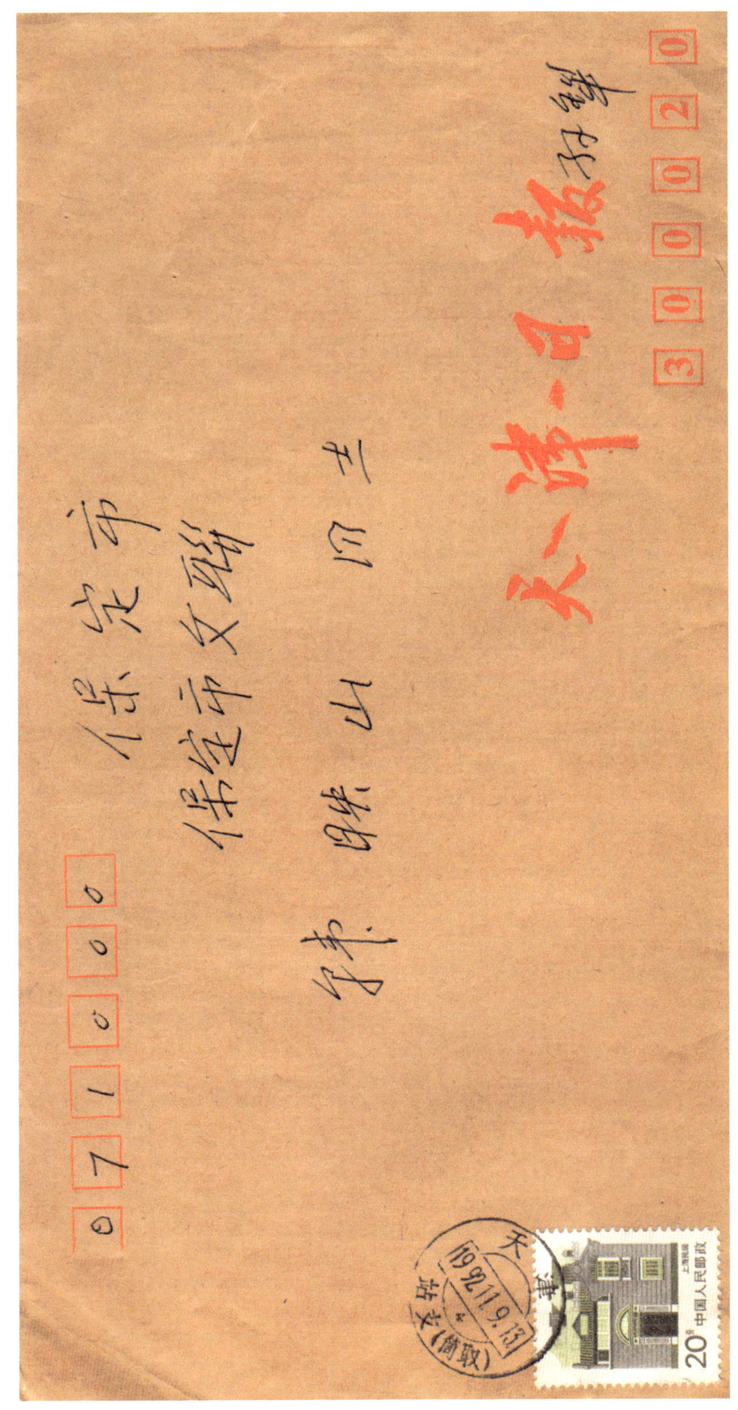

1992.11.8

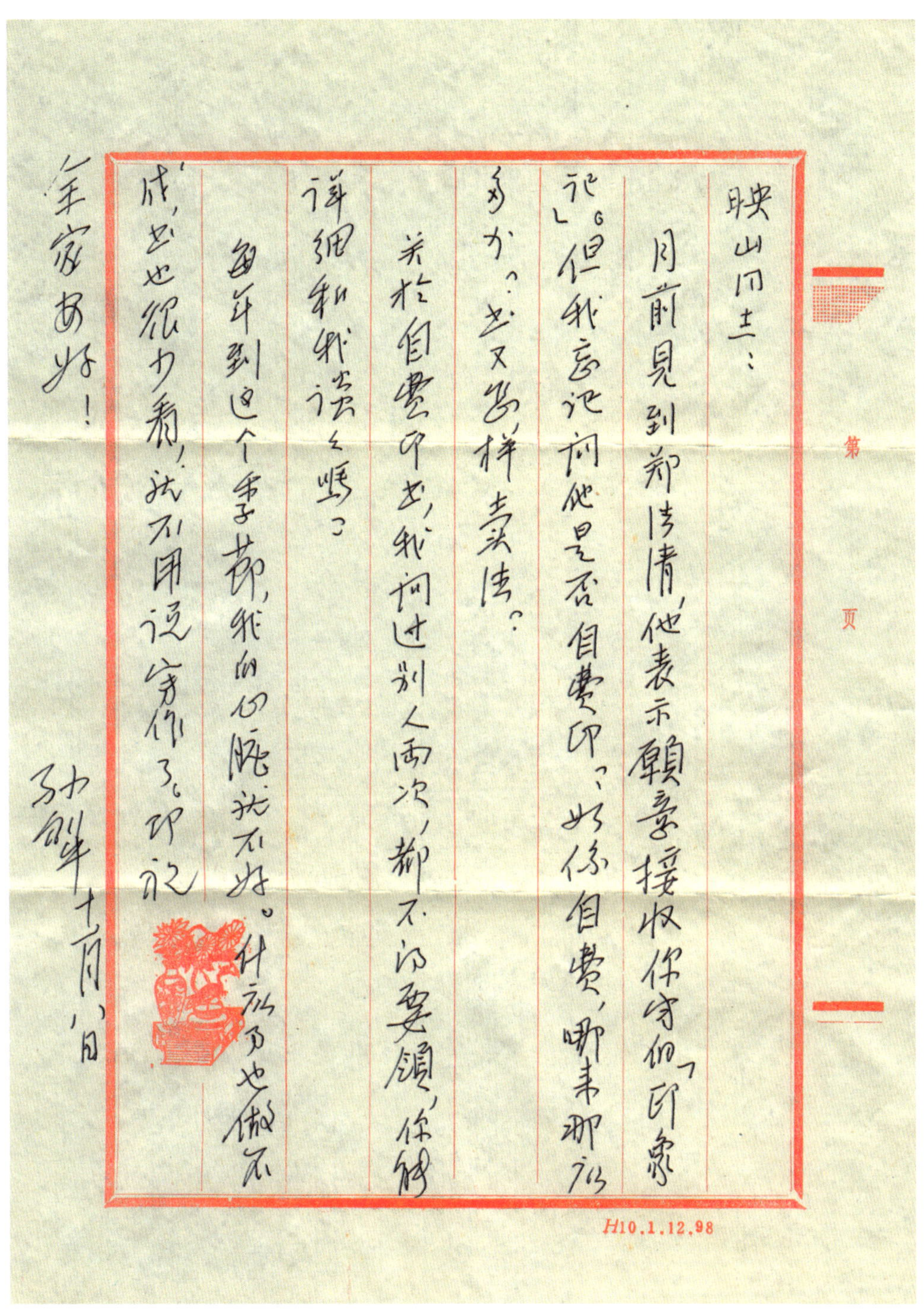

映山同志：

日前見到鄭法清，他表示願意接收你写的印象記。但我忘记问他是否自費印，如係自费，哪来那么多錢？或又怎样筹法？

关於自費印书，我问过别人两次，都不得要領，你能詳细和我谈谈嗎？

每年到这个季节，我的心脏就不好。仆么也做不成，书也很少看，就不用说写作了。即祝

全家安好！

孙犁 十一月八日

1992.11.8

071000

温馨 和谐 幸福

中国邮政

贺年（有奖）明信片

Post of China

保定市

保定市文联

韩映山 同志

天津日报社 孙犁

300020

CHINA

1993年2月5日开奖，2月6日公布中奖号码，2月17日—4月17日兑奖有效。
兑奖时，收件人须持此片及有效证件领奖，号码涂损、无号、剪下无效。

D01组 330110

1993

邮电部发行 定价：0.50元

D01组 330110

领奖人填写内容：

姓 名：

证件名称：

证件号码：

自行剪下，兑奖无效

1992.12.16

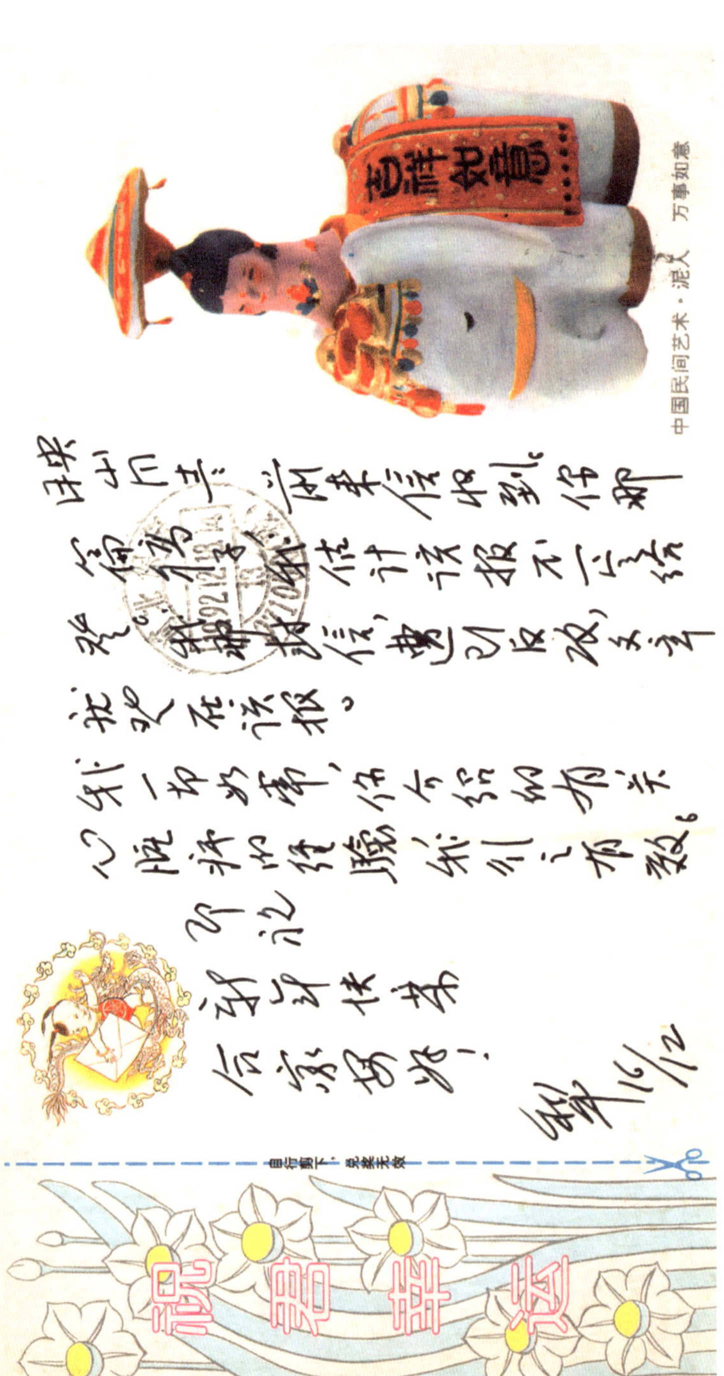

映山同志：前来信收到。你那篇稿子，我估计该报不一定给登。我那封信，遭到反攻，文章我也不该投。

我一切如常，你介绍的有关心脏病的经验，我们亦有数。

即祝

新年快乐

合家安好！

犁 16/12

1992.12.16

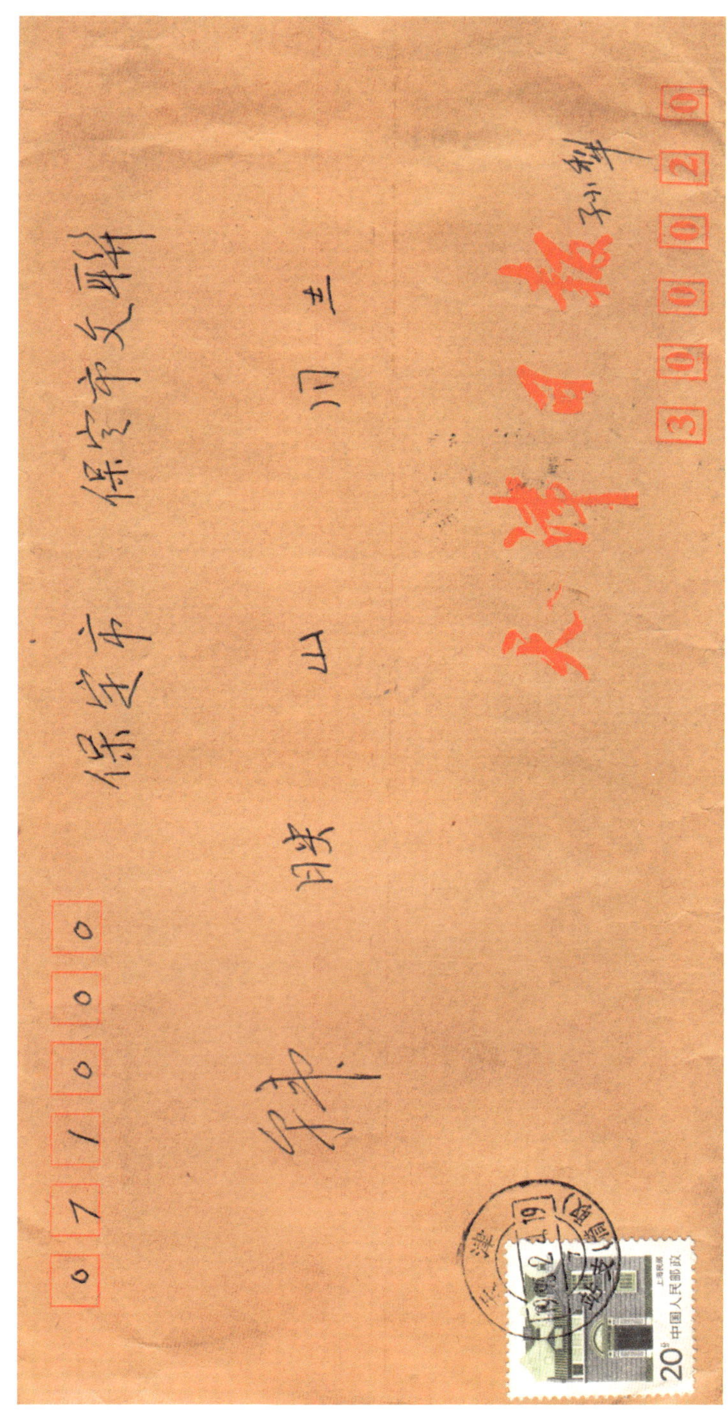
071000
保定市 保定市文联
韩映山 同志
天津日报 孙犁
300020

1993.2.4

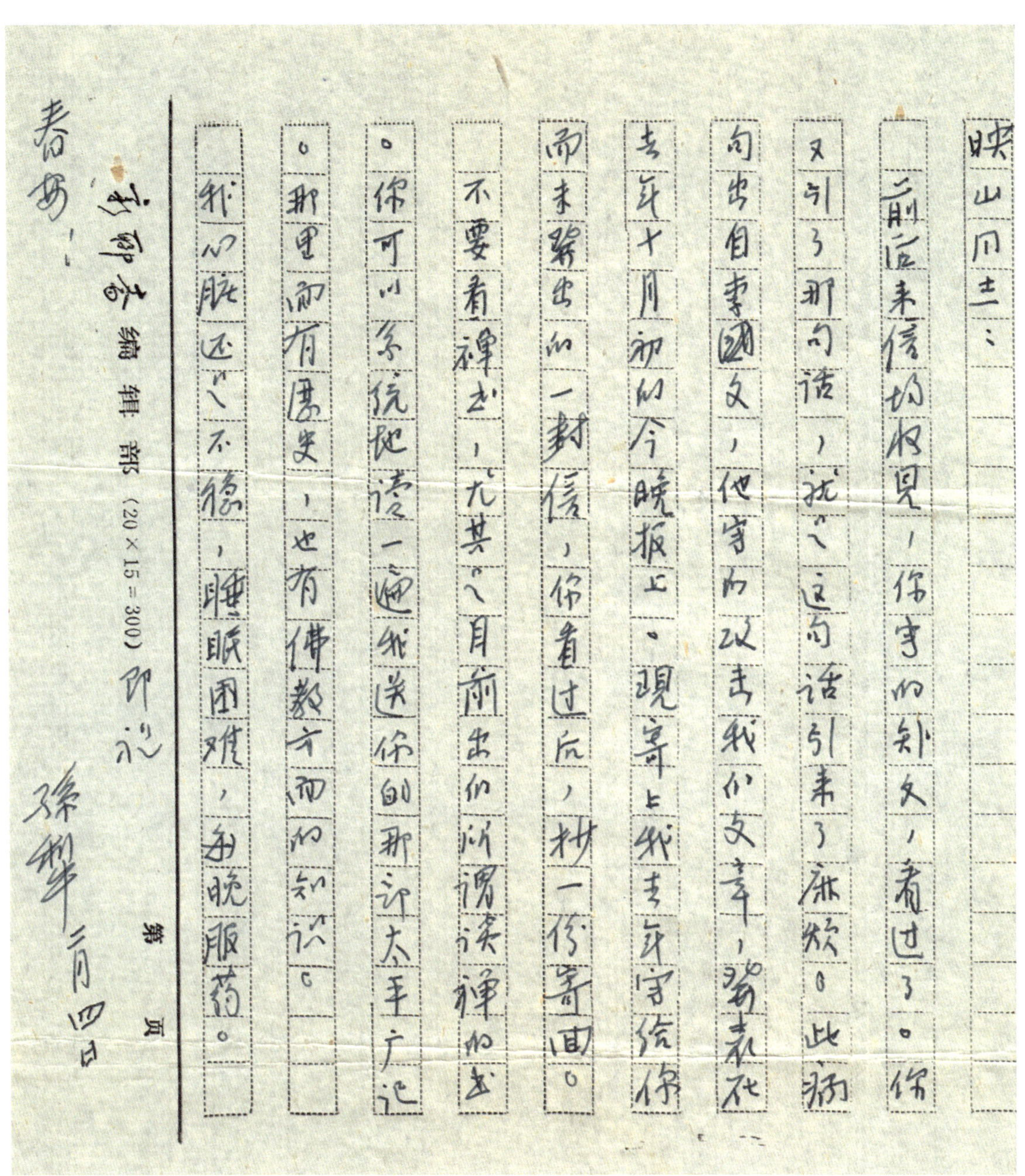

映山同志：

前后来信均收见，你写的新文，看过了。你又引了那句话，就是这句话引来了麻烦。此话句出自李国文，他写的攻击我的文章，发表在去年十月初的今晚报上。现寄上我去年写给你而未发出的一封信，你看过后，抄一份寄回。

不要看禅书，尤其是目前出的所谓谈禅的书。你可以系统地读一遍我送你的那部太平广记。那里面有历史，也有佛教方面的知识。

我的脑还是不稳，睡眠困难，每晚服药。

春安！

孙犁

二月四日

编辑部（20×15=300）　第　页

1993.2.4

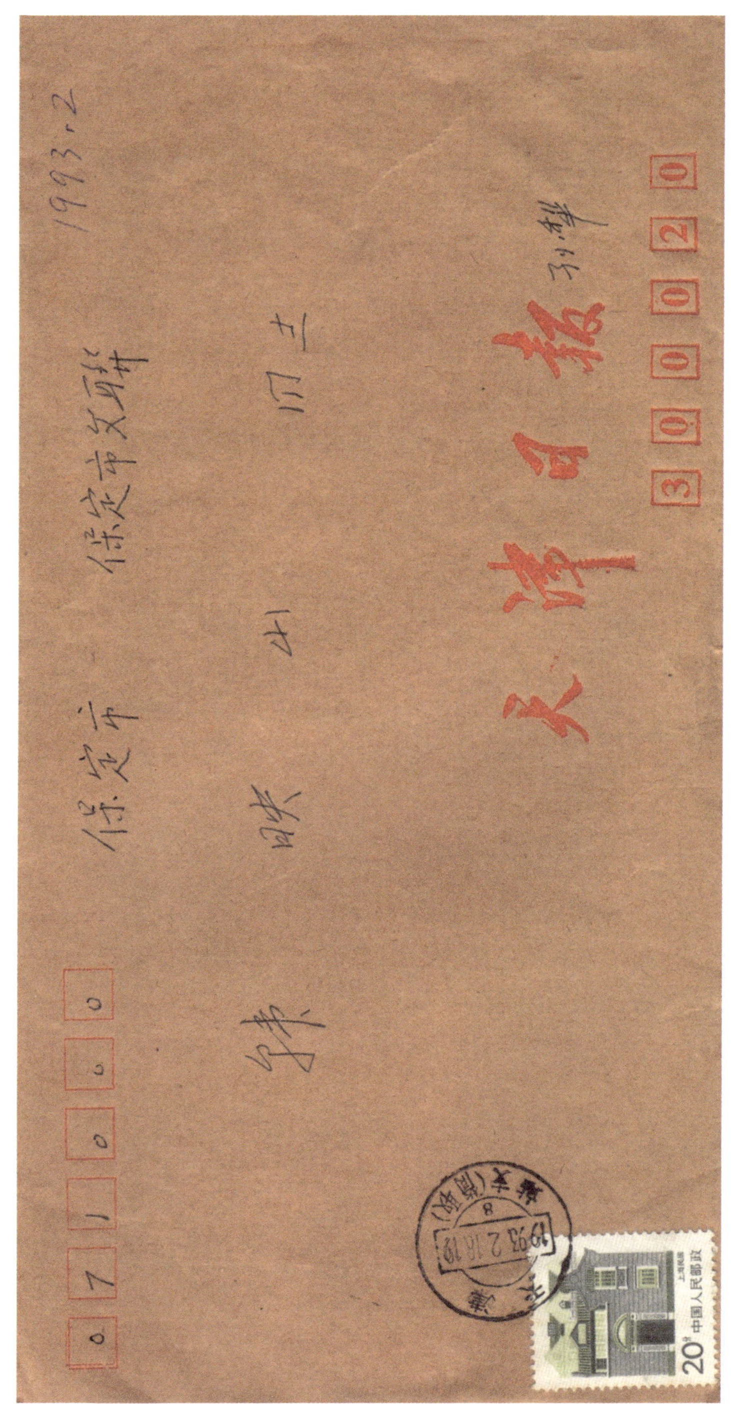

1993.2.18

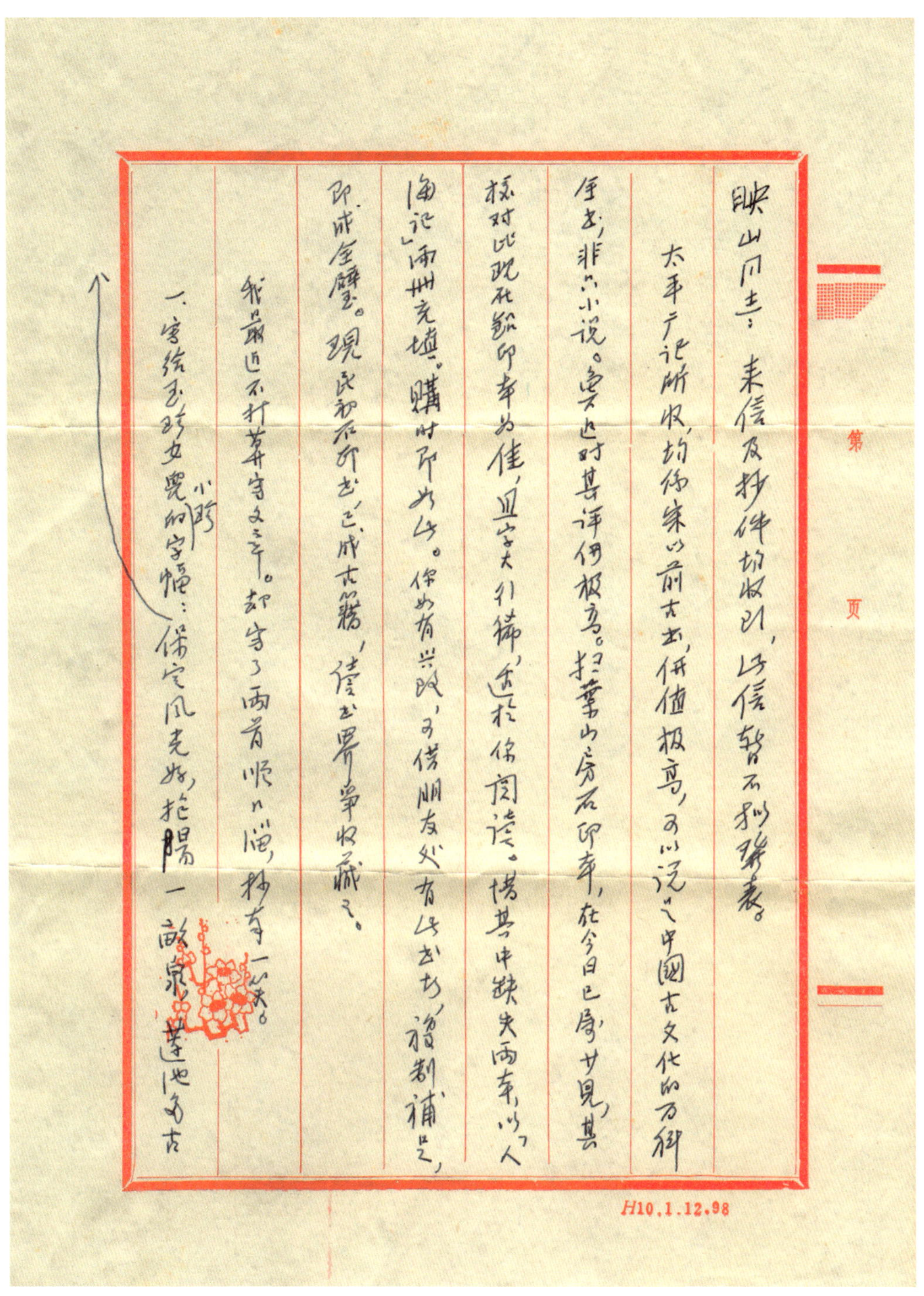

映山同志：来信及抄件均收到，此信暂不拟发表。

太平广记所收，均系宋以前古书，价值极高，可以说是中国古文化的万斛全书，非只小说。鲁迅对其评价极高。扫叶山房石印本，在今日已属少见，其校对比现在铅印本为佳，且字大行稀，适于你阅读。惟其中缺失两本，以「人海记」两册充填。购时即如此。你如有兴致，可借朋友处有此书者，复制补足，印成全璧。现民初石印书，已成古籍，读书界争收藏之。

我最近不打算写文章。却写了两首顺口溜，抄奉一笑。

一、写给玉琦女儿小鸭的字幅：保定风光好，抱阳一亩泉，莲池多古

1993.2.18

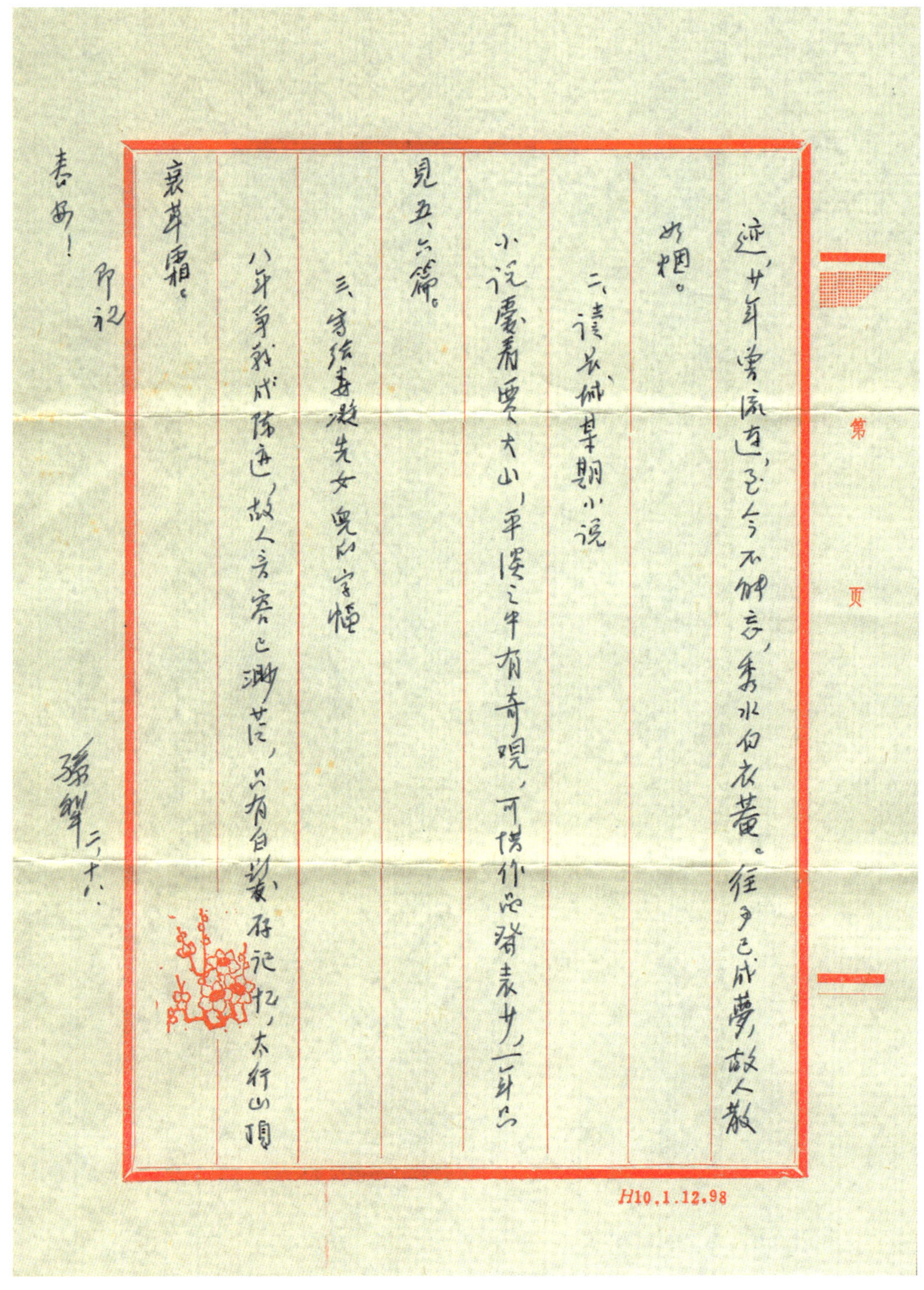

迹，廿年曾流连，至今不能忘，秀水白衣黄。往事已成梦，故人散如烟。

二、读长城某期小说

小说还看要大山，平淡之中有奇观，可惜作品发表少，一年只见五、六篇。

三、寄给姜凝先女儿的字幅

八年争战成陈迹，故人音容已渺茫，只有白发存记忆，太行山顶衰草霜。

即祝

春安！

孙犁 二、十八、

H10.1.12.98

1993.2.18

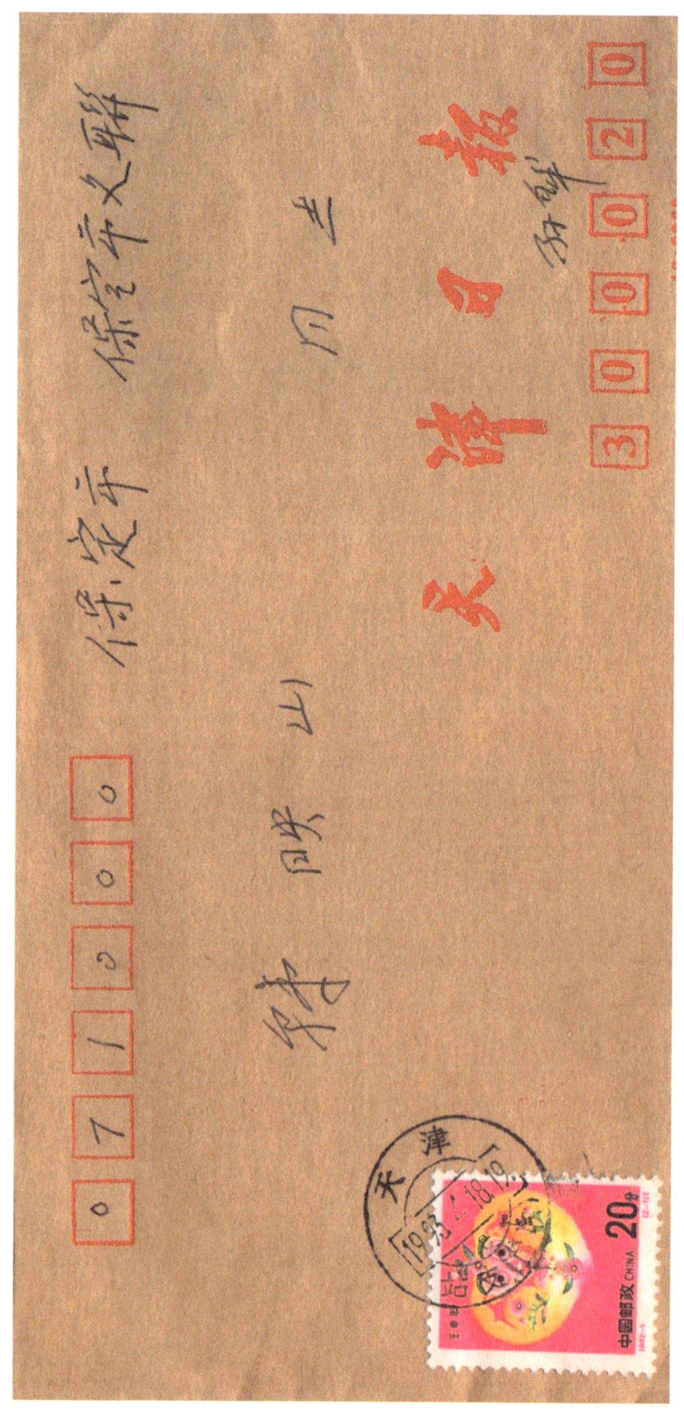

1993.4.18

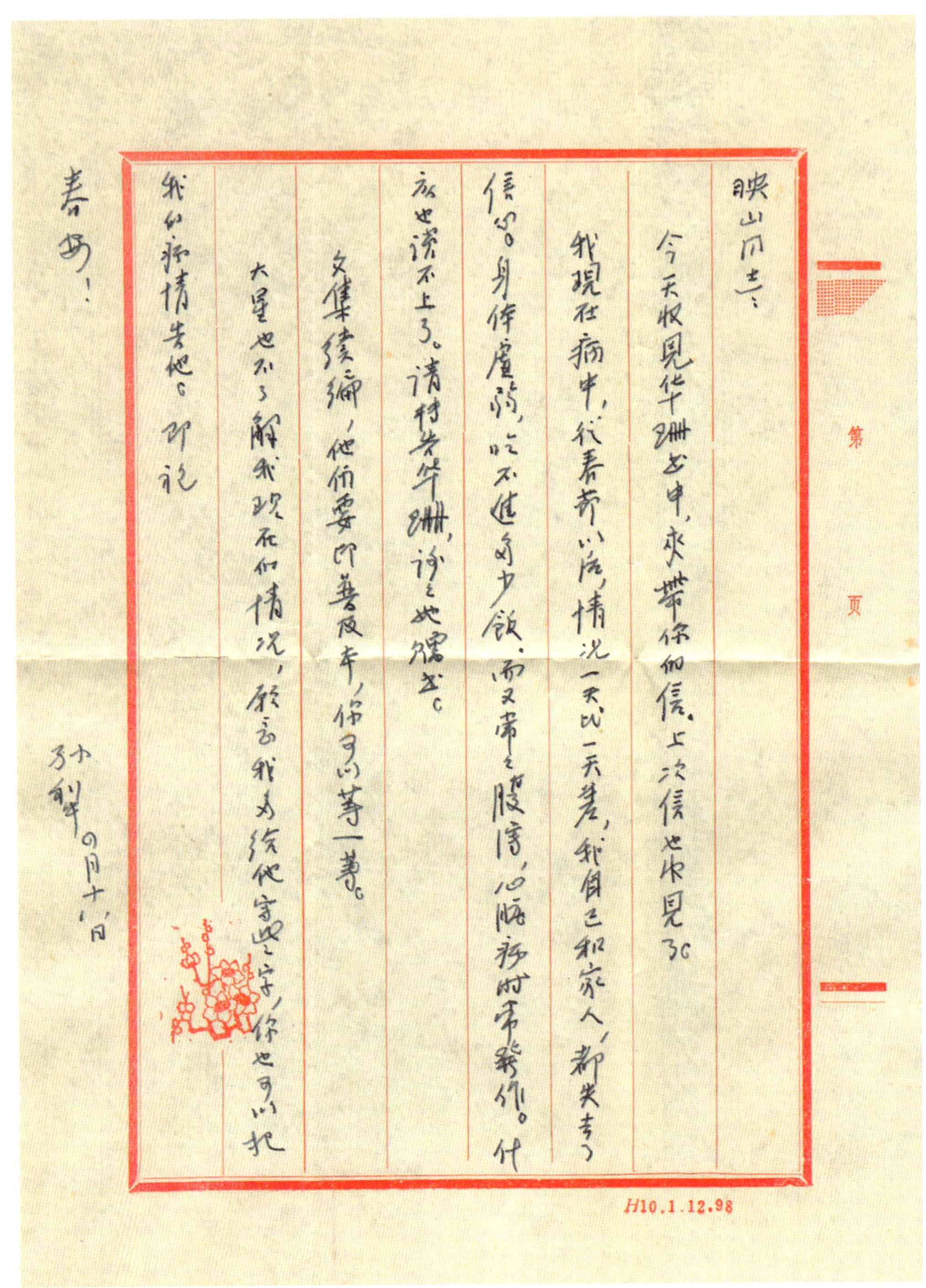

映山同志：

今天收见华珊书中，夹带你们信。上次信也收见了。

我现在病中，过春节以后，情况一天比一天差，我自己和家人，都失去了信心。身体虚弱，吃不进多少饭，而又常常腹泻，心脑病时常发作。什么也谈不上了。请转告华珊，谢谢她照顾。

文集续编，他们要印善本，你可以等一等。

大星也不了解我现在的情况，能否我为给他写些字，你也可以把我的病情告他。即祝

春安！

孙犁 四月十八日

H10.1.12.98

1993.4.18

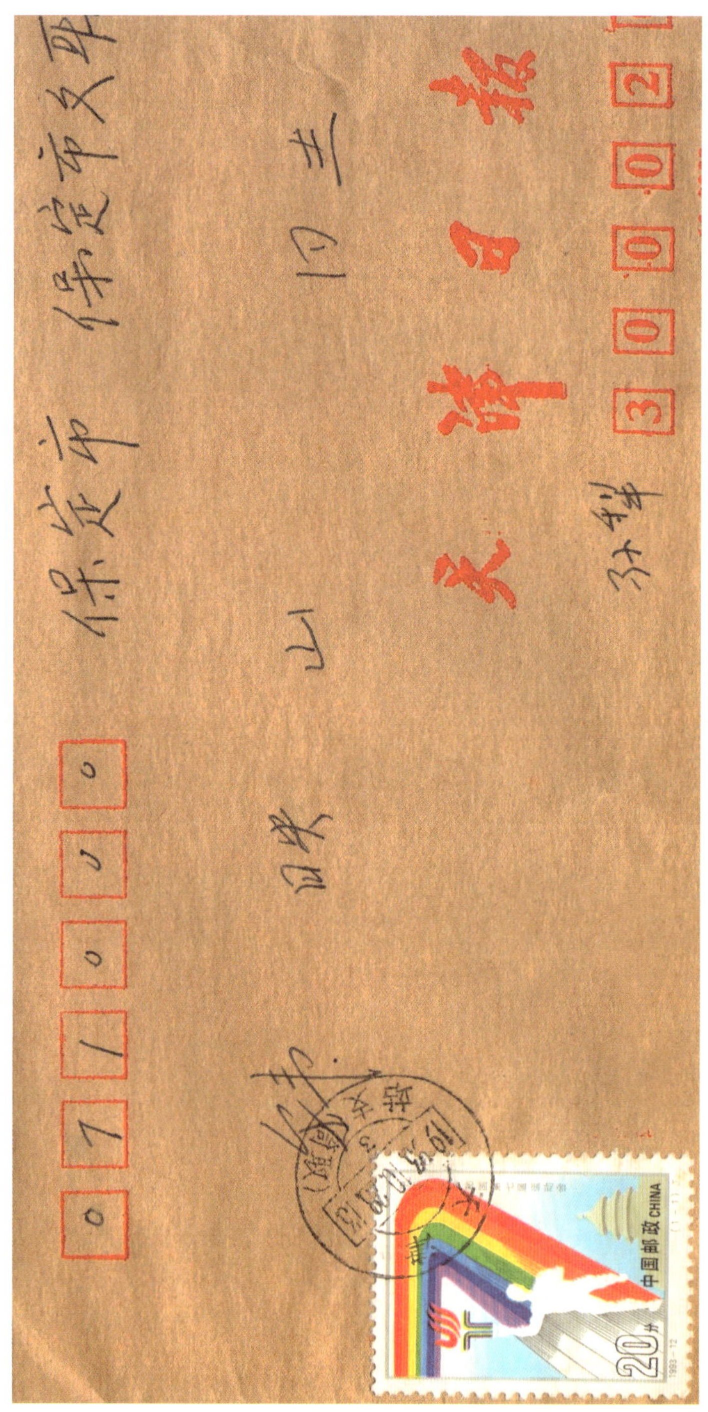

1993.10.27

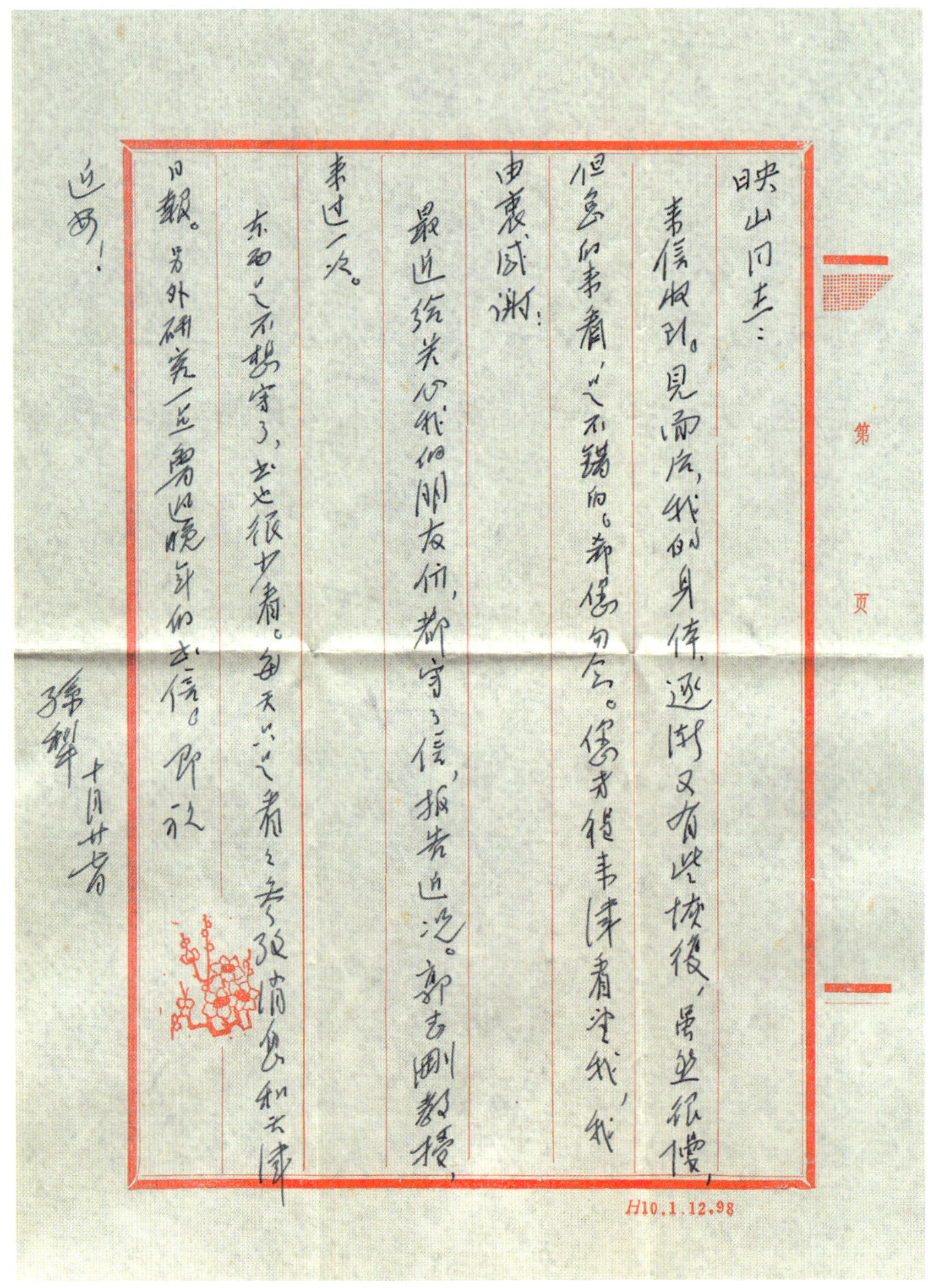

映山同志：

来信收到。见面后，我的身体逐渐又有些恢复，虽然很慢，但总的来看，还不错的。都[illegible]会。您专程来津看望我，我由衷感谢！

最近给关心我的朋友们，都写了信，报告近况。郭志刚教授，来过一次。

东西已不能写了，书也很少看。每天只是看看参考消息和天津日报。另外研究一点鲁迅晚年的书信。即祝

近安！

孙犁 十月廿七日

H10.1.12.98

1993.10.27

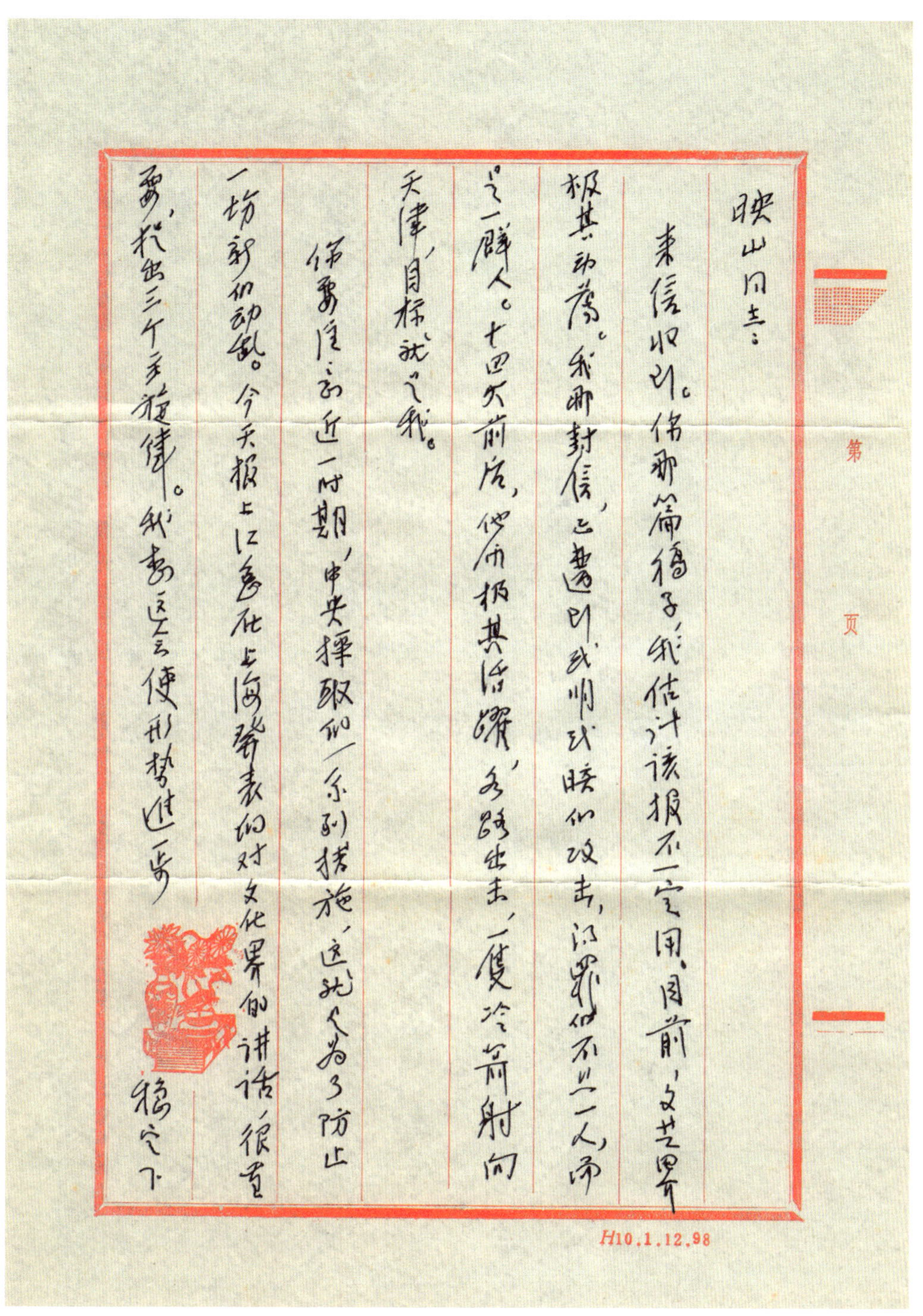
映山同志：

来信收到。你那篇稿子，我估计该报不一定用，目前，文艺界极其动荡。我那封信，已遭到或明或暗的攻击，而且不只一人，而是一群人。十四大前后，他们极其活跃，多路出击，一度冷箭射向天津，目标就是我。

你要注意近一时期，中央採取的一系列措施，这就是为了防止一场新的动乱。今天报上江总在上海发表的对文化界的讲话，很重要，提出三个主旋律。我看这会使形势进一步稳定下

H10.1.12.98

1993.11.23

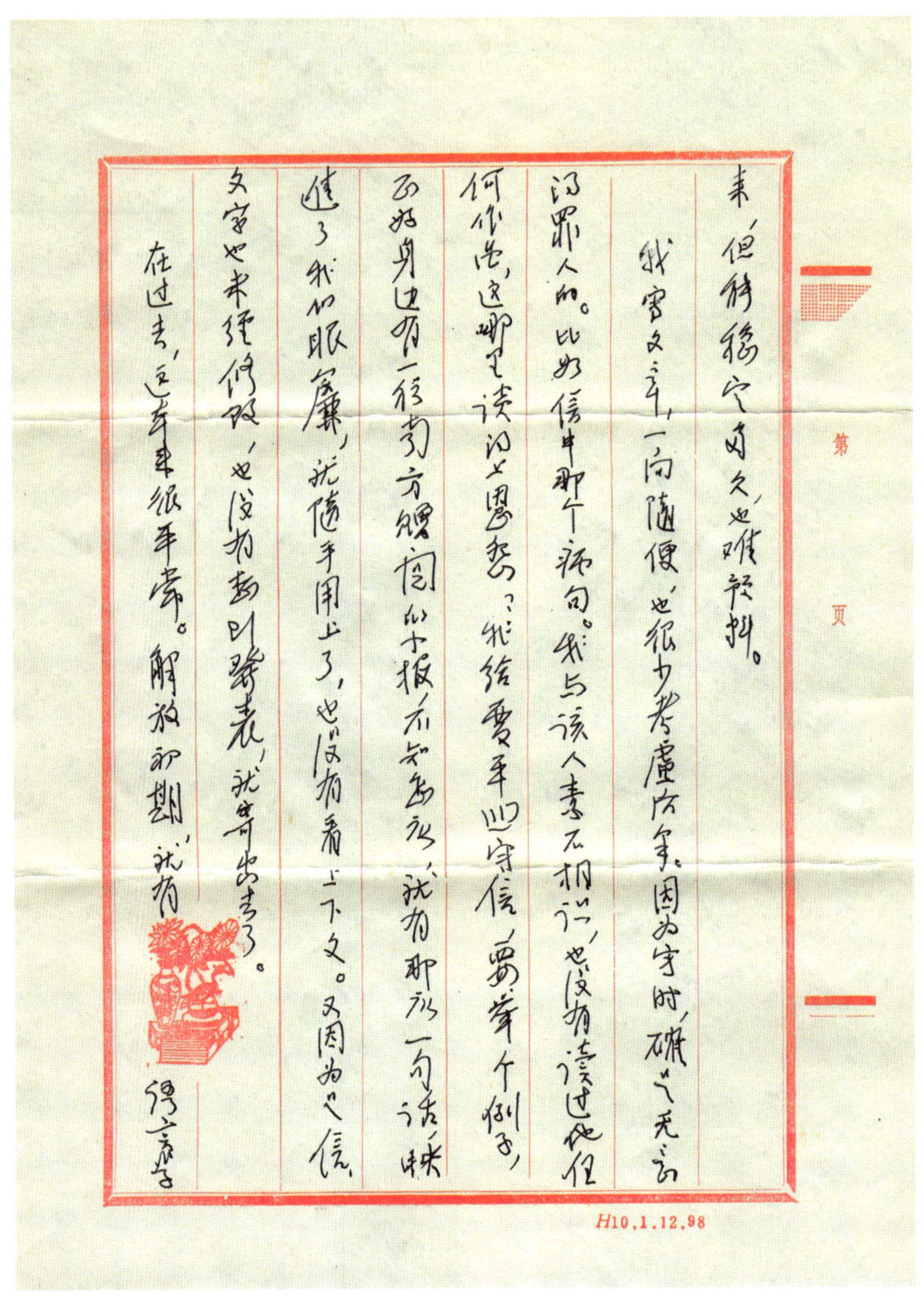

来，但能稳定多久，也难预料。

我写文章，一向随便，也很少考虑后果。因为写时，确实无心得罪人的。比如信中那个语句。我与该人素不相识，也没有读过他任何作品，这哪里谈得上恩怨？我给贾平凹写信，要举个例子，正好身边有一种南方出版的小报，不知为何，就有那么一句话，映进了我的眼帘，就随手用上了，也没有看上下文。又因为是信，文字也未经修改，也没有打算发表，就寄出去了。

在过去，这本来很平常。解放初期，就有得[illegible]

H10.1.12.98

1993.11.23

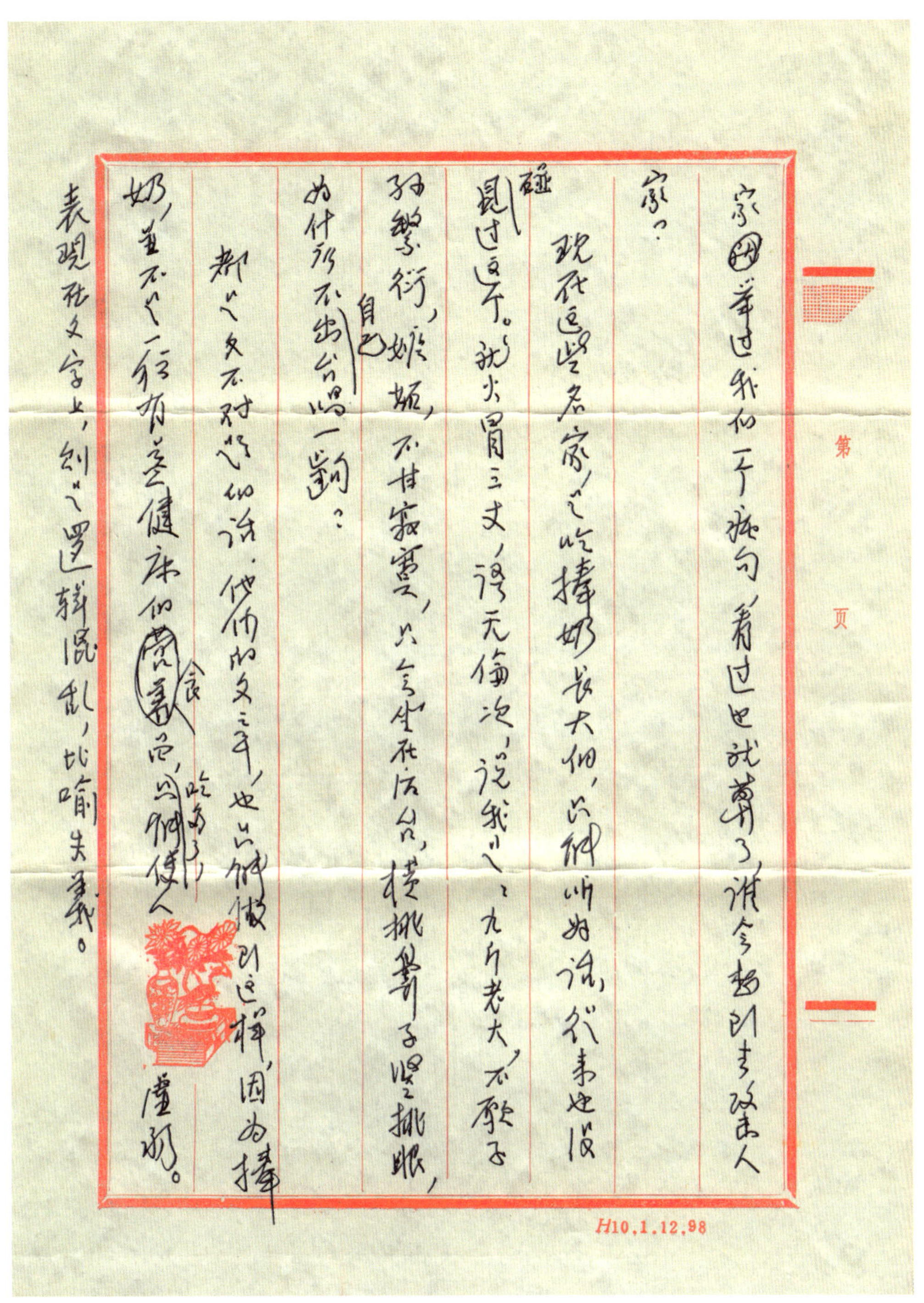

家，毕竟我们一个诗句，看过也就算了，谁会想到去改古人家？

现在这些名家，都是吃捧奶长大的，只知以他的话，代表也没碰见过这个。就火冒三丈，语无伦次，说我们是九斤老太，不愿子孙繁衍，嫉妒，不甘寂寞，只会坐在后台，横挑鼻子竖挑眼，为什么不自己出台唱一齣？

都是文不对题的话，他们的文章，也只能做到这样，因为捧奶，并不是一种有益健康的食品，吃多了，只能使人僵硬。表现在文字上，就是逻辑混乱，比喻失义。

1993.11.23

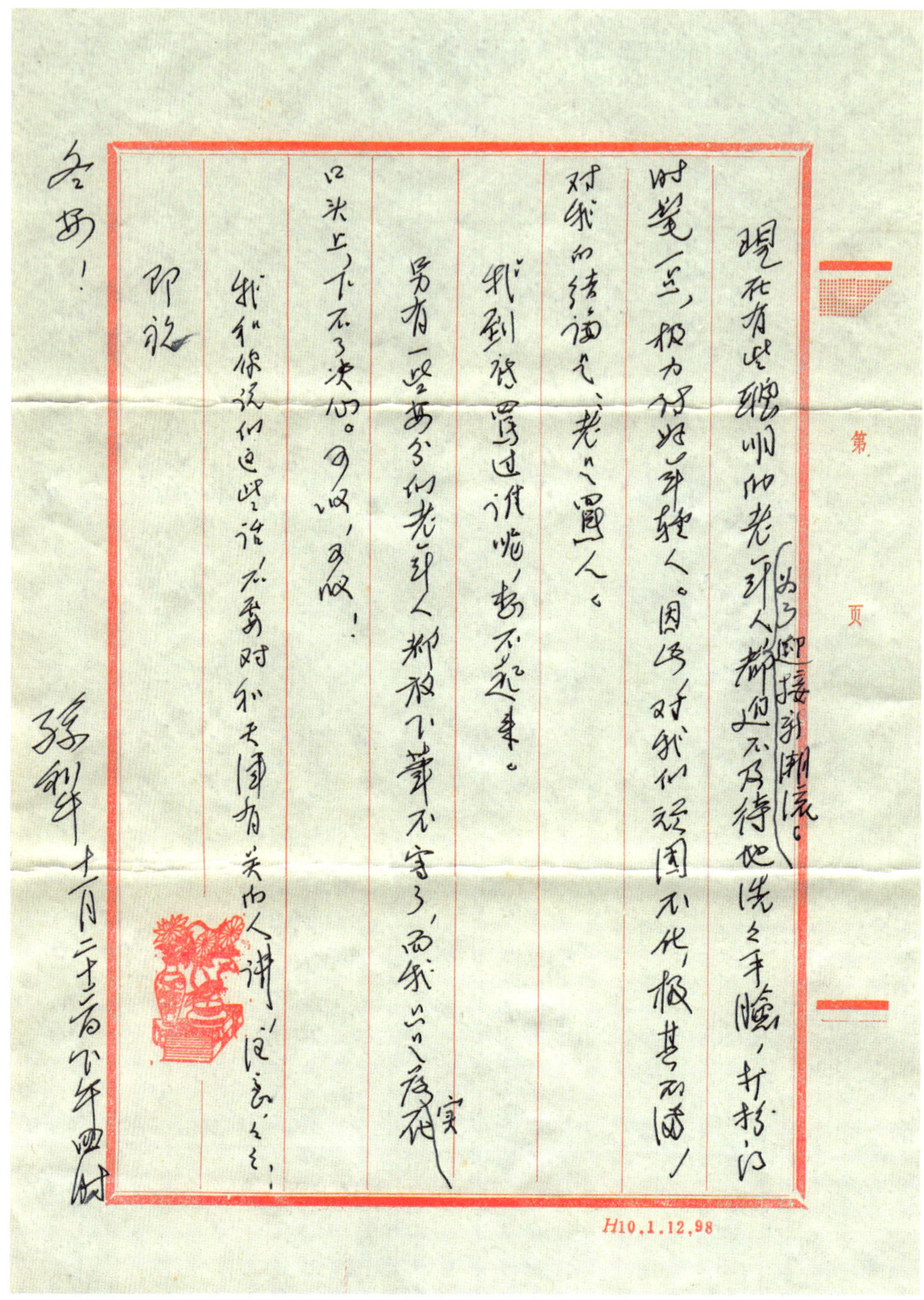
第　页

现在有些聪明的老年人，为了迎接新潮流，都迫不及待地洗洗手脸，打扮得时髦一点，极力讨好年轻人。因此，对我们说顽固不化，极其不满，对我的结论是：老了骂人。

我到底骂过谁呢，想不起来。

另有一些安分的老年人，都放下笔不写了，而我只是废话实

口头上，下不了决心。可叹，可叹！

我和你说的这些话，不要对外面有关的人讲，没意思：

即祝

冬安！

孙犁

十一月二十三日下午四时

H10.1.12.98

1993.11.23

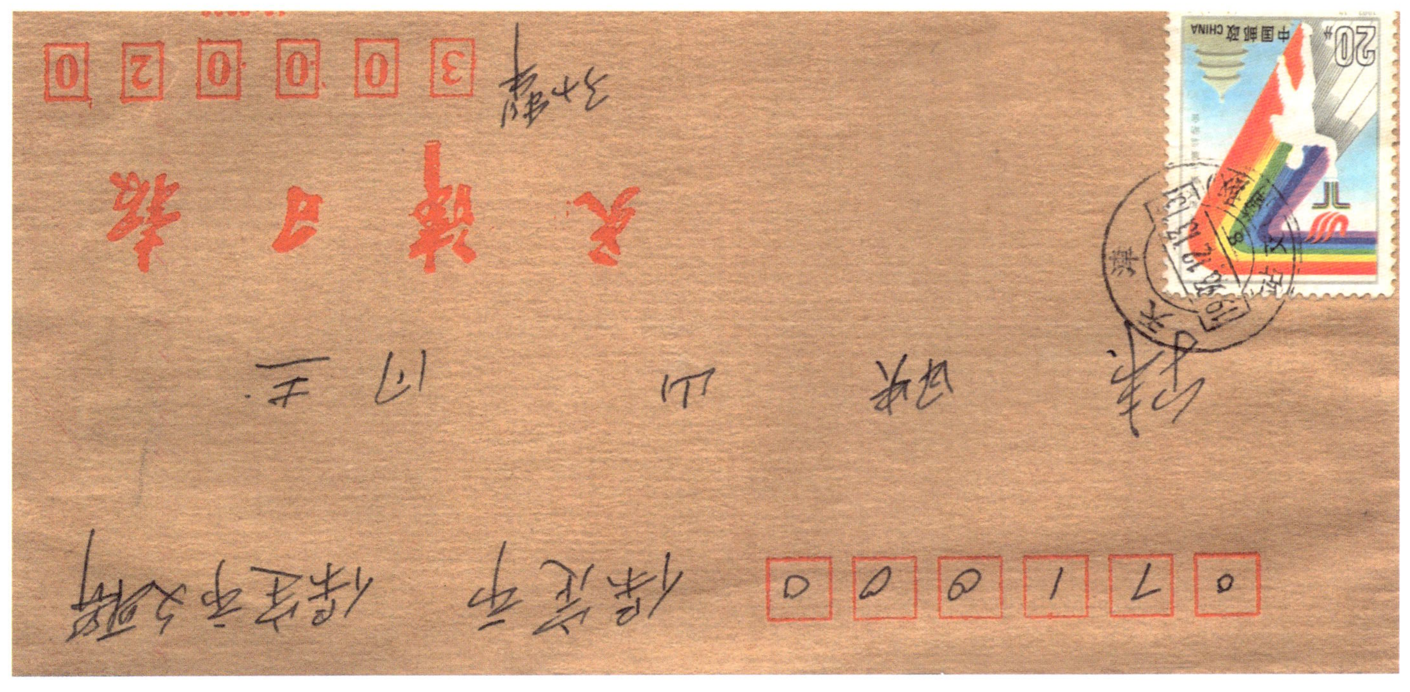

1993.12.13

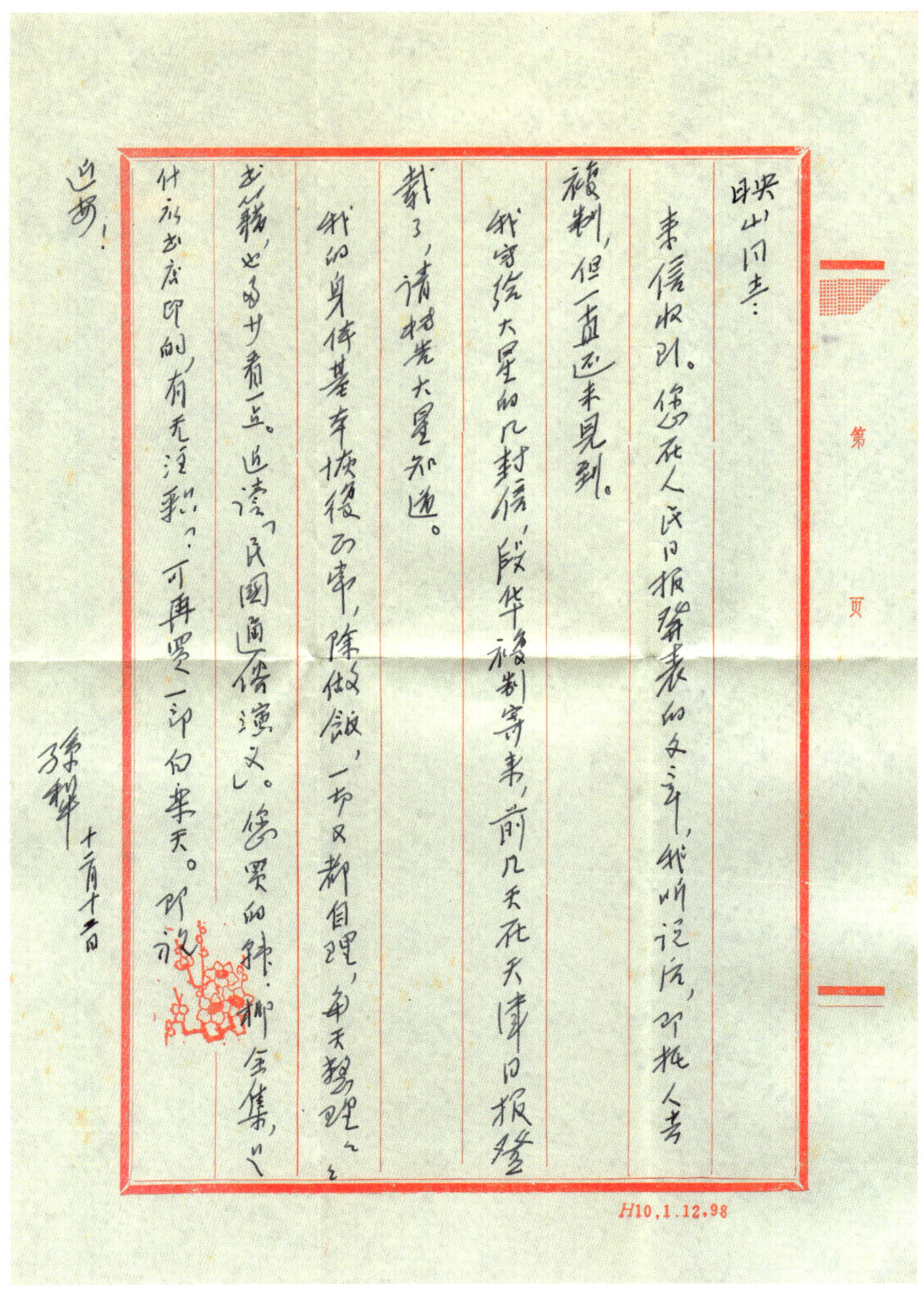

映山同志：

来信收到。您在人民日报发表的文章，我听说后，即托人去複製，但一直还未見到。

我寄给大星的几封信，段华複製寄来，前几天在天津日报登载了，请转告大星知道。

我的身体基本恢復正常，除做飯，一切又都自理，每天整理整理書籍，也多少看一点。近读「民国通俗演义」。您买的韩·柳全集，是什么书店印的，有无注释？可再买一部白乐天。即頌

近安！

孙犁

十二月十三日

H10.1.12.98

1993.12.13

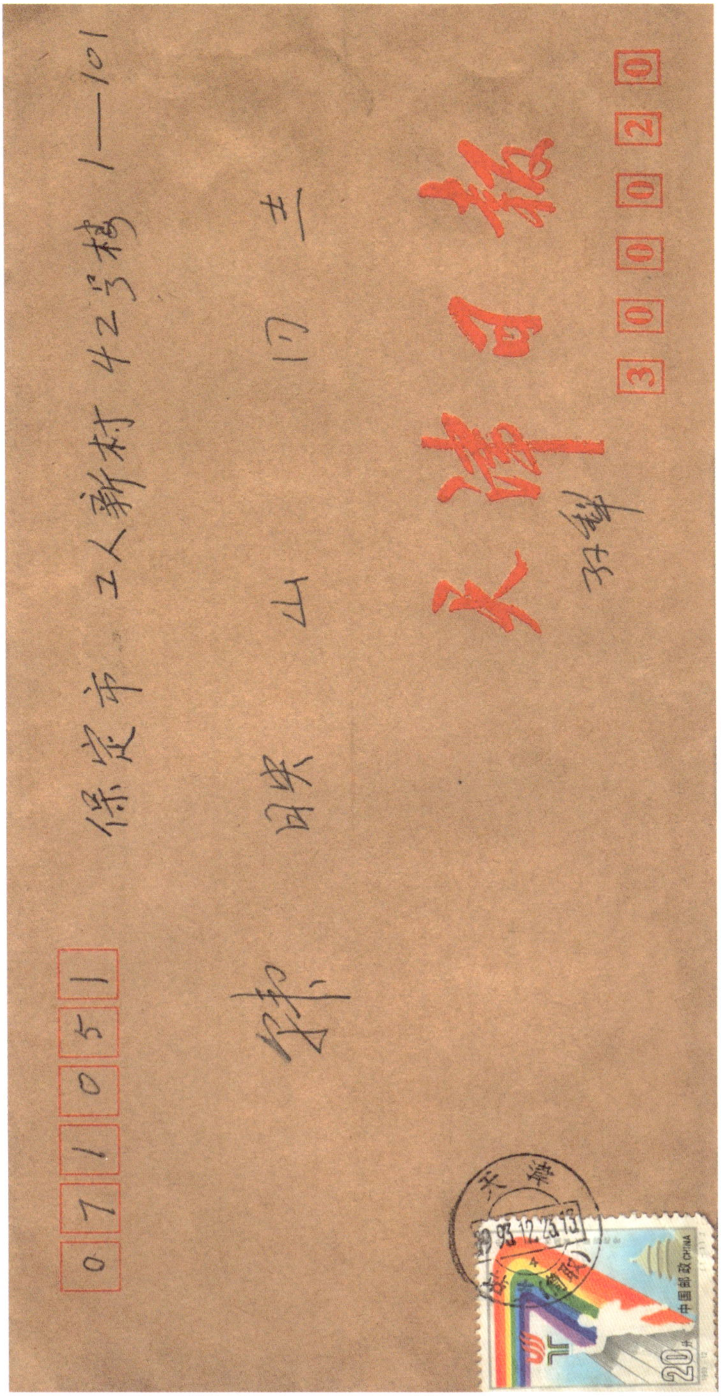
071051
保定市 工人新村 42号楼 1—101
韩映山 同志
天津日报 孙犁
300020
中国邮政 CHINA
20分

1993.12.21

映山同志：

收到来信，剪报都看过了。您的讲话很好，但看不出登在什么报上。关于我们的文章，别人讲的，不要轻易引用。我是一九四六年才在山里入党，我的工作单位在[illegible]，为什么批准我入党？其实，这些都写在我的自传里，查阅一下，就可以弄清了。过去，有人写文章，说我是[illegible]用小毛驴接去参加抗日的，郭志刚引用了，我劝他删去，因为这不是事实。我前二年，批评克明，也就是说要注意细节的真实性，他接受不了。希望您不要见怪才好。

剪报寄回，您留存。大星给您寄了些什么禅书，请把书名告我。（我不要书）信内剪报，寄上一份，请转大星。陆游的文集，书店可以买，晚一点也无妨。

我最近也读了两部禅书：1.华严金师子章校释 2.坛经校释。但只是仔细读了前言及附录的材料。正文没细看。我不是对佛经发生了兴趣，只是为了长一些知识。

前几天，早上七点到室外活动，叫冷风吹了，呼吸道发炎，现正在服药。我有时很大意，就引起麻烦。即祝

新年全家快乐！

孙犁

十二月廿一日

天津日报

1993.12.21

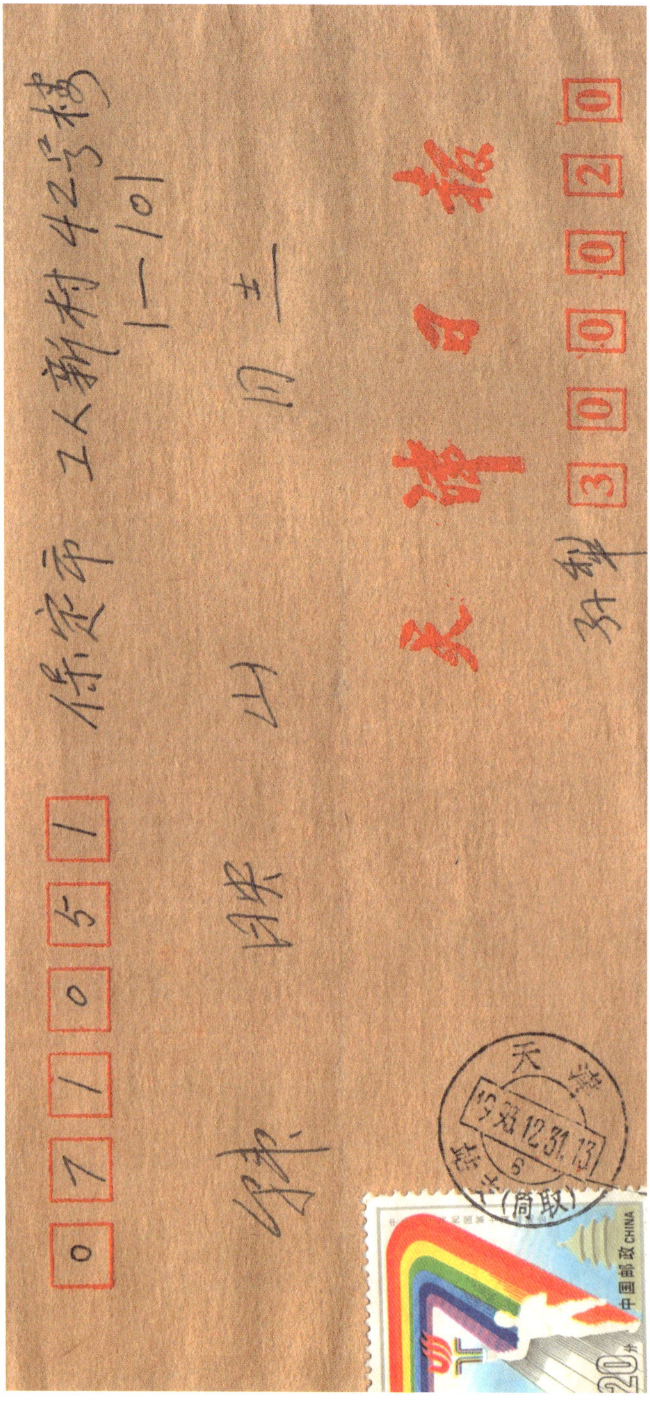
071051
保定市 工人新村 42号楼
1—101
韩映山 同志
天津日报
孙犁
300020
天津
93.12.31.13
(局取)
中国邮政 CHINA
20分

1993.12.30

映山同志：

收到来信。我过去写文章，也有很多不注意的地方，特别是风云初记中用了一些当地的真名真姓，而且读者作创作，与真人无关。后来发为后悔，然已不及改。好在乡亲，也没人追究这些，不然就会造成麻烦。所以现在写文章，顾虑重重，也就没有生气了。

洪容斋随笔，是随笔中的上乘之作，我买过多种版本，后来送人了。这是一部很有价值的书。至于你说读的那些禅书，我看都是现代化了的佛书，就像现代化了的周易一样，看起来实用，但已非原教旨。而上海古籍影印的佛教典籍，又非常之贵，也不易读懂，对于修道，也只好暂加保留了。

我的身体，手术后已经半年，一直很好，最近天气一冷，先是感冒，

天津日报

1993.12.30

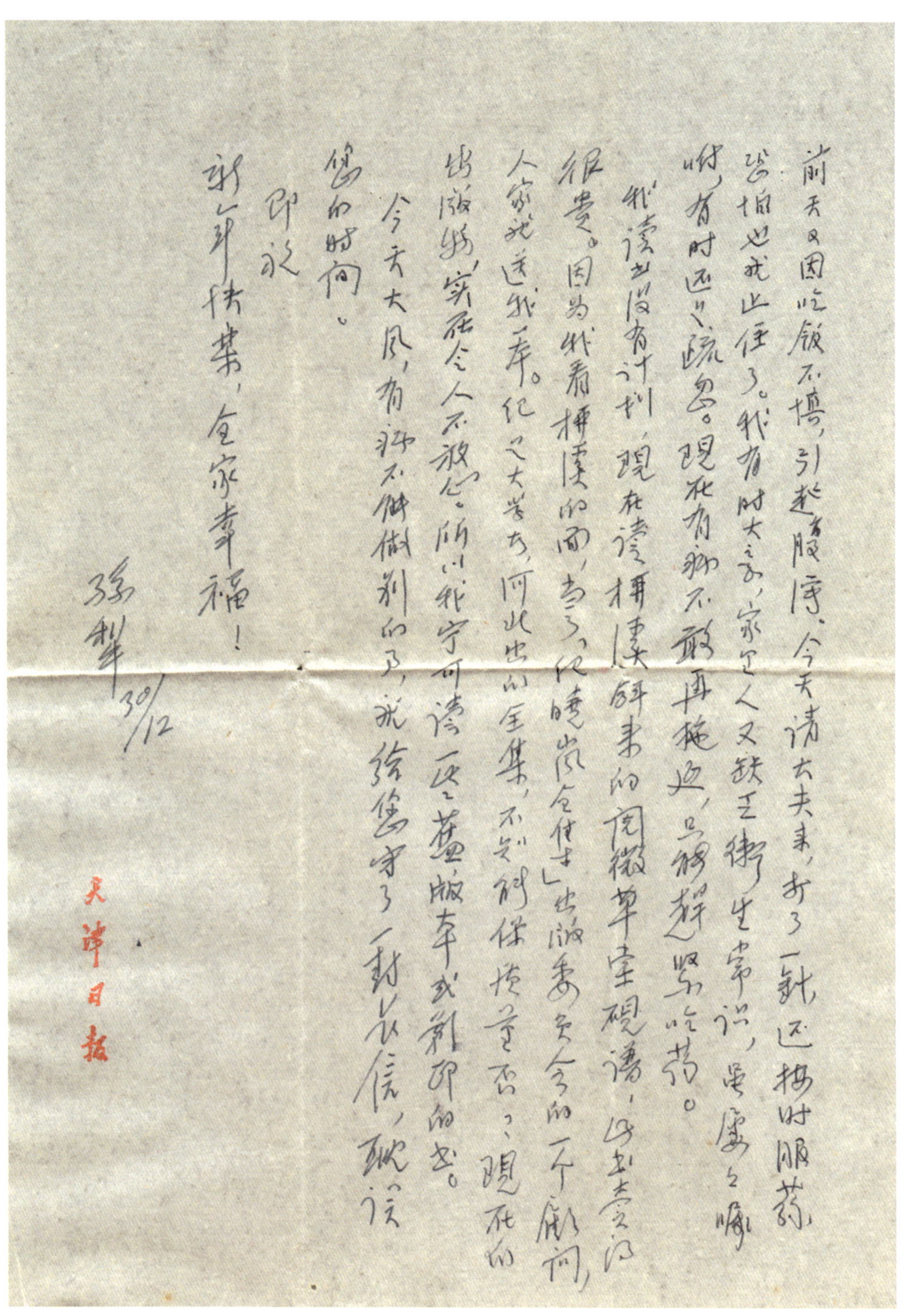

前天又因吃饭不慎，引起腹泻，今天请大夫来，打了一针，还按时服药，当晚也就止住了。我有时大意，家里人又缺乏卫生常识，是要多嘱咐，有时还以疏忽。现在有病不敢再拖延，只得赶紧吃药。

我读书没有计划，现在读梅溪辑来的阅微草堂砚谱，此书大字印，很贵。因为我看梅溪的面，去当了「纪晓岚全集」出版委员会的一个顾问，人家就送我一本。纪文达学士，河北出的全集，不知能保存否？现在的出版物，实在令人不放心。所以我宁可读一些旧版本或影印的书。

今天大风，有孙不能做别的了，就给您写了一封长信，聊以您的时间。

即祝

新年快乐，全家幸福！

孙犁 30/12

天津日报

1993.12.30

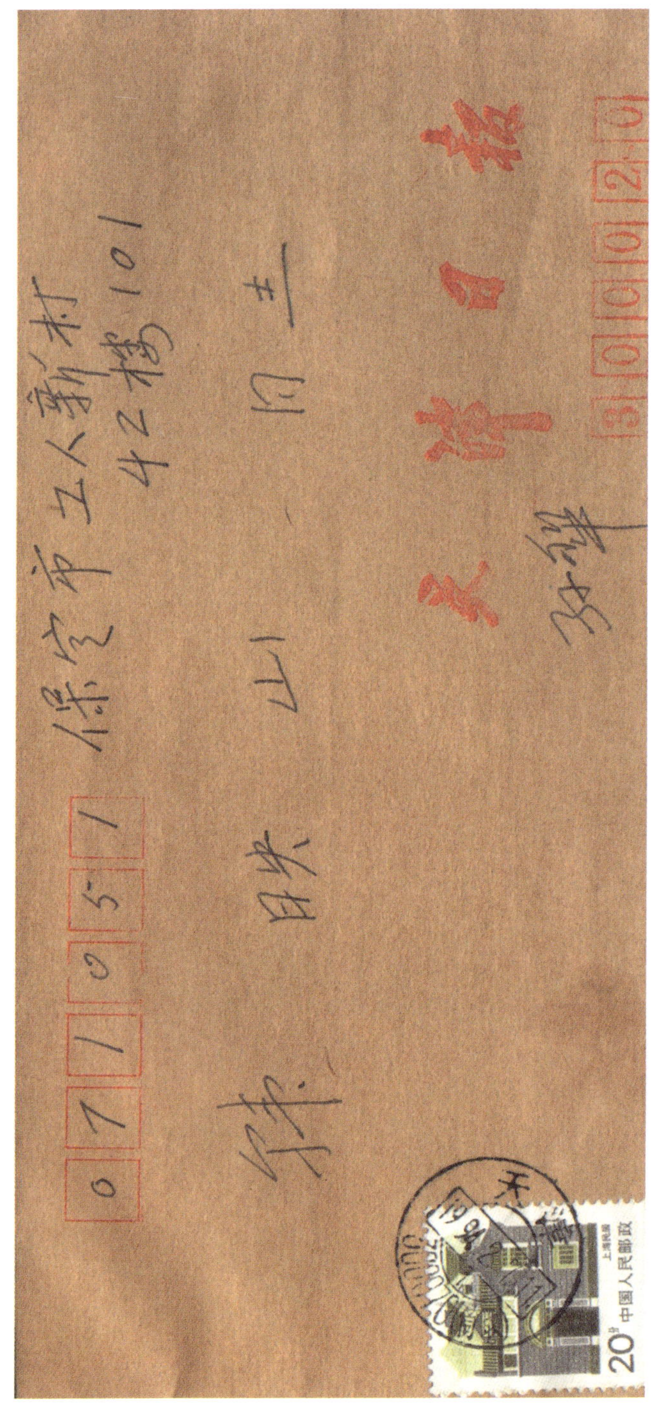

1994.2.7

映山同志：

接到来信。我近来还在读书，读的是明末野史，这类书，新版，旧版，我有数十种，过去没有系统看过。这次看得比较详细的是张献忠和李自成的故事。他们杀人很多，妇女尤其遭殃。他们攻城时，以妇女们裸体围城，向城上守兵大骂，这样，城上的大炮，就会点不着，响不了，甚至炮身会崩裂。有人说：张、李杀人多，但明太祖起事时，也是这样。果然，我昨天读明史纪事本末一书，就读到了同类的故事：元兵包围明太祖的城，他以兵士们进屋掩藏，以妇女们「倚门，戟手大骂，元兵错愕，不敢逼。」元兵为什么这样老实？因为是少数民族？

天津日报

1994.2.7

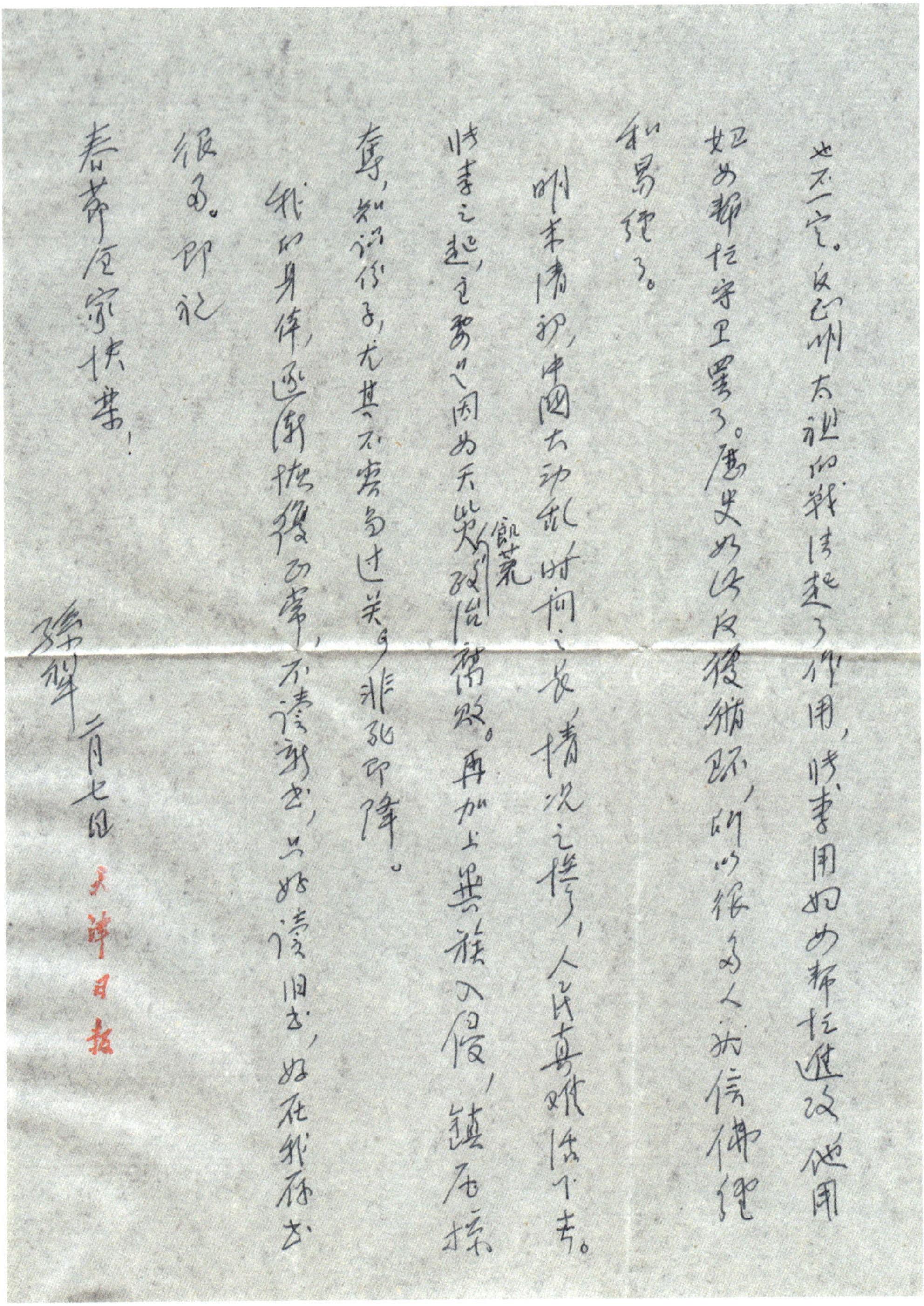

也不一定。反正明太祖的战法起了作用，时常用妇女帮忙进攻，他用妇女帮忙守卫罢了。历史如此反复循环，所以很多人都信佛经和易经了。

明末清初，中国大动乱时间之长，情况之惨，人民真难活下去。时事之起，主要是因为天灾（饥荒）与政治腐败。再加上异族入侵，镇压杀夺，知识分子，尤其不容易过关，非死即降。

我的身体，逐渐恢复如常，不读新书，只好读旧书，好在我存书很多。即祝

春节合家快乐！

孙犁 二月七日

天津日报

1994.2.7

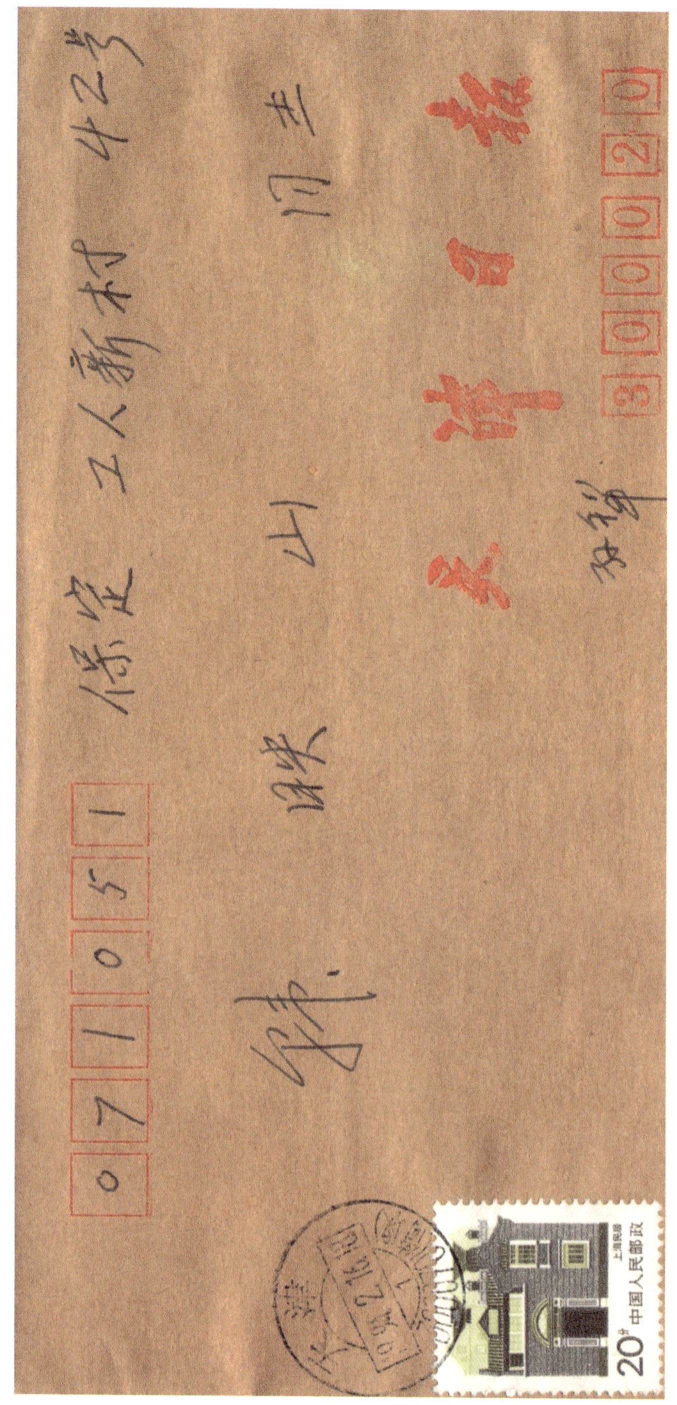

1994.2.16

最近的信，仍可补寄光耀。

映山同志：

来信敬悉。中流我有，文学部所寄。

光耀文以要我撰的书信，您的和光耀的，以光耀编下，找个地方发表，并以我撰的文字。其他书信，先放在您那里，以后可能要编书信集，再寄来。但这要了，恐怕只由别人做，也不知在何年何月。

您最好系统地读些书，这对写作以及思路开拓，都有好处，现在文字不好写，可节省时间多读书。

即祝

春安！

孙犁 16/2

天津日报

1994.2.16

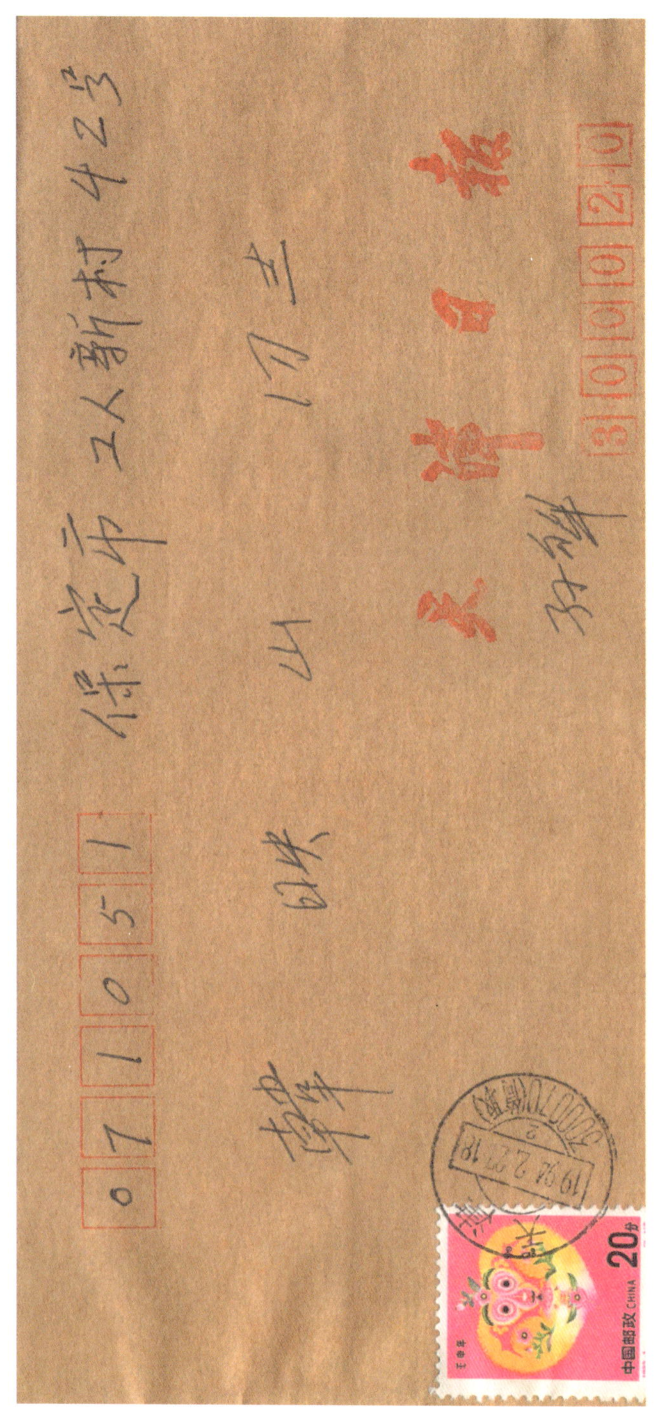
071051
保定市 工人新村 42号
韩映山 同志
天津日报 孙犁
300210

1994.2.28

此信如来的及，可抄一份，补寄文艺报。

映山同志：

来信收到，不知您开会回来没有？

读书和买书，有些人是两回事。贪多求大，买了书摆在那里充样子，不足为法。

买书要实用，还要不占地方，读着方便。中华的廿四史，虽便于读，但太笨重，不一定全买，可先买前四史：即史记、汉书、后汉书、三国志。您已经有了史记，先买部汉书看看吧。汉书和史记，有些内容重复，但写法有别，看过的内容，不看也可，可看不重复的部分。汉书是一部大著作，不能不读，其中还保留了很多文学名篇，一举两得。看完了汉书，再看后汉书。后汉书也很重要，中国古代的很多思想家、作家，都有论到。

我一切如常，身体逐渐见好。每天也读点书，但有“系统”，我也很难做到。

即祝

近安！

孙犁 二月廿八日

天津日报

1994.2.28

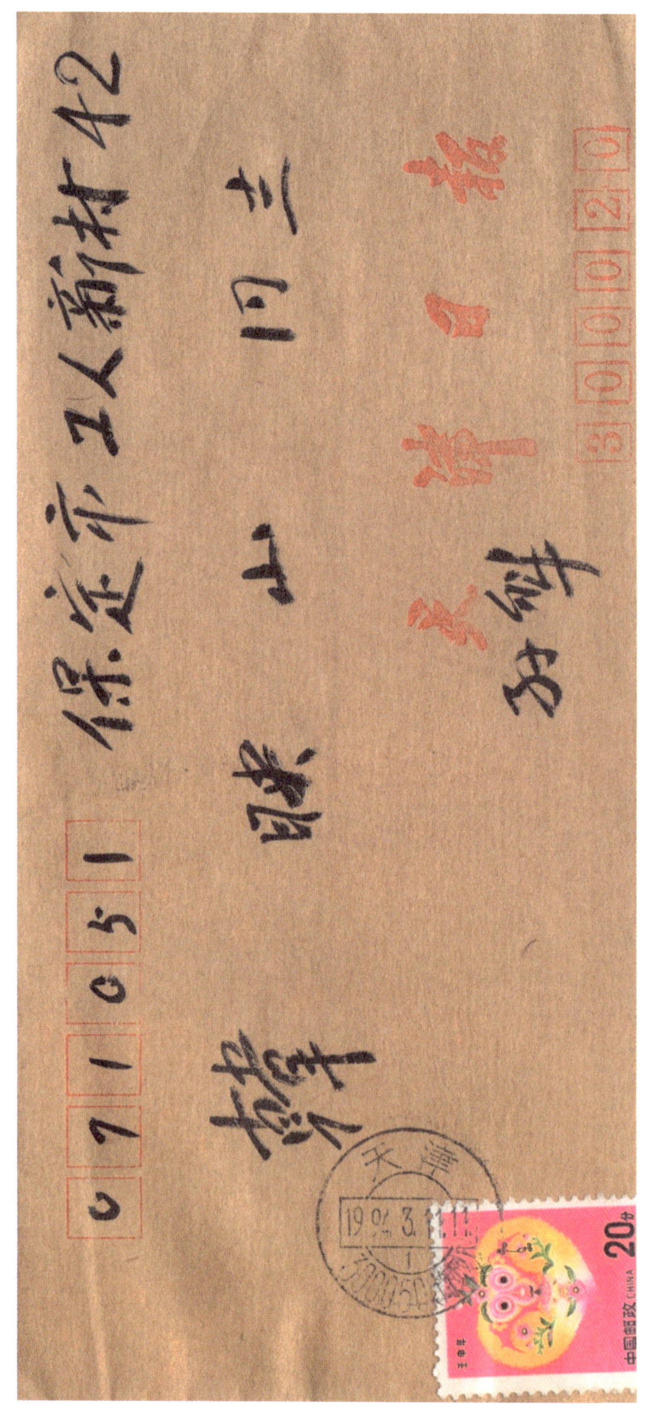

1994.3.10

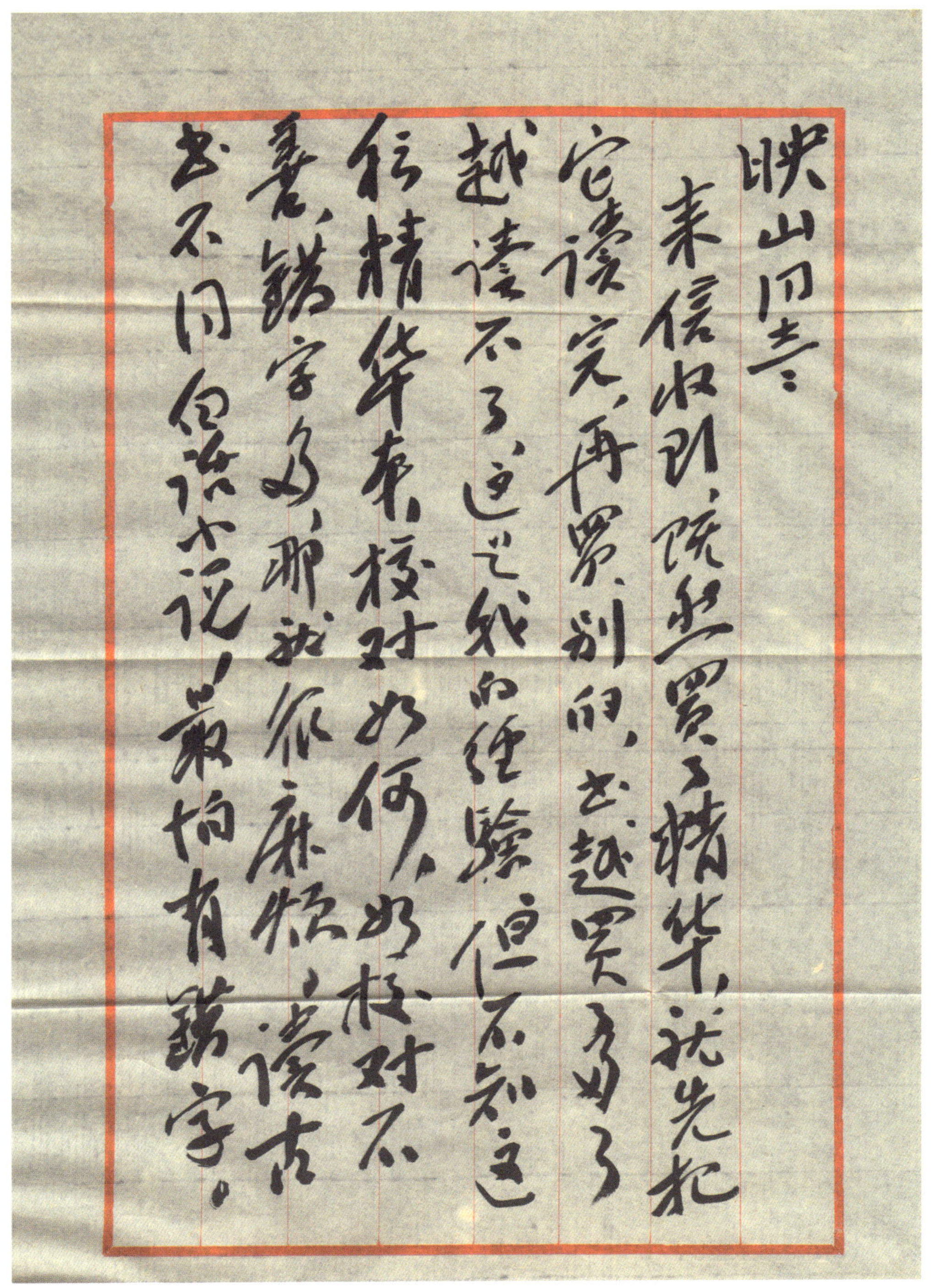
映山同志：

来信收到，既然买了精华，就先把它读完，再买别的，书，越买多了，越读不了，这是我的经验。但不知这部精华本校对如何，好的校对不善，错字多，那就很麻烦，读古书不同看小说，最怕有错字。

1994.3.10

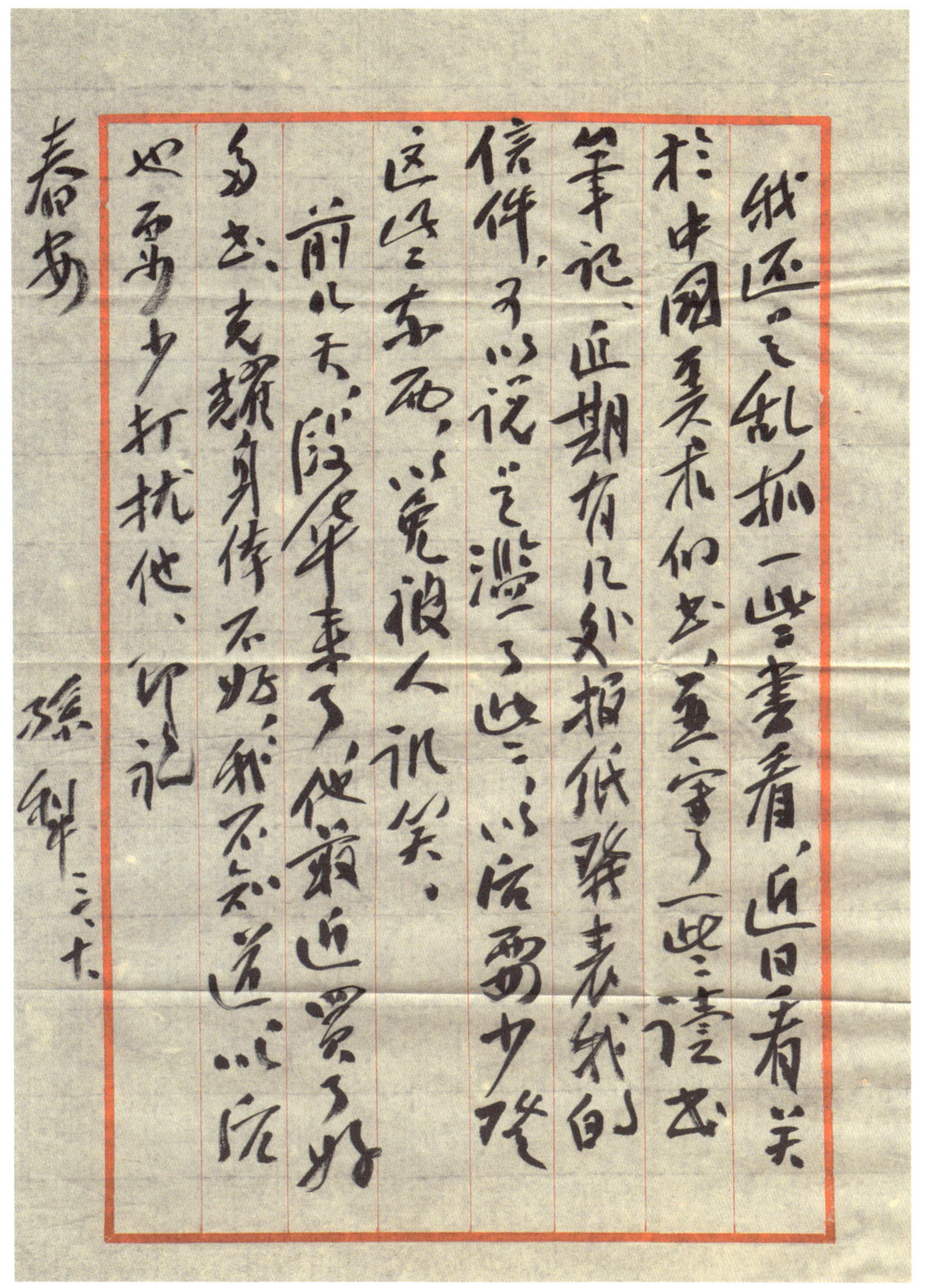

我还乱抓一些书看，近日看关于中国美术的书，买了一些读书笔记、近期有几处报纸发表我的信件，可以说是滥了些，以后要少登这些东西，以免旁人讥笑。

前几天，段华来了，他最近买了好多书，克耀身体不好，我不知道，以后也要少打扰他、即祝

春安

孙犁　三、十

1994.3.10

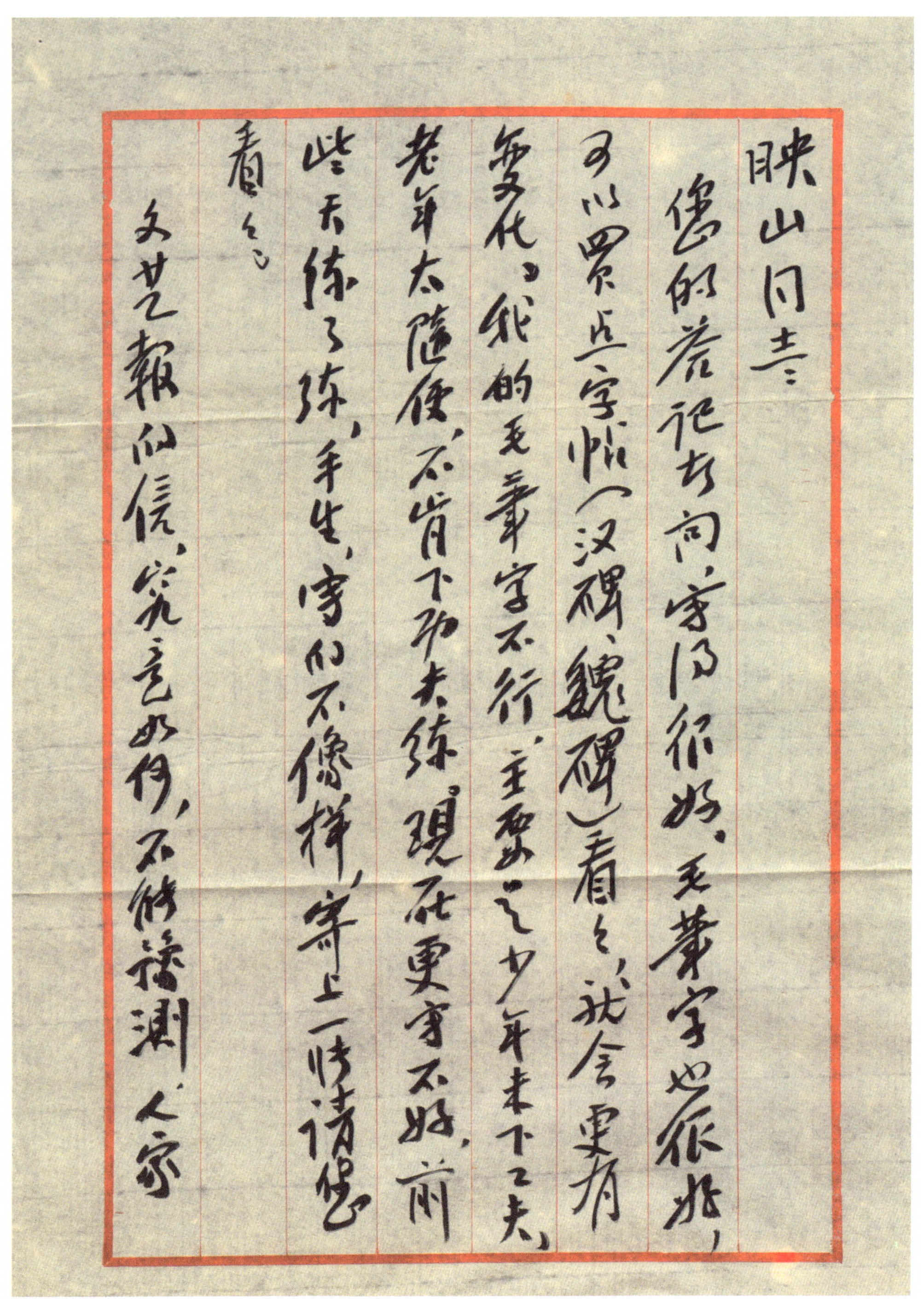

映山同志：

您的书法方向，字体很好，毛笔字也很雅，可以买点字帖（汉碑、魏碑）看看，就会更有变化。我的毛笔字不行，主要是少年未下工夫，老年太随便，不肯下功夫练。现在更写不好，前些天练了练，手生，字也不像样，寄上一帧请您看看。

文艺报的信，究竟如何，不能猜测，人家

1994.3.20

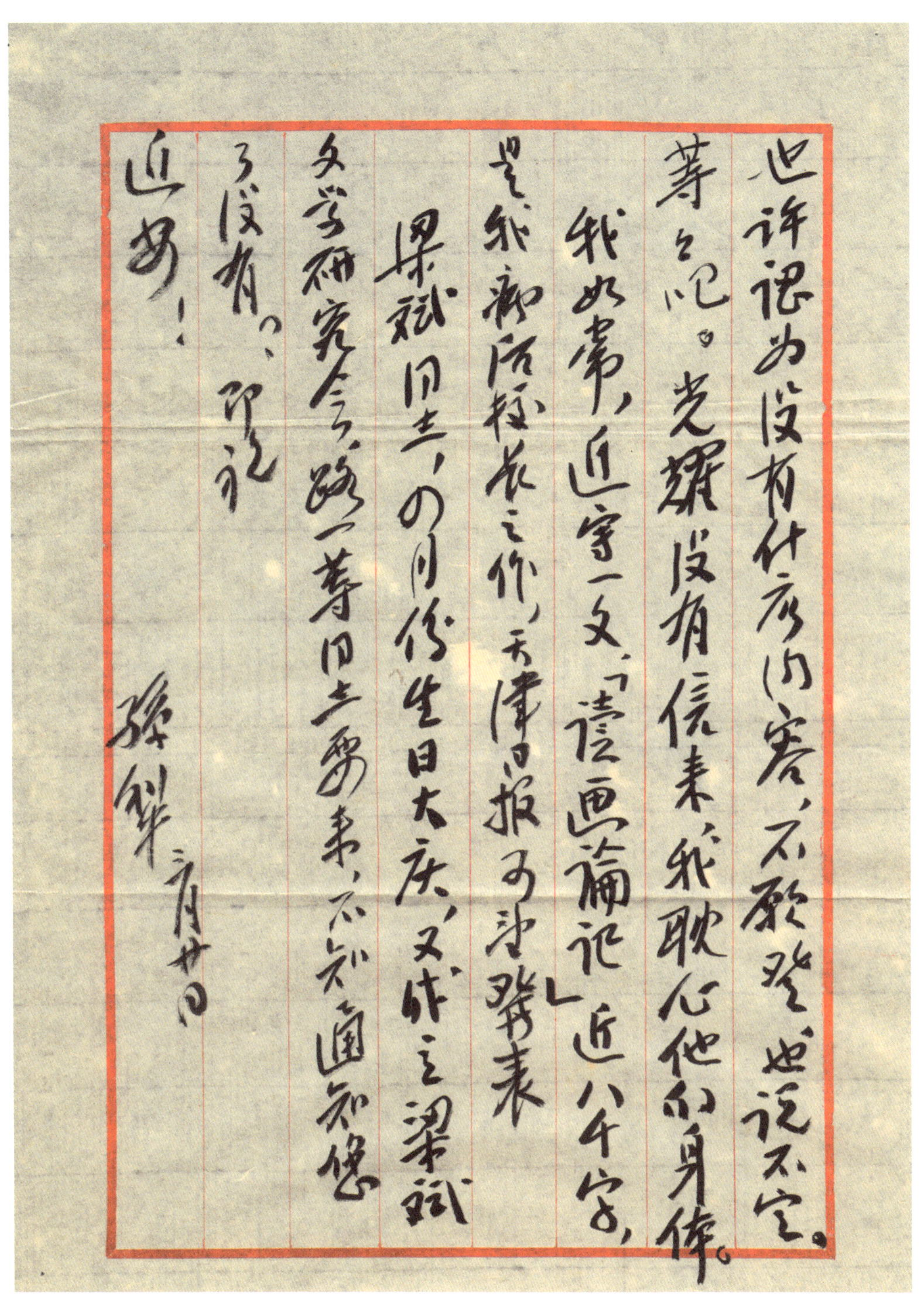

也许认为没有什么内容，不能发表，也说不定。

等等吧。光耀没有信来，我耽心他的身体。

我如常，近写一文，「读画论记」，近八千字，

是我病后稍长之作，天津日报可能发表

梁斌同志，四月作生日大庆，又作之梁斌

文学研究会议，一等同志要来，不知通知您

了没有？？ 即祝

近安！！

孙犁 三月廿日

1994.3.20

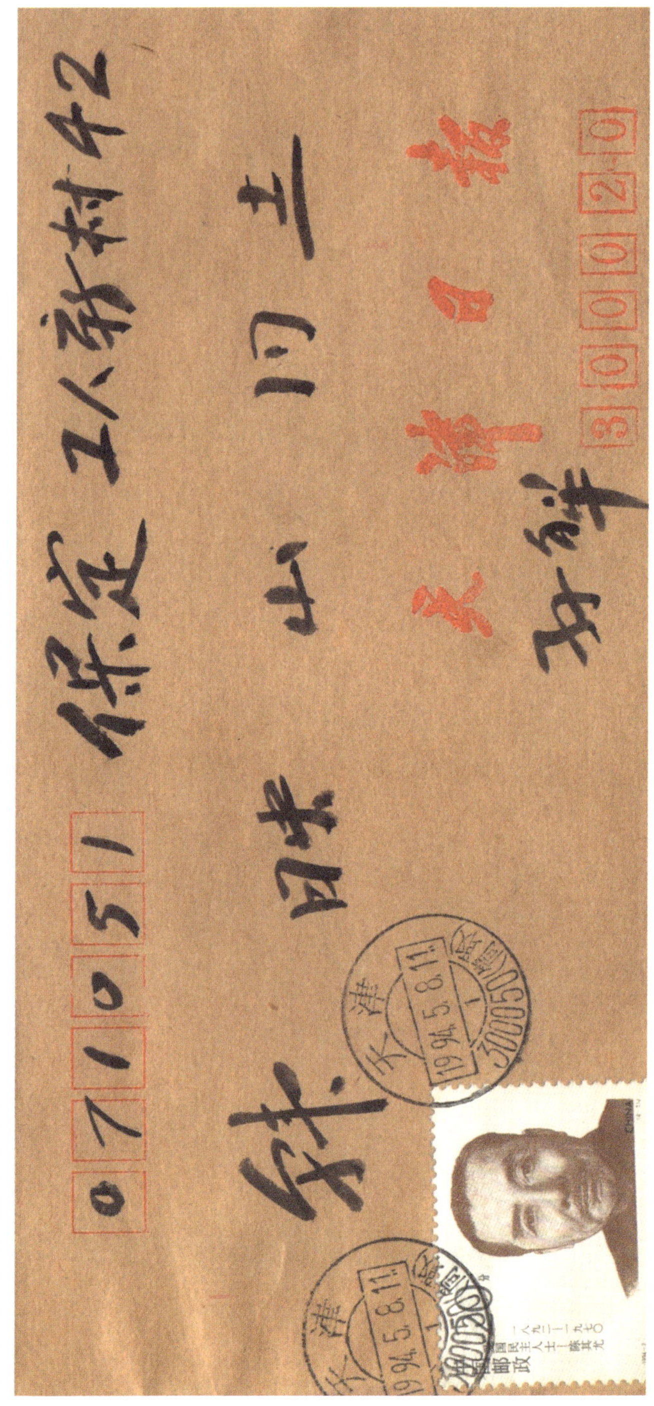

1994.5.7

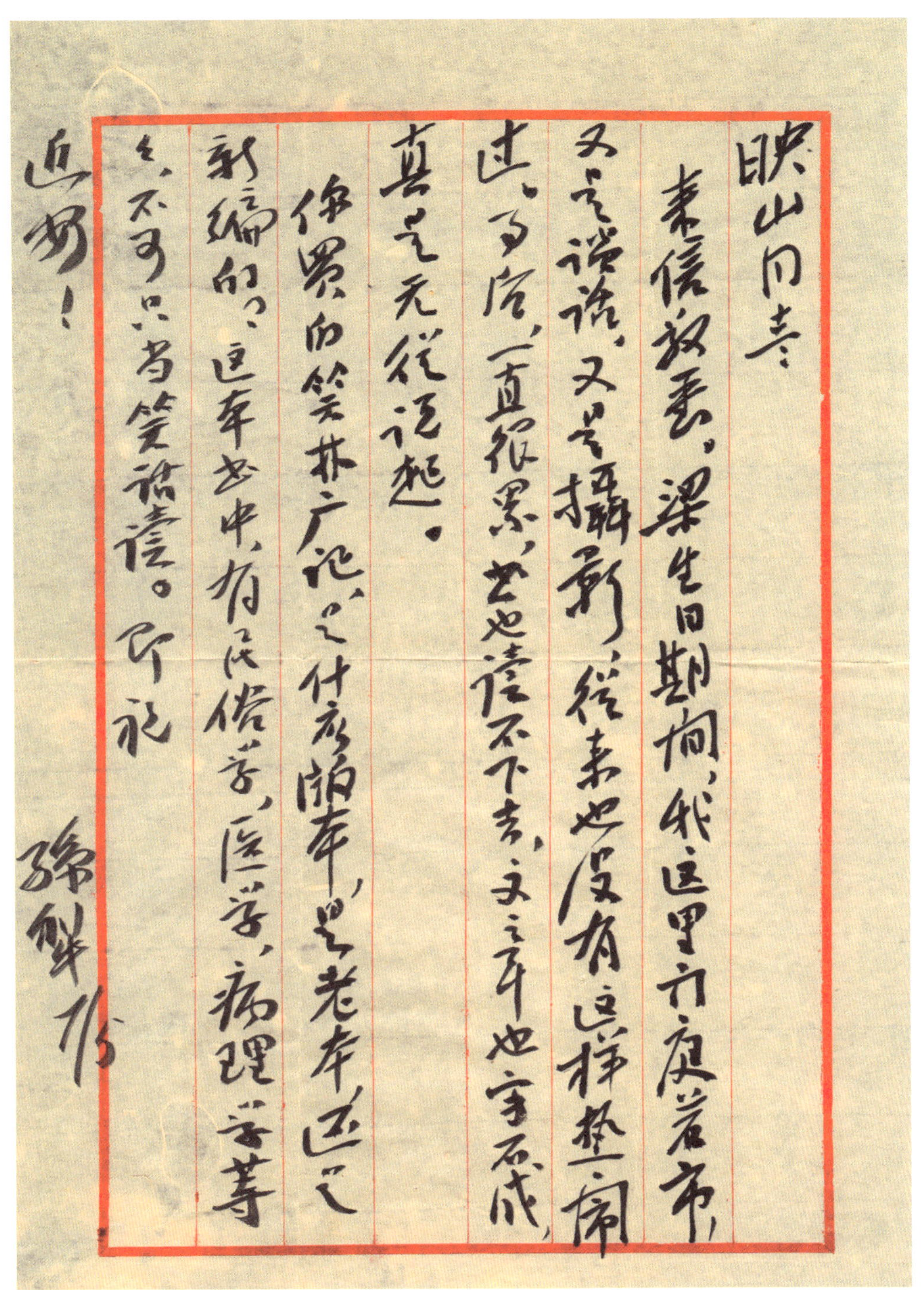

映山同志：

来信敬悉。梁斌生日期间，我这里门庭若市，又是谈话，又是摄影，从来也没有这样热闹过。可是，一直很累，书也读不下去，文章也写不成，甚是无从说起。

你买的笑林广记，是什么版本，是老本还是新编的？这本书中，有民俗学、医学、病理学等等，不可只当笑话读。即祝

近好！

孙犁 7/5

1994.5.7

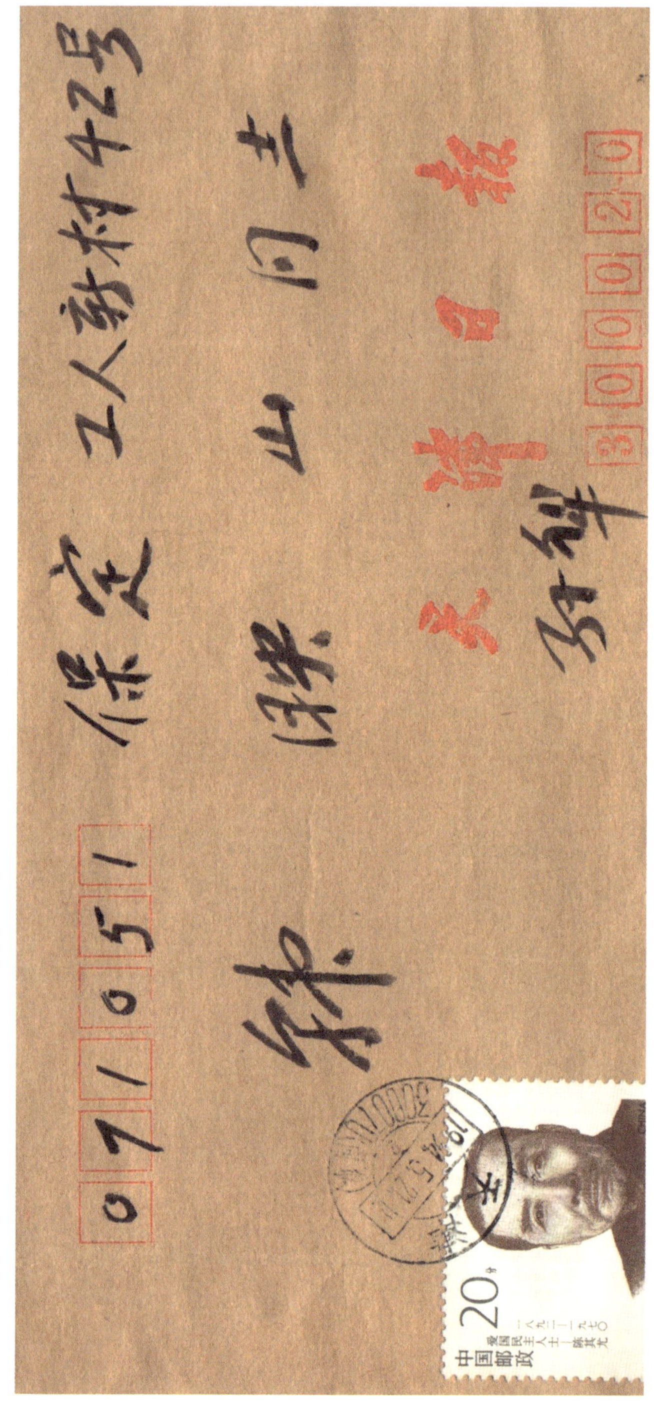

1994.5.21

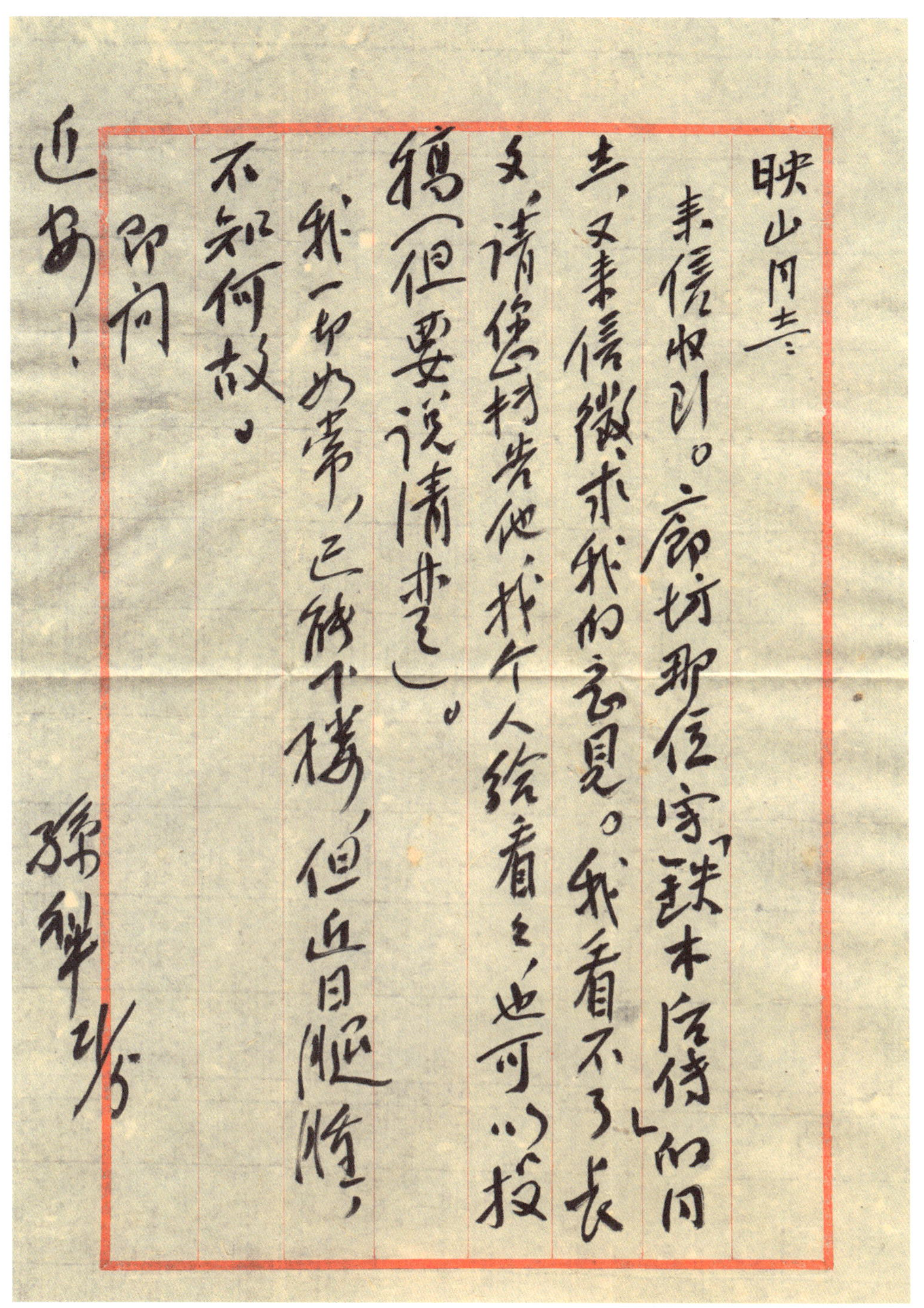

映山同志：

来信收到。廊坊那位写「铁木后传」的同志，又来信徵求我的意见。我看不了长文，请您转告他，找个人给看看，也可以投稿（但要说清楚）。

我一切如常，近能下楼，但近日腿肿，不知何故。

即问

近安！

孙犁 21/5

1994.5.21

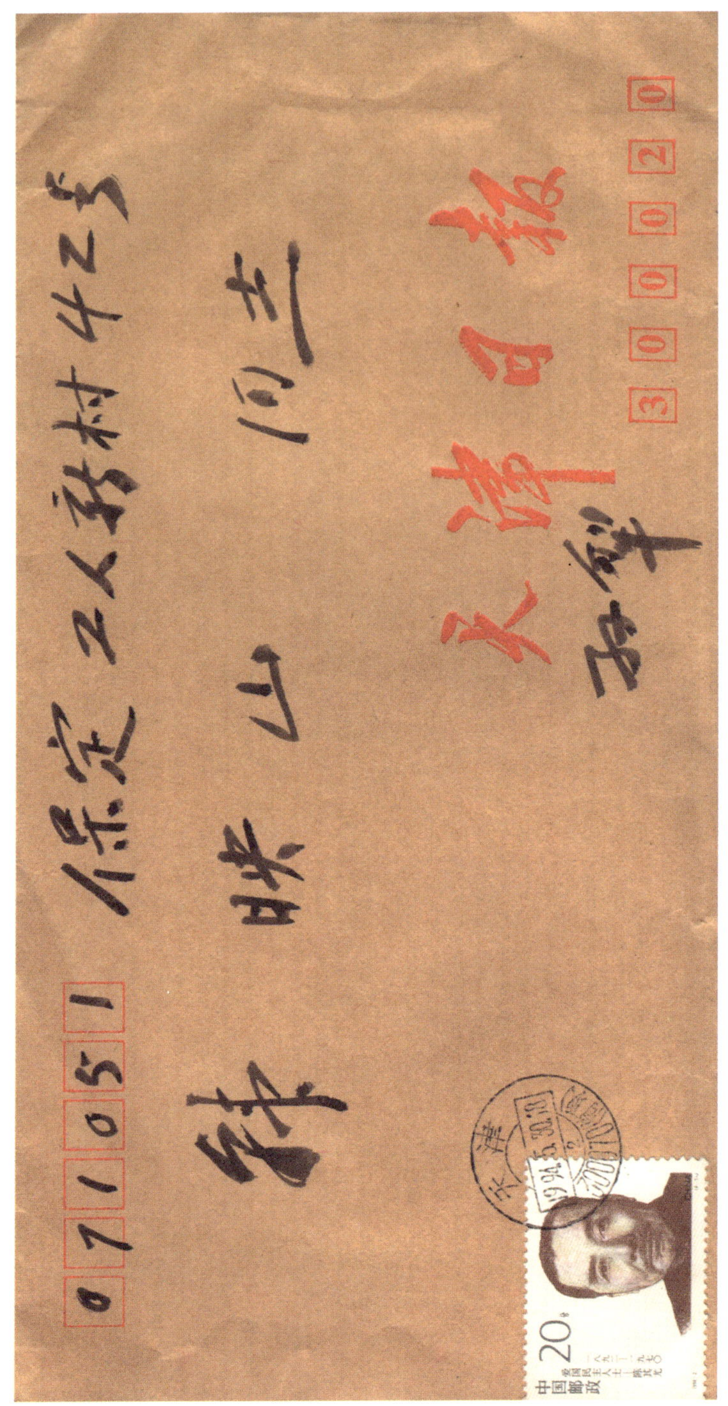

1994.5.30

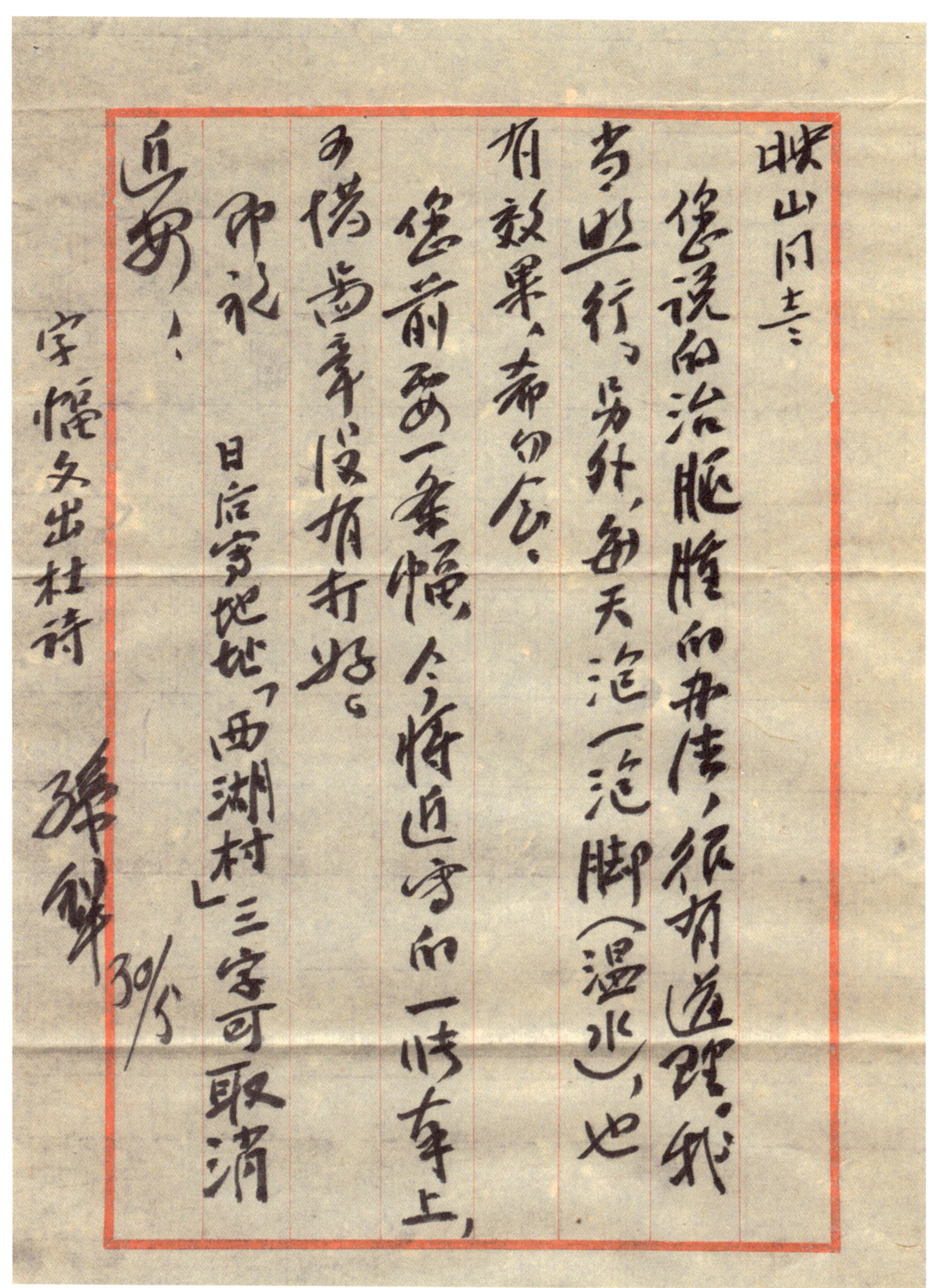

映山同志：

您说的治脏腑的办法，很有道理，我当照行。另外，每天泡（泡脚（温水），也有效果，希勿念。

您前要一条幅，今将近写的一件奉上，不像当年，没有打好。

即祝

近安！

孙犁

30/5

日后写地址，“西湖村”三字可取消

字幅文出杜诗

1994.5.30

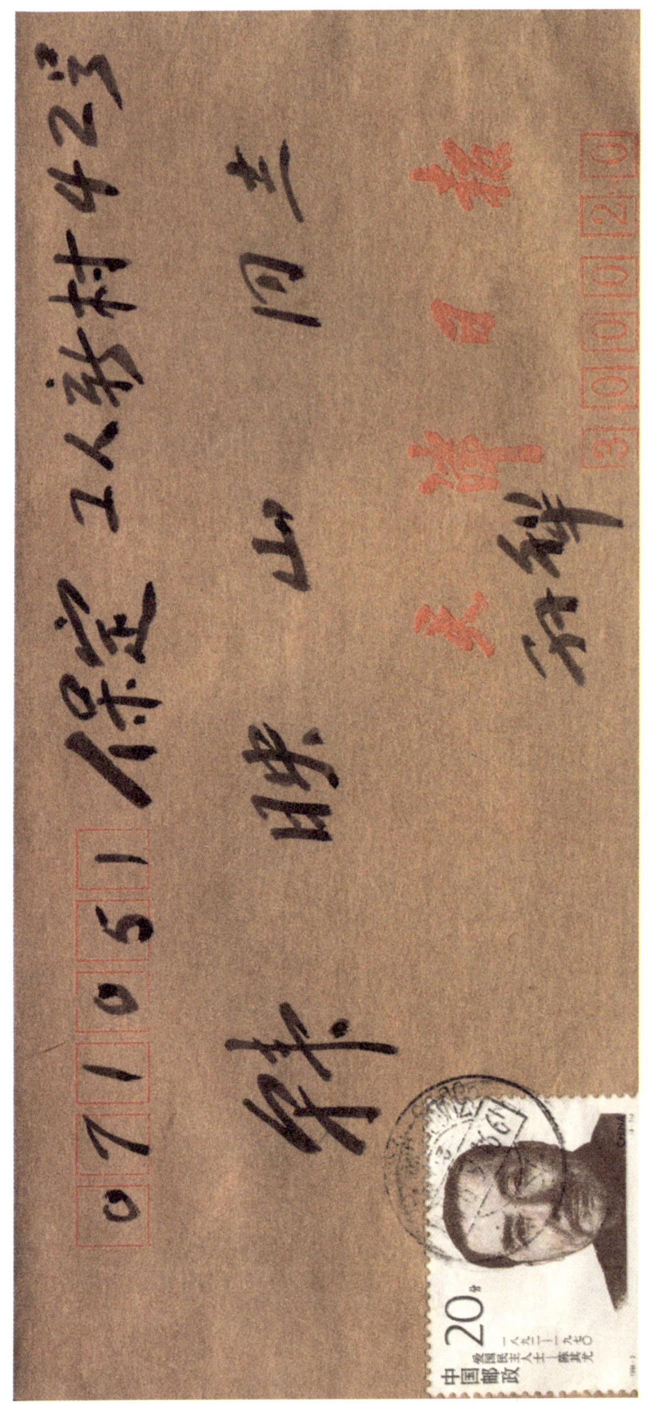

1994.6.8

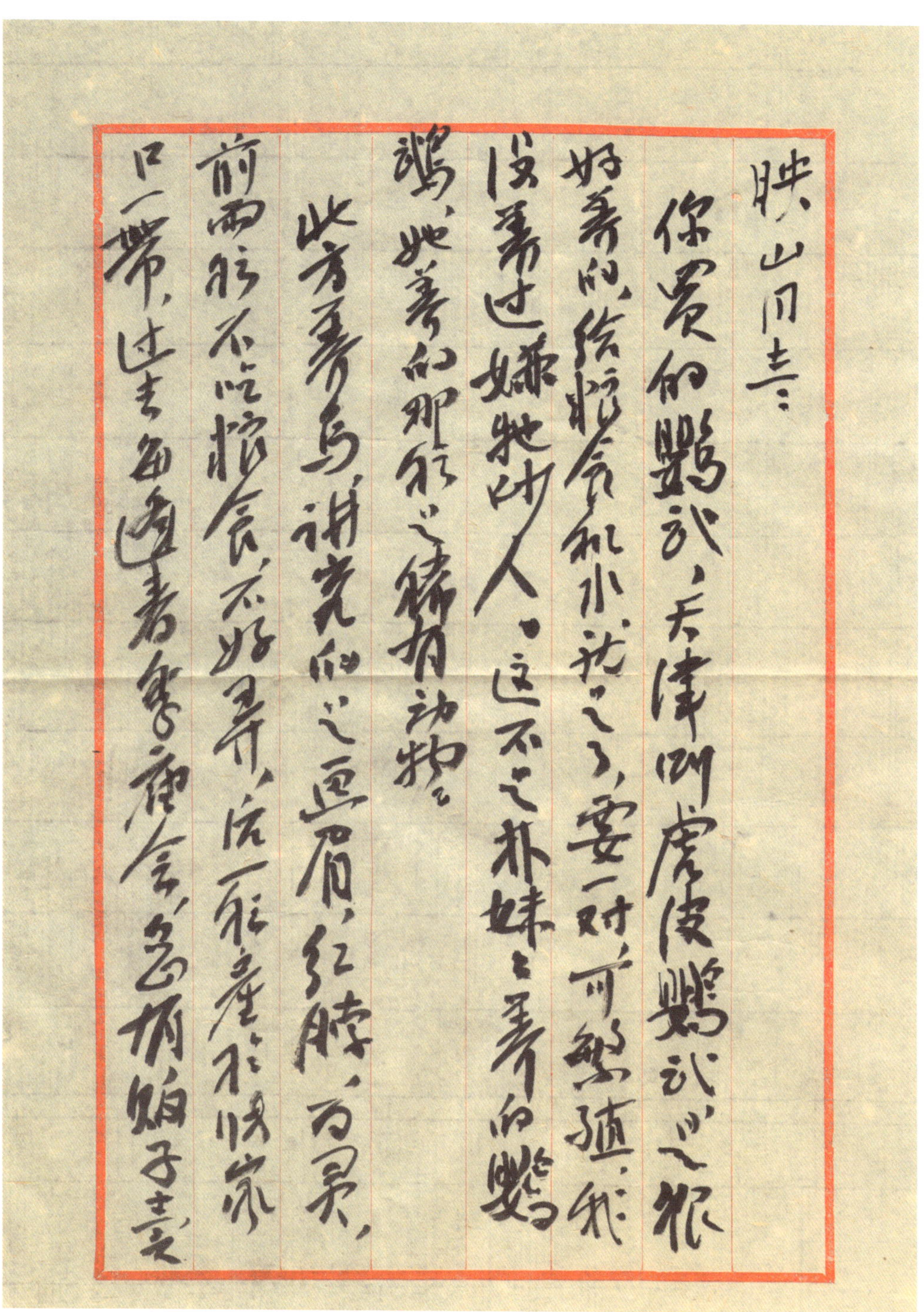

映山同志：

你买的鹦鹉，天津叫虎皮鹦鹉，是很好养的，给粮食和水就行了，要一对，可繁殖。我没养过娇性的人。这不是林妹妹养的鹦鹉，她养的那种是精灵动物。

此外养鸟讲究的是画眉，红脖，百灵，前两种不吃粮食，不好养，后一种产于张家口一带，过去每逢集市庙会，多为捐贩子卖

1994.6.8

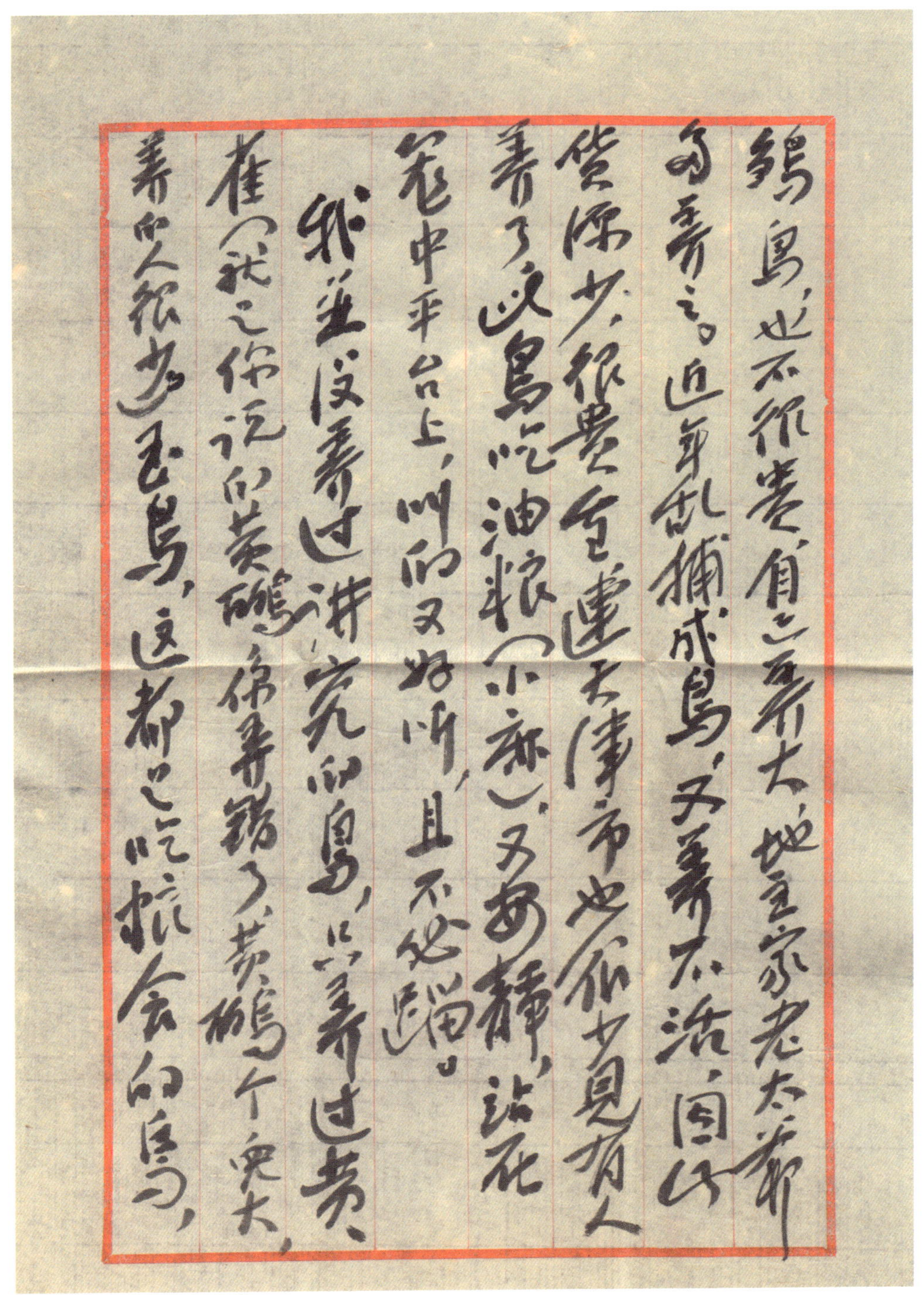
鸽鸟，也不很贵，自己养大，她自家老太都
会养之。近年乱捕成鸟，又养不活，因此
货源少，很贵。在天津市也很少见有人
养了。这鸟吃油粮（小米），又安静，站在
笼中平台上，叫的又好听，且不必遛。
我并没养过讲究的鸟，只养过黄、
雀（就是你说的黄鹂），你弄错了，黄鹂个更大，
养的人很少。玉鸟，这都是吃活食的鸟，

1994.6.8

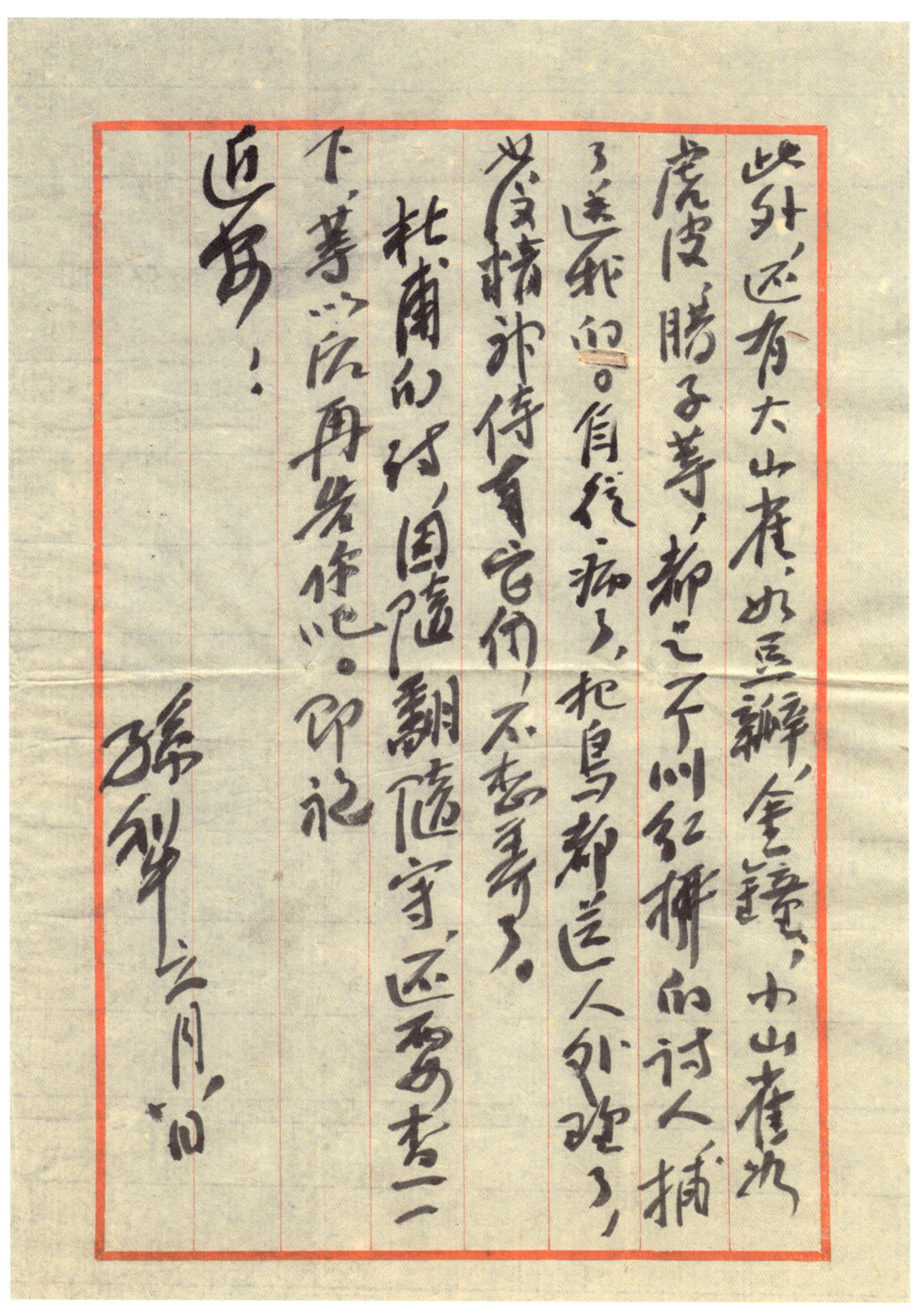

此外，还有大山雀、如豆瓣、金镜、小山雀、北虎皮、胯子等，都是下川红柳的诗人捕了送我的。自从病了，把鸟都送人处理了，也没精神侍奉它们，不忍看了。

杜甫的诗，因随翻随丢，还要查一下，等以后再告诉你吧。即祝

近安！

孙犁 六月八日

1994.6.8

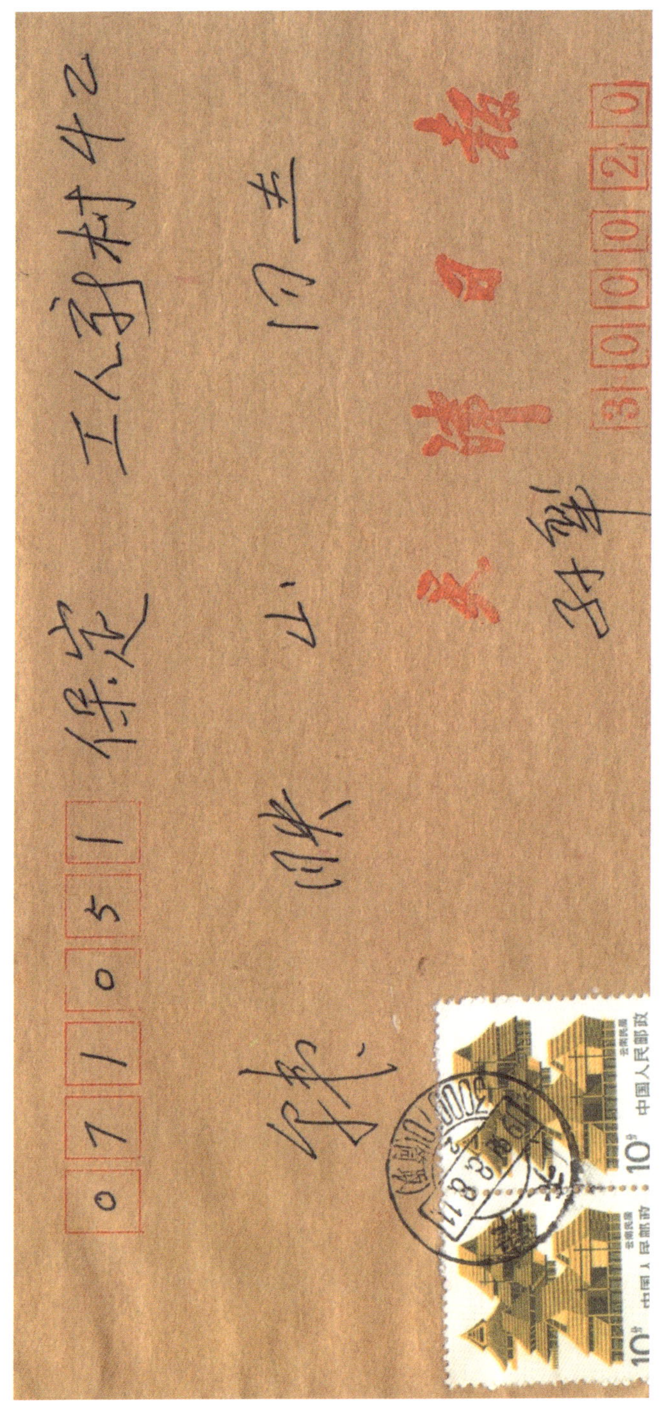

1994.8.7

映山同志：

来信收到。那两部书都已很好的出，《述记》，我读了，仔细览；《水经注》，一直未得真读。

您对朱的散文的看法很好。叫人不解的，不在他过去的名声，而在今天一些人对它的评价，奇怪之极了。

我过去不怕热，今年则流汗不止，时时都担心出意外，所以写信也少了。

即祝

暑安！

孙犁 八月七日

天津日报 TIANJIN DAILY

1994.8.7

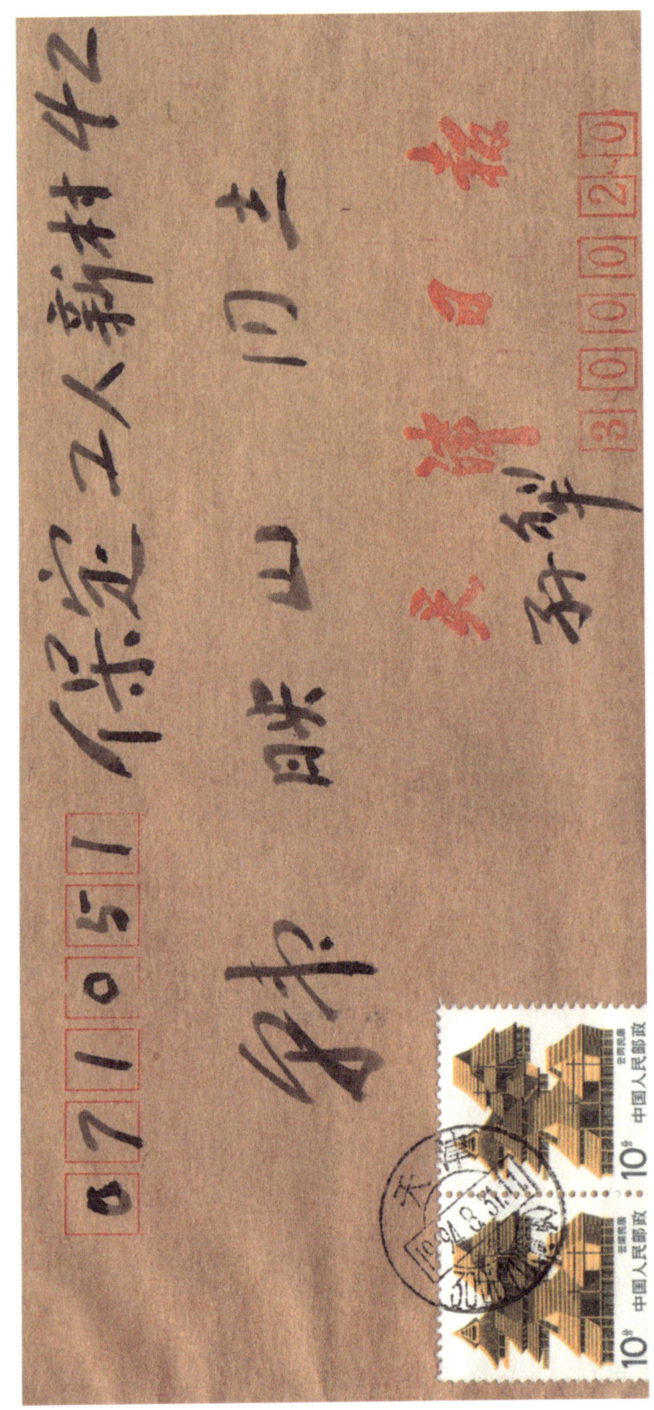

071051
保定工人新村北七
韩映山同志
天津日报
孙犁
300020

1994.8.30

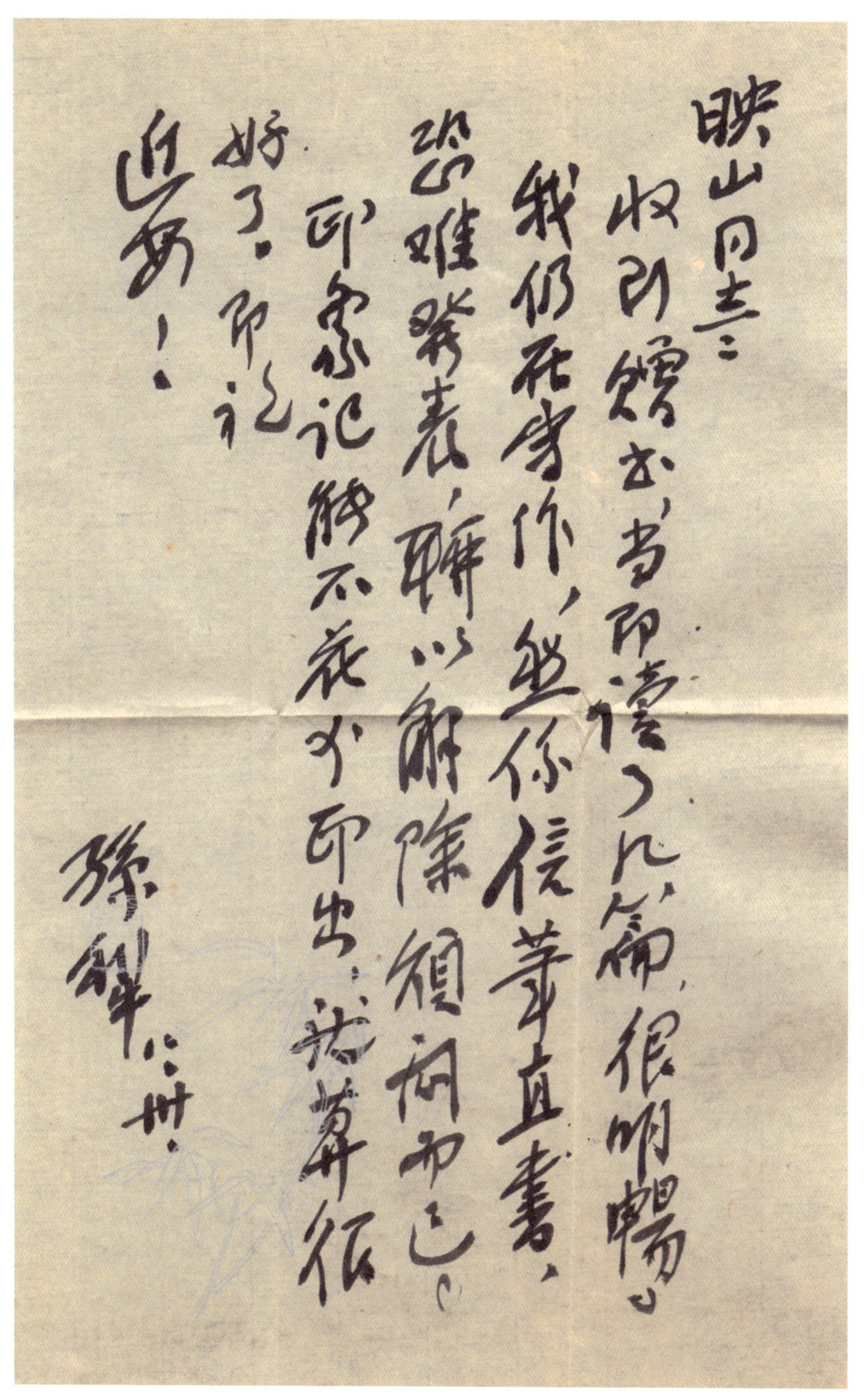

映山同志：

收到赠书，当即读了九篇，很明畅。我仍在写作，然你信笔直书，恐难发表，聊以解除烦闷而已。印象记能不能印出，就算很好了。即祝

近安！

孙犁 八卅

1994.8.30

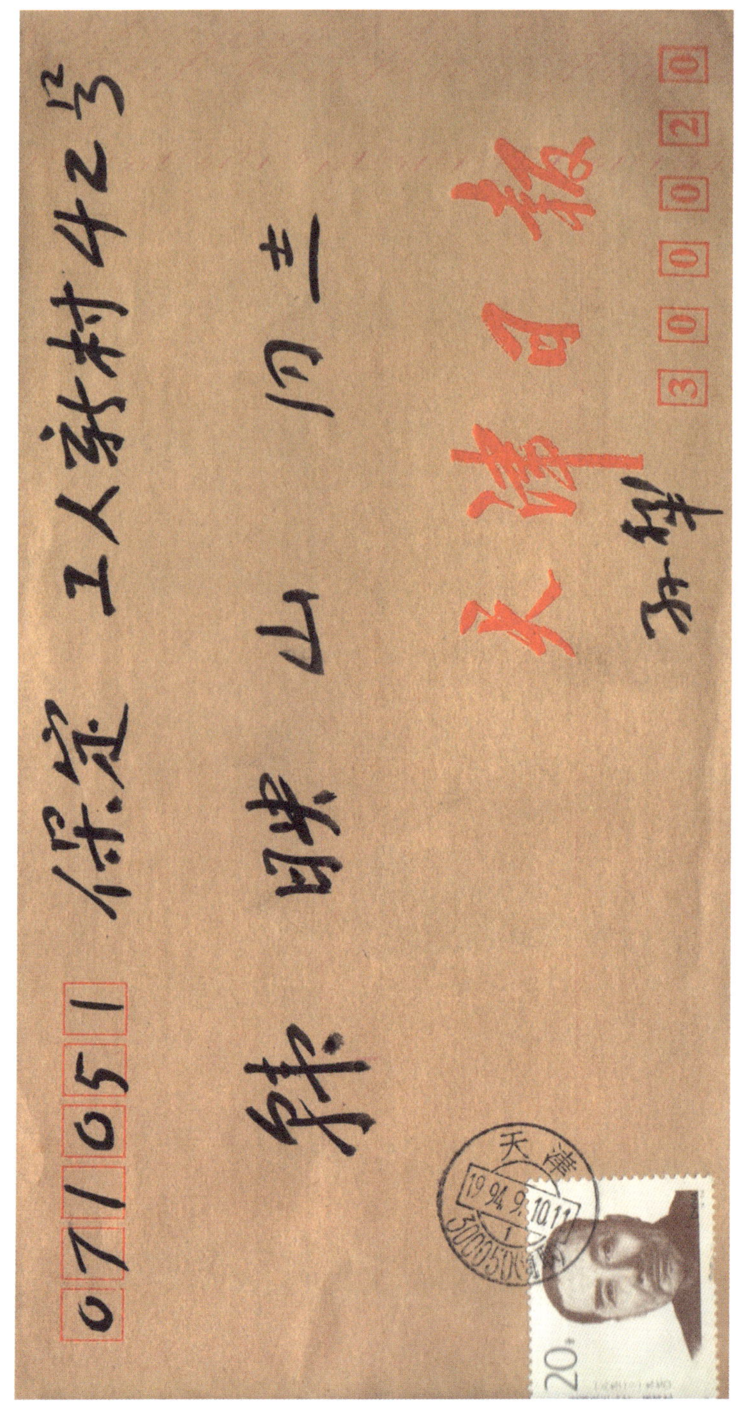

1994.9.9

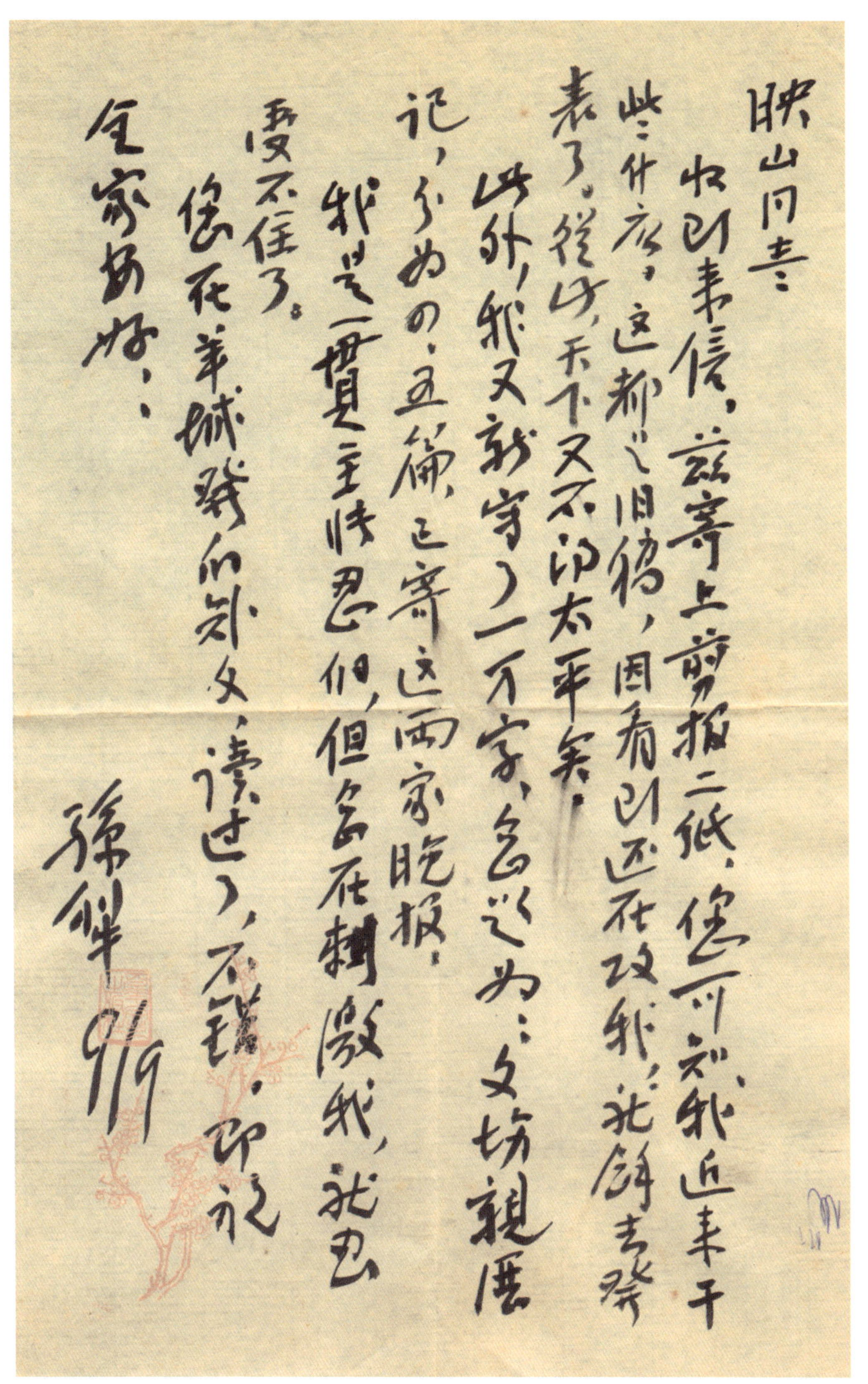
映山同志：

收到来信，兹寄上剪报二纸，您可以看看我近来干些什么。这都是旧稿，因看到还在攻我，就修改发表了。从此，天下又不得太平矣。

此外，我又新写了一万字，名之为：文场亲历记，分为四、五篇，正寄这两家晚报。

我是一贯主张忍他，但总在刺激我，就忍受不住了。

您在华城发的短文，读过了，不错。即祝

全家好！

孙犁 9/9

1994.9.9

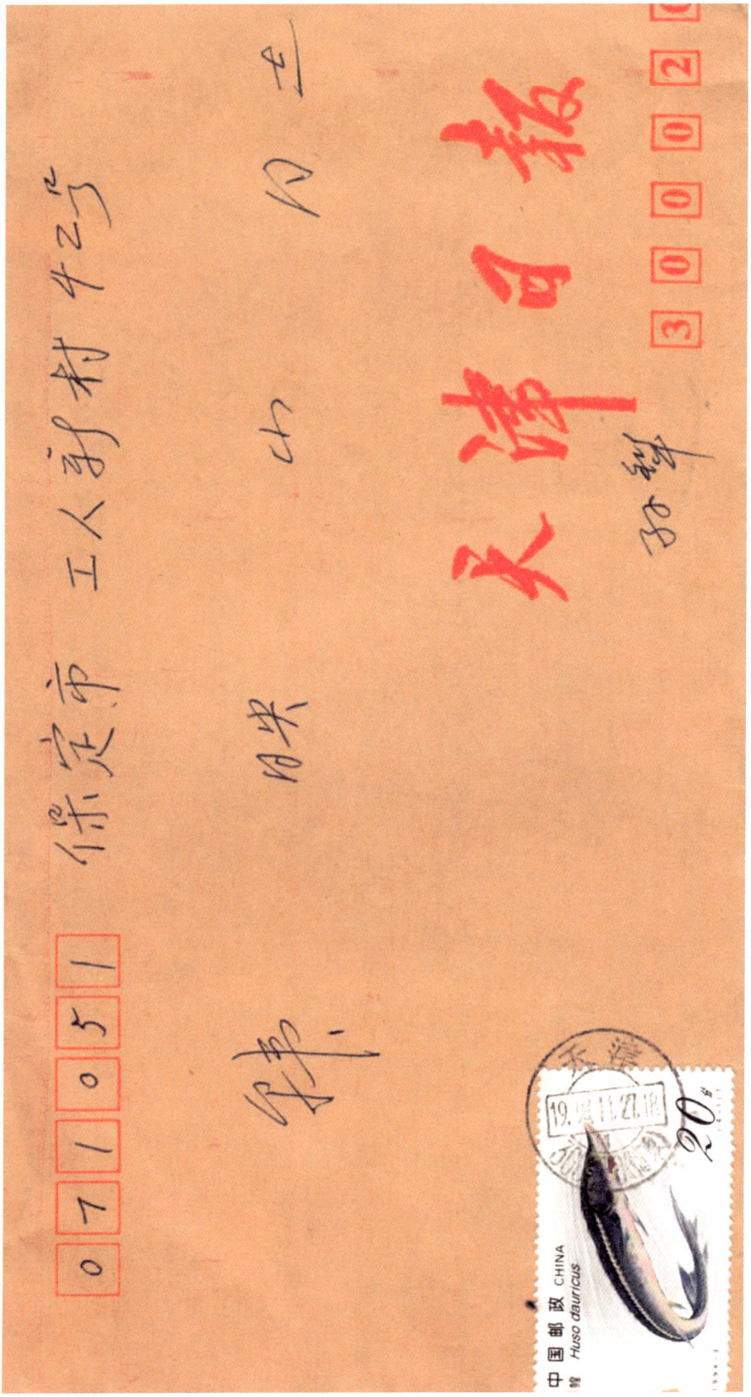
071051
保定市 工人新村
韩映山
天津日报
300020
中国邮政 CHINA
Huso dauricus
20分

1994.11.27

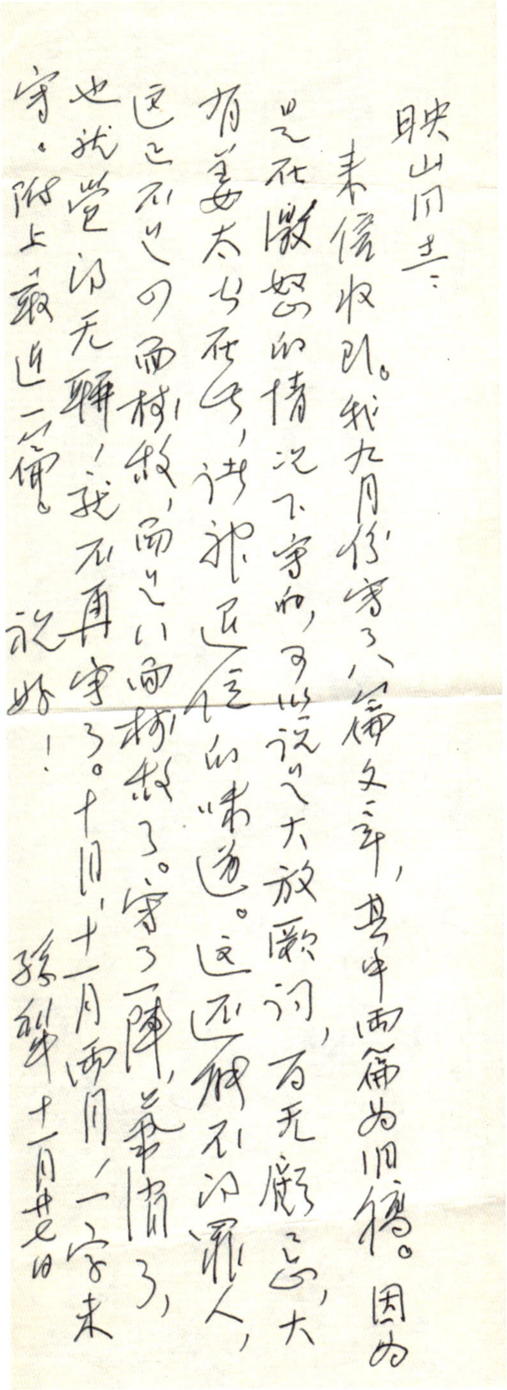

映山同志：

来信收到。我九月份写了八篇文章，其中两篇为旧稿。因为是在激怒的情况下写的，可以说"大放厥词"，百无顾忌，大有姜太公在此，诸神退位的味道。这还不得罪人，这已不是两面树敌，而是以八面树敌了。写了一阵，气消了，也就觉得无聊，我不再写了。十月、十一月两月，一字未写。附上最近一小篇。

祝好！

孙犁 十一月廿七日

1994.11.27

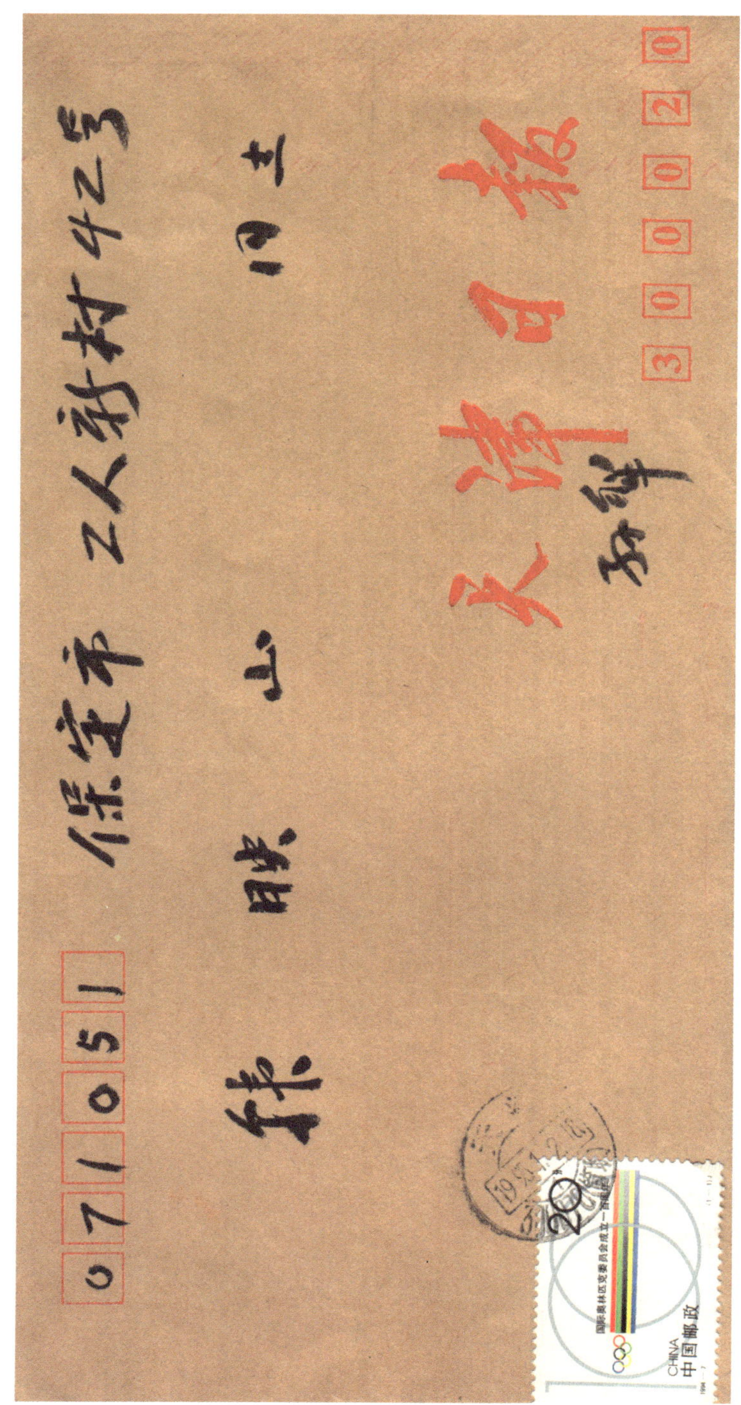

1995.1.2

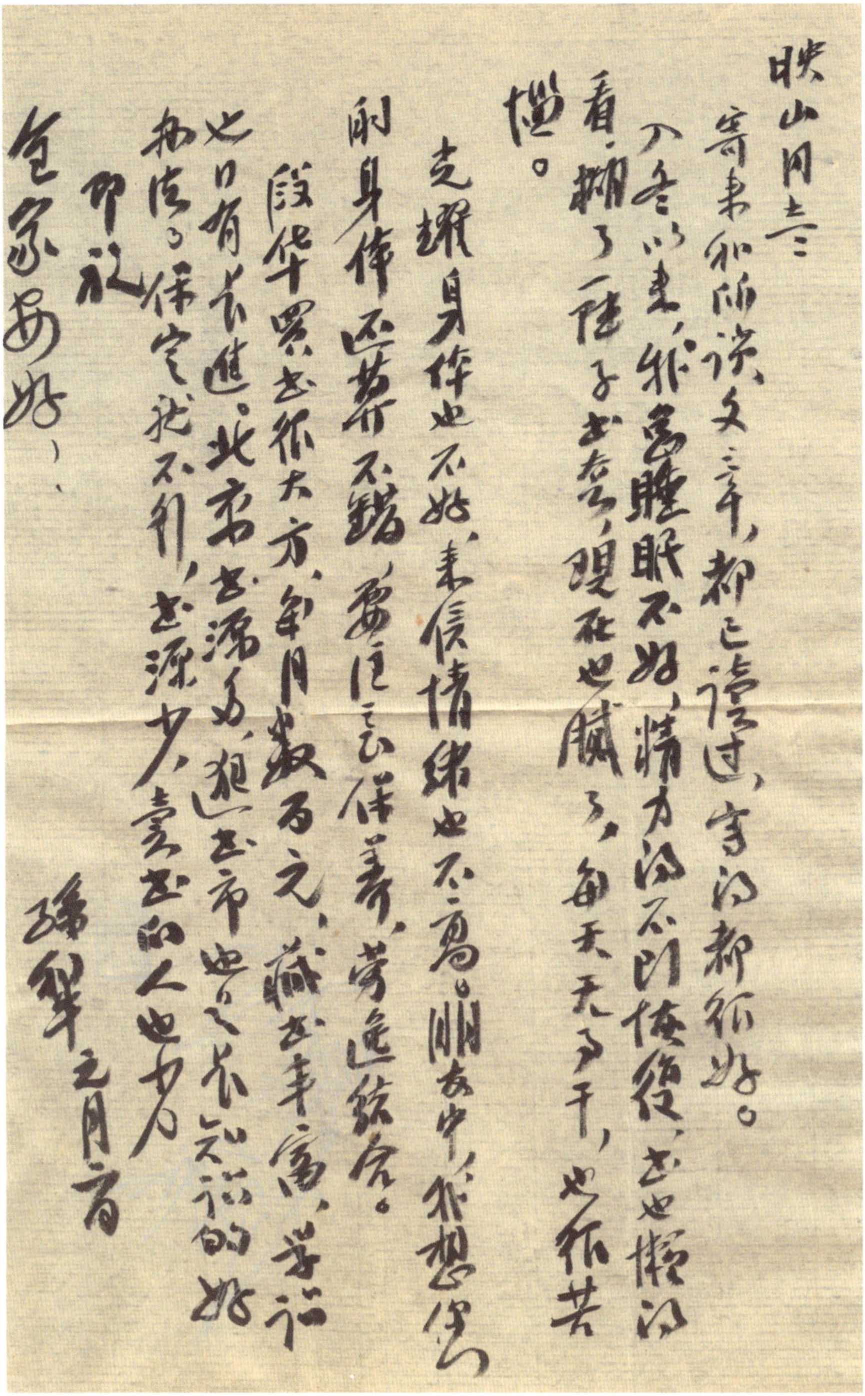

映山同志：

寄来郭师谈文章，都已读过，写的都很好。入冬以来，我身体不好，精力很不能恢复，书也懒得看。拥了一阵子书套，现在也腻了，每天无事干，也很苦恼。

支耀身体也不好，来信情绪也不高。朋友中，我想您的身体还算不错，要注意保养，劳逸结合。

段华买书很大方，每月数百元，藏书丰富，学识也日有长进。北京书源多，狠逛书市也可长知识的。好和谈了，保定就不行，书源少，卖书的人也少。

即祝

全家安好！

孙犁 元月二日

1995.1.2

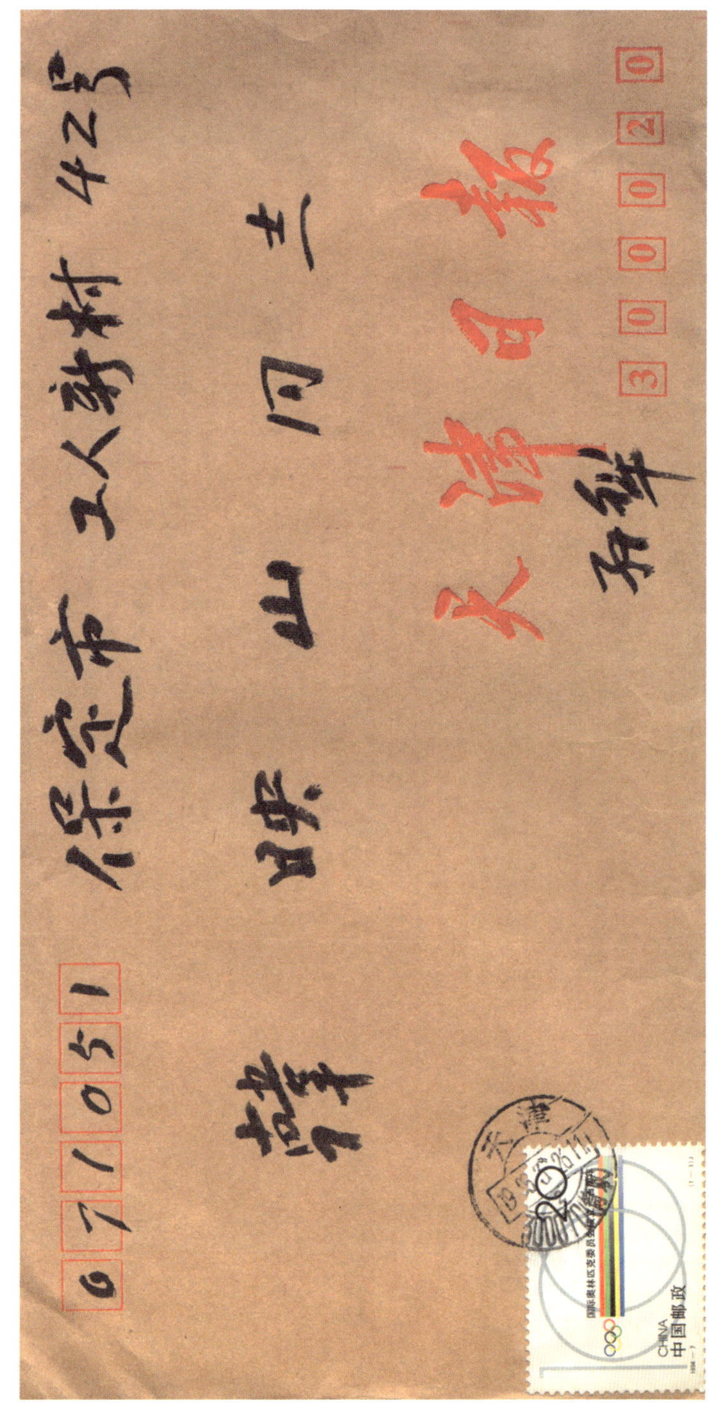

1995.3.25

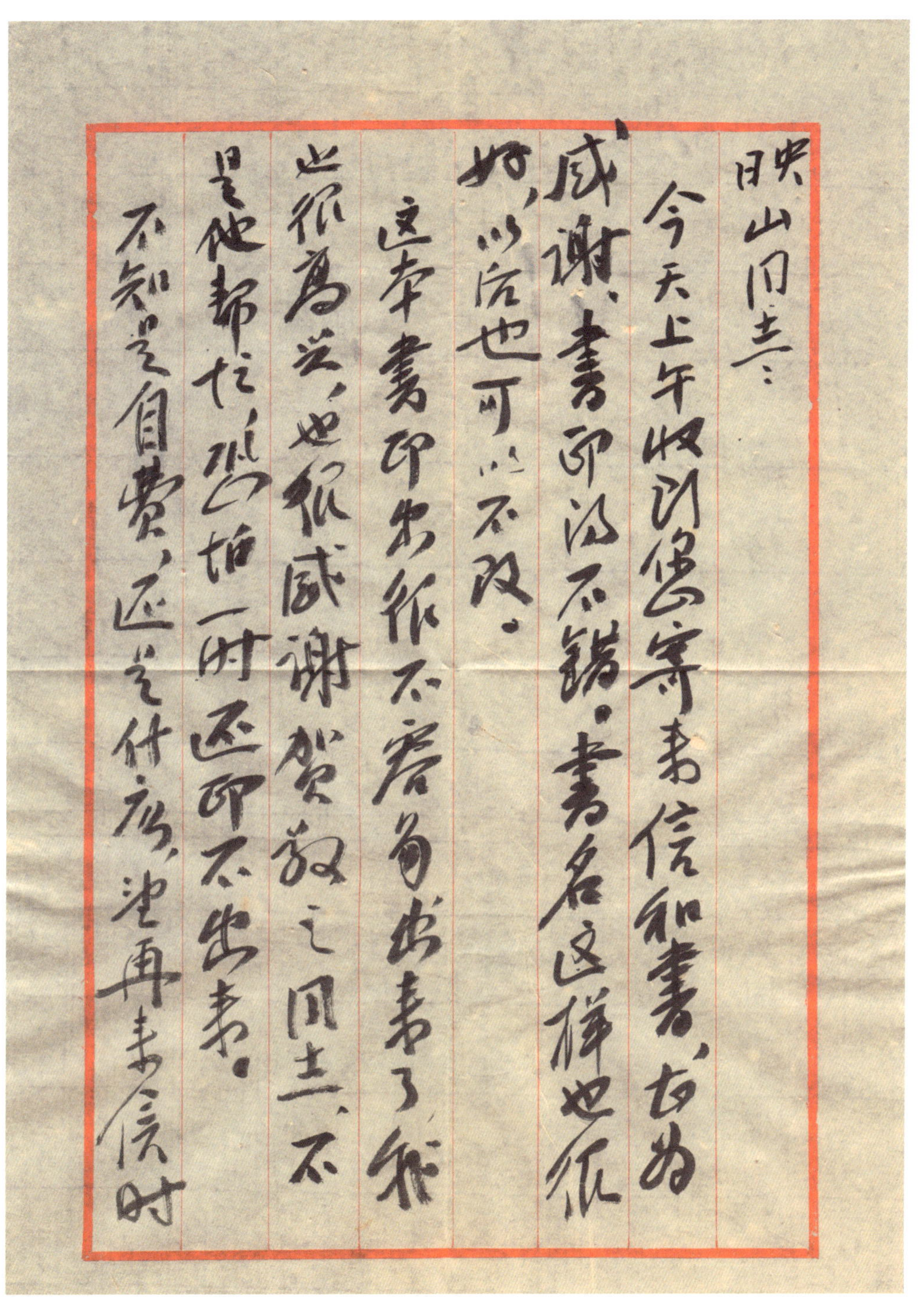

映山同志：

今天上午收到您寄来信和书，甚为感谢。书印的不错。书名这样也很好，以后也可以不改。

这本书印出很不容易，出来了，我也很高兴，也很感谢贺敬之同志，不是他帮忙，恐怕一时还印不出来。

不知是自费，还是什么，望再来信时

1995.3.25

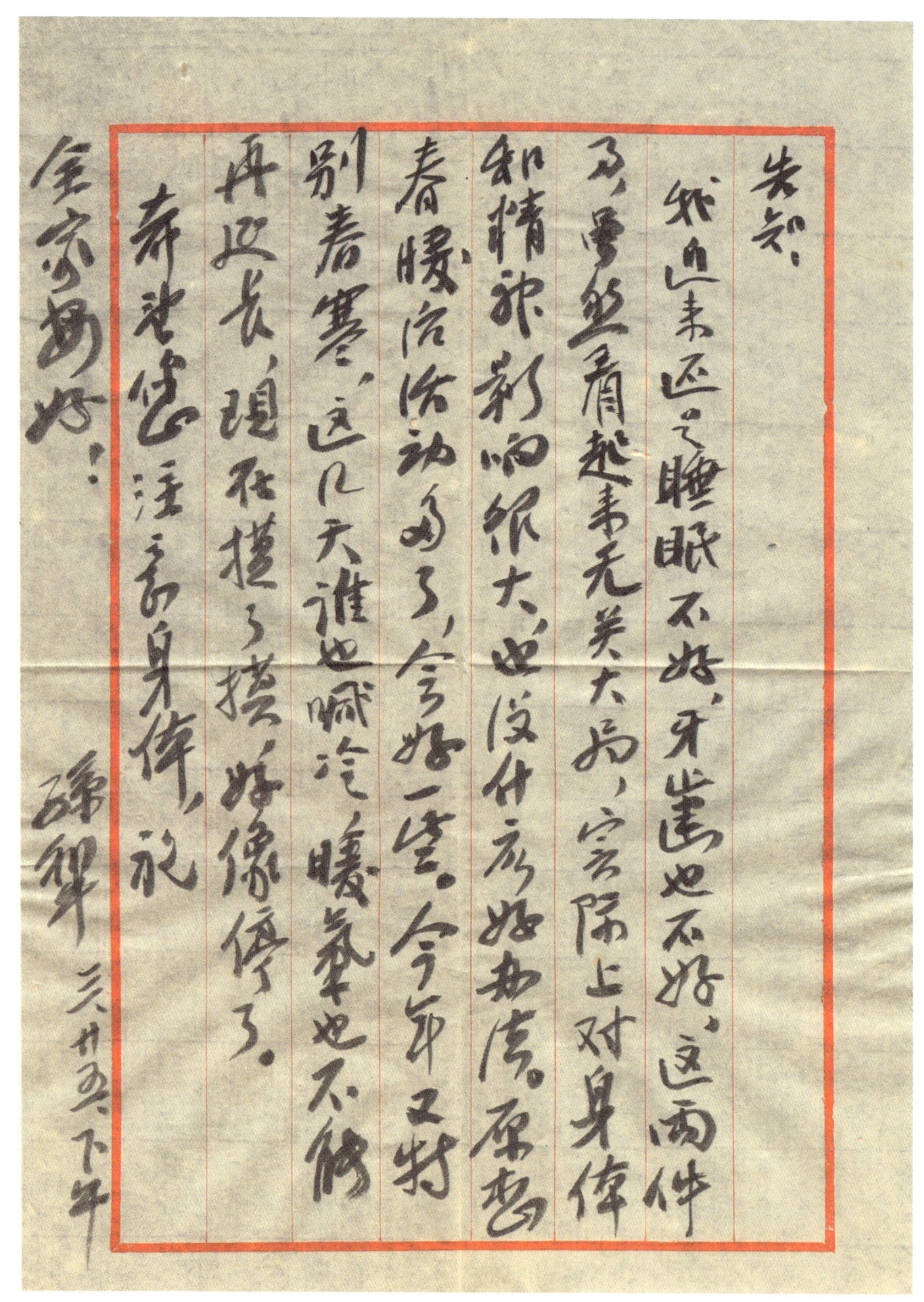
先知：

我这些天睡眠不好，牙齿也不好，这两件事，虽然看起来无关大局，实际上对身体和精神影响很大，也没什么好办法。原想春暖后活动多了，会好一些。今年又特别春寒，这几天谁也喊冷，暖气也不能再延长，现在撑了一撑，好像停了。

希望你注意身体，祝

全家都好！

孙犁 三月廿五日下午

1995.3.25

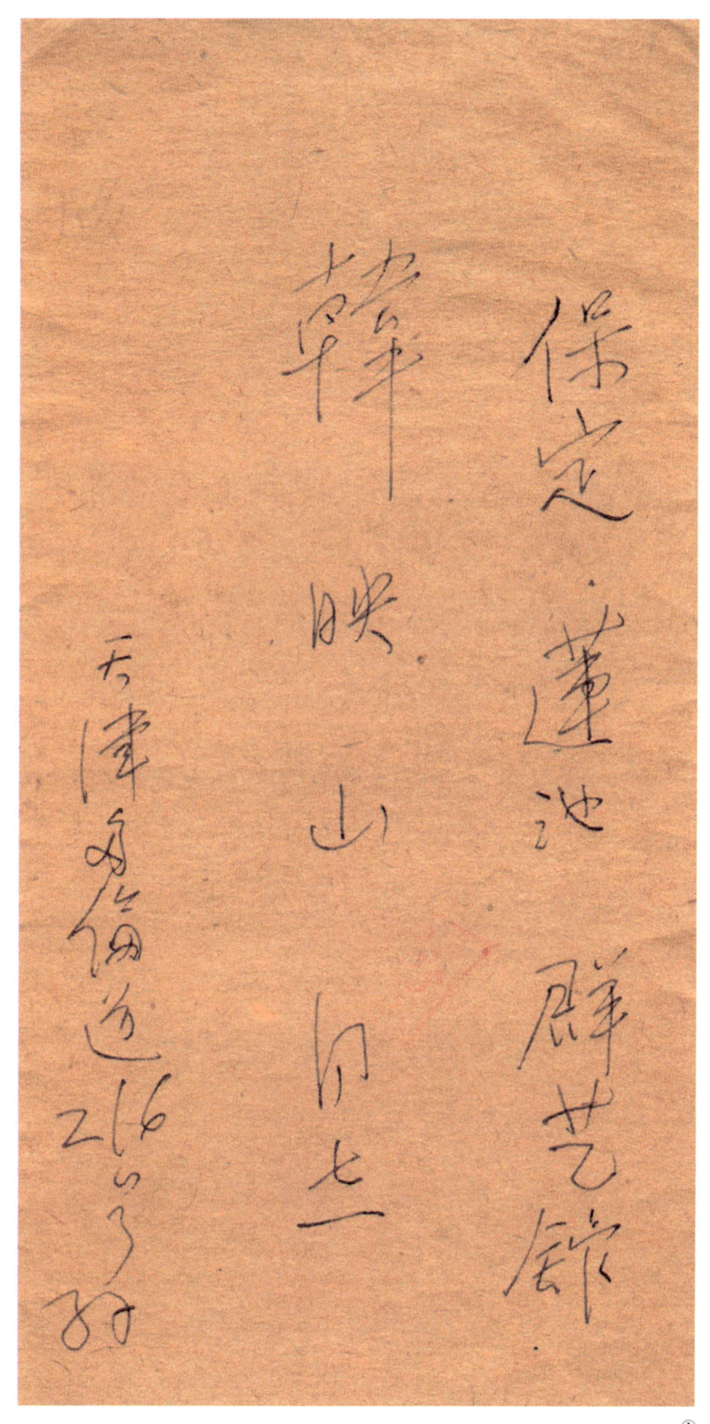

保定·蓮池 群艺館

韓映山 同志

天津多伦道216号 孙

6.23①

① 此信的写作年份有待考证。

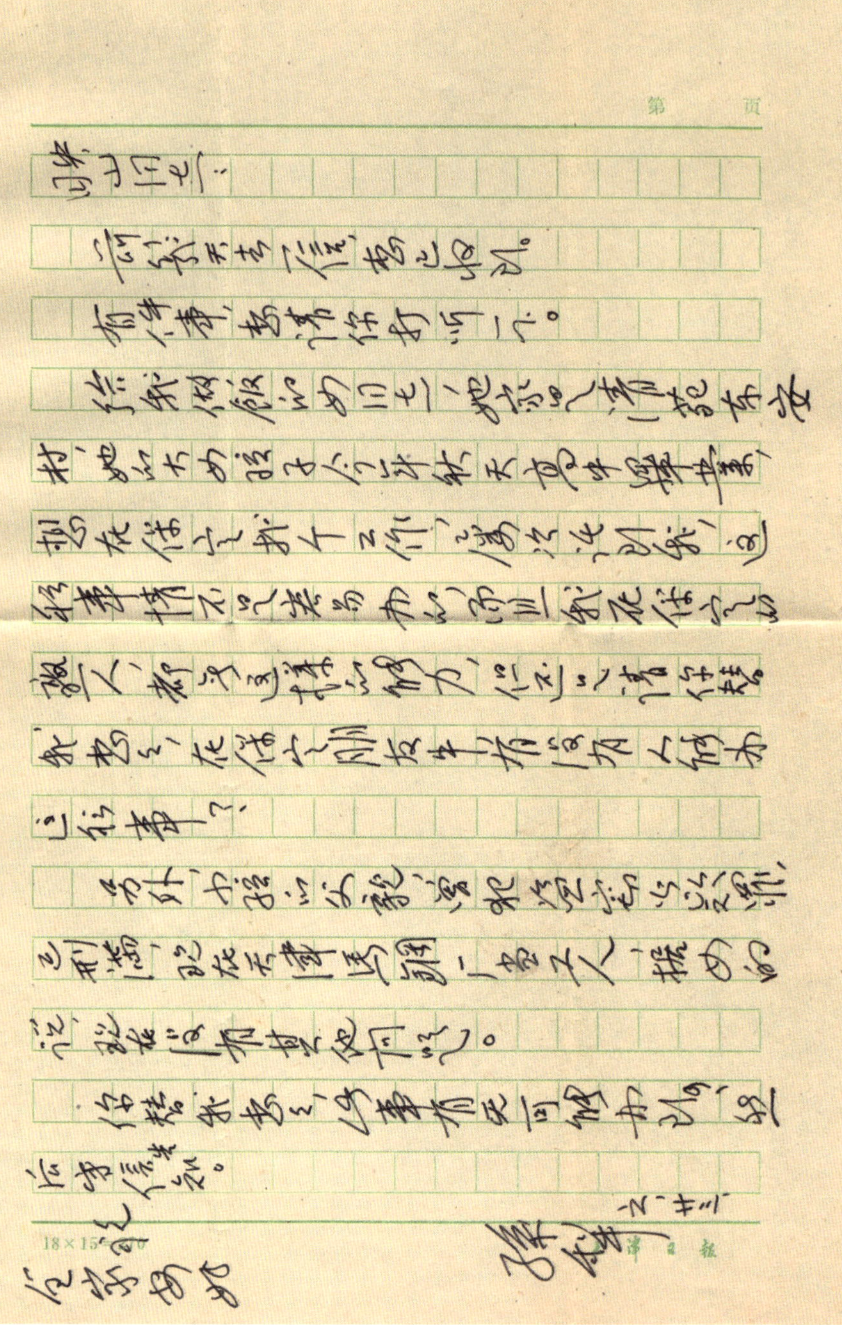

6.23

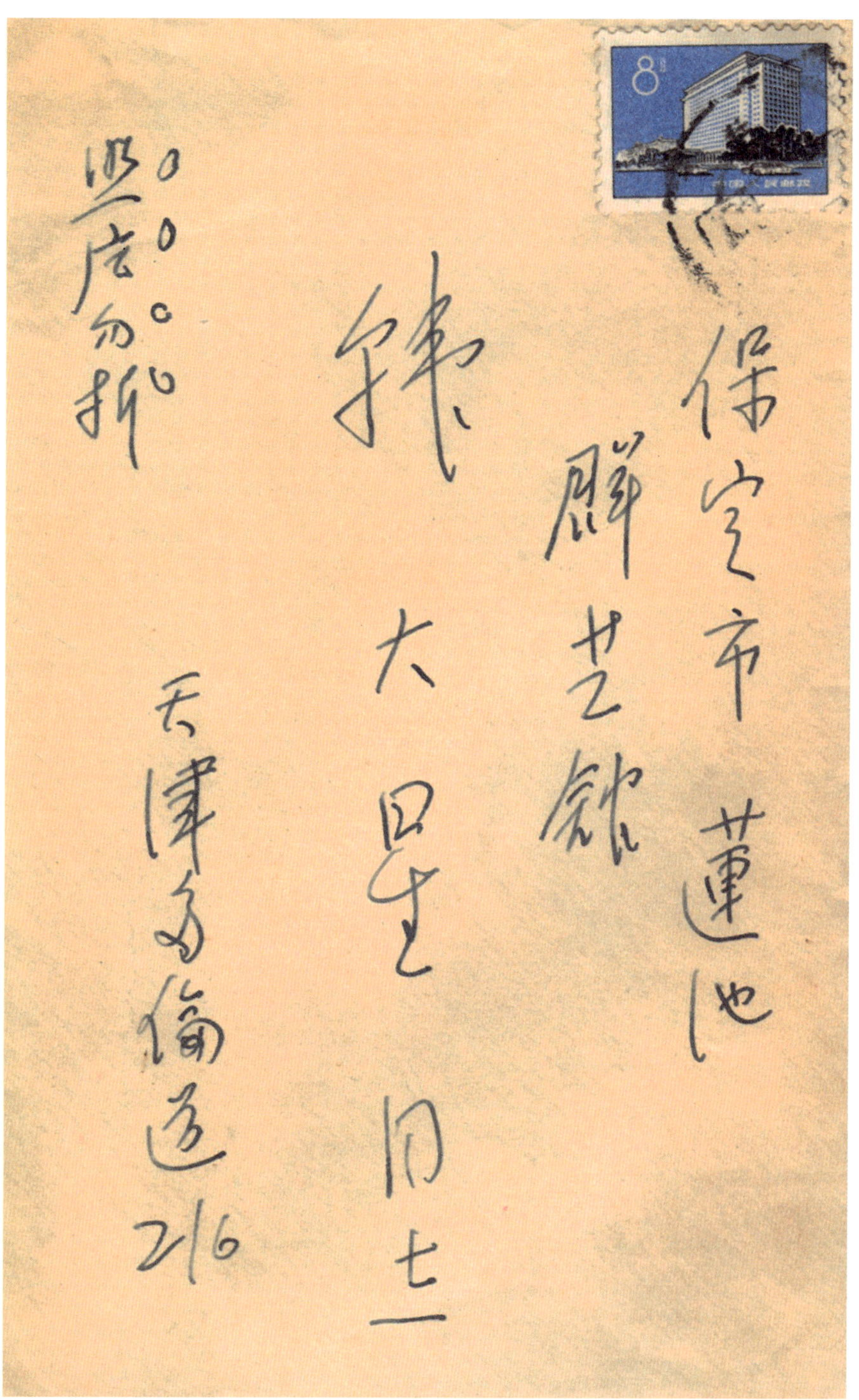

保定市莲池
群艺馆
韩大星同志

天津多伦道216

1982.6.28

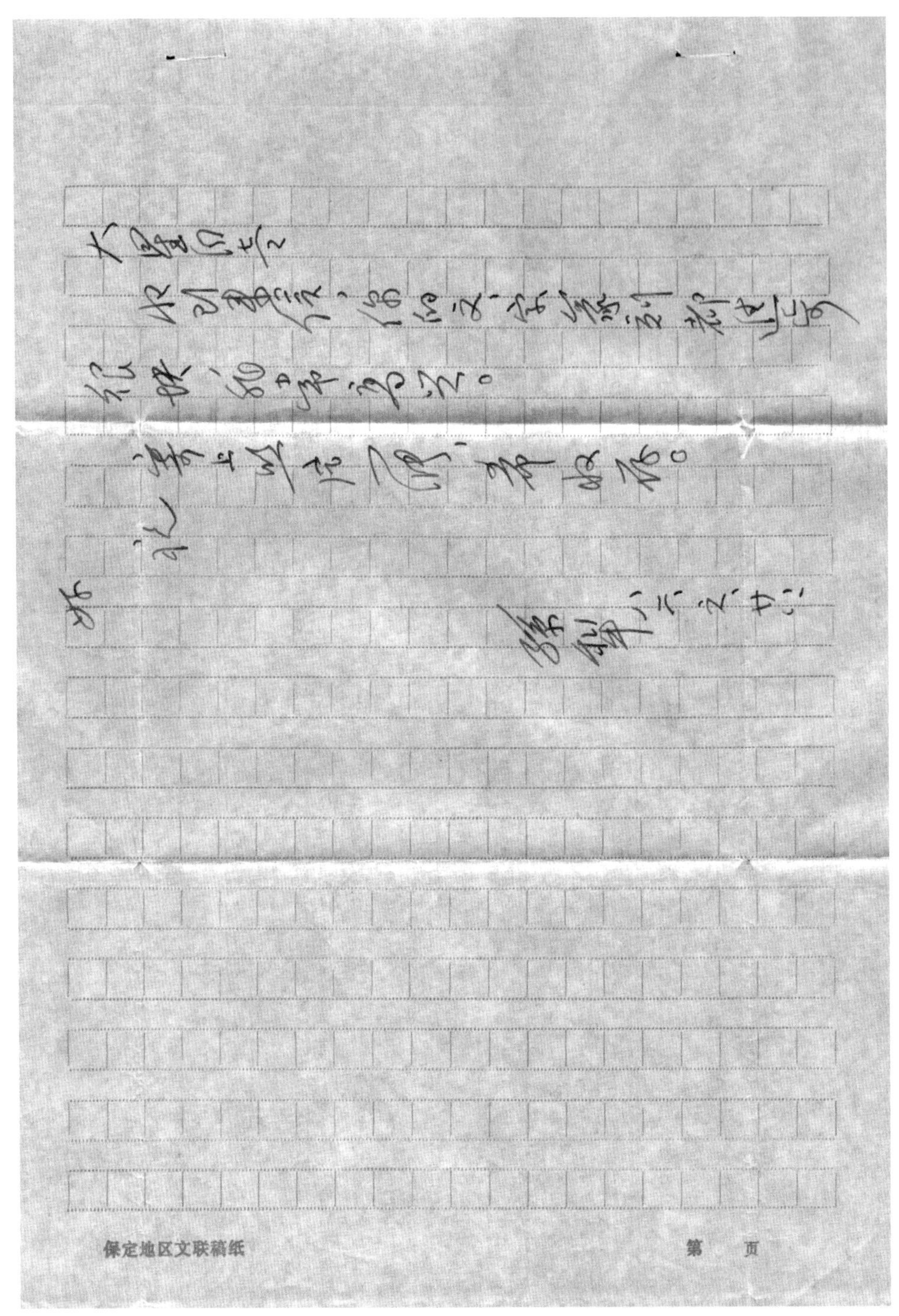
保定地区文联稿纸　第　页

1982.6.28

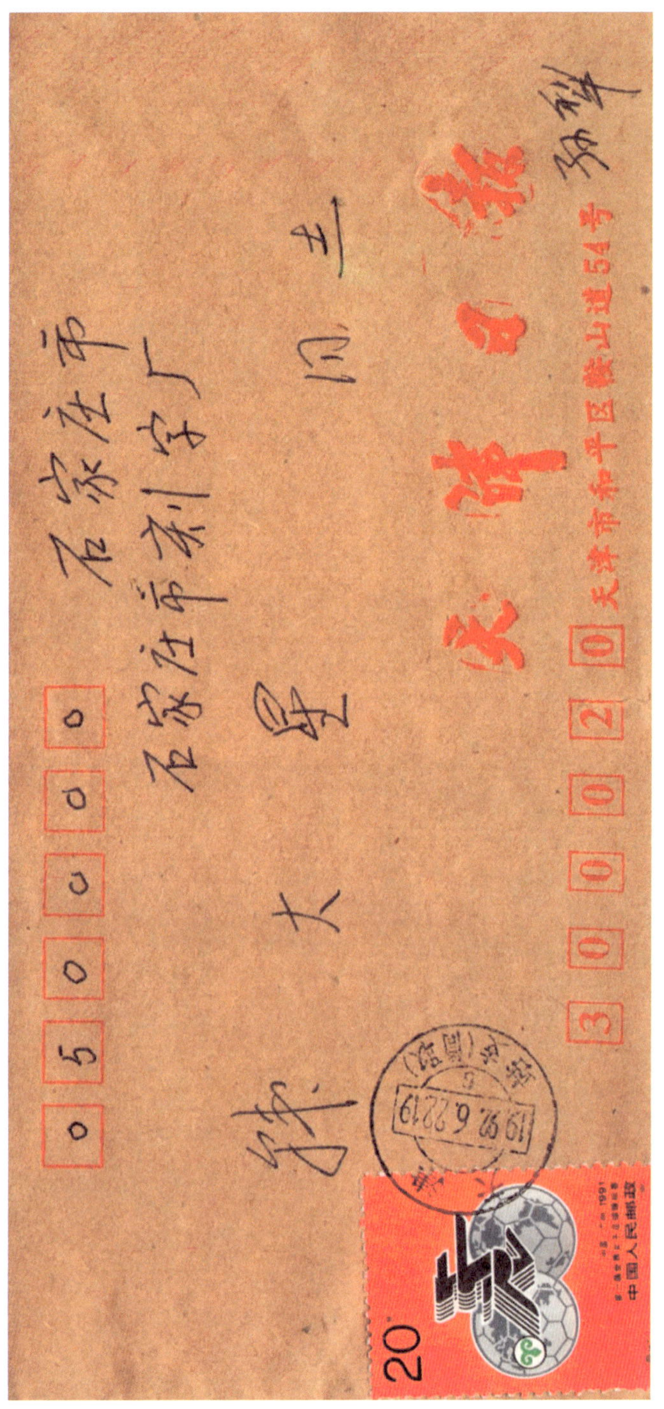

1992.6.22

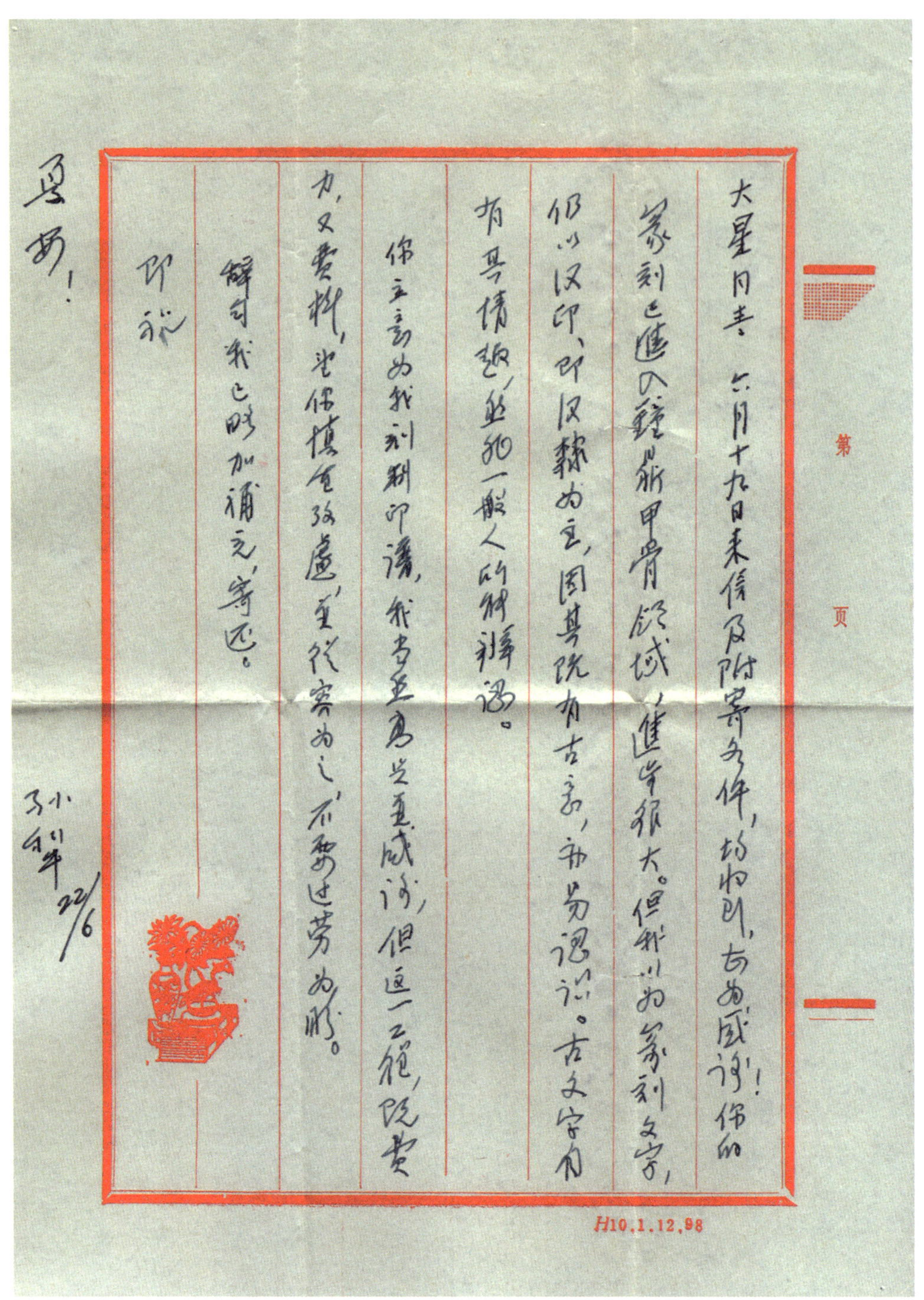

大星同志：

六月十九日来信及附寄文件，均收到，至为感谢！你的篆刻已进入钟鼎甲骨领域，进步很大。但我以为篆刻文字，仍以汉印、汉隶为主，因其既有古意，亦易认识。古文字有其情趣，但非一般人所能辨认。

你主动为我刻制印谱，我甚为感谢，但这一工程，既费力，又费料，望你慎重考虑，或缓为之，不要过劳为盼。

篆印我已略加补充，寄还。

即祝

夏安！

孙犁

22/6

1992.6.22

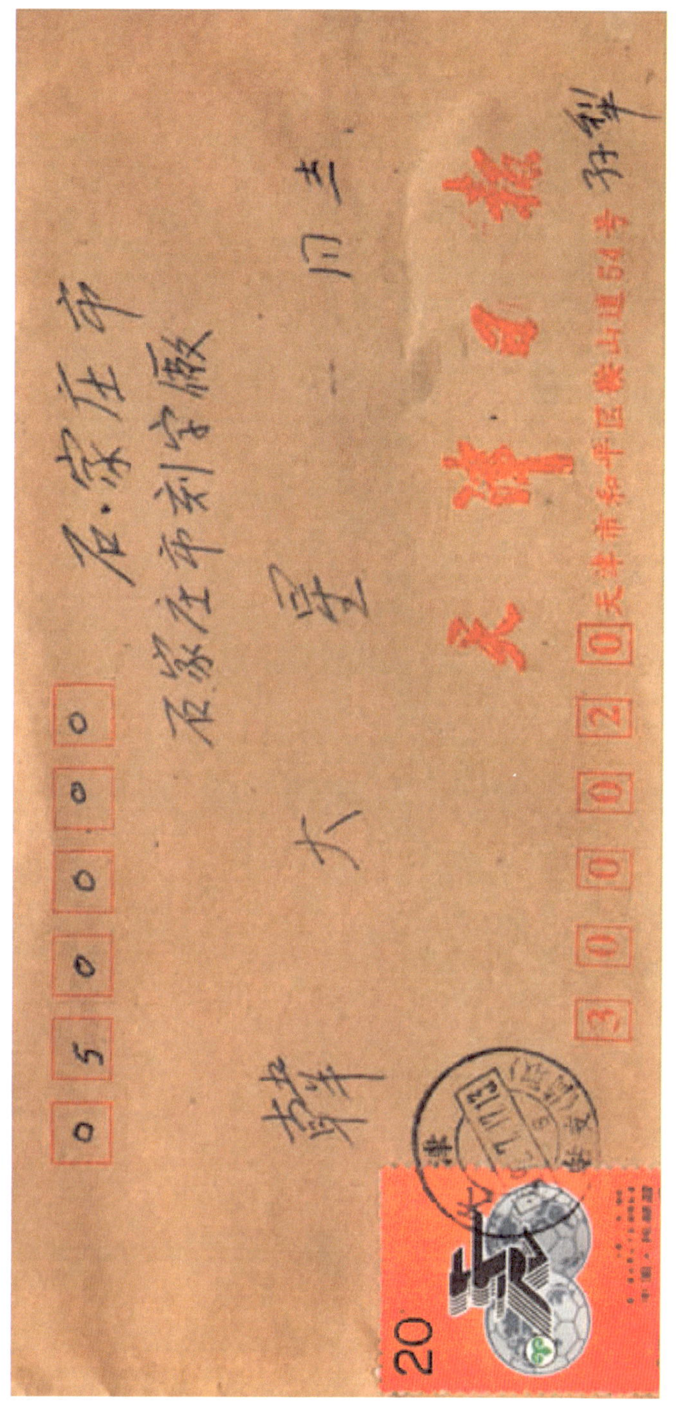

1992.7.15

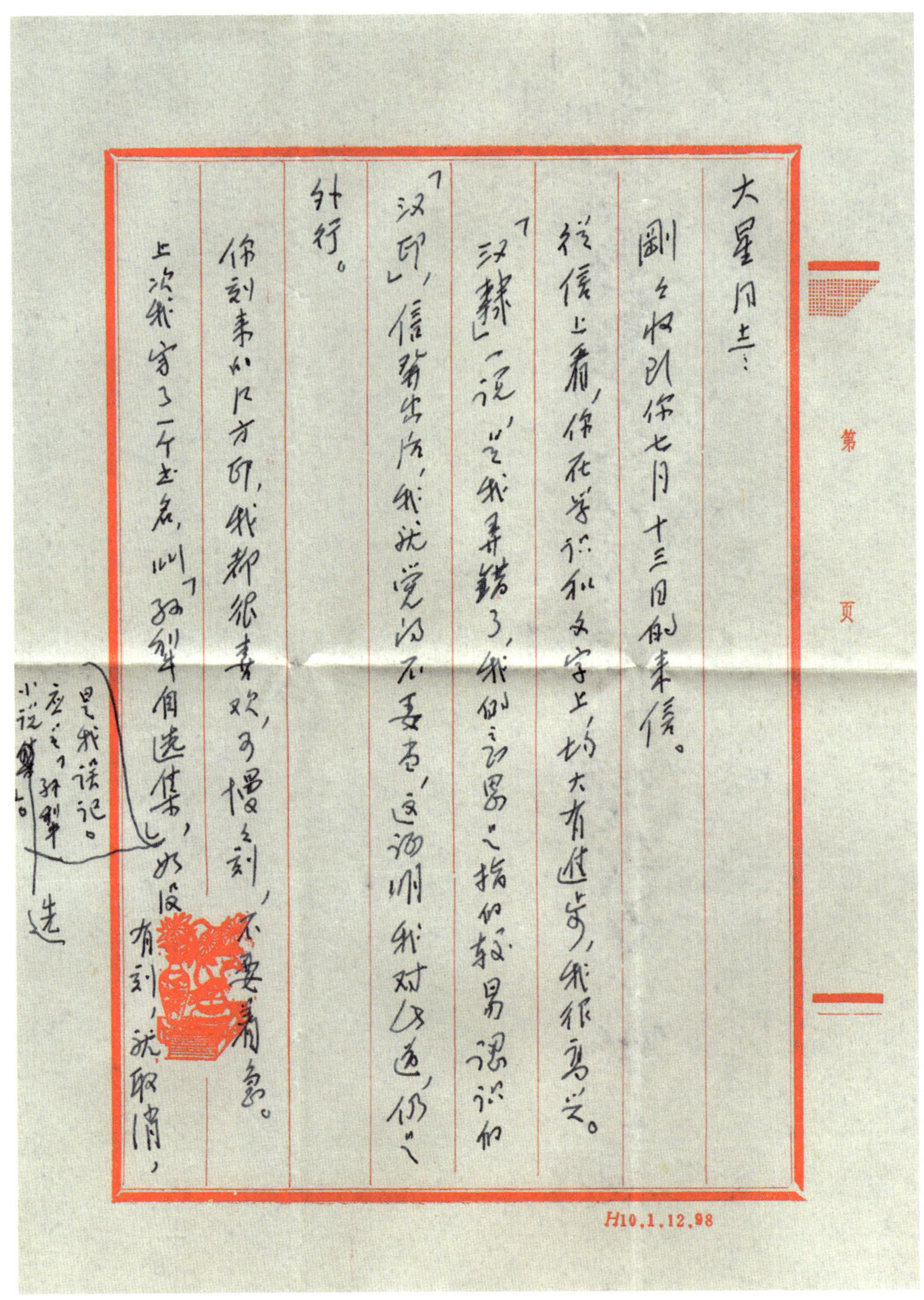

大星同志：

剛剛收到你七月十三日的来信。

从信上看，你在学识和文字上，均大有进步，我很高兴。

「汉隶」一说，是我弄错了，我们认为是指的较易认识的「汉印」，信寄出后，我就觉得不妥当，这说明我对此道，仍门外行。

你刻来的几方印，我都很喜欢，可慢慢刻，不要着急。

上次我写了一个书名，叫「孙犁自选集」，如没有刻，就取消，

是我误记。应是「孙犁小说选」

第　页

H10.1.12.98

1992.7.15

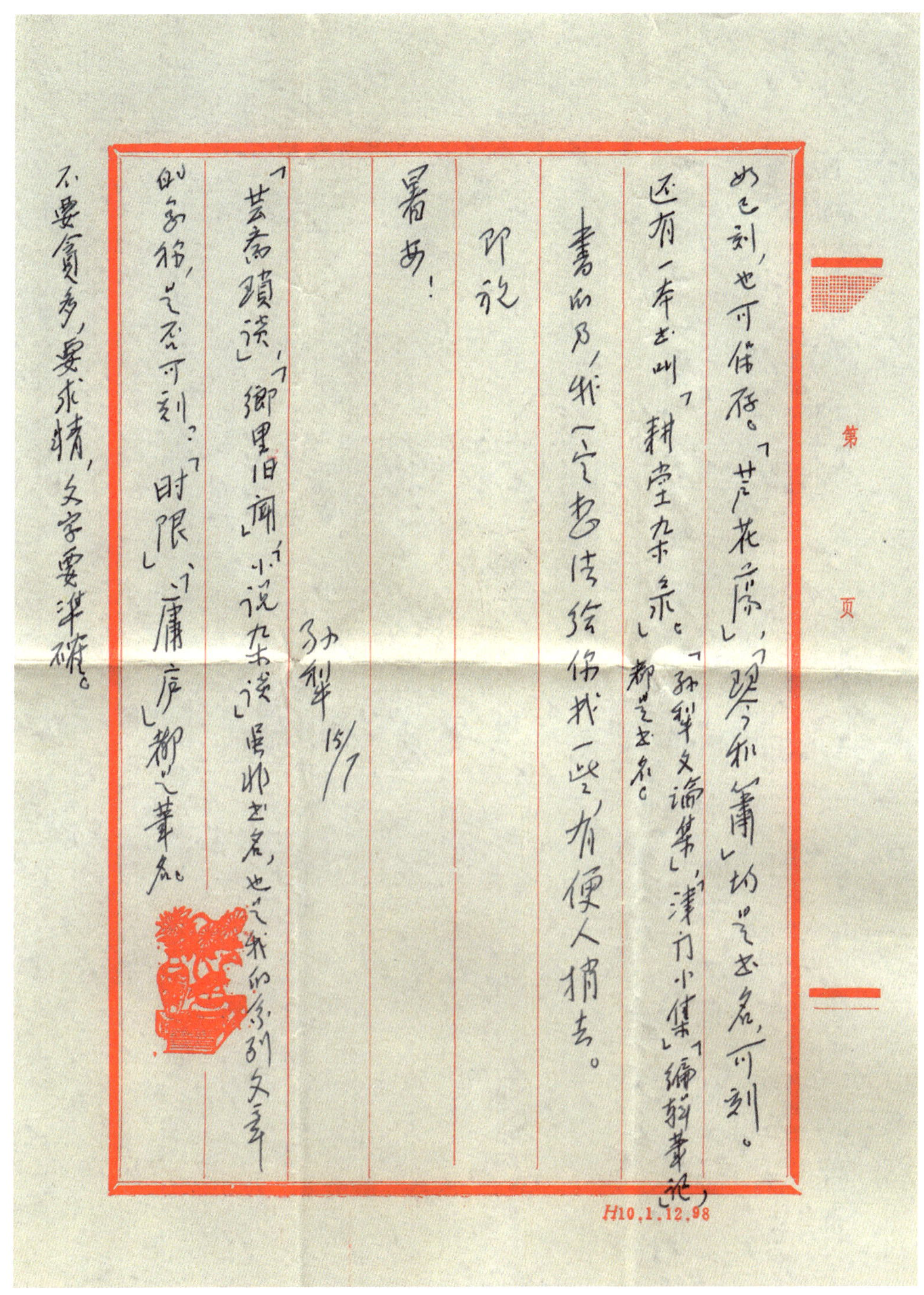

如已刻，也可保存。「芦花荡」、「琴和箫」均是书名，可刻。

还有一本书叫「耕堂杂录」。「孙犁文论集」、「津门小集」、「编辑笔记」，都是书名。

书印了，我一定想法给你找一些，有便人捎去。

即祝

暑安！

孙犁 15/7

「芸斋琐谈」、「乡里旧闻」、「小说杂谈」是那些书名，也是我的系列文章的名称，是否可刻？「时限」、「庸庐」都是笔名。

不要贪多，要求精，文字要准确。

1992.7.15

作品出处可写上该作品出版单位及初版年月

孙犁作品单行、结集、版本沿革年表续编

前编在孙犁文集附录可参看。

张金池

1982年

孙犁小说选 （中短篇小说集，四川人民出版社以"当代作家自选丛书"之一于1982年1月出版，收《邢兰》、《走出以后》、《荷花淀》、《芦花荡》、《碑》、《钟》、《"藏"》、《嘱咐》、《采蒲台》、《光荣》、《蒿儿梁》、《吴召儿》、《小胜儿》、《山地回忆》、《看护》、《种谷的人》、《村歌》、《石猴》、《秋千》、《铁木前传》，共20篇；《答吴泰昌问》摘要代"序"1篇，《作家小传》1篇，王为政插图5幅）

孙犁文集 （合集本，百花文艺出版社，1982年8月出版。全书五册七卷，囊括作家1981年以前的绝大部分作品。第一卷：短篇小说；第二卷：中篇小说；第三卷：长篇小说；第四卷：散文；第五卷：诗歌；第六卷：文艺理论；第七卷：杂著。全书总计160万言）

耕堂散文 （散文集，广州花城出版社，1982年10月以"花城文库"之一出版，收《关于散文（代序）》、《识字班》、《投宿》、《游击区生活一星期》、《白洋淀边一次小斗争》、《王凤岗坑杀抗属》、《相片》、《天灯》、《张秋阁》、《织席记》、《采蒲台的苇》、《安新看卖席记》、《一别十年同口镇》、《访问抗属》、《随感》、《王香菊》、《香菊的母亲》、《诉苦翻心》、《新生的天津》、《人民的狂欢》、《团结》、《宿舍》、《慰问》、《保育》、《站在祖国的光荣岗位上》、《杨国元》、《访旧》、《婚俗》、《家庭》、《齐满花》、《黄鹂》、《石子》、《某村旧事》、《保定旧事》、《在阜平》、《服装的故事》、《童年漫忆》、《装书小记》、《书的梦》、《画的梦》、《戏的梦》；"乡里旧闻"：《度春荒》、《村长》、《凤池叔》、《干巴》、《木匠的女儿》、《老刁》、《菜虎》、《光棍》；《伙伴的回忆》、《回忆何其芳同志》、《忆画家马达》、《谈赵树理》、《悼念李季同志》、《大星陨落》，共55篇）

尺泽集 （小说散文集，百花文艺出版社，1982年12月出版，收"芸斋小说"：《鸡缸》、《女相士》、《高跷能手》、《言戒》、《三马》；散文：《报纸的故事》、《亡人逸事》、《"古城会"》、《第一次当记者》、《新年杂忆》、《新年悬旧照》；"乡里旧闻"：《外祖母家》、《瞎周》、《楞起叔》、《根雨叔》；"小说杂谈"：《小说与伦理》、《叫人记得住的小说》、《小说成功不易》、《小说是美育的一种》、《小说的体和用》、《小说的欧风东渐》、《真实的小说和唬人的小说》、《小说的取材》、《小说的抒情手法》、《小说忌卖弄》、《小说的结尾》、《小说的作用》、《小说与时代》、《谈比》、《谈名实》、《佳作产于盛年》、《小说的精髓》；《谈美》、《文学期刊的封面》、《两个问题》、《和青年谈游记写作》；"芸斋琐谈"：《谈妒》、《谈才》、《谈名》、《谈谀》、《谈谅》、《谈慎》；《读柳荫诗作记》、《读萧红作品记》、《王昌定〈绿叶集〉序》、《〈田流散文特写集〉序》、《再谈贾平凹的散文》、《贾平凹散文集序》、《〈李杜论略〉读后——给罗宗强的信》、《再论流派——给冯健男的信》、《关于我的琐谈——给铁凝的信》、《给傅瑛的信》；"附录"：《北平的地台戏》、《〈子夜〉中所表现中国现阶段的经济的性质》，共54篇；"后记"1篇）

1983年

孙犁文论集 （论文集，人民文学出版社，1983年8月印行新编选本。"第一辑"：收《论战时

36

1992.7.15

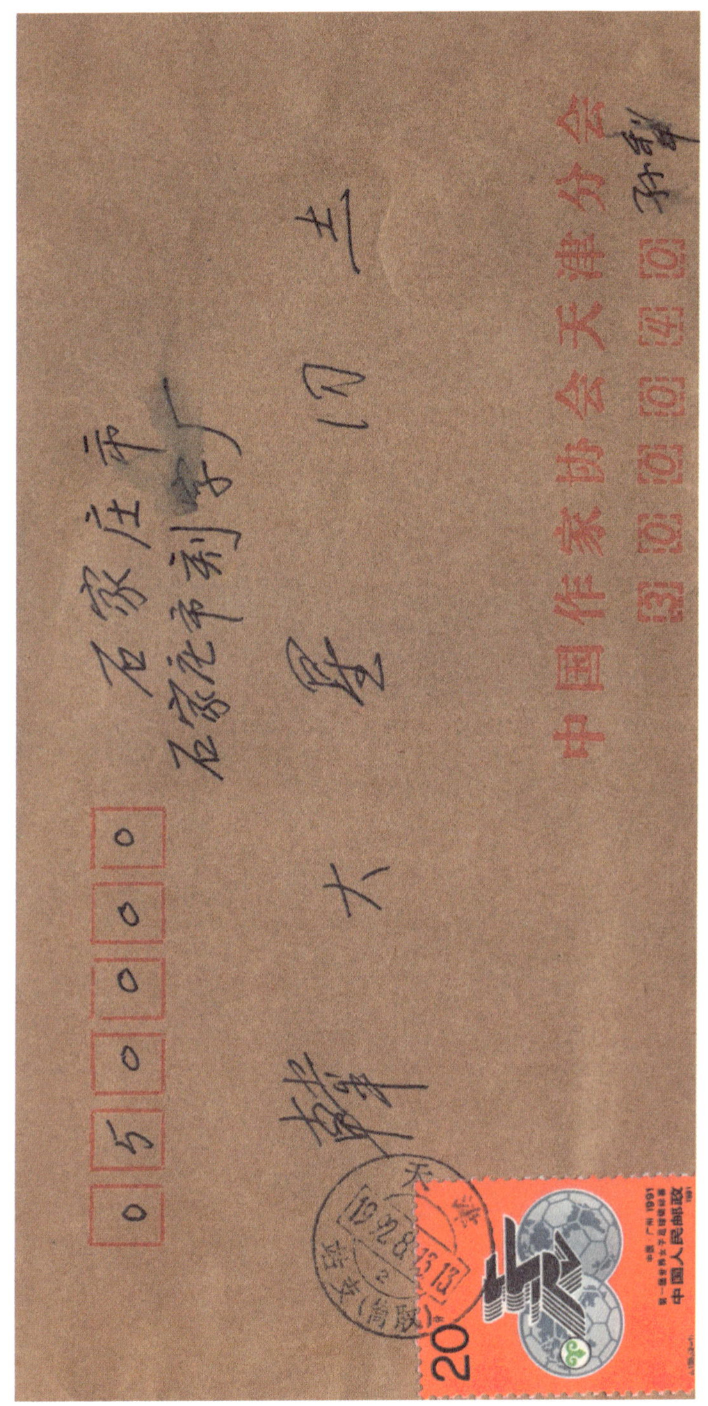

1992.8.12

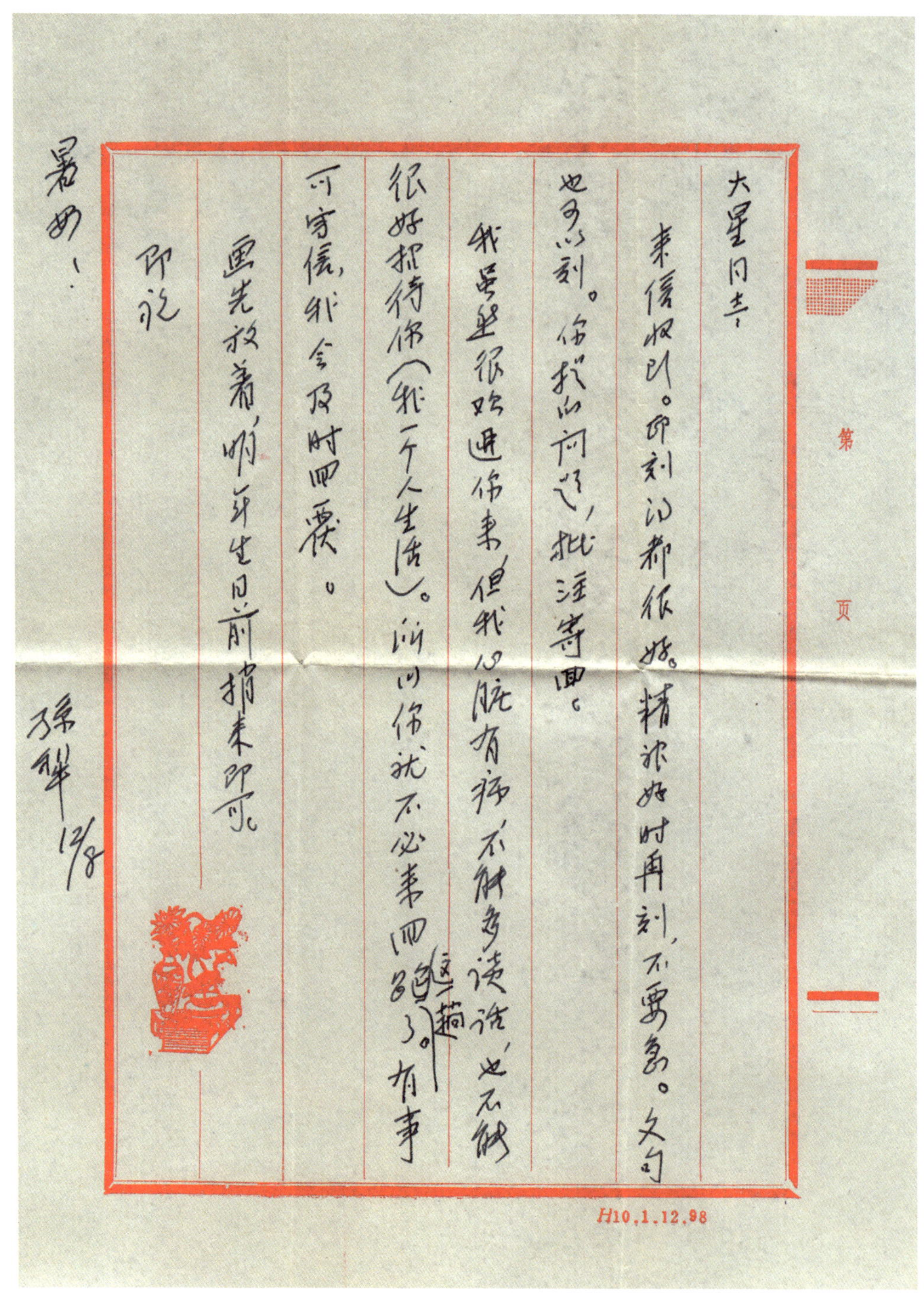
大星同志：

来信收到。印刻的都很好。精神好时再刻，不要多。文的也可以刻。你找的问题，批注寄回。

我虽很欢迎你来，但我心脏有病，不能多谈话，也不能很好招待你（我一个人生活）。所以你就不必来回跑这一趟了。有事可写信，我会及时回覆。

画先放着，明年生日前捎来即可。

即祝

暑好！

孙犁 12/8

第 页

H10,1.12,98

1992.8.12

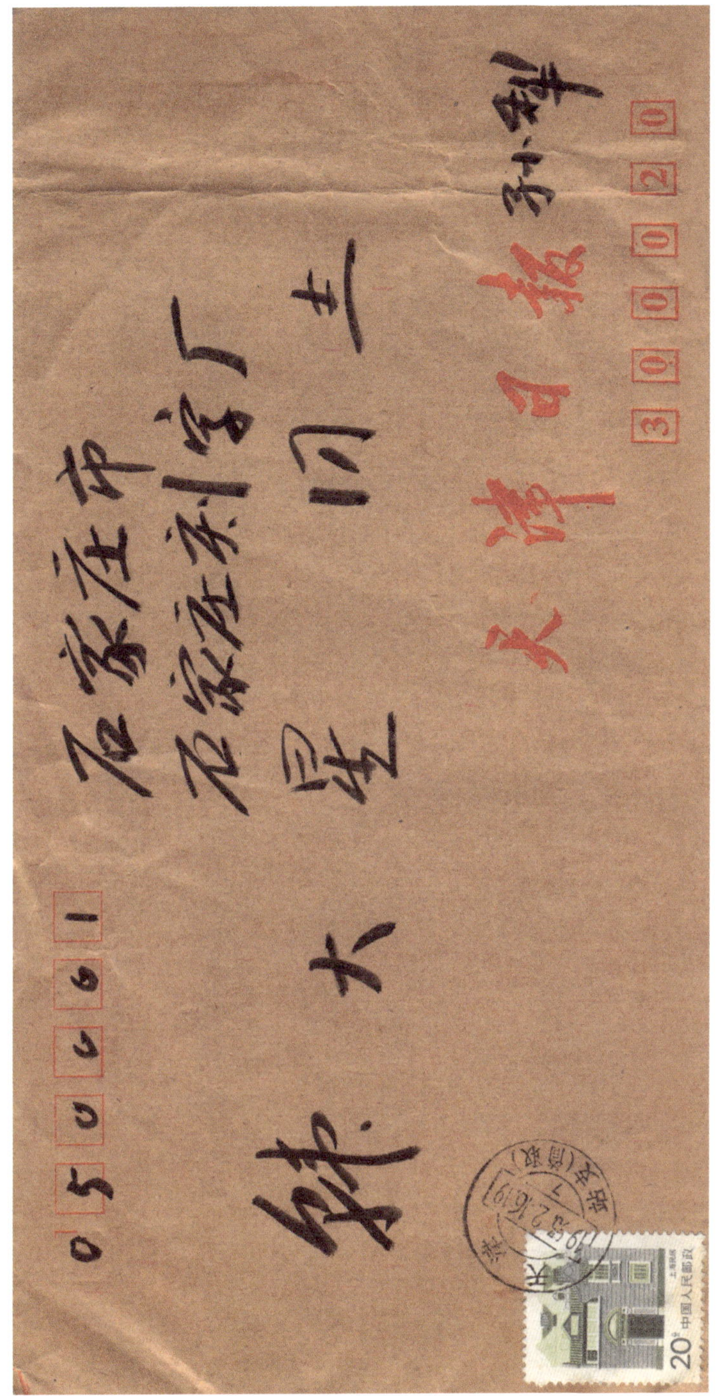

1993.2.16

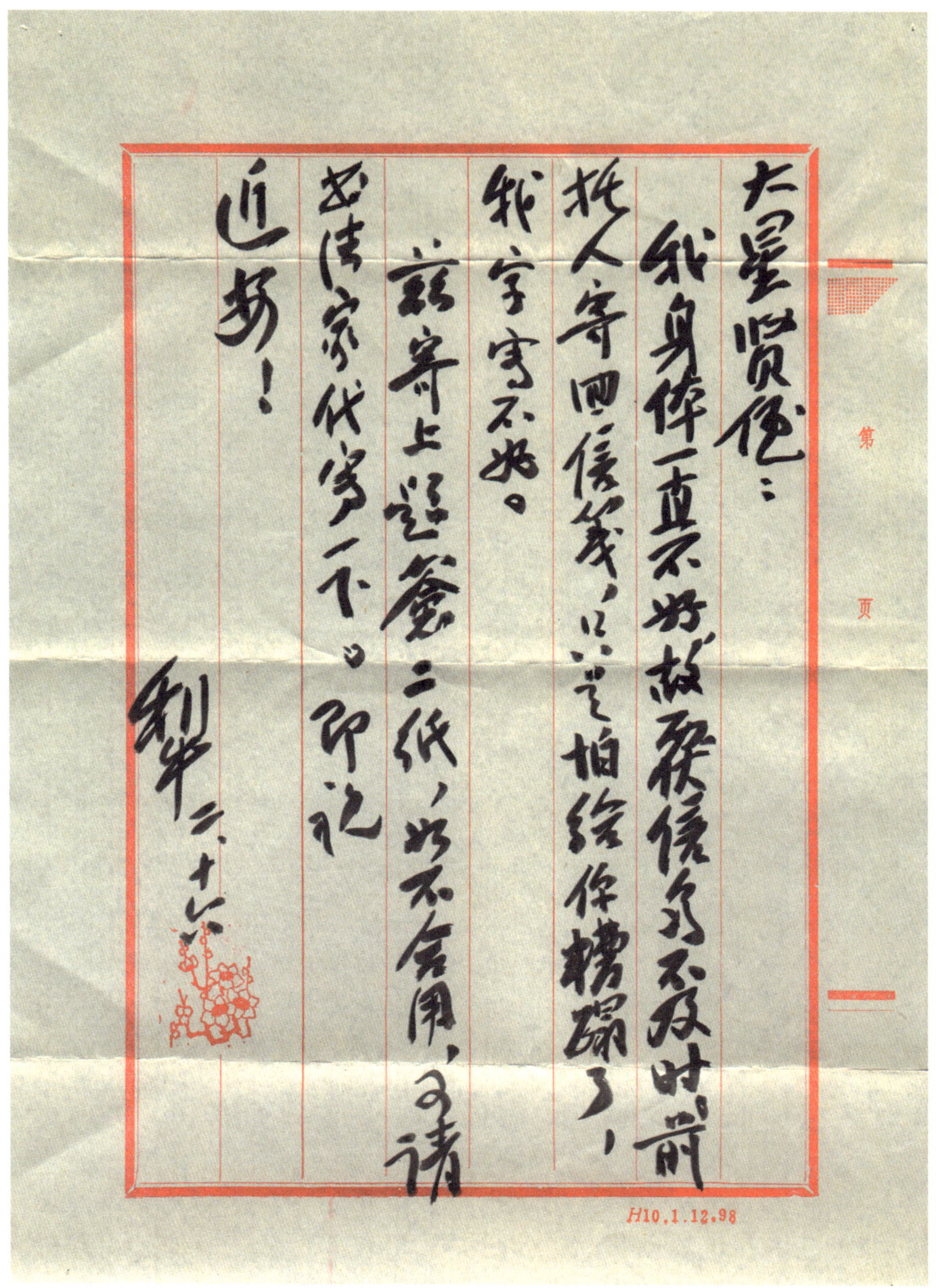
大星贤侄：

我身体一直不好，故覆信多不及时。前托人寄回信笺，只是怕给你糟蹋了，我字写不好。

兹寄上题签二纸，如不合用，可请书法家代写一下。即祝

近好！

犁 二、十六

第 页

H10.1.12.98

1993.2.16

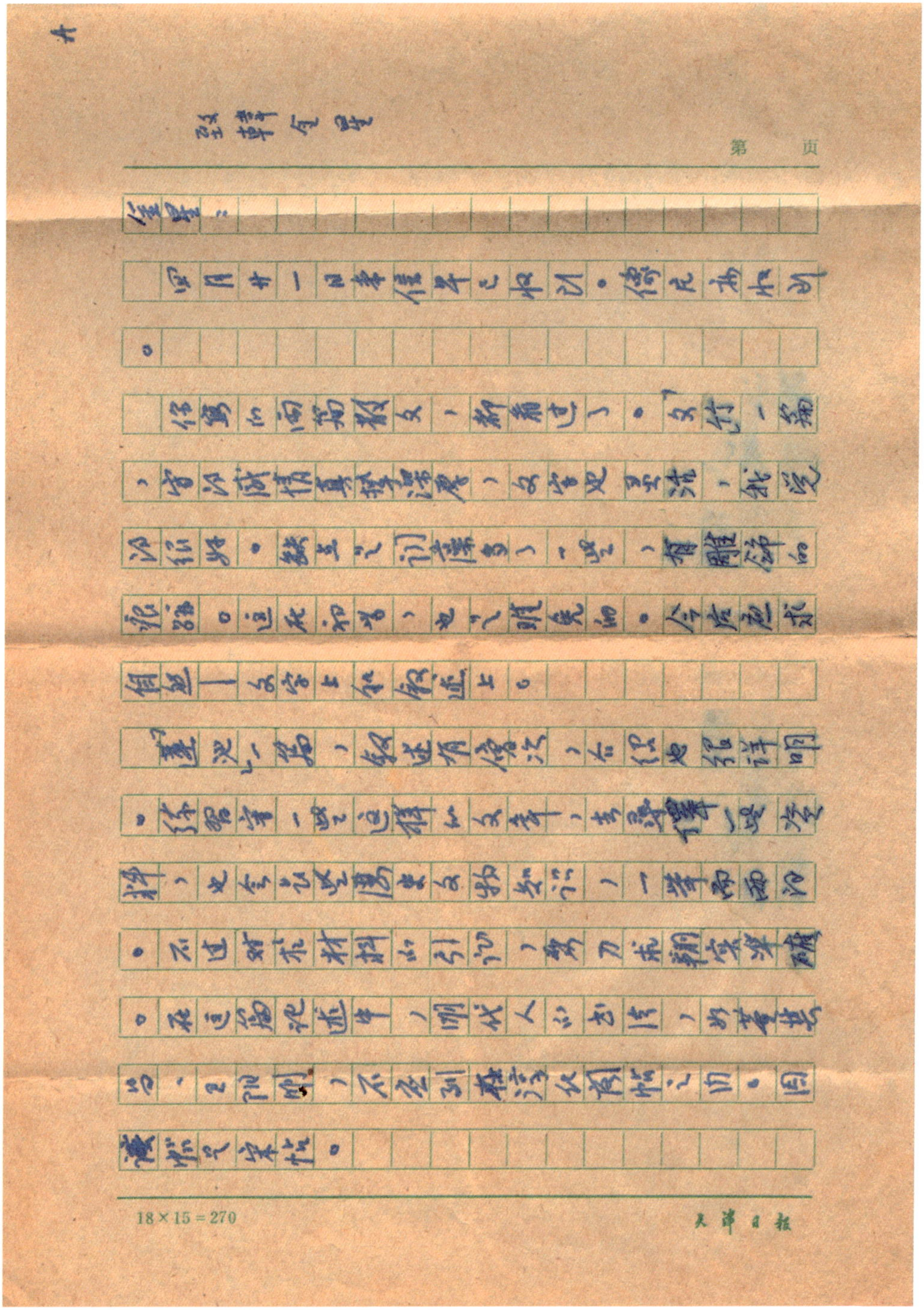

致韩映山

第　页

映山：

四月廿一日来信早已收到。你近况如何。

你寄的两篇散文，都看过了。文[illegible]一篇，写的诚[illegible]真挚深厚，不管是写法，我觉得很好。[illegible]之[illegible]，一些，有雕饰的痕迹。这就如我，也一贯提倡的。今后应求自然——不要在字[illegible]修饰上。

《蓬溪》一篇，叙述有条理，语言也很详明。[illegible]，[illegible]一段过[illegible]，[illegible]，一些[illegible]净，[illegible]一些章节的。不过对农村描写的引证，[illegible]。在这篇记述中，刻画人物的[illegible]，[illegible]的，[illegible]，不在于[illegible]情节的。[illegible]之[illegible]。

18×15=270　　天津日报

1984.5.30

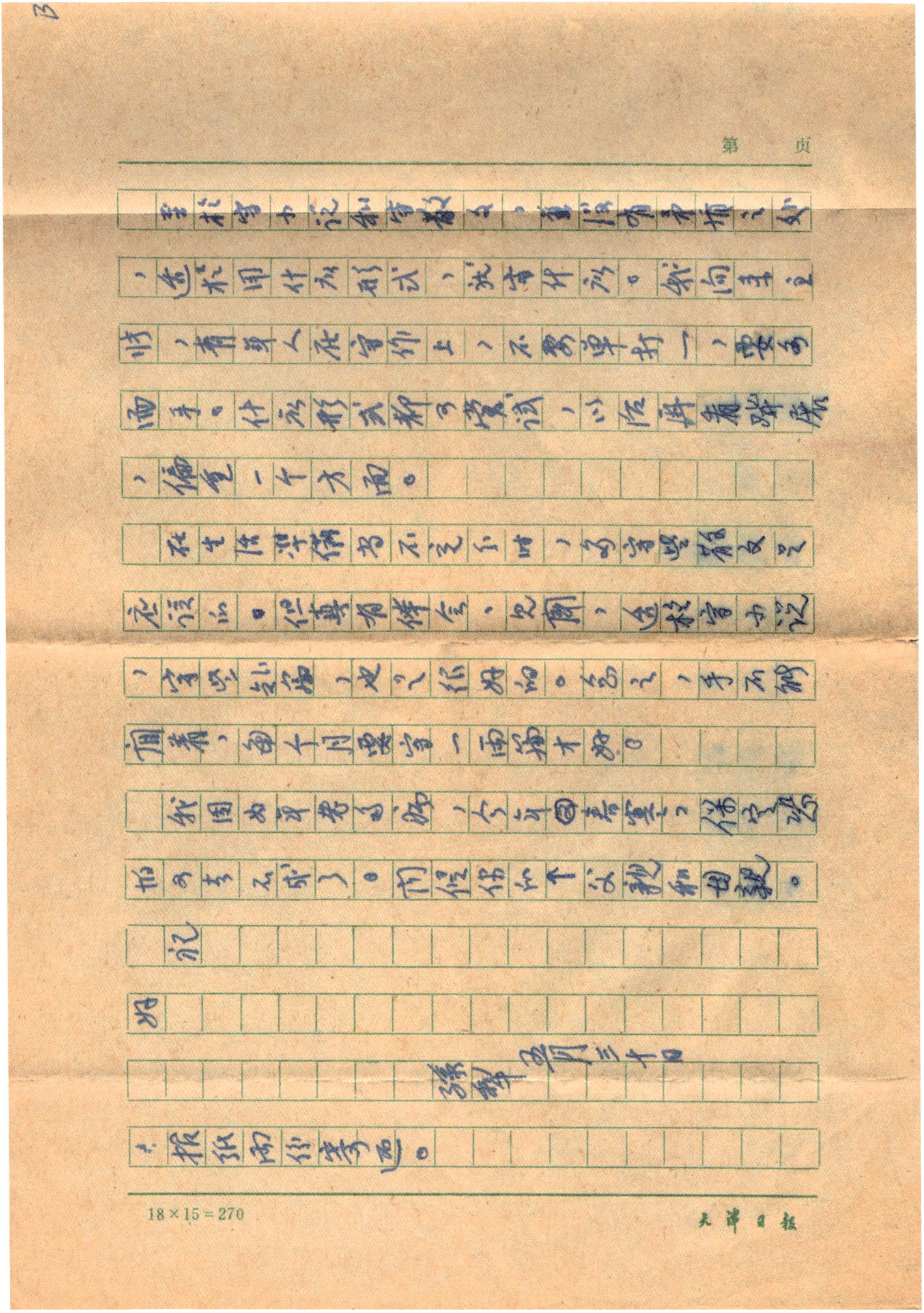

第　页

至于写小说和写散文，虽然有兼顾之处，适于用什么形式，就写什么形式。我向来主张，青年人在写作上，不要单打一，要多面手。什么形式都可尝试，以后再看发展，偏重一个方面。

在生活准备尚不充分时，多写些散文是应该的。但真有体会、见闻，适于写小说，写些短篇，也是很好的。总之，手不能闲着，每个月要写一两篇才好。

我因为年老多病，今年因春寒，保定之游怕的去不成了。问候你的父亲和母亲。

祝

好

孙犁　五月三十日

又：报纸两份寄还。

18×15=270　　天津日报

1984.5.30

跋

《孙犁书札——致韩映山》即将付梓。

据家母回忆，孙犁写给父亲的信札总共有两百多封。孙犁第一次给父亲写信，能查证的大概是1964年，孙犁把《宋人创作小说选》送给父亲，书中夹着这封短简。父亲在《孙犁的人品和作品》一书中写道："1964年的春天，我患了慢性肝炎……在我养病期间，孙犁给我写信是很频繁的，几乎两三天一封，有的谈读书，有的谈书法，也有的教我如何钓鱼：'你把漂儿扔在水面上，当鱼儿吃食时，漂儿就嘟、嘟、嘟（并非吹笛也），你就赶忙提竿……钓鱼，确实对养病有益，你可以排除杂念，全神贯注，忘记病痛。'"

孙犁在信中劝父亲保持好心情："心情好是重要的，就像一个人走在路上，遇到一片树荫、一潭清泉，也是非常高兴的；假如心情不好，即使到了名山大泽、光厦高堂，也不会感到舒畅……"孙犁亲手书写自作诗送给父亲：

曾在青岛困病居
晨起黄昏寂寞时
长椅沉思对兽苑
喜看小鹿舞多姿
紫薇不记青春梦
素菊摧折观赏迟
如今只留栏栅在
天南地北不相知

后来"文化大革命"开始了。十年浩劫，终日文斗武斗，人心惶惶。性命尚且难保，"焚鱼毁雁"自也在所难免。可以想见，父母烧毁这批凝聚着浓厚师生情谊信札的情景，当是父亲生前最为惨痛的回忆！孙犁在《幸存的信件序》（1979年9月10日）中写道："在这种非常年月，文人的生命，不如一只蝼蚁，更谈不上鱼雁的友情。

烧毁朋友的函件,是理所当然的,情有可原,谁也不会以为非礼的。”

目前，孙犁写给父亲的信札仅存一百五十余封,即从“文化大革命”前劫后余存的一封迄至1995年春夏孙犁封笔、决意告别文坛为止。其中包括了孙犁写给我的五封,给舍弟的一封。

父亲生前曾有打算将全部信札躬自诠释,逐一记述每封信的产生背景,然后出版。讵料父亲于1998年6月12日清晨六时半突发脑溢血辞世,此愿遂成泡影。

前些年,晏居无事,我把信札逐一做了释文,遇到难以辨认的字体用放大镜仔细研究。然后誊录下来,委托朋友打字,复印,装订成册。又请天津市书法家王学仲先生题写了签条。我一直觉得,我有责任完成父亲的遗愿,让这些信札刊行于世。

如今，百花文艺出版社的领导表示愿意将其出版,责编高为和徐福伟二兄具体负责各项事宜,把这批珍贵的信札结集影印出版。父亲生前的愿望终得实现,这让我异常激动!并以此告慰孙犁老伯和父亲的在天之灵。他们推心置腹的懿言嘉行,关爱备至的遗惠余泽,得存于天地之间,感召日月。

需要特别说明的是，孙犁写信沿用古人尺牍范式,只写月、日,很少注加年份,这就给我断定年代出了难题,猜测和臆断是不可取的。加之家母当时雅嗜集邮,许多信封便没了邮票,记录日期的邮戳自也无从查找了。且年深日久,信封中所装之信,有些已非“原配”,故年代实难考证。基于这种情况,只好在括弧内加一枚问号了事。朋友耿见忠素擅考证,这批信札经他手又重新厘清一遍,重新编排了年份。到底如何还是个未知数。仍是付阙存疑,希望有关专家和读者们有以教我。

一百五十余封短札成书，委实有些单薄。故我将孙犁和父亲的照片,孙犁的书法、赠书题字,孙犁寄给父亲的文章剪报，以及我于1992年倾一年心血给孙犁篆刻的部分印章,一并收入书中,作为前插页,以丰富其内容。

最后，感谢作家苑英科为本书撰写的序言;感谢我大舅曹万春,我的朋友于秋庭、耿晓星和本书的责编高为、徐福伟二兄和编辑冀钦。若没有你们热忱无私的襄助和倾注的巨大心血,出版此书,当仍是遥遥无期之想。

韩大星草于2011年,2015年夏

改定于三秋堂上